Publishing-Wörterbuch

Ulrich Schurr studierte an der Fachhochschule für Druck und Medien in Stuttgart-Vaihingen Druckereitechnik und war dort im Anschluss als wissenschaftlicher Mitarbeiter im Bereich Druckvorstufe beschäftigt. Seit 1991 war er in Forschung & Entwicklung beim EBV-Anbieter DALiM GmbH tätig und arbeitete in den Bereichen Software-Spezifikation, Marktbeobachtung, technische Dokumentation und Software-Tests.

Seit 1995 ist Ulrich Schurr selbstständig im Druckvorstufen-Bereich. Seine Tätigkeiten umfassen Unternehmensberatung, Installationen und Software-Trainings.

Ulrich Schurr ist Autor der im dpunkt.verlag erschienenen Bücher »Handbuch Digitale Bildverarbeitung«, »DTP und PDF in der Druckvorstufe« sowie »Workflow-Management in der Druckvorstufe«.

Ulrich Schurr

Publishing-Wörterbuch

deutsch – englisch – französisch

 dpunkt.verlag

Ulrich Schurr
E-Mail: UliSchurr@aol.com

Lektorat: Christine Weber
        Michael Barabas
Copy-Editing: Bill Horton, Santa Barbara
            Susanne Rudi, Heidelberg
            Jalila Habibi-Klaas, Heidelberg
            Cornelia Barabas-Hermann, Mühlhausen
Satz & Herstellung: Birgit Bäuerlein
Umschlaggestaltung: Helmut Kraus, Düsseldorf
Druck und Bindung: Koninklijke Wöhrmann B.V., Zutphen, Niederlande

Bibliografische Information Der Deutschen Bibliothek
Die Deutsche Bibliothek verzeichnet diese Publikation in der Deutschen Nationalbibliografie;
detaillierte bibliografische Daten sind im Internet über <http://dnb.ddb.de> abrufbar.

ISBN 3-89864-181-3

1. Auflage 2003
Copyright © 2003 dpunkt.verlag GmbH
Ringstraße 19
69115 Heidelberg

Vorwort

Internationale Kontakte und Geschäftsbeziehungen sind in der grafischen Branche gang und gäbe. Druckereien produzieren für internationale Kundschaft, Drucksachen-Einkäufer kaufen im Ausland ein, der technische Kundendienst bedient auch internationale Kunden, Studenten verbringen ein Praxissemester im Ausland, Hersteller kommunizieren mit ausländischen Partnern und Filialen und vieles mehr.

Das vorliegende dreisprachige Publishing-Wörterbuch will Anwendern die Möglichkeit geben, sich in dem doch recht speziellen Fachjargon des grafischen Gewerbes auch in englisch und französisch zurechtzufinden. Es versammelt Fachbegriffe rund um die Druckvorstufe und den Druck sowie angrenzender Sachgebiete. Dies umfasst folgende Bereiche:

- ▉ Druckvorstufe, DTP
- ▉ Druck, Druckverarbeitung, Papier
- ▉ Bildverarbeitung, Scannen, Fotografie
- ▉ Typografie, Gestaltung
- ▉ Informatik, Internet, Telekommunikation
- ▉ Verlagswesen, Buchhandel

In die Wörtersammlung wurden auch Optionen der für die Medienproduktion wichtigen Programme Adobe Photoshop®, Adobe InDesign®, Adobe Acrobat®, QuarkXPress® und Macromedia FreeHand® aufgenommen. In diesem Zusammenhang sei ausdrücklich darauf verwiesen, dass die Lokalisierungen häufig recht frei und in manchen Fällen auch nicht sehr glücklich gewählt worden sind.

Bei den englischen Begriffen wird auf amerikanische und britische Eigenheiten hingewiesen, bei wiederkehrenden Wörtern die US-amerikanische Schreibweise verwendet. Dies ist beispielsweise bei „color", „gray" oder bei Wörtern, die mit „-ization" (beispielsweise „rasterization") enden, der Fall.

Kann ein Begriff auf mehrfache Weise übersetzt werden, steht zunächst immer die gebräuchlichste Übersetzung. Die Bewertung hinsichtlich der Gebräuchlichkeit ist naturgemäß subjektiv und in manchen Fällen sicher strittig. Das Wörterbuch beinhaltet auch häufig verwendete umgangssprachliche Wendungen. Diese Begriffe sind speziell markiert und eher für die zwanglose Kommunikation gedacht, in offiziell gehaltenen Gesprächen sollten sie im Zweifelsfall besser vermieden werden.

Die Wörtersammlung ist das Ergebnis langjähriger Tätigkeiten im Ausland und der Durchführung von Fachübersetzungen und Lokalisierungen. Die englischen und französischen Fachbegriffe wurden von Muttersprachlern überprüft. Herzlich bedanken möchte ich mich in diesem Zusammenhang bei Serge Clauss, Isabelle Billerey-Rayel und Gee Ranashina. Ebenso möchte ich Bernd Bartos danken, der mir bei der Sammlung der Wörter sehr geholfen hat.

Verwendete Abkürzungen:

m	männlich
f	weiblich
n	sächlich
pl	Mehrzahl
F	umgangssprachlich
U.S.	US-amerikanisch
brit.	britisch
typogr.	typografisch
opt.	optisch
chem.	chemisch
fotogr.	fotografisch
math.	mathematisch
a.	auch

d·e·f

A

Abbild n (Widerspiegelung f) – reflection – reflet m

abbilden – reproduce v., map v. – reproduire, faire une reproduction de

Abbildung f (Reproduktion) – reproduction, mapping – reproduction f

Abbildung f (in Buch) – illustration, figure – illustration f, représentation f, reproduction f, figure f (in wissenschaftlichen Texten)

Abbildungsmaßstab m – reproduction scale, scale of reproduction, magnification power (fotogr.) – échelle f de reproduction

Abbildungsschärfe f – reproduction sharpness – netteté f de reproduction

Abbildungsverhältnis n – magnification – facteur m de zoom

abbinden – dry v. – sécher

Abbindezeit f – drying time – temps m de séchage

abblättern – flake off v. – s'écailler

Abblätterung f (Druckfarbe) – cracking – craquelure f

abblenden (fotogr.) – stop down v. – diaphragmer

Abblenden n (fotogr.) – stop, stopping down – diaphragmation f

abbrechen – cancel v., abort v. – annuler, abandonner

Abbrüche m/pl **in den Lichtern** – highlight break – cassures f/pl dans les hautes lumières

Abdecken n – masking, covering, opaquing, blocking out – masquage m

abdecken (Bildteil) – cover v., mask v., mask out v., block out v. – masquer

Abdeckrahmen m – covering frame – cadre m de couverture

Abdeckschablone f – stencil mask – pochoir m

Abdeckstift m – opaquing pen – feutre m de retouche

Abdeckung f (bei Geräten) – cover – capot m

Abdeckung f (Bilder, Vorlagen) – masking, opaquing, covering, blocking out – masque m

Abdruck m – reproduction, copy, print – reproduction f, impression f

abdrucken – print v., reproduce v., print off v. – reproduire, imprimer

Abdruckrecht n – right of reproduction, permission to reprint, permission grant, copyright permission – droit m de reproduction

abdunkeln – darken v., dull v., deepen v., dim v. – assombrir, foncer, obscurcir

Abdunklung f – darkening, dimming, dimming-down – assombrissement m

Abendausgabe f (einer Zeitung) – evening edition – édition f du soir

Abendzeitung f – evening paper, evening newspaper – quotidien m du soir, journal m du soir

Aberration f (fotogr.) – aberration – aberration f

Abfall m (Papierabfall) – waste – gâche f

Abfallausbrechen n – waste stripping – décorticage m, échenillage m, éjection f des déchets

abfallender Rand m (Anschnitt m) – bleed – fond m perdu

Abführungszeichen n – close quote, end quotation mark, unquote – guillemet m fermant, fermer les guillemets

abgequetschte Schrift f (Hochdruck) – battered type – caractère m écrasé

abgerundet – rounded – arrondi

abgeschrägt – beveled – en biseau

abgestufte Tonwerte m/pl – graduated tones – teintes f/pl dégradées

abgezeichneter Bogen m – o.k. proof – épreuve f acceptée

Abgleich m – matching, alignment – équilibrage f

abgleichen – match v. – ajuster, équilibrer

abhängen (z.B. Anhang bei E-Mail) – detach v. – détacher

Abkreiden n – chalking – poudrage m

abkürzen – abbreviate v., shorten v., abridge v. – abréger, abrévier, écourter

Abkürzung f (typogr.) – abbreviation – abréviation f

Abkürzungsverzeichnis n – abbreviation list – liste f d'abréviations

Ablage f – file – casier m

Ablaufdiagramm n – process chart, flowchart, flow diagram – organigramme m

ablauffähig – executable – exécutable

Ablieferungstermin m – delivery date – date f de livraison

Abliegen n (Druckfarbe auf Papier) – set-off, offsetting – décharge f

ablösbares Etikett n – peel-off-label – étiquette f détachable

abmelden (sich) – log out v., log off v. – se déconnecter

Abmessung f (Maß) – dimension – encombrement m, dimensions f/pl

Abnahme f – acceptance test – essai m de reception

abnehmen (z.B. Abdeckung) – detach v. – enlever

abnehmende Helligkeit f – lessening brightness – clarté f déclinante

Abonnement kündigen – unsubscribe v. – résilier l'abonnement

Abonnement n – subscription – abonnement m

Abonnent, in – subscriber – abonné, -e

Abonnentenliste f – list of subscribers – liste f des abonnés

A

Abonnentenwerbung f –
subscriber recruiting –
recrutement m d'abonnés
abonnieren – subscribe v. –
s'abonner (à)
abpausen – trace v., copy v. –
décalquer
Abpausen n – tracing –
décalquage m
Abpressen n (Buchblock) –
backing, nipping – endossure f,
pressage m
abquetschen – batter v. – écraser
Abrakelung f – doctoring –
essuyage m
Abrakelungswinkel m –
doctoring angle – angle m
d'essuyage
Abreibeschrift f – dye transfer
letters, dye transfers – lettres
f/pl de transfert à sec,
caractères m/pl adhésifs
Abreißblock m – tear-off pad –
bloc-notes m
abreißen – tear-off v. – détacher,
arracher
Abreißkalender m – tear-off
calendar – calendrier m à
effeuiller
Abrieb m – abrasion – abrasion f
abriebfest – abrasion-resistant –
résistant à l'abrasion
Abriebfestigkeit f – rub
resistance, abrasion resistance –
résistance f à l'abrasion
Abriebtestgerät n – abrasion
tester – abrasimètre m
Abriss m (in Tonwerten) – break,
disruption – interruption f
Abriss m (Buchzusammenfassung) – digest – résumé m
abrollen (Papierrolle) – unwind
v. – débobiner
Abrollung f (Papierrolle) –
unwinding – débobinage m
Absatz m (typogr.) – paragraph,
break – alinéa f, paragraphe m
Absatz m **ohne Einzug** – flush
paragraph, block paragraph,
book style – paragraphe m
carré, paragraphe m sans
alinéa, alinéa à l'américaine

Absatzabstand m – paragraph
spacing – espacement m des
paragraphes
Absatzformat n – paragraph style
– style m de paragraphe
Absatzformatierung f –
paragraph formatting –
formatage m du paragraphe
Absatzmarke f – paragraph
symbol, beginning of a new
paragraph – marque de
paragraphe, début m d'un
nouveau paragraphe
Absatzstilvorlage f – paragraph
style sheet – feuille f de style de
paragraphe
Absatzzeichen n – break mark,
paragraph opener – signe m de
début de paragraphe, signe m
d'alinéa
abschalten – switch off v. –
éteindre, mettre à l'arrêt
abschatten – shade v. – nuancer,
dégrader
Abschattung f – shading –
dégradation f
Abschätzung f **des Satzumfangs**
– copyfit (calculation),
character count, copyfitting,
casting off – calcul m de
calibrage, calibrage m (du
texte)
abschicken – send v., mail v. –
envoyer, expédier
Abschirmung f (Kabel) –
shielding – blindage m
Abschlusswiderstand m –
terminator – terminateur m
Abschmieren n (Druckfarbe auf
Papier) – set-off, offsetting –
décharge f
abschneiden – cut off v., slice v.
– couper, cisailler
abschneiden – truncate v. –
tronquer
Abschnitt m (Buch) – section –
section f
Abschwächen n – reducing –
affaiblissement m
abschwächen – reduce v., tone
down v. – affaiblir, réduire
Abschwächer m – reducer –
affaiblisseur m

Abschwächung f – toning down,
attenuation, reduction –
affaiblissement m
Abschwung m (typogr.) – tail –
queue f
absenden – send v., mail v. –
envoyer, expédier
Absender, -in – mailer, sender –
expéditeur, -rice
Absender-Personalisierung f –
mailer personalization –
personnalisation-expéditeur f
Absetzlinie f – break-off rule,
dividing rule – ligne f de
séparation
absolut – absolute – absolu
absolut farbmetrisch (ICC-
Farbmanagement) – absolute
colorimetric – colorimétrie f
absolue, colorimètrique absolu
absolute Koordinaten f/pl –
absolute coordinates –
coordonnées f/pl absolues
absolute Positionierung f –
absolute positioning –
positionnement m absolu
Absolute Überlappung
(Illustrator) – Absolute
Overlap – Recouvrement
absolu
absorbieren – absorb v. –
absorber
absorbierend – absorbing –
absorbant
Absorption f – absorption –
absorption f
abspeichern – save v. –
enregistrer, sauvegarder,
stocker
Abstand m (Distanz f) – distance
– écart m
Abstand m (typogr.) – space –
espace m
Abstand/Ausrichtung
(QuarkXPress) – Space/Align –
Espacer/Aligner
Abstandslinie f – distance line –
ligne f de distance
Abstauben n – dusting –
dépoussiérage m
abstauben – dust v. – épousseter
absteigend – descending –
descendant

absteigende Sortierung *f* – descending sort – triage *m* descendant

Abstellung *f (Druckzylinder)* – throw-off – mise *f* hors (im)pression

Abstimmbogen *m* – matching sheet – feuille-échantillon *f* d'examen

abstrakt – abstract – abstrait

abstreifen *(z.B. Druckfarbe)* – wipe *v.* – essuyer

Abstrich *m (typogr.)* – down(-)stroke, downwards stroke – plein *m*

abstufen *(Farbtöne)* – shade *v.*, grade *v.*, tone *v.*, gradate *v.* – dégrader, nuancer

Abstufung *f (Farbtöne)* – shading, gradation, blend – dégradé *m*, nuance *f*

Absturz *m (Rechner, Programm)* – crash – plantage *m*

abstürzen – crash *v.* – se planter, tomber en panne

Abszisse *f* – abscissa, x-axis – abscisse *f*, axe *m* X

Abtasteinheit *f* – analyze unit – module *m* de lecture

abtasten – scan *v.* – analyser

Abtastfläche *f* – scanning side – surface *f* d'analyse, surface *f* de numérisation

Abtastlicht *n* – analyze light – lumière *f* d'analyse

Abtastlichtquelle *f* – analyze light source – source *f* de lumière d'analyse

Abtasttrommel *f (beim Scanner)* – scanning drum, analyze drum – cylindre *m* d'analyse

Abtastung *f* – scanning – analyse *f*

Abteilung *f* – department – département *m*

Abteilungsleiter, -in – head of the department, departmental manager – chef *m* de service

abtönen – shade *v.* – atténuer

Abtönung *f* – shade – nuance *f*

abtrennen – burst *v.* – détacher

abwärtskompatibel – downwards (downwardly) compatible – à compatibilité descendante

Abwärtskompatibilität *f* – downwards compatibility – compatibilité *f* descendante

Abwedler-Werkzeug *n* – Dodge tool – outil Densité

abwickeln *(Papierrolle)* – unwind *v.* – débobiner

abwischen *(z.B. Druckfarbe)* – wipe *v.* – essuyer

Abwischen *n (z.B. Druckfarbe)* – wiping – essuyage *m*

Abziehbild *n* – decalcomania, transfer (picture), decal – décalcomanie *f*

Abziehpresse *f* – proof press, galley press – presse *f* à épreuves

Abzug *m* – print, proof, pull – contretype *m*

Accent aigu *m* – acute accent – accent *m* aigu

Accent circonflexe *m* – circumflex accent – accent *m* circonflexe

Accent grave *m* – grave accent – accent *m* grave

Account *m* – account – compte *m*

Acetat *n* – acetate – acétate *m*

Aceton *n* – acetone – acétone *f*

achromatisch – achromatic – achromatique

Achse *f* – axis – axe *m*

achsloses Abwickeln *n (Rollendruck)* – shaftless unwind – dérouleur *m* sans broche

Achtelgeviert *n* – hair space, thin space – espace *m* fin, espace *m* mince

Achtseiten-Belichter/Plattenbe-lichter *m* – Eight-Up (8-Up) imagesetter/platesetter – flasheuse *f* huit poses

Achtseitenbogen *m* – eight-page signature – cahier *m* de huit pages

Acrylglaswalze *f (bei Trommel-scannern)* – acrylic glass cylinder – cylindre *m* en verre acrylique

Adapter *m* – adapter – adaptateur *m*

Additiv *n (chem.)* – additive – additif

additive Farben *f/pl* – additive colors – couleurs *f/pl* additives

additive Farbmischung *f* – additive color theory, additive color synthesis – mélange *m* additif de couleurs, synthèse *f* additive des couleurs

Adhäsion *f* – adhesion – adhérence *f*, adhésion *f*

Adhäsion *f* **der Farbe** – ink adhesion – adhésion *f* de l'encre, adhérence *f* de l'encre

Administrator, -in – administrator – administrateur *m*

Adressat *m* – addressee, recipient – destinataire *m*

Adressbuch *n* – address book, directory – carnet *m* d'adresses, annuaire *m*

Adresse *f* – address – adresse *f*

Adressenaufkleben *n* – name and address labeling – collage *m* d'adresses

Adressenliste *f* – name list – liste *f* d'adresses

Adressenregister *n* – address register – registre *m* d'adresses

adressierbarer Punkt *m* – addressable point, addressable position – point *m* adressable

Adressierbarkeit *f* – addressability – capacité *f* d'adressage, possibilité *f* d'adressage

adressieren – address *v.* – adresser à

Adressierkopf *m* – addressing head – tête *f* d'adressage

Adressiermaschine *f* – addressing machine – machine *f* à adresser, adressographe *m*

Adressierung *f* – addressing – adressage *m*

A

A

AD-Wandler *m* – A/D converter – convertisseur *m* analogique-numérique (CAN)

Aerograf *m* – aerograph, airbrush – aerographe *m*, pistolet *m*

Agentur *f* – agency – agence *f*

Ahle *f* – bodkin – pointe *f*

ähnlich aussehen – resemble *v.* – ressembler à

Airbrush *f* – airbrush – aerographe *m*, pistolet *m*

Akkolade *f* – curly bracket, brace, accolade – accolade *f*

Akkuladegerät *n* – recharging battery device – chargeur *m* d'accus

Akkustikkoppler *m* – acoustic coupler – coupleur *m* acoustique

akquirieren – acquire *v.*, make *v.* acquisitions – prospecter

Akquisition *f* – acquisition – acquisition *f*

Akronym *n* – acronym – acronyme *m*

Akte *f* – file, record – dossier *m*

Aktennotiz *f* – memo – note *f*

Aktenordner *m* – folder – classeur *m*

Aktentasche *f* – briefcase – serviette *f*, porte-documents *m*

Aktenzeichen *n* – file number, reference *(auf Brief)* – référence *f*, numéro *m* du dossier

Aktfoto *n* – nude (photograph) – photo *f* de nu(s), nu *m* photographique

Aktfotografie *f* – nude photography – photographie *f* de nu(s)

aktinische Strahlen *m/pl* – actinic rays – rayons *m/pl* actiniques

aktivieren *(Option in Programmen)* – check *v.*, activate *v.* – cocher, activer

aktualisieren – update *v.*, upgrade *v.* – mettre à jour, actualiser

Aktualisierung *f* – update, upgrade – mise *f* à jour (niveau)

aktuell – up-to-date – à jour

aktuelle Seite *f* – current page – page *f* courante

Akzent *m* – accent – accent *m*

Akzentbuchstabe *m* – accented letter, accent-bearing letter – lettre *f* accentuée

Akzidenzarbeiten *f/pl* – jobbing work – bilboquets *m/pl*, travaux *m/pl* de ville

Akzidenzdruck *m* – commercial printing, job printing – impression *f* de travaux de ville

Akzidenzdrucker(ei) *m (f)* – commercial printer – imprimeur *m* de travaux de ville

Akzidenzmaschine *f* – jobbing press – presse *f* pour travaux de ville

Akzidenzsatz *m* – job composition, jobbing composition, commercial typesetting – composition *f* de travaux de ville, composition *f* commerciale

Akzidenzschrift *f* – job type, jobbing typeface – caractère *m* (pour) travaux de ville

Album *n* – album – album *m*

Albuminpapier *n* – albumin paper – papier *m* albuminé

Algorithmus *m* – algorithm – algorithme *m*, F algo *m*

Alias – alias – pseudonyme *m*

Alias-Effekt *m (Treppenbildung f)* – aliasing – crénelage *m*

Aliasing *n* – aliasing – crénelage *m*

aliphatische Kohlenwasserstoffe *m/pl* – aliphatic hydrocarbons – hydrocarbures *f/pl* aliphatiques

alkalihaltiges Papier *n* – alkaline paper – papier *m* alcalin

alkalische Empfindlichkeit *f* – causic sensitivity – sensibilité *f* alcaline

Alkohol *m* – alcohol – alcool *m*

Alkoholfeuchtung *f* – alcohol damping – mouillage *m* à l'alcool

Alle Aussparen *(Trapping QuarkXPress)* – Knockout All – Supprimer tout détourage

Alle nicht verwendeten Farben auswählen *(Option in InDesign)* – Select All Unused Colors – sélectionner toutes les nuances inutilisées

alle Rechte vorbehalten – all rights reserved – tous droits réservés

Alles auswählen *(Option in DTP-Programmen)* – Select all – Tout sélectionner

Alles lösen *(Option in Illustrator)* – Unlock all – Tout déverrouiller

Allgemeinempfindlichkeit *f (Film)* – overall sensitivity – sensibilité *f* générale

Almanach *m* – almanac – almanach *m*

Alphabet *n* – alphabet – alphabet *m*

alphabetisch – alphabetic, alphabetical – alphabétique

alphabetische Liste *f* – alphabetical list – liste *f* alphabétique

alphabetische Reihenfolge *f* – alphabetical order – ordre *m* aphabétique

alphabetisch geordnet – in alphabetical sequence – classé par ordre alphabétique

alphabetisieren – alphabetize, put into alphabetical order – classer par ordre alphabétique

Alphabetlänge *f* – alphabet length – longueur *f* de l'alphabet

Alphakanal *m* – alpha channel – couche *f* alpha

alphanumerisch – alphanumeric(al) – alphanumérique

alphanumerische Taste *f* – alphanumeric key – touche *f* alphanumérique

ältere Ausgabe (Nummer) *f* – back issue (copy, number) – ancien numéro *m*

Alterungsbeständigkeit *f* – non-aging properties – résistance *f* au vieillissement

Altpapier *n* – old papers, recycled paper – vieux papiers *m/pl*, papier *m* recyclé

Alt-Taste *f* – Alt key – touche *f* Alt

Alufolie *f* – aluminium foil – papier *m* (d')alu

alukaschiert – aluminium laminated – laminé d'aluminium

Aluminiumoxyd *n* – aluminum oxide – oxyde *m* d'aluminium

Am Grundlinienraster ausrichten *(QuarkXPress)* – Lock to Baseline Grid – Verrouiller sur grille

Amateurfotograf, -in – amateur photographer, F casual snapshooter – photographe *m/f* amateur

Amortisation *f* – amortization – amortissement *m*

Amtsblatt *n* – gazette, official gazette – journal *m* officiel

an Gitter ausrichten – snap to grid – aligner sur la grille

An Grundlinienraster ausrichten *(InDesign)* – Align To Baseline Grid – Aligner sur la grille de ligne de base

analog – analog(ous) – analogique

Analog-Digital-Wandler *m* – A/D (analog digital) converter (ADC) – convertisseur *m* analogique-numérique (CAN)

analoges Signal *n* – analog signal – signal *m* analogique

Analogproof *m* – analogue proofing – épreuvage *m* analogique, épreuve *f* analogique

Andersverwendung *f* **von Daten** – repurposing (of data) – réorientation *f* des données

Andruck *m* – preprint, press proof, proof printing – épreuve *f* machine, impression *f* essai couleur

andrucken – proofprint *v.*, make *v.* a preprint – tirer des épreuves

Andruckfreigabe *f* – ready for press, OK to print, O.K. to print – bon à tirer, BàT

Andruckrolle *f* – pinch roller – rouleau *m* presseur

aneinander reihen – line up *v.*, string *v.* together – juxtaposer

Aneinanderstoßen *n (nahtlos angrenzen)* – butt fit – contiguïté *f*

Anfangspunkt *m* – starting point – point *m* de départ

Anfangsseite *f* – opening page – page *f* de départ

Anfangszeile *f* – opening line, first line – ligne *f* de départ, première ligne

Anfasser *m (bei grafischen Objekten)* – handle – poignée *f*

anfeuchten – damp *v.* – humidifier, mouiller

Anfrage *f (z.B. in Datenbank)* – request, query – requête *f*, interrogation *f*

anfügen – append *v.* – ajouter

Anführungszeichen *n (Gänsefüßchen n)* – quote, quotation mark, double quote, double quotation mark – guillemet *m*

Angebotsformular *n* – quote sheet – devis *m*

angehängte Datei *f* – attached file – fichier *m* attaché, fichier *m* joint

angeschlossen an – connected to – connecté à (sur)

angeschnitten – bled, bled-off – à fond perdu

angeschnittene Anzeige *f* – bleed ad(vertisement), bled-off ad(vertisement) – annonce *f* à fond perdu

Angestellte, -r – employee – employé, -e

angewandte Kunst *f* – applied arts – arts *m/pl* appliqués (décoratifs)

angleichen – match *v.* – établir une correspondance

Angleichen-Werkzeug *(Illustrator)* – Blend tool – outil Dégradé de formes

angrenzen – collide *v.*, abut *v.* – toucher, juxtaposer, avoisiner

angrenzen – butt *v.*, abut *v.*, adjoin *v.* – toucher (à)

angrenzend *(Objekte)* – colliding, abutting – contigu, juxtaposé

angrenzend – abutting – contigu, attenant, avoisinant

Angström (Å) – angstrom – angstrom

Anhaltekopie *f* – guide copy – film *m* de repérage

anhalten *(z.B. Druckauftrag)* – hold *v.*, stop *v.* – suspendre, arrêter, stopper

Anhaltspunkt *m* – lead, clue, indication – point *m* de repère, indice *m*

Anhang *m (im Buch)* – appendix, addendum, back matter – appendice *m*, annexe *f*

Anhang *m (an E-Mail)* – attachment, enclosure – attachement *m*

anhängen *(z.B. von Kommentaren oder Dateien an E-Mail)* – attach *v.* – joindre, attacher, annexer

anheften – staple *v.* – agrafer

Anilin *n* – aniline – aniline *f*

Anilindruck *m* – aniline printing – impression *f* à l'aniline

Aniloxdruck *m* – anilox impression – impression *f* anilox

Aniloxfarbwerk *n* – anilox (inking) system – système *m* d'encrage anilox

Aniloxwalze *f* – anilox roll – rouleau *m* anilox, cylindre *m* anilox

Animation *f* – animation – animation *f*

animieren – animate *v.* – animer

Anker *m (bei Hyperlink)* – anchor – ancre *m*

Ankerpunkt *m* – anchor point – point *m* d'ancrage

Anklopfen *n (telef.)* – call waiting – appel *m* en attente (en instance)

ankreuzen – check *v.* – cocher

Anlage(kante) *f* – lead edge, lay edge – bord *m* avant, côté *m* de la marge

Anlagewinkel *m* – lay angle – angle *m* de marge

A

Anlegekanten-Bogenzuführer *m*
– lead edge sheet feeder –
margeur *m* à vide
Anlegemarke *f* – lay gauge, side
guide – taquet *m* latéral, taquet
m de marge
anlegen *(Verzeichnis, Datei etc.)*
– create *v.* – créer
Anleger *m (Druckmaschine)* –
feeder – margeur *m*, chargeur *m*
anmelden (sich) – log in *v.*, log
on *v.* – se connecter
Anmerkung *f (z.B. in Adobe
Acrobat)* – annotation –
annotation *f*, note *f*
Anmerkungszeichen *n* – dagger –
appel *m* de note
annähernd – approximative –
approximatif
Annahmeschluss *m* **für Druckunterlagen** *(Anzeige)* – forms
close – clôture *f* d'annonces
Annonce *f (Inserat)* – ad, advert –
annonce *f*
anodisierte Platte *f* – anodized
plate – plaque *f* anodisée
anordnen – arrange *v.* –
arranger, disposer
Anordnung *f* – arrangement –
arrangement *m*, disposition *f*,
agencement *m*
Anpassung *f (typogr.)* –
adjustment – ajustement *m*,
adaptation *f*
anritzen – score *v.* – rainer,
rainurer, entailler, tracer
Ansatzfalz *m* – hinge – charnière *f*
Anschlag *m (Taste, Schreibmaschine)* – stroke – butée *f*
anschließen – connect *v.*, hook
up *v.* – connecter
Anschluss *m* – connection, port,
line *(telef.)* – raccordement *m*,
connexion *f*
Anschlussbuchse *f* – connector,
jack – prise *f* de raccordement
Anschlussfähigkeit *f* –
connectivity – connectabilité *f*,
connexité *f*
Anschlusskabel *m* – connecting
lead – câble *m* de raccordement
anschneiden *(Seitenrand)* – bleed
v. – couper à bords vifs

Anschnitt Außen *(InDesign)* –
Bleed Outside – Fond perdu sur
grand fond
Anschnitt Innen *(InDesign)* –
Bleed Inside – Fond perdu sur
petit fond
Anschnitt *m* – bleed – fond *m*
perdu
Anschnittbereich *m* – bleed
bound – limites *f/pl* de fond
perdu
Anschnittmarke *f* – bleed mark –
marque *f* de fond perdu
Anschnittrahmen *m* – bleed box
– zone *f* de fond perdu
Anschnittrand *m* – bleed margin
– marge *f* de coupe
ansetzen *(Objektiv bei Kamera)*
– mount *v.* – engager, placer
Ansicht *f* – view – affichage *m*
Ansichtskarte *f* – picture
postcard – carte *f* postale
illustrée
Anstellung *f (Druckzylinder)* –
throw-on – mise *f* en
(im)pression
ansteuern *(Ausgabegerät)* – drive
v. – piloter
Ansteuerung *f (Ausgabegerät)* –
drive – pilotage *m*
Antialiasing *n* – antialiasing –
anticrénelage *m*, antialiasing *m*
Anti-Blooming *n (digitale
Kamera)* – anti-blooming –
anti-blooming *m*
Antihalo-Rückschicht *f* – anti-
halation backing – couche *f*
dorsale antihalo
Antihautmittel *n* – antiskinning
agent – agent *m* anti-peau
Antikeinband *m* – antique
binding – reliure *f* à l'antique
Antiqua(schrift) *f* – antiqua,
Roman type(face), roman –
antiqua *f*
Antiquar, -in – antiquarian
bookseller – marchand(e) de
livres d'occasion, bouquiniste
m/f
Antiqua-Varianten *f/pl* – Incised
– Incises *f/pl*
Antiquaziffern *f/pl* – lining
figures – chiffres *m/pl* alignés

antiquieren – antique – antiquer
Antistatikhülle *f* – static-free case
– étui *m* antistatique
Antiviren-Programm *n* –
antiviral software (program),
virus detection software –
logiciel *m* antivirus
Antrieb *m (Kamera)* – drive –
commande *f*, entraînement *m*
Antwortzeit *f* – response time –
temps *m* de réponse
Anwendung *f* – application, F
app – application *f*, F appli
Anwendungsbereich *m* –
application field – domaine *m*
d'application
Anwendungsinformatiker, -in –
computer engineer – ingénieur
m infomaticien
Anwendungsprogramm *n* –
application software –
programme *m* d'application,
progiciel *m*
Anwendungstechniker, -in –
application engineer –
technicien(ne) d'application
Anzeige *f (Werbung)* – ad,
advert, advertisement – pub *f*,
publicité *f*
Anzeige *f (Bildschirmanzeige)* –
display – affichage *m*,
visualisation *f*
Anzeigebedingungen *f/pl* –
display conditions – conditions
f/pl d'affichage
Anzeige *f* **mit Umrandung** –
boxed ad – annonce *f* encadrée
Anzeige mit hoher Qualität
(Option in InDesign) – High
Quality Display – Affichage de
qualité supérieure
Anzeige *f* **schalten** – advertise *v.*
– faire de la publicité
anzeigen – display *v.* – afficher,
visualiser
Anzeigenakquisition *f* – ad
acquisition, space selling, ad
canvassing – acquisition *f*
d'annonces
Anzeigenannahme *f* – ad
collection, advertising office –
saisie *f* des annonces, office *m*
de publicité

Anzeigenblatt *n* – advertising journal, giveaway paper, advertiser *(brit.)* – feuille *f* d'annonces

Anzeigenbuchung *f* – booking of space – achat *m* d'espace

Anzeigengestaltung *f* – ad design, ad layout, ad arrangement – conception *f* de l'annonce, création *f* de l'annonce

Anzeigenhöhe *f* – depth of space, advertisement depth, advertisement height – hauteur *f* de l'annonce

Anzeigenkunde *m* – advertising customer – annonceur *m*

Anzeigenpreis *m* – ad tariff, adrate(s), space rate, space charge – tarif *m* de publicité

Anzeigenprogramm *n* – ad processing program – logiciel *m* de traitement annonces

Anzeigensatz *m* – ad composition, ad typography – composition *f* d'annonces

Anzeigenschluss *m* – ad closing, closing date, (ad collection) deadline – clôture *f* d'annonces

Anzeigenserie *f* – advertisement series – série *f* d'annonces

Anzeigensetzer *m* – ad typographer, advertographer, ad maker – metteur *m* des annonces, compositeur *m* d'annonces

Anzeigentarif *m* – ad tariff, adrate(s), space rate, space charge – tarif *m* de publicité

Anzeigenteil *m* – ad(vertising) section, adpages – partie *f* annonces, F petites annonces

Anzeigenumbruch *m* – ad make(-)up – mise *f* en page des annonces, montage *m* d'annonces

Anzeigesimulation *(Farbmanagement QuarkXPress)* – Display Simulation – Simulation d'affichage

Apfel-Menü *n (auf dem Mac)* – Apple menu – Menu *m* Pomme

Apostroph *m* – apostrophe, single quote – apostrophe *f*

apostrophieren – apostrophize *v.* – mettre une apostrophe à

Aquarell *n* – watercolor, aquarelle – aquarelle *f*

Aquarellmalerei *f* – watercolor painting – aquarelle *f*, peinture *f* à l'aquarelle

Aquatinta *f* – aquatint – aquatinte *f*

Arabeske *f* – arabesque – arabesque *f*

arabische Schrift *f* – Arabic characters – caractères *m/pl* arabes

arabische Ziffer *f* – Arabic numeral (figure) – chiffre *m* arabe

Arbeit *f* – work – travail *m*

arbeiten – work *v.* – travailler, F bosser

Arbeitgeber, -in – employer – employeur *m*, patron, -ne

Arbeitgeberverband *m* – employers' association – syndicat *m* patronal

Arbeitsablauf *m* – workflow (process) – flux *m* du (de) travail, flux *m* opératoire, déroulement *m* du (de) travail

arbeitsaufwendig – labo(u)r-intensive – laborieux

Arbeitsbereich *m (in Programmen)* – work area – zone *f* de travail, plan *m* de travail

Arbeitsfarbraum *m (Photoshop)* – working (color) space – espace *m* de travail colorimétrique

Arbeitsfläche *(Menüpunkt in Photoshop)* – Canvas size – Taille de la zone de travail

Arbeitsfläche *f* – canvas – zone *f* de travail

Arbeitsgeschwindigkeit *f* – performance – performance *f*

Arbeitsgruppe *f* – workgroup – groupe *m* de travail, équipe *f* de travail

Arbeitskollege, -in – co(-)worker – collègue *m/f*

Arbeitsplatz *m* – work station, workstation – poste *m* de travail

Arbeitsspeicher *m* – memory, RAM (Random Access Memory) – mémoire *f* vive (MEV), mémoire *f* de travail

Arbeitstier *n* – workaholic – bourreau *m* de travail, F bosseur, -euse

Arbeitsvertrag *m* – labor contract – contrat *m* de travail

Arbeitsvorbereitung *f* – work preparation – préparation *f* du travail

Arbeitsweise *f* – working method, functioning (Gerät) – mode *m* de travail

Archiv *n* – archives, record office – archives *f/pl*

Archivbild *n* – library photo – photo(graphie) *f* d'archives

Archivfestigkeit *f* – archivability, keeping properties – aptitude *f* à la conservation

archivieren – put *v.* into (the) archives – classer dans les archives

archivierte Datei *f* – archived file – fichier *m* archivé

Archivierung *f* – archiving, archival storage, compiling an archive – archivage *m*

Archivmaterial *n* – archive material – matériel *m* archivistique

arithmetisches Zeichen *n* – arithmetical sign – signe *m* arithmétique

Arretierung *f* – lock lever – fermeture *f*

Art Director *m* – art director – directeur, -rice artistique (DA)

Artefakt *n* – artifact – artefact *m*

Artikel *m* – article – article *m*

ASA-Wert *m (fotogr.)* – ASA rating – valeur *f* ASA

ASCII-Zeichensatz *m* – ASCII character set – jeu *m* de caractères ASCII, codes *m/pl* de caractères ASCII

A

A

asiatische Sprachdateien
(Acrobat) – Asian language kit
– Fichiers langues asiatiques
asphärische Linse *f* – aspherical
lens – objectif *m* asphérique
Assembler *m* – assembler –
assembleur *m*
Asset-Management *n* – asset
management – asset
management *m*, gestion *f* des
actifs numériques
Asterisk(us) *m* (*) – asterisk, star,
F splat – astérisque *m*, étoile *f*
Ästhetik *f* – aesthetics *(brit.)*
esthetics *(U.S.)* – esthétique *f*
Ästhetiktabelle *f* – aesthetic box
– table *f* esthétique, programme
m esthétique
astronomisches Zeichen *n* –
astronomical sign – signe *m*
astronomique
asynchron – aysnchronous –
asynchrone
asynchrone Übertragung *f* –
asynchronous communication
– communication *f* asynchrone
Atlaspapier *n* – satin paper,
glazed paper – papier *m* satiné
Attachment *n* *(Anhang an
E-Mail)* – attachment –
attachement *m*
Attribute *(Fenster in InDesign,
Illustrator)* – Attributes –
Options d'objet
at-Zeichen *n* (@) – at-sign, F
strudel, F snail – a commercial,
arrobas *m*, at, F escargot
Ätzung *f* – etching – gravure *f*,
morsure *f*
audiovisuell – audio-visual –
audio-visuel
auf gleicher Höhe mit – flush *v.*
with, on a level with – à fleur de
**Auf Hintergrundebene redu-
zieren** *(Photoshop)* – Flatten
image – Aplatir l'image
auf Knopfdruck – at the touch of
a button, at the flick of a switch
– en appuyant sur un bouton
Auf Rahmen begrenzen
(QuarkXPress) – Restrict To
Box – Restreindre au bloc

auf Stand – in register – en
parfait repérage
Aufbauen der Farbe *f* – ink build-
up – accumulation *f* d'encre
Aufdruck *m* – imprint(ing),
surprint – repiquage *m*,
surimpression *f*
aufdrucken – imprint *v.* –
surimprimer
aufeinander folgende Seiten *f/pl*
– contiguous pages – pages *f/pl*
consécutives
auffallendes Licht – incident light
– lumière *f* incidente
Aufgabe *f* – task – tâche *f*
aufgeklebt – pasted – encollé
Aufhellblitz *m* – fill-in flash,
forced flash – flash *m* forcé,
aufhellen – brighten *v.*, lighten *v.*
– éclaircir
Aufhelllicht *n* – fill-light, fill-in
light – éclairage *m* d'appoint,
fill-in au flash
Aufhellung *f* – brightening,
dodging – éclaircissement *m*
Aufklappmenü *n* – pop-up menu
– menu *m* déroulant
Aufkleber *m* – sticker, adhesive
label – autocollant *m*
aufladbar – rechargable –
rechargable
Auflage *f* *(Anzahl der Drucke)* –
run, print run, circulation –
tirage *m*
Auflagenbeständigkeit *f* –
length-of-run capacity – tenue *f*
au tirage
Auflagenhöhe *f* – print run,
length-of-run circulation (bei
Zeitung) – tirage *m*, chiffre *m*
du tirage
Auflagenpapier *n* – print run
paper – papier *m* du tirage
auflagenschwach – low-
circulation – à faible tirage
auflagenstark – high-circulation
– à grand tirage
Auflagenzähler *m* *(an der
Druckmaschine)* – job counter
– compteur *m* des tirages
Auflicht *n* – on-light – éclairage *m*
par réflexion

Auflichtmessung *f* – on-light
measurement – mesure *f* par
réflexion
auflisten – list *v.* – lister
Auflistung *f* – listing – listing *m*,
listage *m*
auflockern *(Druckbogen)* –
loosen up *v.* – décoller
auflösen *(chem.)* – dissolve *v.* –
dissoudre
Auflösung *f* – resolution –
résolution *f*
auflösungsabhängig – resolution
dependent – dépendant de la
résolution
auflösungsunabhängig –
resolution independent –
indépendant de la résolution
Aufnahme *f* *(Foto)* – shot, take –
prise *f* de vue
Aufnahme *f* *(Video)* – record,
shooting – enregistrement *m*,
tournage *m*
Aufnahmebereich *m* *(fotogr.)* –
shooting range – plage *f* de la
prise de vue
Aufnahmekasette *f* – take-up
cassette – cassette *f* réceptrice
Aufnahmemodus *m* *(z.B. bei
Kamera)* – recording mode –
mode *m* d'enregistrement
Aufnahmetechnik *f* *(fotogr.)* –
shooting techniques –
technique *f* de la prise de vue
Aufnahmewinkel *m* – camera
angle – angle *m* de la prise de
vue
Aufnahmezeit *f* *(Scanner,
Kamera)* – scan time – temps *m*
d'acquisition
aufnehmen *(Farbwerte aus Bild)*
– sample *v.* – prélever
Aufrasterung *f* – screening –
tramage *m*
Aufrollung *f* *(Druckbahn)* –
rewinder – bobineuse *f*,
enrouleur *m*, embobineur *m*
aufrufen *(Datei)* – load *v.*, call *v.*
– appeler, charger
aufrütteln *(Papierstoß)* – jog *v.* –
taquer
aufschreiben – write down *v.* –
noter

Aufschrift *f* – inscription – inscription *f*

Aufsicht *f (im Gegensatz zu Durchsicht)* – reflection – réflexion *f*

Aufsichtsdensitometer *n* – reflection densitometer – densitomètre *m* réflexion

Aufsichtsvorlage *f* – reflection original – original *m* pour analyse par réflexion

aufspalten – split *v.* – scinder

aufspannen *(Platte in Druckmaschine)* – clamp *v.* – caler

Aufspannen *n (Platte in Druckmaschine)* – clamping – calage *m*

aufspüren – detect *v.* – détecter

Aufsteckschuh *m (fotogr.)* – accessory shoe, flash shoe – sabot *m*, griffe *f* porte-accessoire

aufsteigend – ascending – ascendant

aufsteilen *(Konturen)* – intensify *v.* – accentuer

aufstoßen *(Papierstoß)* – jog *v.* – taquer

Aufstoßen *n (Papierstoß)* – jogging – taquage *m*

Aufstrich *m (typogr.)* – up-stroke, beginning stroke – délié *m*

aufteilen – tile *v.* – répartir

Auftrag *m* – order, job – ordre *m*, commande *f*, tâche *f*

Auftraggeber, -in – client, customer – donneur *m* d'ordres, client *m*

Auftragsabwicklung *f* – order handling – traitement *m* des commandes

Auftragsannahme *f* – order taking – réception *f* des commandes

Auftragsarbeit *f* – commissioned work – ouvrage *m* de commande

Auftragsbearbeitung *f* – order handling – traitement *m* des commandes

Auftragsbestätigung *f* – confirmation of order, acknowledgement of order – confirmation *f* de commande

Auftragsbuch *n* – order book – livre *m* de commandes, carnet *m* de commandes

Auftragsdaten *pl* – job data – données *f/pl* du travail

Auftragseingang *m* – order intake, order entry, intake of order *(Vorgang)* – entrée *f* des commandes

Auftragsformular *n* – order form – formulaire *m* de commande

Auftragskalkulation *f* – job costing – calculation *f* des travaux

Auftragslage *f* – orders situation – rentrée *f* des commandes

Auftragsnummer *f* – order number – numéro *m* de commande

Auftragsstruktur *f* – order structure – structure *f* des commandes

Auftragstasche *f* – job ticket, job docket – dossier *m* de travail, fiche *f* de fabrication, fiche *f* d'instructions

Auftragsvorbereitung *f* – job preparation – préparation *f* du travail

Auftragswalze *f* – application roller – rouleau *m* toucheur

aufwärmen *(Maschine)* – warm up *v.* – réchauffer

Aufwärmzeit *f* – warm-up time – temps *m* de réchauffage

aufwärtskompatibel – upwardly (upwards) compatible – à compatibilité ascendante

Aufwickeln *n (Papierrolle)* – winding – enroulage *m*

Aufzählungssymbol *n* – picture bullet – puce *f* graphique

Aufzählungszeichen *n* – bullet, bullet character – puce *f*

aufzeichnen – record *v.*, scan *v.* – enregistrer

Aufzeichnung *f* – recording – enregistrement *m*

Aufzeichnungsgerät *n* – recorder – enregistreur *m*

Aufziehkarton *m* – mounting board – carton *m* pour montage

Aufzugsstärke *f* – packing height – épaisseur *f* de l'habillage

Auge *n* – eye – œil *m*

ausbaubar – extensible, extendable, scalable – adaptable, extensible

ausbilden *v.* train – former

ausbleichen – bleach *v.*, fade *v.* – faner, décolorer

Ausbleichen *n* – bleeding, fading – déteintage *m*, décoloration *f*

ausblenden – hide *v.*, fade out *v.* – masquer, fermer en fondu *(Film)*

ausbringen *(typogr., Zwischenraum)* – space out *v.* – chasser, espacer

Auschließen *n* – justification – justification *f*

Ausdecken *n (Film)* – masking – masquage *m*

ausdehnen – stretch *v.* – allonger, étirer

ausdehnen (sich) *(Papier)* – spread *v.*, span *v.* – dilater, s'étendre

Ausdehnung *f (Papier)* – spread – dilatation *f*

Ausdruck *m (Druck)* – printout, hard copy, hardcopy – impression *f*

Ausdruck *m (Expression f)* – expression – expression *f*

ausdrucken – print *v.* – imprimer

auseinander falten – unfold *v.*, spread out *v. (Landkarte)*, open up *v. (Zeitung)* – déplier, déployer

auseinander schreiben – write *v.* s.th. as two words – écrire séparément, écrire en deux mots

Auseinanderfaltung *f* – unfolding, spread out – dépliage *m*

Ausfall *m* – failure – défaillance *f*

ausfallsicher – fail-safe – à sécurité intégrée

Ausfallzeit *f* – down time – arrêt *m* de travail

Ausflecken *n* – spotting, opaquing, spotting-out, film masking (opaquing) – rebouchage *m*, bouchage *m*, gouachage *m*

ausfransen – fray *v.* – s'effranger, s'effilocher

ausführbar – executable – exécutable

ausführen *(Programm)* – run *v.*, execute *v.* – exécuter

Ausführungszeit *f* – execution time – temps *m* d'exécution

ausfüllen – fill *v.*, fill up *v.* – remplir

Ausgabe *f* – output – sortie *f*

Ausgabe *f (Buch, Zeitschrift)* – edition, issue – édition *f*

Ausgabe *f* **auf Film** – output on film – sortie *f* sur film

Ausgabe unterdrücken *(QuarkXPress)* – Suppress Printout – Ne pas imprimer

Ausgabeauflösung *f* – output resolution – résolution *f* de la sortie

Ausgabebedingungen *f/pl* – output conditions – conditions *f/pl* de sortie

Ausgabedatei *f* – output file – fichier *m* de sortie

Ausgabeeinheit *f* – output unit – unité *f* de sortie

Ausgabefach *n* – output tray – bac *m* de sortie

Ausgabefarbraum *m* – output color space – espace *m* colorimétrique de sortie

Ausgabeformat *n* – output format – format *m* de sortie

Ausgabegerät *n* – output device – appareil *m* de sortie, périphérique *m* de sortie

Ausgabematerial *n* – output material – support *m* de sortie

Ausgabeprofil *n* – output profile – profil *m* de sortie

ausgabetauglich – outputworthy – prêt pour la sortie

Ausgabezweck *m* – output intent – usage *m* de sortie

Ausgangszeile *f* – club line, broken line – ligne *f* creuse

ausgefranzt – frayed, stepped, jagged – dentelé, crénelé, en dents de scie

ausgeschossene Form *f* – flat – forme *f* imposée

ausgeschossene Seiten *f/pl* – imposed pages – pages *f/pl* imposées

ausgeschossener Bogen *m* – imposed sheet – feuille *f* imposée

Ausgleichen *n (Buchstabenzwischenräume)* – kerning – crénage *m*, réglage *m* des approches

Ausgleichsabstand *m* – flush space – espace *m* sans alinéa

Auslage *f* – section – sortie *f*

auslassen – omit *v.* – omettre

Auslassen *n* **von Wörtern** *(Satzfehler)* – omission (of words) – bourdon *m*

Auslassungspunkte *m/pl (...)* – three dots, omission marks, ellipsis – points *m/pl* de suspension

Auslassungszeichen *n* – apostrophe, single quote – apostrophe *f*

Auslauf *m* – terminal – sortie *f*

auslaufen *(Farbverläufe, Masken)* – fade (out) – estomper

Auslaufen *n* **(der Farbe)** – bleeding – étalement *m* de couleur

auslaufend *(Farbverläufe, Masken)* – fading – estompant

auslaufender Rand *m* – feather (edge), smooth edge – contour *m* progressif, bord *m* flou

ausleuchten – illuminate *v.* – bien éclairer

Ausleuchtung *f* – illumination – éclairage *m*

ausloggen (sich) – log out *v.*, log off *v.* – se déconnecter

auslösen – release *v.*, trigger *v.* – déclencher

Auslöser *m (fotogr.)* – shutter release, trigger – déclencheur *m* (souple)

Ausnahmelexikon *n* – exception dictionary – dictionnaire *m* d'exceptions

ausradieren – rub out *v.*, erase *v.* – gommer, effacer (à la gomme)

Ausrichtemarke *f* – guide mark – repère *m* de calage, taquet *m* de guidage

ausrichten *(Druckmaschine)* – register *v.* – mettre en registre

ausrichten an *(Text)* – align on *v.* – aligner sur

Ausrichtung *f (Text, Objekte)* – alignment – alignement *m*

Ausrichtung *f (Richtung)* – orientation – orientation *f*

Ausrufezeichen *n* – exclamation mark, F bang – point *m* d'exclamation

Ausrüstung *f* – equipment – équipement *m*

ausschalten – switch off *v.*, turn off *v.* – éteindre, mettre hors tension

Ausschießbogen *m* – imposition sheet – feuille *f* d'imposition, F impo *f*

Ausschießen *n* – imposition – imposition *f*

ausschießen – impose *v.* – imposer

Ausschießmodell *n* – imposition model – polichinelle *m* (Papier), modèle *m* d'imposition

Ausschießprogramm *n* – imposition program – logiciel *m* d'imposition

Ausschießschema *n* – impositioning scheme, imposition layout – schéma *m* d'imposition, modèle *m* d'imposition

Ausschließbereich *m* – justification range, justification zone – zone *f* de justification

ausschließen *(typogr.)* – justify *v.*, quad *v.* – justifier, cadratiner

Ausschluss *m (typogr.)* – justification – justification *f*, alignement *m*

Ausschluss *m (Option in Photoshop)* – Exclusion – Exclusion

Ausschlussart *f* – justification mode – mode *f* de justification

ausschneiden – cut out *v.*, cut *v.*, crop *v.* – découper, couper

Ausschneiden *n* – cropping – découpage *m*, cadrage *m*
ausschneiden und einfügen – cut and paste, cut-and-paste, cut-*n*-paste – couper-coller
Ausschnitt *(QuarkXPress)* – Clipping – Détourage
Ausschnitt *m (aus einem Bild)* – detail – détail *m*
Ausschnitt *m (aus einem Buch)* – extract – extrait *m*
Ausschuss(bogen) *m (Makulatur)* – spoil sheets – feuilles *f/pl* maculées
Aussehen *n* – look – aspect *m*
Außenaufnahme *f (fotogr.)* – outdoor shot – prise *f* de vue extérieure
Außenkante *f* – outer edge, outside edge – bord *m* extérieur
Außenkontur *f* – outer contour – contour *m* extérieur
Außenrand *m* – outer contour, outer edge – contour *m* extérieur (externe)
Außentrommel *f* – external drum – tambour *m* externe
Außentrommelbelichter *m* – external drum imagesetter – flasheuse *f* à tambour externe
Außenwerbung *f* – outdoor advertising – publicité *f* dans la rue
äußerer Papierrand *m* – fore-edge (margin) – blanc *m* extérieur, blanc *m* de grand fond, marge *f* de grand fond
äußerer Rand *m* – outside margin – marge *f* extérieure
außerhalb der Seite – off the page, outside of the page – en dehors de la page, hors page
Aussparbegrenzung *(Trapping QuarkXPress)* – Knockout Limit – Limite d'aucun débord
aussparen – knockout *v.* – défoncer
ausstanzen – punch *v.* – poinçonner, percer
Ausstanzung *f* – punching – découpage *m*, poinçonnage *m*
ausstecken – disconnect *v.* – déconnecter

Ausstellungskatalog *m* – exhibition catalog(ue) – catalogue *m* d'exposition
Austausch *m* – exchange – échange *m*
austauschbar – exchangeable – échangeable
austauschbarer Datenträger *m* – exchangeable disk – disque *m* échangeable
austauschen – exchange *v.* – échanger
austreiben *(typogr., Zwischenraum)* – space out *v.*, drive out *v.*, quad *v.* – chasser (une ligne), espacer
Auswahl *f* – selection – sélection *f*
Auswahl *(Mac)* – Chooser – Sélecteur
Auswahl *f* **aufheben** *(z.B. Objekte auf einer Seite)* – deselect *v.* – désélectionner
Auswahlbegrenzung *(Photoshop)* – Selection border – Contour *m* de sélection
Auswahlbereich *(Photoshop)* – Selection – Sélection *f*
auswählen *(z.B. Objekte auf einer Seite)* – select *v.* – sélectionner
Auswahlrechteck *n* – marquee – rectangle *m* de sélection
auswerfen *(CD)* – eject *v.* – éjecter
auswerten – analyze *v.* – analyser
auszeichnen – accentuate *v.*, display *v.* – accentuer, mettre en évidence
Auszeichnungsschrift *f* – display type – caractère *m* de titre, caractère *m* distinctif
Auszeichnungszeile *f* – display line – ligne *f* en vedette
auszoomen – zoom out *v.* – dézoomer, faire un zoom arrière, réduire
Auszug *m (Farbauszug)* – color separation – séparation *f* de couleur
Auszug *m (Buchauszug)* – abstract – extrait *m*
Auszug *m (typogr.)* – extension, wash – sortie *f* gracile, paraphe *f*

Auszüge *(QuarkXPress)* – Separations – Séparations
Autofokus *m (automatische Fokussierung, AF)* – auto focus, auto-focus, autofocus – autofocus *m*, mise *f* au point AF, système *m* de mise au point automatique
Autofokus-Kamera *f (AF-Kamera f)* – autofocus camera – caméra *f* autofocus, autofocus *m*
Autofokusmarkierung *f* – AF target mark – cible *f* d'autofocus
Auto-Kerning *n* – auto-kerning – réglage *m* automatique des approches, crénage *m* automatique
automatisch – automatic(ally) – automatique
automatische Belichtung *f* – auto(matic) exposition – exposition *f* automatique
automatische Belichtungsreihe *f* – auto bracket – fourchette *f* automatique
automatische Farbbereichsauswahl *f* – automatic color range selection – sélection *f* automatique de la gamme de couleurs
automatisch einlaufen lassen *(Textimport)* – autoflow *v.* – placer automatiquement
automatische Rechtschreibkorrektur *f* – automatic spelling correction – correction *f* orthographique automatique
automatische Registerüberwachung *f (an Druckmaschine)* – automatic register monitoring – suivi *m* automatique du repérage
automatisch erweiternder Textblock – auto-expanding text block – bloc *m* de texte à élargissement automatique
automatische Scharfeinstellung *f* – auto-focus(ing), automatic focusing – mise *f* au point automatique

A
B

automatische Seitennumme-rierung *f* – auto-page numbering, automatic pagination – numérotation *f* automatique des pages

automatische Sicherungskopie *f* – automatic backup – sauvegarde *f* automatique

automatischer Randausgleich *m* – automatic margin adjustment – ajustement *m* automatique de la marge

automatisches Datenerfassungs-system *n* – automated data acquisition system – système *m* d'acquisition de données

automatisches Speichern – autosave – sauvegarde *m* automatique des fichiers

automatisches Trapping *n* – autotrapping – grossi maigri *m* automatique

automatisch zentrieren – autocenter – centrer automatiquement

automatisieren – automate – automatiser

Automatisierung *f* – automation – automatisation *f*

Autor, -in – author – auteur *m*

Autorenexemplar *n* – author's copy – exemplaire *m* d'auteur

Autorensystem *n* – authoring system, authoring software – système *m* (d')auteur, logiciel *m* auteur

Autorhonorar *n* – author's royalties – droits *m/pl* d'auteurs

Autorkorrektur *f* – author's correction(s) (AC), author's alteration(s) (AA) – correction(s) *f* d'auteur

Auto-Tracing *n* – auto-tracing – détection *f* des contours

Autotypie *f* – halftone engraving, halftoning, autotype – similigravure *f*, silimi *m*, cliché *m* simili

autotypisches Raster *n* – autotypical screening, AM screening – tramage *m* autotypique

Azetat *n* – acetate – acétate *m*

Azetatfilm *m* – acetate film, safety film – film *m* acétate

azurblau – azure – azur

B

Backslash *m (umgekehrter Schrägstrich)* – backslash – barre *f* oblique inversée, barsou *m*, antislash *m*, contre-cotice *f*

Backup durchführen – backup *v.* – faire une copie de sauvegarde

Backup *m* – backup (copy) – copie *f* de sauvegarde, copie *f* de secours, sauvegarde *f*

Bahn *f (Rollendruck)* – web – bande *f*

Bahn(durch)lauf *m* – web travel, web path – passage-papier *m*

Bahnbreite *f* – web width – laize *f*, largeur *f* de la bobine (nappe)

Bahndehnung *f* – web élongation – allongement *m* de bande

Bahneinzug *m* – web threading – engagement *m* de la bande

Bahnlaufregler *n* – web guiding system, edge guiding system – aligneur *m* de bande

Bahnlaufrichtung *f* – direction of web travel – sens *m* de défilement de la bande

Bahnriss *m* – web break – casse *f* de bande

Bahnrisssensor *m* – web break sensor – détecteur *m* de casse

Bahnspannung *f* – web tension – tension *f* de (la) bobine, tension *f* de (la) nappe

Bahnüberwachungssystem *n* – web inspection system – dispositif *m* d'observation de la bande

Bahnverzug *m* – web growth, web shift – déformation *f* de la bobine

Bahnverzugs-Kompensation *f* – web growth compensation – compensation *f* de la déformation de la bobine

Balgen *m* – bellows – soufflet *m*

Balgenauszug *m (Kamera)* – bellows extension – tirage *m* du soufflet

Balken *m* – stern, bold rule – barre *f*, filet *m* gras

Balkendiagramm *n* – bar graph, bar chart, histogram – histogramme *m*, graphique *m* à barres, graphique *m* à tuyaux d'orgue, graphique *m* en colonnes

Balkenrand *m* – stem edge – bornée *f*

Balkenstärke *f* – stem width – épaisseur *f* de trait

Balkenüberschrift *f (typogr.)* – banner, banner headline – manchette *f*, titre *m* en bandeau, drapeau *m*

Ballen *m* – bale – paquet *m*

Band *m (Buch)* – volume – tome *m*, volume *m*

Bandbreite *f* – bandwidth – bande *f* passante, largeur *f* de bande

Banderole *f* – scroll – banderole *f*

Banderolierung *f* – banding – cerclage *m*

Bandlaufwerk *n* – tape drive, tape streamer – streamer à bande magnétique

Bankpostpapier *n* – bank paper – papier *m* poste

Banner *n* – banner – bannière *f*

Bannerseite *f (Internet)* – banner page – page *f* d'entête

Barcode-Scanner *m* – bar code reader (scanner) – lecteur *m* de codes à barres

Baseline optimiert *(JPEG-Option in Photoshop)* – Baseline optimized – De base optimisé

Basisfarben *f/pl* – basic colors – couleurs *f/pl* de base

Basisformat *n* – basic size, standard size – format *m* standard

Basrelief *n* – deep embossing – bas-relief *m*

Batterie *f* – battery – pile *f*, batterie *f*

Bauschigkeit *f* – bulk (index) – bouffant *m*

Beachtung *f* **der Groß-/Klein-schreibung** – case sensitivity – sensibilité *f* à la casse

bearbeiten – edit *v*., work *v*. on – traiter, modifier, retoucher

Bearbeitung *f* **des Buchblock-rückens** – backing – endossure *f*

Bearbeitung *f* – processing – traitement *m*

Bearbeitungsgeschwindigkeit *f* *(Software)* – processing speed – vitesse *f* d'exécution

Bearbeitungsstatus *m* – processing status – statut *m* d'édition

Bebilderung *f* *(Digitaldruck)* – imaging – imageage *m*

Bedarfstrennstrich *m* – discretionary hyphen – tiret *m* conditionnel

Bedienerfreundlichkeit *f* – ease of use – facilité *f* d'utilisation

Bedienerkonsole *f* – operator console – console *f* de commande

Bedienfeld *n* – panel, operating panel – panneau *m* de commande

Bedienung *f* *(Gerät)* – operation, attendance – maniement *m*

Bedienungsablauf *m* – operation sequence – séquence *f* des opérations

Bedienungsanleitung *f* – operating instructions, instruction manual – mode *m* d'emploi

Bedienungsfehler *m* – operating error, bust – erreur *f* de manœuvre (de commande), faute *f* de manœuvre (de commande), fausse manœuvre *f*

Bedingte Ligaturen *(InDesign)* – Discretionary Ligatures – ligatures conditionnelles

bedingte Verzweigung *f* – conditional branch – branche *f* conditionnelle

bedingter Trennstrich *m* – discretionary hyphen – tiret *m* conditionnel

bedruckbar – printable – imprimable

Bedruckbarkeit *f* – printability – imprimabilité *f*, aptitude *f* à l'impression

bedrucken – print *v*. on – imprimer sur

bedrucken – print on *v*., impress on *v*., impress *v*. something with – imprimer sur

Bedrucken *n* – printing, imprinting, impressing, overprinting – impression *f*

Bedruckstoff *m* – substrate, printing substrate, print(ing) carrier – support *m* d'impression, matière *f* d'impression,

bedruckt – printed – imprimé

bedruckte Fläche *f* – printed surface – surface *f* imprimée

bedruckter Zuschnitt *m* – printed blank – carton *m* imprimé

Befehl *m* *(inform.)* – command, instruction – commande *f*, instruction *f*

Befehlskette *f* – instruction chain – chaîne *f* d'instructions

Befehlscode *m* – control code – code *m* de commande

Befehlstaste *f* – command key – touche *f* (de) commande

Befehlszeile *f* – command line – ligne *f* de commande

befeuchten – damp *v*. – humidifier, mouiller

Begleitbrief *m* – cover letter – lettre *f* d'accompagnement

Begleitschreiben *n* – accom-panying letter, cover(ing) letter, letter of transmittal, covering note – lettre *f* d'accompagne-ment, lettre *f* d'envoi

begrenzte Auflage *f* – limited edition – édition *f* (à tirage) limitée

Begrenzungsrahmen *m* – marquee – cadre *m* de sélection

beheben – resolve *v*. – résoudre

beherbergen *(Internet)* – host *v*. – héberger

beherrschen *(Programm)* – master *v*. – maîtriser

behobenes Problem *n* – resolved issue – problème *m* résolu

bei laufender Maschine – during press run, on the fly – pendant la marche de la presse, en marche, en vol

beibehalten – preserve *v*. – préserver

beidseitig bedruckt – printed both sides – imprimé de deux côtés

Beihefter *m* – bound insert – encart *m* broché, encart *m* fixe

Beikleber *m* *(eingeklebte Beilage)* – tip-in – encart *m* collé

Beilage *f* *(in Zeitung)* – insert, supplement, loose insert – supplément *m*, encart *m* jeté, encart *m* libre

Beilagenwerbung *f* – insert advertising – publicité *f* par encarts

beilegen – inset *v*., add *v*. to – encarter

beinhalten – contain *v*. – contenir

Beistellung *f* – kiss contact – effleurage *m*

bekanntes Problem *n* – known issue – problème *m* connu

Belegausdruck *m* – hardcopy – épreuve *f* dure

Belegbogen *m* – tearsheet – preuve *f* de parution

Belegexemplar *n* – specimen copy, author's copy, voucher copy – justificatif *m*, exemplaire *m* justificatif

Belegung *f* *(Speicher)* – allocation – allocation *f*

beleuchten *(fotogr.)* – light up *v*. – éclairer

beleuchten *(festlich)* – illuminate *v*. – illuminer

Beleuchter, -in *(Theater, Film)* – lightning technician – éclairagiste *m/f*

beleuchtet – lit up, illuminated – éclairé

Beleuchtung *f* – lighting, illumination, illuminance – éclairage *m*, éclairement, illumination *f* *(festlich)*

B

Beleuchtung f **von hinten** – backlighting – rétro-éclairage m

Beleuchtungseffekte-Filter (Photoshop) – Lighting Effects filter – filtre Éclairage

Beleuchtungsverhältnisse n/pl – lithting conditions – conditions f/pl d'éclairage

Beleuchtungswinkel m – illumination angle – angle m d'éclairage

belichtbarer Bereich m – imageable area – zone f exposable

belichten – expose v. – flasher, exposer, insoler

Belichter m – imagesetter – flasheuse f, photocomposeuse f, imageuse f, unité f photo

Belichtung f – exposure, imaging, lighting – flashage m (Druckvorstufe), exposition f, pose f (Fotografie)

Belichtungsautomatik f – auto exposure, automatic exposure (control), program exposure – exposition f automatique, réglage m automatique du temps de pose

Belichtungsgeschwindigkeit f – speed of exposure, output performance – vitesse f d'insolation, vitesse f de sortie

Belichtungskorrektur f (fotogr.) – exposure compensation – compensation f de l'exposition

Belichtungslampe f – exposure lamp – lampe f d'exposition

Belichtungsmesser m – light meter, exposure meter – posemètre m

Belichtungsspielraum m – latitude, exposure latitude, range of exposure – latitude f (d'exposition), plage f d'exposition

Belichtungsstudio n – service bureau, color separation service, engraver, F prep service, separator – atelier m de flashage, atelier m de photocomposition, F flasheur m, F photocompositeur m

Belichtungszeit f – exposure (time) – durée f d'exposition, temps m de pose (fotogr.)

belüften – aerate v. – aérer

Belüftung f – aeration – aération f

Bemaßung f – dimensioning – dimensionnement m, calcul m des dimensions

benachbarte Farben f/pl – intersecting colors – couleurs f/pl contiguës

benachbarte Objekte n/pl – neighboring (brit. neighbouring) objects – objets m/pl adjacents

Benchmark m – benchmark – benchmark m, banc m d'essai, test m de performance(s)

benutzen – use v. – utiliser

Benutzer, -in – user – utilisateur m, utilisatrice f

Benutzerdaten pl – user data – données f/pl de l'utilisateur

benutzerdefiniert – custom... personalized, user defined – personnalisé

benutzerfreundlich – user-friendly – convivial, facile à utiliser

benutzerfreundliches System n – user-friendly system – système m convivial

Benutzerführung f – user guide, user guidance – guide m utilisateur

Benutzergruppe f – user group – groupe m d'usager

Benutzerhandbuch n – user manual, user guide – manuel m de l'utilisateur, guide m de l'utilisateur

Benutzerkoordinatensystem n – user coordinate system – système m de coordonnées utilisateur

Benutzeroberfläche f – user interface – interface f utilisateur

Benutzerprofil n – user profile – profil m d'utilisateur

Benutzerrechte n/pl – user rights – droits m/pl d'utilisateur

Benutzerwörterbuch n – custom dictionary, user dictionary – dictionnaire m personnalisé

Berater, -in – consultant – conseiller, -ère

Beratung f – consulting – conseil m

berechnen – calculate v., compute v. – calculer

Berechnung f – calculation, computation – calculation f

Bericht m – report – rapport m

Berichtigung f – rectification – rectification f

Berstfestigkeit f – burst strength – résistance f à l'éclatement, indice m d'éclatement

berufliche Fortbildung f – further vocational training – formation f professionnelle continue

Berufsfotograf, -in – professional photographer – photographe m/f professionnel, -le

berührend (typogr.) – touching – d'accolage

berührungsloses Druckverfahren n – non-impact printing – procédé m d'impression sans impact

berührungssensitives Display n – touch-sensitive display – écran m tactile, écran m sensitif

Berührungstabelle f – touching table – table f d'accolage, table f de contact

beschädigt (z.B. Datei) – corrupt – endommagé, détérioré

beschädigter Font m (Zeichensatz) – corrupted font – police f endommagée

beschäftigt – employed – employé

beschäftigt mit – busy with – occupé à

beschichtetes Objektiv n – coated lens – objectif m traité

Beschichtung f (gestrichenes Papier) – coating – couchage m, couche f

beschleunigen – accelerate v. – accélérer

B

Beschleuniger *m* – accelerator – accélérateur *m*

Beschleunigerkarte *f* – accelerator board (card) – carte *f* accélératrice

Beschleunigung *f* – acceleration – accélération *f*

Beschleunigungscache *m* – performance cache – cache *m* performances

Beschneiden *n* – trimming – coupe *f*, cadrage *m*

beschneiden – crop *v.*, cut *v.*, trim *v.* – couper, massicoter, rogner, recadrer *(in Programm)*, découper

Beschneidungspfad *m* – clipping path – masque *m*, détourage *m*

Beschnitt *m* – trim(ming), bleed, crop(ping) – coupe *f*, cadrage *m*, découpage *m*

beschnitten *(Seite, Bild)* – cropped, clipped – coupé, massicoté

beschnittenes Format *n* – trim(med) size, finished size – format *m* massicoté, format *m* rogné

Beschnittmarke *f* – trim mark, crop mark, cutting mark – marque *f* de coupe, repère *m* de coupe

Beschnittrand *m* – trim edge – marge *f* de coupe

Beschnittzugabe *f* – bleed add, additional bleed – rogne *f* en plus

Beschnittzugabemarke *f* – bleed mark – repère *m* de marge

beschreibbar – writable – inscriptible

Beschriftung *f* – lettering – lettrage *m*

Bestandsführung *f* – warehousing – gisement *m* de données

Bestellcoupon *m* – order coupon – talon *m* de commande

Bestellformular *n* – order form – formulaire *m* de commande, bon *m* de commande

Bestellnummer *f* – order number – numéro *m* de commande

Bestellung *f* – order – commande *f*

Bestellzettel *m* – order sheet – formulaire *m* de commande

bestickter Einband *m* – filigreed binding – reliure *f* à filigranes

Beta-Site *f* – beta site – site *m* bêta

Betatest *m* – beta test – bêta test *m*

Betatester *m* – beta tester – bêta-testeur *m*

Betaversion *f (Programm)* – beta version – version *f* bêta

betrachten – look *v.* at – regarder

betrachten *(aufmerksam, z.B. Gemälde)* – contemplate *v.* – contempler

Betrachtungsbedingungen *f/pl* – viewing conditions – conditions *f/pl* d'observation

Betrachtungsnorm *f* – viewing standard – standard *m* de visualisation

Betrachtungswinkel *m* – viewing angle, angle of vision – angle *m* de visualisation

Betrachtung *f* – viewing, contemplation *(besinnlich)* – contemplation *f*

betriebsbereit – operational – opérationnel

Betriebsdaten *pl* – operational data – données *f/pl* d'exploitation

Betriebsdatenerfassung *f* – operational data recording – saisie *f* de données d'exploitation

Betriebsgeschwindigkeit *f* – operating speed – vitesse *f* d'exploitation

Betriebsstruktur *f* – operational structure – structure *f* de la production

Betriebsstunden *f/pl* – operating hours – heures *f/pl* d'exploitation

Betriebssystem *n* – operating system (OS) – système d'exploitation *m*

Betriebstemperatur *f* – operating temperature – température *f* de service

Betriebszustand *m* – operating status – état *m* de fonctionnement

Bett *n (Hochdruck, Fundament)* – bed – fondation *f*, marbre *m*

beugen – deflect *v.*, diffract *v.* – diffracter

Beugung *f (opt.)* – diffraction – diffraction *f*

Bewegungsunschärfe *f* – motion blur – flou *m* de bougé, flou *m* de mouvement

Bézierkurve *f* – Bézier curve – courbe *f* (de) Bézier

Bezug herstellen *(QuarkXPress)* – Constrain – Contraindre

Bezugsbedingungen *f/pl* – terms of sale – conditions *f/pl* d'achat

Bezugspapier *n* – paste paper – papier-reliure *m*

Bezugspunkt *m* – reference point – point *m* de référence

Bibel(druck)papier *n* – Bible paper – papier *m* bible

Bibliograf, -in – bibliographer – bibliographe *m/f*

Bibliografie *f* – bibliography – bibliographie *f*

bibliografisch – bibliograhic(al) – bibliographique

Bibliothek *f* – library – bibliothèque *f*

Bibliothekar, -in – librarian – bibliothécaire *m/f*

Bibliothekswesen *n* – librarianship – bibliothéconomie *f*

Bibliothekswissenschaft *f* – librarian science – bibliothéconomie *f*

Bichromatlösung *f (Tiefdruckgravur)* – dichromate solution – solution *f* de bichromate

bidirektional – bidirectional – bidirectionnel

Biegefestigkeit *f* – bending strength, flexural stiffness – résistance *f* à la flexion, rigidité *f* à la flexion

biegen – bend *v.* – cintrer

Biegepresse *f* – bending press – machine *f* à cintrer

biegsam – pliable, flexible – flexible, souple, pliable

Biegsamkeit f – pliability, flexibility – flexibilité f, souplesse f

bikubisch – bicubic – bicubique

bikubische Neuberechnung f (*Downsampling n*) – bicubic downsampling – sous-échantillonnage m bicubique

Bild n – Image – image f

Bild n (**in hoher Auflösung**) – image in high resolution – image f en haute résolution

Bildabtastung f – scanning – analyse f d'image

Bildarchiv n – photographic archive, picture archive, picture library – photothèque f, archives f/pl photographiques, archives f/pl d'images, bibliothèque f d'images

Bildauflösung f – picture resolution, picture definition – résolution f d'image

Bildaufzeichnung f – image recording – enregistrement m de l'image

Bildausfall m (*TV*) – picture loss – panne f (d'image)

Bildausschnitt m – detail, image section, cutting – partie f de l'image, extrait m de l'image, cadrage m

Bildband m – illustrated book, coffee-table book – livre m abondamment illustré, beau livre m

Bildbearbeitungsprogramm n – image editing program – programme m de traitement d'images

Bildbegrenzung (*QuarkXPress*) – Picture Bounds – limites de l'image

Bildbereich m – image area – zone f de l'image

Bildcomposing n (*image*) composing – imbrication f d'images

Bilddatenbank f – picture database, image data bank – base f de données d'image

Bildeinstellung f – image adjustment – réglage m de l'image

bildende Künste f/pl – fine arts – beaux-arts m/pl

Bilderbogen m – illustrated broadsheet – image f d'Épinal, feuille f imprimée découpée en vignettes

Bilderbuch n – picture book – livre m d'images

Bilderdruck m – picture printing, illustration printing, art printing – impression f d'illustrations, impression f d'art

Bilderfassung f – image acquirement, image capture (capturing), frame-grabbing (*Video*) – acquisition f d'images

Bilderhandschrift f – illuminated manuscript – manuscrit m enluminé

Bilderrahmen m – picture frame – cadre m, encadrement m

Bilderschrift f – pictographic system – pictographie f

Bildersetzung f – image replacement – remplacement m des images

Bildfolge f – picture sequence – suite f d'images, séquence f (*Film*)

Bildformat n – image format – format m de l'image

Bildfreistellung f – picture cut(-)out – détourage m

Bildfrequenz f – frame rate, picture frequency – taux m de rafraîchissement d'image, vitesse f de défilement, images f/pl par seconde

Bildfrequenz f (*Bildschirm*) – refresh rate – fréquence f de balayage

Bildgröße f (*a. Menüpunkt in Photoshop*) – image size – taille f de l'image

bildhaft (*fotogr.*) – pictorial, visual – imagé

Bildjournalist, -in – photojournalist – reporter m photographe

Bildkatalog m – image catalog(ue) – catalogue m images

Bildlichter n/pl – highlights – lumières f/pl

Bildmaße (*Option in Photoshop*) – Pixel Dimensions – Taille actuelle

Bildmaterial n – illustrations – illustrations f/pl

Bild-nach-oben-Taste f – page-up key – touche f page précédente

Bild-nach-unten-Taste f – page-down key – touche f page suivante

Bildplatte f – videodisc – vidéodisque m

Bildqualität f – picture quality – qualité f de l'image

Bildretusche f – image retouching, touch up of an image – retouche f d'image

Bildröhre f – picture tube – tube m cathodique

Bildroll-Sperrtaste f – scroll-lock key – touche f de verrouillage du défilement (à l'écran)

Bildschärfe f – definition, image definition, sharpness – netteté f de l'image

Bildschirm m – screen, monitor – écran m, moniteur m

Bildschirmanzeige f – screen display, monitor display, video display – affichage m à l'écran

Bildschirmarbeitsplatz m (*video*) workstation – poste m de travail sur écran

Bildschirmauffrischung f – screen refresh – rafraîchissement m d'écran

Bildschirmauflösung f – screen resolution – résolution f d'écran

Bildschirmdarstellung f – monitor display, screen display – affichage m du moniteur

Bildschirmfarben anpassen (*Option in FreeHand*) – Adjust Display Colors – Ajuster les couleurs d'affichage

Bildschirmfont m – screen font – police f d'écran

Bildschirmhintergrund *m* – screen background – fond *m* d'écran

Bildschirmkalibrierung *f* – monitor calibration – calibrage *m* d'écran

Bildschirmkalibrierungspro- gramm *n* – monitor calibration software – calibrateur *m* d'écran

Bildschirmkorrektur *f* – on- screen editing – correction *f* écran

Bildschirmschoner *m* – screen- saver, screen saver – écono- miseur *m* d'écran, F écono *m*

Bildschirmtext *m (BTX)* – videotex – télématique *f*, minitel *m*

Bildschirmvorschau *f* – on-screen preview – prévisualisation *f* à l'écran

Bildstörung *f (TV)* – interference – interruption *f* de l'image

Bildtafel *f* – plate – planche *f*

Bildteil *m* – picture section – partie *f* de l'image

Bildtiefen *f/pl* – image shadows – ombres *f/pl* dans l'image

Bildübertragung *f* – picture transmission – transmission *f* d'images

Bildumfang *m* – dynamic range – plage *f* de densité

Bildunterschrift *f* – caption, legend, figure caption – légende *f*

Bildverarbeitung *f* – image processing, image editing – traitement *m* d'images

Bildvergrößerung *f* – image enlargement – agrandissement *m* d'image

Bildwiedergabe *f* – image reproduction, image rendering – reproduction *f* de l'image

Bildwiederholfrequenz *f (Bildschirm)* – refresh rate – fréquence *f* de balayage

Bildwiederholgeschwindigkeit *f* – frame rate, picture frequency – taux *m* de rafraîchissement d'image, vitesse *f* de défilement, images *f/pl* par seconde

Bildwörterbuch *n* – picture dictionary – dictionnaire *m* d'images

Bildzähler *m (Kamera)* – exposure counter, frame number – numéro *m* de vue

Bimetallplatte *f* – bimetal plate – plaque *f* bimétallique

Bimsstein *m* – pumice stone – pierre *f* ponce

binär – binary – binaire

Bindeart *f* – bindery method, binding method – méthode *f* de reliure

binden – bind *v.* – relier

Binden *n* – bookbinding, binding – reliure *f*

Bindestrich *m* – hyphen – tiret *m*, trait *m* d'union

Bindeverfahren *n* – bindery method, binding method – méthode de reliure *f*

Bindung *f* – binding – reliure *f*

bis ins kleinste Detail – down to last detail – jusqu'au moindre détail

Bit *n* – bit – bit *m*

Bit pro Farbe *(Bit-Tiefe)* – bit per color – bits par couleur

Bitmap *f* – bitmap – bitmap *m*

Bitmap-Ebene *f* – bitmap layer – couche *f* bitmap

Bitmap-Font *m* – bitmap font – police *f* bitmap

Bitrate *f* – bit rate – débit *m* binaire

Bittiefe *f* – bit depth – profondeur *f* de bit, niveau *m* d'échantillonnage

Blankobogen *m* – white sheet – feuille *f* en blanc

Blankopapier *n* – blank paper – papier *m* en blanc

Blankoseite *f* – blank page – page *f* blanche

Blase *f (Druckblase in Tinten- strahldrucker)* – nozzle – bulle *f*

blass – pale – pâle

blasslila – mauve – mauve

Blatt *n (Papier)* – sheet – feuille *f*, feuillet *m*

blättern – leaf through – feuilleter

Blättern *n (z.B. in Zeitschrift)* – paging – feuilletage *m*

blau – blue – bleu

blauempfindliche Platte *f* – blue sensitive plate – plaque *f* sensible au bleu

blaugrau – blue-gray, bluish-gray – gris bleu

blaugrün – blue-green, bluish- green – bleu vert

bläulich – bluish – bleuâtre, bleuté

Blaupause *f* – blueprint, blueline, ozalid, dylux brand – bleu *m*, photocalque *m* bleu, ozalid

Bleisatz *m (typogr.)* – hot metal type – composition *f* au plomb, plomb *m*

Bleistift *m* – pencil – crayon *m* (noir)

Bleistiftentwurf *m* – pencil layout, rough – esquisse *f* au crayon

Bleistiftmine *f* – lead – mine *f* de crayon

Bleistiftskizze *f* – pencil layout, rough – esquisse *f* au crayon

Bleistiftspitzer *m* – pencil sharpener – taille-crayon *m*

Bleistiftzeichnung *f* – pencil drawing – dessin *m* au crayon *m*, crayon *m*

Blende *f* – diaphragm, aperture – diaphragme *m*

Blendenautomatik *f* – automatic aperture (control) – réglage *m* automatique (de l'ouverture) du diaphragme *m*

Blendenebene *f* – aperture plane – plan *m* du diaphragme

Blendeneinstellung *f* – aperture setting (adjustment), f-stop – réglage *m* du diaphragme

Blendenlamelle *f* – diaphragm blade – lamelle *f* d'obturateur

Blendenlamelle *f* – blade, diaphragm blade – lamelle *f* (d'obturateur)

Blendenöffnung *f* – aperture, lens aperture – ouverture *f* du diaphragme

Blendenzahl *f* – f-stop, f-number – degré *m* d'ouverture du diaphragme

B

Blickfeld *n (Gesichtsfeld n)* – viewing field, field of vision, field of view – champ *m* visuel

Blickwinkel *m* – angle of vision, angle of view – angle *m* de vision, angle *m* visuel

Blindkopie *f* – blind copy – copie *f* aveugle

Blindmuster *n* – dummy – blanco *m*

Blindprägung *f* – blind blocking, blind embossing – gaufrage *m* à sec, gaufrage *m* à froid

Blindtext *m* – dummy text, greek text, greeking – faux texte *m*, texte *m* fictif

Blinken *n* – blinking – clignote-ment *m*

Blitz *m (fotogr.)* – flash – flash *m*, éclair *m*

Blitz *m* **mit Rote-Augen-Redu-zierung** – red-eye reduction flash – flash *m* avec réduction des yeux rouges

Blitzanschlussbuchse *f* – flash socket – prise *f* de connexion du flash

blitzen – flash *v.* – photographier au flash

Blitzer *m (Passerfehler)* – gap – liséré *m* (blanc), blanc *m*

Blitzer *m* – gap, white gap, color gap – liséré (liseré) *m* blanc

Blitzlicht *n (fotogr.)* – flash – flash *m*, éclair *m*

Blitzlichtaufnahme *f* – flash photography – photo *f* au flash

Blitzsynchronisation *f (fotogr.)* – flash sync(hronization) – synchronisation *f* du flash

Blitzsynchronisationsgeschwind igkeit *f* – flash sync speed – vitesse *f* de synchronisation du flash

Blocken *n* – blocking – blocage *m*

Blockfestigkeit *f* – blocking resistance – résistance *f* au blocage

Blockheftung *f* – padding, pad stapling, block stitching – piquage *m* de blocs, piqûre *f* au bloc

blockleimen – pad *v.* – coller des blocs

Blockleimung *f* – padding, block binding – encollage *m* des blocs

Blocksatz *m* – justified setting, justified style, flush matter, quad middle, grouped style – justifié, composition *f* en alinéa, composition *f* en bloc

Blockschrift *f* – block capitals, block letters – capitales *f/pl* bâtons

Blockstärke *f* – block thickness – épaisseur *f* du corps

Blooming *n (digitale Kamera)* – blooming – débordement *m*, blooming *m*

blutiger Anfänger *m* – beginner – néophyte *m*, béotien *m*

Bogen *m (Papier)* – sheet – feuille *f*

Bogen *m (geometr.)* – arc, bow – arc *m*

Bogenanlage *f* – sheet fe(e)d – alimentation *f* en feuilles

Bogenanleger *f* – sheet feeder – margeur *m* de feuilles

Bogenauslage *f* – sheet delivery – réception *f* des feuilles

Bogendruckmaschine *f* – sheet(-)fed press – presse *f* à feuilles

Bogeneinteilung *f* – sheet division – repartition *f* de la feuille

Bogenerfassung *f (Druckmaschine)* – sheet gripping – saisie *f* de la feuille

Bogengröße *f* – sheet size – format *m* de la feuille

Bogenkante *f* – sheet edge – bord *m* de la feuille

Bogenkontrolle *f* – sheet control – contrôle *m* de la feuille

Bogenlampe *f* – arc lamp – lampe *f* à arc

Bogenlänge *f* – sheet length – longueur *f* de la feuille

Bogenmontage *f* – sheet assembly – montage *m* de la feuille

Bogenoffset *m* – sheet(-)fed offset – offset *m* à feuilles

Bogenoffsetmaschine *f* – sheet(-)fed offset press – machine *f* offset à feuilles

Bogenzahl *f* – number of signatures – nombre *m* de cahiers

Bogenzuführung *f* – sheet feeding – alimentation *f* à feuilles

Bohren *n* **(von Löchern)** – drilling (holes) – perforation *f* par perçage

Booklet *n* – booklet – livret *m*, booklet *m*, cahier *m*,

Boolescher Ausdruck *m (Boolescher Operator)* – Boolean operator – opérateur *m* booléen

booten – boot *v.* – amorcer, démarrer

Boot-Manager *m* – boot manager – gestionnaire *m* d'amorçage

Boot-Sektor *m* – boot sector – secteur *m* d'amorçage

Bootstrap *m* – bootstrap – amorce *f*

Bordüre *f* – ornamental border – bordure *f* décorative

Boulevardpresse *f* – popular press, gutter press – presse *f* à sensation

Bounding Box *f* – bounding box (bbox) – boîte *f* de circonscrip-tion, boîte *f* englobante

braun – brown – brun, marron

bräunlich – brownish – brunâtre

Brechung *f (opt.)* – refraction – réfraction *f*

Brechungswinkel *m* – refraction angle – angle *m* de refraction

breit – wide, broad, large – large

Breitbahn *f (Rollendruck)* – wide web – grande laize *f*

Breitbahnmaschine *f (Rollen-druck)* – wide web press – presse *f* grande laize

Breitband *n* – broadband, wide-band – à large bande

Breite *f* – width – largeur *f*

Brennebene *f* – focal plane – plan *m* focal

Brenner *m (CD, DVD)* – recorder, burner – graveur *m*

Brennpunkt *m (Fokus)* – focal point, focus – point *m* focal, foyer *m*

Brennweite *f (opt.)* – focal length – distance *f* focale, focale *f*

Brief *m* – letter – lettre *f*

Briefbogen *m* – sheet (piece) of writing paper – feuille *f* de papier à lettres

Briefdrucksache *f* – printed matter – imprimé *m*

Briefhülle *f* – envelope – enveloppe *f*

Briefing *n* – briefing – briefing *m*

Briefkasten *m* – mailbox – boîte *f* aux lettres

Briefkasten *(Ordner in Mac OS X)* – Drop Box – Boîte de dépôt

Briefkopf *m* – letterhead – en-tête *m*

Briefpapier *n* – letter paper, stationery, note-paper – papier *m* à lettres

Briefsendung *f* – letter post, first-class mail *(U.S.)* – envoi *m* de lettres

Briefumschlag *m* – envelope – enveloppe *f*

brillant – brilliant – brillant

Brillanz *f* – brilliance – brillant *m*

Bristolkarton *m* – Bristol board – carton *m* bristol

Bronzedruck *m* – bronze printing, bronzing – bronzage *m*

Bronzefarbe *f* – bronze ink – encre *f* bronze

bronzieren – bronze *v.* – bronzer

Bronzierung *f* – bronzing – bronzage *m*

broschieren – stitch *v.* – brocher

broschiert – paperbound, sewed – broché

Broschüre *f* – booklet, brochure, pamphlet – brochure *f*, dépliant *m*

Broschürenbindung *f* – soft binding – brochage *m*

Broschüreninhalt *m* – brochure body, brochure content – corps *m* de la brochure

Brotschrift *f* – book type – caractère *m* de labeur

browsen – browse *v.* – naviguer, fureter, explorer, butiner

Browsen *n* – browsing, navigation – navigation *f*, exploration *f*, furetage *m*, butinage *m*

Browser *m* – browser – navigateur *m*, browser *m*, fureteur *m*, butineur *m (Kanada)*

Bruch *m (math.)* – fraction – fraction *f*

Bruchstrich *m* – slash, fraction line – barre *f* oblique, barre *f* de fraction

Bruchzahl *f* – fraction, fractional number – nombre *m* fractionnel

Bruchzeichen *n* – division sign – signe *m* division

Bruchziffer *f* – fraction, fractional number – nombre *m* fractionnel

Brückenkamera *f* – bridge-type camera – chambre *f* en pont

Brunner-Kontrollstreifen *m* – Brunner strip – échelle *f* Brunner

Brush *f* – brush – brosse *f*

brushen – brush *v.* – brosser

B-Spline-Kurve *f* – B-spline curve – courbe *f* b-spline

Bubble-Jet-Verfahren *n (InkJet-Drucker)* – bubble jet process – procédé *m* à bulle d'encre, procédé *m* de l'imprimante à bulles

Buch *n* – book – livre *m*, F bouquin *m*

Buchbesprechung *f* – review, write-up – critique *f*

Buchbestand *m* – bookstock – fonds *m* (de livres), collection *f* (de livres)

Buchbindekunst *f* – art of bookbinding – art *m* de la reliure

Buchbindemaschine *f* – bookbinding automatic – machine *f* à relier

Buchbinden *n* – bookbinding, binding – reliure *f*

Buchbinder, -in – bookbinder, binder – relieur, -euse

Buchbinderei *f* – bookbindery, bindery, bookbinder's (shop), binding department – atelier *m* de reliure

Buchbinderleinwand *f* – buckram – toile *f* buckram

Buchblock *m* – book block – corps *m*, bloc *m* du livre

Buchdeckel *m* – cover, book cover, cover board – couverture *f* (de livre), plat *m* du livre

Buchdreischneider *m* – book trimmer – trilame *m* pour livres

Buchdruck *m* – letterpress printing, letterpress – impression *f* typographique, impression *f* en relief

Buchdrucker, -in – letterpress printer – conducteur *m* typo

Buchdruckerei *f* – letterpress printshop – atelier *m* d'impression typographique

Buchdruckerkunst *f* – typography – typographie *f*

Buchdruckpapier *n* – book paper – papier *m* graphique

Buchdruckpresse *f* – letter-press – presse *f* typo

Bucheinband *m* – binding, cover – couverture *f* (de livre)

Büchermarkt *m* – book market – marché *m* du livre

Bücherschrank *m* – bookcase – bibliothèque *f*

Büchersendung *f* – book post, parcel *(brit.)*/package *(U.S.)* of books – envoi *m* de livres

Bücherwurm *m* – bookworm – bouquineur *m*

Buchführung *f* – accounting, bookkeeping – comptabilité *f*

Buchfunktion *f (Funktion in QuarkXPress, InDesign)* – Book feature – Fonction *f* Livre

Buchgestaltung *f* – book design – conception *f* du livre

Buchgewerbe *n* – book, book publishing – industrie *f* du livre

Buchhändler, -in – bookseller – libraire *m/f*, F bouquiniste *m/f*

Buchhandlung *f* – bookshop, bookstore *(U.S.)* – librairie *f*

B
C

Buchhülle *f* – dustjacket, book wrapper – couvre-livre *m*, jaquette *f*
Buchkunst *f* – art of the book – art *m* du livre
Buchladen *m* – bookshop, bookstore *(U.S.)* – librairie *f*, F bouquinerie
Büchlein *n* – booklet – opuscule *m*
Buchleinen *n* – book linen, book cloth, book calico – toile *f* à reliure
Buchmalerei *f* – illuminated manuscript – manuscrit *m* enluminé
Buchmesse *f* – book fair – foire *f* du livre
Buchobjekt *n* – bookwork – livre *m* objet
Buchrücken *m* – spine, book-spine, backbone, back, back of book – dos *m*, dos *m* du livre
Buchrunden *n* – book rounding – arrondissage *m* du livre
Buchschrift *f* – book face – caractère *m* de labeur
Buchse *f* – female connector, socket, jack – prise *f* femelle, connecteur *m* femelle
Buchstabe *m* – letter, character, type – lettre *f*, caractère *m*
Buchstabenart *f* – case – casse *f*
Buchstabenbreite *f (Dickte)* – font width – chasse *f* (du caractère), largeur *f* du caractère
Buchstabenform *f* – character style – forme *f* de la lettre, style *m* de caractère
Buchstabenpassung *f* – fitting, letter fit – rectification *f* des approches, réglage *m* des approches
Buchstabenzwischenraum *m* – letter space, interletter spacing – espace *m* entre lettres
buchstabieren – spell (out) – épeler
Buchstapler *m* – book stacker – empileur *m* de livres
Buchtitel *m* – book title – titre *m* du livre

Buchumschlag *m* – book wrapper – couverture *f* protectrice
Buchverlag *m* – book publisher – édition *f* de livres
Buchversand *m* – book post, parcel *(brit.)*/package *(U.S.)* of books – envoi *m* de livres
Budget *n* – budget – budget *m*
Bug *m* – bug – bogue *m*
Bugjäger *m* – bug hunter – chasseur *m* de bogues
Bulletin *n* – bulletin – bulletin *m*
Bund *m (Heftrand)* – binding edge, binding margin, back margin – marge *f* intérieure, marge *f* de petit fond, marge *f* de la reliure, blanc *m* de dos
Bündel *n (Papierbündel n)* – cluster, bundle – liasse *f*
bündeln – bundle *v.* – mettre en liasse
bündig – flush, quad – justifié, au fer
bündig setzen – set flush – composer aux fer, composer en alignée
Bündigkeitszone *f* – flush zone – zone *f* justifiée
Bundzuwachs *m* – creep – chasse *f*, gradation *f* des petits fonds
bunt – colored, colorful – en couleurs, bigarré *(Stoff)*, bariolé *(Stoff)*
Buntaufbau *m* – chromatic reproduction – reproduction *f* chromatique, composition *f* chromatique
Buntfarbe *f* – chromatic color – couleur *f* chromatique
Buntfarbenaddition *f (UCA)* – UCA (Under Color Addition) – UCA, addition *f* de sous-couleurs
Buntpapier *n* – paste paper – papier-reliure *m*
Buntstift *m* – crayon, colored pencil – crayon *m* de couleur
Bürodrucksachen *f* – stationery – imprimés *m/pl* de bureau
Büroscanner *m* – office scanner – scanner *m* de bureau

Business-Grafik *f* – business graphics, infographics, management graphics – graphique *m* d'entreprises
Bus-Kabel *n* – bus cable – câble *m* de bus
Büttenpapier *n (handgeschöpftes Papier)* – hand-made paper – papier *m* à la cuve
Büttenrand *m* – deckle-edge – barbe *f*, bord *m* ébarbé
Büttenrandpapier *n* – deckle-edged paper – papier *m* barbé
Button *m* – button – bouton *m*
Byte *n* – Byte – octet *m*

C

Cache(-Speicher) *m* – cache – mémoire *f* tampon, mémoire *f* cache, cache *m*, antémémoire *f*
CAD – CAD (Computer Aided Design, Computer Aided Drawing) – CAO (Conception Assistée par Ordinateur)
Capstan-Belichter *m* – capstan imagesetter – flasheuse *f* cabestan
Carriage Return *m* – carriage return – retour *m* chariot
CCD *f* – CCD (Charge Coupled Device) – CCD, dispositif *m* à couplage de charge, capteur *m* à transfert de charge
CCD-Sensor *m* – CCD array – capteur *m* CCD
CCD-Zeile *f* – CCD line – ligne *f* CCD
CD *f* – CD (compact disc) – CD *m*, disque *m* compact, F galette *f*
CD-Brenner *m* – CD recorder – graveur *m* (de) CD-ROM
CD-Laufwerk *n* – CD drive – lecteur *m* (de) CD-ROM
CD-Rohling *m* – CD blank – CD-ROM *m* vierge
CD-ROM *f* – CD ROM – CD-ROM *m*, cédérom *m*
CD-ROM-Laufwerk *n* – CD-Rom drive – lecteur *m* (de) CD-Rom
Cédille *f* – cedilla – cédille *f*
Cellophan *n* – cellophane – cellophane *m*

Cent-Zeichen *n (¢)* – cent sign – symbole *m* centime

charakterisieren – characterize *v.* – caractériser

Charakterisierung *f (ICC-Farbmanagement)* – characterization – caractérisation *f*

Chat *m (Internet)* – chat – chat *m*

Chatroom *m* – chatroom – chatroom *m*, salon *m* discussion, F salon *m* de causette

chatten *(Internet)* – chat *v.* – chat(t)er

Chefredakteur, -in – senior editor, chief editor, editor-in-chief, editorial manager – rédacteur, -rice en chef

Chemikalien *f/pl* – chemicals – substances *f/pl* chimiques

chemische Verbindung *f* – chemical bond, chemical compound – composé *m* chimique

Chiffre *f (in Anzeigen)* – key number, box number – référence *f*

Chip *m* – chip – puce *f*

Chipkarte *f* – smart card, microcircuit card – carte *f* à puce, carte *f* à microcircuit

chromatisch – chromatic – chromatique

chromatische Aberration *f* – chromatic aberration – aberration *f* chromatique

chromatisches Diagramm *n* – chromaticity diagram – diagramme *m* chromatique

Chromolithographie *f* – chromolithography – chromolithographie *f*

Chronologie *f* – chronology – chronologie *f*

Cicero *n (typogr.)* – cicero – cicéro *m*, douze

Classic-Umgebung *f (Mac)* – Classic environment – environnement *m* Classic

Client-Server *m* – client-server – client-serveur

Client-Software *f* – client software – logiciel *m* client

Clip-Art *m* – clip-art – clip-art *m*, graphique *m* prédessiné

Cluster *m* – cluster – grappe *f*, groupe *m*, groupage *m*

CMYK – CMYK (Cyan Magenta Yellow Key) – CMJN (Cyan Magenta Jaune Noir)

CMYK-Wert *m* – CMYK value – valeur *f* CMJN

Collage *f* – collage – collage *m*

Colorimeter *n (Kolorimeter n)* – colorimeter – colorimètre *m*

Comic *m* – comic – bande *f* dessinée, BD *m*

Compact Disc *f* – compact disc – disque *m* compact, F compact *m*

Compiler *m* – compiler – compilateur *m*

Composite-Ausgabe *f* – composite output – sortie *f* composite

Composite-PostScript-Dateien – composite PostScript files – fichiers composites PostScript

Computer *m* – computer – ordinateur *m*, F ordi *m*, F bécane *f*

Computerausdruck *m* – listing – saisie *f* papier, listing *m*

Computerfreak *m* – computer freak, computerphile – mordu *m* de l'informatique, F dingue *m* d'informatique

computergesteuert – driven by computer – commandé par ordinateur

Computergrafik *f* – computer graphics – infographie *f*

Computerkriminalität *f* – computer fraud – piratage *m* informatique

Computersatz *m* – computer typesetting – composition *f* informatisée

Computertechniker, -in – computer technician – technicien *m* informatique

Computerterminal *n* – console – console *f* (d'ordinateur)

Computer-to-Sleeve – computer-to-sleeve – gravure *f* directe de manchons

Computerworkshop *m* – computer workshop – atelier *m* informatique

Computerzeitschrift *f* – computer magazine – revue *f* micro

Content Management *n* – content management – gestion *f* de contenu

Continuous InkJet – continuous inkjet – jet *m* d'encre continu

Cookie *m* – cookie – cookie *m*, témoin *m* (de connexion)

Coprozessor *m* – coprocessor – coprocesseur *m*

Copydot – copydot – copydot *m*

Copydot-Scanner *m* – copydot scanner – scanner *m* copydot

Copyright – copyright – copyright *m*, droits *m/pl* d'auteur, droit *m* de publication

Copyright-Hinweis *m* – copyright notice – mention *f* de copyright

Coupon *m* – coupon, voucher – coupon *m*, talon *m*

Cover *n* – cover – couverture *f*, F couv *f*

Crash *m* – crash – plantage *m*

crashen – crash *v.* – se planter, faire planter, tomber en panne

Crashkurs *m* – crash course – formation *f* flash, stage *m* intensif

Cross Media Publishing – cross media publishing – publishing *m* cross média

CTP – CTP, computer-to-plate – CTP, exposition *f* directe des plaques, gravure *f* directe des plaques, insolation *f* directe des plaques

CTP-System *n* – CTP system, computer-to-plate system – système *m* CTP, système *m* ordinateur-plaque

Cursor *m* – cursor – curseur *m*

Cursorbewegung *f* – cursor movement – déplacement *m* du curseur

Cursortaste *f* – cursor key – touche *f* du curseur

cut-and-paste – cut-and-paste – couper-coller

C

Cutter *m (Videomontage)* – cutter
– monteur *m*
Cyan – cyan – cyan
Cyberspace *m* – cyberspace –
cyberespace *m*

D

D/A-Wandler *m* – D/A converter
(DAC) – convertisseur *m*
numérique-analogique (CNA)
Daemon *m (Prozess)* – daemon –
démon *m*
Daguerreotypie *f* – Daguerreotype – daguerréotype *m*
darstellbar – reproducible –
reproductible, représentable
Darstellung *f* – reproduction –
reproduction *f*, représentation *f*
darüber – over it, above it –
dessus, au-dessus, par-dessus
darüber liegen – lie *v.* above it –
être au-dessus
darunter – underneath, under
(it), beneath – là-dessous, en
dessous, au-dessous
darunter liegen – underlie *v.* –
être en-dessous
darunter liegend – subjacent –
sous-jacent
Data Fork *m (Mac)* – data fork –
plage *f* de données, data fork
Database Publishing *n* –
database publishing – édition *f*
de base de données, database *m*
publishing
Datei *f* – file – fichier *m*
Dateiformat *n* – file format –
format *m* de fichier
Dateigröße *f* – file size – taille *f*
du fichier
Dateikennung *f (auf Ausgabefilm)* – slugline – libellé *m*
Dateikonvertierung *f* – file
conversion – conversion *f* de
fichier
Dateiname *m* – file name – nom
m de fichier
Dateinamenerweiterung *m* – file
name extension – extension *f*
de (du) nom de fichier

Dateiübertragung *f* – file transfer
– transfert *m* de fichiers
Dateiverwaltung *f* – file management – gestion *f* des fichiers
Daten *pl* – data – données *f/pl*
Datenanalyse *f* – data analysis –
analyse *f* des données
Datenaustausch *m* – data
exchange – échange *m* de
données
Datenauswertung *f* – data
evaluation – dépouillement *m*
des données
Datenautobahn *f* – information
highway – autoroutes *f/pl* de
l'information
Datenbank *f* – data base,
database, data bank – base *f* de
données, banque *f* de données
Datenbankabfrage *f* – request –
requête *f*
datenbankgesteuert – database
driven – dirigé par base de
données
Datenbankstruktur *f* – database
structure – structure *f* de la
base de données
Datenbestand *m* – data base –
base *f* de données
Daten-Bus *m* – data bus – bus *m*
de données
Dateneingabe *f* – data entry,
data acquisition, data capture –
saisie *f* de données
Datenempfang *m* – data
reception – réception *f* des
données
Datenerfassung *f* – data
acquisition, data capture, data
entry – saisie *f* de données
Datenextrahierung *f* – data
extraction – extraction *f* des
données
Datenfernübertragung *f* – data
(tele)communication –
transmission *f* de données à
distance, télématique *f*
Datenfernverarbeitung *f* – teleprocessing – télétraitement *m*
Datenfluss *m* – data flow, flow of
data – flux *m* de données
Datenformat *n* – file format –
format *m* de données

Datenheader *m* – file header –
en-tête *m* de fichier
Datenintegrität *f* – file integrity –
intégrité *f* du fichier
Datenmenge *f* – amount of data
– quantité *f* de données
Datennetz *n* – data network –
réseau *m* informatique
Datenpuffer *m* – data buffer –
mémoire-tampon
Datensatz *m* – record – jeu *m* de
données
Datenschutz *m* – data protection
– protection *f* contre les abus de
l'informatique
Datenschutzbeauftragte, -r –
data protection commissioner –
audit *m* informatique
Datenschutzgesetz *n* – data
protection law, data protection
act – loi «informatique et
libertés», loi *f* contre les abus
de l'informatique
Datensicherung *f* – data backup
– sauvegarde des données
Datenstrom *m* – data stream –
flux *m* de données
Datenträger *m* – data medium –
support *m* de données
Datentransfer *m* – data transfer,
data transmission –
transmission *f* de données,
transfert *m* de données
Datentransferrate *f* – data
transfer rate – taux *m* de
transfert de données
Datentypist, -in – data typist –
claviste *m/f*, agent *m* en saisie,
opérateur, -rice de saisie
Datenübernahme *f* – data
transfer – transfert *m* de
données
Datenüberprüfung *f* – data
validation – vérification *f* des
données
Datenübertragung *f* – data
transfer, data transmission –
transmission *f* de données,
transfert *m* de données
Datenübertragungsmodus *m* –
data transfer mode – mode *m*
de transmission de données

Datenverarbeitung *f* – data processing – traitement *m* de données, traitement *m* de l'information

Datenverarbeitungsanlage *f* – data processing equipment (installation) – centre *m* de traitement de l'information

Datenverkehr *m* – data traffic – trafic *m* de données

Datenverwaltung *f* – data administration – gestion *f* de données, administration *f* des données

Datenzweig *m (Mac)* – data fork – plage *f* de données, data fork

DAT-Recorder *m* – DAT recorder – recorder *m* DAT

DAT-Tape *n* – DAT tape (Digital Audio Tape) – bande *f* audio-numérique, DAT, cassette *f* audionumérique

Datum *n* – date – date *f*

Daumenregister *n* – thumb index – index *m* à encoches

Deadline *f* – deadline – échéance *f*

deaktivieren – deactivate *v.*, disable *v.* – désactiver

deaktiviert – disactivated, disabled – désactivé

Deaktivierung *f* – disactivation – désactivation *f*

debuggen – debug *v.* – déboguer

Debugger *m* – debugger – débogueur *m*

Deckblatt *n* – cover sheet – feuille *f* de couverture

Deckelpappe *f* – binder's board – carton *m* pour reliure

deckend *(Farbe)* – opaque – couvrant

Deckfarbe *f* – opaque ink – encre *f* couvrante

Deckkraft *f* – coverage properties, opacity – pouvoir *m* couvrant, opacité *f*

Deckweiß *n* – opaque white – blanc *m* couvrant, blanc *m* opaque

Decoder *m* – decoder – décodeur *m*

defekt – corrupted – corrompu

Defekt *m* – failure – défaillance *f*

defragmentieren – defragment *v.* – défragmenter

Defragmentierung *f* – defrag-mentation – défragmentation *f*

dehnbar – flexible, elastic, expansible – dilatable, expansible

Dehnbarkeit *f* – elasticity, expansibility – dilatabilité *f*, expansibilité *f*, extensibility *f*

dehnen – stretch *v.* – s'étendre, se dilater, s'étirer

Dehnung *f* – stretch, elongation – étirement *m*, élongation *f*

deinstallieren – uninstall *v.* – désinstaller

dekodieren – decrypt *v.*, decode *v.* – décrypter

Dekodierung *f* – decryption, decoding – décryptage *m*

dekomprimieren – decompress *v.*, unpack *v.*, unzip *v.*, unstuff *v.* – décompresser

Dekomprimierung *f* – decom-pressing – décompression *f*

delaminieren – delaminate *v.* – délaminer

Demoversion *f (Software)* – demo version, F crippleware – version *f* démo

Densitometer *n* – densitometer – densitomètre *m*

densitometrisch – densito-metric(al) – densitométrique

densitometrische Kontrolle *f* – densitometric control – contrôle *m* densitométrique

desensibilisieren – desensitize *v.* – désensibiliser

Design *n* – design – création *f*, design *m*, F créa *f*, dessin *m (Muster)*, conception *f (von Maschinen)*

Designer, -in – designer – designer *m*, concepteur, -rice, dessinateur, -rice, concepteur (, -rice)-dessinateur (,-rice)

Design-Studio *n* – design studio – studio *m* de création

Desktop-Drucker *m* – desktop printer – imprimante *f* bureautique, imprimante *f* de bureau

D

Desktop Publishing *n* – desktop publishing – PAO (publication assistée par ordinateur), microédition *f*

Desktop-Rechner *m* – desktop computer – ordinateur *m* de table

Detail *n* – detail – détail *m*

Detailkontrast *m* – detail contrast – contraste *m* des détails

detailliert – detailed – détaillé

Detailverlust *m* – loss of detail – perte *f* de détails

dezentraler Druck *m* – distribute-and-print – impression *f* décentralisée

dezentrales Proofen *n* – remote proofing – épreuvage *m* à distance

dezimal – decimal – décimal

Dezimalbruch *m* – decimal – fraction *f* décimale

Dezimalstelle *f* – decimal – décimale *f*

Dezimalsystem *n* – decimal system – système *m* décimal

Dezimaltabulator *m* – decimal tab, decimal tabulation, decimal tabbing, decimal-align tab – tabulation *f* (d'alignement) décimale

Dezimalzahl *f* – decimal – nombre *m* décimal

Dezimalzoll *n* – decimal inch – puce *f* décimale

Dia *n* – slide, transparency – diapo *f*, diapositive *f*, ekta *m*

Diabetrachter *m* – slide viewer – projecteur *m* de diapositives, visionneuse *f* de diapositives

diagonal – diagonal – diagonal(ement), en diagonale

Diagonale *f* – diagonal – diagonale *f*

Diagramm *n* – diagram, chart – diagramme *m*

diakritisches Zeichen *n* – diacritical, diacritic mark – signe *m* diacritique

Dialogfenster *n (a. Dialogfeld)* – dialog box – boîte *f* de dialogue

Diapositiv *n* – slide, transparency
– diapositive *f*
Diaprojektor *m* – slide projector
– projecteur *m* de diapositives
Diarahmen *m* – slide frame –
cadre *m* de diapositive
Diascanner *m* – slide scanner –
scanner *m* diapo, scanner *m* de
diapositives
Diaschau *f* – slide show –
diaporama *m*
Diatablett *n* – slide tray – table *f*
pour diapo
Diazobeschichtung *f* – diazo
coating – couchage *m* diazo
Diazokopierschicht *f (Siebdruck)*
– diazo screen emulsion –
émulsion *f* diazo
Diazotypie *f* – diazotype –
diazotypie *f*
Diazoverbindung *f* – diazo
compound – composé *m* diazo
dicht – tight – serré
Dichte *f* – density – densité *f*
Dichteabweichung *f* – density
deviation – écart *m* de densité
Dichtekontrollzeichen *n* –
density control wedge – coin de
contrôle de densité
Dichtemessung *f* – density
measurement, measurement of
density – mesure *f* de la densité
Dichtesprung *m* – density jump –
chute *f* de densité
Dichteumfang *m* – density range
– plage *f* de densités, écart *m* de
densité
Dichteverhältnis *n* – ratio of
(the) densities – rapport *m* de
densité
Dichtewert *m* – density value –
valeur *f* de (la) densité
dickflüssige Farbe *f* – tacky ink –
encre *f* poisseuse, encre *f* tirante
Dickflüssigkeit *f (Viskosität)* –
high viscosity – viscosité *f*
Dickte *f (Buchstabenbreite)* – font
width – chasse *f* (du caractère),
largeur *f* du caractère
dicktengleich – monospaced,
non-proportional width –
chasse *f* fixe
Dicktentabelle *f* – width table –
table *f* de chasse

Didot-Punkt *m (typogr.)* – point
Didot – point *m* Didot
Didotsches System *n* – Didot
system – système *m* Didot
Dienstleister *m* – service provider
– prestataire *m* (de services)
Dienstleistung *f* – service –
prestation *f* (de services)
Dienstprogramm *n* – utility –
utilitaire *m*
diffus – diffuse, diffused,
scattered – diffus
diffuse Beleuchtung *f* – diffuse
lighting – éclairage *m* diffus
diffuses Licht *n* – diffuse light –
lumière *f* diffuse
Diffuses Licht *(Option in
Photoshop)* – Omni light –
éclairage omnidirectionnel
digital – digital – numérique
Digitalanzeige *f* – digital display
– affichage *m* digital
Digitaldruck *m* – digital printing
– impression *f* numérique,
impression *f* électronique
digitale Bebilderung *f* – digital
imaging – imageage *m*
numérique
digitale Bildverarbeitung *f* –
digital image processing –
traitement *m* d'image
numérique
digitale Darstellung *f* – digital
representation – représentation
f digitale, représentation *f*
numérique
digitale Druckmaschine *f* –
digital printing machine –
presse *f* numérique
digitale Fotografie *f* – digital
photography – photographie *f*
numérique
digitale Kamera *f* – digital
camera, digicam – caméra *f*
numérique, appareil *m*
photo(graphique) numérique
digitale Rasterung *f* – digital
screening – tramage *m*
numérique
digitale Signatur *f (digitale
Unterschrift)* – digital signature
– signature *f* numérique
digitaler Workflow *m* – digital
workflow – flux *m* de
production numérique

digitales Buch *n* – digital book –
livre *m* électronique
digitales Design *n* – digital
design – création *f* numérique
digitales Drucksystem *n* – digital
print system – système *m*
d'impression numérique
digitales Messinstrument *n* –
digital meter – instrument *m*
digital de mesure
digitalisieren – digitize *v.* –
numériser, digitaliser
Digitalisiergerät *n* – digitizer –
digitalisateur *m*
Digitalisiertablett *n* – digitizing
tablet – digitalisateur *m*,
tablette *f* à numériser, tablette *f*
à digitaliser, numérisateur *m*
digitalisierte Schrift *f* – digitized
font – fonte *f* numérisée
digitalisiertes Bild *n* – digitized
image – image *f* numérisée
Digitalisierung *f* – digitization,
digitizing – numérisation *f*,
digitalisation *f*
Digitalkamera *f* – digital camera,
digicam – caméra *f* numérique,
appareil *m* photo(graphique)
numérique
Digitalproof *m* – digital proof –
épreuve *f* numérique
Digitaltechnik *f* – digital technology – technique *f* digitale
Digitizer *m* – digitizer –
digitalisateur *m*
Dimensionsstabilität *f* – dimensional stability – stabilité *f*
dimensionnelle
DIN-Format *n* – DIN size –
format *m* DIN
Dioptrienausgleich *m* – diopter
compensation – compensation *f*
dioptrique
Dioptrienausgleichsregler *m*
(Kamera) – diopter adjustment
dial – molette *f* de réglage
dioptrique
Diphtong *m* – diphthong –
diphtongue *f*
Direct Mail *f* – direct mail –
publipostage *m*
Direktadressierung *f* – direct
addressing – adressage *m* direct

Direkt-Auswahl *(Werkzeug in InDesign, Illustrator)* – Direct select tool – sélection directe

Direktbebilderung *f* – direct imaging – imageage *m* direct

Direktdruckplatte *f* – instant paper plate – plaque *f* papier directe

direkte Plattenbelichtung *f* – direct-to-plate – exposition *f* directe des plaques

direkter Zugriff *m* – direct access, random access – accès *m* direct

Direktgravur *f* – direct engraving – gravure *f* directe

Direktmarketing *n* – direct marketing – marketing *m* direct

Direktschablone *f* – direct stencil – pochoir *m* direct

Direktwerbung *f* – direct mail advertising, direct advertising, direct mailing, mailing – publicité *f* directe, publipostage *m*

Direktzugriff *m* – direct access, random access – accès *m* direct

Diskette *f* – floppy disk, diskette – disquette *f*, disque *m* souple

Diskettenformat *n* – diskette format – format *m* de la disquette

Diskettenlaufwerk *n* – floppy (disk) drive – lecteur *m* de disquette

Diskussionsforum *n* – newsgroup, discussion forum, electronic discussion group – groupe *m* de discussion, forum *m* électronique

Dispersionskleber *m* – dispersion glue – colle *f* à dispersion

Dispersionslack *m* – dispersion coating – vernis *m* à dispersion

Displayschrift *f* – display typeface – caractère *m* de titre (titrage)

Dissertation *f* – dissertation, thesis – thèse *f*

Distanz *f* – distance – écart *m*

Dithering *n* – dithering – juxtaposition *f* (de points de couleurs)

dithern – dither *v.* – juxtaposer

Division *f* – division – division *f*

Dokument *n* – document – document *m*

Dokumentation *f* – documentation – documentation *f*, F doc *f*

Dokumentationszwecke *m/pl* – documentation purposes – fins *f/pl* documentaires

Dokument einrichten *(in DTP-Programmen)* – document setup – réglages *m/pl* du document, format *m* du document

Dokumenteigenschaften *(Acrobat)* – Document properties – Propriétés du document

Dokumentenaustausch *m* – document exchange – échange *m* de documents

Dokumentenmanagement *n* – document management – gestion *f* de documents

Dokumentenverarbeitung *f* – document processing – traitement *m* de documents

dokumentieren – document *v.* – documenter

dokumentiertes Problem *n* – documented problem – problème *m* recensé

Dokumentinfo *f* *(Option in Acrobat)* – Document info – Informations sur le document

Dokumentvorlage *f* – document template – modèle *m* de document

Dongle *m* – dongle – dongle *m*, clé *f* électronique, boîtier *m* de sécurité

Doppelbogenkontrolle *f* – two-sheet detector – détecteur *m* double-feuilles

Doppelbuchstabe *m* – double letter – lettre *f* double

Doppel-Byte-Schrift *f* – double-byte font – police *f* sur deux octets

Doppelform *f* – double form – forme *f* double

Doppelkammerrakel *f* – dual doctor ink chamber – chambre *f* à double racle

Doppelkegel *m* – double cone – cône *m* double

Doppelklick *m* – double click – double-clic *m*

doppelklicken – double click *v.* – faire un double-clic, double-cliquer

Doppellaufwerk *n* – dual drive – lecteur *m* double

Doppellaut *m* – diphtong – diphtongue *f*

Doppellinie *f* – double line, double rule – double ligne *f*, double filet *m*

Doppellinsen-System *n* – double lens system – système *m* bifocal

Doppelnutzen *m* – two-up – deux poses

Doppelparallelfalz *m* – double parallel fold – double pli *m* parallèle

Doppelpunkt *m* – colon – deux points *m/pl*

Doppelrollendruck *m* *(Rollendruckmaschine)* – double-web printing – impression *f* sur deux bobines

Doppelseite angeschnitten – double-page full bleed – double page à fond perdu

Doppelseite *f* – spread, double-page, two-page spread – page *f* double, pages *f/pl* en regard, F double *f*

Doppelseiten *(QuarkXPress)* – Facing Pages – Pages en regard

Doppelseiten-Belichter *m* – Two-Up (2-Up) platesetter/imagesetter – imageuse/flasheuse *f* deux (2) poses

doppelseitig – double-sided, spread, double-page – des deux cotés, double face, sur deux pages *(Anzeige)*

Doppelstromauslage *f* – dual-stream delivery – sortie *f* à double piste

doppelte Schreibdichte – double density – double densité

Doppelwand *f* *(Verpackung)* – double wall – double paroi *m*

Dosierklinge *f* – metering blade – lame *f* docteur

Dosierwalze *f* *(Flexodruck)* – meter(ing) roll – rouleau *m* doseur (docteur), cylindre *m* de dosage

Dot Pitch *m* *(Bildschirm)* – dot pitch – pas *m* de masque

Double-Backer *m* – double-backer – double face *f*

Download *m* – download – téléchargement *m*

downloadbar – downloadable – téléchargeable

downloaden – download *v.* – télécharger

Downsampling *n* – down-sampling – sous-échantillon-nage *m*, rééchantillonnage *m*

dpi – dpi (dots per inch) – ppp (points par pouce), dpi

Drag & Drop – drag & drop, drag-*n*-drop – glisser-déposer, faire glisser sur

Draht(heft)klammer *f* – wire staple – agrafe *f* métallique

Drahtauslöser *m* *(fotogr.)* – cable release – déclencheur *m* souple

drahtheften – wire-stitch *v.*, stitch bind *v.* – agrafer

Drahtheftung *f* – wire stitching – piqûre *f*, piqûre *f* à cheval, agrafage *m*

Drahtheftungsmaschine *f* – wire stitcher – agrafeuse *f*

drahtlos – wireless – sans fil

drehen – rotate *v.* – pivoter, faire pivoter, tourner

Drehpunkt *m* – pivot point – point *m* pivot

Drehung *f* – rotation – rotation *f*, pivotage *m*

Drehwinkel *m* – rotation angle, angle of rotation – angle *m* de rotation

Dreibeinstativ *n* – tripod – trépied *m*

dreidimensional *(3D)* – three-dimensional, 3D – tridimen-sionnel, 3D, en (à) trois dimensions

Dreieck *n* – triangle – triangle *m*

dreieckig – triangular – triangulaire

dreifach – triple – triple

Dreifarbendruck *m* – three-color printing – trichromie *f*, impression *f* tricolore, impression *f* en trois couleurs

Dreifarbenwert *m* *(CIE-Farbsystem)* – tristimulus value – valeur *f* trichromique

dreifarbig – three-colored – trichromique

Dreiseitenbeschnitt *m* *(Druck-verarbeitung)* – three-side trim – massicotage *m* trilatéral

Dreiseitenschneider *m* *(Druck-verarbeitung)* – three-side trimmer – massicot *m* trilatéral, massicot *m* à trois lames

dreispaltig – three-column – en (à) trois colonnes

dreisprachig – trilingual – trilingue

Dreiviertelton *m* – three-quarter tone – trois quarts de ton

Drittentwickler *m* – third-party developer – tiers-développeur *m*

Dritthersteller *m* – third-party producer – fabricant *m* tierce partie

Dropdown-Menü *n* – pop-up menu – menu *m* déroulant

Drop-on-Demand-Tintenstrahl-druck *m* – drop-on-demand inkjet – jet *m* d'encre à la demande

Druck *m* – print(ing) – impression *f*, imprimé *m*

Druck *m* **variabler Daten** – variable data printing – impression *f* de données variables

Druckabnahme *f* – printer's OK – bon à tirer, BàT, b.a.t., bon à rouler

Druckauftrag *m* – print job, printing order – tâche *f* d'impression

druckbar – printable – imprimable

druckbarer Bereich *m* – printable area – zone *f* imprimable

Druckbarkeit *f* – printability – imprimabilité *f*

Druckbedingungen *f/pl* – printing conditions – conditions *f/pl* d'impression

Druckbereich *m* – print area – zone *f* d'impression

Druckbewilligung *f* *(OK für den Druck)* – o.k. to print, can go over, pass for press, ready for press, imprimatur – bon à tirer, BAT, BàT, b.a.t., bon à rouler

Druckbild *n* – print(ed) image – image *f* imprimée

Druckbogen *m* – flat, printed sheet – feuille *f* imprimée, feuille *f* d'impression

Druckbogenkante *f* – press sheet edge – bord *m* de la feuille d'impression

Druckbuchstabe *m* – block letter – caractère *m* d'imprimerie

Druckdauer *f* – printing time – temps *m* d'impression

Druckdienstleister *m* – print service provider – prestataire *m* (de services) en arts graphiques

druckempfindlicher Stift *n* – pressure-sensitive pen – stylet *m* tactile, stylet *m* sensible à la pression

drucken – print *v.* – imprimer

drücken *(Taste)* – press *v.*, hold down *v.*, hit *v.* – enfoncer, presser, appuyer sur

Drucker *m* *(Person)* – printer – imprimeur *m*

Drucker *m* *(Maschine)* – printer – imprimante *f*

Druckerauflösung *f* – printer resolution – résolution *f* de l'imprimante

Druckerballen *m* – tampon, ink ball – tampon *m*

Druckerbeschreibungen *f/pl* *(PPD-Dateien)* – printer descriptions – descriptions *f/pl* d'imprimantes

Druckerei *f* – printshop, printing company, print(ing) house, printers, printing plant – imprimerie *f*

Druckereileiter *m* – pressroom manager – chef *m* de l'imprimerie

Druckerfont *m* *(Outline-Font)* – printer font, outline font – police *f* de contours

D

Druckerformate *(InDesign)* – Printer styles – styles d'impression

Druckerhersteller *m* – printer manufacturer – fabricant *m* d'imprimante

Druckerlaubnis *f (OK für den Druck)* – o.k. to print, can go over, pass for press, ready for press, imprimatur – bon à tirer, BAT, BàT, b.a.t., bon à rouler

Druckermarke *f* – printer's mark – marque *f* d'imprimeur

Druckerpresse *f* (printing) press – presse *f* (d'imprimerie)

Druckerprofil *n (ICC-Farb-management)* – printer profile – profil *m* d'imprimante

druckerresidenter Font *m* – printer-resident font – police *f* résidant dans l'imprimante

Druckerschwärze *f* – newsprint, printing ink, printer's ink, black ink – encre *f* d'imprimerie

druckerspezifische Optionen *f/pl* – printer-specific options – options *f/pl* spécifiques de l'imprimante

Druckertreiber *m* – printer driver – pilote *m* d'imprimante

Druckertreibereinstellungen *f/pl* – printer driver settings – réglages *m/pl* du pilote d'imprimante

Drucker-Verbrauchsmaterialien – printer consumables – consommables *f/pl* pour imprimantes

Druckerwarteschlange *f* – printer queue – file d'attente de l'impression

Druckerzeugnis *n* – publication – imprimé *m*

Druckfachmann *m* – printing expert – expert *m* de l'imprimerie

Druckfahne *f* – galley proof – épreuve *f*

Druckfarbe *f* – ink – encre *f*

Druckfarbe *f* **mit Duftstoffen** – perfumed printing ink – encre *f* parfumée

Druckfehler *m* – misprint, print(ing) error – coquille *f*, mastic *m*, faute *f* d'impression

Druckfehlerverzeichnis *n* – errata, list of errata, corrigenda – errata *m*, erratum *m*

druckfertig – press-ready, print-ready, ready for (the) press – bon à tirer, BAT, BàT, b.a.t., bon à rouler

druckfertige Platte *f* – press-ready plate – plaque *f* prête à l'emploi

Druckfolge *f* – print sequence – séquence *f* d'impression

Druckform *f* – print(ing) forme, forme – forme *f* d'impression

Druckformat *n* – print(ing) format – format *m* d'impression

Druckfreigabe *f (OK für den Druck)* – o.k. to print, can go over, pass for press, ready for press, imprimatur – bon à tirer, BAT, BàT, b.a.t., bon à rouler

druckfrisch – fresh from the press, hot off the press – fraîchement imprimé

Druckfrist *f* – press schedule, turnaround time – calendrier *m* de presse

Druckgenehmigung *f (OK für den Druck)* – o.k. to print, can go over, pass for press, ready for press, imprimatur – bon à tirer, BAT, BàT, b.a.t., bon à rouler

Druckgeschwindigkeit *f* – print(ing) speed, print rate, printing performance – vitesse *f* d'impression, performances *f/pl* (d')impression

Druckindustrie *f* – printing industry, graphic arts industry – industrie *f* graphique, industrie *f* de l'impression

Druckingenieur *m* – printing engineer – ingénieur *m* de l'imprimerie

Druckkalkulation *f* – printing estimating – calcul *m* d'un imprimé

Druckkennlinie *f* – press characteristics, printing characteristics – caractéristiques *f/pl* de la presse

Druckkontrast *m* – print contrast – contraste *m* d'impression

Druckkontrollstreifen *m* – print control strip, print control bar – bande *f* de contrôle de l'impression

Druckkopf *m* – print head – tête *f* d'impression

Druckkosten *pl* – printing costs, printing expenses – coûts d'impression, frais *m* d'impression

Druckkunst *f* – art of printing, printer's art – art *m* de l'impression

Drucklack *m* – overprint varnish – vernis *m* de surimpression

Drucklackierung *f* – overprint varnishing – vernissage *m* de surimpression

Druckmarken *f/pl* – printer's marks – repères *f/pl* d'impression

Druckmaschine *f* (printing) press – machine *f* à imprimer, presse *f*

Druckmaschinenbau *m* – press engineering, press manufacture – construction *f* de presses, fabrication *f* de presses

Druckmaschineneinstellungen *f/pl* – press settings – réglages *m/pl* de la presse

Druckmaschinenpark *m* – pressroom equipment – équipement *m* d'imprimerie

Druckmaschinensaal *m* – pressroom – salle *f* de presses, atelier *m* d'imprimerie

Druckmaschinensteuerpult *m* – press control console – pupitre *m* de commande de la presse

Druckmaschinensteuerung *f* – press control – commande *f* de la presse

Druckmaschinenstillstand *m* – press standstill – arrêt *m* de la presse

Druckmedien *n/pl* – printed media – média *m/pl* imprimés

D

Druckmethode f – print method – procédé m d'impression

Druckpapier n – printing paper – papier m d'imprimerie

Druckperforation f – on-press perforation – perforation f sur presse

Druckplatte f – plate, pressplate, printing plate – plaque f (de presse, d'impression, d'imprimerie)

Druckpresse f – press – presse f d'imprimerie

Druckprozess m – printing process – processus m d'impression

Druckpunkt m – print dot – point m d'impression

Druckqualität f – print quality – qualité f d'impression (de l'impression)

Druckrate f – print rate – cadence f d'impression

druckreif (OK für den Druck) – o.k. to print, can go over, pass for press, ready for press, imprimatur – bon à tirer, BAT, BàT, b.a.t., bon à rouler

Druckrichtung f – printing direction – sens m d'impression

Drucksaal m – pressroom – salle f de presses, atelier m d'imprimerie

Drucksache f – printed matter, second-class matter (U.S.) – imprimé m

Drucksachen-Einkäufer, -in – print buyer – acheteur, -euse d'imprimés

Drucksachenmarkt m – market for printed matter – marché m des arts graphiques, marché m de l'imprimé

Druckschrift f – print type – caractères m/pl typographiques, caractères m/pl d'imprimerie

Druckserver m – print server – serveur m d'impression

Druckspannung f – impression pressure, printing pressure – pression f d'impression

Druckstil (QuarkXPress) – Print style – Style d'impression

Drucksystem n – print system – système m d'impression

Drucktabelle f – print table – table f d'impression

Drucktaste f – print-screen key – touche f (de) copie d'écran

Drucktechniken f/pl – printing methods – techniques f/pl d'impression

Drucktrommel f – print cylinder – cylindre m d'impression

Drucktuch n – blanket – blanchet m

Druckverarbeiter m – converter – façonnier m

Druckverarbeitung f (print) finishing, postpress, (paper) converting – façonnage m, finissage m, finition f

Druckveredlung f – finishing, print finishing, surface finishing – finition f, surfaçage m

Druckverfahren n – printing method, printing process – procédé m d'impression, procédé m d'imprimerie

Druckverhältnisse n/pl – printing conditions – conditions f/pl d'impression

Druckvermerk m – imprint, printer's imprint – marque f de l'éditeur, adresse f bibliographique

Druckvorgang m – press run, printing process – tirage m

Druckvorlage f – copy, printing copy – copie f, modèle m à imprimer, original m pour l'impression

Druckvorlagenhersteller, -in – layout man/woman, print designer – maquettiste m/f, metteur m en page

Druckvorschau f – print preview – aperçu m avant impression

Druckvorstufe f – prepress – pré(-)presse f

Druckvorstufenbetrieb m (Druckvorstufenunternehmen n) – prepress house, prepress shop, prepress studio – studio m pré-presse, agence f de pré-presse

Druckwalze f – impression roll – cylindre m de contre-pression

Druckwarteschlange f – print queue – file f d'attente de l'impression

Druckweiterverarbeitung f (print) finishing, postpress, (paper) converting – façonnage m, finissage m, finition f

Druckwerk n – printing unit – groupe m d'imprimantes, unité f d'impression

Druckzeichen n – printing mark, printer's mark – repère m d'impression, marque f d'éditeur

Druckzeile f – printing line – ligne f d'impression

Druckzylinder m – impression cylinder – cylindre m d'impression

DTP – DTP (desktop publishing) – PAO (Publication Assistée par Ordinateur), microédition f

DTP-Profi m – publishing professional – PAOiste m

DTP-Programm n – DTP software – logiciel m de PAO

DTP-Satz m – DTP type matter – composition f PAO

Dublette f – F dupe, duplicates – doublon m

Dublieren n – slur – maculage m, doublage m

Duktorwalze f – fountain roller, ductor roller – rouleau m barboteur, rouleau m preneur

Duktus m – ductus – ductus m

Dummy m – model, dummy, mock up – maquette f

Dummytext m – dummy text, greek text, greeking – faux texte m, texte m fictif

dunkel – dark – sombre

Dunkelkammer f – darkroom – chambre f noire

dunkelrot – dark red – rouge foncé

dunkle Farbe f – dark color – couleur f foncée, couleur f sombre

dunkler Bildbereich m – shadow area – zone f foncée d'image

Dünndruckpapier *n* – light weight paper, Bible paper, onion skin – papier *m* de faible grammage, papier *m* bible

dünne Druckplatte *f* – thin plate – plaque *f* mince

dünnes Spatium *n* – thin space – espace *m* fin, quart *m* de cadratin

dünnflüssige Farbe *f* – low-viscosity ink – encre *f* à basse viscosité

Dünnpergamin *n* – glassine (paper) – papier *m* cristal

Duplex(bild) *n* – duotone – image *f* bichrome

Duplexdruck *m* (*Vorder- und Rückseite*) – duplex – recto verso *m*

Duplexdruck *m* (*Druck eines Duplexbildes*) – duotone printing – bichromie *f*

Duplexkarton *m* – duplex board – carton *m* duplex

Duplexpapier *n* – duplex paper – papier *m* duplex

Duplikat *n* – duplicate, dupe – duplicata *m*, double *m*

Duplikatherstellung *f* – duplication – contretypage *m*

duplizieren – duplicate *v.* – dupliquer

dupliziert – duplicated – dupliqué

durchblättern – leaf through *v.*, thumb through *v.*, scroll through *v.*, F flick through *v.* – feuilleter, parcourir, faire défiler

durchdringen – penetrate *v.* – pénétrer

Durchdringung *f* – penetration – pénétration *f*

durchführen – carry out *v.*, execute *v.*, realize *v.* – exécuter (*inform.*), réaliser (*Arbeit*)

durchgezogene Linie *f* – solid line – ligne *f* solide

Durchlaufplan *m* – flowchart – organigramme *m*

Durchlaufzeit *f* – turn(-)around time, lead time – temps *m* d'exécution

Durchlicht *n* – through-light – lumière *f* de transmission

Durchlichteinheit *f* – light transmission unit – unité *f* d'éclairage par transmission

Durchlichtmessung *f* – through-light measurement – mesure *f* par transmission

durchpausen – trace *v.*, copy *v.* – décalquer

Durchpausen *n* – tracing – décalquage *m*

Durchsatz *m* – throughput – débit *m*

durchscheinen – show through *v.* – luire à travers

durchscheinendes Papier *n* – transparent paper, translucent paper – papier *m* translucide

durchschießen (*typogr.*) – lead *v.*, interleave *v.* – interligner, blanchir, intercaler

Durchschnitt *m* – average – moyen *m*

durchschnittliche Neuberechnung (*Acrobat Distiller*) – Average downsampling – Sous-échantillonnage *m* moyen

Durchschnittsbenutzer *m* – average user – utilisateur *m* lambda

Durchschnittswert *m* – average value – valeur *f* moyenne

durchschossen – lead, interleaved – interligné, interfolié

durchschossener Satz *m* – leaded matter – composition *f* interlignée

durchschreiben – make *v.* a (carbon) copy of – écrire en double

Durchschreibepapier *n* – self-copying paper – papier *m* autocopiant

Durchschreibpapier *n* – blue-carbon leaf – papier *m* carbone

Durchschuss *m* (*typogr.*) – leading, lead, slug, splace, reglet – interlignage *m*, interligne *f*

Durchsicht *f* (*Überprüfung f*) – checking – examen *m*, révision *f*

durchsichtig – transparent – transparent

Durchsichtigkeit *f* – transparency – transparence *f*

Durchsicht-Scan *n* – transparency – analyse *f* par transparence

Durchsichtsdensitometer *n* – transparency densitometer – densitomètre *m* transparent

Durchsichtsvorlage *f* – transparency original – original *m* transparent

Durchstich *m* – channel, cutout – canal *m*

durchstreichen – strike through – barrer

durchstrichen – stroke through – barré

durchsuchen – search *v.* – parcourir

Düse *f* (*Tintenstrahldrucker*) – jet – buse *f*

DVD – DVD (digital versatile disc o. digital video disc) – DVD, disque numérique polyvalent, vidéodisque numérique

DyeSub – DyeSub – sublimation *f* de pigments

Dynamikumfang *f* – dynamic range – plage *f* de (la) dynamique, gamme *f* dynamique

dynamisch – dynamic – dynamique(ment)

dynamische Webseite *f* – dynamic web page – page *f* web dynamique

dynamischer Speicher *m* – dynamic storage – mémoire *f* dynamique

E

Ebene *f* – layer – calque *m*, couche *f*

Ebenenmaske *f* (*Photoshop*) – layer mask – masque *m* de fusion

eBook-Tag *m* – eBook tag – référence *f* eBook

Echtzeit *f* – real time – temps *m* réel

Echtzeitverarbeitung *f* – real-time processing (operation) – traitement *m* en temps réel, fonctionnement *m* en temps réel

D
E

Eck(en)form *f* – corner shape – forme *f* du coin

Ecke *f* – corner – coin *m*

Eckenabschattung *f (fotogr.)* – vignetting – vignettage *m*

Eckenheftung *f* – corner stapling – agrafage *m* des coins

Eckenradius *m* – corner radius – rayon *m* angulaire

Eckenrunden *n (Druckverarbeitung)* – round cornering – arrondi *m* de coins

Eckenstanzmaschine *f* – corner punching machine – découpeuse *f* de coins

Eckenverzierung *f* – corner ornament – décoration *f* de coins

eckig – angular, -cornered – anguleux

eckige Klammer *f* – square bracket, bracket *(U.S.)* – crochet *m*

Eckpunkt *m* – corner point – point *m* d'angle

E-Commerce – e-commerce – commerce *m* électronique

editierbar – editable – éditable

Editierbarkeit *f* – editability – éditabilité *f*

editieren – edit *v.* – éditer

Editor *m* – editor – éditeur *m*

Editorial *n* – editorial – éditorial *m*

EDV-Ausbildung *f* – computer training – formation *f* à l'informatique

EDV-Fachmann, -frau – expert in computer science – professionnel *m* de l'informatique

EDV-Sicherheit *f* – computer security – sécurité *f* informatique

EDV-Sicherheitsberater, -in – computer security consultant – consultant *m* de sécurité informatique

Effekt *m* – effect – effet *m*

effektive Auflösung *f* – effective resolution – résolution *f* réelle

Effektraster *m* – effect screen – trame *f* effet

Eichung *f* – calibration – étalonnage *f*, calibrage *m*

Eigenschaften *f/pl (z.B. unter Windows)* – Properties – Propriétés *f/pl*

eiliger Auftrag *m* – rush job – ordre *m* pressant

Einarbeitungszeit *f* – settling-in period – temps *m* d'apprentissage, période *f* d'initiation (d'adaptation)

einbahnig – unidirectional – unidirectionnel

Einband *m* – binding, cover – couverture *f*, F couv *f*, reliure *f*

Einbeinstativ *n* – monopod, unipod – monopod *m*

Einbelichtung *f* – overlay exposure – défonçage *m*

einbetten – embed *v.* – imbriquer, incorporer, inclure

Einbetten *n* **von Schriften/Profilen** – font/profile embedding – imbrication *f* des polices/profils, incorporation *f* des polices/profils

Einbettung *f* – embedding – imbrication *f*, incorporation *f*

Einbettungsbeschränkung *f (Font)* – restricted embedding instruction – restriction *f* d'incorporation

einbinden *(Buch)* – board *v.* – cartonner

einblenden – show *v.*, fade in *v.* – afficher, insérer

einbrennen – bake *v.*, burn *v.* – cuire

Einbrennen *n (bei Offsetdruckplatte)* – baking, heat-fusing – cuisson *f*

Einbruchfalz *m* – one-directional fold, parallel fold – pli *m* parallèle

Eindruck *m* – imprint, imprinting – repiquage *m*

eindrucken – imprint *v.* – repiquer

Eindruckform *f* – overprint form – forme *f* de surimpression

Eindruckmaschine *f* – imprinting machine, overprinter – repiqueuse *f*, machine *f* à repiquer

Eindruckwerk *n* – imprinting unit – groupe *m* de repiquage

Einfachbogen *m* – plain sheet – feuille *f* simple

Einfachnutzen *m* – one-up – en simple pose

Einfallswinkel *m* – angle of incidence – angle *m* d'incidence

einfangen *(Bild)* – capture *v.* – capturer

einfärben – colorize *v.*, tone *v.*, tint *v.* – coloriser

Einfärben *n* – inking, toning, tinting – encrage *m*

einfarbig – monochrome – monochrome

einfarbiger Schön- und Widerdruck *m* – one color both sides – recto-verso en une couleur

einfarbiger Schöndruck *m* – one color front – recto en une couleur

einfarbiger Widerdruck *m* – one color back – verso en une couleur

Einfärbung *f* – colorizing – colorisation *f*

einfügen – paste *v.*, insert *v.* – coller

Einfügepunkt *m* – insert(ion) point – point *m* d'insertion

Einführungslehrgang *m* – training course for beginners – stage *m* initial

Eingabe *f* – input – entrée *f*, saisie *f (Text)*

Eingabefach *n* – input tray – bac *m* d'entrée

Eingabefarbraum *m* – input color space – espace *m* colorimétrique d'entrée

Eingabefehler *m (an Maschine)* – input error – faute *f* d'introduction

Eingabefehler *m (Schreibfehler)* – type error – erreur *f* de saisie

Eingabefeld *n* – entry field, input field – champ *m* d'entrée, zone *f* de saisie

Eingabegerät *n* – input device – périphérique *f* d'entrée

Eingabeplatz *m* – input terminal – poste *m* de saisie

Eingabeprofil *n* – input profile – profil *m* d'entrée

eingebaut – built-in – incorporé

eingeben *(Text)* – type *v.*, type in *v.*, key in *v.* – saisir, taper, entrer

eingebettet – embedded – incorporé, imbriqué

Eingebettete Bilder *(QuarkXPress)* – Embedded pictures – Images imbriquées

Eingebetteter Pfad *(QuarkXPress)* – Embedded Path – Chemin imbriqué

eingefangenes Bild *n* – captured image – image *f* capturée

eingescanntes Bild *n* – scanned image, scan – image *f* numérisée

eingeschweißt – shrink-wrapped – emballé sous film rétractable

eingetragenes Warenzeichen *n* – registered trademark – marque *f* déposée

einhängen *(Buchproduktion)* – case in *v.* – emboîter

einheften – bind in *v.* – fixer, encarter

Einheften *n* – insetting – encartage *m*

Einhefter *m* – bound insert – encart *m* broché

Einheit *f* – unit – unité *f*

Einheitsvektor *m* – unit vector – vecteur *m* unitaire

Einkaufsabteilung *f* – purchase department – service *m* des achats

Einkaufsleiter, -in – purchasing manager – chef *m* des achats

einklammern – put in *v.* brackets (parenthesis), bracket *v.* – mettre entre parenthèses (crochets)

einkleben – tip(-)in *v.* – coller (dans)

Einkleben *n* – tipping – collage *m*

Einkleber *m* *(eingeklebte Beilage)* – tip-in – encart *m* collé

einlegen – insert *v.* *(z.B. CD)*, load *v.* *(Film)* – encarter *(Beilage in Heft)*, insérer *(z.B. CD)*, placer *(dans)*

einlesen – capture *v.*, scan *v.* – acquérir

Einlesen *n* – capturing – acquisition *f*

einloggen (sich) – log in *v.*, log on *v.* – se connecter

einpassen – adjust *v.* – ajuster, adapter

Einpassung *f* – adjustment – ajustement *m*, adaptation *f*

Einplatzbenutzer *m* – single user – mono-utilisateur *m*

einrahmen – frame *v.* – encadrer

Einrahmung *f* – frame – encadrement *m*

Einrichtzeit *f* – make-ready time – temps *m* de mise en train, temps *m* de préparation

einrücken *(Text)* – indent *v.* – rentrer, renfoncer

Einrückung *f* *(Text)* – indent, indentation – retrait *m*

einsatzbereit – operational – opérationnel

einscannen – scan *v.* – analyser, numériser

Einschaltknopf *m* – power button – bouton *m* d'alimentation

Einschießbogen *m* – release paper – intercalaire *m*

einschießen – interleave *v.* – intercaler

Einschießpapier *n* – interleaving paper – papier *m* intercalaire

einschließen *(Schutzhülle)* – encase *v.* – enchâsser

Einschränkungen *f/pl* *(z.B. Software)* – limitations – limitations *f/pl*

einseitig – single-sided – d'un (seul) côté

einseitig bedruckt – printed one side – imprimé d'un côté

einseitiger Druck *m* – one-sided printing – impression *f* d'une face

einseitig gestrichenes Papier *n* – C1S paper, C-1-S paper, coated one-side paper, one-side coated paper – papier *m* couché une face

einsinken – sag *v.* – affaisser

Einsinken *n* *(Bahn in Druckmaschine)* – sagging – affaissement *m*

einspeichern – read in *v.*, write in *v.* – mettre en mémoire

einstampfen *(Auflage)* – pulp *v.* – mettre au pilon

einstanzen – punch *v.* – perforer

Einsteckbogen *m* – inset sheet – encart *m*

Einstecken *n* – inserting – encartage *m*

einstellbar – adjustable – réglable, paramétrable

einstellen – adjust *v.* – régler, paramétrer

Einstelllupe *f* – focusing lens – loupe *f* de mise au point

Einstellung *f* – adjustment, setting – réglage *m*

Einstellungen > Drucker *(Windows)* – Settings > Printers – Paramètres > Imprimantes

Einstellungen erhalten *(QuarkXPress)* – Capture settings – Saisir réglages

Einstellungssatz *m* – set of options – jeu *m* d'options

eintasten – type in *v.*, key in *v.* – saisir

Einteilungsbogen *m* – template, planning sheet – modèle, feuille *f* de planification

Eintrag *m* – entry – entrée *f*

Einzelaufnahme *f* – individual shot – exposition *f* individuelle

Einzelbild *n* (single) frame – vue *f*

Einzelbild-Löschung *f* *(dig. Kamera)* – one-frame erase – effacement *m* d'une vue

Einzelblatt *n* – single sheet – feuille *f* individuelle

Einzelblattdruck *m* – single sheet printing – impression *f* à feuilles, impression *f* feuille à feuille

Einzelblatteinzug *m* – sheet feeder, cut-sheet feeder – alimenteur *m* feuille à feuille

Einzelexemplar *n* – single copy – exemplaire *m* simple

Einzelnutzen *m* – one-up – en simple pose

E

Einzelnutzenverarbeitung f – one-up production – production f à simple pose

Einzelseite f – single page – page f individuelle

einziehen (typogr.) – indent v. – rentrer, renfoncer

einziehen (Papierbahn) – draw in v. – engager

einzoomen – zoom in v. – zoomer, faire un zoom avant, agrandir

Einzug m (Text) – indent, indentation – retrait m, mise f en retrait, renfoncement m, rentrée f

Einzug erste Zeile – indent first line, first indent – renfoncement m de la première ligne

Einzug links – left indent – retrait m (à) gauche

Einzug rechts – right indent – retrait m à droite

Einzugsspannung f (Papierbahn im Rollendruck) – infeed tension – tension f à l'alimentation

elastisch – elastic(ally) – élastique

elastomerbeschichtet – elastomer covered – à revêtement élastomère

Elastomerbeschichtung f – elastomer cover – revêtement m élastomère

elastomerisch – elastomeric – élastomère

elektrischer Anschluss m – electric connector – courant m électrique

elektrisches Feld n – electrical field – champ m électrique

elektrofotographische Platte f – electrophotographic plate – plaque f électrophotographique

elektromagnetische Störung f – electromagnetic disturbance – dérèglement m électromagnétique

elektromagnetische Wellen f/pl – electromagnetic waves – ondes f/pl électromagnétiques

Elektronenstrahl m – electron beam – faisceau m d'électrons

Elektronik f – electronics – électronique f

elektronische Gravur f – electronic engraving – gravure f électronique

elektronische Medien n/pl – electronic media – médias électroniques

elektronische Post f – e(-)mail – messagerie f électronique

elektronische Zeitschrift f – electronic journal, electronic magazine, E-Zine – journal m électronique, E-Zine f

elektronisches Zusammentragen n – electronic collation – assemblage m électronique

elektronisch schräg gestellt – italicized, italized – italisé

Elektrosmog m – electrosmog – électrosmog m

Elektrostatik f – electrostatics – électrostatique f

elektrostatisch – electrostatic(ally) – électrostatique(ment)

elektrostatische Bildübertragung f – electrostatic image transfer – transfert m de l'image électrostatique

elektrostatische Druckbestäubung f – electrostatic powder spraying – poudrage m antimaculateur électrostatique

elektrostatisches Aufladen n – electrostatic charge – charges f/pl électrostatiques

elektrostatisches Haften n – electrostatic adherence – adhérence f électrostatique

elektrostatisches Verfahren n – electrostatic process – procédé m électrostatique

Elektrotechnik f – electrical engineering – électrotechnique f

elektrotechnisch – electrotechnical – électrotechnique

Element n (Objekt in Layout) – element, item – élément m

Elfenbeinpapier n – ivory paper – papier m ivoire

Ellipse f – ellipse – ellipse f

elliptisch – elliptical – elliptique

elliptischer Rasterpunkt m – elliptical dot – point m elliptique

E-Mail n/f – E-mail – courrier m (électronique), e-mail, mail m, mél m, message m électronique, courriel m (Kanada)

E-Mail-Programm n – E-mail program – logiciel m de messagerie électronique

Empfang m (Daten) – reception – réception f

empfangen (Daten) – receive v. – récevoir

Empfänger m – recipient, receiver – récepteur m, destinataire m

Empfangsbestätigung f – receipt notification, confirm delivery – accusé m de réception

Empfindung f (opt.) – perception – perception f

empfindungsgemäß – perceptual – perceptif

empfundener Farbunterschied m – perceived color difference – différence f de couleur perçue

Emulation f – emulation – émulation f

Emulationskarte f – processor card – carte f d'émulation, carte f processeur

Emulator m – emulator – émulateur m

Emulgator m – emulsifying agent – agent m émulsifiant

emulieren – emulate v. – émuler

Emulsion f – emulsion – émulsion f

Emulsionsschicht f – emulsion layer – couche f d'émulsion

Encoding n – encoding – encodage m

Endanwender, -in (Software) – end user – utilisateur m final

Endbeschnitt m – final cut, final trim – coupe f finale, rognage m final

Endergebnis n – final result – résultat m final

Endformat n – trim(med) size, finished size, final format, end format – format m massicoté, format m rogné, format m final

Endformat-Rahmen *(in PDF)* – trim box – zone *f* de rogne

Endkontrolle *f* – final checking – contrôle *m* final

Endkunde *m* – final client – client *m* final

Endlosdruck *m* – continuous printing – impression *f* en continu

Endloserfassung *f (Text)* – non-counting text input – frappe *f* au kilomètre, saisie *f* au kilomètre

Endlosformular *n* – continuous form – formulaire *m* en continu

Endlospapier *n* – fan(-)fold paper, continuous form paper – papier *m* en continu, papier *m* listing

Endlossatz *m* – unjustified setting – composition *f* non justifiée

Endlosschleife *f* (infinite) loop – boucle *f* (infinie)

Endlostext *m* – unjustified text, continuous copy – texte *m* non justifié, texte *m* au kilomètre

Endnutzer-Lizenzvereinbarung *f* – end user license agreement – accord *m* de licence utilisateur final

Endpunkte *m/pl* – end points – extrémités *f/pl*, points *m/pl* d'arrivées

Endpunkte verbinden *(Quark-XPress)* – Join Endpoints – Joindre les extrémités

Endverarbeitung *f* – finishing – finition *f*

enger Satz *m* – narrow composition, narrow setting – composition *f* serrée

englische Anführungszeichen *n/pl* – inverted commas – guillemets *m/pl* anglais

Engpass *m* – bottleneck – engorgement *m*

Enter-Taste *f* – Enter key – touche *f* d'entrée

entfalten – unfold *v.*, spread out *v. (Landkarte)*, open up *v. (Zeitung)* – déplier, déployer

entfernen – remove *v.*, delete *v.*, eliminate *v.* – effacer, éliminer, F virer

Entfernung *f* **zwischen zwei Objekten** – distance between two objects – distance *f* entre deux objets

Entfernungsbereich *m (fotogr.)* – focus range – plage *f* de mise au point

Entf-Taste – Clear key – touche Suppr

entketten *(Objekte)* – unlink *v.* – séparer

Entkettung *f (Objekte)* – unlinking – séparation *f*

entkomprimieren – decompress *v.*, unpack *v.*, unzip *v.*, unstuff *v.* – décompresser

Entkomprimierung *f* – decompressing – décompression *f*

Entkupfern *n* – decoppering – décuivrage *m*

entladen – offload *v.* – décharger (de)

entlaminieren – delaminate *v.* – décoller

Entlaminierung *f* – delamination – décollage *m*, décomplexage *m*

entlang eines Pfades – along a path – le long d'un tracé

entrastern – descreen *v.* – détramer

Entrasterung *f* – descreening – détramage *m*

Entrasterungs-Scanner *m* – descreening scanner – scanner *m* de détramage

entsäuern – de-acidify *v.* – désacidifier

Entschäumungsmittel *n (chem.)* – antifoaming agent – agent *m* anti-mousse

Entscheidungsträger *m* – decision maker – décideur *m*, décisionnaire *m*

entschichten – strip *v.* – décaper

Entschichtung *f* – stripping – décapage *m*

entschlüsseln – decrypt *v.*, decode *v.* – décrypter

Entschlüsselung *f* – decryption, decoding – décryptage *m*

entspiegelte Linse *f* – coated lens – objectif *m* traité

Entstapeln *n* – de-stacking – désempilage *m*

entwerfen – sketch *v.*, outline *v.* – crayonner, croquer

entwickeln *(fotogr.)* – develop – développer, révéler

Entwickler *m (fotogr.)* – developer – révélateur *m*

Entwicklerbad *n* – developer bath – bain *m* révélateur, bain *m* de développement

Entwicklerbecken *n* – developing sink – évier *m* de développement

Entwicklerlösung *m* – developing solution – solution *f* révélateur, solution *f* de développement

Entwicklerschale *f* – developing tray – cuvette *f* de développement

Entwicklerstabilität *f* – processing stability – stabilité *f* au développement

Entwicklerstreifen *m* – developer streaks – stries *f/pl* de développement, trainées *f/pl* de développement

Entwicklersubstanzen *f/pl* – developing agents – agents *m/pl* de développement

Entwicklung *f (Film)* – processing – développement *m*

Entwicklungsmaschine *f* – developer – développeuse *f*, machine *f* de développement

Entwicklungstank *m* – developing tank – cuve *f* de développement

Entwicklungszeit *f* – development time, developing time – durée *f* du développement

Entwurf *m* – layout, sketch *(Skizze)*, draft *(schriftlich)* – maquette *f*, brouillon *m (erster Grobentwurf)*, ébauche *f*

entziffern – decode *v.* – déchiffrer, décoder

Enzyklopädie *f* – encyclopedia – encyclopédie *f*

EPS-Grafik *f* – EPS graphic – graphique *m* EPS

E

Equipment *n* – equipment – équipement *m*

erfahrener Benutzer (Anwender) – advanced user – utilisateur *m* chevronné (averti), utilisateur *m* de bon niveau

erfassen *(Text)* – capture *v.*, key *v.*, keyboard *v.* – saisir

Erfassung *f* – keyboarding – frappe *f*, saisie *f*

Erfassungsgeschwindigkeit *f* – keyboard operating speed – vitesse *f* de frappe (saisie)

Erfassungszeit *f* – keyboarding time – durée *f* de saisie, temps *m* de saisie

Ergänzungsband *m* – supplement – supplément

Ergonomie *f* – ergonomics – ergonomie *f*

erhältlich *(Buch)* – in print – disponible

Erhitzung *f* – heating – échauffement *m*

erkennbar – perceptible, discernibale, recognizable – reconnaissable, discernable, perceptible (wahrnehmbar)

erkennen – recognize *v.*, detect *v.* – reconnaître, détecter

erkennen *(wahrnehmen)* – perceive *v.* – percevoir

Ermüdungserscheinungen *f/pl* **der Augen** – eyestrain – asthénopies *f/pl*, fatigue *f* visuelle

Eröffnungsbildschirm *m* – startup screen, splash screen – écran *m* d'introduction

erreichbar *(Person)* – can be contacted – joignable

Ersatzschrift *f* – substitute font – police *f* de substitution

erscheinen *(Buch)* – appear *v.*, be *v.* published – paraître

Erscheinen *n* *(eines Buches)* – publication – parution *f*, publication *f*

erscheint in Kürze – published soon – est sur le point de paraître

Erscheinungsbild *n* – appearance – apparence *f*, aspect *m*

Erscheinungsdatum *n* – publication date, issue date, publishing date – date *f* de parution

Erscheinungsfrequenz *f* – frequency of issue – cadence *f* de parution

erschienen bei *(Buch in Verlag)* – published by – publié par

ersetzen – substitute *v.*, replace *v.* – substituer, remplacer

ersetzte Schrift *f* – substituted font – police *f* substituée

Erstausgabe *f* – original edition – première édition *f*, édition *f* originale, édition *f* princeps

Erstelldatum *n* – creation date – date *f* de création

erstellen – create *v.* – créer

Erstellung *f* – creation – création *f*

Erstellungsprogramm *n* – authoring application – application *f* de création

Erstzeileneinzug *m* – first-line indent – indentation *f* de première ligne, retrait *m* de la première ligne

erweiterbar – extensible, extendable – extensible, adaptable

erweitern – expand *v.* – étendre, élargir

erweitert – expanded – étendu

erweiterte Ausgabe *f* *(Buch)* – expanded edition – édition *f* augmentée

erweiterte Suche *f* – advanced search – recherche *f* avancée

erweiterter Zeichensatz *m* – extended character set – jeu *m* de caractères étendu

Erweiterungen Ein/Aus *(Kontrollfeld auf dem Mac)* – Extensions Manager – Gestionnaire *m* d'extensions

Erweiterungskarte *f* – expansion board, extension board, add-on card – carte d'extension, carte d'expansion

Erweiterungs-Slot *m* – expansion slot – emplacement *m* pour carte d'extension

erwerben – acquire *v.* – acquérir

Erwerbung *f* *(Buchkauf)* – acquisition – acquisition

erzeugen – generate *v.*, create *v.* – générer, créer

Escape-Taste *f* – Escape key – touche *f* échappe

Eselsohr *n* – dog's ear, dog-eared page – oreille *f* d'âne, corne *f*, page *f* cornée

Ester *m* *(chem.)* – ester – ester *m*

Etikett *n* – label, tag, sticker – étiquette *f*

Etikettendruck *m* – label printing – impression *f* d'étiquettes

Etikettendruckmaschine *f* – label printing press – imprimeuse *f* d'étiquettes

Etikettenstanzmaschine *f* – label punching machine – machine *f* à découper les étiquettes

etikettieren – label *v.* – étiqueter

Etikettiermaschine *f* – labeling machine – étiqueteuse *f*

Etikettierung *f* – labeling – étiquetage *m*

Euroskala *f* – Euroscale – Eurostandard *m*, Euroscala *f*

Exemplar *n* – copy (Buch), issue (Zeitschrift), sample (Muster) – exemplaire *m*, spécimen *m*

Exemplare *f/pl* *(Druckzahl)* – copies – copies *f/pl*, exemplaires *m/pl*

Exlibris *n* – ex libris, bookplate – ex-libris *m*

Expertensystem *m* – expert system – sytème *m* expert

Exponent *m* – exponent, cock-up numeral – exposant *m*

Export *m* *(a. Dateien)* – export – exportation *f*

Export-Filter *m* – export filter – filtre *m* d'exportation

exportieren – export *v.* – exporter

externer Speicher *m* – auxiliary storage – mémoire *f* auxiliaire, mémoire *f* externe

extra fett – extra bold, extrabold, black, ultrabold – extra gras

extra leicht – extra light, extralight – extra maigre

E

Extraausgabe *f* – special edition –
édition *f* spéciale
extrahieren – extract *v.* – extraire
Extraktion *f* – extraction –
extraction *f*
Extrudieren-Filter *(Photoshop)* –
Extrude filter – filtre *m*
Extrusion

F

Facettiermaschine *f* – beveling
machine – biseauteuse *f*
Facharbeiter, -in – skilled worker
– ouvrier *m* spécialisé
Fachbuch *n* – specialist book –
livre *m* spécialisé, ouvrage *m*
spécialisé
Fachjournalist *m* – specialized
journalist, trade journalist –
journaliste *m* spécialisé
Fachliteratur *f* – technical
literature – littérature *f*
technique
Fachpresse *f* – trade press,
specialized press, technical
press, business press – presse *f*
spécialisée
Fachredakteur, -in – trade editor,
technical editor – rédacteur, -
rice professionnel(le)
Fachwörterbuch *n* – specialized
dictionary, specialist dictionary
– dictionnaire *m* spécialisé, F
dico *m* spécialisé
Fachzeitschrift *f* – trade
magazine, trade journal,
professional (specialist) journal
– revue *f* spécialisée (technique)
fadengeheftetes Buch *n* – sewn
book – livre *m* broché au fil
fadenheften – sew *v.* – brocher
au fil textile
Fadenheftmaschine *f* – book-
sewing machine, sewing machine
– brocheuse *f* au fil textile
Fadenheftung *f* (book) sewing –
couture *f* (au fil), brochage *m*
au fil textile
Fadenkreuz *n* – crosshair –
réticule *m*, croix *f* de repérage
Fadenzähler *m* – screen
magnifier – compte-fils *m*

...-fähig – compatible, compliant,
savvy – compatible
Fahne *f* *(Korrekturabzug)* –
galley proof – épreuve *f* en
placard (galée), placard *m*,
épreuve *f*
Fahnenabzug *m* – galley proof –
épreuve *f* en placard (galée),
placard *m*, épreuve *f*
Faksimile *n* – facsimile –
facsimilé *m*
falsche Konfiguration *f* –
misconfiguration – mauvaise
configuration *f*
falsche Trennung *f* – bad break –
mauvaise coupure *f*, coupure *f*
inappropriée
Faltblatt *n* – folded page – page *f*
pliée
Faltbroschüre *f* *(Faltprospekt m)*
– folded brochure – dépliant *m*
Falten *f/pl* – wrinkles – rides *f/pl*
Faltschachtel *f* – folding box,
folding carton, collapsible
carton – boîte *f* pliante
Falz *m* – fold – pli *m*
Falzarten *f/pl* – folding methods –
méthodes *f/pl* de pliage
Falzbein *n* – bone folder – bras-
plieur *m*
Falzbogen *m* – folded sheet –
cahier *m* plié, feuille *f* pliée
Falzbruch *m* – fold – pli *m*
Fälzelstreifen *m* – lining strip –
ruban *m* de dos
falzen – fold *v.* – plier
Falzkarton *m* – folding board –
carton *m* plat
Falz-Klebemaschine *f* – folder-
gluer – plieuse-colleuse *f*
Falzmarke *f* – fold mark – marque
f de pliage, repère *m* de pliage
Falzmarkenlänge *f* – length of
fold mark – longueur *f* du
repère de pliage
Falzmaschine *f* – folding machine
– plieuse *f*
Falzmesser *n* – tucker blade –
lame *f* de pliage
Falzmuster *n* – dummy fold,
dummy joint – maquette *f* de
pliage

Falzprospekt *m* – broadside –
dépliant *m*
Falzschema *n* – folding layout –
schéma *m* de pliage
Falztasche *f* – buckle plate –
poche *f* de pliage, poche *f*
plieuse
Falzung *f* – folding – pliage *m*,
pliure *f*
Fantasieraster *m* – fantasy screen
– trame *f* de fantaisie
Farbabmusterung *f* – color
matching – adaptation *f* des
couleurs
Farbabstand *m* – color difference
– différence *f* colorimétrique
Farbabstimmung *f* *(Farbabmusterung an der Druckmaschine)*
– color matching, ink matching
– adaptation *f* des couleurs,
concordance *f* des couleurs
Farbabstufungen *f* – gradation
of color shapes – nuances *f/pl*
de couleurs
Farbabweichung *f* – color
deviation, color variance –
variation *f* de couleur, écart *m*
de couleur
farbabweisend *(oleophob)* –
oleophobic – oléophobe
Farbannahme *f* – ink absorption
– absorption *f* d'encre
Farbanteil *m* *(im Bild)* – color
component – composant *m* de
la couleur
Farbanzeige *f* – color display –
affichage *m* de couleurs
Farbauftrag *(Option in
Photoshop)* – Blend color –
Couleur de dessin
Farbauftrag *m* – inking, ink
application – encrage *m*,
application *f* de l'encre
Farbauszug *m* – separation –
séparation *f*
Farbbalance *f* – color balance –
balance *f* des couleurs,
équilibre *m* des couleurs
Farbbalancefeld *n* – color
balance patch – plage *f* de
balance couleurs
Farbband *n* – ribbon, ink ribbon
– ribbon *m* (d'encrage)

E
F

Farbbandkassette *f* – ribbon cartridge – cartouche *f* ruban

Farbbandwechsel *m* – ribbon replacement – remplacement *m* du ruban d'encrage

Farbbereich *m* – color range – zone *f* de couleur

Farbbereichsauswahl *f* – color range selection – sélection *f* de la gamme de couleurs

Farbbeständigkeit *f* – color fastness – solidité *f* de la couleur

Farbbezugssystem *n* – color reference system – système *m* de référence de couleur

Farbbibliothek *f* – color library – bibliothèque *f* de couleurs

Farbbild *n* – color image – photo *f* couleur, image *f* couleur

farbblind – color-blind – daltonien

Farbblindheit *f* – color-blindness – daltonisme *m*

Farbcharakterisierung *f* – color characterization – caractérisation *f* colorimétrique

Farbdeckung *f* – ink coverage – couverture *f* d'encre (en encre)

Farbdichte *f* – ink density – densité *f* de l'encrage

Farbdosierkasten *m* – ink metering duct – encrier *m* doseur

Farbdosierung *f* – ink metering – dosage *m* de l'encrage

Farbdruck *m* – color print – impression *f* en couleurs

Farbdrucker *m* – color printer – imprimante *f* couleur

Farbdruckwerk *n* – deck, printing deck – encrage *m*

Farbduktor *m* – ink duct roller – rouleau *m* d'encrier

Farbe *f* – color (*U.S.*), colour (*brit.*) – couleur *f*, F coul *f*

Farbe ersetzen (*Option in Photoshop*) – Replace color – Remplacement de couleur

Farbeindruckwerk *n* – auxiliary color unit – groupe *m* (de) couleur supplémentaire

Farbeinstellung *f* – color adjustment – réglage *m* de la couleur

Färbemittel *n* – dye – colorant *m*, matière *f* colorante

Farbempfinden *n* – color perception, color sensation – perception *f* des couleurs, sensation *f* des couleurs

farbempfindlich (*Film*) – color sensitive – orthochromatique, sensible aux couleurs

Farbempfindlichkeit *f* – color sensitivity – sensibilité *f* chromatique, sensibilité *f* aux couleurs

Farben abstimmen – match *v.* colors, matchfold *v.* inks – faire la concordance des couleurs, contretyper des encres

farbenblind – color-blind – daltonien

Farbenblinde/r – color-blind person – daltonien(ne)

Farbenblindheit *f* – color-blindness – daltonisme *m*

Farbengine *f* (*ICC-Farbmanagement*) – color engine – engin *m* de couleur (de conversion)

Farbenhersteller *m* – ink manufacterer – fabricant *m* d'encre(s)

Farbenindustrie *f* – color industry – industrie *f* des colorants

Farbenlehre *f* – color theory, theory of colors, cromatics – théorie *f* des couleurs

Farbfächer *m* – color specimen book, color guide, swatchbook – nuancier (des couleurs) *m*, palette (des couleurs) *f*

Farbfeld *n* – color swatch, color patch – plage *f* de couleur

Farbfelder-Palette (*Photoshop, Illustrator, InDesign*) – Swatches palette – palette Nuancier

Farbfilm *m* – color film – film *m* couleur

Farbfläche *f* – solid tint, color area – aplat *m*

Farbfluss *m* – ink flow – écoulement *m* de l'encre

Farbfolge *f* (*beim Druck*) – color sequence – ordre *m* des couleurs, séquence *f* des couleurs

Farbfoto *n* – color photo – photo *f* (en) couleurs

Farbfotografie *f* – color photography – photographie *f* couleur

farbfreundlich (*oleophil*) – oleophilic – oléophile

Farbführung *f* – ink feed, inking – amenée *f* d'encre, encrage *m*

Farbgebung *f* – inking – encrage *m*

Farbgenauigkeit *f* – color accuracy, color exactitude – exactitude *f* des couleurs

Farbhersteller *m* – ink manufacturer – fabricant *m* d'encre(s)

farbig – colored – coloré, en couleurs

farbiges Licht *n* – colored light – lumière *f* colorée

Farbkalibrierung *f* – color calibration – calibrage *m* des couleurs

Farbkammer *f* – ink chamber – chambre *f* d'encrage

Farbkanal *m* – color channel – canal *m* couleur

Farbkasten *m* – ink duct, ink fountain – encrier *m*

Farbkeil *m* – color (control) bar, color (control) patch, color (control) strip – bande *f* (de contrôle) couleurs

Farbkomponente *f* – color component – composante *f* d'une couleur

Farbkonsistenz *f* – ink consistency – consistance *f* de l'encre

Farbkontrolle *f* – ink control – contrôle *m* de l'encrage

Farbkontrollstreifen *m* – color (control) bar, color (control) patch, color (control) strip – bande *f* (de contrôle) couleurs

Farbkonvertierung *f* – color conversion – conversion *f* de couleur

Farbkopie *f* – color copy, color print – copie *f* couleur, copie *f* (en) couleurs

Farbkopierer *m* – color copier – copieur *m* couleur, photocopieur *m* couleur

Farbkorrektur *f* – color correction, color adjustment – correction *f* de couleur

Farbkreis *m* – color circle – cercle *m* chromatique

Farblaserdrucker *m* – color laser printer – laser *m* couleur

Farblehre *f* – color theory, theory of colors, cromatics – théorie *f* des couleurs

farblich – color... , in color – des couleurs, de la couleur, sur le plan des couleurs

Farblithographie *f* – chromolithography – chromolithographie *f*

farblos – colorless – sans couleurs

Farbmanagement *n (Color Management)* – color management – gestion *f* de (la) couleur

Farbmanagementprogramm *n* – color management program – logiciel *m* de gestion de (la) couleur

Farbmanagement-Richtlinien *(Adobe-Programme)* – Color Management Policies – Règles de gestion de couleurs

Farbmanagementsystem *n* – color management system – système *m* de gestion de couleurs, gestionnaire *m* de couleurs

Farbmaske *f* – dye mask – masque *m* couleur

Farbmenge *f* – ink amount – quantité *f* de couleur

Farbmesser *n* – ink knife – couteau *m* à encre

Farbmessung *f* – color measurement, colorimetry – mesure *f* de couleur, colorimétrie *f*

Farbmetrik *f* – colorimetry, colormetrics – colorimétrie *f*

Farbmischer *(Fenster in FreeHand)* – Color Mixer – Mélangeur

Farbmischung *f* – color mix(ing) – mélange *m* des couleurs

Farbmittel *n* – colorant – colorant *m*

Farbmodell *n* – color model – modèle *m* colorimétrique

Farbmodus *m* – color mode – mode *m* couleur

Farbmonitor *m* – color monitor, color screen – moniteur *m* couleur(s)

Farbmühle *f* – ink mill – broyeuse *f* d'encre

Farbmuster *n* – color sample, color specimen, color swatch – échantillon *m* de couleur

Farbnebel *m* – ink mist – brouillard *m* d'encre

Farbnegativ *n* – color negative – négatif *m* couleurs

Farbniveauregelung *f* – ink level control – régulation *f* du niveau d'encre

Farbniveauregler *m* – ink leveler – régulateur *m* du niveau d'encre

Farbnorm *f* – color standard – standard *m* de couleur

Farbnuance *f* – color nuance – teinte *f* de couleur

Farbpaar *n* – color pair – paire *f* des couleurs

Farbpapier *n* – color(ed) paper – papier *m* de couleur

Farbplotter *m* – color plotter – traceur *m* couleur

Farbprofil *n (ICC-Farbmanagement)* – color profile – profil *m* colorimétrique

Farb-Proof *(Menüpunkt in InDesign)* – Proof Colors – Couleurs d'épreuve

Farbpumpe *f (Druckmaschine)* – ink pump – pompe *f* à encre

Farbraster-Filter *m* – halftone filter – flitre *m* demi-teintes couleur

Farbraum *m* – color space – espace *m* des couleurs, espace *m* colorimétrique

Farbraumanpassung *f* – gamut mapping – adaptation *f* de l'espace colorimétrique

Farbraumtransformation *f* – color space transformation, gamut mapping – conversion *f* de l'espace colorimétrique, transformation *f* de l'espace colorimétrique

Farbregelanlage *f* – ink control system – système *m* de régulation de l'encrage

Farbreihenfolge *f (beim Druck)* – printing sequence, printing order – séquence *f* d'impression, ordre *m* de superposition des couleurs

Farbreiz *m* – color stimulus – stimuli *m* chromatique

Farbreproduktion *f* – color reproduction – reproduction *f* des couleurs

Farbrezept *n* – ink recipe, ink formula – formule *f* d'encre

Farbrezeptur *f* – ink (color) formulation – formulation *f* des couleurs

Farbrücknahme *f* – color reduction – réduction *f* (de) couleurs

Farbsatz *m* – color set, set of films – composition *f* de couleurs, jeu *m* de films

Farbscan *m* – color scan – scanne *m* couleur, numérisation *f* couleur

Farbscanner *m* – color scanner – scanner *m* couleur

Farbschicht *f* – ink layer – couche *f* d'encre

Farbschraube *f (Druckmaschine)* – ink key – vis d'encrier, clé *f* d'encrier

Farbschwankungen *f/pl* – inking fluctuations, color fluctuations – variations *f/pl* de la couleur

Farbseparation *f* – color separation – séparation *f* des couleurs

Farbskala *f* – color scale, color chart – échelle *f* des couleurs, gamme *f* des couleurs

Farbspektrum *n* – color spectrum – spectre *m* de couleurs

Farbspezialist, -in – color expert – chromiste *m*

F

Farbspritzen *n* – ink splash(ing), splash(ing) – éclaboussure *f*

Farbstabilität *f* – ink stability – stabilité *f* de l'encre

Farbsteuerpult *n* *(Druckmaschine)* – color control desk – pupitre *m* de contrôle couleurs

Farbsteuerung *f* *(an der Druckmaschine)* – ink (key) control – régulation *f* des couleurs

Farbstich beseitigen – remove *v.* of colorcast – supprimer la dominante

Farbstich *m* – colorcast, color shift – dominantes *f/pl* de couleurs, dominante *f*

Farbstichausgleich *m* – colorcast reduction – compensation *f* de dominante, correction *f* de dominante

farbstichiges Bild – image with colorcast – image *f* avec dominante

Farbstift *m* – colored pencil – crayon *m* de couleur

Farbstoff *m* – dye, colorant – colorant *m*, matière *f* colorante

Farbsystem *n* – color system – système *m* colorimétrique

Farbtabelle *f* – color (look-up) table, CLUT, clut – table *f* de couleurs

Farbtafel *f* – color chart – charte *f* de couleurs

Farbtank *m* *(Druckmaschine)* – ink container – réservoir *m* d'encre

Farbtemperatur *f* – color temperature – température *f* de couleur

Farbtiefe *f* – color depth – profondeur *f* d'échantillonnage

Farbton *m* – hue, (color) tone, tint – teinte *f*, ton *m*, nuance *f* (Farbschattierung)

Farbton/Sättigung *(Option in Photoshop)* – Hue/Saturation – Teinte/Saturation

Farbtreue *f* – color fidelity, color adequacy – fidélité *f* des couleurs

Farbtüte *f* – color-bag – cornet *m* de couleurs

Farbübereinstimmung *f* – color matching – concordance *f* des couleurs, cohérence *f* chromatique, cohérence *f* des couleurs

Farbübergänge *m/pl* – color transitions – transitions *f/pl* entre couleurs

Farbüberlappung *f* – color overlap – chevauchement *m* de couleur

Farbübertragung *f* *(in Druckmaschine)* – ink transfer – transfert *m* d'encre

Farbumfang *m* – gamut, color gamut – gamme *f* de couleurs

Farbumkehrfilm *m* – color reversal film – film *m* à inversion couleur

Farbumstellung *f* – ink change (changeover) – changement *m* d'encre (de couleur)

Färbung *f* – tinting – teinture *f*

farbverbindlich – true to color – restituer fidèlement les couleurs

Farbverbindlichkeit *f* – color fidelity, color adequacy – fidélité *f* des couleurs

Farbverbrauch *m* – ink consumption, ink mileage – consommation *f* d'encre, consommation *f* de l'encre

Farbverhalten *n* – color behavior *(brit.* behaviour*)* – comportement *m* chromatique

Farbverlauf *m* – gradient, blend, vignette – dégradé *m* (couleur/ de couleurs)

Farbvermischung *f* – ink blending – mise *f* à la teinte

Farbverschiebung *f* – color variances, offshade – décalage *m* de couleurs, glissement *m* de la couleur, écart *m* de teintes

Farbvolumen *n* – volume of ink – volume *m* d'encre

Farbvorratsbehälter *m* – ink pan, ink trough – réservoir *m* à encre

Farbwähler *(Photoshop)* – Color Picker – Sélecteur *m* de couleur

Farbwahrnehmung *f* – color perception – perception *f* des couleurs, sensation *f* des couleurs

Farbwalze *f* – ink(ing) roller – rouleau *m* encreur

Farbwanne *f* *(Druckmaschine)* – ink pan – réservoir *m* d'encre

Farbwerk *n* – inking unit, ink system – dispositif *m* d'encrage, système *m* d'encrage

Farbwert *m* – color shift – valeur *f* de couleur

Farbwiedergabe *f* – color rendering – rendu *m* des couleurs, reproduction *f* des couleurs

Farbzone *f* – ink zone – zone *f* d'encrage

Farbzoneneinstellung *f* – ink (key) setting – réglage de l'encrage

Farbzonenregler *m* – ink key – vis *m* d'encrage

Farbzonenvoreinstellung *f* – ink pre-setting – préréglage *m* de l'encrage

Farbzuführung *f* – ink supply – alimentation *f* en encre

Faserbrei *m* *(Papierherstellung)* – pulp – pâte *f* (à papier)

Fax *n* – fax – fax *m*, télécopie *f*

faxen – fax *v.* – faxer, téléfaxer, télécopier, envoyer par télécopieur

Faxgerät *n* – fax machine – téléfax *m*, télécopieur *m*

Faxmodem *n* – fax modem – modem *m* de télécopie

Federzeichnung *f* – pen drawing – dessin *m* à la plume

Fehlbogen *m* – spoiled sheet, mis-fed sheet – feuille *f* manquante

Fehlbogenkontolle *f* – no-sheet detector – détecteur *m* de manque de feuille

fehlend – missing, lacking – manquant

fehlende Schriften – missing fonts – polices *f* manquantes

Fehler korrigieren (einen) – fix *v.* an error, correct *v.* an error – corriger une erreur

Fehler *m* – error, fault, flaw, defect, mistake – erreur *f*, faute *f*, défaut *m*, défectuosité *f*

F

Fehlerbehebung *f (Fehlerbeseitigung f)* – troubleshooting, debugging – dépannage *m*

fehlerfrei – correct, perfect – sans faute(s), correct

fehlerhaft *(techn.)* – defective – défectueux

fehlerhaft *(Dokument)* – incorrect, full of mistakes – incorrect, plein de fautes

Fehlerkorrektur *f* – error correction, error fix – correction *f* de la faute (de l'erreur)

fehlerlos – correct, perfect – sans faute(s), correct

Fehlermeldung *f* – error message – message *m* d'erreur

Fehlerquelle *f* – source of error, source of trouble – source *f* d'erreur(s), cause *f* d'erreur(s)

fehlertolerant – fault tolerant – tolérant aux pannes

Fehlertoleranz *f* – fault tolerance – tolérance *f* aux pannes

Fehlerverzeichnis *n* – errata, list of errata, corrigenda – errata *m*, erratum *m*

Fehlpasser *m* – mis-register, out of register – mal repéré

Feindaten *f/pl* – fine data – données *f/pl* en haute résolution

feine Farbabstufungen *f* – subtle gradation of color shapes – nuances *f/pl* de couleurs subtiles

feine Linie *f* – thin line – filet *m* fin

feiner Raster *m (Feinraster n)* – fine screen – trame *f* fine

Feinpostpapier *n* – bond paper, business paper, correspondence paper, communication paper, writing paper – papier *m* bond, papier *m* coquille

Feinscan *m* – scan – numérisation *f* finale

Feld *n (in Programmen)* – field, box – champ *m*, case *f*

Fenster *n (a. in Programmen)* – window – fenêtre *f*

Fensterfalz *m* – gatefold – pli *m* portefeuille

Fenstertechnik *f (in Programmen)* – windowing (technique) – fenêtrage *m*

Fensterumschlag *m* – window envelope – enveloppe *f* à fenêtre, enveloppe *f* vitrifiée – piage *f* a finestra

Fernauslöser *m (fotogr.)* – remote control release – déclencheur à distance

Fernbedienung *f* – remote control – télécommande *f*

Fernnetz *n* – WAN (Wide Area Network) – réseau étendu

Fernsehen *n* – television – télévision *f*

Fernseher *m (Fernsehgerät n)* – television (set), TV (set) – téléviseur *m*, télévision *f*, F télé *f*

Fernsehkamera *f* – telecamera, television camera – caméra *f* de télévision

Fernsehröhre *f* – television tube – tube *m* cathodique (de téléviseur)

Fernsehschirm *m* – television screen – écran *m* (de télévision)

Fernsehtechnologie *f* – television technology – technologie *f* de la télévision

Fernsehzuschauer, -in – TV viewer – téléspectateur, -rice

Fernwartung *f* – remote maintenance – télémaintenance *f*

fertige Seite *f* – finished page – page *f* finie

Fertigstellung *f* – completion – finition *f*

Fertigungsstätte *f* – production site – site *m* de production

fest *(Aggregatzustand, nicht flüssig)* – solid – solide

Festakzent *m* – fixed accent – accent *m* fixe

Feste Zielgröße *(Option in Photoshop)* – Fixed Target Size – Taille fixe

festgeklebt – stuck – collé

Festplatte *f* (hard) disk – disque *m* dur

Festplattenspeicher *m* – hard disk space – espace disque

Feststell-Taste *f* – Caps Lock key – touche *f* (de) verrouillage des majuscules, touche *f* (de) blocage des majuscules

fett *(typogr.)* – bold, black – gras

fette Linie – heavy rule, heavy line – filet *m* plein

Fettegrad *m (typogr.)* – weight – graisse *f*

fetter Buchstabe *m* – black letter – caractère *m* gras

Feuchtauftragswalze *f* – damper roller – toucheur-mouilleur *m*

Feuchtdehnung *f* – wet expansion – allongement *m* à l'humidité

Feuchtduktor *m* – damping duct roller – barboteur *m*

feuchten – damp *v.* – humidifier, mouiller

Feuchtigkeit *f* – damp(ness), moisture, humidity – humidité *f*

Feuchtigkeitsaufnahme *f* – moisture absorption – absorption *f* d'humidité

Feuchtmittel *n (Offsetdruck)* – fountain solution, damping solution – solution *f* de mouillage

Feuchtmittelfilm *m* – damping film – film *m* de mouillage

Feuchtmittelsteuerung *f* – damping control – réglage *m* du débit de mouillage

Feuchtreiber *m* – damping distributor – dégraisseur *m*

Feuchtübertragwalze *f* – damping transfer roller – rouleau *m* mouilleur de transfert

Feuchtung *f* – damping – mouillage *m*

Feuchtwalze *f* – damping roller – mouilleur *m*

Feuchtwalzenbezug *m* – damper cover – revêtement *m* du mouilleur

Feuchtwerk *n* – damping unit – dispositif *m* de mouillage

Fiberoptik *f* – fiber (*brit.* fibre) optics – optique *f* à fibre, fibre *f* optique

File-Browser *m* – file browser – navigateur *m* de fichiers

F

F

File-Server *m* – file server –
serveur *m* de fichiers
File Sharing *n* – file sharing –
partage *m* de fichiers
Film einlegen *(Film in Kamera)* –
load *v.* a film – mettre un film
Film *m* – film – film *m*
Filmarchiv *n* – film library –
cinémathèque *f*, filmothèque *f*
Filmdichte *f* – film density –
densité *f* du film
Filmempfindlichkeit *f* – speed –
sensibilité *f* du film
Filmentwicklung *f* – film
processing, processing –
développement *m* du film
Filmentwicklungsbedingungen
f/pl – film developing
conditions – conditions *f/pl* de
développement
Filmschwärzung *f* – film exposure
– noircissement *m* du film
Filmstreifen *m* – film reel, film
ribbon – bande *f*
Filter *m* – filter – filtre *m*
Filterbeschleunigung *f* – filter
acceleration – accélération des
applications de filtres
filtern – filter *v.* – filtrer
Filzseite *f (Papier)* – felt side –
côté *m* feutre
Filzstift *m* – felt(-tip) pen, felt tip
– feutre *m*, crayon-feutre *m* (*pl*
crayons-feutres)
Fingerabdruck *m* – fingerprint –
empreinte *f* digitale
Fingerabdrücke *m/pl* – finger
marks – traces *f/pl* de doigts
Finishing *n (Druckverarbeitung*
f) (print) finishing, post press,
(paper) converting, – façonnage
m, finissage *m*, converting *m*
Firewall *f* – firewall – firewall *m*,
coupe-feu *m*, pare-feu *m*,
garde-barrière *f*
Firmenbroschüre *f* – corporate
brochure – brochure *f* de
l'entreprise
Firmenlogo *n* – company logo –
logo *m* d'entreprise
Firmenzeitung *f* – house organ –
journal *m* interne

Firmware *f* – firmware –
microprogramme *m*
Fisch *m (Bleisatz)* – wrong letter,
wrong fount – coquille *f*
Fischaugenobjektiv *n* – fisheye
lens – objectif *m* fish-eye
Fitzbund *m* – kettle stitch –
chaînette *f*
Fixakzent *m* – fixed accent –
accent *m* fixe
fixe Kosten – fixed costs – frais
m/pl fixes
fixer Winkel *m* – fixed angle,
constrain angle – angle *m* fixe,
angle *m* de contrainte
Fixierbad *n* – fixing bath, fixer –
bain *m* fixateur, bain *m* de
fixage
fixieren – fix *v.* – fixer
Fixieren *(Option in Illustrator)* –
Lock – Verrouiller
Fixiermittel *n* – fixer – fixateur *f*
Fixiermittelsalz *n* – fixer – sel *m*
fixateur
Fixierung *f (Laserdrucker)* –
fixing – fixation *f*
Fixkosten *pl* – standing expenses
– coûts fixes
Fixpunkt *m* – point of reference,
point of focus (fotogr.) – point
m de repère
flach *(z.B. Film)* – flat – plat
flach werden *(Kontrast eines*
Bildes) – become *v.* flat –
devenir plat
Flachbettscanner *m* – flat-bed
scanner – scanner *m* à plat
Flachbettstanzen *n* – flat-bed
die-cutting – découpage *m* à plat
Flachbildschirm *m* – flat screen –
écran *m* plat
Flachdruck *m* – flat-bed printing
– impression *f* à plat
Fläche *f* – area – surface *f*
Fläche überdrucken *(InDesign,*
Illustrator) – Overprint Fill –
Surimpression du fond
Flächendeckung *f* – ink coverage
– recouvrement *m* de surface
Flächendeckung *f* **gesamt**
(Summe) – total ink coverage –
somme *f* du recouvrement de
surface

Flächendeckungsgrad *m*
(prozentuale Flächendeckung)
– percent area coverage –
pourcentage *m* de la couverture
superficielle
Flächendruck *m* – area printing –
impression *f* d'aplats
Flächenmuster *n (Kartographie)*
– area pattern – dessin *m* de
surface
Flächenton *m* – screen tint,
benday – benday *m*, aplat *m*
tramé
Flachrelief *n* – deep embossing –
bas-relief *m*
Flachrücken *m (Druckverarbei-*
tung) – square back – dos *m*
carré
Flackern *n* – flickering –
scintillement *m*
flackern *(Bildschirm)* – flicker *v.*
– scintiller
Flaschenetikett *n* – bottle label –
étiquette *f* de bouteille
Flaschenhals *m (Produktions-*
engpass) – bottleneck – goulet
m d'étranglement
Flash-Speicher *m* – flash memory
– mémoire *f* flash
Flatness *f (Kurvennäherung f)* –
flatness – platitude *f*
Flattermarke *f* – signature mark,
collating mark – marque *f*
d'assemblage, marque *f* de
collationnement
Flattern *n (Papierbahn)* –
fluttering – flottement *m*
flatternd *(typogr.)* – ragged,
unjustified – en drapeau, non
justifié
Flattersatz *m* – unjustified
setting, ragged composition
(setting), unjustified margin(s),
ragged type (matter), unjustified matter – en drapeau,
composition *f* en drapeau, texte
m en drapeau
Flattersatz *m* **linksbündig** – rag
right, ragged right, text ragged
right – composition *f* (texte *m*)
en drapeau à fer de gauche

Flattersatz *m* **Mitte** – ragged center, text ragged center – composition *f* (texte *m*) en drapeau centre

Flattersatz *m* **rechtsbündig** – rag left, ragged left, text ragged left – composition *f* (texte *m*) en drapeau à fer de droit

flau *(kontrastarm)* – flat – flou, plat

Fleck, Flecken *m* – blemish, blot – tache *f*, tacheture *f*

Fleisch *n* *(bei Buchstaben)* – beard (of type) – blanc *m*

flexible Verpackung *f* – flexible packaging, flexibles – emballage *m* souple

flexibles Leerzeichen *n* – flexible space width – espace *m* variable

Flexodruck *m* – flexo print(ing), flexography – flexo *f*, flexographie *f*, impression *f* flexo(graphique)

Flexodrucker *m* – flexo printer, flexographic printer – imprimeur *m* flexo

Flexodruckfarbe *f* – flexographic ink – encre *f* flexographique

Flexodruckform *f* – flexo printing form – forme *f* imprimante flexographique

Flexodruckmaschine *f* – flexo(graphic) press – imprimeuse *f* flexographique

Flexodruckplatte *f* – flexo printing plate – cliché *m* flexographique

Flexo-Etikettendruckmaschine *f* – flexo label press – presse *f* flexo pour étiquettes

Flexofarbe *f* **auf Wasserbasis** – water-based flexo ink – encre *f* flexographique à l'eau

Flexografie *f* – flexography – flexographie *f*

Flexoplattenbelichter *m* – flexo platesetter, computer-to-flexoplate imager – imageuse *f* de plaques flexographiques

Flexoverpackung *f* – flexo packaging – emballage *m* flexo

fliegender Akzent *m* – floating accent – accent *m* flottant

fliegender Eindruck *m* – on-the-run imprinting – repiquage *m* en vol

fliegender Rollenwechsel *m* – flying web-splice – collage *m* de bandes en vol

fliegender Rollenwechsler *m* – flying reelchange (splice) – dérouleur *m* à collage en vol

fliegender Vorsatz *m* – fly-leaf – feuille *f* de garde

fließender Übergang *m* – smooth transition, smooth gradation – tansition *f* insensible, gradation *f* insensible

Fließrate *f* *(Druckfarbe)* – flow rate – indice *m* d'écoulement

Fließtext *m* – plain text, body text, continuous text, straight text – texte *m* brut, texte *m* courant

flimmerfrei – flicker-free – sans scintillement, exempt de scintillement (de papillotement)

flimmern *(Bildschirm)* – flicker *v.* – scintiller

Flimmern *n* – flickering – scintillement *m*, papillotement *m*

Flipchart *n* – flipchart – tableau *m* à feuilles motiles, tableau-chevalet *m*

Floating Point *m* – floating point – virgule *f* flottante

Floppy-Disk *f* – floppy (disk) – disquette *f*, disque *m* souple

Florpostpapier *n* – onion skin – pelure *f* d'oignon

flüchtiger organischer Verbund *m* – volatile organic compound – composé *m* organique volatil

flüchtiger Speicher *m* – volatile memory – mémoire *f* volatile

Fluchtlinie *f* – vanishing line, perspective line – ligne *f* de fuite

Fluchtpunkt *m* – vanishing point – point *m* de fuite

Flugblatt *n* – flyer, pamphlet, leaflet, broadsheet – feuille *f* volante, papillon *m*, tract *m*

fluoreszierend – fluorescent – fluorescent

fluoreszierende Farbe *f* – fluorescent color – couleur *f* fluorescente, F couleur *f* fluo

fluoreszierendes Papier *n* – fluorescent paper – papier *m* fluorescent

Flussdiagramm *n* – flowchart, flow diagram – organigramme *m*

flüssige Farbe *f* – fluid ink – encre *f* liquide

Flüssigkristallanzeige *f* – liquid crystal display (LCD) – affichage *m* (à) cristaux liquides

Flüssigpolymerplatte *f* – liquid polymer plate – plaque *f* aux photopolymères liquides

Flüssigtoner *m* – liquid toner – toner *m* liquide

Flyer *m* – flyer – feuillet *m*, flyer *m*

FM-Rasterung *m* *(frequenzmodulierte Rasterung)* – FM (frequency-modulated) screening – tramage *m* à (en) modulation de fréquence

Fokus *m* – focus – foyer *m*

Fokusrechteck *n* – focus rectangle – rectangle *m* de mise au point

fokussieren – focus *v.* – mettre au point

Fokussierlinsensystem *n* – focusing lens system – système *m* de lentilles de mise au point

Fokussierung *f* – focusing – mise *f* au point

Folie *f* – foil – film *m* plastique, plastique *m*

Folien-Durchlaufsiegelgerät *n* – rotary-band sealer – appareil *m* de soudage de film

Folienprägung *f* – foil stamping – estampage *m*, dorure *f* à chaud

Folienschweißgerät *n* – film welding machine – appareil *m* de scellage de feuilles (en plastique)

Foliensiegelgerät *n* – film sealing machines – appareil *m* de scellage de feuilles (en plastique)

Folienverpackung *f* – film wrapping – mise *f* sous film

Folio *n* *(Folioblatt n)* – folio – folio, in-folio

Font *m* – font – police *f* (de caractères), fonte *f*

F

F

Fontdesigner, -in – font designer – créateur, -rice typographique, dessinateur, -rice de caractères

Fonteigenschaften *f/pl* – font properties – propriétés *f/pl* des polices

Fontersetzung *f* – font substitution – substitution *f* de polices

Fontuntergruppe *f* – font subset – jeu *m* partiel de police

Fontverwaltung *f* – font management – gestion *f* de polices

Fontverwaltungsprogramm *n* – font management program – gestionnaire *m* de polices, logiciel *m* de gestion de polices

Fortbildungszentrum *n* – training center – centre *m* de formation

Form *f* – shape – forme *f*

Form *f* **zum Umdrehen** – work and twist form – forme *f* à imposition en ailes de moulin

Form *f* **zum Umschlagen** – work and turn form – forme *f* à basculer, imposition *f* en demi-feuilles

Form *f* **zum Umstülpen** – work and tumble form – forme *f* à culbuter, imposition *f* tête à queue

Format *n* – format, size – format *m*

formatieren *(Festplatte, Text)* – format *v.* – formater

Formatieren *n* – formatting – formatage *m*

formatiert – formatted – formaté

Formatierung *f* – formatting – formatage *m*

Formel *f* – formula – formule *f*

Formelsatz *m* – formula setting – composition *f* de formules

formen – form *v.*, shape *v.* – former, façonner, modeler

Formgebung *f* – styling – modelage *m*

Formproof *m* – imposition proof, page proof – épreuve *f* d'imposition

Formsatz *m* – form setting – composition *f* serrée (formée)

Formstanzen *n* – die cutting, die cut – estampage *m*, découpage *m* à l'emporte-pièce

Formular *n* – form – formulaire *m*, imprimé *m*

Formularfeld *n* – form field – champ *m* de formulaire

fortlaufend – continuous – continu

fortlaufende Nummerierung *f* – consecutive numbering, sequential numbering – pagination *f* continue, numérotation *f* séquentielle

Forum *n* – forum – forum *m*

Foto *n* – photo(graph), shot, snap (F) – photo *f*

Fotoabzug *m* – photoprint – bromure *m*, épreuve *f* photo(graphique)

Fotoalbum *n* – photo-album – album *m* de photos

Fotoapparat *m* – camera – appareil *m* photographique

Fotoatelier *n* *(Fotostudio)* – photo(graphic) studio – atelier *m* de photographe

Fotoausrüstung *f* – photo(graphic) equipment – équipement *m* photographique

Foto-CD *f* – photo CD – disque *m* compact photo, photo CD

Fotochemie *f* – photochemistry – photochimie *f*

Fotochemikalie *f/pl* – photochemicals – produits *m/pl* photochimiques

fotochemischer Prozess *m* – photo-chemical process – processus *m* photochimique

Fotocomposing *n* – photocomposing – photocomposition *f*

Fotodiode *f* – photodiode – photodiode *f*

Fotograf, -in – photographer – photographe *m/f*

Fotografie *f* – photography – photographie *f*

fotografieren – photograph *v.*, take *v.* a picture – photographier, prendre une photo, faire de la photo *(als Hobby)*

fotografisch – photographic(ally) – photographique

fotografische Abbildung *f* – photographic reproduction – représentation *f* photographique

Fotohalbleiter *m* – photo semiconductor – semi-photoconducteur *m*

Fotojournalismus *m* – photojournalism – journalisme *m* photo

Fotokathode *f* – photocathode – photocathode

Fotokopie *f* – photocopy – photocopie *f*

fotokopieren – copy *v.*, photocopy *v.* – photocopier

Fotokopierer *m* *(Fotokopiergerät n)* – photocopier – photocopieuse *f*, photocopieur *m*

Fotolabor *n* – photographic lab(oratory), photo lab(oratory), developers – laboratoire *m* photo(graphique)

Fotomaterial *n* – photo(graphic) materials – matériel *m* photographique

fotomechanische Reproduktion *f* – photo reproductian – reproduction *f* photomécanique

Fotomontage *f* – photomontage – photomontage *m*

Fotomultiplier *m* *(Lichtverstärker)* – photomultiplier – photomultiplicateur *m*

Fotopapier *n* – photographic paper – papier *m* bromure, papier *m* photo(graphique)

Fotopolymer *n* – photopolymer – photopolymère *m*

Fotopolymer-Druckplatte *f* – photopolymer printing plate – plaque *f* photopolymère

Fotopolymerschicht *f* – layer of photopolymer – couche *f* photopolymère

Fotorealismus *m* – photorealism – photoréalisme *m*

fotorealistisch – photorealistic – photoréaliste

Fotoreporter *m* – photojournalist – reporter *m* photographe

Fotoretusche *f* – photo retouching – retouche *f* de photos
Fotosatz *m* – filmsetting, photo(type)setting, photocomposition, phototypography – photocomposition *f*
Fotozelle *f* – photocell – cellule *f* photoélectrique
Fragebogen *m* – questionnaire – questionnaire *m*
Fragezeichen *n* – question mark – point *m* d'interrogation
Fragmentierung *f* – fragmentation – fragmentation *f*
fraktal – fractal – fractale *f*
fraktale Komprimierung *f* – fractal compression – compression *f* fractale
Fraktionieren *n* – fractionation – fractionnement *m*
Fraktur(schrift) *f* – Black Letter, broken types, Black Letters and Broken – fractures, caractère *m* gothique, gothiques *f/pl*, lettre *f* gothique
frankieren – stamp *v.*, frank *v.* – affranchir
Fräskante *f* – routing edge – bord *m* de fraisage
Fräsrand *m* – routing margin – marge *f* de fraisage
Frauenzeitschriften *f/pl* – women's publication – presse *f* féminine
Freeware *f* – freeware – gratuiciel *m*, logiciel *m* gratuit, logiciel *m* public
frei machen *(Speicher)* – free *v.*, vacate *v.* – libérer
freie(r) Mitarbeiter, -in – freelance – free-lance *m*, indépendant(e)
Freiformpfad *m* – freeform path – tracé *m* de forme libre
Freigabebogen *m* – O.K. proof – épreuve *f* acceptée
freigestellter Bereich *m* – masked area – zone *f* détourée
freigestelltes Bild *n* – silhouette, cut-out figure – image *f* détourée, silhouette *f*
freihändig – freehand – à main levée
Freihandwerkzeug *n* *(in DTP-Programmen)* – freehand tool – outil *m* à main levée

Freihandzeichnung *f* – freehand drawing – dessin *m* à main levée
Freiraum *m* – blank space – zone *f* réservée
freistehendes Bild *n* – outlined figure – figure *f* détourée
freistellen – cut out *v.*, mask *v.* – détourer, découper
Freistellen *n* – clipping, scissoring – détourage *m*, découpage *m*
Freisteller *m* – cut-out (mask) – détourage *m*
Freistellmaske *f* – outline mask – masque *m* de détourage
Freistellpfad *m* – clipping path – contour *m*
Freistellungs-Werkzeug *(Photoshop)* – Crop tool – outil Recadrage
Fremddaten *pl* – external data, outside data – données *f/pl* extérieures (étrangères)
Frequenz *f* – frequency – fréquence *f*
Freskenmalerei *f* – fresco painting – peinture *f* à fresque
Fresko *n* – fresco – fresque *f*
Front End *n* – front end – frontal *m*
Front *f* – face – face *f*
Frontabdeckung *f* – front cover – capot *m* avant
Frontispiz *n* – frontispiece – frontispice *m*
Führung *f* *(in Geräten)* – receptacle – réceptacle *m*
Führungspunkte *pl* – leaders, dot leaders – points *m/pl* de conduite
Full-Duplex Modus *m* – full-duplex mode – mode *m* bidirectionnel simultané
füllen – fill – remplir
Füllseite *f* – pad page – page *f* de remplissage
Füllung *f* – fill – remplissage *m*
Füllwerkzeug *(Photoshop)* – Paint bucket tool – outil Pot de peinture
Füllzeichen *n* – leader, fill character – caractère *m* de suite, caractère *m* de remplissage
Fünffarbmaschine *f* – five color machine – machine *f* cinq couleurs

Funktion *f* – function, feature – fonction *f*
funktionieren – work *v.* – marcher, fonctionner
Funktionstaste *f* – function key – touche *f* de fonction
Funktionsweise *f* – functioning – fonctionnement *m*, mode *m* de fonctionnement
Für Ausgabe sammeln *(Option in QuarkXPress)* – Collect for output – Rassembler les info pour sortie
Für OPI auslassen *(Option in InDesign)* – Omit for OPI – Ignorer pour OPI
Fuß-an-Fuß – foot to foot, foot-to-foot – pied-à-pied
Fuß-an-Kopf – foot to head, foot-to-head – pied-à-tête
Fußbeschnitt *m* *(Druckverarbeitung)* – tail trim – coupe *f* en pied, rognage *m* en pied
Fussel *f* – fluff – peluche *f*
Fußnote *f* – foot note, footnote – note *f* de pied, note *f*, note *f* courante, renvoi *m*
Fußrand – bottom margin, lower margin, foot margin, tail margin – blanc *m* de pied, marge *f* du bas
Fußzeile *f* – bottom note, bottom line – pied *m* de page, note *f* en bas de page, ligne *f* de pied

G

galvanisch – electrolytical, galvanic(ally) – galvanique
galvanisieren – galvanize *v.*, electroplate *v.* – galvaniser
Galvanisierung *f* – electroplating, galvanization – plaquage *m* par électrolyse
Galvano – electrotype – galvano(type) *m*
Galvanobad *n* – electrolytical bath – bain *m* galvanique
Galvanokorrektur *f* – electrolytical correction – correction *f* galvanique
Galvanoplastik *f* – electrotyping – galvanoplastie *f*, galvanotypie *f*

G

Gammakurve f – gamma curve – courbe f gamma

Gamut Mapping n – gamut mapping – application f au gamut, gamut mapping, transformation f de l'espace colorimétrique

Ganz nach hinten (QuarkXPress) – Send to Back – Arrière-plan

Ganz nach vorn (QuarkXPress) – Bring to Front – Premier plan

Ganze Seite (Ansicht von Dokumenten) – Fit in Window – Taille écran

Garaldic (Schriftenklassifizierung) – Renaissance Antiqua, garald – garaldes

Gastzugriff m – guest access – accès m aux utilisateurs invités

Gateway-Server m – gateway server – serveur m de passerelle

Gauss'scher Weichzeichner m – Gaussian blur – flou m gaussien

gautschen – couch v. – coucher

GCR (Unbuntaufbau) – GCR (Gray Component Replacement) – remplacement m du composant gris, GCR, composition (reproduction) f achromatique

Gebrauchsgrafik f – commercial art – dessin m publicitaire

Gebrauchsgrafiker, -in – industrial artist – dessinateur, -rice publicitaire

gebrochen (typogr.) – broken – fracturé

gebundenes Buch n – bound book, hardback – livre m relié

gedämpfte Farbe f – shaded color – couleur f atténuée

gedämpftes Licht n – soft light – lumière f tamisée

Gedankenstrich m – dash, hyphen – tiret m

gedreht – rotated – pivoté

gedruckt – printed – imprimé

gedrückt (Taste) – pressed – enfoncé

gedrückt halten – hold v. pressed – maintenir enfoncé

gedrucktes Handbuch n – hard-copy manual – manuel m imprimé

gefaltet – folded – plié

gegen den Uhrzeigersinn – counter-clockwise – contre le sens des aiguilles de la montre, en sens antihoraire

gegen die Laufrichtung – across the web (grain), cross web (grain) – en sens travers des fibres, en sens travers du grain

Gegendruckzylinder m – impression cylinder – cylindre m de contre-pression

gegenläufige Rakel f (Flexodruck) – reverse angle blade – racle f à angle inversé

Gegenlicht n – backlight(ing), frontlighting – contre-jour m

Gegenlichtaufnahme f – backlit shot, contre-jour shot – photo f à contre-jour

Gegenlichtblende f – lens hood, lens shade – pare-soleil m

Gegenmaske f – counter mask – contre(-)masque m

gegenpolig – antipolar – antipode

gegenprüfen – cross-check v. – contre-vérifier

Gegenprüfung f – cross-check(ing) – contre-vérification f

gegenüber – opposite – en face de, vis-à-vis de

gegenüberliegende Seiten f/pl – facing pages, opposite pages, spread – pages f en regard

Gehäuse n – case, body (Kamera), cabinet – boîtier m

Gehe zu (Menüeintrag in Mac OS X) – Go – Aller à

Gehrung f – miter (brit. mitre) – onglet m, biais m

Gehrungsbegrenzung f – miter limit – limite f onglet

Gehrungsschnitt m – mitred cut – coupe f d'onglets

Gehrungswinkel m – miter angle – angle m d'onglet

Geisterbild n – ghosting – impression f fantôme, image f fantôme

geklebt – glued – collé

gekrümmt – curved – courbé

gelb (Gelb n) – yellow – jaune

Gelbe Seiten – yellow pages – pages f jaunes

Gelbfilter m – yellow filter – filtre m jaune

gelbgold – yellow(y)-gold – or m jaune

gelbgrün – yellow(y)-green – vert tirant sur le jaune, vert-jaune

gelblich – yellowish, yellowy – jaunâtre

Gelbstich m – yellow cast – dominante f du jaune

gelbstichig – with a yellow cast – tirant sur le jaune

Gemeine pl (gemeine Buchstaben) – lower case characters – caractères m/pl en bas de casse, minuscules f/pl, bas-de-casses m/pl

gemeinsamer Speicher m – shared memory – mémoire f partagée

gemietete Linie f (Telekommunikation) – leased line – liaison f louée

genau – accurate, precise – exact

Genauigkeit f – accuracy, precision – précision f, exactitude f

generieren – generate v. – générer

generisches Profil n – generic profile – profil m générique

generisches Profil n (ICC-Farbmanagement) – generic profile – profil m générique

Geodreieck n – set square – équerre f

Geometrie f – geometry – géométrie f

geometrisch – geometric(al) – géométrique

gepunktet – dotted – pointillé

gerade – upright – droit

Gerade f – straight – droite f, ligne f droite

gerade Linie f – straight line – ligne f droite

gerade Seite f – even page, even folio – page f paire

gerader Rücken m – square back – dos m carré

geradestehend *(typogr.)* –
upright – romain
geradestoßen *(Papierstoß)* – jog
v. – taquer
Geradestoßen *n* – jogging –
taquage *m*
gerastert – screened – tramé
Gerät *n* – device – appareil *m*
geräteabhängige Farbe *f* –
device-dependent color –
couleur *f* dépendante du
périphérique
Geräteabhängigkeit *f* – device-
dependency – dépendance *f* du
périphérique
Gerätecharakterisierung *f (ICC-
Farbmanagement)* – device
characterization – caractérisation *f* de périphérique
Gerätekalibrierung *f* – device
calibration – calibrage *m* de
l'appareil
Geräteprofil *n (ICC-Farbmanagement)* – device profile –
profil *m* d'appareil, profil *m*
d'un périphérique
geräteunabhängig –
device-independent –
indépendant du périphérique
Geräteunabhängigkeit *f* –
device-independency –
indépendance *f* du périphérique
gerippte Daten *pl* – ripped data –
données *f/pl* rippées
geripptes Papier *n* – laid paper –
papier *m* vergé
gerissen – torn – déchiré
geruchsfreie Farbe *f* – odorless
(*brit.* odourless) ink – encre *f*
inodore
Gesamtauflage *f* – combined
circulation – tirage *m* combiné
Gesamteindruck *m* – overall
impression – aspect *m* général
Gesamtflächendeckung *f* – total
area coverage (TAC), tone
value sum (TVS) – couverture *f*
totale de surface
Gesamtwerk *n* – corpus – oeuvre
f complète, corpus *m*
gesättigt *(Farbe)* – saturated –
saturé

gesättigtes Schwarz *n* – rich
black, superblack – noir *m*
soutenu, noir *m* enrichi
Geschäftsanzeige *f* – business
ad(vertisement) – annonce *f*
publicitaire
Geschäftsbeziehung *f* – business
relation – relation *f* commerciale
Geschäftsgrafik *f* – business
graphic – graphique *m*
commercial
Geschenkpapier *n* – giftwrap
paper, gift wrap – papier *m*
cadeau
geschlossene Kammerrakel *f* –
closed chamber – chambre *f* à
racles fermées (encastrées)
geschlossene Kontur *f* – closed
contour – contour *m* fermé
geschöpftes Papier *n* –
laid-paper – papier *m* vergé
geschützter Bindestrich *m* –
non-breaking hyphen,
inseparable hyphen – tiret *m*
insécable
geschütztes Leerzeichen *n* –
inseparable space, hard space,
no-break space, non-breaking
space – blanc *m* dur, blanc *m*
insécable, espace *m* insécable
geschweifte Klammer *f* – curly
bracket, brace, accolade –
accolade *f*
geschwungen – curved – courbe,
galbé, cintré
Gesichtsfeld *n* – field of vision,
visual field – champ *m* visuel,
champ *m* de vision
gesperrt *(Datei)* – locked –
verrouillé
Gesprächsweiterleitung *f (telef.)*
– call forwarding – renvoi *m*
des appels
gesprenkelt – sprinkled – jaspé
gestalten – design *v.*, form *v.*,
shape *v.* – créer, réaliser
Gestaltung *f* – creation, design,
creative work, creative design,
– création *f*, F créa *f*
gestickter Einband *m* –
embroidered binding – reliure *f*
brodée

gestochen scharf – pin-sharp –
très net
gestreift – striped – strié
gestrichelt – dashed – en tirets
gestrichelte Linie *f* – dashed line,
broken line – tirets *m/pl*
gestrichen – coated – couché
gestrichenes Papier *n* – coated
paper – papier *m* couché
getaggt – tagged – balisé
getaggter Text *m* – tagged text –
texte *m* balisé
geteilter Bildschirm *m* – split
screen – écran *m* séparé
Geviert *n* – em, em-square,
em(-)quad – cadratin *m*
Geviertleerzeichen *n* – em-space
– espace *m* cadratin
Geviertstrich *m* – em-dash – tiret
m cadratin
Gewinde *n (a. Kamera)* – thread –
filetage *m*
gewölbter Deckel *m* – dome-
shaped cover – couvercle *m*
bombé
gezackt – jaggy – crénelé
gezeichnet – drawn – dessiné
gezeichnete Initiale *f* – drawn
initial – lettrine *f* dessinée
gezielte Werbung *f* – target
advertising – publicité *f* ciblée
Ghosting *n* – ghosting –
impression *f* fantôme, image *f*
fantôme
Gitter *n* – grid – grille *f*
Gitterabstand *m* – grid offset –
espacement *m* de la grille
Gitter-Anpassung *f* – grid fitting
– ajustement *m* à la grille
Gitterursprung *m* – grid origin –
origine *f* de la grille
Glanz *m* – gloss – brillance *f*
glänzend – glossy – brillant,
éclatant
Glanzfolie *f* – acetate film (foil),
laminating film (foil) – film *m*
acétate
glanzfolienkaschiert –
laminated, acetate laminated –
laminé (à film acétate)
Glanzfolienkaschierung *f* –
acetate lamination – laminage
m (à film acétate)

G

Glanzlicht *n* – highlight – réhaut *m*
glanzlos – dull – sans éclat, terne
Glanzpapier *n* – glazed paper, gloss paper, satin paper – papier *m* satiné, papier *m* à l'anglaise
Glasfaser(technik) *f* – fiber (*brit.* fibre) optics – fibre *f* optique
Glasfaserkabel *n* – fiber-optic cable – câble *m* optique
Glätte *f* – smoothness – lisse *f*
glätten – smooth – lisser
Glätten *n* **(der Kanten)** – *Glättung f* – smoothing (the edges), softening (the edges) – lissage *m* (des bords)
glatter Satz – body matter, text matter – texte *m* courant
glattstoßen (*Papierstoß*) – jog *v.* – taquer
Glattstoßen *n* (*Papierstoß*) – jogging – taquage *m*
Glättung *f* (*Bildverarbeitung*) – smoothing – lissage *m*
gleichabständig – with even spacing – répartition *f* à intervalles réguliers
gleichmäßig – even, regular – uniforme, régulier
Gleichmäßigkeit *f* **der gedruckten Farbe** – uniformity of print color – régularité *f* de la couleur imprimée
gleichschenk(e)liges Dreieck – isosceles triangle – triangle *m* isocèle
gleichseitig (*math.*) – equilateral – équilatéral
Gleichstrom *m* – DC (direct current) – courant *m* continu
Gleichung *f* – equation – équation *f*
gleichwinklig – equiangular, with equal angles – équiangle, isogone
Gleich-Zeichen *n* – equal sign, equal mark – signe *m* égal à
Gleitkomma *n* – floating point – virgule *f* flottante
Gleitkomma-Zahl *f* – floating-point number – nombre *m* à virgule flottante
globale Änderung *f* – global change – modification *f* globale

Glossar *n* – glossary – glossaire *m*
Glosse *f* – gloss – glose *f*
Glühbirne *f* – bulb, electric light bulb – ampoule *f*
Glyphe *f* – glyph – glyphe *f*
Gold *n* – gold – or *m*
goldbraun – golden-brown – mordoré
golden – golden – en or, d'or
goldfarben – golden, golden-colored – doré
Goldfolie *f* – gold foil – feuille *f* d'or
goldgelb – yellow(y)-gold – jaune d'or
Goldpapier *n* – gold foil – papier *m* doré
Goldprägung *f* – gold embossing – gaufrage *m* doré
Goldschnitt *m* – gilt-edge – dorure *f* sur tranche
Goldton *m* – golden tone (brun) mordoré *m*
gotische Schrift *f* (*Gotisch Fraktur*) – Gothic (character), black letter, black-letter, black face – gothiques *m*, caractères *m/pl* gothiques
Gouache *f* – gouache – gouache *f*
Grad *m* (*Winkel*) – degrees – degré *m*
Gradation *f* – gradation – gradation *f*
Gradation *f* **in den Tiefen** – shadow gradation – gradation *f* dans les ombres
Gradationskorrektur *f* – gradation correction – correction *f* de gradation
Gradationskurve *f* – gradation curve – courbe *f* de gradation
Grad-Zeichen *n* – degree sign – symbole *m* degré
Grafik *f* – graphic, artwork, graphic art – graphique *m*
Grafikbeschleuniger *m* – graphics accelerator (board) – accélérateur *m* de couleur
Grafikdesign *n* – graphics – graphisme *m*
Grafikdesigner, -in – graphic designer – infographiste *m*, graphiste *m*

Grafiker, -in (*Grafikdesigner, -in*) – graphic designer, commercial artist – graphiste *m*
Grafikformat *n* – graphic format – format *m* graphique
Grafikkarte *f* – graphics card, display card – carte *f* graphique
Grafikprogramm *n* – graphics software – logiciel *m* graphique
Grafiksprühdose (*Werkzeug in FreeHand*) – Graphic Hose – Canal graphique
Grafikstudio *n* – graphic department – atelier *m* graphique
Grafiktablett *n* – graphics tablet, digitizer, digitizing tablet – tablette *f* graphique
Grafikzeichen *n* – graphics character – caractère *m* graphique
grafisch – graphic(al) – graphique(ment)
grafische Benutzeroberfläche *f* – graphical user interface (GUI) – interface *f* graphique pour l'utilisateur
grafische Darstellung *f* – graphic representation – représentation *f* graphique
grafische Industrie *f* – graphic arts industry, graphics industry, – industrie *f* graphique, industrie *f* des arts graphiques
grafische Künste *f/pl* – graphic arts – arts *m/pl* graphiques
grafische Produktion(skette) *f* – graphic arts chain, graphic production line – chaîne *f* graphique
grafisches Gewerbe *n* – graphic arts – arts *m/pl* graphiques
grafisches Objekt *n* – graphic object – objet *m* graphique
Grammatik *f* – grammar – grammaire *m*
Gratis-Abonnement *n* – complimentary subscription – abonnement *m* gratuit
grau – grey, gray (*U.S.*) – gris
Graubalance *f* – gray balance – balance *f* des gris
grauer Kasten *m*, **graues Kästchen** *n* (*in Programmen*) – gray box – case *f* grise

G

Graufilter *m* – neutral density filter, gray filter – filtre *m* gris neutre

Graukeil *m* – grayscale, gray-wedge – échelle *f* de gris, coin *m* neutre, gamme *f* de gris

gräulich – grayish – grisâtre

Grauschattierung *f* – shade of gray – niveau *m* de gris

Grauschleier *m* – gray veil, gray haze, gray fog – voile *f* (grisâtre)

grauschwarz – grayish-black – gris-noir

Graustufe *f* – gray level – niveau *m* de gris

Graustufen *f/pl* – grayscale – niveaux *m/pl* de gris

Graustufenbild *n* – grayscale image – image *f* en niveaux de gris, simili *m*

Graustufenskala *f* – grayscale – gamme *f* de gris

Grautöne *m/pl* – gray tones, gray tints – nuances *f/pl* grises

Grauwert *m* – gray level, gray value – niveau *m* de gris

gravieren – engrave *v.* – graver

graviert – engraved – gravé

Gravis *m* – grave accent – accent *m* grave

Gravur *f* – engraving – gravure *f*

Gravurmaschine *f* – engraving machine – machine *f* de gravure

Gravurzylinder *m* – engraving cylinder – cylindre *m* à graver

Greifer *m* *(in Druckmaschine)* – gripper – pince *f*

Greiferrand *m* – gripper edge, leading edge – bord *m* des pinces, marge *f* des pinces, prise *f* de pince

grell – loud, glaring, garish, very bright, lurid – voyard, criard (negativ)

grellbunt – gaudy – aux couleurs voyantes (criardes)

Grellheit *f* *(Grelle f)* – glariness – crudité *f*

grellrot – bright red – d'un rouge très vif, d'un rouge criard

Grobdaten – rough data – données *f/pl* grossières

grobe Auflösung *f* – coarse resolution, low resolution – basse résolution *f*

grobes Raster *n* – coarse screen – trame *f* grossière

grobkörnig – grainy – à gros grain

groß – large, great, big – grand

Groß-/Kleinschreibung *f* **beachtend** – case-sensitive – sensible à la casse, respectant la casse, sensible aux majuscules/minuscules

Groß-/Kleinschreibung *f* – case, upper- and lowercase spelling – casse *f*, emploi *m* des majuscules et des minuscules

Großauflage *f* – large circulation – grande diffusion *f*

Großaufnahme *f* – close-up (shot) – gros plan *m*

Großbuchstabe *m* – capital (letter), cap, uppercase letter – majuscule *f*, capitale *f*

große Datei *f* – large file, big file – fichier *m* volumineux

Größe *f* – size, dimension – taille *f*, format *m*

Größe *f* **verändern** – resize *v.* – redimensionner

Größenveränderung *f* – resizing – redimensionnement *m*

Größenverhältnis *n* – ratio, proportions, dimensions – proportion *f*

Größer-als-Zeichen *n* – greater-than sign – signe *m* supérieur à

größerer Maßstab *m* – larger scale – échelle *f* supérieure

Großformat *n* – large format (LF), broadsheet size – grand format *m*, gros format

Großformatbelichter *m* – large format imagesetter – imageuse *f* grand format

Großformatdruck *m* – large format printing – impression *f* (à) grand format

großformatig – large-format, wide format – à grand format

Großformatkamera *f* – large format camera – chambre *f* photographique

Grossist *m* – wholesaler – grossiste *m*

Großprojektion *f* – large-scale projection – pojection *f* à grande échelle

Großschreibung *f* – capitalization – emploi *m* des majuscules

grotesk *(serifenlos)* – grotesque – grotesque

Groteskschrift *f* – sans serif type(face), Sans serif, grotesque – caractères *m/pl* sans empattements, caractères *m/pl* grotesques

Groupware *f* – groupware – logiciel *m* de groupe

grün – green – vert

grünblau – greenish-blue – bleu-vert

grünblind – green-blind – deuteranomal

Grundausstattung *f* – basic equipment – équipement *m* de base

Grundeinstellungen *f/pl* *(in Programmen)* – preferences, prefs – préférences *f/pl*

Grundfarbe *f* – basic color, primary color – couleur *f* de base

Grundform *f* – basic shape – forme *f* de base

Grundierung *f* – primer coating – application *f* du fond

Grundlinearisierung *f* – base linearization – linéarisation *f* de base

Grundlinie *f* *(Schriftlinie)* – baseline – ligne *f* de base

Grundlinienraster *n* – baseline grid – grille *f*

Grundlinienversatz *m* – baseline shift – décalage *m* de la ligne de base

Grundschleier *m* *(auf Film)* – emulsion fog, background fog – voile *m* de fond

Grundschrift *f* – body type – caractère *m* courant

Grundstrich *m* – stern – jambage *m*, barre *f* verticale, fût *m*

Grünfilter *m* – green filter – filtre *m* vert

G

grüngelb – greenish-yellow, yellow(y)-green – vert-jaune, jaune verdâtre, jaune tirant sur le vert

Grünlaser *m* – green laser – laser *m* vert

grünlich – greenish – verdâtre

Grünlicht *n* – green light – lumière *f* verte

Grünstich *m* – green cast – dominante *f* du vert

grünstichig – with a green cast – tirant sur le vert

Gruppe *f* – group – groupe *m*

Gruppenprogramme *n/pl* – groupware – collecticiel *m*

Gruppen-Software *f* – groupware – logiciel *m* de groupe

gruppieren – group *v.* – grouper, associer (InDesign, Illustrator)

gruppiert – grouped – groupé

Gruppierung aufheben – ungroup *v.* – dégrouper, dissocier *(InDesign, Illustrator)*

Gruppierung *f* – grouping – groupe *m*

gummieren – gum *v.* – engommer

gummiert – gummed – gommé

gummierte Klappe *f* – gummed flap – patte *f* gommée

Gummierung *f* – gumming – gommage *m*

Gummituch *n (beim Offsetdruck)* – rubber blanket, offset blanket – blanchet *m* (en caoutchouc), caoutchouc *m*

gut beleuchtet – well lit – bien éclairé

gut zum Druck *(OK für den Druck, gut zum Druck)* – ok to print, can go over – bon à tirer, BAT, BàT, b.a.t., bon à rouler

H

Haargeviert *n* – hair space – espace *m* fin (mince)

Haarlinie *f* – hairline – délié *m*, filet *m* fin, trait *m* fin

Hacker *m* – cracker, hacker – pirate *m* (informatique), hacke(u)r *m*, cyberdélinquant *m*

Hadernpapier *n* – rag paper – papier *m* chiffon(s)

Haften *n* **der Farbe** – ink adhesion – adhérence *f* de l'encre

Haftetikett *n* – self-adhesive label – étiquette *f* autoadhésive

Häkchen *n (Zeichen)* – checkmark – petit crochet *m*

Halb(ein)band *m* – half binding – demi-reliure *f*

Halbbogen *m* – half sheet – demi-feuille *f*

halber Zeilenvorschub *m* – half-leading – demi-interlignage *m*

halbfett – semibold – demi-gras

halbfette Schrift *f* – semibold typeface – caractère *m* demi-gras

Halbgeviert *n* – en, half em quad, em space – demi-cadratin *m*

Halbgeviert(leer)zeichen *n* – en space – espace *m* demi-cadratin

Halbgeviertstrich *m* – en-dash – tiret *m* demi-cadratin

halbjährlich – biannual – semestriel

Halbledereinband *m* – half leather binding – reliure *f* demi-peau

Halbleinen *n* – half-cloth, half-linen – demi-toile *f*

Halbleiter *m* – semi-conductor – semi-conducteur *m*

Halbleiterspeicher *m* – semi-conductor memory – mémoire *f* à semi-conducteur

Halbpergament *n* – half vellum – demi-vélin *m*

halbseitige Anzeige *f* – half-page ad – annonce *f* demi-page

Halbton *m* – halftone, continuous tone, contone – simili *m*, demi-ton *m*, ton *m* continu, demi-teinte *f*

Halbtöne erzwingen *(InDesign)* – Force Continuous Tone Behavior – imposer les tons en continu

Halbtonraster *m* – halftone screen – trame *f* de demi-teintes

Halbunziale *f (typogr.)* – half-uncial – semi-onciale *f*

Halo *m* – halo – halo *m*

Halo-Effekt *m* – haloing – effet *m* de halo

Halogenlampe *f* – halogen lamp – lampe *f* halogène

Halogenlicht *n* – halogen light – lumière *f* halogène

haltbar *(Papiereigenschaft)* – permanent – permanent

haltbare Bindung *f* – durable binding – reliure *f* durable

Halterung *f* – fixture – patte *f*

Handanlage *f* – hand feeding – alimentation *f* à la main

Handbuch *n* – manual, handbook – manuel *m*, F doc *f*

Handdigitalisierung *f* – hand-digitization – numérisation *f* manuelle

handgeschöpftes Papier *n* – handmade paper, mould-made paper – papier *m* à la cuve

handkoloriert – hand-colored – colorié à la main

Händler *m* – dealer, distributor – distributeur *m*, marchand *m*

Handpresse *f* – hand press – presse *f* à bras

Handsatz *m* – hand set, hand composition – composition *f* à la main, composition *f* manuelle

Handscanner *m* – hand(held) scanner – scanner *m* à main, scanner *m* manuel

Handschrift *f* – handwriting – écriture *f* à la main, écriture *f* manuelle, F griffe *f*

handschriftlich – handwritten, manuscript..., in writing – écrit à la main, manuscrit

handschriftliche Antiqua *f* – Manual – manuaires *f/pl*

Handwalze *f* – hand roller – rouleau *m* à main

Hand-Werkzeug – Hand tool – outil Main

Handy *n* – mobile (phone), cell phone – portable, téléphone *f* mobile, mobile *f*, natel *m* (Schweiz)

Handzettel *m* – handbill – feuille *f* volante

Handzuführung *f (von Papier in Drucker)* – manual feed(ing) – alimentation *f* manuelle

hängende Initiale *f* – drop cap, drop initial – lettrine *f*

hängender Einzug *m* – hanging indent(ion) – retrait *m* négatif, ligne *f* en sommaire, alinéa *m* en sommaire, composition *f* en sommaire

Hängeregister *n* – vertical file – dossier *m* suspendu

Hardback – hardback – livre *m* cartonné (relié)

Hardcopy *f* – hard copy – copie *f* sur papier

Hardproof *m* – hard proof – épreuve *f* papier

Hardware *f* – hardware – matériel *m*, hardware *m*, F hard *m*, F matos *m*

Hardware-Voraussetzungen *f/pl* – hardware requirements – besoins *m/pl* en matériel

Hart mischen *(Option in Illustrator)* – Hard mix – Mélange maximal

Hartdeckelbindung *f* – hardcover binding – reliure à couverture dure

Hartdeckelbuch *n* – hardbound book, casebound book, cased-in book – livre *m* cartoné

harte Kante *f (bei Farben, Masken)* – sharp edge, hard edge – bord *m* net, arête *f* dure

Härtegrad *m* **(des Wassers)** – hardness (of water) – dureté *f* (de l'eau)

Härtemesser *m* – durometer – duromètre *m*, appareil *m* de contrôle de la dureté

Härtemessung *f* – measure of hardness – contrôle *m* de la dureté

harter Bindestrich *m* – hard hyphen – trait *m* d'union impératif

harter Punkt *m* – hard dot – point *m* dur

hartes Leerzeichen *n* – hard space, fixed space, protected space – espace *m* fixe

hartes Licht *(Photoshop)* – Hard light – Lumière crue

hartkodiert – hard-coded – codé en dur

Hartpappe *f* – hardboard – carton *m* dur

Hartpostpapier *n* – bond paper, business paper, correspondence paper, communication paper, writing paper – papier *m* bond

Hauptanwendung *f* – main application – grande application *f*

Hauptartikel *m (Zeitung)* – lead (story) – article *m* de tête

Hauptbelichtung *f* – main exposure – exposition *f* principale

Hauptplatine *f (Motherboard n)* – motherboard, mainboard – carte *f* mère

Hauptschalter *m* – main switch – commutateur *m* principal

Haupttitel *m* – main title – grand-titre *m*

Hauptverzeichnis *n* – root directory, main directory – répertoire *m* racine, répertoire *m* principal

Hausdruckerei *f* – in-house printer, in-plant printer, captive printer – imprimerie *f* dans l'entreprise

Hausfarbe *f* – company color, brand color – couleur *f* (de) maison, couleur *f* de l'entreprise

hausinterne Druckproduktion *f* – in-house publishing – édition *f* dans l'entreprise

Hausstandard *m* – in-house standard – standard *m* de la maison

Hausstil *m* – house style – style *m* maison

Hauszeitung *f* – house organ – journal *m* interne

Hauttöne *m/pl* – flesh tones – tons *m/pl* chairs

Headcrash *m* – head crash – écrasement *m* de tête, head crash *m*

Header *m* – header – en-tête *m*

Headline *f* – headline – titre *m*

Heatset-Farbe *f* – heat-set ink – encre *f* heat-set

Heberwalze *f* – fountain roller, ductor roller – rouleau *m* barboteur, rouleau *m* preneur

hebräisches Zeichen *n* – Hebrew type – caractère *m* hébraïque

Heft *n* – notebook – cahier *m*

Heftapparat *m* – stapler – agrafeuse *f*

Heftbünde *m/pl* – cords – nerfs *m/pl*

heften – stitch *v.*, stable *v.* – agrafer, coudre, piquer, brocher

Heften *n* – stitching – agrafage *m*, brochage *m*, piquage *m*, couture *f*

Heftfaden *m* – binding thread – fil *m* à coudre

Heftklammer *f* – staple, paper clip – agrafe *f*

Heftlage *f* – binding section – cahier *m* à relier

Heftmaschine *f* – stitching machine, stitcher – couseuse *f*

Heftstrukturplanung *f (bei Zeitschriften, a. Kuchenbrett genannt)* – flat plan, flatplan – chemin *m* de fer

Heftung *f* – stitching – agrafage *m*, brochage *m*, piquage *m*, couture *f*

Heftzwecke *f* – drawing pin, thumbtack *(U.S.)* – punaise *f*

Heißfolienprägung *f* – hot foil stamping – dorure *f* à chaud

Heißkaschierung *f* – heat-sealing – scellage *m* à chaud

Heißleimung *f* – hot(-)melt binding, hot(-)melt gluing – reliure *f* au collage à chaud

Heißlufttrockner *m* – hot-air dryer – sécheur *m* à air chaud

Heißlufttrocknung *f* – hot-air drying – séchage *m* à air chaud

Heißprägefolie *f* – hot stamping foil – film *m* métallique pour estampage à chaud

Heißprägung *f* – hot embossing – gaufrage *m* à chaud

Heliografie *f* – heliography – héliographie *f*

hell – light, bright – clair

hellblau – light blue – bleu clair

H

Helldunkel *n (Malerei)* –
chiaroscuro – clair-obscur *m*
hellgrau – light gray – gris clair
Helligkeit *f* – brightness, lightness
– luminosité *f*, luminance *f*,
clarté *f*
Helligkeit/Kontrast *(Option in
Photoshop)* – Brightness/Con-
trast – Luminosité/Contraste
Helligkeitsregler *m (Bildschirm)*
– brightness control – variateur
m de lumière
Helligkeitsumfang *m* – brightness range – écart *m* de
brillances
Helligkeitswert *m* – brightness
valeur – valeur *f* de luminosité
hellleuchtend – brightly shining
– lumineux
herausfiltern – filter *v.* – filtrer
herausgeben – edit *v.*, publish *v.*
– éditer, publier
Herausgeber *m* – publisher,
editor – éditeur *m*
herausnehmbares Farbwerk *n* –
removable inking system –
chambre *f* d'encrage démontable
herausziehen *(Kabel)* – unplug *v.*
– débrancher
Hersteller *m* – manufacturer,
producer – fabricant *m*
Hersteller, -in *(im Verlag)* –
production man/woman –
fabricant-deviseur *m*,
technicien(ne) de la
fabrication/production
Herstellung *f* – production –
fabrication *f*, production *f*,
F fab *f*, F prod *f*
Herstellungskosten *pl* –
production cost(s) – frais *m/pl*
de fabrication, coût *m* de la
fabrication
Herstellungsverfahren *n* –
manufacturing process –
procédé *m* de fabrication
herunterfahren – shut down *v.* –
éteindre
herunterladbar – downloadable
– téléchargeable
herunterladen *(vom Internet)* –
download *v.* – télécharger, faire
du téléchargement (de),
downloader

Herunterladen *n* – down-
load(ing) – téléchargement *m*
herunterrechnen *(Auflösung von
Bildern)* – downsample *v.* –
sous-échantillonner
hervorheben *(grafisch)* – highlight *v.*, emphasize *v.* – mettre
en surbrillance, surbriller, mettre
en évidence, mettre en relief
Hervorhebung *f* – highlighting –
mise *f* en évidence
Herstellungsleiter, -in – plant
manager – chef *m* de
fabrication, F chef *m* de fab
heterogene Umgebung *f* –
heterogeneous environment –
environnement *m* hétérogène
Hexachrome-Separation *f* –
hexachrome separation –
sélection *f* hexachrome
Hexachromie *f* – hexachrome
process – hexachromie *f*
hexadezimal – hexadecimal –
hexadécimal
hierarchisch – hierarchical –
hiérarchique
Hieroglyphe *f* – hieroglyph –
hiéroglyphe *f*
Hieroglyphenschrift *f* – hieroglyphic writing – écriture *f*
hiéroglyphique
High-End – high end – haut *m* de
gamme
High-Key-Bild *n* – high key
(image) – image *f* claire, image *f*
surexposée
High-Key-Vorlage *f* – high key
original – original *m* high key,
original *m* à dominante claire
Hilfetaste *f* – Help key – touche
Aide
Hilfslexikon *(QuarkXPress)* –
Auxiliary Dictionary –
Dictionnaire auxiliaire
Hilfslinie *f* – guide line, auxiliary
line – repère *m*, ligne *f*
auxiliaire
Hilfslinienebene *(FreeHand)* –
Guides layer – calque repères
Hilfslösemittel *n* – co-solvent –
co-solvant *m*
Hilfsmenü *n* – help menu – menu
m d'aide

Hilfsmittel *(QuarkXPress)* –
Utilities – Utilitaires
Hilfsprogramm *n* – utility –
utilitaire *m*
Hinaufladen *n (Internet)* – upload
– upload *m*, téléchargement *m*
vers le serveur (vers l'amont)
hineinpassen – fit *v.* – rentrer
Hint *m (Fonts)* – hint – hint *m*,
suggestion *f*
hinten – at the back – au fond, à
l'arrière
hinter – behind – derrière
hintere Umschlaginnenseite *f* –
inside back cover, IBC –
troisième (de) couverture *f*
Hintergrund *m* – background –
arrière-plan *m*, fond *m*
Hintergrunddruck *m* –
background printing –
impression *f* en arrière plan
Hintergrundfarbe *f* – background
color – couleur *f* d'arrière-plan
Hintergrundfläche *f* – background
tint – benday *m*, fond *m* aplat
Hintergrundraster *m* – screened
background – fond *m* tramé
Hintergrundverarbeitung *f* –
background processing –
traitement *m* en tâche de fond,
traitement *m* en arrière-plan
Hintergrundverlauf *m* – shaded
background, vignetted
background – fond *m* dégradé
hinterkleben *(Buchproduktion)*
– backline *v.* – contrecoller
Hinterklebepapier *n* – backliner
– papier *m* de contrecollage
Hinterklebung *f* – back-lining –
contrecollage *m*
hinterlegter Raster *m* – background screen – fond tramé *m*
hinterleuchtet – backlit – rétro-
éclairé
hinzufügen – add *v.* – ajouter
Histogramm *n* – histogram –
histogramme *m*
Hitzebeständigkeit *f* – heat
resistance – solidité *f* à la
chaleur
HKS-Fächer *m* – HKS color chart
– nuancier *m* HKS
hoch – high – haut

H

hochaufgelöstes Bild – image in high resolution – image *f* à (en) haute résolution (définition), F haute déf *f*

hochauflösend – high-resolution, high-definition – à haute résolution (définition)

hochauflösende Vorschau *f* – high-resolution preview, preview in high resolution – prévisualisation *f* pleine résolution, prévisualisation *f* à haute résolution

Hochdruck *m* – letterpress printing – impression *f* en relief

hochempfindlicher Film *m* – high-sensitive film, high-speed film – film *m* (de) haute sensibilité

hochfahren *(Rechner)* – boot *v.* – amorcer

Hochformat *n* – portrait, up, upright size – portrait *m*, format *m* portrait, à la française

hochgestelltes Zeichen *n* – superscript, superior character, superior – caractère *m* supérieur, exposant *m*

Hochglanz *m* – high gloss – brillant *m*, poli *m*

Hochglanzpapier *n* – glossy paper, high gloss paper, art paper, gloss finish, enamel paper, slick paper – papier *m* glacé, papier *m* couché à haut brillant

hochladen – upload *v.* – uploader, transmettre, télécharger vers le serveur (vers l'amont)

Hochladen *n* *(Internet)* – upload – upload *m*, téléchargement *m* vers le serveur (vers l'amont)

Hochleistungs- – high-performance, high-power(ed), high-output – haut débit *m*, haute performance *f*

Hochleistungslampe *f* – high intensity bulb – lampe *f* haute performance

Hochlicht *n* – highlight – hautes lumières *f/pl*

Hochlichtbereich *m* – highlight area – zone *f* (de) hautes lumières

hochrechnen *(Auflösung)* – up-sample *v.* – suréchantillonner

Hochrechnen *n* – upsampling – suréchantillonnage *m*

hochstellen *(typogr.)* – superscript *v.* – exposer

Hochstellung *f* – superscript(ing) – exposant *m*, mise *f* en place des exposants

hohe Auflage *f* – large circulation, long run – grand tirage *m*, grande diffusion *f*

hohe Auflösung *f* – high resolution – haute résolution *f*

Höhe *f* – height – hauteur *f*

hohe Qualität *f* – high quality – haute qualité

hohe Rasterweite *f* – high screen ruling – linéature *f* élevée

hohe Schreibdichte *f* – high density – haute densité

höher – higher – supérieur, plus élevé, plus haut

hoher Kontrast *m* – high contrast – contraste *m* élevé

Hohlfuß *m* – concave foot, hollow-cast foot – pied *m* creux, pied *m* cavé

Hohlkopie *f* *(bei Druckplatten-kopie)* – miscontact – hors-contact *m*

Holografie *f* – holography – holographie *f*

holografisch – holographic – holographique

holografisches Beugungsgitter *n* *(Farbmessung)* – holographic diffraction grating – réseau *m* de diffraction holographique

Hologramm *n* – hologram – hologramme *m*

Hologrammdruck *m* – hologram printing – impression *f* holographique

Holzfaserstoff *m* – mechanical pulp – pâte *f* mécanique

holzfrei – wood-free, groundwood-free, bond – sans fibres de bois, sans cellulose, sans bois

holzhaltiges Papier *n* – woodpulp paper, wood containing paper – papier *m* avec fibres de bois, papier *m* fait de pâte de bois

Holzschnitt *m* – woodcut – gravure *f* sur bois

Homepage *f* – home page – page *f* personelle, F page *f* perso

horizontal – horizontal(ly) – horizontal(ement)

horizontal spiegeln – flip *v.* horizontally – retourner horizontalement

Horizontale *f* – horizontal – horizontale *f*

horizontale Skalierung *f* – horizontal scale – échelle *f* horizontale

horizontale Synchronisation *f* – horizontal sync – synchronisation *f* horizontale

horizontales Scrollen *n* – horizontal scrolling – défilement *m* horizontal

Horizontalkamera *f* – horizontal camera – chambre *f* horizontale

Host-basierte Separationen *f/pl* – host-based separation – séparations *f/pl* basées sur l'hôte

hosten – host *v.* – héberger

Hosting *n* – hosting – hébergement *m*

Hostname *m* – host name – nom *m* d'hôte

Hostrechner *m* – host computer – hôte *m*, ordinateur *m* principal

Hot Folder – hot folder, watched folder – hot folder, dossier *m* actif, dossier *m* scruté, dossier *m* surveillé, dossier *m* de contrôle *(Acrobat)*

Hotline *f* – hot line – hot li(g)ne *f*, téléassistance, numéro *m* d'urgence, F ligne *f* chaude, F ligne *f* brûlante

Hotmelt-Bindung *f* – hot(-)melt binding, hot(-)melt gluing – reliure *f* au collage à chaud

Hotmeltkleber *m* – hot(-)melt glue (adhesive) – adhésif *m* à chaud

H

HTML-Seite *f* – HTML (HyperText Markup Language) page – page *f* HTML

Hub *m* – hub – hub *m*, concentrateur *m*

Hubwagen *m* – lift truck – chariot *m* élévateur

Hülle *f* – cover, sleeve – couverture *f*, F couv *f*

Hülse *f (Flexodruckform)* – sleeve – manchon *m*

hundertfache Vergrößerung *f* – enlarged (magnified) a hundred times – grossissement cent (fois), grossissement au centuple

Hurenkind *n (typogr.)* – widow – veuve *f*

Hybrid-Rasterung *f* – hybrid screening – tramage *m* hybride

Hydrometer *m* – hydrometer – hydromètre *m*

hydrophil – *wasserannehmend (Prinzip beim Offsetdruck)* – hydrophilic – hydrophile

hydrophob – *wasserabstoßend (Prinzip beim Offsetdruck)* – hydrophobic – hydrophobe

hyperfokale Entfernung *f* – hyperfocal distance – distance *f* hyperfocale

Hyperlink *m* – hyperlink – hyperlink *m*, lien *m* hypertexte

Hypertext *m* – hypertext – hypertexte *m*

I

ICC-Profil – ICC profile – profil *m* ICC

ICC-Profile einschließen *(Option in InDesign)* – Include ICC Profiles – Inclure les profils ICC

Icon – icon – icône *f*

ikonifizieren – iconize *v.*, stow *v.* – iconiser, iconifier

Ikonograf *m* – iconographer – iconographie *f*

Ikonografie *f* – iconography – iconographe *m*

Illumination *f* – illumination(s), lights – illumination *f*, enluminure *f (Malerei)*

illuminieren – illuminate *v.* – illuminer, enluminer

Illuminierung *f* – illumination(s), lights – illumination *f*, enluminure *f (Malerei)*

Illustration *f* – artwork, illustration – illustration *f*

Illustrator, -in – illustrator – illustrateur, -rice

illustrieren – illustrate *v.* – illustrer

illustriert – illustrated, pictorial – illustré

Illustrierte *f* – magazine, glossy magazine, F glossy, pictorial – revue *f*, magazine *m*, illustré *m*

illustriertes Buch *n* – illustrated book – livre *m* illustré

im Abbildungsmaßstab – at a scale of – à l'échelle de

im Bund – across the gutter – dans le petit fond

im Doppelnutzen – two-up (production) – en deux poses

im Erscheinen begriffen *(Buch)* – forthcoming – être sur le point de paraître

im Fluge – on the fly – à la volée

im Gegenlicht – against the light – à contre-jour

im Hintergrund – in the background – en tâche de fond

im Internet – on the Internet – sur Internet

im Maßstab von – on a scale of – à l'échelle de

im rechten Winkel zu – at right angles to – à l'angle droit de

im Stapelbetrieb verarbeiten – batch process *v.* – traiter par lots

im Uhrzeigersinn – clockwise – dans le sens des aiguilles de la montre, en sens horaire

im Verhältnis zu – in proportion to, compared with – par rapport à

im Vierfachnutzen – four-up – en quatre poses

im Vordergrund – in the foreground – au premier plan

implementieren – implement *v.* – implémenter, implanter

Implementierung *f* – implementation – implémentation *f*

Import *m* – import – importation *f*

Importfilter *m* – import filter – filtre *m* d'importation

importieren – import *v.* – importer

importiert – imported – importé

imprägniert – impregnated – imprégné

impressionistisch – impressionistic – impressionniste

Impressum *n* – imprint, masthead *(U.S.)* – ours *m*

Imprimatur *n* – imprimatur – bon à tirer

in alphabetischer Reihenfolge – in alphabetical order – par ordre alphabétique

in Anführungszeichen setzen – put in *v.* quotes – mettre entre guillemets

in doppelter Ausfertigung – in duplicate – en double

in drei Durchgängen – in three passes – en trois passes

in Druck geben – send *v.* to press – mettre sous presse

in Druckbuchstaben schreiben – print *v.* – écrire en capitales (d'imprimerie)

in einem Durchgang – in one pass – en une seule passe

in Form von – in the form of – sous forme de

in gleichem Abstand voneinander – equidistant from each other – à égale distance

in großem Abstand – loose – espacé

in großem Maßstab – on a large scale, large-scale – sur une grande échelle

in Klammern setzen – put in *v.* brackets (parenthesis), bracket *v.* – mettre entre parenthèses (crochets)

in kursiv setzen – set in *v.* italics – composer en italique

in Laufrichtung – long grain, along the web – dans le sens du grain, en sens du grain, en sens du défilement, le long de la bande

in Leder (ein)gebunden – leather-bound – relié en cuir

in letzter Minute – at the last minute – à la dernière minute

in Linie bringen – align *v.* – aligner

in Maschinenschrift – typewritten – dactylographié, tapé à la machine

in Papierform vorliegendes Handbuch – printed manual – manuel *m* papier

In Profil konvertieren *(in Adobe-Programmen)* – Convert to Profile – convertir en profil

in Relation zu – in relation to – en relation avec

in umgekehrter Reihenfolge – in reverse order – en sens inverse, dans l'ordre inverse

in umgekehrter Richtung – reversely – inversé

Inch – inch – pouce *f*

Index *m (Verzeichnis)* – index – index *m*

Indexeintrag *m* – index entry – entrée *f* d'index

Indexierung *f* – indexing – indexation *f*

indirekte Beleuchtung *f* – bounce light(ing) – lumière *f* indirecte

indirektes Druckverfahren *n* – indirect printing process – procédé *m* d'impression indirecte

indirektes Licht *n* – bounce light – lumière *f* indirecte

individuell anpassbar – customisable, -izable *(U.S.)* – personnalisable

individuell anpassen – customise, -ize *(U.S.)* – personnaliser

individuelle Anpassung *f* – customization – personnalisation *f*

individuelle Marke *f (beim Ausschießen)* – custom mark – repère *m* personnalisé

Indizieren *n* – indexing – indexation *f*

indizierte Farben *f/pl* – indexed colors – couleurs *f/pl* indexées

Industrie-Design *n* – industral design – dessin *m* industriel

Industrieverpackung *f* – industrial packaging – emballage *m* industriel

ineinander laufen *(Farben)* – run *v.* into one another – se mélanger

Ineinanderkopieren *(Option in Photoshop)* – Overlay – Incrustation

Ineinanderlaufen *n* – run – mélange *m* (des encres)

Ineinanderschachtelung *f (Nesting f, Verpackungsdruck)* – nesting – nesting *m*

ineinander stecken – inset *v.* – encarter

Ineinanderstecken *n* – insetting – encartage *m*

Infobeilage *f* – leaflet – tract *m*

Infoblatt *n* – info sheet – lettre *f* d'infos (d'informations)

Infografiker, -in – commercial artist – info-artiste *m*

Informatik *f* – computer science, informatics, information science (technology) – informatique *f*

Informatiker, -in – information scientist, computer scientist – informaticien(ne)

Information *f* – information – information *f*

Informationsbeschaffer *m* – content creator – créateur *m* d'informations

Informationsbroschüre *f* – information brochure – brochure *f* d'informations

Informationsrückgewinnung *f* – information retrieval – recherche *f* d'informations

Informationssuche *f* – information research – récherche *f* d'informations

Informationstausch *m* – information exchange – partage *m* d'informations

Informationstechnik *f (Informationstechnologie f)* – information technics (IT) – technologie *f* d'informations

Informationsträger *m* – information carrier – support *m* d'informations

Informationswiedergewinnung *f* – information retrieval – recherche *f* documentaire

Infozeile *f (auf Ausgabefilm)* – slugline – ligne *f* d'informations

Infrarot – infrared – infrarouge

Ingenieur, -in – engineer – ingénieur *m*

Inhalt *m* – content – contenu *m*

inhaltliche Abweichung *f* – content change – changement *m* du contenu

Inhaltsaktualisierung *f* – content update – mise *f* à jour du contenu

Inhaltsproof *m* – content pre-proof – contenu *m* avant-tirage

Inhaltsverzeichnis *n* – table of contents (TOC) – table *f* des matières

Inhaltsverzeichniseintrag *m* – table of content entry – entrée *f* de table des matières

Initiale *f (typogr.)* – initial (letter), head letter – lettrine *f*, initiale *f*, lettre *f* initiale

initialisieren – initialize *v.* – initialiser

Initialisierung *f* – initialization – initialisation *f*

InkJet-Drucker *m* – inkjet printer – imprimante *f* à jet d'encre

Inkrement *n* – increment – incrément *m*

inkremental – incremental – incrémentiel

Inline-Finishing *n* – in-line finishing – façonnage *m* en ligne, finition *f* en ligne

Inline-Lackierung *f* – in-line varnishing – vernissage *m* en ligne

Inline-Maschine *f* – in-line machine – filière *f* droite

Innenaufnahme *f* – indoor shot – prise *f* de vue intérieure

Innenrand *m (Innenkontur f)* – inner contour, inner edge – contour *m* intérieur (interne)

Innenraum *m* – counter – contrepoinçon *m*

Innenseite *f* – inner page, inside page – page *f* intérieure

Innenteil *m* – body – corps *m*

I

Innentitel *m* – prelims *pl*, front matter – feuilles *f/pl* de titre, préliminaires *f/pl*

Innentrommel *f (Belichter)* – internal drum – tambour *m* interne

Innentrommelbelichter *m* – internal drum imagesetter – flasheuse *f* à tambour interne

innerbetrieblicher Lehrgang *m* – in-company training – cours *m* intra-entreprise

innerer Seitenrand *m* – back margin – marge *f* intérieure, marge *f* de petit fond

innerhalb – inside, within, intra – à l'intérieur de, au sein de

In-RIP-Separation *f* – In-RIP separation – séparation *f* In-RIP

In-RIP-Trapping *n* – In-RIP trapping – trapping *m* In-RIP, recouvrement *m* sur le RIP, grossi-maigri *m* In-RIP

Inserat *n* – ad, advertisement – annonce *f*

inserieren – advertise *v.*, place *v.* an ad – mettre une annonce, faire passer une annonce

Installation *f* – installation – installation *f*

Installationsprogramm *n* – installer – installeur *m*, programme *m* d'installation

installieren – install *v.* – installer

Instruktionen *f/pl* **folgen, den**– follow *v.* the instructions – suivre les consignes

Instruktor *m* – instructor – instructeur *m*

integrale Dichte *f* – integrated density – densité *f* intégrale

Integralzeichen *n* – integral sign – signe *m* d'intégrale

Integration *f* – integration – intégration *f*

integrieren in – integrate in *v.* – intégrer dans

integriert – integrated – intégré

integrierter Schaltkreis *m* – integrated circuit – circuit *m* intégré

Intensität *f* – intensity – intensité *f*

intensivieren *(z.B. Farbe)* – intensify *v.* – renforcer

interaktiv – interactive – interactif

interaktives Trapping *n* – interactive trapping – grossi maigri *m* en mode interactif

interaktives Werkzeug *n* – interactive tool – outil interactif

Interessent *m* – prospect, prospective customer – prospect *m*

Interface *n* – interface – interface *f*

Interface-Karte *f* – interface card – carte *f* d'interface

Interferenz *f* – interference – interférence *f*

Interferenzfilter *m* – interference filter – filtre *m* interférentiel

Interferometrie *f* – interferometry – interférométrie *f*

internes Format *n* – internal format – format *m* interne

Internetbenutzer, -in – internet user, internaut – internaute *m*

Internet-Café *n* – internet café – cybercafé *m*

Internetfreak *m* – internet enthusiast – accro *m* du réseau

Internetsurfer *m (Internet)* – net surfer – surfeur *m* du réseau

Interpolation *f* – interpolation – interpolation *f*

Interpolationsmethode *f* – interpolation method – méthode *f* d'interpolation

interpolieren – interpolate *v.* – interpoler

interpolierte Auflösung *f* – interpolated resolution – résolution *f* interpolée

Interpretation *f* – interpretation – interprétation *f*

Interpreter *m* – interpreter – interpréteur *m*

interpretieren – interprete *v.* – interpréter

Interpunktion *f* – punctuation – ponctuation *f*

Interpunktionszeichen *n* – punctuation mark – signe *m* de ponctuation

Intranet *n* – intranet – intranet *m*

invertieren – inverse *v.* – invertir

investieren – invest *v.* – investir

Investition *f* – investment – investissement *m*

Ionisiereinrichtung *f* – ionizer – ioniseur *m*

IP-Adresse *f* – IP address – adresse *f* IP

Irisblende *f* – iris diaphragm – diaphragme *m* iris

IR-Trockner *m* – I.R. dryer – sécheur *m* infrarouge

IR-Trocknung *f* – I.R. drying – séchage *m* infrarouge

ISDN – ISDN (Integrated Digital Services Network) – RNIS (Réseau Numérique à Intégration de Services), ISDN

ISDN-Linie *f* – ISDN line – ligne *f* RNIS

ISO-Wert *m* – ISO value – valeur *f* ISO

Istwert *m* – actual value – valeur *f* effective

IT8-Referenzvorlage *f (IT8-Target n)* – IT8 target – charte *f* IT8

IT-Kalibrationsvorlage *f* – IT calibration original – original *m* de calibrage IT

J

Jahrbuch *n* – yearbook, annual – annuaire *m*

Jahresabonnement *n* – annual subscription – abonnement *m* annuel

Jahresbericht *m* – annual report – rapport *m* annuel

Jahresschrift *f* – yearbook, annual – annuaire *m*

japanischer Text *m* – Japanese text – texte *m* japonais

Japanpapier *n* – Japan paper – papier *m* japon

Jobticket *n* – job ticket – job ticket *m*, fiche *f* de travail, ticket *m* de travail

Journal *n* – journal, magazine – journal *m*

Journalismus *m* – journalism – journalisme *m*

Journalist, -in – journalist – journaliste *m/f*, F pigiste *m/f*

Journalistik *f* – journalism – journalisme *m*

journalistisch – journalistic(ally) – journalistique

Joystick *m* – joystick – manche *f* à balai, manche *f*, manette *f* de jeu

Jubiläumsschrift *f* – jubilee publication – publication *f* d'anniversaire

Jugendstiltypographie *f* – Art Nouveau typography – typographie *f* Art Nouveau

Jukebox *f* – jukebox – juke-box *m*

justierbar – adjustable – réglable

justieren – adjust *v.* – régler

Just-in-time – just-in-time (JIT) – JAT (juste à temps), à flux tendus, just in time

K

Kabelabschluss *m* – cable termination – tête *f* de câble

Kabelführung *f* – cable duct – conduite *f* de câble

Kabelklemme *f* – cable clamp – collier *m* de câble

Kabelschacht *m* – cable carrier – chambre *f*, chemins *m/pl* de câbles

Kabelverbindung *f* – cable connection – connexion *f* par câble

Kacheleffekt *(Photoshop)* – Tiling – Carrelage

Kalender *m* – calendar – calendrier *m*

Kalenderblatt *n* – page of a (the) calendar – feuille *f* de calendrier

Kalenderblock *m* – diary pad – bloc *m* d'agenda

Kaliber *n (Messgerät)* – gauge – calibre *m*, jauge *f*

kalibrieren – calibrate *v.* – étalonner

kalibriert – calibrated – étalonné, calibré

Kalibrierung *f* – calibration, calibrating – calibrage *m*, calibration *f*, étalonnage *m*

Kalkulation *f* – estimate, cost estimation, calculation, cost accounting – calcul *m*, calculation *f*

Kalligraf, -in – calligrapher – calligraphe *m*

Kalligrafie *f* – calligraphy – calligraphie *f*

Kalligrafiestift *(Werkzeug in FreeHand)* – Calligraphic Pen – Plume calligraphique

kalte Farbe *f* – cold color – couleur *f* froide

Kaltleim *m* – cold glue – colle *f* froide

Kaltnadelradierung *f* – dry point engraving – gravure *f* à la pointe sèche

Kaltsatz *m* – cold type – composition *f* à frappe, composition *f* froide

Kaltstart *m* – cold boot (cold start) – lancement *m* à froid

Kamera *f (Fotoapparat)* – camera – caméra *f*, appareil *m* photo(graphique), chambre *f* (Studiokamera)

Kamerarückteil *n (digitale Kamera)* – camera back, cameraback – dos *m* numérique

Kameratasche *f* – camera case – sacoche *f* pour appareil photographique

Kammerrakel *f* – chambered doctor blade – chambre *f* à racles

Kanal *m* – channel – canal *m*

Kanalautomatik *f* – automatic channeling – canalisation *f* automatique

Kanalberechnungen *(Option in Photoshop)* – Calculations – Opérations

Kanalmixer *(Option in Photoshop)* – Channel Mixer – Mélangeur de couches

Kanalverarbeitung *f* – rectangular alignment – alignement *m* automatique

Kante *f* – edge – bord *m*

Kantenfräsen *n* – edge routing – fraisage *m* des bords

Kantenglättung *f* – edge smoothing, antialiasing, feathering – lissage *m* des bords, lissage *m* des contours, adoucissement *m* des contours

Kantenschärfe *f* – edge definition – netteté *f* des bords

Kapitalbuchstabe *m* – uppercase letter, capital (letter) – majuscule *f*, capitale *f*

Kapitälchen *n* – small cap, small capital letter, SC – petite capitale *f*, petite majuscule *f*

Kapitälchen *n* **mit großen Anfangsbuchstaben** – caps and small caps (c&sc, c/sc) – capitales et petites capitales

Kapitel *n* – chapter – chapitre *m*

Kapitelüberschrift *f* – chapter head(ing), chapter headline – titre *m* de (du) chapitre

Kappe *f (Verschluss z.B. bei Bleistift)* – top – capuchon *m*

Karbonband *n* – carbon ribbon – ruban *m* carbone

karieren – square *v.* – quadriller

kariert – squared – quadrillé

Karikatur *f* – cartoon, caricature – caricature *f*, dessin *m* satirique

Karikaturist, -in – cartoonist – caricaturiste *m/f*

karmesinrot – crimson – carmin

Karte *f* – card – carte *f*

Karteikarte *f* – index card – fiche *f*

Karteireiter *m (in Oberfläche von Programmen)* – tab – onglet *m*

Kartendruck *m* – map printing – impression *f* de cartes (géographiques)

kartesische Koordinaten *f/pl* – cartesian coordinates – coordonnées *f/pl* cartésiennes

Kartograf *m* – mapmaker, cartograph – cartographe *m*

Kartografie *f* – mapmaking, cartography – cartographie *f*

kartografisch – cartographic(ally) – cartographique

Karton *m* – cardboard, board, cover paper, pasteboard (starker Karton) – carton *m*

Kartonage *f* – boarding, board binding, cardboard – cartonnage *m*

Kartonagendruck *m* – boxboard printing – impression *f* de cartonnages

J
K

kartonieren – bind in *v.* boards – cartonner

Kartoniermaschine *f* – packing machine, cartoning machine – encartonneuse *f*

kartoniert – hardcover – cartonné

Kartonkaschierung *f* – board lining – contrecollage *m* du carton

Kartusche *f* – cartridge – cartouche *f*

Karussellmagazin *n (in Diagerät)* – carrous(s)el – carrousel *m*

Kaschierbogen *m* – liner sheet, preprint – feuille *f* de contrecollage, préimprimé *m*

kaschieren – laminate *v.* – laminer

Kaschierfolie *f* – acetate film (foil), laminating film (foil) – film *m* acétate

Kaschiermaschine *f* – lining machine – contrecolleuse *f*

kaschierter Karton *m* – lined board – carton *m* contrecollé

Kaschierung *f* – lamination, laminating, lining, sealing – scellage *m*, laminage *m*, contrecollage *m*

Käseblatt *n* – local rag, rag, pulp magazine, gutter paper – feuille *f* de chou

Kassette *f* – cassette – cassette *f*

Kastenauslage *f* – box delivery – sortie *f* à casier

Katalog *m* – catalog *(U.S.)*, catalogue *(brit.)* – catalogue *m*

Katalogbearbeiter, -in *m* – cataloguer – catalogueur, -euse

katalogisieren – catalogue *v.*, file *v.*, index *v.* – cataloguer

Katalogisieren *n* – catalog(u)ing, indexing – catalogage *m*

Katalogisierung *f* – catalog(u)ing, indexing – catalogage *m*

Katalogproduktion *f* – catalog(ue) production – production *f* de catalogue

Kategorie *f* – category – catégorie *f*

Kathodenstrahlröhre *f* – cathode ray tube, CRT – tube *m* à rayons cathodiques, tube *m* cathodique

Kaufpreis *m* – purchase price – prix *m* d'acquisition

kByte *(kB, Kilobyte)* – kByte – koctet, Ko, ko, kilo-octet *(pl.* kilo-octets)

Kegel *m (Form)* – cone – cône *m*

Kegel *m (typogr.)* – body size – corps *m* (de lettre), force *f* de corps

kegelförmig – conical – conique, en (forme de) cône

Kegelhöhe *f* – body size – force *f* de corps

Kegelprojektion *f* – conical projection – projection *f* conique

Kegelschnitt *m* – conic section (section *f*) conique *f*

Kegelstumpf *m* – truncated cone – tronc *m* de cône, cône *m* tronqué

Kegelunterkante *f (typogr.)* – lower body line – limite *f* inférieure du corps

Keil *m (Schließkeil im Bleisatz)* – quoin – cale *f*, coin *m* de serrage

Keilrahmen *m* – quoin chase – châssis *m* à coin

Keilschrift *f* – cuneiform characters – caractères *m/pl* cunéiformes

Kelvin-Temperatur *f* – Kelvin temperature – température *f* en degrés Kelvin

Kennwort *n* – password – mot *m* de passe

Kennwort-Schutz *m* – password protection – protection *f* par mot de passe

Keramikzylinder *m* – ceramic cylinder – cylindre *m* céramique

Kernel *m* – kernel – noyau *m*

Kerning *n* – kerning – crénage *m*

Kerningpaar *n* – pair kerning – approche *f* de paire

Kerningtabelle *f* – kerning table – table *f* de crénage

Kerningwert *m* – kerning value – valeur *f* du crénage

Kerzenlicht *n* – candlelight – éclairage *m* aux bougies

Kerzenschein *m* – candlelight – lueur *f* d'une bougie

Ketone *n/pl (chem.)* – ketones – cétones *f/pl*

Kettenpunkt *m (elliptischer Rasterpunkt)* – elliptical dot – point *m* elliptique, points *m/pl* de suspension

Kilobit *n* – kilobit – kilobit

Kilobit *n* **pro Sekunde** – kilobits per second (kbps) – kilobits à la seconde

Kinderbuch *n* – children's book – livre *m* d'enfant

Kiosk *m* – kiosk – kiosque *m*

Kippschalter *m* – toggle switch – interrupteur *m* à bascule

Kissenverzeichnung *f* – pincushion distortion – distorsion *f* en coussin

Klammer auf – open(ing) bracket – ouvrez la parenthèse, ouvrir la parenthèse

Klammer *f (typogr.)* – bracket, parenthesis *(U.S.)*, F banana – parenthèse *f* (rund), crochet *m* (eckig), accolade *f* (geschweift)

Klammer zu – close brackets – fermez la parenthèse

Klammeraffe *m* (@) – at-sign, F strudel, F snail – a commercial, arrobas *m*, at, F escargot *m*

Klammerheftung *f* – wire stapling, stapling – agrafage *m*

klammern – bracket *v.*, parenthesize *v.* – mettre qc entre parenthèses

Klappdeckel *m* – spring cover – couvercle *m* à charnière

Klappenfalz *m* – jaw fold – pli *m* mâchoire

Klappentext *m (im Buch)* – blurb, flap blurb, jacket blurb – texte *m* du rabat, annonce *f* sur le couvre-livre

Klarglas *n* – clear glass – verre *m* neutre

Klarsichtfolie *f* – acetate foil (film), transparent foil (film), cling film, plastic wrap *(U.S.)* – film *m* transparent

Klassifikation f – classification – classification f

klassifizieren – classify v. – classifier

Klassifizierung f – classification – classification f

klassizistische Antiqua f *(Schriftenklassifizierung)* – Didonic(s), Modern (face) – didones f/pl

Klatschblatt n – gossip sheet, gossip paper, gossip magazine – baveux m

Klebeband n – adhesive tape – ruban m adhésif, F scotch m

Klebebindemaschine f – perfect binder, pasting machine – encolleuse f

Klebebinder m *(Klebebinde-maschine f)* – perfect binder – machine f à relier par collage

Klebebindung f – perfect binding, adhesive binding – reliure f par collage, reliure f sans couture, arraphique f

Klebeeinrichtung f – pasting device, paster – colleuse f, encolleuse f

Klebefalz m – adhesive fold – pli m collé

Klebefolie f – adhesive foil – film m adhésif

klebegebundenes Buch n – perfect-bound book – livre m relié à la colle

Klebelayout n – mock-up, paste-up of layout – maquette f collée

kleben – stick v., glue v., adhere v. – coller, F scotcher

Kleber m – glue, adhesive – colle f, adhésif m, adhésive f

Klebestelle f – glue joint – joint m de collage

Klebestift m – glue stick – bâton m de colle

Klebestreifen m – adhesive tape – ligne f de colle

Klebeumbruch m – pasteup *(U.S.)*, paste-up *(brit.)*, paste(-)up layout – montage m collé

Klebkraft f – adhesive strength – force f adhésive

Klebstoff m – glue, paste – colle f, adhésif m, adhésive f

Klebung f – splicing – collage m

Klecks m – mark, blotch, blob (kleine Menge) – bavure f, tache f, paté m

klecksen – blot v., splash v. – cracher, faire des taches (pâtes)

Kleinanzeige f – small ad, classified ad – petite annonce f

Kleinauflage f – short run, low-volume printwork – petite série f, petit tirage m, faible tirage m

Kleinbetrieb m – small business, small firm, small enterprise – petite entreprise f, petite exploitation f

Kleinbilddia n – 35 mm slide – diapositive f petit format

Kleinbildkamera f – 35 mm camera – caméra f petit format, appareil m photo format 24 x 36

Kleinbuchstabe m – lower case (letter), small letter – minuscule f, lettre f minuscule, caractère m en bas de casse, bas-de-casse m

Kleiner-als-Zeichen n – less-than sign – signe m inférieur à

kleines Werk n *(kleine Schrift)* – booklet – opuscule m

Kleinformat n – small-format, small size, junior size – petit format

kleinformatig – small-format, small-size, small – en petit format

Kleinoffset m – small offset, offset duplication – offset m (de) petit format

Kleinschreibung f – lowercasing, use of small letters, noncapitalization – emploi m des minuscules

Kleisterpapier n – paste paper – papier-reliure m

Klick m – click – clic m

klicken auf – click v. on – cliquer sur

KlickStarter *(Macintosh)* – Launcher – lanceur m

Klischee n *(Hochdruck)* – printing block, block – cliché m

Klischeegraviermaschine f – block engraving machine – machine f à graver les clichés

Klischeeherstellung f – photo-engraving – photogravure f

Klischeezylinder m – plate cylinder – cylindre m porte-cliché

Klischeur, -in *(Tiefdruck)* – photo-engraver – clicheur m

knallig *(Farbe)* – loud – éclatant, vif

knallrot – bright red – d'un rouge éclatant

Knautschbogen m – jam sheet, crumpled sheet – feuille f froissée, feuille f plissée

Knoten m – knot, node – nœud m

Knotenpunkt m – junction, nodal point – point m nodal

Know-how n – know-how – savoir-faire m

Knowledge Base f – knowledge base – base f de connaissances

Koaxialkabel n – coaxial cable – câble m coaxial

Kochbuch n – cookery book – livre m de cuisine

kodieren *(a. codieren)* – encode v. – encoder, coder

Kodierung f *(a. Codierung)* – encoding – encodage m

Kohlefarbband n – carbon ribbon – ruban m carbone

Kohlepapier n – carbon paper – papier m carbone

Kohlestift m – carbon rod – crayon m de charbon

Kohlezeichnung f – charcoal drawing – fusain m, dessin m au charbon

kollaboratives Arbeitsmodell n – collaborative working model – modèle m de travail collaboratif

kollationieren – collate v. – collationner

Kollege m, **Kollegin** f – coworker – collègue m/f

Kollimator m – collimator – collimateur m

Kollotypie f – collotype – collotypie f, phototypie f

K

Kolophon *n* – colophon – colophon *m*

Kolorierung *f* – colorizing – colorisation *f*

Kolorimeter *n (Colorimeter n)* – colorimeter – colorimètre *m*

Kolorimetrie *f* – colorimetry – colorimétrie *f*

Kolumne *f* – column – colonne *f*

Kolumnenschnur *f* – page cord, string – ficelle *f*, colonnes *f/pl*

Kolumnentitel *m* – running title, running headline – titre *m* courant

Kolumnist, -in – columnist – chroniqueur, -euse

Kombination *f* – combination – combination *f*

kombinieren – combine *v.* – combiner

kombinierter Druck *m* – combination printing, combo printing – impression *f* mixte

Komitee *n* – committee – comité *m*

Komma *n* – comma – virgule *f*

Kommen und Gehen *(Bindung)* – come'n go – tête-bêche *f*

Kommentarzeile *f (auf Farbauszügen)* – slugline – commentaire *m*

kommentieren – annotate *v.* – annoter

Kommunikation *f* – communication – communication *f*

Kommunikationsfarbraum *m* *(ICC-Farbmanagement)* – communication color space – espace *m* colorimétrique de communication

kommunizieren – communicate *v.* – communiquer

kompatibel (mit) – compatible (with) – compatible (avec)

Kompatibilität *f* – compatibility – compatibilité *f*

Kompaktkamera *f* – compact camera – compact *m*

Kompensation *f* – compensation – compensation *f*

kompensieren – compensate *v.* – compenser

kompilieren – compile *v.* – compiler

Kompilierung *f* – compilation – compilation *f*

Komplementärfarbe *f* – complementary color – couleur *f* complémentaire

komplex – complex – complexe

Komplexe Pfade teilen *(Option in FreeHand)* – Split complex paths – Séparer les trajets complexes

Komponente *f* – component – composant *m*

Kompression *f* – compression – compression *f*

Kompressionsfaktor *m* – compression factor – facteur *m* de compression

Kompressionsmethode *f* – compression method – méthode *f* de compression

Kompressionsrate *f* – compression rate – taux *m* de compression

komprimieren – compress *v.*, zip *v.*, stuff *v.*, pack *v.* – comprimer

komprimiert – compressed – comprimé(e)

Komprimierung *f* – compression – compression *f*

Kondensator *m* – condenser – condensateur *m*

kondensieren – condense *v.* – condenser

Konferenzschaltung *f* – teleconference – téléconférence *f*

Konfiguration *f* – configuration – configuration *f*

konfigurieren – configure *v.* – configurer

konkav – concave – concave

Konnektor *m* – connector – connecteur *m*

konsistent – consistent – consistant, homogène, cohérent

Konsistenz *f* – consistency – consistance *f*, cohérence *f*

Konsole *f* – console – console *f* (d'ordinateur)

Konstanz *f* **der gedruckten Farbe** – consistency of print color – constance *f* de la couleur imprimée

Kontaktabzug *m* – contact print, contact sheet – épreuve *f* par contact

Kontaktaufnahme *f* – contact establishment, contacting – prise *f* de contact

Kontaktbogen *m* – contact sheet – planche *f* de contact

Kontaktfehler *m (Plattenkopie)* – out-of-contact – erreur *f* de contact

Kontaktkopie *f* – contact copying, contact print – copie *f* (par contact)

Kontaktraster *m* – contact screen – trame *f* (de) contact

Kontaktschiene *f* – detector bar – glissière *f* de contact

Kontaktzone *f* – contact zone – surface *f* de contact

kontextbezogene Hilfe – context-sensitive help – aide *f* contextuelle

Kontextmenü *n* – context menu – menu *m* contextuel

Kontraktproof *m* – contract proof – épreuve *f* contractuelle

Kontrast *m* – contrast – contraste *m*

kontrastarmes Bild *n* – low contrast image, flat image, image with a low contrast – image *f* peu contrastée

Kontrastregler *m* – contrast control – régulateur *m* contraste

kontrastreich – high-contrast, contrasty, of high contrast – nuancé, contrasté

Kontraststeigerung *f* – contrast enhancement, detail enhancement – accentuation *f* du contraste, augmentation *f* du contraste

Kontrastumfang *m* – contrast range – écart *m* de contraste

Kontrastverringerung *f* – contrast compression – réduction *f* du contraste

Kontrollbogen *m* – checking sheet, inspection sheet – feuille *f* de contrôle

K

Kontrolle *f* – control, verification – contrôle *m*, vérification *f*

Kontrolleiste *(Mac OS)* – Control Strip – Barre de réglages

Kontrollexemplar *n* – control copy – copie *f* de contrôle

Kontrollfeld *n (Testfeld bei Belichtung)* – contol patch – plage *f* de contrôle

Kontrollfelder *(z.B. bei MacOS)* – control panels – tableaux de bord

kontrollieren – control *v.* – contrôler

Kontrollkästchen *n* – check box – case *f* à cocher

Kontrollleuchte *f* – pilot lamp – témoin *m* lumineux

Kontrollpunkt *m* – control point – point *m* de contrôle

Kontrollstreifen *m* – control strip, control bar – barre *f* de contrôle

Kontrollsumme *f* – checksum – somme *f* de contrôle

Kontur *f* – outline, contour – contour *m*

Konturenführung *f* – text wrap – habillage *m*

Konturensatz *m* – outline setting – composition *f* de contour

Konturenschärfe *f* – image definition – netteté *f* de l'image

konturieren – contour *v.* – tracer le contour

Konturieren *n* – contouring – silhouettage *m*

Konturiert *(Schriftstil Quark-XPress)* – Outline – Relief

Konturschrift *f* – outline type, outline character, outline font – caractère *m* en éclairé, caractère *m* fileté

Konturstärke *f* – contour width – largeur *f* contour, largeur *f* du bord

Konturwerte finden *(Photoshop)* – Trace Contours – Courbes de niveaux

Konturzeichen *n* – outline character – lettre *f* éclairée

Konturzeichnung *f* – keyline drawing – tracé *m* de contours

konventionelle Rasterung *f* – conventional screening – tramage *m* traditionnel

konventioneller Flexodruck *m* – conventional flexo – flexo *f* traditionnelle

konventioneller Tiefdruck *m* – conventional gravure – hélio(gravure) *f* traditionnelle

Konvergenz *f* – convergence – convergence *f*

Konvert(ier)er *m* – converter – convertisseur *m*

konvertieren – convert *v.* – convertir

Konvertieren *n* – converting – conversion *f*

konvertiert – converted – converti

Konvertierung *f* – conversion – conversion *f*

Konvertierungstabelle *f* – conversion table – table *f* de conversion

konvexe Krümmung *f* – down warp – tuilage *m* convexe

Konvexlinse *f* – convex lens – lentille *f* convexe

Konzeption *f* – conception – conception *f*

Konzern *m* – group, concern – groupe *m*, trust *m*

Koordinate *f* – coordinate – coordonnée *f*

Koordinatennullpunkt *m* – coordinate zero point – point *m* zéro de coordonnées

Koordinatenschreiber *m* – x-y plotter – traceur *m* de courbes

Koordinatensystem *n* – coordinate system – système *m* de coordonnées

Koordinator *m* – coordinator – coordinateur *m*

Kopf-an-Fuß-Form *f* – head to foot imposition – imposition *f* tête-bêche

Kopf-an-Kopf-Form *f* – head to head imposition – imposition *f* tête-à-tête

Kopfbeschnitt *m* – head trim – rognage *m* en tête, coupe *f* en tête

Kopfgoldschnitt *m* – top-edge gilt – dorure *f* en tête

Kopfleimung *f* – top edge gluing (en)collage *m* en tête

Kopflinie *f (einer Tabelle)* – head rule – filet *m* de tête

Kopfsteg *m* – head stick – blanc *m* de tête

Kopfzeile *f* – header, page header – en-tête *m*, haut *m* de page, tête *f* de page

Kopie *f* – copy – copie *f*

kopieren – copy *v.* – copier

kopieren und einfügen – copy-paste – copier-coller

Kopierer *m (Kopiergerät)* – copier – photocopieur *m*, photocopieuse *f*

Kopierlampe *f* – copy lamp – lampe *f* de copie

Kopierpapier *n* – photocopying paper – papier *m* pour photocopier

K

Kopierrahmen *m* – copying frame, vacuum frame – châssis *m*, châssis *m* de copie, châssis *m* d'insolation, châssis-tireuse *m*

Kopierschicht *f* – photo emulsion, photocoating – couche *f* photosensible

Kopiertechnik *f* – copying technique – technique *f* de copie

Koppelwort *n* – hyphenated word – mot *m* couplé

Koprozessor *m* – coprocessor – coprocesseur *m*

Korn *n (fotogr.)* – grain – grain *m*

Körnigkeit *f (Film)* – graininess – granulation *f*

Kornraster *n* – granulated screen – trame *f* à grain

Korona *f* – corona – corona *f*

Koronabehandler *m* – corona treater – dispositif *m* de traitement corona,

Koronabehandlung *f* – corona treatment – traitement *m* corona

Korpus *n* – corpus – corpus *m*

korrekt – correct – correct

Korrektor, -in – proofreader *(U.S.)*, proof-reader *(brit.)* – réviseur *m*, correcteur, -rice,

Korrektur *f* – correction, alteration – correction *f*, retouche *f*

Korrektur *f* **in letzter Minute** – last-minute changes, last-minute correction – correction *f* de (en) dernière minute

Korrektur lesen – proofread *v.*, read (the) proofs, do *v.* the proofreading – corriger les épreuves

Korrekturabzug *m* – galley proof, proof copy – épreuve *f*, épreuve *f* en placard, épreuve *f* en galée

Korrekturband *n* (*Schreibmaschine*) – correction tape – ruban *m* correcteur – bozza *f* in colonna

Korrekturfahne *f* – galley proof – épreuve *f* en placard, épreuve *f* en galée

Korrekturleser, -in – proofreading – correction *f* des épreuves – bozza *f* in colonna

Korrekturstift *m* – correction pen – crayon *m* retouche

Korrekturtaste *f* (*Schreibmaschine*) – correction key – touche *f* de correction

Korrekturzeichen *n* – proofreader's mark, correction mark, revision mark – signe *m* de correction, marque *f* de révision

Korrekturzeichentabelle *f* – proofreader's mark chart – tableau *m* des signes de correction

Korrekturzeile *f* – corrected line – ligne *f* corrigée

Korrekturzyklus *m* – correction cycle – cycle *m* de correction

Korrespondent, -in – correspondent – correspondant(e)

Korrespondenz *f* – correspondence – correspondance *f*

korrigieren – correct *v.*, fix *v.* – corriger

Kosmetikverpackung *f* – cosmetic box – boîte *f* cosmétique

Kostenberechnung *f* – cost calculation – calcul *m* des frais

Kostenfaktoren *m/pl* – cost factors – facteurs *m/pl* de coût

Kostenstruktur *f* – cost structure – structure *f* des coûts

Kostenvoranschlag *m* – cost estimate – devis *m*

Koupondruck *m* – coupon printing – impression *f* de coupons

kräftige Farbe *f* – strong color – couleur *f* vive

Kraftpapier *n* – kraft paper – papier *m* Kraft

Kratzer *m* – scratch – rayure *f*

kreativ – creative – créatif, -ive

Kreativität *f* – creativity – créativité *f*

Kreide *f* – chalk – craie *f*, pastel *m*

Kreidefarbe *f* – drawing chalk – craie *f* à dessiner

Kreidestift *m* – chalk pencil, crayon – crayon *m* pastel, pastel *m*

Kreidezeichnung *f* – chalk drawing – dessin *m* au pastel

Kreis *m* – circle – cercle *m*

Kreisbogen *m* – arc – arc *m* de cercle

Kreisdiagramm *n* – pie chart – camembert *m*

kreisförmig – circular – circulaire

kreisförmiger Verlauf *m* – circular blend – dégradé *m* circulaire

Krepppapier *n* – crepe paper – papier *m* crêpé

Kreuz *n* – cross – croix *f*

Kreuz(bruch)falz *m* – cross fold, right-angle fold(ing), french fold – pli *m* croisé

kreuzförmig – cross-shaped, cruciform – cruciforme, en (forme de) croix

Kreuzschraffur *f* – cross hatching – hachurage *m* croisé

Kreuzverweis *m* – cross-reference – renvoi *m*

kreuzweise stapeln – brickstack *v.* – empiler de façon croisée

Kreuzworträtsel *n* – crossword (puzzle) – mots *m/pl* croisés

krümmen – bend *v.* – courber

Krümmung *f* – curvature – courbure *f*

Kuchenbrett *n* (*Heftstrukturplanung bei Zeitschriften*) – flatplan – chemin *m* de fer

Kugelschreiber *m* – pen, biro™ – stylo *m*

Kühlwalze *f* – chill roll – cylindre *m* refroidisseur

Kunde *m* – customer, client – client *m*

Kundendatei *f* – customer file – fichier *m* de (du) client

Kundendienst *m* – customer (field) service, after sales service, field service – service *m* après vente (SAV)

Kundenfang *m* – touting – racolage *m* commercial

Kundenfarbe *f* – custom color – couleur *f* spéciale

Kundenfreigabe *f* – customer approval – approbation *f* du client

Kundenstamm *m* – regular customers – clientèle *f* fixe

Kundenwerbung *f* – customer solicitation, canvassing (of customers) – prospection *f* (de la clientèle)

Kunst *f* – art – art *m*

Kunstband *m* – art book – livre *m* d'art

Kunstbild *n* – art picture – image *f* d'art

Kunstblatt *n* – art print – impression *f* d'art

Kunstbuch *n* – art book – livre *m* d'art

Kunstdruck *m* – art print(ing) – impression *f* d'art

Kunstdruckkarton *m* – art board – carton *m* couché brillant

Kunstdruckpapier *n* – art paper – papier *m* couché brillant, papier *m* d'art, papier *m* couché impression d'art

Kunsteinband *m* – fine binding – reliure *f* d'art

Kunstkalender *m* – art calendar – calendrier *m* d'art

Kunstledereinband *m* – artificial leather binding – reliure *f* simili-cuir

Kunstleinen *n* – illustration linen – toile *f* d'illustration

künstlerische(r) Leiter, -in – art director – directeur, -rice artistique

künstliche Intelligenz *f* – artificial intelligence, AI – intelligence *f* artificielle, AI

künstliche Lichtquelle *f* – artificial light source – source *f* lumineuse artificielle

künstlicher Stil *m (Texteigenschaft)* – artificial style – style *m* artificiel

künstlich fett – artificial bold – gras artificiel

künstlich konturiert – artificial outline – relief artificiel

künstlich kursiv – artificial italic – italique artificiel

Kunstlicht *n* – artificial light, tungsten light – lumière *f* artificielle

Kunstlichtfilm *m* – synthetic light film – film *m* éclairé avec une lumière artificielle

Kupferbad *n* – copper bath – bain *m* de cuivrage

Kupferdruckplatte *f* – copper plate – plaque *f* de cuivre, planche *f* d'impression pour taille-douce

Kupferdruckpresse *f* – copper-plate press – presse *f* pour taille-douce

Kupferhaut *f* – copper skin, copper coating – coquille *f* de cuivre

Kupferrückgewinnung *f* – copper recovery – récupération du cuivre

Kupferstecher *m* – engraver – graveur *m*

Kupferstich *m* – copperplate engraving – taille-douce *f (pl* tailles-douces), gravure *f* sur cuivre

kursiv – italic, oblique – italique, oblique

kursiv setzen – italicize *v.* – mettre en italique

Kursivschrift *f* – italic script, italic type, Italic type, italics, sloping letters – caractère *m* italique

Kursivversalie *f* – italic capital – capitale *f* en italique

Kursivwinkel *m* – slanting angle, italic angle, angle of italicization – angle *m* d'inclinaison, angle *m* (d')italique

Kursleiter, -in – trainer – formateur, -trice

Kurve *f* – curve – courbe *f*

Kurve *f* **glätten** – smooth *v.* a curve, F shave *v.* the jaggies – lisser une courbe

Kurvenausgleich *m* – curve adjustment – compensation *f* des courbes

Kurvenextremum *n* – extreme value of the curve – extrémité *f* de courbe

kurvenförmig – curved – courbé

Kurvengenauigkeit *f* – flatness – platitude *f*

Kurvenlineal *n* – french curve – pistolet *m* (à dessin)

Kurvennäherung *f (Flatness f)* – flatness – platitude *f*

Kurvenpunkt *m* – curve point – point *m* de courbe

Kurvenschreiber *m* – x-y plotter – traceur *m* de courbes

Kurzbefehl *m* – shortcut – raccourci *m* clavier

Kurzberechnung *(Acrobat Distiller)* – subsampling – sous-échantillonnage *m*

kurze Farbe *f* – short ink – encre *f* courte

kurzes Schwarz *n* – short black – noir *m* bref

Kuvert *n (Briefumschlag m)* – envelope – enveloppe *f*

Kuvertierautomat *m* – envelope stuffing automatic – machine *f* à mettre sous pli automatique

kuvertieren – envelope *v.*, stuff *v.* – mettre sous pli

Küvette *f* – dip tank – cuvette *f*

Kybernetik *f* – cybernetics – cybernétique *f*

kyrillisches Alphabet – Cyrillic alphabet – alphabet *m* cyrillique

L

Lack *m* – varnish – vernis *m*, laque *f*

lackieren – varnish *v.* – laquer, vernir

Lackierung *f* – coating, varnish coating – couche *f* de vernis, vernissage *m*

Lackschicht *f* – coating (film) – couche *f* de vernis, film *m* de vernis

Ladearm *m (Druckmaschine)* – loading arm – bras *m* de chargement

Ladegerät *n* – charger – chargeur *m*

laden – load *v.* – charger

Laden *n* – loading – chargement *m*

Lage *f (Signatur)* – section – cahier *m*

Lagerbedingungen *f/pl* – conditions of storage – conditions *f/pl* de stockage

Lagerbeständigkeit *f* – shelf life – durée *f* de conservation, durée *f* de vie en stock (du stock)

lagern – store *v.*, warehouse *v.* – stocker

Lagerung *f* – storage, warehousing – stockage *m*

Lagerverwalter *m (Lagerist m)* – stock keeper – gestionnaire *m* de stock

Laminat *n* – laminate – complexe *m* (laminé)

Laminator *m* – laminator – contrecolleuse *f*, pelliculeuse *f*

Laminatproof *m* – laminate proof – épreuve *f* laminée

laminieren – laminate *v.* – laminer

Laminierung *f* – lamination – complexage *m*, contrecollage *m*, laminage *m*

Lampe *f* – lamp – lampe *f*

Länge *f* – length – longueur *f*

lange Farbe *f* – long ink – encre *f* longue

langer Gedankenstrich *m* – em-dash – tiret *m* cadratin

langfaseriges Papier *n* – long-fib(e)red paper – papier *m* à longues fibres

längs – along(side), longwise – le long de

Längsachse *f* – longitudinal axis – axe *m* longitudinal

langsame Verbindung *f* – slow connection – connexion *f* lente

K
L

Längsfalz *m* – length fold, lineal fold – pli *m* longitudinal

längsgerichtet – longitudinal – longitudinal

Längsheftung *f* – longitudinal stitching – brochage *m* longitudinal

Längsperforation *f* – lineal perforation – perforation *f* longitudinale

Längsrichtung *f* – longitudinal direction – sens *m* de la longueur, longitudinal

Längsschneider *m* – slitter-rewinder – bobineuse-refendeuse *f*

Längsschnitt *m* – longitudinal section, slitting – coupe *f* longitudinale, section *f* longitudinale, refente *f*

Langzeitarchivierung *f* – permanent storage – archivage (stockage) *m* à long terme

Laptop *m* – laptop – portable *m*, ordinateur *m* portable (portatif)

Lärmdämpfung *f* – noise reduction – réduction *f* du bruit

Lärmpegel *m* – noise level – niveau *m* de bruit

Lärmschutz *m* – noise protection – protection *f* contre le bruit

Lasche *f* – flap – attache *f*, volet *m*, patte *f*, languette *f*

Laser *m* – laser – laser *m*

Laserbelichter *m* – laser imagesetter, laser plotter – flasheuse *f* laser, photocomposeuse *f* laser, imageuse *f* laser

Laserbelichtung *f* – laser imaging – exposition *f* (à) laser

Laserdiode *f* – laser diode – diode *f* (à) laser

Laserdiodenbelichter *m* – laser diode imagesetter – flasheuse *f* à diode (à) laser

Laserdruck *m* – laser print(ing) – impression *f* laser

Laserdrucker *m* – laser printer – imprimante *f* (à) laser

Laserdrucksystem *n* – laser print system – système *m* d'impression au laser

Laserfarbdrucker *m* – color laser printer – laser *m* couleur, imprimante *f* à laser couleur

Lasergravur *f* – laser engraving – gravure *f* au laser

Laserpunkt *m* – laser spot – point *m* laser

Lasersatz *m* – laser typesetting – composition *f* à laser

Laserstrahl *m* – laser beam – faisceau *m* laser, rayon *m* laser

Lasertechnik *f* – laser technology – technologie *f* laser

lasieren – glaze *v.* – vernir

lasierende Farbe *f* – transparent ink – encre *f* transparente

Lasso-Werkzeug *(Photoshop)* – Lasso tool – outil Lasso

Lasur *f* – glaze – vernis *m*, glacis *m*

lateinische Schrift *f* – Roman font, Latin alphabet, Latin type – police *f* latin

latentes Bild *n* – latent image – image *f* latente

laufende Arbeit *f* – work in process – travail *m* en cours

laufende Produktion *f* – running production – production *f* courante

laufender Auftrag *m* – current job – tâche *f* courante

laufender Text *m* – body matter, text matter, running text – texte *m* courant

Lauflänge *f* – run length – tracé *m* des lignes

Lauflängenkodierung *f* – run length code – codage *m* des parcours

Laufrichtung *f* *(Papier, Bahn)* – grain (direction), paper grain, running direction, machine direction, with the grain – sens *m* (de) marche, sens du papier, sens *m* de défilement de la bande

Laufschrift *f* – body type – caractère *m* courant

Laufweite *f* *(typogr.)* – kerning, running width – chasse *f*, approche *f* de chasse

Laufwerk *n* – drive – lecteur *m*

Laufzettel *m* – job ticket, job docket – dossier *m* de travail, fiche *f* de fabrication, fiche *f* d'instructions

Layout *n* – layout, page makeup, makeup, dummy – maquette *f*, layout *m*, mise *f* en page

Layoutangaben *f/pl* – layout instructions – spécifications *f/pl* de la maquette

Layoutbild *n* – layout image – image *f* de mise en place

Layouter, -in – layouter, pagemaker, layout man/woman, print designer *m/f* – maquettiste *m/f*, metteur *m* en page

Layoutprogramm *n* – layout program – programme *m* de mise en page

Layout-Raster *n* – layout grid – grille *f* typographique

Layoutvorlage *f* – style sheet – feuille *f* de style

LCD-Monitor *m* – LCD (Liquid Cristil Display) monitor – écran *m* LCD, écran *m* ACL (écran à cristaux liquides)

lebender Kolumnentitel *m* – running head – titre *m* courant

lebender Verlauf *(Illustrator)* – Mesh gradient – Filet de dégradé

Lebenslauf *m* – CV (curriculum vitae) – CV (curriculum vitae)

lebensmittelechte Farbe *f* – non-toxic ink – encre *f* alimentaire

Lebensmitteletikettierung *f* – food labeling – étiquetage *m* alimentaire

Lebensmittelfarbe *f* – food packaging ink – encre *f* (pour emballage) alimentaire

Lebensmittelverpackung *f* – food packaging – emballage *m* alimentaire

Leckwalze *f* – fountain roller, ductor roller – rouleau *m* barboteur, rouleau *m* preneur

LED *f* – LED (light-emitting diode) – DEL (diode *f* électroluminescente)

Ledereinband *m* – leather binding – reliure *f* (en) cuir

Lederüberzug *m* – leather covering
– recouvrement *m* en cuir
Leerraum *m* – space, blank space
– espace *m*
Leerseite *f* – blank page, empty
page – page *f* vierge, page *f*
blanche
Leertaste *f* – space bar – barre *f*
d'espace(ment)
Leerzeichen *n* – space, blank
character – espace *m*, blanc *m*,
caractère *m* blanc
Leerzeile *f* – space, white line,
blank line, empty line – ligne *f*
vide
Legemuster *n* – mock-up –
maquette *f*
Legende *f* *(Bildunterschrift)* –
caption, legend – légende *f*
Lehre *f* – apprenticeship –
apprentissage *m*
Lehre *f* *(Messgerät)* – gauge –
calibre *m*, jauge *f*
Lehrgang *m* – tutorial –
didacticiel *m*
Lehrling *m* – apprentice –
apprenti *m*
leicht *(typogr.)* – light – maigre
leichter Beistelldruck *m* – kiss
printing – impression *f* légère
leichtes Papier *n* – low-
grammage paper – papier *m* de
faible grammage
Leichtpappe *f* – light board –
papier *m* carton
Leihbücherei *f* – lending library –
bibliothèque *f* de prêt
Leim *m* – glue – colle *f*
leimen – glue *v.* (together) –
encoller
Leinen *n* (bookbinder's) cloth –
toile *f*
Leineneinband *m* – cloth binding,
clothback – reliure *f* (en) toile
Leinwand *f* *(Malerei)* – canvas –
toile *f*
leistungsfähig – powerful –
performant
Leistungsfähigkeit *f* – performance – performance *f*
Leitartikel *m* – leader, leading
article, editorial *(U.S.)* –
éditorial *m*, article *m* de fond

Leitartikler, -in – leader writer,
editorial writer *(U.S.)*,
paragrapher, editorialist –
éditorialiste *m/f*
Leitfaden *m* – guidance – guide *m*
Leitzahl *f* *(fotogr.)* – guide
number – nombre *m* guide
Lektor, -in – editor – lecteur, -rice
Lektorat *n* – editorial department
– comité *m* de lecture
Lektüre *f* – reading matter –
lecture *f*
Leporellofalz *m* – accordion fold,
harmonica fold – pli *m* (en)
accordéon, pli *m* (en) paravent
Leporellopapier *n* – fanfold
paper – papier *m* à pliage
accordéon, papier *m* à pliage
paravent
Lernprogramm *n* – courseware,
teachware – didacticiel *m*
lesbar *(leserlich)* – legible,
readable – lisible(ment)
Lesbarkeit *f* – legibility,
readability – lisibilité *f*
Lesekopf *m* – reading head – tête
f de lecture
lesen – read *v.* – lire, F bouquiner
(Buch)
Lesen *n* *(eines Textes)* – reading –
lecture *f*
Lesenische *f* – carrel – carrel *m*
Leseprobe *f* *(aus einem Buch)* –
sample – extrait *m* de texte
Leser, -in – reader – lecteur, -rice
Leseratte *f* – bookworm – rat *m*
de bibliothèque
Leserbrief *m* – letter (to the
editor) – lettre *f* de lecteur
Leserbriefe *m/pl* *(Zeitungsrubrik)* – letters to the editor,
letters page – courrier *m* des
lecteurs
Leserichtung *f* – reading
direction – sens *m* de lecture
leserlich – legible, readable –
lisible(ment)
leserliche Schrift *f* – readable
type – écriture *f* lisible
Leserschaft *f* – readership –
lecteurs *m/pl*, cercle *m* de
lecteurs, public *m*

Leserschicht *f* – type of reader,
readership (range) – profil *m*
des lecteurs
Leserzuschrift *f* – letter (to the
editor) – lettre *f* de lecteur
Lesestoff *m* – reading (matter) –
lecture *f*
**Lese-und Druckvergrößerungs-
gerät** *n* – reader-printer –
lecteur-reproducteur *m*
Lesezeichen *n* – bookmark –
signet *m*, marque-page *m*
Leuchtdiode *f* – light-emitting
diode – diode *f*
électroluminescente
leuchten – shine *v.*, glow *v.*,
beam *v.* – luir, rayonner,
briller, reluire, donner de la
lumière
leuchtend – vivid, brilliant,
glowing, lucent – lumineux, -
euse
Leuchtfarbe *f* – luminescent paint
– couleur *f* phosphorescente,
couleur *f* fluorescente
Leuchtkasten *m* – light tray,
lightbox – plateau *m* lumineux,
boîte *f* lumineuse
Leuchtkraft *f* – light intensity –
intensité *f* lumineuse
Leuchtreklame *f* – illuminated
advertisiung – enseigne *f*
lumineuse
Leuchtröhre *f* – fluorescent lamp
– tube *m* fluorescent, tube *m*
luminescent
Leuchttisch *m* – layout table –
table *f* lumineuse
Lexikon *n* – encyclopedia –
lexique *m*, dictionnaire *m*
encyclopédique
Licht *n* – light – lumière *f*
Lichtabsorption *f* – light
absorption – absorption *f* de la
lumière
Lichtart *f* – illuminant – type *m*
d'éclairage
lichtbeständig – light-resistant –
résistant à la lumière
Lichtbeständigkeit *f* – light-
resistance, lightfastness –
résistance *f* à la lumière,
solidité *f* à la lumière

L

Lichtbeugung f – diffraction, light scatter, scattered light – diffraction f de la lumière, diffusion f de la lumière

Lichtbündel n – light beam, pencil of rays – faisceau m lumineux

Lichtdosierung f – light metering – dosage m de la lumière

Lichtdruck m – phototype printing – phototypie f

lichtdurchlässig – translucid – translucide

Lichtdurchlässigkeit f – translucency – translucidité f

lichte Schrift f – outline type, outline characters – caractères m/pl en éclairé

lichtecht (bei Druckfarbe) – color-fast, fade-resistant – résistant à la décolloration

lichtechte Druckfarbe f – fade-resistant ink – encre f résistante à la décoloration

Lichtechtheit f (bei Druckfarbe) – fade-resistance, bleach-resistance – résistance f à la décoloration

Lichteffekt m – lighting effect – effet m lumineux

Lichteinwirkung f – action of light – action f de la lumière

lichtempfindlich – sensitive to light, photosensitive, sensitized – sensible à la lumière, photosensible

lichtempfindlich machen – excite v. – sensibiliser

lichtempfindliche Schicht f – photosensitive coating – couche f photosensible, côté m émulsion

Lichtempfindlichkeit f – light-sensitivity, sensitivity, speed, film speed – sensibilité f à la lumière, photosensibilité f, rapidité f (Film)

Lichtenergie f – light energy – énergie f lumineuse

Lichter n/pl (eines Bildes) – highlights – hautes lumières f/pl, lumières f/pl

Lichterpartien f/pl – highlight area – zone f (de) hautes lumières

Lichtertöne m/pl – highlight tones – tons m/pl lumières

Lichterzeichnung f – highlight details, image definition in the highlights – détails m/pl haute lumières

Lichtgriffel m – light pen – crayon m optique

Lichthof m – halo – halo m

Lichthofbildung f – halation – formation f halo

Lichthofschutzschicht f – anti-halation backing – couche f anti-halo

lichtleitend – photoconductive – photoconductif

Lichtpause f – dyeline – diazocopie f

Lichtpausgerät n – dyeline machine – appareil m diazo

Lichtpauspapier n – dyeline paper – papier m diazo

Lichtpausverfahren n – dyeline process – diazotypie f

Lichtpunkt m (a. Spitzpunkt) – highlight dot, bright spot – point m haute lumières

Lichtpunktfeld f (Kontrollkeil) – highlight dot patch – case f (de) point lumineux

Lichtquelle f – light source – source f lumineuse, source f de lumière, source f d'éclairement

Lichtreflexion f – light reflection – réflexion f de la lumière

Lichtsatzmaschine f – photocomposer, typesetter – photocomposeuse f

lichtschwach – dim – à faible luminosité

Lichtsignal n – light signal – signal m lumineux

lichtstark (bei Objektiven) – fast, high-speed – à grande luminosité

Lichtstärke f (eines Objektivs) – speed – luminosité f

lichtstarkes Objektiv n – high-speed lens – lentille f à grande luminosité

Lichtstift m – light pen – crayon m optique

Lichtstrahl m – ray of light, light ray, beam of light – rayon m de lumière, rayon m lumineux (phys.)

Lichtstrahlung f – light emission – rayonnement m lumineux

Lichtstreuung f – diffusion of light – diffusion f de la lumière

lichtundurchlässig – opaque – opaque

Lichtundurchlässigkeit f – opacity, opaqueness – opacité f

Lichtverhältnisse n/pl – lighting conditions, lighting – conditions f/pl d'éclairage

Lichtverteilung f – light diffusion – diffusion f lumineuse

Liebhaberausgabe f – edition deluxe – édition de luxe

Lieferant m – supplier – fournisseur m

Lieferbedingungen f/pl – terms of delivery, conditions of sale – conditions f/pl de livraison

liefern – deliver v. – livrer

Lieferfrist f – delivery deadline – délai m de livraison

Lieferschein m – delivery note – bon m de livraison

Lieferung f – delivery – livraison f

liegendes Format n – landscape, horizontal format, cross grain – format m à l'italienne

Ligatur f – ligature, concatenation – ligature f

lila – purple, lilac (helllila) – lilas, violet (dunkellila), mauve (helllila)

limitierte Auflage – limited edition – édition f (à tirage) limitée

Lineal n – ruler – règle f

linear – linear – linéaire

Linear-Antiqua f – Lineals pl – Linéales f/pl

linearer Verlauf m – linear blend (z.B. QuarkXPress) – dégradé m linéaire

linearisieren – linearize v. – linéariser

Linearisierung f – linearization – linéarisation f

Linearität f – linearity – linéarité f
Linie f – line, rule – ligne f, filet m
Liniehalten n (Text, Objekte) – alignment – alignement m
Linien/cm – lines per cm – lignes par cm
Linienblatt n – sheet of lined paper – feuille f de papier réglé
Liniengitter n – grid – quadrillage m
Linienpapier n – ruled paper, lined paper – papier m réglé
Linienraster m – line screen – trame f à lignes
Linienstärke f – line weight, rule weight – épaisseur f de (du) trait, largeur f de (du) trait
linieren – rule(-up) v., line v. – régler, ligner
liniertes Papier n – ruled paper, lined paper – papier m réglé
Linierung f – ruling – réglure f
Link m **zu** – link to – lien m vers
linke Seite f – left(-hand) page, verso page, back page – page f de gauche, fausse page f, page f paire, verso m
linker Einzug m – left indent – retrait m (à) gauche
linker Randpunkt m – left-hand end point – point m à l'extrême gauche
links – on the left(-hand side) – à gauche
links ausgerichteter Tabulator m – left-align tab – tabulation f d'alignement à gauche
links von – to the left of – à gauche de
linksbündig – flush left, quad left, ranged left, aligned left – alignement à gauche, justifié à gauche, au fer à gauche
linksbündig setzen – set v. flush left – composer au fer à gauche, aligner la compo à gauche
Linolschnitt m – lino cut – gravure f sur linoléum
Linse f (fotogr.) – lens – lentille f
Linsenoberfläche f (fotogr.) – surface of the lens – surface f de l'objectif
Liste f – list – liste f

Listing n – listing – listage m
Literatur f – literature – littérature f
Literaturrecherche f – literature search – recherche f bibliographique
Lithfilm m – lith film – film m lith
Lithograf, -in – lithographer – lithographe m, similiste m – litografo m
Lithografenstift m – lithographic pencil – crayon m litho
Lithografie f – lithography, litho – lithographie f
Lithografiestein m – litho stone – pierre f lithographique
Lizenz f – licence (brit.), license (U.S.) – license f
lizenzfrei – royalty-free – libre de droits
lizenziert – licensed – licencé, cédé sous licence
Lizenzinhaber m – licensee – concessionnaire m, détenteur m d'une licence, titulaire m d'une licence
Lizenzschlüssel m – license key – clé f d'activation
Lizenzvertrag m (Lizenzabkommen n) – license agreement – contrat m de licence, contrat m de cession de droits (Verlagswesen)
Load Balancing n – load balancing – load balancing m, répartition f de charge
lochen – punch v. – perforer, poinçonner
Locher m – punch – perforateur m (Akten), perforatrice f, perforeuse f (Lochkarte)
Lochkarte f – punchcard – carte f perforée
Lochmaschine f – perforator – poinçonneuse f
Lochperforation f – hole perforation – perforation f de trous
Lochstreifen m – ticker tape – bande f perforée
Lochung f – punching, perforation – perforation f

Log-Datei f – log file – fichier m journal, fichier m (de) log, fichier m de trace, fichier-trace m
logischer Baum m – logic tree – arbre m logique
Logo n – logo – logo m
Logotype f – logotype – logotype m
Lokalausgabe f – local edition – édition f locale
lokales Netzwerk n – LAN (Local Area Network) – réseau m local
lokalisieren – localize v. – localiser
Lokalisierung f – localization – localisation f
Lokalpresse f – local press – presse f locale
Lokalseiten f/pl – local pages – pages f/pl locales
Lokalzeitung f – local newspaper – journal m local
lösbar (chem.) – soluble – soluble
löschbar – erasable – effaçable
löschen – remove v., delete v., clear v., F wipe v. – effacer, supprimer, détruire, gommer, ôter, enlever, F virer
Löschen n – deletion, deleting, erasure – effacement m, suppression f
Löschpapier n – blotting paper – papier m buvard
Löschtaste f – Delete key – touche f supprimer
Löschung f – deletion, deleting – effacement m, suppression f
lose Blätter n/pl – loose leaves, loose pages – feuilles f/pl volantes
lose im Einband – binding loosened – délié
Loseblattbindung f – loose-leaf binding – reliure f à feuille(t)s mobiles
Loseblattsammlung f – loose-leaf – livre m à feuille(t)s mobiles
Lösemittel n – solvent – solvant m
Lösemittelmischung f – solvent mixture – mélange m de solvants
loslassen (z.B. Maus) – release v. – relâcher

L

lösungsfreie Laminierung *f* – solventless lamination – contrecollage *m* sans solvant

lösungsfreier Laminator *m* – solventless laminator – contrecolleuse *f* sans solvant

Low end *n* – low end – bas *m* de gamme

Low-Key-Bild *n* – low key image – image *f* low key, image *f* à dominante foncée

Low-Key-Vorlage *f* – low key original – original *m* Low Key

lpi – lpi (lines per inch) – lpp (lignes par pouce)

Lücke *f* – gap – lacune *f*, vide *m*, écart *m*

Lückenfüller *m* *(auch in Zeitung)* – stopgap – bouche-trou *m*

Luftaufnahme *f* – aerial photo, aerial shot – prise *f* de vue aérienne

Luftfeuchtigkeit *f* – humidity – humidité *f* atmosphérique

Luminanz *f* – luminance – luminance *f*

Lumpenpapier *n* – rag paper – papier *m* chiffons

Lupe *f* – magnifying glass – loupe *f*

LWC-Papier *n* – LWC (Light Weight Coated) paper – papier *m* LWC, papier *m* couché léger magazine

M

Magazin *n* – magazine – magazine *m*

Magazinsystem *n* *(in Buchhandlung)* – closed stacks – magasin *m* fermé

Magenta – magenta – magenta

Magentaauszug *m* – magenta separation – séparation *f* du magenta

Magentafilm *m* – magenta film – film *m* du magenta

mager *(typogr.)* – light – maigre

Magnetband *n* – magnetic tape, mag tape – bande *f* magnétique

Magnetfeld *n* – magnetic field – champ *m* magnétique

magnetisch – magnetic – magnétique

Magnetische Hilfslinien *(Illustrator)* – Smart Guides – repères commentés

Magnetisches Lasso *(Photoshop)* – Magnetic lasso – lasso Magnétique

Magnetkarte *f* – magnetic card – carte *f* magnétique

magneto-optische Disk *f (MOD)* – magneto optical disk – disque *m* optonumérique (DON)

Magnetplatte *f* – magnetic disk – disque *m* magnétique

Mailbox *f* – mail box – boîte *f* aux lettres

Mailing *n* – mailing – publipostage *m*

Mailingliste *f* – mailing list – liste *f* de diffusion

Mail-Server *m* – mail server – serveur *m* de courrier, serveur *m* de messagerie

Mainframe *m* – mainframe – macroordinateur *m*

Majuskel *f* – uppercase letter, capital (letter) – majuscule *f*, capitale *f*

Makro *n* – macro – macro *m*

Makrobefehl *m* – macro instruction, macro command – macro-commande *f*, macro-instruction *f*

Makroobjektiv *n* – close-up lens, macro lens – objectif *m* optique pour la macro, objectif *m* macro

Makrosprache *f* – macro language – langage *m* macro

Makulaturbogen *m* – reject sheet – feuille *f* de passe (gâche)

Makulatur *f* – misprints, printer's waste, mackle – macules *f/pl*, papier *m* de rebut

malen – paint *v.* – peintre, faire de la peinture

Maler, -in *(Kunst)* – painter – peintre *m*, artiste *m* peintre

Malerei *f* – painting – peinture *f*

Maltechnik *f (Malstil m)* – painting technique – technique *f* de peinture, style *m* de peinture

malvenfarbig – mauve – mauve

Management-Informations-system *n (MIS)* – management information system – système *m* de gestion des informations

Mandrille *f* – mandrel – mandrin *m*

manuelle Scharfstellung *f (Kamera)* – manual focus(ing) – mise *f* au point manuelle

manuelles Falzen *n* – manual folding – pliage *m* manuel

Manuskript *n* – manuscript, copy, typewritten copy – manuscrit *m*, copie *f*

Manuskriptberechnung *f* – character count, copyfitting, copyfit (calculation) – calibrage *m* (du texte), calcul *m* de calibrage

Manuskriptvorbereitung *f* – copy preparation, mark up – préparation *f* de la copie

mappen – map *v.* – faire correspondre, F mapper

Mapping *n* – mapping – correspondance *f*

Marginalie *f* – marginal note, side note, marginalia *pl* – note *f* marginale

Marginaltitel *m* – side heading, side head – titre *m* en marge

Marginalziffer *f* – side figure, marginal figure, runner – chiffre *m* en marge

Marke *f (Druckmarke)* – mark, crossmark – repère *m*

Marker-Text *m* – marker text – texte *m* indicateur

Marketing *n* – marketing – marketing *m*

Marketingchef *m* – marketing manager – responsable (du) marketing

Marketingfachmann *n* – marketer – marketeur *m*, mercaticien *m*

markieren – mark *v.*, highlight *v.* – marquer

Markierung *f* – marker, marking, highlighting – marquage *m*, mise *f* en surbrillance

Marktanalyse *f* – market analysis – analyse *f* du marché

L
M

Marktforschung *f* – market research – étude *f* des marchés

marmoriertes Papier *n* – marbled paper – papier *m* marblé

Marmorierung *f* – marbling – jaspage *m*, marbrure *f*

maschine(n)geschrieben – typed, typewritten – tapé à la machine

maschinelles Falzen *n* – mechanical folding – pliage *m* mécanique

Maschinencode *m* – machine code (language) – code *m* machine

Maschineneinstellung *f* – machine set-up – réglage *m* machine

Maschinenführer *m* – machine minder, press operator – conducteur *m* (de presse/machine)

maschinengestrichenes Papier *n* – machine-coated paper – papier *m* couché-machine

maschinenlesbar – machine(-)readable – déchiffrable par la machine

Maschinenpappe *f* – millboard – carton *m* à l'enrouleuse

Maschinenpark *m* – mechanical equipment – parc *m* de machines

Maschinenschrift *f* – typescript – dactylographie *f*

Maschinensprache *f* – machine code, machine language – langage *m* machine

Maschinenstillstand *m* – machine standstill – arrêt *m* (de la) machine

Maschinenstillstandszeiten *f/pl* – machine standstill times – temps *m/pl* morts de la machine

Maske *f* – mask – masque *m*

Masken *(Menüpunkt in Illustrator)* – Clipping Mask – Masque d'écrêtage

Masken-Rahmen *(PDF)* – crop box – zone *f* de cadrage

maskieren – mask *v.* – masquer

Maskieren *n* – masking – masquage *m*

Maskierung *f* – mask – masque *m*

Maskierungsmodus *(Photoshop)* – Quick Mask mode – mode Masque

Maßeinheit – unit, measurement unit – unité *f* de mesure

Massendrucksachen *f/pl* – bulk-printed matter, bulk mail, third class mail – imprimés *f/pl* en nombre non urgents, imprimés *f/pl* en masse

Massenspeicher *m* – mass storage – mémoire *f* de masse

maßgeschneidert *(a. Programm)* – tailored (tailor-made) – personnalisé, sur mesure

Maßhaltigkeit *f* – dimensional stability – stabilité *f* dimensionelle

Maßpalette *(Fenster in QuarkXPress)* – Measurements – Spécifications

Maßstab *m* – scale – échelle *f*

maßstabsgerecht – true to scale – à l'échelle

maßstabsgerechte Zeichnung *f* – scale drawing – dessin *m* à l'échelle

Maßstabs(ver)änderung *f* – scale change, scaling – changement *m* d'échelle

Master-Seite *(FreeHand)* – Master page – Page maîtresse

Material *n* – material – matériel *m*

Materialbedarf *m* – material requirement – besoins *m/pl* des matériaux

Materialfluss *m* – material flow – flux *m* des matériaux

Materialprüfung *f* – materials testing – contrôle *m* des matériaux

Materialzufuhr *f* – material loading – chargement *m* du support

mathematischer Coprozessor *m* – math coprocessor – coprocesseur *m* arithmétique

mathematischer Satz *m* – math setting – composition *f* des mathématiques

mathematisches Konstrukt *n* – mathematical construction – construction *f* mathématique

Matrix *f* – matrix – matrice *f*

Matrixdrucker *m* – matrix printer – imprimante *f* matricielle

Matrize *f* – matrix, lower die – matrice *f*

matt – matt, dull – mat, terne

mattes Papier *n* – matt paper – papier *m* mat

mattgestrichenes Papier *n* – matte-coated paper, dull-coated paper – papier *m* couché mat

Mattglanz *m* – mat(te) finish, dull finish, suede finish, velvet finish, velour finish – apprêt *m* mat, fini mat

Mattlack *m* – dull varnish – vernis *m* mat

Mattstrich *m* – matt coating – couchage *m* mat

Maus *f* – mouse – souris *f*

Maustaste *f* – mouse button – bouton *m* de la souris

Mausunterlage *f* – mouse pad – tapis *m* de souris

mauve – mauve – mauve

Maximaldichte *f* – maximal density – densité *f* maximale

maximale Dichte *f* – maximal density – densité *f* maximale

maximale Qualität *f* *(z.B. JPEG-Komprimierung)* – maximum quality – qualité *f* maximale

maximaler Belichtungsbereich *m* – maximal exposure area – zone *f* maximum d'insolation

maximieren – maximize *v.* – maximiser

Maxwellsche Dreifarbenwerte *m/pl* – Maxwellian trichromatic values – valeurs *f/pl* trichromiques de Maxwell

MB *(MegaByte, MByte)* – MB – Mo, méga-octet *(pl* méga-octets*)*

Media-Direktor, -in – media director – concepteur, -rice médiatique

Media-Einkäufer, -in – media buyer – acheteur, -euse média

M

Mediaplan *m* – media plan – plan *m* média

Mediävalziffer *f* – old style figure – chiffre *m* elzévirien

Medien *n/pl* – media – média *m/pl*

Medienkampagne *f* – media campaign – campagne *f* média

Medienkünstler, -in – media artist – médiartiste *m*

Medien-Rahmen *(PDF)* – media box – zone *f* de support

Medientransportsystem *n (z.B. in Belichter)* – media transport system – système *m* de transport de support

Medientyp *(InDesign)* – Media type – Type de support

Medienverbund *m* – multimedia system – groupe *m* de communication

Medium *n* – media – média *m*

Megapixel *n/pl* – megapixels – mégapixels *m/pl*

Mehrbyte-Font *m* – multi-byte font – police *f* à plusieurs octets

Mehrere Durchgänge *(JPEG-Option in Photoshop)* – Progressive – Progressif optimisé

Mehrfach duplizieren *(QuarkXPress)* – Step and Repeat – Dupliquer et Déplacer

Mehrfachbelichtung *f* – multi-flash – exposition *f* multiple

Mehrfachbenutzer *m* – multiuser – multiutilisateur

Mehrfachrolle *f* – multiple web – bobines *f/pl* multiples

Mehrfachrollendruck *m* – multi-web printing – Impression *f* à bobines multiples

Mehrfarbendruck *m* – multi-color printing, polychrome printing – impression *f* en couleurs

mehrfarbig – multi(-)color(ed), polychrome – à plusieurs couleurs, polychrome

Mehrkanalbild *(Photoshop)* – Multichannel image – Image *f* multicouche

Mehrlagenkarton *m* – combination board – carton *m* ondulé, carton *m* multiplex

mehrlagig – multi-layered – multicouche

mehrlagiger Karton *m* – multi-ply board – carton *m* multiplex

mehrseitiges Dokument *n* – multiple page document – document *m* à plusieurs pages

Mehrspaltensatz *m* – multi-column composition, multi-column setting – composition *f* multi-colonne (en multi-colonnes)

mehrspaltig – multi(-)column – à plusieurs colonnes, multicolonne

mehrsprachiges Projekt *n* – multilingual job – projet *m* multilingue

Mengensatz *m* – bulk copy, mass composition – texte *m* de masse

Menü *n* – menu – menu *m*

menügesteuert – menu-driven, menu-controlled – piloté par menu, commandé par menu

Menüleiste *f* – menu bar – barre *f* de menus

Menüpunkt *m* – *Menüeintrag m* – menu item, menu choice – élément *m* de menu, option *f* de menu, commande *f* de menu

mergen – merge *v.* – fusionner, composer

Merkblatt *n* – instruction leafset – feuille *f* de renseignement

messbar – measurable – mesurable

Messbedingungen *f/pl* – measurement conditions – conditions *f/pl* de prise de mesure

Messbereich *m* – measurement range, measuring range – gamme *f* de mesure, plage *f* de mesure

messen – measure *v.* – mesurer

Messen *n* **des Abstands** – measuring the distance – mesure *f* de la distance

Messer *n (an Schneidemaschine)* – knife – couteau *m*, lame *f*

Messeranstellung *f* – knife adjustment – réglage *m* de la lame

Messerblock *m* – knife block – couteau-bloc *m*

Messerhalter *m* – knife holder – porte-lame *m*

Messerstellung *f (Schneidemasche)* – knife position – position *f* de la lame

Messerwechsel *m* – knife change – changement *m* de la lame

Messfeld *n* – patch – champ *m* de mesure, plage *f* de mesure

Messfläche *f* – measuring area – surface *f* de mesure

Messgenauigkeit *f* – measuring accuracy – précision *f* de mesure

Messgeometrie *f* – measuring geometry, measurement geometry – géométrie *f* de mesure

Messgerät *n* – measuring device, meter, measuring instrument – appareil *m* de mesure, instrument *m* de mesure

Messkopf *m* – measuring head – tête *f* de mesure

Messöffnung *f* – measurement aperture – ouverture *f* de mesure

Messstreifen *m* – measuring strip – barre *f* de mesure

Messung *f* – measurement – mesure *f*, mesurage *m*

Messwert *m* – measured value – valeur *f* mesurée

Messwertedatei *f* – measurement file – fichier *m* de valeurs de mesure

Messwinkel *m* – measuring angle – angle *m* de mesure

Metadaten *pl* – meta data – méta-données *f/pl*

Metalldruckplatte *f* – metal plate – plaque *f* métallique

Metallicfarbe *f* – ink metallic – encre *f* métallique

metamere Farben – metameric colors – couleurs *f/pl* métamères

Metamerie *f* – metamerism – métamérie *f*

Metier *n* – trade, métier – métier *m*

Metrik *f* – metrics – métrique *f*

metrisch – metric(al) – métrique
metrisches System n – metric system – système m métrique
Mezzotinto n – mezzotint – manière f noire, mezzo-tinto m
Mikroelektronik f – microelectronics – micro-électronique f
Mikrofilm m – microfilm, fiche – microfilm m
Mikrolinienelemente n/pl (Kontrollstreifen) – microline elements – éléments m/pl microligne
Mikrometer m – micrometer – micromètre m, palmer m
Mikroplanfilm m – micro-fiche – micro-fiche m
Mikroprozessor m – microprocessor – microprocesseur m
mikroprozessorgesteuert – microprocessor-controlled – commandé par microprocesseur
Mikropunkt m – microdot – micropoint m
Millimeter m – millimeter (U.S.), millimètre (brit.) – millimètre m
Millimeterpapier n – scale paper – papier m millimétrique, papier m millimétré
Mindestauflage f – minimum circulation – tirage m minimum
Mindeststrichstärke f – minimum line weight/width – épaisseur f minimale des lignes
Miniaturen (Druckoption in QuarkXPress) – Thumbnails – Chemin de fer
Minimaldichte f – minimal density – densité f minimum
minimieren – minimize v. – minimiser
Minuskel f – lowercase (letter), lower case (letter), l.c., small letter (lettre f) minuscule f, caractère m en bas de casse, bas-de-casse m
Minuskelhöhe f – x-height, body – hauteur f des minuscules, médiane f
Minuskorrektur f (bei Druckzylindern) – minus correction – correction f minus

Minuszeichen n – minus sign – moins m
mischbar – miscible, mixable – miscible
mischen – mix v. – mélanger
Mischfarbe f – mixed color – couleur f mixte
Mischung f – mixture – mélange m
MIS-System n – MIS (Management Information System) system – système m MIS
mit Anmerkung versehen – annotate v. – annoter
Mit Server verbinden (Menüeintrag in Mac OS X) – Connect to Sever – Se connecter à un serveur
Mitarbeit f – collaboration, cooperation – collaboration f
mitarbeiten – collaborate v., cooperate v. – collaborer
Mitarbeiter, -in (Angestellte, -r) – employee – employé m, employée f
Mitarbeiter, -in (Team) – co(-)worker – collaborateur, -rice
Mitarbeiter, -in auf Zeit – temporary worker – intérimaire m
Mitarbeiterstab m – staff – équipe f de collaborateurs, cercle m de collaborateurs
Mitte f – centre – centre m
Mitteilung f – bulletin – bulletin m
Mitteilungsblatt n – newsletter – bulletin m d'information
Mittelachse f – median axis – ligne f médiane
mittelbündig – aligned on center – centré
Mittelklassemodell n – midrange model – modèle m de milieu de gamme
Mittellänge f – x-height, body – hauteur f des minuscules, médiane f
Mittellinie f – centerline, mean line – ligne f de centre (du milieu)
Mittelmarken f/pl – center marks – repères m/pl centraux
Mittelpunkt m – centre – centre m
Mittelton m – midtone – ton m moyen

Mitteltöne m/pl – midtones – tons m/pl moyens
mittig – concentric, on centre – au centre
mittlere Qualität (z.B. JPEG-Komprimierung) – medium quality – qualité f moyenne
Mitverfasser m – joint author – co-auteur m
Modell n – model – modèle m
Modellzeichnung f – drawing of a model – dessin m d'un modèle
Modem n – modem – modem m
Modezeichner m – fashion designer – modéliste m/f
Modezeitschrift f – fashion magazine – magazine m de mode
Modifikation f – modification – modification f
modifizieren – modify v. – modifier
modulares System n – modular system – système m modulaire
Moiré n – moiré – moiré m, moirage m
Moirémuster n – moire pattern – motif m moiré
Molton m – molleton – molleton m
Monatszeitschrift f – monthly (magazine) – mensuel m, revue f mensuelle
Monitor m – monitor – moniteur m
Monitorhersteller m – monitor vendor – constructeur m du moniteur
Monitorprofil n (ICC-Farbmanagement) – monitor profile – profil m de moniteur
monochrom – monochrome – monochrome
monochromatisches Licht n – monochromatic light – lumière f monochrome
Monomer n – monomer – monomère m
Montage f – assembly, page assembly, flat, stripping, paste-up – mise f en page, montage m
Montagebogen m – assembly sheet – feuille f de montage

M

Montageflächen *(Option in QuarkXPress)* – Spreads – Planches

Montagefolie *f* – montage film – film *m* de montage

Montagespray *n* – mounting spray – spray *m* de montage

Montagesystem *n* – mounting equipment – système *m* de montage

Montagetisch *m* – stripping table, make-up table – table *f* de montage

montieren *(bei Geräten)* – mount *v.* – mettre en place, monter

montieren *(Layout umbrechen)* – assemble *v.*, strip *v.* – mettre en page(s), monter

Montierer, -in – stripper – monteur *m*

Morgenzeitung *f* – morning paper – quotidien *m* du matin

Morphing *n* – morphing – morphage *m*

Mosaik *n* – mosaic – mosaïque *f*

Mosaikeffekt *m* – mosaic effect – effet *m* de mosaïque

Motherboard *n* – motherboard – carte *f* mère

Motiv *n (opt.)* – subject – sujet *m*, thème *m*

Motiverkennung *f* – pattern recognition – reconnaissance *f* des formes

Mottling *f (Schärfeeffekt)* – mottling, mottle – effet *m* de chiné, moutonnement *m*

mounten – mount *v.* – monter

Mousepad *n* – mouse pad – tapis *m* de souris

Movie-Clip *m* – movie clip – séquence *f* vidéo

Multifrequenz-Bildschirm *m* – multi-frequency screen – écran *m* multifréquence

Multi-Ink-Farbe *(QuarkXpress)* – Multi Ink color – Couleur *f* Multi-Ink

Multimedia – multimedia – multimédia *m*, plurimédia

Multimedia-Autor, -in – multimedia author – créateur, -rice multimédia

Multimediakünstler, -in – multimedia artist – artiste *m* multimédia, concepteur, -rice multimédia

MultipleMaster-Schrift *f* – MultipleMaster font – police *f* MultipleMaster

Multiplexer *m* – multiplexer – multiplexeur *m*

Multiplexing *n* – multiplexing – multiplexage *m*

Multiplikationszeichen *n* – multiplication sign, times – signe *m* multiplication

Multiplizieren *(Option in Photoshop)* – Multiply – Produit

Multiprozessor *m* – multiprocessor – multiprocesseur *m*

Multiprozessor-Verarbeitung *f* – multiprocessing – multitraitement *m*

Multitasking *n* – multitasking – multitâche *m*

Multithread *m* – multithread *m* – multithread *m*

Multithreading *n* – multithreading – multithreading *m*

Multiuser *m* – multiuser – multiutilisateur

Muster *n* – pattern – motif *m*

Muster *n (Probe)* – sample, specimen – échantillon *m*, maquette *f*

Musterangleichung *f* – pattern matching – appariement *m* de formes

Musterbuch *n* – specimen book, pattern book – livre *m* échantillon

Mustererkennung *f* – pattern recognition – reconnaissance *f* des formes

Mustermappe *f* – sample folder – dossier *m* d'échantillons

Musterseite *f* – master page – maquette *f*, gabarit *m*, page *f* type

Mustervorlage *f* – template – maquette *f*

N

nach oben/unten scrollen – scroll up/down *v.* – faire défiler vers le haut/bas

nach Redaktionsschluss – after copy deadline – après bouclage de l'édition

nach vorne/hinten stellen – bring to the foreground/ background – mettre en premier plan/arrière plan

Nachbearbeitung *f* – post-processing – post-traitement

Nachbelichter-Werkzeug *(Photoshop)* – Burn tool – outil Densité +

Nachbelichtung *f* – post-exposure, double burn – post-exposition *f*, insolation *f* ultérieure/complémentaire

nachbilden – copy *v.*, reproduce *v.*, replicate *v.* – reproduire, copier, faire une copie de

Nachbildung *f* – copy, reproduction, replica (genau) – réplique *f*, reproduction *f*, double *m*

Nachbreite *f* – right side bearing – approche *f* droite

Nachdruck *m* – reprint, reissue – réimpression *f*

nachdrucken – reprint *v.*, reissue *v.* – réimprimer

Nachfalz *m* – postfold – pli *m* postérieur

Nachkalkulation *f* – recalculation of job costs – calcul *m* à posteriori, postcalculation *f*

nachprüfen – check *v.*, review *v.* – réviser, revoir, contrôler

Nachprüfung *f* – check, revision – révision *f*, contrôle *m*

Nachrichtenagentur *f* – news agency, press agency – agence *f* de presse

Nachrichtentechnik *f* – communications engineering – technique *f* des communication

Nachrichtenübermittlung *f* – news transmission – transmission *f* des nouvelles (des informations), transmission *f* de l'info

Nachschlagewerk *n* – reference book – ouvrage *m* de référence

nächste Seite *f* – next page – page *f* suivante

Nachtrag *m* – supplement – supplément

M
N

Nachtschicht *f* – night shift – poste *m* de nuit, équipe *f* de nuit

Nachwort *n* – epilogue – épilogue *m*

nachzeichnen – trace *v.* – retracer, tracer

Nachzeichnungswerkzeug *(FreeHand)* – Tracer tool – outil Tracer

Nadeldrucker *m* – needle printer – imprimante *f* à aiguilles, imprimante *f* matricielle

Nahaufnahme *f (fotogr.)* – close-up, closeup view – gros plan *m*, prise *f* de vue rapprochée

Näherung *f* – approximation – approximation

Namensgebung *f* – naming – désignation *f*

Namenskonvention *f* – naming convention – convention *f* de nom

Nanometer *m* – nanometer – nanomètre *m*

Näpfchen *n (im Tiefdruck)* – cell – alvéole *f*

Näpfchenabmessungen *f/pl* – dimension of the cell – dimensions *f/pl* des alvéoles

Näpfchengröße *f* – cell volume – taille *f* de l'alvéole

Näpfchenkonfiguration *f* – cell configuration – configuration *f* des alvéoles

Näpfchenvolumen *n* – cell volume – volume *m* de l'alvéole

Näpfchenwinkel *m* – cell angle – angle *m* des alvéoles

Nass-in-Nass-Druck *m* – wet-on-wet printing – imprimer en (sur) humide

natives Dateiformat *n* – native file format – format *m* de fichier natif

Naturpapier *n* – uncoated paper – papier *m* non couché

Navigator-Palette *(Photoshop)* – Navigator palette – Palette Navigation

navigieren *(Internet)* – navigate *v.* – parcourir

nebeneinander liegend – adjacent – avoisinant

neben – next to, beside – à côté

nebeneinander – next to each other, side by side – côte à côte

nebeneinander stellen – put/place *v.* next to each other, put/place *v.* side by side, juxtapose *v.* – juxtaposer

Nebeneinanderstellung *f* – juxtaposition – juxtaposition *f*

Negativ multiplizieren *(Option in Photoshop)* – Screen – Superposition

Negativ *n* – negative – négatif

Negativbelichtung *f* – negative exposure – exposition *f* en négatif

negative Abrakelung *f* – negative doctoring – raclage *m* négatif

negative Laufweite *f* – negative tracking – approche *f* négative

negativer Einzug *m* – hanging indent – retrait *m* négatif, ligne *f* en sommaire

negativer Wert *m* – negative value – valeur *f* négative

Negativfilm *m* – negative film – film *m* négatif

Negativkontrastraster *n* – negative contact screen – trame *f* de contact négative

Negativschrift *f* – reverse characters – caractères *m/pl* (en) noir et blanc

Negativtext *m* – reverse text – texte *m* (en) noir et blanc

neigen – skew *v.*, tilt *v.* – incliner, pencher

Neigung *f* – skew, inclination – inclinaison *f*

Nenner *m* – denominator – dénominateur *m*

Neonlicht *n* – neon light – lumière *f* (au) néon

Neonreklame *f* – neon sign – publicité *f* (au) néon, F néon *m*

Neonröhre *f* – neon tube, strip lighting – tube *m* (au) néon

Nesting *n* – nesting – imbrication *f* de motifs, incrustation *f*, enchevêtrement *m*

Network Printing *n* – network printing – impression *f* à distance

Netz *n* – net – réseau *m*

Netzanschluss *m* – mains connection – raccordement *m*

Netz-Grobstruktur *f* – backbone network – dorsale *f*, réseau *m* de base, réseau *m* principal

Netzkabel *n* – power cord – câble *m* d'alimentation

Netzspannung *f* – mains voltage, line voltage – tension *f* (du) secteur, tension *f* (du) réseau

Netzwerk *n* – network – réseau *m*

Netzwerkadministrator, -in – network administrator – administrateur *m* réseau, manager *m* réseau

Netzwerkarchitektur *f* – network architecture – architecture *f* de (du) réseau

Netzwerkkarte *f* – network card – carte *f* réseau

Netzwerkprogramm *n* – networking software – logiciel *m* de réseau

Netzwerkprotokoll *n* – network protocol – protocole *m* de réseau

Netzwerkspezialist, -in – networks expert – spécialiste *m* réseau

Netzwerkstruktur *f* – network structure – structure *f* du réseau

Netzwerksystemzeichensätze *(Mac OS X)* – network system fonts – polices *f/pl* système réseau

Netzwerktopologie *f* – network topology – topologie *f* réseau

Netzwerkübertragungsrate *f* – network rate transfer – débit *m* de transmission sur réseau

Netzwerkverkehr *m* – network traffic – trafic *m* sur le réseau

Netzwerkverwaltung *f* – networking – gestion *f* de réseau

Netzwerkvolumen *n (Mac)* – share point – point *m* de partage

neu anordnen – reorder *v.* – réorganiser

N

neu drucken – reprint v. –
réimprimer

neu erscheinen – just published,
just out, recently published –
vient de paraître

neu formatieren – reformat v. –
reformater

neu installieren – reinstall v. –
réinstaller

neu organisieren – reorganize v.
– réorganiser

Neuanordnung f – reordering –
réorganisation f

Neuauflage f – new edition, re-
edition, revised edition,
remake, reissue – nouvelle
édition f, réimpression f

neuauflegen – reissue v., reedit v.
– rééditer

Neuausgabe f – re-issue –
réédition f

neuberechnen (Bilddaten) –
resample v. – rééchantillonner

Neuberechnung f (Auflösung
von Bildern, auch Downsampling genannt) – resampling,
downsampling – sous-
échantillonnage m,
rééchantillonnage m

Neudruck m – reprint –
réimpression f

neue Medien n/pl – new media –
nouveaux médias

neue Version f – new version –
nouvelle version f

Neuerfassung f – re-edition, re-
collection – refrappe f

Neuerscheinung f – new book,
new publication, recent book,
recent publication – nouvelle
publication f, dernière
publication

Neuerwerbung f – new
acquisition – nouvelle
acquisition f

Neufassung f – new version –
nouvelle version f

Neugestaltung f – reorganization
– réorganisation f, refonte f,
remaniement m

neu herausgeben – reissue v.,
reedit v. – rééditer

neu nummerieren – renumber v.
– renuméroter

Neunummerierung f – renumbering – renumérotation f

Neupositionierung f – repositionning – repositionnement m

neuronales Netzwerk n – neural
network – réseau m neuronal

Neustart m – reboot –
redémarrage m

neustarten – reboot v. – relancer,
redémarrer

Neutraldichtefilter m (fotogr.) –
neutral density filter – filtre m
de densité neutre

neutrale Dichte f – neutral
density – densité f neutre

neutrale Farbe f – neutral color –
couleur f neutre

neutraler Bildbereich m – neutral
area – zone f neutre de l'image

neutraler Ton m – neutral tone –
ton m neutre

Neutralgrau n – neutral gray –
gris m neutre

Newsgroup f – newsgroup,
discussion forum, electronic
discussion group – groupe m de
discussion, forum m
électronique

Newsletter m – newsletter –
bulletin m d'information

Newton-Ringe m/pl – Newton('s)
rings – anneaux m/pl de
Newton

**nicht aufeinander folgende
Seiten** f/pl – non-contiguous
pages – pages f/pl non-
consécutives

nicht ausreichende Auflösung f –
poor resolution – manque f de
définition

nicht behebbarer Fehler m –
unrecoverable error – erreur f
irrécupérable

nicht bündig – ragged, unjustified – en drapeau, non justifié

nicht darstellbar – non-reproducible – non représentable

nicht liniehaltend – out of
alignment – désaligné

nicht mischbar – immiscible,
unmixable – non miscible

nicht registerhaltig – out of
register – mal repéré

nicht reproduzierbar – non-
reproducible – non
reproducible

nicht trennbar – unbreakable,
inseparable – no divisible,
insécable

nicht wiederherstellbar –
unrecoverable – irrécupérable

nicht dokumentiertes Problem n
– undocumented problem –
problème m non recensé

nicht druckendes Zeichen n –
non-printable character –
caractère m non imprimable

nicht durchscheinendes Papier n
– opaque paper – papier m
opaque

nicht flüchtiger Speicher m –
non-volatile memory –
mémoire f non volatile

nicht proportionale Schrift f –
monospace font – police f à
chasse fixe

Nicht-weiße Bereiche
(QuarkXPress) – Non-white
areas – Zones non blanches

niedrig aufgelöstes Bild n – low
res image – image f en basse
résolution

niedrige Auflösung f – low
resolution – basse résolution f

niedrige Glanzstufe f – low gloss
– niveau m de brillant faible

niedrige Qualität (z.B. JPEG-
Komprimierung) – low quality
– basse qualité

niedrige Rasterweite f – low
screen ruling – linéature f faible

Nischenmarkt m – niche market
– marché m niche

Nitrozellulosefilm m – cellulose
nitrate film – film m nitrate

Fremde Schriftarten (Schriftenklassifizierung) – Non-Latins –
Non latines

NORM – NORM (Normalize
Once, Render Many) – NORM

Norm f – norm, standard – norme f

normal (Schriftstil) – plain,
medium – standard, normal

N

Normalbeobachter *m* – standard observer – observateur *m* de référence, observateur *m* moyen

normalisieren – normalize *v.* – normaliser

Normalizer *m* – normalizer – normaliseur *m*

Normfarbsystem *n (CIE-Farbsystem)* – norm color system – système *m* colorimétrique normalisé

Normfarbtafel *f (CIE-Farbsystem)* – color standard table – tableau *m* normalisé des couleurs

Normlicht *n* – standardized light – lumière *f* normalisée

Normung *f* – standardization – normalisation *f*, standardisation *f*

Notebook *n* – notebook – ordinateur *m* bloc-notes, bloc-notes *m*, organizer *m*

Notepad *m* – notepad – ardoise *f* électronique

Notiz *f (Vermerk)* – note – note *f*, notice *f*

Notizblock *m* – notepad, memo pad *(U.S.)*, scratch pad – bloc-notes *m*

Notizbuch *n* – notebook – carnet *m*, calepin *m*

Notizkalender *m* – notebook – agenda *m*

Nullabgleich *m (Messgerät)* – zero balance – balance *f* zéro

Nullpunkt *m (Koordinaten-system)* – zero origin – origine *f*

Num-Lock-Taste *f* – num lock key – touche *f* de verrouillage du clavier numérique

nummerieren – number *v.* – numéroter

nummeriert – numbered – numéroté

Nummerierung *f (siehe auch Seitennummerierung)* – numbering – numérotation *f*

Nummerierwerk *n* – numbering box, numbering device – numéroteur *m*

Nummer(n)zeichen *n* (#) – number sign, pound, hash mark, square, crunch – dièse *m*, symbole *m* numéro

nuten – groove *v.* – rainer

Nutzen *m (beim Stanzen)* – blank – découpe *f* (à plat)

Nutzen *m/pl* – multiple-ups, ups – multipose *f*

Nutzendruck-Signaturen *f/pl* – step & repeat signature – signature *f* de pages répétées

Nutzenkopie *f* – step & repeat copy, repeat copying – report *m* à répétition, report *m* à multiposes

Nutzenstanzung *f* – blank cutting – découpage *m* des poses

Nylonklischee *n* – nylon block – cliché *m* nylon

O

oben – on (the) top, at the top – en haut

oben erwähnt – mentioned above – susmentionné

oberer Rand *m* – top edge – arête *f* supérieure

oberer Seitenrand *m* – head margin, top margin, upper margin – blanc *m* de tête, marge *f* de tête, marge *f* supérieure

oberer Überhang *m* – upper overhang – débordement *m* supérieur

Oberfläche *f (Papier)* – finish – apprêt *m*

Oberfläche *f (geometr.)* – surface – surface *f* (Außenseite), superficie *f*

Oberflächenenergie *f* – surface energy – énergie *f* de surface

Oberflächenleimung *f* – surface sizing – collage *m* superficiel

Oberflächenspannung *f (Papierbahn im Rollendruck)* – surface tension – tension *f* de surface, tension *f* superficielle

Oberflächentrocknung *f* – surface drying – séchage *m* de surface

oberflächenvergütete Linse *f* – coated lens – objectif *m* traité

oberhalb – above – dessus

Oberlänge *f (typogr.)* – ascender (length), ascent, riser – ascendante *f*, hampe *f* (montante), jambage *m* ascendant

Oberlinie *f (typogr.)* – cap line – ligne *f* de crête

Objekteigenschaften *f/pl* – object properties, object attributes – propriétés *f/pl* de l'objet, attributs *m/pl* de l'objet

Objektiv *n* – lens – objectif *m*

Objektivdeckel *m* – lens cap – bouchon *m* d'objectif, protège *m* objectif

Objektiveinstellung *f* – lens adjustment – ajustage *m* de l'objectif

objektorientiertes Trapping *n* – object oriented trapping – trapping *m* orienté objets, grossi-maigri *m* orienté objets

Objekt-Rahmen *(PDF)* – art box – zone *f* d'image

OEM-Produkt *n* – OEM product – produit *m* OEM

offene Kontur *f* – open contour – contour *m* ouvert

offene Schnittstelle *f* – open interface – interface *f* ouverte

offene Seite *f (beim Falzen)* – open side – côté *m* ouvert

offener Pfad *m* – open path – tracé *m* ouvert

offen halten *(z.B. Raster)* – keep *v.* open – tenir ouvert

Office-Programm *n* – office program – logiciel *m* bureautique

offline – offline – hors ligne, déconnecté, autonome

Offline-Finishing *n* – offline finishing – finition *f* hors ligne

öffnendes Anführungszeichen *n* – beginning quote, commencing quote, left quotation mark – guillemet *m* ouvrant

Offsetdruck *m* – offset (printing) – impression *f* offset

N
O

Offsetdrucker, -in – offset printer
– imprimeur *m* offset
Offsetdruckerei *f* – offset printhouse, offset printer, offset
printshop – imprimerie *f* offset
Offsetdruckmaschine *f* – offset
(printing) press – presse *f*
offset, machine *f* offset
Offsetdruckplatte *f* – offset
(printing) plate – plaque *f* offset
Offsetfarbe *f* – offset ink – encre *f*
offset
Offsetfilm *m* – flat – film *m* pour
offset
Offsetmontage *f* – offset
mounting – montage *m* offset
Offsetpapier *n* – offset paper –
papier *m* offset
Offsetplatte *f* – offset plate –
plaque *f* offset
Offsetrotation *f* – offset rotary –
rotative *f* offset
Offsetzeitungsrotation *f* –
newspaper offset rotary –
rotative *f* offset de presse
ohne Umschlag – unsewn –
debroché
OK für den Druck – OK to print,
O.K. to print, can go over, pass
for press, ready for press,
imprimatur – bon à tirer, BAT,
BàT, b.a.t., bon à rouler
Oleografie *f* – oleography –
oléographie *f*
oleophil – oleophilic – oléophile
oleophob – oleophobic –
oléophobe
Ölfarbe *f* – oil (paint) – peinture *f*
à l'huile
Ölfirnis *m* – oil varnish – vernis *m*
à huile
Ölgemälde *n* – oil painting –
tableau *m* à l'huile, peinture *f* à
l'huile
Ölmalerei *f* – oil painting –
peinture *f* à l'huile
Ölstein *m* – oilstone – pierre *f*
huilé
on the fly – on the fly – à la volée
online – online – en ligne
Online-Gemeinde *f* – virtual
community, online community
– communauté *f* virtuelle ,
communauté *f* en ligne

Online-Spektrofotometrie *f (an
Druckmaschine)* – online
spectrophotometry –
spectrophotométrie *f* directe
Online-System *n* – online system
– système *m* en ligne
opak *(lichtundurchlässig)* –
opaque – opaque
Opakfilm *m* – opaque film – film
m opaque
Opal *n* – bromide – film *m* opalin
Opalglas *n* – opal glass – verre *m*
opalin
Opallampe *f* – opal lamp – lampe
f opaline
Opazität *f* – opacity – opacité *f*
Opazitätsmaske *(Photoshop)* –
Opacity mask – Masque
d'opacité
Operator *m* – operator –
opérateur *m*
OPI-Bildersetzung *(InDesign)* –
OPI Image Replacement –
substitution d'image OPI
OPI-Kommentar *m* – OPI
comment – commentaire *m* OPI
OPI-Server *m* – OPI server –
serveur *m* OPI
Optik *f* – optics – optique *f*
optimieren – optimize *v.* –
optimiser
Optimierte Abtastauflösung
(InDesign) – Optimized
Subsampling – échantillonnage
optimisé
Optimierung *f* – optimization –
optimisation *f*
optisch ausgeglichen *(Text)* –
optically spaced – approches *f*
rectifiées visuellement, espacé
optiquement
optische Auflösung *f* – optical
resolution – résolution *f*
optique
optische Bandbreite *f*
(Farbmessung) – optical
bandwidth – largeur *f* de bande
optique
optische Dichte *f* – optical
density – densité *f* optique
optische Täuschung *f* – optical
illusion – illusion *f* d'optique
optische Verzeichnung *f* – optical
distortion – distorsion *f* optique

optische Zeichenerkennung *f*
(a. OCR) – OCR (optical
character recognition) –
reconnaissance *f* optique des
caractères, OCR
optischer Aufheller *m* – optical
brightener – agent *m*
blanchissant
optischer Ausgleich *m* – optical
compensation – correction *f*
optique
optischer Weg *m* *(in Scanner)* –
optical path – chemin *m*
optique
Optoelektronik *f* – optoelectronics – opto-électronique *f*
optoelektronisch – opto-
electronic – opto-électronique
optomechanisch – opto-
mechanical – opto-mécanique
orange – orange – orange
Ordinate *f* – ordinate – ordonnée *f*
Ordner *m* – folder – dossier *m*,
répertoire *m*
Ordnerbaum *m* – folder tree –
arborescence *f* des dossiers
Organisation *f* – organization –
organisation *f*
organische Verbindung *f* –
organic compound – composé
m organique
organisches Lösemittel *n* –
organic solvent – solvant *m*
organique
organisches Pigment *n* – organic
pigment – pigment *m*
organique
organisieren – organize *v.* –
organiser
Organizer *m* – organizer,
electronic diary, e-diary –
organiseur *m*, agenda *m*
électronique
Orientierung *f (Druckformat)* –
orientation – orientation *f*
Original *n* – original – original *m*
Original *n* **vorbereiten** – mark up
v. – marquer, préparer la copie,
baliser
Originaleinband *m* – original
binding – reliure *f* originale
**originalgestrichenes Kunst-
druckpapier** *n* – real art paper
– papier *m* couché original

originalgetreu – faithful – fidèle, conforme à l'original

Originalgröße *f (Dokument-ansicht in DTP-Programmen)* – actual size – taille *f* réelle

Originalgröße *f* – original size – format *m* d'origine

Ornament *n* – ornament – ornement *m*

orthochromatisch – orthochromatic – orthochromatique

Orthografie *f* – ortography, spelling – orthographe *f*

Ortslexikon *n* – gazetteer – index *m* géographique

Outline-Font *m* – outline font – police *f* vectorielle

Outsourcing *n* – outsourcing – externalisation *f*

oval – oval – oval,e

Overheadprojektor *m* – overhead projector – rétroprojecteur *m*

Overlay *m* – overlay – superposition *f*

Overlay-Proof *m* – overlay proof – amalgame *m*

Overview-Scan *m* – overview scan – numérisation *f* de vue d'ensemble

Oxidation *f* – oxidation – oxydation *f*

oxidative Trocknung *f (Druck-farbe)* – oxidative drying – séchage *m* par oxydation

oxidieren – oxidize *v.* – oxyder

Oxyd *n* – oxide – oxyde *m*

Ozalidkopie *f* – ozalid – copie *f* ozalid

Ozon *n* – ozone – ozone *m*

P

Päckchen *n* – small parcel *(brit.)*, small package *(U.S.)* – petit paquet

Packpapier *n* – wrapping paper, packing paper – papier *m* d'emballage

Pager *m* – pager – téléavertisseur *m*

paginieren – paginate *v.*, page *v.*, number *v.* pages – folioter, paginer, numéroter les pages

Paginierung *f* – pagination, page numbering – foliotage *m*, pagination *f*, numérotation *f* des pages

Paket *n* – package, parcel – paquet *m*, colis *m* postal

Paketaufkleber *m* – parcel sticker, parcel label – autocollant *m* pour colis

Palmtop *n* – palmtop (computer), handheld – ordinateur *m* de poche

panchromatischer Film *m* – panchromatic film – film *m* panchromatique

Paneel *n* – panel – panneau *m*

Panoramaanzeige *f* – panning – panoramique *f*

Panoramaaufnahme *f* – pan (shot) – panoramique *f*

Panoramaseite *f* – spread, two-page spread, double-page – page *f* double, pages *f/pl* en regard, F double *f*

Pantograf *m* – pantograph – pantographe *m*

PANTONE-Farbe *f* – PANTONE color – couleur *f* PANTONE

PANTONE-Farbfächer *m* – PANTONE swatchbook – nuancier *m* PANTONE

PANTONE-Farbsystem *n* – PANTONE matching system – système *m* d'adaptation de couleurs PANTONE

Papier *n* – paper – papier *m*

Papier *n* **mit Wasserlinien** – laid paper – papier *m* vergé

Papierabfall *m* – waste paper – gâche *f* papier, papier *m* de rebut

Papierablage *f (bei Druckern)* – paper stand – support *m* papier

Papieranlage *f (bei Laserdruckern)* – input tray, paper tray – bac *m* à papier, alimentation *f*

Papierbahn *f* – web – bande *f* de papier

Papierballen *m* – bale of paper – balle *f* de papier

Papierbefeuchter *m* – paper moistener, paper wetter – dispositif *m* de mouillage du papier

Papierbrei *m (Papierherstellung)* – pulp – pâte *f* (à papier)

Papierdehnung *f* – paper stretch – allongement *m* du papier

Papierdicke *f* – paper thickness – épaisseur *f* du papier

Papiereinzug *m* – paper in-feed – entrée *f* du papier, appel *m* du papier

Papierfabrik *f* – paper mill – papèterie *f*

Papierfach *n (bei Druckern)* – paper tray – bac *m* de papier

Papierfaser *f* – paper fibre (*brit.* fiber) – fibre *f* du papier

Papierfetzen *m* – scrap of paper – chiffon *m* de (du) papier

Papierformat *n* – paper size – format *m* du papier

Papierformat *(Option in QuarkXPress)* – Page Setup – Réglages de page

Papierführung *f (in der Druck-maschine)* – paper guide – guidage *m* du papier

Papiergewicht *n* – paper weight, weight of paper, paper grammage – grammage *m* (du papier), poids *m* du papier

Papierhalter *m (im Drucker)* – paper feed(er) – bac *m* (à feuilles)

Papierhändler *m* – paper merchant, paper distributor – marchand *m* de papier

Papierhersteller *m* – papermaker – papetier *m*, fabricant *m* de papiers

Papierherstellung *f* – paper-making – fabrication *f* de papiers

Papierindustrie *f* – paper industry – industrie *f* de papier

Papierkante *f* – paper edge – bord *m* du papier, lisière *f* du papier

Papierkassette *f (bei Laser-druckern)* – input tray, paper tray – bac *m* à papier, alimentation *f*

Papierkorb *m (in verschiedenen OS)* – trash, recycle bin – corbeille *f*

Papierkorb leeren – empty trash – vider la corbeille

Papierlager *n* – paper stock – entrepôt *m* de papier

Papier-Laufrichtung *f* – fiber (*brit*. fibre) direction – sens *m* de fabrication du papier

papierloses Büro *n* – paperless office – bureau *m* sans papier

Papierrolle *f* – reel, roll of paper – bobine *f* (de papier)

Papierschlupf *m* – paper slipping – glissement *m* du papier

Papierschneiden *n* – paper cutting – massicotage *m*

Papierschneider *m* (*Papierschneidemaschine f*) – cutter, paper cutter, guillotine – massicot *m*, cutter *m*

Papierschnipsel *n* – paper slip – morceau *m* de papier

Papierschnitzel *n* – paper cutting – rognure *f* de papier

Papierschrumpfung *f* – paper shrinkage – rétrécissement *m* du papier

Papiersorte *f* – paper grade, grade (of paper) – sorte *f* de papier, catégorie *f* de papier

Papierstärke *f* – paper caliper, paper gauge – épaisseur *f* du papier

Papierstau *m* (*im Drucker*) – paper jam, jam-up – bourrage *m*

Papierstaub *m* – paper dust, lint – poussière *f* de papier

Papiertransportsystem *n* – paper transport unit – système *m* de transport de papier

Papierverbrauch *m* – paper consumption – consommation *f* de papier

Papierverdrängung *f* – creep – chasse *f* du papier

Papierverzug *m* – paper distortion – déformation *f* du papier

Papiervolumen *n* – bulk (index) – bouffant *m*

Papierwaren *f/pl* – stationery – papeterie *f*, articles *m/pl* papeterie

Papierwarenhandlung *f* – stationer's (shop) – papeterie *f*

Papierweg *m* (*Rollendruck*) – web travel, web path – passage-papier *m*

Papierweiß *n* – paper white – blanc *m* du papier

Pappe *f* – cardboard – carton *m*, carte *f* (dünne Pappe)

Pappeinband *m* – hard paperback – reliure *f* cartonnée

Pappkarton *m* – cardboard box, carton – carton *m*, boîte *f* en carton

Pappmaché *n* – papier-mâché – carton-pâte *m*, papier *m* mâché

Papprückwand *f* – cardboard bock – dos *m* cartonné

Pappschachtel *f* – cardboard box – carton *m*, boîte *f* en carton

Paragraf *m* – paragraph – paragraphe *m*

Paragrafzeichen *n* (§) – paragraph sign – symbole *m* paragraphe

Parallaxe *f* – parallax – parallaxe *m*

parallel zu – parallel to – parallèle à

parallele Schnittstelle *f* – parallel interface – interface *f* parallèle

parallele Verarbeitung *f* – parallel processing – traitement *m* parallèle

Parallelfalz *m* – parallel fold – pli *m* parallèle

Parallelfalzung *f* – parallel folding – pliage *m* parallèle

Parallel-Lineal *n* – parallel ruler – règle *f* parallèle

Parameter *m* – parameter – paramètre *m*

Paritätsabgleich *m* – parity check – contrôle *m* de parité

Paritätsbit *n* – parity bit – bit *m* de parité

parsen – parse *v.* – parser

Parser *m* – parser – analyseur *m*, parse(u)r *m*

Partikel *n* – particle – particule *f*

Partition *f* – partition – partition *f*

partitionieren – partition *v.* – partitionner

Partitionierung *f* – partitioning – partitionnement *m*

partitive Mischung *f* (*Farbmodell*) – partitive mixture – mélange *m* partitif

pass(er)genau – in register, true-to-register – de parfait repérage, conforme au repérage, en repérage

Pass(er)marke *f* – register mark – repère *m*, marque *f* de repérage

Passepartout *n* – passepartout, mat – passe-partout *m*

Passer *m* – register – repérage *m*

Passerfehler *m* – misregistration, register error – erreur *f* de repérage, défaut *m* de repérage

Passergenauigkeit *f* (*Passgenauigkeit*) – register accuracy – précison *f* du repérage, précision du registre

Passerkontrolle *f* – register monitoring – contrôle *m* registre (repérage)

Passerschwankungen *f/pl* – register fluctuations – variations *f/pl* du registre

Passerversatz *m* – mis-register – mal repéré

Passform *f* – register form, key form – forme *f* de mise en repérage

Passkreuz *n* – register cross, crosshair mark – hirondelle *f*, croix *f* de repérage, repère *m* en croix

Passkreuze (*Druckoption in QuarkXPress*) – Register – Repérage

Passlochung *f* – register holes – trous *m/pl* de repérage

Passstift *m* – register pin – têton *m* de repérage

Passstiftleiste *f* – register pin strip – barette *f* de repérage

Passsystem *n* – register system – système *m* de mise en page

Passwort *n* – password – mot *m* de passe

Passwort eingeben – enter the password – entrer le mot de passe

passwortgeschützt – protected by password – protégé par un code d'accès

Pastell *n* – pastel – pastel *m*

Pastellbild *n* – pastel drawing – pastel *m*

Pastellfarbe *f* – pastel – couleur *f* à pastel

Pastellmalerei *f* – pastel (drawing) – dessin *m* au pastel

Pastellton *m* – pastel tone – ton *m* pastel

pastös – paste type – pâteux, -euse

Patent *n* – patent – brevet *m*

patentiert – patented – breveté

Patrize *f* – upper die, counter-die – contre(-)partie *f* de découpage (de gaufrage)

Patrone *f (fotogr.)* – cartridge – chargeur *m*

Pause *f* – tracing – décalque *m*

Pausen *n* – tracing – décalquage *m*

pausen – trace *v.*, copy *v.* – décalquer

Pausetaste *f* – break key, pause key – touche *f* d'interruption, touche *f* pause

Pauspapier *n* – tracing paper, pounce paper – papier *m* calque, papier *m* à calquer

Peer-to-Peer – peer-to-peer – peer-to-peer, pair à pair

Perforation *f* – perforation – perforation *f*

Perforationswerk *n* – perforating device – dispositif *m* de perforation

perforieren *(lochen)* – perforate *v.* – perforer

Perforiermaschine *f (Perforator m)* – perforating machine, perforator – perforatrice *f*, machine *f* à perforer, perforateur *m*, perforeuse *f*

Perforiermesser *n* – perforating knife – lame *f* de perforation

Perforierung *f* – perforating – perforation *f*

Pergament *n* – parchment – parchemin *m*

Pergamentpapier *n* – parchment paper – papier *m* parchemin

Pergamin(papier) *n* – glassine (paper) – papier *m* cristal

Peripheriegerät *n* – peripheral – périphérique *f*

Peripheriegeräte *n/pl* – peripheral units, auxiliary equipment – périphériques *m/pl*, appareils *m/pl* périphériques

perlen *(Fehler im Druckbild)* – mottle *v.* – perler, moutonner

permanent – permanent – en permanence

Personal *n* – staff – personnel *m*, employés *m/pl*

Personalabbau *m* – cut(back) in staff, staff reduction – réduction *f* de personnel

Personalabteilung *f* – personnel department – service *m* du personnel

Personalchef, -in – personnel manager – chef *m* du personnel, directeur, -rice des ressources humaines

Personal Computer *m* – personal computer (PC) – ordinateur *m* personnel, PC *m*

personaliertes Anschreiben *n* – personalized mailer – publipostage *m*

personalisierte Sendungen *f/pl* – personalized mailings – messages *m/pl* personnalisés

personalisierte Werbemittel *n/pl* – personalized advertising media – moyens *m/pl* publicitaires personnalisés

personalisiertes Mailing *n* – personalized mailing – publipostage *m*

Personalisierung *f* – personalization – personnalisation *f*

Personalkosten *pl* – payroll costs, personnel costs – coûts salariaux, frais *m/pl* de personnel

Personalmangel *m* – manpower shortage, shortage of staff – manque *f* de personnel, pénurie *f* de main-d'œuvre

Perspektive *f* – perspective – perspective *f*

perspektivisch – perspecitve, in perspective – perspectif, en perspective

perspektivische Darstellung *f* – perspective view – vue *f* perspective

Perspektivraster *n* – perspective grid – grille *f* perspective

perzeptiv *(wahrnehmungsorientiert)* – perceptive – perceptive

Pfad *m (zum Freistellen von Bildteilen)* – path – tracé *m*

Pfad *m (Speicherort)* – path – chemin *m*

Pfadname *m* – pathname – chemin *m* d'accès

Pfadsegment *n* – path segment – segment *m* de tracé

Pfeil *m (Form)* – arrow – flèche *f*

Pfeilspitze *f* – arrow head – pointe *f* de flèche

Pfeiltaste *f* – arrow key, arrow pad, cursor movement key – touche *f* de déplacement du curseur, touche *f* de direction, touche *f* fléchée, molette *f* fléchée

Pflichtenheft *n* – functional specification, requirements specification, system specification, performance specification – cahier *m* des charges

Pflichtexemplar *n* – legal deposit – dépôt *m* légal

Pfund-Zeichen *n (£)* – pound sign – symbole *m* livre

Phosphor *m* – phosphor – phosphore *m*, luminophore *m* (Bildschirm)

phosphoreszierend – phosphorescent – phosphorescent

pH-Wert *m* – pH value – valeur *f* pH

physikalische Eigenschaften *f/pl* – physical properties – caractéristiques *f/pl* physiques

physikalisches Gesetz *n* – law of physics – loi *f* physique

Pica-Punkt *m* – point Pica – point *m* Pica

PICT-Vorschau *f* – PICT preview – prévisualisation *f* PICT

P

piezoelektronisches Verfahren *n* – piezoelectric method – méthode *f* piézo-électrique

Pigment *n* – pigment – pigment *m*

pigmentiert – pigmented – pigmenté

pigmentierte Druckfarbe *f* – pigmented ink – encre *f* pigmentaire

Pigmentierung *f* – pigmentation – pigmentation *f*

Pigmentkopie *f* – pigment copy – copie *f* sur papier carbone (autocopiant)

Pigmentschicht *f* – pigment layer – couche *f* pigmentée

Piktogramm *n* – pictogram, pictorial sign – pictogramme *m*, signe *m* pictographique

pink – pink – rose

Pinsel *m* – brush – brosse *f*, pinceau *m*

Pinselretusche *f* – brush retouching – retouche *f* au pinceau

Pinselstrich *m* – brush stroke – trait *m* de pinceau

Pinsel-Werkzeug *(Photoshop)* – Paintbrush tool – outil Pinceau

Pipette *f (z.B. Photoshop)* – eyedropper – Pipette *f*

Pixel *n* – pixel – pixel *m*

Pixelbild-Vektor-Abgleich *(InDesign)* – Raster/Vector Balance – Équilibre Pixellisation/Vectorisation

Pixelretusche *f* – pixel retouching – retouche *f* des pixels

Pixelung *f* – pixelization – pixellisation *f*

Pixelwiederholung *(Option in Photoshop)* – Nearest Neighbor – Au plus proche

Plakat *n* – poster – affiche *f*

plakatieren – placard *v.* – coller (pose)r des affiches (Plakate ankleben), faire connaître par voie des affiches *(Werbekonzept)*

Plakatkleber *m* – poster sticker – colleur *m* d'affiches, poseur *m* d'affiches

Plakatmaler, -in – poster artist, poster designer – affichiste *m*

Plakatmalerei *f* – poster art – art *m* de peindre les affiches

Plakatwerbung *f* – poster advertising – publicité *f* par voie d'affichage

planen – plan *v.* – planifier

Planfilm *m* – sheet film – film *m* plan, film *m* en feuilles

planliegen – lay flat *v.* – coucher à plat

Planobogen *m* – open sheet – feuille *f* à plat, feuille *f* plano

Planoformat *n* – open sheet size – format *m* à plat

Planschneider *m* – guillotine – guillotine *f*

Planung *f* – planning – planification *f*, planning *m*

Planungsdaten *pl* – planning data – bases *f/pl* de planification

Plastikhülle *f* – plastic envelope – enveloppe *f* transparente

Platte *f (Druckplatte)* – plate – plaque (d'impression) *f*

Platte *f (Festplatte)* – disk – disque *m*

Plattenabnutzung *f (Druckplatte)* – plate wear – usure *f* de la plaque

Plattenausdehnung *f* – plate elongation – déformation *f* de la plaque

Plattenbelichter *m* – platesetter – flasheuse *f* CTP, imageuse *f* de plaques

Plattenbelichtung *f* – plate exposure – exposition *f* de plaque

Plattenbruch *m* – plate crack – casse *f* (de la plaque)

Plattencrash *m* – disk crash – crash *m* disque

Plattendicke *f* – plate thickness – épaisseur *f* de plaque

Platteneinrichtung *f* – plate clambing – calage *m* de la plaque

Plattenherstellung *f* – plate-making – fabrication *f* des plaques, confection *f* des plaques

Plattenhülle *f* – album cover, record sleeve – pochette *f* (de disque)

Plattenlaufwerk *n* – disk drive – lecteur *m* de disque

Plattenmontage *f* – mounting – montage *m* de plaques

Plattenrelief *n* – plate relief – relief *m* de la plaque

Plattenspeicher *m* – disk storage – mémoire *f* disque

Plattenzylinder *m (Flexodruck)* – printing plate roll – cylindre *m* porte-cliché

Plattform *f (z.B. für Betriebssystem)* – platform – plate(-)forme *f*

plattformübergreifend – cross-platform – multi-plate(-)forme, sur plusieurs plate(-)formes

plattformunabhängig – platform independant – indépendant de la plate(-)forme

Platz schaffen auf der Festplatte – free up *v.* disk space – faire de la place sur le disque

Platzhalter *m (niedrig aufgelöstes Bild)* – FPO (image), low res image, placeholder – image *f* de placement, F basse déf, F imagette *f*

platzieren – place *v.* – placer

platzierte EPS-Datei *f* – placed EPS file – fichier *m* EPS importé

Platzierung *f* – placement – placement *m*

plotten – plot *v.* – tracer

Plotter *m* – plotter – traceur *m*

Plug-In *n* – plug-in – module *m* externe, plug-in *m*, extension *f*, plugiciel *m*

Pluskorrektur *f* – plus correction – correction *f* plus

Pluszeichen *n* – plus sign – plus *m*, signe *m* plus

Polarisationsfilter *m (fotogr.)* – polarization (*brit.* polarisation) filter – filtre *m* polarisant

Polarkoordinaten *f/pl* – polar coordinates – coordonnées *f/pl* polaires

Polfilter *m* – polarizer – polariseur *m*

P

polieren *(Zylindergravur)* – burnish *v.* – brunir

Polyester-Direktdruckplatte *f* – poly(ester) plate – plaque *f* polyester

Polyester-Trägerfolie *f* – polyester support – support *m* polyester

Polygon *n* – polygon, polyline – polygone *m*

Polygonallinie *f* – polygone line – ligne *f* polygonale

Polygon-Lasso *(Photoshop)* – Polygon lasso – lasso Polygonal

Polymer *n* – polymer – polymère *m*

Polymerisation *f* – polymerization *(U.S.)*, polymerisation *(brit.)* – polymérisation *f*

Polymer-Platte *f* – polymer plate – plaque *f* polymère

Popup-Menü *n* – pop-up menu – menu *m* déroulant

porös – porous – poreux

Porosität *f* – porosity – porosité *f*

Port *m* – port – port *m*, porte *f* d'accès

portabel – portable – portable

Portabilität *f* – portability – portabilité *f*

Portal *n (a. Internet)* – portal – portail *m*

Position *f* – position – position *f*, emplacement *m*

Positionierautomatik *f (Schneidemaschine)* – automatic positioning – positionnement *m* automatique

positionieren – position *v.* – positionner

Positioniergenauigkeit *f* – positioning precision – précision *f* du positionnement

Positiv *n* – positive – positif *m*

Positivfilm *m* – positive film – film positif *m*

Postausgang *m* – incoming mail – courrier *m* entrant

Posteingang *m* – outgoing mail – courrier *m* sortant

Poster *n* – poster – affiche *f*, poster *m*

Postkarte *f* – postcard – carte *f* postale

Postkartenformat *n* – postcard format – format *m* de carte postale

Postleitzahl *f* – ZIP code, postal code – code *m* postal (CP)

PostScript-Befehl *m* – PostScript operator – opérateur *m* PostScript

PostScript-Datenstrom *m* – stream PostScript – flux *m* PostScript

PostScript-fähig – PostScript savvy – compatible PostScript

PostScript-Fehler *m* – PostScript error – erreur *f* PostScript

PostScript-Interpreter *m* – PostScript interpreter – interpréteur *m* PostScript

PostScript-Level *m* – PostScript level – niveau *m* de langage PostScript

PPD-Schriftarten herunterladen *(Option in InDesign)* – Download PPD Fonts – Télécharger les polices PPD

präemptives Multitasking *n* – preemptive multitasking – multitâche *m* préemptif

Präfix *n* – prefix – préfixe *m*

Prägedruck *m* – embossing, blocking – gaufrage *m*

Prägefolie *f* – stamping foil – film *m* d'estampage

Prägeform *f* – stamping form – forme *f* d'estampage

prägen – emboss *v.*, stamp *v.* – empreindre, gaufrer, repousser

Prägeplatte *f* – die-plate – cliché *m* de gaufrage

Prägepresse *f* – blocking press – estampeuse *f*

Prägestempel *m* – stamp, punch – estampe *f*

Prägestempel *m (Form)* – embossing die, stamping die – forme *f* de gaufrage

Prägung *f* – embossing, blocking, stamping – gaufrage *m*

Praktikant, -in – trainee – stagiaire *m/f*

Präsentation *f* – presentation – présentation *f*

Präsentationsgrafik *f* – presentation graphics – présentation *f* graphique

präsentieren – present *v.* – présenter

Praxis *f* – practice – pratique *f*

Präzision *f* – accuracy – précision *f*

Preflight *m* – preflight – contrôle *m* en amont, vérification *f* en amont, préflight *m*

Preflight *m* **durchführen** – preflight *v.* – contrôler en amont, préflighter

Preflighten *n* – preflighting – contrôle *m* en amont, vérification *f* en amont, préflight *m*

Preflight-Profil *n* – preflight profile – profil *m* de contrôle en amont

Preflight-Prüfbericht *m* – preflight report – rapport *m* de contrôle en amont

Preis-Leistungsverhältnis *n* – price-to-performance ratio – rapport *m* qualité/prix

Prepress – prepress – pré(-)presse

Prepress-Workflow *m* – prepress workflow – flux *m* de production prépresse

Prescan *m* – prescan – pré(-)numérisation *f*, préscan *m*

Presse *f* – press – presse *f*

Presseagentur *f* – press agency – agence *f* de presse

Pressearchiv *n* – press archives – archive *f* presse

Presseausschnitt *m* – press cutting, press clipping – coupure *f* de presse

Presseausweis *m* – press card – carte *f* de presse

Pressefotograf, -in – press photographer, news photographer – photographe *m* de presse

Pressemitteilung *f (Pressemeldung f)* – press release, press report – communiqué *m* de presse

Pressenotiz *f* – news release – entrefilet *m*

Presseorgan *n* – organ, press organ – organe *m*

P

Presseur *m (beim Tiefdruck)* – impression pressure – presseur *m*

Presskissen *n* – blanket – contrepartie *f*

Pressvergoldung *f* – machine gilding, press-gilding – dorure *f* à presse

preußischblau – Prussian blue – bleu *m* de Prusse

Primärfarbe *f* – primary color – couleurs *f* primaire

Print Buyer *m* – print buyer – acheteur, -euse d'imprimés

Print Center *(a. in Mac OS X)* – Print Center – Centre d'impression

Printmedien *n/pl* – print media – presse *f* écrite

Print-on-demand – print-on-demand, on-demand printing – impression *f* à la demande

Printserver *m* – print server – serveur *m* d'impression

Priorität *f* – priority – priorité *f*

Priorität *f* **der Blende** *(Zeitautomatik)* – aperture priority – priorité *f* à l'ouverture du diaphragme

Prisma *n* – prism – prisme *m*

Probe entnehmen – take *v.* a sample – échantillonner

Probe *f* – probe – échantillon *m*

Probeabonnement *n* – trial subscription – abonnement *m* d'essai

Probeabzug *m* **des Künstlers** – artist's proof – épreuve *f* d'artiste

Künstlerabzug *m* – artist's proof – épreuve *f* d'artiste

Probebelichtung *f* – test exposure – exposition *f* d'essai

Probedruck *m* – proof – épreuve *f*

Probedruck simuliert Farbauszüge *(Option in FreeHand)* – Composite Simulates Separations – Composite simulant les séparations

Probeentnahme *f* – sampling, sample – échantillonnage *m*

Probegravur *f* – test cut – gravure *f* d'essai

Probelauf *m* – test run – essai *m* de programme, passage *m* d'essai

Probendurchmesser *m* – sample diameter – diamètre *m* d'échantillonnage

Probenummer *f (Zeitschrift)* – specimen copy – numéro *m* spécimen

Problem *n* – problem, issue – problème *m* (*abr.* pb)

Problem umgehen – workaround *v.* the problem – contourner le problème

Probleme erkennen – detect *v.* problems – détecter des problèmes

Problemfall *m* – problem (case) – cas *m* (problématique)

Problemlösung *f* – problem solving, solution of the problem – solution *f* du problème, résolution du problème

Produkt *n* – product – produit *m*

Produkthaftung *f* – product liability – responsabilité *f* du fabricant (producteur)

Produktion *f* – production – production *f*, F prod. *f*

Produktionsablauf *m* – workflow, production process – flux *m* de production, processus *m* de production

Produktionsabteilung *f* – production department – production *f*, fabrication *f*, département *m* de production

Produktionsausfall *m* – loss of production, lost output, production downtimes – perte *f* de production

Produktionsdaten *pl* – production data – données *f/pl* de production

Produktionsdiagramm *n* – run chart – schéma *m* de production

Produktionsfluss *m* – workflow – flux *m* de production

Produktionskapazität *f* – production (productive) capacity – capacité *f* de production

Produktionskosten *pl* – production costs – coût *m* de la production

Produktionsleistung *f* – output capacity – rendement *m*

Produktionsleiter , -in – production manager – chef *m* de (la) production/fabrication, directeur *m* de la production/fabrication, responsable *m* production, F chef *m* de fab

Produktionsmittel *n/pl* – means of production – moyens *m/pl* de la production

Produktionsplanung *f* – production planning – planification *f* de la production, planification *f* des tâches

Produktionsrückgang *m* – fall in production – ralentissement *m*, recul *m*, baisse *f* de la production

Produktionsspitze *f* – production peak – pic *m* de production

Produktionssteigerung *f* – increase of production – augmentation *f* de la production

Produktionstechnik *f* – production technology – technologie *f* de production

Produktionsüberschuss *m* – excess production – excédent *m* de production, surproduction *f*

Produktionsüberwachung *f* – job tracking, tracking – suivi *m* (des travaux)

Produktionszweig *m* – line of production – branche *f* de (la) production

Produktionszyklus *m* – production cycle, manufacturing cycle – cycle *m* de production (fabrication)

produktiv – productive – productif, -ve

produktiv *(im Sinne von äußerst produktiv, z.B. Schriftsteller)* – prolific – prolifique

Produktivität *f* – productivity – productivité *f*, efficacité *f*

Produktivitätssteigerung *f* – gain in efficiency, increased productivity – accroissement *m* de la productivité

Produktpalette *f* – range of products – gamme *f*, assortiment *m* de produits

Produktpräsentation *f* – product presentation – présentation *f* produits

Produktreihe *f* – product line – gamme *f* de produits

Produzent, -in – producer, manufacturer, maker – producteur, -rice

produzieren – produce *v.* – produire

professionell – professional – professionnel

Profi *m* – pro – pro *m*

Profil *n* – profile – profil *m*

Profilabweichungen *(Adobe-Programme)* – Profile Mismatches – Non concordances des profils

Profile zuweisen *(in Adobe-Programmen)* – Assign Profiles – Attribuer des profiles

Profilgenerierung *f* – profile generation – élaboration *f* du profil

Profilierung *f (Farbmanagement)* – profiling – profilage *m*

Programm *n (Software)* – program(me), software, application – logiciel *m*, application *f*, programme *m*, F appli *f*, F soft *m*

Programmablaufplan *m* – program flowchart – organigramme *m* de programmation

Programme *(Verzeichnis in Mac OS X)* – Application – Applications

programmierbar – program(m)able – programmable

programmieren – program – programmer

Programmierer, -in – program(m)er – programmeur, -euse

Programmierfehler *m* – program(m)ing error – faute *f* de programmation

Programmiersprache *f* – program(m)ing language – langage *m* de programmation

programmiert – program(m)ed – programmé

Programmierung *f* – progra(m)-ming – programmation *f*

Programmpaket *n* – software package – paquet *m* de logiciel

Programm-Wahlscheibe *f (Kamera)* – mode dial – molette *f* de réglage

Programmheft *n* – radio and television guide, program guide – magazine *m* de radiotélévision

Programmzeitschrift *f* – radio and television guide, program guide – magazine *m* de radiotélévision

Projektion *f* – projection – projection *f*

Projektionsebene *f* – projection plane – plan *m* de projection

Projektmanagement *n* – project management – gestion *f* des projets

Projektmanager *m* – project manager – responsable *m* du projet

Projektor *m* – projector – projecteur *m*

Projektplan *m* – project plan – calendrier *m* du projet

projizieren (auf) – project (onto) – projeter (sur)

Prolog *m* – prolog(ue) – prologue *m*

Proof einrichten *(InDesign)* – Proof Setup – Format d'épreuve

Proof *m* – proof – épreuve *f*

Proof *m* **auf Auflagenpapier** – print run paper proof – épreuve *f* sur le papier du tirage

Proofbedingungen *f/pl* – proofing conditions – conditions *f/pl* tirage d'épreuve

Proofen *n* – proofing – épreuvage *m*

proofen – proof *v.*, make *v.* a proof – tirer une épreuve, faire une épreuve, réaliser une épreuve

Proofer *m* – proofer – proofer *m*

Proofherstellung *f* – proofing – tirage *m* des épreuves

Proofsystem *n* – proof system – système *m* d'épreuvage

proportional – proportional – proportionnel

Proportionalschrift *f* – proportional font – police *f* proportionnelle

Proportionalzirkel *m* – proportional compass – compas *m* de réduction

Proportionen *f/pl* – proportions – proportions *f/pl*

proprietär – proprietary – propriétaire, exclusif

Propylacetat *n* – propyl acetate – acétate *m* propylique

Prosatext *m* – prose text, prose writings – texte *m* en prose

Prospekt *m* – brochure, leaflet, prospectus (*pl.* prospectuses) – prospectus *m*, dépliant *m*

Protokoll *n* – protocol – protocole *m*

Provider *m* – provider – fournisseur *m* (de service), provider *m*, hébergeur *m*

Provinzblatt *n* – F backwoods newspaper, F local rag – feuille *f* de province

Proxy-Server *m* – proxy server – serveur *m* proxy, serveur *m* mandataire

Prozent *n* – percent, per cent – pour cent

prozentual – proportional – en (au) pourcentage, proportionnel

prozentuale Flächendeckung *f (Flächendeckungsgrad m)* – percentage coverage – pourcentage *m* de la couverture superficielle

Prozentwert *m* – percentage – pourcentage *m*

Prozentzeichen *n* – percent sign – symbole *m* du pourcentage

Prozess *m* – process – processus *m*

Prozessfarbe *f* – process color – couleur *f* de processus

prozesslose Platte *f* – processless plate – plaque *f* sans développement

P

Prozessor *m* – processor – processeur *m*

prozessorgesteuert – processor-controlled – commandé par processeur

Prozessorkarte *f* – processor card – carte *f* d'émulation, carte *f* processeur

Prozessschwankungen *f/pl* – process fluctuations – variations *f/pl* de processus

Prüfbericht *m* – preflight report, verification report – rapport *m* de vérification

Prüfbit *n* – proof bit – bit *m* de vérification

Prüfdiagramm *n* – control chart – schéma *m* de contrôle

Prüfexemplar *n* – control copy – copie *f* de contrôle

Prüfgerät *n* – testing apparatus – appareil *m* de contrôle

Prüfstand *m* – test bench – banc *m* d'essai

Prüfung *f* – check(ing), test, control, verification – essai *m*, contrôle *m*, vérification *f*

Prüfvermerk *m* – check note – mention *f* de contrôle/vérification

Public Domain *f* – freeware – grat(u)iciel *m*, logiciel *m* gratuit, logiciel *m* public

Public Relations *(PR)* – public relations, PR – relations *f/pl* publiques

Publikation *f* – publication – publication *f*

publizieren – publish *v.* – publier

Publizist, -in – publicist – publiciste *m/f*

Publizistik *f* – journalism – journalisme *m*

publizistisch – journalistic – de(s) journaliste(s)

Puffer(speicher) *m* – buffer (storage) – mémoire *f* tampon, tampon *m*

Pulldown-Menü *n* – pull down menu – menu *m* déroulant

Pulpe *f (Papierherstellung)* – pulp – pâte *f* (à papier)

Punkt *m* – point, period – point *m*

Punktabstand *m (Bildschirm)* – dot pitch – pas *m* de masque, pitch *m*

Punktaufbau *m* – dot structure – structure *f* du point

Punktbereich *m (Flächendeckung)* – dot area – surface *f* de (du) point

Punktdiagramm *n* – scatter diagram – diagramme *m* de dispersion

Punkte pro Inch – dots per inch, dpi – points *m/pl* par pouce (ppp)

punktgenau – with point precision – au point près

Punktgröße *f (typogr.)* – point size – corps *m*

Punktgröße *f (Belichterpunkt)* – spot size – taille *f* du point

punktieren – dot *v.* – pointiller

punktierte Linie *f* – dotted line – ligne *f* (en) pointillé

Punktierung *f* – doting – pointillé *m*

pünktliche Lieferung *f* – on-time delivery – livraison *f* à temps

Punktlicht *n* – point light – lumière *f* ponctuelle

Punktmatrix *f* – dot matrix – matrice *f* de points

Punktquetschen *n* – dot squeeze – écrasement *m* du point

Punktschärfe *f* – dot sharpness, dot definition – netteté *f* du point

Punktschluss *m* – dot joint – fermeture *f* du point

Punktstruktur *f* – dot structure – structure *f* du point

Punktverdoppelung *f (beim Druck)* – dot doubling – dédoublement *m* de point

Punktvergrößerung *f* – dot gain, dot spread – engraissement *m* (de/du point)

Punktzuwachs *m* – dot gain, dot spread – engraissement *m* (de/du point)

Punktzuwachskompensation *f* – dot gain compensation – compensation *f* de l'engraissement (de/du point), élargissement *m* du point

Punze *f (weißer Innenraum in Buchstabe)* – counter, white inner space – poinçon *m*, contre-poinçon *m*

Purpur *m* – purple – pourpre *f* (Farbstoff), pourpre *m* (Farbton)

purpur(farben) – purple – pourpre, pourpré, purpurin

Purpur-Linie *f (CIE-Farbsystem)* – purple line – ligne *f* des pourpres

Pyramide *f* – pyramid – pyramide *f*

pyramidenförmig – pyramid-shaped – pyramidal

pyramidenförmiges Näpfchen *n* – pyramid cell – alvéole *f* pyramidale

Q

Quadrant *m* – quadrant – cadran *m*

Quadrat *n* – square – carré *m*

quadratisch – square – carré

Quadruplex(bild) *n* – quadtone – image *f* quadrichrome

Qualitätsgewährleistung *f* – quality assurance (QA) – assurance *f* qualité

Qualitätskontrolle *f* – quality control (QC) – contrôle *m* qualité (CQ)

Qualitätsminderung *f* – detereoration in quality – baisse *f* de la qualité

Quellcode *m* – source code – code *m* source

Quelldokument *n* – source document – document *m* source, document *m* de base

quellen *(z.B. Farbe)* – swell *v.* – gonfler

Quellen *n* – swelling – gonflement *m*

Quellfarbe *f* – source color – couleur *f* source

Quellfarbraum *(InDesign)* – Source Space – Espace source

Quellprofil *n* – source profile – profil *m* de source

quer – crosswise – en travers, de travers

P
Q

Querbalken *m (typogr.)* – cross stern, crossbar – barre *f* transversale

Querfalz *m* – cross fold – pli *m* croisé

Querformat *n* – landscape, oblong format, horizontal format – paysage *m*, format *m* paysage, format à l'italienne, à l'italienne, format *m* oblong

Querlinie *f* – cross rule, diagonal line – ligne *f* transversale

Querperforation *f* – cross perforation, transverse perforation – perforation *f* transversale

Querschnitt *m (Ansicht)* – sectional view – vue *f* en coupe, profil *m*

Querschnitt *m (Schneiden)* – cross cut – coupe *f* transversale

Querstreifen *m* – horizontal stripe – bande *f* transversale, raie *f* transversale

Querstrich *m* – stroke, horizontal line, arm (Buchstabe), cross stern, cross stroke – trait *m* transversal, trait *m* horizontal

Querverweis *m* – cross-reference, reference mark – renvoi *m*

quetschen – squeeze *v.* – presser, pressurer

Quetschrand *m* – dot fringe – auréole *f*, frange *f* de couleur

Quicksetfarbe *f* – quick-set ink – encre *f* quick-set, encre *f* à séchage rapide

R

radieren *(Kunst)* – etch *v.* – graver à l'eau-forte

radieren *(ausradieren)* – rub out *v.*, erase *v.* – gommer, effacer (à la gomme)

Radiergummi *m* – rubber, eraser *(U.S.)* – gomme *f*

Radiergummi-Werkzeug *(Photoshop)* – Eraser tool – outil Gomme

Radiernadel *f* – etching needle – échoppe *f*, point *m* (de gravure)

Radierung *f (Radierkunst f)* – etching – eau-forte *f*, gravure *f* à l'eau-forte

Rahmen *m* – frame, stroke, box *(QuarkXPress)* – cadre *m*, filet *m*, bloc *m (QuarkXPress)*

Rahmenlinie *f* – box rule – filet *m* d'encadrement

Rakel *f* – blade, doctor blade – racle *f*

Rakelstreifen *m (Druckfehler)* – blade stripe, blade streak – traînée *f* de racle

Rakelwinkel *n* – doctor blade angle – angle *m* de la racle

Rand *m (Seitenrand)* – margin – marge *f*

Rand *m (Objektrand)* – edge – bord *m*, contour *m*, bordure *f*

randabfallend *(mit Anschnitt)* – ble(e)d-off – à fond(s) perdu(s), à bord(s) vif(s)

Randanzeige *f* – bleed ad(vertisement) – annonce *f* à marge perdue

Randbemerkung *f* – side note, marginal note, gloss – manchette *f*, note *f* marginale

Randbreite *f* – margin width, marginal width – largeur *f* de la marge

Randheftung *f* – side stitching, flat stitching, cleat bind – piqûre *f* à plat

Randhilfslinien *f/pl (QuarkXPress)* – Margin Guides – repères de marges

randlos – ble(e)d-off – à vif

Randnote *f* – marginal note – note *f* marginale

Randschärfe *f* – contour definition – netteté *f* des contours

Randstil *(QuarkXPress)* – Frame – Cadre

Randverzierung *f* – marginal decoration – ornement *m* marginal

Randziffer *f* – side figure, marginal figure, runner – chiffre *m* en marge

Rasiermesser *n* – erasing knife – grattoir *m*

Raster *m* – screen – linéature *f*, trame *f*

Rasteralgorithmus *m* – screening algorithm – algorithme *m* de tramage

Rasterätzung *f (a. Rasterklischee n)* – halftone engraving – simili *m*, cliché *m* simili

Rasterbild *n* – halftone image, screened image – image *f* simili

Rasterdichte *f* – screen density – densité *f* de la trame

Rastereffekt *m* – raster effect – effet *m* de pixélisation

Rastereinstellung des Druckers verwenden *(Druck-Option in Photoshop)* – Use Printer's Default Screens – Trame par défaut de l'imprimante

Rasterfeld *n* – halftone patch, tint patch – champ *m* tramé, plage *f* tramée

Rasterfilm *m* – halftone film, screened film, autoscreen film – film *m* simili, film *m* prétramé

Rasterfläche *f* – screen tint, benday – benday *m*, aplat *m* tramé

Rasterfolie *f* – screen film – feuille *f* de trame

rasterisieren – rasterize *v.* – rastériser

Rasterisierung *f* – rasterization – rastérisation *f*

Rasterkeil *m* – halftone wedge – coin *m* tramé

Rasterlinie *f* – gridline – quadrillage *m*

rastern – screen *v.* – tramer

Rasternäpfchen *n (Tiefdruck, Flexo)* – engraved cell – alvéole *f*

Rasternegativ *n* – screen negative – négatif *m* tramé

Rasterproof *m* – dot proofing, halftone dot proofing, screened proof – épreuve *f* tramée

Rasterprozentwert *m* – screen percentage value – valeur *f* de pourcentage de trame

Rasterpunkt *m* – dot, screen dot, halftone dot – point *m* de trame, point *m* de simili

Rasterpunktform *f* – dot shape – forme *f* de (du) point de trame

Q

R

Rasterpunktverformung *f* – dot distortion – distorsion *f* de (du) point de trame

Rasterton *m* – screen tint, benday – benday *m*, aplat *m* tramé

Rastertonwert *m* – halftone value – pourcentage *m* des points

Rasterumfang *m* – halftone range, screen range – écart *m* de trame

Rasterung anwenden *(Option in FreeHand)* – Applying dithering – Application de la juxtaposition des couleurs

Rasterung *f* – screening – tramage *m*

Rasterverfahren *n* – halftone process – procédé *m* à trame

Rasterweite *f* – screen ruling, screen frequency – linéature *f*, fréquence *f* de trame

Rasterwert *m* – screen value – valeur *f* de trame

Rasterwinkel *m* – screen angle – angle *m* de trame

Rasterzelle *f* – halftone cell – cellule *f* de trame (de demi-tons)

rationalisieren – streamline *v.*, rationalize (U.S.), rationalise (brit.) – rationaliser

Rationalisierung *f* **des Arbeitsablaufs** – streamlining of workflow, rationalization of workflow – rationalisation *f* du flux de production

Rationalschrift *f* – monospace font – police *f* à chasse fixe

Raubkopie *f* – pirate copy – version *f* piratée, exemplaire *m* piraté

raubkopieren – pirate *v.* – pirater

Raubkopieren *n* – piracy – piratage *m* (logiciel)

Raubkopierer *m* – pirate – pirate *m*

rau *(Oberfläche)* – rough – rugueux

Raumlicht *n* – room light, ambient light – lumière *f* ambiante, éclairage *m* ambiant

Raumlichtfilm *m* – room light film – film *m* lumière du jour

Rauschen *n* (in Bildern) – noise – bruit *m* (parasite)

Raute *f* (geometr.) – diamond, rhomb(us) – losange *m*

Rautenförmiger Verlauf (QuarkXPress) – Diamond Blend – dégradé en losange

Rautezeichen *n* (#) – number sign, pound, hash mark, square, crunch – dièse *m*, symbole *m* numéro

Readme-Datei *f* – Read Me file – fichier *m* Lisez-moi

Realbildsucher *m* (Kamera) – real image viewfinder – viseur *m* à image réelle

Realisation *f* (Realisierung f) – realization – réalisation *f*

realisierbar – realizable – réalisable

realisieren – realize *v.* – réaliser

rebooten – reboot *v.* – redémarrer, réamorcer

Rechenscheibe *f* – calculation disk – disque *m* à calculer

Rechenschieber *m* – slide rule – règle *f* à calculer

Rechenzentrum *n* – computer center/centre, data processing (service) center/centre – centre *m* de calcul

Rechner *m* – computer – ordinateur *m*, F ordi *m*

Rechnerarchitektur *f* – computer architecture – architecture *f* de machine

rechnerfeindlich – computer hostile – ordinophobe

Rechner-Netzwerk *n* – computer network – réseau *m* informatique

Rechnungsformular *n* – invoice form – formulaire *m* de facture

rechte Seite *f* – right(-hand) page – belle page, page *f* de droite, recto *m*

Rechteck *n* – rectangle – rectangle *m*

rechteckig – rectangular – rectangulaire

Rechteckiger Verlauf (QuarkXPress) – Rectangular Blend – Dégradé rectangulaire

rechter Einzug *m* – right indent – retrait *m* droit, renfoncement à droit

rechter Randpunkt *m* – right-hand end point – point *m* à l'extrême droite

rechter Winkel *m* – right angle – angle *m* droit

rechts – right – à droite

rechts ausgerichteter Tabulator *m* – right-align tab – tabulation *f* d'alignement à droite

rechts von – to the right of – à droite de

rechtsbündig – quad right, flush right, ranged right, aligned right – justifié à droite, au fer à droite, alignement à droite

rechtsbündig setzen – set *v.* flush right – composer au fer à droite, aligner la compo à droite

Rechtschreibfehler *m* – spelling mistake – faute *f* d'orthographe

Rechtschreibprüfprogramm *n* – spelling checker – programme *m* de correction orthographique

Rechtschreibprüfung *f* – spell check(ing) – vérification *f* de l'orthographe

Rechtschreibreform *f* – reform of orthography – réforme *f* de l'orthographe

Rechtschreibung *f* – ortography, spelling – orthographe *f*

rechtwinklig – right-angled – rectangulaire, en équerre, d'équerre

rechtwinkliger Schnitt *m* – square cut, right-angle cut – coupe *f* rectangulaire, équerrage *m*

recyceln – recycle *v.* – recycler

Recycling *n* – recycling – recyclage *m*

recyclingfähig – recyclable – recyclable

Recyclingpapier *n* – recycled paper – papier *m* recyclé

Redakteur, -in – editor – rédacteur, -rice

R

Redaktion f – editorial staff, editors – rédaction f, F rédac f

redaktionell – editorial – rédactionnel

Redaktionsleiter, -in – editor – directeur, -rice de la rédaction

Redaktionsschluss m – copy deadline, news deadline – bouclage m, date/heure f limite (de bouclage d'une édition)

Redaktionssekretär, -in – subeditor – secrétaire de rédaction

Redaktionssystem n – editorial system – système m rédactionnel

redigieren – edit v. – rédiger

redigiert – edited, compiled – rédigé

redigitalisieren – redigitize v. – renumériser

Reduktionszirkel m – proportional compass – compas m de réduction

Reduzierungsauflösung (InDesign) – Flattener Resolution – Résolution f d'aplatissement

Referenz f – reference – référence f

Referenzmessung f – reference measurement – mesure f référentielle

Referenzproof m – reference proof – épreuve de référence

Referenzpunkt m – reference point – point m de référence

Referenzweiß n – reference white – blanc m de référence

Referenzwert m – reference value – valeur f de référence

reflektieren – reflect v. – refléter, réfléchir

reflektierend – reflecting – réfléchissant

reflektiertes Licht n – reflected light – lumière f réfléchie

Reflektor m – reflector – réflecteur m

Reflexion f – reflection, reflectance – réfléchissement m, réflexion f

Reflexionswinkel m – angle of reflection – angle m de réflexion

regelmäßig – regular – régulier

Regenbogen m – rainbow – arc-en-ciel m

Regenbogenpresse f – trashy (women's) weekly – presse f du cœur

Regionalausgabe f – regional edition – édition f régionale

Regionalzeitung f – regional newspaper – journal m régional

Register n (Druckgenauigkeit) – register, color register – repérage m

Register n (Index) – index – index m

Registereinstellung f – registering – mise f en registre

Registerfarbe f – registration color – couleur f de repérage

registergenau – in register, register-true, true to register – en parfait repérage

Registergenauigkeit f (Register-haltung f) – register accuracy – précision f du registre (repérage)

Register halten – maintain v. register – maintenir le registre

registerhaltig – in register, register-true, true to register – en parfait repérage

Registerkarte f (in Oberfläche von Programmen) – tab – onglet m

Registerleiste f – register pin row – registre m

Registerlochung f – register holes – trous m/pl de repérage

Registermarke f – register mark – repère m, marque f de repérage

Registerschwankungen f/pl – register fluctuations – variations f/pl du registre

Registerstanze f – register punch – perforatrice f de registre

Registerstanzung f – register punching – perforation f en repérage

Registerstellen n – registering – mise f en registre

Registerstift m – register pin – têton m de repérage

Registersystem n – register system – système m de registre

Registerverstellung f (an Druck-maschine) – register adjustment – réglage m du registre

registrieren – register v. – inscrire, enregistrer

Registrierung f – registration – enregistrement m

Reibzylinder m – oscillating drum – table f à balade

Reihenfolge f – order, sequence – suite f, ordre m, séquence f

reinitialisieren – reinitialize v. – réinitialiser

Reinitialisierung f – reinitiali-zation – réinitialisation f

Reinzeichnung f – final art(work), artwork, final draft, final drawing, finished art(work) – dessin m au net

Reiseführer m (Buch) – guide(-book) – guide m

Reiseliteratur f – travel writing – récits m/pl de voyage

Reispapier m – rice paper – papier m de riz, papier m de Chine

Reißbrett n – drawing board – planche f à dessin

reißen – tear v., pick v., rip v. – arracher, déchirer

Reissfeder f – drawing pen – tire-ligne m

reißfest – tearproof – résistant à la déchirure

Reißfestigkeit f – resistance to tearing, tensile strength – résistance f à la déchirure (à la tension)

Reißnagel m – drawing pin, thumbtack (U.S.) – punaise f

Reißschiene f – t-square – règle f à dessin

Reißwolf m – shredder – déchiqueteur m

Reißzwecke f – drawing pin, thumbtack (U.S.) – punaise f

Reiterwalze f – rider roll(er) – rouleau m presseur

R

relative Abstandskoordinaten *f/pl* – relative distance coordinates – coordonnées *f/pl* de distance relatives

relative Luftfeuchtigkeit *f* – relative humidity – humidité *f* relative

relativ farbmetrisch *(ICC-Farbmanagement)* – relative colorimetric – colorimétrie *f* relative

Release *f* – release – version *f*

Relief *n* – relief – relief *m*

Reliefdruck *m* – relief printing – impression *f* en relief

Reliefkarte *f* – relief map – carte *f* en relief, plan *m* en relief

Reliefprägung *f* – relief embossing, embosssed stamping – gaufrage *m* en relief, empreinte *f* en relief

Reliefsockel *m* – floor – semelle *f*

Relieftiefe *f* – relief depth – profondeur *f* des reliefs

Remission *f* – remission, reflectance – réflectance *f*

Remote Proofing *n* – remote proofing – épreuvage *m* à distance

Rendering Intent *m* – rendering intent – mode *m* de rendu, gestion *f* du rendu des couleurs, rendering intent *m*

Rendering *n* – rendering – rendu *m*

rendern – render *v.* – effectuer un rendu

Rendern *n* – rendering – rendu *m*

Reorganisation *f* – reorganization – réorganisation *f*, refonte *f*, remaniement *m*

reorganisieren – reorganize *v.* – réorganiser

Repetieren *n* – step & repeat – copie-report *f*, montage *m* par report à répétition, copier-répéter, report *m*, step & repeat

Repetiermontage *f* – step-and-repeat (assembly) – montage *m* par report à répétition

Reportage *f* – report(age) – reportage *m*

Reporter, -in – reporter – reporter *m*

Repräsentant, -in – representative – représentant, -e

Reprint *m* – reprint – réimpression *f*

Repro(duktions)technik *f* – repro technique – technique *f* de reproduction

Reproabteilung *f* – repro department – département *m* repro

Reproanstalt *f* – repro house, repro studio – atelier *m* de reproduction

Reproduktion *f* – reproduction – reproduction *f*

Reproduktionstechnik *f* – reproduction technology – technologie *f* de reproduction

Reproduktionstechniken *f/pl* – reproduction technics, reproduction techniques – techniques *f/pl* de reproduction

Reproduktionsverfahren *n* – reproduction process – procédé *m* de reproduction

reproduzierbar – reproducible – reproductible

reproduzierbare Ergebnisse – reproducible results – résultats *m/pl* reproductibles

reproduzieren – reproduce *v.* – reproduire

reproduziert – reproduced – reproduit

reprofähig – reproducible, camera-ready, ready for production – reproductible, prêt à (pour) la reproduction, prêt pour la caméra

reprofähige Vorlage *f* – camera-ready copy, finished art – original *m* reproductible

Reprofilm *m* – reproduction film – film *m* de reproduction

Reprofotograf, -in – reproduction photographer – photograveur *m*, similiste *m*

Reprofotografie *f* – reproduction photography – photo-reproduction *f*

Reprograf, -in – repro specialist – spécialiste *m/f* de la reproduction

Reprografie *f* – reprography – reprographie *f*

Reprokamera *f* – repro camera, process camera – chambre *f* de reproduction, banc *m* de reproduction

Reprokennlinie *f* – reproduction characteristics – caractéristiques *m/pl* de reproduction

Reprostudio *n* – repro studio, repro house – atelier *m* de reproduction

Reprovorlage *f* – repro original, repro artwork – modèle *m* de reproduction

Resampling *n* – resampling – rééchantillonnage *m*

Reset-Knopf (Button) *m* – reset button – bouton *m* de réinitialisation

resetten – reset *v.* – réinitialiser, mettre à zéro

Resource Fork *(Mac)* – resource fork – plage *f* de ressources, resource fork

Resourcen-Zweig *(Mac)* – resource fork – plage *f* de ressources, resource fork

Ressource *f* – resource – ressource *f*

Retikulation *f* – réticulation – reticulation *f*

retrospektive Bibliografie *f* – retrospective bibliography – bibliographie *f* rétrospective

Retusche *f* – retouch, retouching, touch-up – retouche *f*

Retuscheprogramm *n* – retouching program – programme *m* de retouche

retuschieren – retouch *v.*, touch up *v.* – retoucher

Retuschieren *n* – retouching – retouche *f*

reversibel – reversible – reversible

Revisor *m* – press revisor – réviseur *m*

Rezensent *m* – critic – critique *m*

rezensieren – review *v.*, write *v.* a review – faire la critique de

Rezension *f* – review, write-up – critique *f*

Rezensionsexemplar *n* – review copy – exemplaire *m* de presse

RGB – RGB – RVB

RGB-Wert *m* – RGB value – valeur *f* RVB

Rhombus *m* – rhombus – losange *m*

Richtlinie *f* – guideline – ligne *f* de conduite

Richtung *f* – direction – direction *f*

Richtungspunkt *m (Bézier-Pfad)* – direction point – point *m* directionnel

Ries *n (500 Papierbogen)* – ream – rame *f*

Rille *f* – crease, score – rainure *f*

rillen – crease *v.* – refouler

Rillmaschine *f* – creasing machine – refouleuse *f*

Rillmesser *n* – creasing knife – couteau *m* de rainage

Rillung *f* – creasing – rainage *m*

Ring-Bindung *f* – ring binding – reliure *f* à anneaux

Ringbuch *n* – ring binder – classeur *m*

Ring-Netzwerk *n* – ring network – réseau *m* en anneau

Ring-Topologie *f* – ring topology – topologie *f* en anneau

RIP *m* – RIP, Raster Image Processor – RIP *m*, rastériseur *m*, générateur *m* d'images tramées

rippen – rip *v.* – ripper

Rippen *n* – ripping – rippage *m*, ripping *m*

Riss *m* – tear – déchirure *f*

Rissbildung *f* – cracking – fissure *f*

ritzen – score *v.* – rainer, rainurer, entailler, tracer

Ritzen *n* – scoring – traçage *m*

Rohbogen *m* – untrimmed sheet – feuille *f* non rognée

Rohdaten *pl* – raw data – données *f/pl* brutes

Rohentwurf *m* – rough layout, rough, rough sketch, esquisse – esquisse *f*, croquis *m*

Röhre *f (Bildschirm)* – tube – tuyau *m*

Rohscan *m* – raw scan – scan *m* brut, brut *m* de scan

Rohzylinder *m (Tiefdruck)* – cylinder base – cylindre *m* brut

Rollbalken *m (in Programmen)* – scroll bar, slider – barre *f* de défilement

Rolle *f (Papier)* – reel – bobine *f*, rouleau *m*

Rolle/Rolle-Verarbeitung *f* – reel-to-reel processing – production *f* bobine-bobine

Rollenoffset *m* – web offset, rotary offset – offset *m* rotatif

Rollenoffsetmaschine *f* – web offset press, rotary offset press – rotative *f* offset

Rollenpapier *n* – reel paper – papier *m* en rouleau, papier *m* en bobines

Rollenrotation(smaschine) *f* – web press – presse *f* à bobines

Rollenschneider *m* – slitter-rewinder – bobineuse-refendeuse *f*

Rollenwechsel *m (Papier)* – reelchange – changement *m* de bobines

Rollfilm *m* – roll film – film *m* en rouleau

ROM – ROM – mémoire *f* morte

Roman *m* – novel – roman *m*

romanisch – roman – romanesque

römische Antiqua *f* – roman type(face) – caractère *m* romain

Römische Lapidarschrift *f* – Roman monumental lettering – lapidaire *f* romaine

römische Ziffern *f/pl* – Roman figures (numerals) – chiffres *m/pl* romains

Röntgenaufnahme *f* – x-ray shot – radiographie *f*

ROOM – ROOM (Rip Once, Output Many) – RIP unique, plusieurs sorties

rosa – pink – rose

Rosette *f* – rosette – rosette *f*

rot – red – rouge

Rotation *f* – rotation – rotation *f*

Rotationsachse *f* – axis of rotation – axe *m* de rotation

Rotationsdruck *m* – rotary (press) printing – impression *f* en rotative, impression *f* sur roto, tirage *m* (en) roto

Rotationsdrucker *m* – rotary minder, rotary printer, web printer – rotativiste *m*, imprimeur *m* rotativiste, conducteur *m* de rotative

Rotationsmaschine *f* – rotary press – rotative *f*

Rotationsstanzen *n* – rotary die-cutting – découpage *m* rotatif

Rotationstiefdruck *m* – rotogravure – rotogravure *f*, hélio *f* rotative

Rotationswinkel *m* – rotation angle, angle of rotation – angle *m* de rotation

rotatives Druckverfahren *n* – rotary printing – procédé *m* d'impression rotatif

Rote-Augen-Effekt *m* – red-eye effect – effet *m* yeux rouges

Rötel *m* – red chalk – gouache *f* rouge

Rötelstift *m* – red chalk crayon – crayon *m* rouge, sanguine *f*

Rötelzeichnung *f* – red chalk drawing – sanguine *f*

Rotfilter *m* – red filter – filtre *m* rouge

Rotgold *n* – red gold – or *m* rouge

rotieren – rotate *v.* – pivoter, faire pivoter, tourner

rotierend – rotating – tournant

rötlich – reddish – rougeâtre, tirant sur le rouge, roussâtre (Haar)

Rotlicht *n* – red light – lumière *f* rouge

rotorange – red-orange – orange rouge

Rot-Signal *n* – red signal – signal *m* rouge

rotstichig – reddish – tirant sur le rouge

Rotstift *m* – red pencil – crayon *m* rouge

Router *m* – router – routeur *m*

R

Routing *n* – routing – acheminement *m*
Rubrik *f* – head, category –
rubrique *f*
Rubriktitel *m* – column heading –
en-tête *m* de colonne
Rücken an Rücken *(Druck)* –
back to back, back-to-back –
dos à dos
Rücken *m (Buchrücken)* –
backbone – dos *m* (du livre)
Rückenfalz *m* – back fold – pli *m*
dorsal, pli *m* du dos
Rückenleimung *f* – back glueing
– encollage *m* du dos
rückgängig machen – undo *v.* –
annuler
Rücknahmekurve *f* – cutback
curve – courbe *f* de réduction
Rückschicht *f* – back coating –
couche *f* dorsale
Rückseite *f* – back side, reverse
page, verso side – côté *m* verso,
page *f* verso, face *f* verso,
verso *m*
Rückseitenbelichtung *f* – back
exposure – exposition *f* dorsale
Rückseitendruck *m* – reverse(-
side) printing, back printing –
impression *f* (au) verso
Rückstichbroschüre *f* – back-
stitched brochure, saddle-
stitched booklet – brochure *f*
piquée dans le pli
Rückstichheftmaschine *f* – back-
stitcher, saddle-stitcher –
piqueuse *f* (à cheval)
Rückstichheftung *f* – saddle-
stitching, back stitching –
piqûre *f* à cheval, piquage *m*
dans le pli
Rückteil *n (digitale Kamera)* –
digital back, digital
cameraback – dos *m*
(numérique)
Rückwandplatine *f* – backplane –
fond *m* de panier
rund – round – rond
Rundbrief *m* – newsletter –
bulletin *m* d'information
runde Ecken *f/pl* – rounded
corners – coins *m/pl* arrondis
runden – round *v.* – arrondir

runder Balken *m (typogr.)* –
curve stroke – barre *f* arrondie,
barre *f* courbe
runder Strich *m* – curved line –
trait *m* courbe
Rundschreiben *n* – newsletter –
circulaire *f*, bulletin *m*
d'information
Rundumbeschnitt *m* – four-sided
trimming – équerrage *m* des
quatre côtés, rognage *m* des
quatre côtés
Rundung *f (geometr.)* – curve,
bow – rondeur *f*, rond *m*,
arrondi *m*
Rundungsfehler *m* – rounding
error – erreur *f* d'arrondi
Runtime-Programm *n* – runtime
software – exécuteur *m*
Runzelkornbildung *f* –
reticulation – réticulation *f*
Rupfen *n (Papier beim Druck)* –
picking – arrachage *m*
rüsten *(Druckmaschine)* –
prepare *v.* – préparer
Rüsten *n (Druckmaschine)* –
preparation – préparation *f*
Rüstzeiten *f/pl* – change-over
times, preparation times, set-up
times – temps *m* d'adaptation,
temps *m* de préparation
Rüttelmaschine *f* – jogger –
taqueuse *f*
Rütteltisch *m* – jogger, jogging
table – table *f* vibrante

S

S & B *(Silbentrennung &*
Blocksatz) – H & J (Hyphenation & Justification) – C & J
(Césure & Justification)
Sachkatalog *m* – classified
catalog(ue) – catalogue *m*
systématique
Sachregister *n* – subject index –
index *m* des sujets
Sägezahneffekt *m* – saw-tooth
effect – effet *m* dent de scie,
effent *m* de dentelure
Sammelalbum *n* – scrapbook –
recueil *m* de coupures

Sammelform *f* – gang (form),
mixed form, combined form,
nesting – amalgame *m*, forme *f*
(en) multiposes, groupage *m*,
mariage *m*, imbrication *f*
Sammelhefter *m* – gatherer-
stitcher – encarteuse-piqueuse *f*
Sammelheftung *f* – gathering-
stitching – encartage-piquage *m*
Sammellinse *f* – convex lens –
lentille *f* convexe
sammeln – collect *v.* – rassembler
Sampling *n* – sampling –
échantillonnage *m*
Samteinband *m* – velvet binding
– reliure *f* brodée
Samtpapier *n* – velvet paper –
papier *m* velours
Sans-Serif *(Schriftenklassifi-*
zierung) – Lineals – Linéales
Satellitenübertragung *f* –
satellite transmission –
transmission *f* par satellite
satinieren – glaze *v.* – satiner
satinierte Oberfläche *f* – glazed
surface – apprêt *m* à l'anglaise,
apprêt *m* satiné
sättigen – saturate *v.* – saturer
Sättigung *f* – saturation –
saturation *f*
Sättigung *f* **herabsetzen** –
desaturate *v.* – désaturer
sättigungserhaltend *(ICC-*
Farbmanagement) – saturation
– saturation *f*
Satz *m (Schriftsatz)* – composition, type matter, typeset
matter – composition *f*
Satz *m* – sentence – phrase *f*
Satz *m (Bausatz, Programmpaket*
etc.) – set, kit – ensemble *m*, jeu
m, kit *m*
Satz- und Reprokosten *pl* –
composing and reproduction
costs – frais *m* de composition
et de photogravure
Satz- und Sonderzeichen *(Dialog*
in Illustrator) – Smart
Punctuation – Ponctuation
typographique
Satzabzug *m* – galley – galée *f*,
épreuve *f* en placard

Satzanweisung *f* – typographical instruction, setting instruction – indication *f* pour la composition, instruction *f* typographique
Satzarbeit *f* – typesetting job – travail *m* de composition
Satzarbeiten *f/pl* – composition jobs – travaux *m/pl* de composition
Satzart *f* – kind of composition, style of typography – sorte *f* de composition
Satzbefehl *m* – typesetting command, typesetting code – code *m* de composition, commande *f* de composition
Satzberechnung *f* – copyfit (calculation), character count, copyfitting – calcul *m* de calibrage, calibrage *m* (du texte)
Satzbreite *f* – line length, measure, line measure, setting width – largeur *f* de la composition, longueur *f* de la ligne
Satzfahne *f* – galley – galée *f*
Satzfehler *m* – misprint, typing error, printing error – coquille *f*
satzfertiges Manuskript *n* – ready for setting copy – copie *f* préparée, copie *f* mise au point
Satzherstellung *f* – typesetting – composition *f*
Satzkorrektur *f* – typesetting correction – correction *f* de composition
Satzkosten *pl* – typesetting costs – coûts de composition
Satzmuster *n* – type specimen – spécimen *m* (de caractères)
Satzspiegel *m* – type area, print space – surface *f* de composition
satztechnisch – typographic(al) – typographique
Satztermin *m* – typesetting deadline – date *f* limite de la composition
Satzvorbereitung *f* – copy preparation, mark up – préparation *f* de la copie
Satzzeichen *n* – punctuation marks – signes *m/pl* de ponctuation

saugfähig – absorbent – absorbant
saugfähiges Papier *n* – absorbent paper – papier *m* absorbant
Saugfähigkeit *f* – absorbency, absorptivity – pouvoir *m* absorbant, absorptivité *f*
Saugnapf *m* – suction cup – ventouse *f*
Säulendiagramm *n* – bar graph, bar chart, column chart, histogram – histogramme *m*, graphique *m* à barres, graphique *m* à tuyaux d'orgue, graphique *m* en colonnes
säurefreies Papier *n* – acid-free paper – papier *m* exempt d'acide
Säuregehalt *m* – acidity – acidité *f*
Scan *m* – scan – image *f* numérisée, scanne *m*, analyse *f*, numérisation *f*
Scanauflösung *f* – scan resolution – résolution *f* d'analyse, résolution *f* de numérisation
Scanbereich *m* – scanning area – surface *f* d'analyse
Scandaten *pl* – scan data – données *f/pl* scannées
Scannereinstellung *f* – scanner setting – réglage *m* du scanner
Scanglas *n* – scanner glass – vitre *f* d'analyse
Scanlinie *f* – scanline – ligne *f* de balayage, ligne *f* de scannage
Scannen *n* – scanning – balayage *m*, analyse *f*
scannen – scan *v.* – numériser, scanner, analyser, balayer
Scanner *m* – scanner – scanne(u)r *m*
Scannerbett *n* – scanning bed – plateau *m* du scanner
Scanneroperator *m* – scanner operator – scanneriste *m*, opérateur *m* scanner
Scannertablett *n* – scan tablet – surface *f* d'analyse du scanner
Scanprogramm *n* – scan software – logiciel *m* de pilotage de scanner, logiciel *m* pour scanner, pilote *m* de numérisation

Scanrichtung *f* – scan direction, direction of the scan – sens *m* d'analyse du scanner.
Scantiefe *f* – bit depth – profondeur *f* d'analyse
Scanvorgang *m* – scanning – numérisation
Scatter-Proof *m* – scatter (proof), loose proof – épreuve *f* d'amalgame
schaben – scratch *v.* – érafler, gratter
Schablone *f* – stencil, template – pochoir *m*, stéréotype *m*, poncif *m*, gabarit *m*
Schabstelle *f* – scratch – éraflure *f*
Schalter *m* – switch – commutateur *m*, interrupteur *m*
Schaltfläche *f* – button – bouton *m*
scharf *(Bild)* – sharp, crisp – net, piqué
Schärfe *f (Bild)* – sharpness, definition – netteté *f*
scharfe Kante *f* – sharp edge – bord *m* vif
Schärfefilter *m* – sharpness filter – filtre *m* de netteté
schärfen – sharpen *v.* – rendre plus net
Schärfen *n* – sharpening – renforcement *m*
Schärfeverlust *m* – loss of sharpness – perte *f* de netteté
scharfstellen – focus *v.* – mettre au point
Scharfstellung *f* – focusing – mise *f* au point
Scharfzeichnen *n* – sharpening – renforcement *m*
Scharfzeichner-Werkzeug *(Photoshop)* – Sharpen tool – outil Netteté
Schatten *m* – shadow – ombre *m*
Schattenbild *n* – silhouette – silhouette *f*
Schattenpartien *f/pl* – shadow area – zone *f* d'ombre
Schattenverschiebung *f* – shadow offset – décalage *m* d'ombrage
Schattenwurf *m* – cast shadow – ombre *f* projetée

S

schattieren – shade *v.* – nuancer, ombrer, dégrader

Schattiert *(Schriftstil Quark-XPress)* – Shadow – ombré

schattierte Schrift *f* – shaded type – caractères *m/pl* ombr(ag)és

Schattierung *f* – shade, shading – nuance *f*, ombrage *m*

Schaumbildung *f* – foam formation – formation *f* de mousse

Schaumdichte *f* – foam density – compressibilité *f*

Schema *n* – scheme, schedule – schéma

Scher(en)schnitt *m* – shear cut – coupe *f* au cisaillement, cisaillement *m*

Schere *f* – scissors – ciseaux *m/pl*

scheren *(Objekt)* – shear *v.* – incliner

Scherung *f (Objekt)* – shearing – inclinaison *f*

scheuerfest – abrasion-resistant – résistant à l'abrasion

Scheuerfestigkeit *f* – abrasion resistance, rub resistance – résistance *f* à l'abrasion, résistance *f* au frottement

Schicht *f* – layer – couche *f*

Schichtdicke *f* – coating thickness – épaisseur *f* de la couche

Schichtseite *f* – emulsion side, coated side – coté *m* (d')émulsion, face *f* d'émulsion, côté *m* couché

Schichtseite oben *(seitenrichtig)* – emulsion up – émulsion *f* en-dessus, émulsion *f* vers le haut

Schichtseite unten *(seitenverkehrt)* – emulsion down – émulsion *f* au-dessous, émulsion *f* vers le bas

Schiebekopie *f (bei der Druckplattenkopie)* – multiple plate exposures – copie *f* décalée

Schiebemarke *f* – push guide – rectificateur *m* poussant

Schieben *n (Druckproblem)* – slur – doublage *m*

Schieberegler *m* – slider – barre *f* de défilement

schiefwinklige Anlage *f* – out-of-square feeding – marge *f* oblique

Schild *n* – sign, panel – panneau *m*, enseigne *f*

Schirmfläche *f* – surface of the screen – surface *f* de l'écran

Schlachtexemplar *n* – breaking copy – livre *m* démembré

Schlaglicht *n* – highlight – échappée *f* de lumière

Schlagschatten *m* – drop shadow – ombre *f* portée

Schlagzeile *f* – banner, headline – manchette *f*, gros titre *m*

Schlaufenheftung *f* – loop stitching – reliure *f* à boucles

schlecht beleuchtet – badly lit – mal éclairé

schlechte Bildqualität *f* – poor image quality – mauvaise qualité *f* d'image

Schleierbildung *f* – scumming – voilage *m*

Schleiereffekt *m* – blurred effect – effet *m* de voile

Schleife *f (Programmschleife)* – loop – boucle *m*

schließen *(Fenster in Programmen)* – close *v.* – fermer

schließendes Anführungszeichen *n* – right quotation mark – guillemet *m* fermant

Schließrahmen *m* – lock-up frame – châssis *m*

Schlitten *m (in Druckern oder Scannern)* – carriage – coulisseau *m*

Schlitz *m* – throat – fente *f*

Schlitzmaschine *f* – slotter – slotter *m*

Schlitztiefe *f* – slot depth – profondeur *f* d'encochage

Schlitzwerk *n* – slotter section – section *f* slotter

Schlüsselwort *n* – key word – mot *m* clé

Schlussvignette *f* – tail ornament – cul-de-lampe *f*

Schlusszeile *f* – bottom line – dernière ligne *f*, ligne *f* de pied

schmal *(typogr.)* – condensed, narrow – étroit, condensé, serré

Schmalbahn *f* – narrow web – bande *f* étroite, laize *f* étroite

Schmalbahndruck *m* – narrow-width printing – impression *f* à petite laize

Schmalbahndruckmaschine *f* – narrow web press – presse *f* en laize étroite

Schmalbandfilter *m (bei Densitometern)* – narrow-band filter – filtre *m* à bande étroite

schmalbandig – with a small bandwidth – avec une largeur de bande étroite

schmalfette Schrift *f* – bold condensed typefaces – caractère *m* étroit-gras

Schmalfilm *m* – cine film, 8mm film – film *m* (de) taille réduit

Schmalfilmkamera *f* – cine-camera – caméra *f* à film réduit

Schmieren *n* – smearing – maculage *m*

Schmitzring *m (bei Druckmaschine)* – bearer ring – cordon *m* du cylindre

Schmöker *m* – good read – bouquin *m*

schmökern – browse *v.* – bouquiner

Schmuckfarbe *f* – spot color – couleur *f* d'accompagnement, ton *m* direct

Schmuckrahmen *m* – ornamental box – encadrement *m* décoratif

Schmuckschrift *f* – ornamented type, swash type – caractères *m/pl* ornementés

Schmutzpartikel *n/pl* – dirt particles – impuretés *f/pl*

Schmutztitel *m* – half-title, half title, bastard title, fly-title, fly title – faux-titre *m*

Schnappschuss *m* – snapshot – instantané *m*

Schneidabfall *m* – cutting waste – déchets *m/pl* de coupe

Schneidemarke *f* – cut mark – repère *m* de rognage

Schneidemaschine *f* – cutter, trimmer, cutting machine, guillotine – massicot *m*, machine *f* à couper, rogneuse *f*

Schneidemaschinenbediener *m* – guillotine operator – rogneur *m*, massicotier *m*

Schneidemesser *n (in Schneidemaschine)* – cutting knife, cutting blade – lame *f* (de coupe)

schneiden – cut *v.*, trim *v.* – couper, massicoter, rogner

Schneiden *n* – trimming – rognage *m*

Schneidgreifer *m* – gripper trim – pince *f* de rognure

Schneidrollenstanzmaschine *f* – rotary die-cutter – découpoir *m* rotatif

Schnelldrucker *m* – instant printer – imprimerie *f* minute

schneller Zugriff *m* – fast access – accès *m* rapide

Schnellhefter *m* – letter-file, folder, ring-binder – chemise *f*

Schnellpasssystem *n* – instant register system – système *m* de mise en page rapide

schnelltrocknende Farbe *f* – quick-set ink, fast drying ink – encre *f* à séchage rapide, encre *f* quick-set

Schnellumstellung *f* – quick changeover (change) – changement *m* rapide

Schnitt *m* – trim, cut (Einschnitt), cutting (Schneiden), shape (Form) – coupe *f*, massicotage *m*, rognage *m*, rogne *f*

Schnitt *m (Film)* – cut – découpage *m*

Schnittbreite *f* – cutting width – largeur *f* de coupe

Schnittfläche *f* – section – plan *m* de la section, section *f*, coupe *f*

Schnittfolge *f* – cutting sequence – séquence *f* de coupes

Schnittkante *f* – cutting edge – bord *m* de coupe

Schnittlänge *f* – cutting length – longueur *f* de coupe

Schnittlinie *f* – intersection, line of intersection, secant (am Kreis) – ligne *f* de coupe

Schnittmarke *f* – crop mark, trim mark – trait *m* de coupe, repère *m* de coupe (rogne)

Schnittmenge *f (math.)* – intersection – intersection *f*

Schnittmuster *n* – pattern – modèle *m*

Schnittpunkt *m* – point of intersection, intersection point – point *m* d'intersection, intersection *f*

Schnittstelle *f (math.)* – intersection – intersection *f*

Schnittstelle *f (Interface)* – interface – interface *f*

Schnittstellenkarte *f* – interface card – carte *f* d'interface

Schön- und Widerdruck *m* – face and back printing, work and back, perfecting, double-side printing – impression *f* recto-verso

Schön- und Widerdruckform *f* – work and back form – forme *f* recto-verso

Schön- und Widerdruckmaschine *f* – perfecting press – presse *f* à retiration

Schön- und Widerdruckseite *f* – front and back – recto-verso *m*

Schöndruck *m* – front-side printing, face printing – impression *f* (au) recto

Schöndruckseite *f* – front side (page), recto side (page), recto, top side – côté *m* recto, recto *m*

schöne Künste *f/pl* – fine arts – beaux-arts *m/pl*

Schönschreibkunst *f* – calligraphy – calligraphie *f*

Schönschrift *f* – calligraphic writing – écriture *f* calligraphique

schraffieren – hatch *v.* – hacher, hachurer

schraffierte Schrift *f* – hatched type – caractères *m/pl* hachurés

Schraffierung *f (Schraffur f)* – hatching, cross hatching – hachure *f*, hachurage *m*

schräg – oblique – oblique, en biais, penché, incliné

Schräge *f* – slant, inclination, incline – inclinaison *f*

schräger Balken *m* – sloped stem – barre *f* oblique, barre *f* inclinée

schräg gestellt – italic, slant(ed), italized, italicized – italique, incliné, italisé (elektronisch)

Schrägrollenauslage *f* – angled-roller delivery – sortie *f* à rouleaux obliques

Schrägschneider *m* – angle cutter – coupeuse *f* à coupe oblique

Schrägschnitt *m* – oblique edge – tranche *f* oblique

Schrägschrift *f* – italic typeface – italique *m*

schrägstellen – slant *v.* – incliner, pencher

Schrägstellung *f* – back-slant(ing), italization (Schrift) – inclinaison *f*, italicisation *f* (Font)

Schrägstrich *m* – slash, oblique, diagonal stroke – slash *m*, barre *f* oblique, barre *f* diagonale

Schreibberechtigung *f* – write permission – droit *m* d'écrire

Schreibblock *m* – write pad, pad – bloc-notes *m*, bloc *m*

Schreibdichte *f* – scanline density – densité *f* (d'écriture)

schreiben – write *v.* – écrire

Schreibfehler *m* – spelling mistake, slip of the pen – faute *f* de frappe, faute *f* d'orthographe

Schreibfehler *m (Festplatte)* – write error – erreur *f* d'écriture

schreibgeschützt *(Datei)* – write-protected – verrouillé, potégé en écriture

Schreibkopf *m* – recording head, write head, writing head, print head – tête *f* d'insolation, tête *f* d'impression

Schreibkraft *f* – typist – dactylo(graphe) *f*

Schreibmaschine *f* – typewriter – machine *f* à écrire

Schreibpapier *n* – writing paper – papier *m* pour écrire

Schreibpergament *n* – vellum – vélin *m*

Schreibsatz *m* – typewriter composition – composition *f* par machine à écrire

Schreibschrift *f* – handwriting, script, script font – caractères *f/pl* d'écriture, écriture *f* manuscrite

S

Schreibschriftart f – script typeface – police f script

Schreibschriften f/pl – Script, script types – scriptes, caractères m/pl à écriture courante

Schreibstil m – style – façon f d'écrire, manière f d'écrire, style m

Schreibtisch m (a. auf Rechnern) – desktop, desk – bureau m

Schreibtisch neu anlegen (Option auf Macintosh) – Rebuild desktop – Reconstruire le bureau

Schreibtischumgebung f – desktop environment – environnement m de bureau

Schreibtischzubehör n – desk accessory – accessoire m de bureau

Schreibunterlage f – desk pad – sous-main m

Schreibweise f (Rechtschreibung) – spelling – orthographe f

Schrift f – font, typeface, type – police f (de caractères), fonte f, caractères m/pl

Schriftart f – typestyle, typeface – caractère m, genre m de caractères

Schriftarten einbetten (InDesign) – Embed Fonts – incorporer les polices

Schriftbild n – type design, typeface, font type – typographie f, typo f, oeil m (du caractère)

Schrift-Cache m – font (character) cache – mémoire f cache des caractères

Schriftdesigner, -in – font designer, type designer – créateur, -rice typographique, dessinateur, -rice de caractères

Schriftenbibliothek f – font library – librairie f de fontes, typothèque f, bibliothèque f de polices de caractères

Schriftersetzung f – font substitution – substitution f des polices

Schriftfamilie f – font family, type(face) family – famille f de polices, famille f de caractères

Schriftformat n – font format – format m de police

Schriftgattung f – font group, type group – groupe m de caractères

Schriftgießer m – type founder – fondeur m de caractères

Schriftgießerei f – type foundry – fonderie f de caractères

Schriftglättung f – text smoothing – lissage m du texte

Schriftgrad m – font size, type size, character size – corps m (du caractère)

Schriftgröße f – font size, type size, character size – corps m (du caractère)

Schrifthöhe f – character height, type height – hauteur f du caractère

Schriftkatalog m – type specimen book – catalogue m typographique, catalogue m de caractères

Schriftkegel m – type body, body size – corps m (du caractère)

Schriftklassifizierung f – type(face) classification – classification f de caractères

Schriftkoffer m – font suitcase – valise f (de police)

schriftlich – written – écrit

Schriftlinie f – baseline – ligne f de base

Schriftlinienverschiebung f – baseline shifting – décalage m de la ligne de base

Schriftmater f – type matrix – matrice f de caractères

Schriftmenü n – font menu – menu m Polices

Schriftmetrik f – font metrics – Mesures des polices

Schriftmuster n (Schriftprobe f) – type specimen – spécimen m (de caractères)

Schriftmusterbuch n – type specimen book – catalogue m typographique, catalogue m de caractères

Schriftname m – font name – nom m de la police

Schriftqualität f – type quality – qualité f du caractère

Schriftsatz m – composition, type matter, typeset matter – composition f

Schriftschablone f – script template – trace-lettre f

Schriftscheibe f – type grid – grille f de caractères

Schriftschnitt m – font style, typeface, typestyle – style m du caractère

Schriftsetzer, -in – typesetter, compositor – typographe m, compositeur, -rice

Schriftsteller, -in – author, writer – écrivain m, homme m de lettre

Schriftstil m – character style, type style, font style – style m de caractère(s), style m de la police

Schriftträger m – type carrier – support m de caractères

Schrifttyp m – font type – type m de la police

Schriftuntergruppe f – font subset – jeu m partiel de police

Schriftverwaltung f – font management – gestion f de polices

Schriftverwaltungsprogramm n – font management program – gestionnaire m de polices, logiciel m de gestion des polices

Schriftweite f (a. Dickte f) – character set – chasse f du caractère, largeur f du caractère

Schriftzeichen n – character, letter – caractère m (typographique)

Schriftzeile f – type line – ligne f de caractères

schrittweise – step-by-step, gradual – progressivement, pas à pas

Schrumpffolie f – shrink film – film m rétractable

Schrumpffolienverpackung f – shrink-wrapping – emballage m à film rétractable

S

Schrumpfobjektiv *n* – anamorphic lens – objectif *m* anamorphique

Schuber *m* – slip case, book case – emboîtage *m*, boîte *f*, gaine *f*

Schublade *f* – drawer – tiroir *m*

Schuhsohle *f* (CIE-Farbsystem) – shoe sole – semelle *f* de chaussure

Schulbuch *n* – schoolbook – livre *m* scolaire, livre *m* de classe

Schulter *f* (typogr.) – shoulder – talus *m* (d'un caractère)

Schuppenanlage *f* – overlap feeding – marge *f* en nappe

Schuppenauslage *f* – shingle delivery – sortie *f* en nappe

Schusterjunge *m* – orphan – orphelin *m*

Schüttelauslage *f* – jogging delivery – sortie *f* à vibrateurs

Schutzhülle *f* – cover, protective cover, dust cover, jacket, dust jacket – couvre-livre *m*, jaquette *f* (du livre), protège-livre *m*

Schutzkarton *m* – slip case – coffret *m*

Schutzlackierung *f* – protective coating – couche *f* protectrice

Schutzschicht *f* – protective layer, protective coating – couche *f* protectrice, vernis *m* à masquer

Schutzumschlag *m* – book wrapper, wrapper, jacket, dust jacket, dust cover – jaquette *f* (du livre), protège-livre *m*, couvre-livre *m*, couverture *f* protectrice

Schutzvorrichtung *f* – safety guard – panneau *m* de protection

Schwabacher (Schriftklassifizierung) – bastard, bastarda – bâtarde

schwaches Licht *n* – low light, dim light – éclairage *m* faible, lumière *f* faible

Schwamm-Werkzeug (Photoshop) – Sponge tool – outil Éponge

Schwankungen *f/pl* – variations – variations *f/pl*

schwarz – black (K = key) – noir

Schwarzaufbau *m* – black composition – répartition *f* du noir

schwarze Kunst *f* – art of printing, printer's art – art *m* de l'impression

Schwarzform *f* – black form – forme *f* du noir

Schwarzgenerierung *f* – black generation – génération *f* du noir

Schwarzplatte *f* – black plate – plaque *f* du noir

Schwarzpunkt *m* – black point – point *m* noir

Schwarzschildeffekt *m* – reprocity effect, reciprocity law failure – effet *m* de voisinage

schwarzweiß – black and white (b&w) – noir et blanc

Schwarzweißbild *n* – black and white image, black and white picture – image *f* noir et blanc (N&B)

Schwarzweißdrucker *m* – black and white printer – imprimante *f* noir et blanc

Schwarzweißfilm *m* – black-and-white film – film *m* (en) noir et blanc

Schwarzweißfotografie *f* – black and white photograph – photographie *f* (en) noir et blanc

Schwarzweißvorlage *f* – black and white artwork, black and white original, black and white copy – original *m* (en) noir et blanc *m*

Schwellwert *m* – threshold – seuil *m*

Schwertfalz *m* – knife-fold – pli *m* à couteau

Schwertfalzmaschine *f* – knife-folder – plieuse *f* à couteau

Schwingspiegel *m* – oscillating mirror – miroir *m* oscillant

Screenshot *m* – screenshot, screen capture, screendump – copie *f* d'écran, capture *f* d'écran

Scribble *m* – scribble – scribble *m*

scrollen – scroll *v.* – faire défiler

Scrollen *n* – scrolling – défilement *m*

Sechsfarbendruck *m* – six-color printing – impression *f* en six couleurs

Segmentierung *f* – segmentation – segmentation *f*

Seidendruck *m* – silk-print – impression *f* sur soie

Seidenpapier *n* – tissue paper – papier *m* de soie

Seite einrichten (Menüpunkt) – Page Setup – Format de page

Seite *f* – page – page *f*

Seiten(an)zahl *f* – number of pages – nombre *m* de pages

Seitenanfang *m* – top of the page – haut *m* de page

Seitenangabe *f* – page reference – indication *f* de page

Seitenansicht *f* – side view – vue *f* latérale de côté, profil *m*

Seitenaufriss *m* – page dummy – maquette *f* de (la) page

Seitenausrichtung *f* – page orientation – orientation *f* de la page

Seitenbereich *m* – page area – zone *f* de page

Seitenbeschreibungssprache *f* – page description language – langage *m* de description de page(s)

Seitenbestandteile *m/pl* – page elements – éléments *m/pl* de la page

Seitenbreite *f* – page width – largeur *f* de la page

Seitenbruch *m* – page break – saut *m* de page

Seitendrucker *m* – page printer – imprimante *f* page par page, imprimante *f* feuille à feuille

Seiteneffekt *m* – side effect – effet *m* de bord

Seiteneinrichtung *f* (in Programmen) – page setup – configuration *f* de l'impression

Seitenfolge *f* – page sequence – séquence *f* de pages

Seitenformat *n* – page format – format *m* de (la) page

Seitenführung *f* – side guide – guide *m* latéral

S

Seitengestell n *(Druckmaschine)* – side frame – bâti m latéral

Seitengröße ändern – resize v. page – recadrer

Seitengröße f – page size – taille f de la page, gabarit m

Seitenheftung f – side stitching, flat stitching – piqûre f à plat

Seitenhöhe f – page height, depth of page – hauteur f de la page

Seiteninhalt m – page content – contenu m de la page

Seitenkoordinaten f/pl – page coordinates – coordonnées f/pl de la page

Seitenkopf m – head – têtière f

Seitenlage f – page orientation – orientation f de la page

seitenlang – lengthy, pages and pages – long(ue) de plusieurs pages, de plusieurs pages, des pages et des pages

Seitenlayout n – page layout, document layout – mise f en page, plan m de montage, maquette f de (la) page

Seitenmarken f/pl – side guide – taquets m/pl latéraux

Seitenmontage f – page assembly – mise f en page

Seitenneigung f – page bottling – inclinaison f de la page

Seitennummer f – page number, folio – numéro m de page, folio m

Seitennummerierung f – pagination, page numbering – pagination f, numérotation f des pages, foliotage m

Seitenpaginierung f – pagination, page numbering – foliotage m, pagination f, numérotation f des pages

Seitenrahmen m *(Seitengröße)* – bounding box – cadre m de la page

Seitenrahmen *(PDF)* – page boxes – zones f de la page

Seitenrand m – page margin – marge f de la page

Seitenraster m – page grid – grille f de (la) page

Seitenregister n *(Passerhaltung beim Druck)* – side registration – repérage m latéral

seitenrichtig – right reading – à l'endroit

Seitenumbruch m – page assembly, page composition, page make-up, pagination – mise f en page, montage m de la page

Seitenumfang m – number of pages – nombe m de pages

Seitenverdrängung f – shingling, page shingling – chasse f, gradation f des petits fonds

Seitenverhältnis n – aspect ratio – rapport m hauteur/largeur

seitenverkehrt – mirror-inverted, back to front, back-to-front, reverse reading – à l'envers

seitenverkehrte Ausgabe f – mirror print – impression f en émulsion verso

Seitenvorschub m – form feed – avance f de page

Seitenwand f *(Druckmaschine)* – side frame – bâti m latéral

Seitenzahl f – page number, folio – numéro m de page, folio m

Seitenzahl f – page number – numéro m de page

Seitenzahl f **am Fuß** – drop folio – folio m en bas, folio m de pied de page

seitlich – side... , lateral – latéral, de côté

seitlicher Bahnverzug m – web shift side-to-side – déplacement m latéral de la bande

seitliches Menü n – flyout menu – menu m latéral

Sektor m – sector – secteur m

Sektorkorrektur f – sector correction – correction f par secteur chromatique

Sekundärfarben f/pl – secondary colors – couleurs f/pl secondaires

selbst (sich) weiterbilden – self-study v. – s'autoformer

Selbstauslöser m *(fotogr.)* – self-timer, timer – retardateur m, déclencheur m automatique

Selbstauslöserlampe f – remote control lamp – voyant m de retardateur

selbstentpackend – self-extracting – auto-extractible, auto-dépliant

selbstkalibrierend – self-calibrating – auto-calibrant

Selbstkalibrierung f – self-calibration – auto-calibrage m

Selbstklebeetikett n – self-adhesive label, pressure-sensitive label – étiquette f autocollante (adhésive)

selbstklebend – self-adhesive – autocollant, adhésif

Selbstkostenpreis m – cost price – prix m de revient

Selbstverleger, -in – author-publisher – auteur-éditeur m

selektive Farbkorrektur f – selective color correction – correction f couleur sélective

Self-Sign-Sicherheit *(Acrobat)* – self-sign security – protection f autosignée

seltenes Buch n – rare book – livre m rare

Semikolon n *(Strichpunkt m)* – semicolon – point-virgule m

Seminar n – seminar – séminaire m

senden – send v. – envoyer

Sender m – sender – émetteur m

senkrecht – vertical, perpendicular – vertical, perpendiculaire

senkrechte Anführungszeichen n/pl – dumb quotes – guillemets m/pl simples

Senkrechte f – vertical, perpendicular (Winkel) – verticale f, perpendiculaire f

sensibilisieren *(lichtempfindlich machen)* – sensitize v. – sensibiliser

Sensor m – sensor – détecteur m, capteur m, palpeur m

Separation f – separation – séparation f

Separationstabelle f – separation table – table f de séparation, tableau m de séparation

S

separieren – separate *v.* – séparer
separiert – separated – séparé
Sepia *n* – sepia – sépia *m*
sequenziell – sequential – séquentiel
sequenzielle Verarbeitung *f* – sequential processing – traitement *m* séquentiel
sequenzieller Zugriff *m* – sequential access – accès *m* séquentiel
Sequenzaufnahme *f (fotogr.)* – burst shot – prise *f* de vue en rafale
Serie *f (z.B. Buchreihe)* – serial – publication *f* en série
serielle Schnittstelle *f* – serial interface, serial port – interface *f* série, port *m* série
Serienaufnahmen *f/pl* – continuous shooting, sequential shooting – prises *f/pl* de vues en séquence
Serife *f* – serif – empattement *m*, sérif *m*, patin *m*
serifenbetonte Linear-Antiqua *f* – Mechanistic, slab serif, Egyptian – Mécane *f*, Mécanes, Égyptienne
serifenlos – sans serif – sans empattements
serifenlose Linear-Antiqua *f* – lineal – linéale *f*, Linéales
serifenlose Schrift *f (Grotesk-schrift f, Antiqua f)* – sans serif type(face), Sans serif, Grotesque – police *f* sans empattement, caractères *m/pl* sans empatte-ments, caractères *m/pl* grotesques
Serifenschrift *f* – serif typeface – caractère *m* à empattement
Server *m* – Server – serveur *m*
setzen *(typogr.)* – set *v.*, typeset *v.*, compose *v.* – composer
Setzen *n* – typesetting, composing – composition *f*
Setzer, -in – typesetter, composi-tor, typographer – typographe *m/f*, compositeur, -rice

Setzerei *f* – type shop, composing room, case room – atelier *m* de composition, salle *f* de composition
Setzkasten *m* – letter case – casse *f*
Setzmaschine *f* – typesetter, typesetting machine – machine *f* à composer
Shared Memory – shared memory – mémoire *f* partagée
Shareware *f* – shareware – partagiciel *m*, logiciel *m* contributif
Sharing Setup *(Kontrollfeld auf dem Mac)* – Sharing setup – Partage de fichiers
Shredder *m* – shredder – déchiqueteur *m*
sich wiederholende Aufgaben *f/pl* – repeating tasks – taches fpl répétitives
Sicherheitsfilm *m* – acetate film, safety film – film *m* acétate
Sicherheitslicht *n* – safelight – lumière *f* inactinique
sichern – save *v.* – enregistrer, sauvegarder
Sichern als EPS *(Option in QuarkXPress)* – Save as EPS – Enregistrer page en EPS
Sicherungsdatei *f* – backup file – fichier *m* de sauvegarde
Sicherungskopie erstellen – backup *v.* – faire une copie de sauvegarde
Sicherungskopie *f* – backup (copy) – copie *f* de sauvegarde
sichtbar – visible, perceptible – visible
sichtbar machen – visualize *v.* – visualiser
Sichtbarmachung *f* – visualiza-tion – visualisation *f*
Sichtgerät *n* – display device – visu *f*, écran *m* de visualisation
Sichtprüfung *f* – visual check – contrôle *m* visuel
Siebdruck *m* – screen printing, silk-screen printing – sérigraphie *f*
Siebdrucker, -in – screen printer, silk-screen printer – sérigraphe *m*, imprimeur *m* sérigraphe

Siebdruckerei *f* – screen print-shop – atelier *m* de sérigraphie
Siebdruckfarbe *f* – screen prin-ting ink – encre *f* sérigraphique
Siebdruckgewebe *n* – screen fabrics – tissu *m* sérigraphique
Siebdruckkopierrahmen *m* – screen printing frame – châssis *m* de copie pour sérigraphie
Siebdruckmaschine *f* – screen printer – imprimeuse *f* sérigraphique
Siebdruckrahmen *m* – screen frame – cadre *m* sérigraphique
Siebseite *f (Papierherstellung)* – wire side – côté *m* toile
Siegel *n* – seal – sceau *m*
Siegelnaht *f* – sealing seam – cordon *m* de scellage
Siegelvorgang *m* – sealing process – opération *f* de scellage
siehe *(Verweis in Buch)* – see – voire
Signatur *f (Ausschießen)* – signature – signature *f*, cahier *m*
Signaturnummer *f* – signature number (mark) – chiffre *m* de signature
Signet *n* – mark – sigle *m*
Sikkativ *n* – siccative – siccatif *m*
Silbe *f* – syllable – syllabe *f*
Silbentrennung *f* – hyphenation – division *f* (des mots) en syllabes, coupure *f* de mots, césure *f*
Silbentrennung *f* **und Aus-schließen** – hyphenation and justification, H & J – coupure *f* de mots et justification
Silbentrennzone *f* – hyphenation zone – zone *f* de césure
Silber *n* – silver – argent *m*
Silberbad *n* – silver bath – bain *m* d'argent
Silberfilm *m* – silver film – film *m* argentique
Silberkorn *n* – silver grain – grain *m* d'argent
Simulation *f* – simulation – simulation
simulieren – simulate *v.* – simuler
Skala *f* – scale – échelle *f*

S

Skalenfarbe f – process color – couleur f d'échelle, couleur f de processus

skalierbar – scalable, extensible, extendable – adaptable, extensible

Skalierbarkeit f – scalability – extensibilité f

skalieren – scale v. – mettre à l'échelle

skaliert – scaled – mis à l'échelle

Skalierung f – scaling – mise f à l'échelle

Skelettschwarz n – skeleton black, ghost key – noir m squelette, noir m de structure

Skizze f – sketch, rough layout, esquisse, rough – croquis m, esquisse f, ébauche f

Skizzenblock m – sketch pad, sketchpad – bloc m de (à) croquis

Skizzenbuch n – sketchbook – carnet m de (à) dessins (croquis), album m de (à) croquis

skizzenhaft – sketchy, rough – esquissé, ébauché, en quelques traits

skizzieren – sketch v. – ébaucher, esquisser

skriptfähig – scriptable – scriptable

Skriptsprache f – scripting language – langage m (de) script

Sleeve m (Flexodruckform) – sleeve – manchon m

Slot m – slot – logement m, fente f

Smartcard f – smart card, microcircuit card – carte f à puce

Smooth Shading m (PostScript, PDF) – Smooth Shading – Smooth Shading, Dégradé m lisse (progressif)

Sofortbild n – instant picture – instantané m

Sofortbildkamera f – instant camera – polaroid m

Sofortdruck m – instant printing – impression f instantanée

Sofortdrucker m – instant printer – imprimerie f minute

Sofortzugriff m – instant access – accès m immédiat

Softproof m – softproof – épreuve f écran, épreuvage m écran, softproof m, prévisualisation f sur écran, épreuvage m logiciel

Software f – software – logiciel m, F soft m

Software-Designer, -in – software designer, author (of software) – concepteur, -rice de logiciel

Software Development Kit n – software development kit (SDK) – kit de développement logiciel

Software-Entwickler, -in – software developer – développeur, -euse (de logiciel)

Software-Ergonomie f – software ergonomics – ergonomie f du logiciel

Softwarepaket n – software package – progiciel m

Solarisation f – solarization – solarisation f

Sollwert m – rated value, target value, nominal value, theoretical value – valeur f assignée, valeur f nominale, valeur f de consignes

Sonderausgabe f – special issue, special edition – édition f spéciale

Sonderdruck m – off(-)print – décalque m, tirage m à part, tiré m à part

Sonderfarbe f – spot color – couleur f d'accompagnement, couleur f spéciale, ton m direct

Sonderplatzierung f (Anzeige) – special position, preferred position, premium position – emplacement m de rigueur

Sonderzeichen n – special character – caractère m spécial

Sonnenlicht n – sunlight – lumière f du soleil

sortieren – sort v. – trier

Sortierfolge f – collation sequence – séquence f de collation

Sortierung f – sorting – triage m

Sortiment n – assortment – assortiment m

Soundkarte f – sound card, sound board – carte f (de) son

Spalte f – column – colonne f

Spaltenabstand m – gutter width – largeur f de la gouttière

Spaltenbreite f – column measure, column width, width of column – largeur f de la colonne, justification f de la colonne

Spaltenmaß n – column measure – largeur f de la colonne

Spaltenende n – end of column, bottom of column – fin f de colonne

Spaltenhöhe f – height of column, depth of column, column height, column depth – hauteur f de la colonne

Spaltenkonturen (InDesign) – Column strokes – Contours de colonnes

Spaltenkopf m – column head(ing), top head – en-tête m de colonne

Spaltenüberschrift f – column head(ing), top head – en-tête m de colonne

Spaltenumbruch m – column break – saut m de colonne, changement m de colonne

spaltenweise – in columns – en colonnes

Spaltenzwischenraum m – gutter – gouttière f, marge f intérieure

Spamming n (Werbebemüllung per Internet) – spamming – inondation f, multipostage m abusif

Spannung f (elektr.) – voltage – tension f

Spätausgabe f – late issue – édition f du soir

spationieren – space out v. – blanchir, espacer, interlettrer

Spationierung f – track, letter spacing – interlettrage f

Spatium n – space – espace m

Speckling n – speckling – effet m tacheté

S

Speicher *m* – memory – mémoire *f*
Speicherbedarf *m* – memory capacity requirement – besoin *m* de mémoire
Speicherbelegung *f* – memory allocation – allocation *f* (de) mémoire
Speicherbenutzung & Bild-Cache *(Option in Photoshop)* – Memory & Image cache – Mémoire cache
Speichergerät *n* – storage device – support *m* de stockage
Speicherkapazität *f* – storage capacity, memory capacity – capacité *f* de stockage, capacité *f* mémoire
Speicherkarte *f* – memory card, memory stick – carte *f* mémoire
Speichermanagement *n* – memory management – gestion *f* de (la) mémoire
Speichermedium *n* – storage media – moyen *m* d'enregistrement
speichern – save *v.* – enregistrer, sauvegarder, stocker, archiver, mémoriser
speichern als (unter) – save as – enregistrer sous
Speicherplatz *m* – disk space – espace *m* disque
Speicherplatzanforderung *f* – memory requirement – mémoire *f* requise
Speichersystem *n* – storage system – système *m* de stockage
Speicherung *f* – storage – archivage *m*, stockage *m*
Speicherverwaltung *f* – memory management – gestion *f* de (la) mémoire
Speicherzuteilung *f* – memory allocation – allocation *f* (de) mémoire
spektral – spectral – spectral
Spektralanalyse *f* – spectrum analysis, spectral analysis – analyse *f* spectrale, analyse *f* du spectre
Spektralbereich *m* – spectral range – plage *f* spectrale

spektrale Empfindlichkeit *f* – spectral sensitivity, spectral response – sensibilité *f* spectrale
spektrale Farbdichte *f* – spectral color density – densité *f* spectrale de la couleur
spektrale Farbdichtemessung *f* *(an Druckmaschine)* – spectral color density measurement – mesure *f* spectrale de la densité d'encrage
spektrale Lichtverteilung *f* – spectral light distribution – répartition *f* spectrale de la lumière
spektrale Reinheit *f* – spectral purity – pureté *f* spectrale
Spektralfarbe *f* – spectral color, color of the spectrum – couleur *f* spectrale, couleur *f* du spectre
Spektralfotometer *n* – spectro-photometer – spectrophotomètre *m*
spektralfotometrische Messung *f* – spectrophotometric measurement – analyse *f* spectrophotométrique
Spektrallinienzug *m* *(CIE-Farbsystem)* – spectral line – ligne *f* spectrale
Spektrofotometrie *f* – spectrophotometry – spectrophotométrie *f*
Spektrum *n* – spectrum – spectre *m*
sperren *(Text)* – lead *v.* – serrer
sperren *(Objekt)* – lock *v.* – verrouiller
Sperrung aufheben – unlock *v.* – déverrouiller
Sperrung *f* – locking – déverrouillage *m*
Spezialeffekt *m* – special effect – effet *m* spécial (*pl* effets spéciaux)
spezialisiert – specialized, dedicated – dédié, spécialisé
Spezifikation *f* – specification – spécification *f*
spezifisches Gewicht *n* – specific gravity – poids *m* volumique
spezifisches Volumen *n* – specific volume – indice *m* de main

spezifizieren – specify *v.* – spécifier
sphärische Aberration *f* – spherical aberration – aberration *f* sphérique
Spiegel *m* – mirror – miroir *m*
Spiegelbild *n* – mirror image – reflet *m*
spiegeln – mirror *v.*, flip *v.*, flop *v.* – miroiter
Spiegeln *n* – mirroring – miroitement *m*
spiegelnd – mirroring – effet *m* miroir
Spiegelreflexkamera *f* – reflex camera – reflex *m*, appareil *m* reflex
Spiegelschrift *f* – mirror writing, mirror type – écriture *f* en miroir, caractères *m/pl* en miroir
Spiegelung *f* – reflection, mirroring – reflet *m*
Spiralbindung *f* – spiral binding – reliure *f* (à) spirale
Spiraldraht *m* – spiral wire – fil *m* en spirale
Spiraldrahtbindung *f* – spiral wire binding – reliure *f* à fil en spirale
Spirale *f* – spiral – spirale *f*
Spiralfalz *m* – spiral fold – pliage *m* à hélices
spitz – acute – aigu
spitz zusammenlaufen – taper off – se terminer en pointe
spitzer Winkel *m* – acute angle, sharp angle – angle *m* aigu
Spitzlicht *n* – catchlight – scintillement *m*
Spitzlichtbereich *m* – catchlight area – zone *f* (de) très hautes lumières
Spitzlichter *n/pl* – catchlight, specular highlight – très hautes *f/pl* lumières
Spitzlicht-Vorlage *f* – catchlight original – original *m* à scintillements
Spitzpunkt *m* – highlight dot – point *m* haute lumières
Spline-Kurve *f* – spline curve – courbe *f* Spline

S

Split-Screen *m* – split screen – écran *m* séparé
splitten – split *v.*, tile *v.* – diviser, répartir
spoolen – spool *v.* – spouler
Spooler *m* – spooler – spoule(u)r *m*
Spool-Verzeichnis *n* – spool directory – répertoire *m* spoule
Sprache *f* – language – langue *f*
Spracherkennung *f* – voice recognition, speech recognition – reconnaissance *f* vocale
Sprachunterstützung *f* (*in Programmen*) – language support – gestion *f* linguistique
Sprechblasen-Hilfe *f* – balloon help – info *f* bulle
Sprenkeln (*Option in Photoshop*) – Dissolve – Fondu
Spritzdüse *f* – spray nozzle – pulvérisateur *m*
Spritzpistole *f* – airbrush – aérographe *m*, brosse *f* à air
Spritzretusche *f* – airbrush retouching – retouche *f* à l'aérographe
Spritzschablone *f* – airbrush stencil – pochoir *m* à l'aérographe
Sprühdose *f* – spray can – bombe *f*
sprühen – spray *v.* – pulvériser
Spule *f* – reel – bobine *f*
Spur *f* – track – piste *f*
Stäbchen *n* (*Auge*) – stave – bâtonnet *m*
Stabilisator *m* – stabilizer – stabilisateur *m*, stabilisant *m*
stabilisieren – stabilize *v.* – stabiliser
Stahlstecher *m* – die stamper – graveur *m* au burin
Stahlstich *m* – die stamping – gravure *f* sur acier
Stand-Alone-Programm *n* – stand-alone application – application *f* autonome
Standard *m* – standard, default – standard *m*, défaut *m*
Standardbeobachter *m* (*CIE-Farbsystem*) – standard observer – observateur *m* de référence, observateur *m* moyen

Standardeinstellung *f* – default (setting) – réglage *m* par défaut
Standardformat *n* – standard format – format *m* standard
standardisierte Bedingungen *f/pl* – standardized conditions – conditions *f/pl* normalisées
Standardisierung *f* – standardization – normalisation *f*, standardisation *f*
standardmäßig – by default – par défaut
Standardprofil *n* (*ICC-Farbmanagement*) – default profile – profil *m* par défaut
Standardschriften *f/pl* – base fonts – polices *f/pl* de base
Standardsprache *f* – main language – langue *f* principale
Standardvorlage *f* – template – modèle *m* par défaut
Standardwert *m* – default value, default – valeur *f* par défaut
Standaufnahme *f* – still – photogramme *m*
Standbild *n* (*Video*) – fixed image – arrêt *m* sur l'image
Standbogen *m* – imposition sheet, sheet layout, signature – feuille *f* d'imposition, imposition *f* de la feuille, cahier *m*
standby – standby – en veille
ständige Verbindung *f* – persistent connection – connexion *f* persistante
Standleitung *f* – dedicated line, leased line – ligne *f* fixe (établie)
Standproof *m* – imposition proof – épreuve *f* d'imposition
Stanzbogen *m* – die cut sheet – feuille *f* de découpe
Stanze *f* – punch – poinçonneuse *f*, perforeuse *f*
stanzen – punch *v.* – poinçonner
Stanzen *n* – die cutting – découpe *f*, estampage *m*
Stanzform *f* – die, cutting die, die-board – forme *f* de découpe, forme *f* à découper, matrice *f* de découpe
Stanzgegenzurichtung *f* – counter-die – contre(-)partie *f* de découpage (de gaufrage)

Stanzlinie *f* – cutting rule – filet *m* de découpe
Stanzloch *n* – punch – perforation *f* de repérage
Stanzloch-Ausrichtung *f* – punch orientation – orientation *f* de la perforation de repérage
Stanzlochmarke *f* – punch mark – repère *m* de perforation
Stanzlochmitte *f* – punch center – perforation *f* de repérage centrale
Stanzmaschine *f* – die-cutter, die-cutting machine – machine *f* de découpe, machine *f* à découper
Stanzperforation *f* – punch perforation – perforation *f* par découpe
Stanzpresse *f* – cutter-creaser – découpeuse *f* à platine
Stanzregister *n* – punch register – registre *m* de découpe
Stanzrolle *f* – cutting die drum – cylindre *m* de l'outil de coupe
Stanzung *f* – die cut (D/C) – découpe *f*
Stanzwerk *n* – die cut section – découpoir *m*
Stanzzylinder *m* – die cylinder – cylindre *m* de découpe
Stapel *m* – pile – pile *f*
Stapeldatei *f* – batch file – fichier *m* batch, fichier *m* de commande
stapeln – stack *v.*, pile up *v.* – empiler
Stapeln *n* – stacking – empilage *m*
Stapelreihenfolge *f* – stacking order – ordre *m* d'empilement
Stapelung *f* – stacking – empilement *m*
Stapelungsebene *f* – stack level – niveau *m* d'empilement
Stapelverarbeitung *f* – batch processing – traitement *m* par lots
stapelweise – in piles – en tas, en pile
stark (*Papier*) – thick – fort, épais
starker Farbstich *m* – strong colorcast, strong color shift – fortes dominantes *f/pl* de couleurs, forte dominante *f*

starker Kontrast *m* – high contrast – contraste *m* élevé

starten *(Programm)* – launch *v.*, start *v.* – lancer, démarrer

Startobjekte *(Macintosh-System-ordner)* – Startup objects – ouverture au démarrage

Startpunkt *m (Objekt)* – starting point – point *m* de départ

Startseite *(Internet)* – home page – page *f* d'accueil

statische IP-Adresse *f* – static IP address – adresse *f* IP fixe

Stativ *n* – tripod – trépied *m*, support *m*

Stativgewinde *n* – tripod socket – embase *f* filetée de trépied

Statusleiste *f* – status bar – barre *f* d'état

Staub und Kratzer enfernen *(Photoshop)* – Dust and Scratches – Anti-poussière

staubdicht – dust-tight – étanche à la poussière

Staubentfernen *n* – dust removal – dépoussiérage *m*

Staubfilter *m* – dust filter – filtre *m* anti-poussière

staubfrei – dust(-)free – exempt de poussière

Staubkorn *n* – grain of dust – grain *m* de poussière

stauchen – buckle *v.* – refouler

Stauchfalz *m* – buckle fold – pli *m* à refoulement

Steckdose *f* – power point, wall socket, power outlet – prise *f* (de courant)

Stecker *m* – connector – connecteur *m*

Steckkarte *f* – plug-in board – carte *f* d'extension

Steckplatz *m* – slot – logement *m*, fente *f*

Steckschriftkasten *m* – display typecase – casse *f* à barrettes mobiles

Steg *m (typogr., Spaltenfreiraum)* – gutter – gouttière *f*, marge *f* intérieure

stehendes Format *n* – long grain, long cut-off – format *m* à la française

Stehmontage *f* – assembly for reuse – montage *m* vif

Stehsatz *m* – standing matter, standing type, live matter – composition *f* conservée, composition *f* permanente

steigend – ascending – ascendant

steigern der Produktivität – increase *v.* the productivity – augmenter la productivité

steile Gradation *f* – steep gradation – gradation *f* raide

Steindruck *m* – stone printing – lithographie *f*

Steindruckpresse *f* – lithographic press – presse *f* litho

Stellenanzeige *f* – job ad(vertisement), employment ad – annonce *f* offre d'emploi, offre *f* d'emploi par annonce

Stellschraube *f* – adjusting screw – vis *f* de réglage

Stempel *m* – stamp – cachet *m*, tampon *m*

Stempelschneider *m* – punch-cutter – graveur *m* de poinçons

Stempel-Werkzeug *(in Photoshop)* – Rubber stamp tool – outil Tampon

Stenotypist, -in – stenographer, shorthand typist – sténodactylo *f*

Step and Repeat – step & repeat – copie-report *f*, montage *m* par report à répétition, copier-répéter, report *m*, step & repeat

Sterilgut-Verpackung *f* – packaging of sterile goods – conditionnement *m* de produits stériles

Sternchen *n* (*) – asterisk, star, F splat – astérisque *m*, étoile *f*

sternförmig – star-shaped – en étoile

sternförmiges Netzwerk *n* – star layout network – réseau *m* en étoile

Stern-Topologie *f* – star topology – topologie *f* en étoile

Steuer-Bus *m* – control bus – bus *m* de commandes

steuern – control *v.* – guider

Steuerzeichen *n* – control cha-racter – caractère *m* de contrôle

Stichel *m* – burin – burin *m*

Stichprobe *f* – random sample, random check – échantillon *m*

Stichprobenentnahme *f* – sampling – échantillonnage *m*

Stichwort *n* – key word, buzzword – mot *m* clé

Stichwortverzeichnis *n* – index – index *m*

Sticker *m* – sticker – autocollant *m*

Stickyback *m* – stickyback – adhésif *m* double face

Stift *m (Schreibstift)* – pen – crayon *m*

Stift *m (bei Grafiktablett)* – stylus – stylet *m*

Stiftbuchse *f* – male connector – connecteur *m* mâle

Stiftregister *n* – pin register – repère *m* de cadrage

Stiftwerkzeug *(FreeHand)* – Pen tool – outil Plume

Stil *m* – style – style *m*

Stillstandszeit *f* – down time, downtime, downtimes – point *m* mort, temps *m* d'immobilisation

Stilvorlage *f* – style sheet – feuille *f* de style

stochastische Rasterung *f* – stochastic screening – tramage *m* stochastique, tramage *m* aléatoire

Stoppbad *m* – stop bath – bain *m* d'arrêt

Storchenschnabel *m* – panto-graph – pantographe *m*

Stoßmarke *f* – push guide – rectificateur *m* poussant

Strahl *m* – ray – rayon *m*, faisceau *m*

Strahlung *f* – radiation – rayonnement *m*

Streamer *m* – streamer – dévideur *m*

Streaming *n* – streaming – enchaînement *m*

Streifen *m* – stripe – bande *f*

Streifenbildung *f* – banding, streaking – formation *f* de stries

Streufolie *f (bei Plattenkopie)* – dispersion sheet – écran *m* diffuseur, feuille *f* de diffusion

S

Streufolienbelichtung f *(bei Plattenkopie)* – dispersion sheet exposure – insolation f à feuille de diffusion

Streulicht n – stray light, scattered light – lumière f dispersée, lumière f parasite

Streulichtblende f – lens hood, lens shade – pare-soleil m

Strg-Alt-Entf – Ctrl-Alt-Del – Ctrl-Alt-Suppr

Strg-Taste f – Ctrl key – touche f Ctrl

Strich m – line, stroke, dash – trait m, tiret m

Strich m *(gestrichenes Papier)* – coating – couchage m, couche f

Strichabbildung f – line illustration – illustration f trait

Stricharbeiten f/pl – linework – travaux m/pl aux traits

Strichbild n – line art image – image f trait

Strichbreite f – stroke width – largeur f de trait

Strichcode m – bar code – code m à barres, code-barres m

Strichcodeleser m – bar code reader – lecteur m de codes à barres

Strichfilm m – line film – film m trait, film m line

Strichgrafik f – lineart – graphique m au trait

Strichpunkt m *(Semikolon n)* – semicolon – point-virgule m

Strichschärfe f – line definition, line sharpness – netteté f de trait

Strichstärke f – line weight, line width, stroke thickness, stroke width – épaisseur f de trait

Strichumsetzung f – conversion to line(-)art – conversion f au trait

Strichvorlage f – line(-)art original – original m de (au) trait

Strippen n *(Filmmontage)* – stripping – pelliculage m

Stroboskop n – strobe (lighting), stroboscope – stroboscope m, flash m stroboscopique

Strom m – power, current – courant m, alimentation f

Stromausfall m – power failure, power cut – coupure f de courant, panne f de courant

Stromversorgung f – power supply, current supply – alimentation f, alimentation f en courant, alimentation f électrique, F alim f

Stückkosten pl – unit cost – coût m unitaire

stufiger Übergang m *(in Farbverläufen)* – banding – formation f de stries

stumpfer Winkel m – obtuse angle – angle m obtus

Stützpunkt m – reference point – point m de référence

Stützwert m – pivot point – point m de référence

subjektiv wahrnehmen – perceive subjectively – percevoir de manière diverse

Subroutine f – subroutine – sous-programme m

Subsampling n – subsampling – sous-échantillonnage m

substituieren – substitute v. – substituer

Substrat n – substrate – substrat m

subtraktive Farben f/pl – subtractive colors – couleurs f/pl soustractives

subtraktive Farbmischung f – subtractive color theory – mélange m soustractif de couleurs

suchbarer Text m – searchable text – texte m recherchable

Suche f – search – recherche f

suchen *(z.B. nach Datei)* – search v., seek v. – rechercher, chercher

suchen und ersetzen – search and replace – rechercher et remplacer

Sucher m – viewfinder – viseur m

Suchkriterium n *(Suchbedingung f)* – search criteria – critère m de recherche

Suchmaschine f – search engine – moteur m de recherche

Suchoptionen f/pl – search options – options f/pl de recherche

Suchtext m – search query – clé f de recherche

Suchverzeichnis n – index – index m

Superuser *(in UNIX-System)* – superuser – superutilisateur m

Superzelle f *(Rastertechnologie)* – supercell – super-cellule f

surfen *(Internet)* – surf v., browse v. – naviguer, surfer

Surrealismus m – surrealism – surréalisme m

Swap m – swap – permutation f

swappen – swap v. – permuter

SWOP-Standard m – SWOP standard – norme f SWOP

Symbol n – symbol, icon *(in Programmen)* – symbole m, icône f *(in Programmen)*

symbolischer Link m – symbolic link – lien m symbolique

symbolisieren – symbolize – symboliser

Symbolleiste f *(in Programmen)* – icons bar – barre f d'icônes

Symmetrie f – symmetry – symétrie f

Symmetrieachse f – symmetry axis – axe m de symétrie

Symmetrieebene f – plane of symmetry – plan m de symétrie

symmetrische Multiprozessor-Verarbeitung f – symmetric multiprocessing, SMP – multitraitement m symétrique

synchrone Übertragung f – synchronous communication – communication f synchrone

System n – system – système m

Systemabsturz m – system crash – plantage m du système

Systemadministrator, -in – system administrator – administrateur m réseau, manager m réseau

Systemanalyse f – system(s) analysis, system engineering – analyse f fonctionnelle

Systemanalytiker, -in – system(s) analyst – analyste m/f système

S

Systemanforderungen *f/pl* – system requirements – configuration *f* système requise

Systemerweiterungen *(Macintosh-Systemordner)* – Extensions – Extensions

Systemfehler *m* – system error – erreur *f* du système

Systemkomponenten *f/pl* – system components – composants *m/pl* du système

Systemordner *(auf dem Macintosh)* – System folder – dossier système

Systemprofil *(ColorSync)* – system profile – profil *m* de système

Systemressourcen *f/pl* – system resources – ressources *f/pl* système

Systemschrift *f* – system font – police *f* système

Systemstart *m* – system startup – démarrage *m* du système

Systemuhr *f* – system clock – horloge *m* système

Systemverwalter, -in – system administrator – administrateur *m* réseau, administrateur *m* systéme

System zum Absturz bringen – crash *v.* a system – faire planter un système

Szet (ß) – eszet, ess-zed, sharp S – s dur, szet allemand, double s

T

tabellarisch – tabular, tabulated – tabulaire, sous forme de tableau

Tabelle *f* – table – tableau *m*, table *f*

Tabellenfeld *n* – tabular field – champ *m* de table(au)

Tabellenform *f* – tabular form, tabulated – forme *f* de table(au)

Tabellenfuß *m* – bottom of table – bas *m* de (du) table(au)

Tabellenkalkulation *f* – spreadsheet – feuille *f* de calcul, tableur *m*

Tabellenkalkulationsprogramm *n* – spreadsheet (program) – tableur *m*

Tabellenkopf *m* – table head, head of table – têtière *f* (du tableau)

Tabellenraster *m* – table grid – grille *f* de tableau

Tabellensatz *m* – tabbing, tabular matter, tabular composition, tabular setting, tabular work, table matter – tableautage *m*, composition *f* de (en) tableaux, composition *f* tabulaire

Tabellenspalte *f* – tabular column – colonne *f* de table(au)

Tabellenzelle *f* – table cell – cellule *f* de tableau

Tabellieren *n* – tabbing – tabulation *f*

Tablett *n* – tablet – tablette *f*

Tabloidformat *n* – tabloid size, tabloid format – format *m* tabloid

Tabulation *f* – tab stop – tabulation *f*

Tabulator *m* – tab, tab stop, tabulator – tabulateur *m*

Tabulatoreinstellung *f* – tab setting – réglage *m* des tabulations

Tabulatorstopp *m* – tab stop – taquet *m* de tabulation

Tabulatortaste *f* – tab key – touche *f* de tabulation

Tag *m (Textformatierung)* – tag – balisage *m*

Tageslicht *n* – daylight – lumière *f* du jour

Tageslichtfilm *m* – daylight film, brightlight film – film *m* lumière du jour

Tageslichtkassette *f* – daylight cassette – cassette *f* lumière du jour

Tageslichtprojektion *f* – overhead projection – projection *f* lumière du jour

Tagespresse *f* – daily press, dailies, daily (news)papers – presse *f* quotidienne

Tageszeitung *f* – daily, daily paper, daily newspaper – quotidien *m*

taggen – tag *v.* – baliser

Tag-Regel *f* – tagging rule – règle *f* de balisage

Taktfrequenz *f* – clock frequency, clock rate – fréquence *f* d'horloge

Taktgeschwindigkeit *f* – clock speed, hertz time – vitesse *f* d'horloge

Tangente *f* – tangent – tangente *f*

Tangentenpunkt *m* – tangent point – point *m* de tangente

tangential – tangential – tangentiel

tangieren – be *v.* tangent to – être tangent à

tanzender Text *m* – dancing text, sparkling text – texte *m* valsant

Tariferhöhung *f* – rate increase – augmentation *f* de tarif

Taschen(buch)ausgabe *f* – pocket edition, paperback edition – édition *f* de poche

Taschenbuch *n* – paperback, pocketbook – livre *m* de poche

Taschenfalz *m* – buckle fold – pli *m* à poche

Taschenfalzmaschine *f* – buckle folder – plieuse *f* à poches

Taschenkalender *m* – pocket calendar – calendrier *m* de poche

Taschenrechner *m* – calculator, pocket calculator – calculatrice *f*, calculette *f (klein)*

Taschenwörterbuch *n* – pocket dictionary – dictionnaire *m* de poche

Task beenden *(Windows)* – End Task – Fin de tâche

Task Manager *(Windows)* – Task manager – Gestionnaire des tâches

Tastatur *f* – keyboard – clavier *m*

Tastaturbefehl *m* – keyboard shortcut – raccourci *m* clavier

Tastaturbelegung *f* – keyboard layout – plan *m* du clavier, organisation *f* du clavier, disposition *f* des touches

S
T

Tastatursteuerung f – keyboard control – configuration f du clavier

Taste f – key – touche f

Taste drücken – press v. a key – appuyer sur une touche

Taste gedrückt halten – hold down v. a key – maintenir une touche enfoncée

Taste loslassen – release v. a key – relâcher une touche

Tastenanschlag m – keystroke, keystroking – frappe f (d'une touche)

Tastendruck m – key pressure – pression f sur une touche

Tastenfolge f – key sequence – séquence f de touches

Tastenkombination f – key combination – combinaison f de touches

Tastenkürzel n (keyboard) shortcut – raccourci m (clavier)

Taster, -in – keyboard operator, keyboardist, key puncher – claviste m/f

Technik f – technology, engineering (angewandte Technik) – technique f

Techniker, -in – technical engineer, technician – technicien m, technicienne f

technisch – technical, technological – technique

technische Daten pl – technical specifications – caractéristiques f/pl techniques

technische Dokumentation f – technical documentation – documentation f technique

technische Einschränkungen f/pl – technical restrictions – contraintes f/pl techniques

technische Probleme n/pl – technical problems – problèmes m/pl techniques

technische Zeichnung f – engineering drawing, technical drawing – dessin m technique

technischer Ausdruck m – technical term – terme m technique

technischer Berater m – technical consultant – consultant m technique

technischer Hinweis m – technical note – note f technique

technischer Kundendienst (Support) m – technical support, technical service, after installation service, customer service – support m technique, prestation f technique

technische(r) Leiter, -in – technical director – directeur m technique

technischer Raster m – mechanical screen – trame f mécanique

technisches Personal n – technical staff – personnel m technique

Technologie übernehmen (eine) – embrace v. a technology – adopter une technique

Technologie f – technology – technologie f

Technologietransfer m – technology transfer – transfert m de technologie

technologisch – technological – technologique

Teilauflage f – part edition, offprint – tirage m à part

teilen – divide v. – diviser, scinder

Teilkreis m – circle segment, circle arc – segment m de cercle, arc m de cercle

Teilnetz n – subnet – sous-réseau m

Teilstandbogen m – partial signature – cahier m partiel

teilweise – partially – partiel(lement)

Telearbeit f – teleworking, telecommuting – télétravail m

Teleaufnahme f (fotogr.) – telephoto – prise f de vue en téléobjectif

Telefonbuch n – phone book, phone directory, telephone book, telephone directory – annuaire m (du téléphone)

Telefonbuchdruck m – phone book printing – impression f d'annuaires

Telefonist, -in – switchboard operator – standardiste m/f

Telefonkonferenz f – conference call – conférence f téléphonique

Telefonleitung f – telephone line – ligne f téléphonique

Telefonnetz n – telephone network – réseau m téléphonique

Telefonzentrale f – switchboard – standard m

Telekommunikation f – telecommunication(s) – télécommunication f

Teleobjektiv n – telephoto lens, tele-lens – téléobjectif m

Temperafarbe f – tempera, distemper – couleur f détrempé

Temperamalerei f – tempera (painting), (painting in) distemper – peinture f à la détrempe

temporär – temporary – temporaire

temporäre Datei f – temporary file – fichier m temporaire

Termin festlegen – schedule v. – fixer une date

Termin m – appointment, deadline, schedule – délai m

Terminal n – terminal – terminal m

Termindruck m – deadline pressure – délai m serré

termingerechte Lieferung f – on-time delivery – livraison f à temps

terminieren – schedule v. – fixer une date

Terminplan m – time schedule – planning m

Terminvereinbarung f – appointment – prise f de rendez-vous

Tertiärfarben f/pl – tertiary colors – couleurs f/pl tertiaires

Test m – test – test m, essai m

Testausdruck m – test printout – test m d'impression

Testbild n – test card – mire f (de réglage)

Testdaten pl – test data – données f/pl de test

testen – test v. – tester

Testkeil m – control wedge, test wedge – coin m de contrôle, gamme f de contrôle

T

Testlauf *m* – test run – essai *m* de programme, passage *m* d'essai

Testphase *f* – test phase – phase *f* de test

Tests *m/pl* **durchführen** – accomplish *v.* tests – réaliser des tests

Teststreifen *m* – test strip – bande *f* de contrôle

Testverfahren *n* – test procedure, test method – procédé *m* de test, méthode *f* de test

Testversion *f (Software)* – tryout version – version *f* d'évaluation, F version *f* d'éval

Testvorlage *f* – test original – original *m* d'essai, original *m* test

Text *m* – text, copy – texte *m*, saisie *f (getippter Text)*

Text auf Pfad *(InDesign)* – Type on a Path – Texte curviligne

Text *m* **einfließen lassen** – flow *v.* the text – répartir le texte

Text *m* **einziehen** – indent *v.* copy – renfoncer le texte

Text *m* **erfassen** – type *v.* text – saisir du texte

Text *m* **in Pfade umwandeln** – convert *v.* text to outline paths – convertir du texte en tracés vectoriels

Text *m* **mit eingestellter Laufweite** – tracked text – texte *m* espacé

Text *m* **mit künstlichem Stil** – text with artificial style – texte *m* avec style artificiel

Text *m* **überarbeiten** – revise *v.* copy – réviser le texte

Text/Bild laden *(QuarkXPress)* – Get Text/Picture – Importer texte/image

Textabschnitt *(InDesign)* – Story – Article

Textattribut *n* – text attribute – attribut *m* du texte

Textausgabe *f (nur Text)* – text edition – textuel *m*

Textausrichtung *f* – text alignment – alignement *m* du texte

Textauszeichnung *f* – copy preparation, mark up – préparation *f* de la copie

Textbearbeitung *f* – text edition – correction *f* du texte, rédaction *f* du texte

Textblock *m* – text block – bloc *m* de texte, bloc-texte *m*

Textcursor *m* – text cursor – curseur *m* de texte

Textdatei *f* – text file – fichier *m* de texte, fichier *m* textuel

Textdaten *pl* – text data – données *f/pl* de texte

Texteditor *m* – text editor – éditeur *m* de texte

Texteingabe *f* – text entry, text input – entrée *f* du texte, saisie *f* du texte

Texteinpassung *f* – copy-fitting – calibrage *m*, choix *m* typographique

texten *(Werbung)* – copywrite *v.* – rédiger le texte

Texterfasser, -in – keyboard operator – claviste *m/f*

Texterfassung *f* – text input – saisie *f* (du texte)

Textfarbe *f* – color of text, text color – couleur *f* du texte

Textfläche *f* – text area – surface *f* composée

Textfluss *m* – text flow – répartition *f* du texte, flux *m* de (du) texte, disposition *f* du texte

Textfolge *f* – text string – séquence du texte

Textformatierung *f* – text formatting – formatage *m* de (du) texte

Textildruck *m* – textile printing – impression *f* sur textile

Textilfarbband *n* – cloth ribbon – ruban *m* en tissu

Textinhalt *m* – text content – contenu *m* textuel

Textkonverter *m* – text converter – convertisseur *m* de texte

Textkorrektur *f* – text correction – correction *f* du texte

Textmaskenwerkzeug *(Photoshop)* – Text mask tool – outil Marque de texte

Textprüfung *f* – copy checking – vérification *f* du texte

Textrahmen *m (in DTP-Programmen)* – text box, text frame – bloc *m* (de) texte

Textrahmenoptionen *(InDesign)* – Text Frame Options – Optionsde bloc de texte

Textrahmenüberfluss *(QuarkXPress)* – Text box overflow – Débordement *m* du texte

Textsatz *m* – body matter, text matter, text setting – texte *m* courant

Textschrift *f* – ordinary type – caractère *m* courant

Textübertragung *f* – text transmission – transmission *f* du texte

Textur *f* – texture – texture *f*

Textverarbeitung *f* – word processing, text handling – traitement *m* de (du) texte

Textverarbeitungsprogramm *n* – word processor, text processor – texteur *m*, logiciel (programme) *m* de traitement de texte

Textzeile *f* – text line – ligne *f* de texte

thermische Bebilderung *f* – thermal imaging – gravure *f* thermique

thermisches Rauschen *n* – thermal noise – bruit *m* généré par la chaleur

thermochromatische Druckfarbe *f* – thermochromic ink – encre *f* thermochromatique

Thermodruck *m* – thermal printing, thermographic printing – impression *f* thermographique, impression *f* thermique

Thermodrucker *m* – thermal printer – imprimante *f* thermique

Thermografie *f* – thermography – thermographie *f*

thermografischer Druck *m* – thermographic printing – impression *f* thermographique

Thermolaser *m* – thermal laser – laser *m* thermique

Thermopapier *n* – thermal paper – papier *m* thermosensible

T

Thermoplatte *f (CTP)* – thermal plate – plaque *f* thermique
Thermosublimationsdrucker *m* – dye sublimation printer – imprimante *f* à sublimation thermique
Thermotransferdrucker *m* – thermal wax printer – imprimante *f* à transfert thermique, imprimante *f* à cire thermique
Thesaurus *m* – thesaurus – thésaurus *m*, dictionnaire *m* de synonymes
Third-Party – third-party – tierce partie *f*
Third-Party-Programm *n* – third-party application – application *f* tierce
Thread *m (Forumsbeitrag im Internet)* – thread – thread *m*, enfilade *f*
Thumbnail *m* – thumbnail, preview picture – imagette *f*, aperçu *m*, vue *f* miniature
Tiefdruck *m* – gravure (printing), intaglio (printing) – hélio *m*, héliogravure *f*, impression *f* hélio, impression *f* en creux
Tiefdruckfarbe *f* – gravure ink – encre *f* hélio
Tiefdruckformherstellung *f (Tiefdruck)* – cylinder preparation – préparation *f* de cylindres
Tiefdruckpapier *n* – rotogravure paper – papier *m* hélio
Tiefdruckrotation(smaschine) *f* – web-fed gravure press – rotative *f* hélio à bobine
Tiefen *f/pl (dunkle Stellen im Bild)* – shadows – ombres *f/pl*
Tiefenkompensierung *(Option in Adobe-Programmen)* – Black point compensation – Compensation du point noir
Tiefenschärfe *f (fotogr.)* – depth of focus, depth of field (dof) – profondeur *f* de (du) champ
Tiefentöne *m/pl* – shadow tones – ombres *f/pl*

Tiefenzeichnung *f* – shadow details, image definition in the shadows – détails *m/pl* dans les ombres
tief gestelltes Zeichen *n* – subscript, inferior character – indice *m*, caractère *m* inférieur
Tiefpassfilter *m* – lowpass filter – filtre *m* passe-bas
Tiefprägung *f* – deep embossing – bas-relief *m*
Tiefreliefplatte *f* – deep relief plate, thick plate – plaque *f* à grand creux, plaque *f* épaisse
tief setzen *(typogr.)* – lower *v.* – abaisser
tierischer Leim *m* – animal size – colle *f* animale
Tilde *f* (~) – tilde, squiggle, swung dash – tilde *m*
Time Sharing *n* – time sharing – partage *m* du temps
Timer *m (fotogr.)* – Selbstauslöser *m* – retardateur *m*, déclencheur *m* automatique
Tintenstrahldrucker *m* – inkjet printer – imprimante *f* à jet d'encre
Tintentropfen *m (Tintenstrahldrucker)* – drop of ink – goutte *f* d'encre, gouttelette *f* d'encre (klein)
Tipp *m* – tip, hint – astuce *f*, tuyau *m*
tippen *(Text)* – type *v.* – frapper, taper (à la machine)
Tippfehler *m* – typing error, F typo – coquille *f*, erreur de frappe
Tipps & Tricks *pl (Rubrik in Computerzeitschriften)* – tips & tricks – attrape-trucs *m/pl*
Tischmodell *n* – desktop model – modèle *m* de table
Tischtrommelscanner *m* – table drum scanner – rotatif *m* de table
Titel *m* – title – titre *m*
Titelbild *n* – frontispiece *(Buch)*, cover illustration (photo, picture) – frontispice *m (Buch)*, couverture *f (Zeitschrift)*

Titelblatt *n* – front cover, title page – page *f* de titre, titre *m*, frontispice *m*, une *f*, F couv *f*
Titelei *f* – prelims *pl*, front matter – feuilles *f/pl* de titre, préliminaires *f/pl*, pages *f/pl* préliminaires
Titelgeschichte *f* – cover story – article *m* qui fait la une
Titelkopf *m* – heading – en-tête *m*
Titelleiste *f (in Programmen)* – title bar – barre *f* de titre
Titelschrift *f* – titling face – caractères *m/pl* en capitales
Titelseite *f* – title page – page *f* de titre, page *f* couverture, une *f*
Token-Ring-Netzwerk *n* – token ring network – réseau *m* en anneau à jeton
Toleranz *f* – tolerance – tolérance *f*
Ton *m (Farb- oder Graustufenton)* – tone, tint – ton *m*
Toner *m* – toner – toner *m*
Tonerpulver *n* – toner powder – poudre *m* du toner
Tonfläche *f* – tint area – benday
tonnenförmige Verzeichnung *f (fotogr.)* – barrel distortion – distorsion *f* en barillet
Tonumkehrung *f* – tonal inversion – inversion *f* des tons
Tonverlust *m* – loss of tone – perte *f* de ton
Tonwert *m* – tonal value, tone value, tint – valeur *f* tonale, tonalité *f*, teinte *f*
Tonwertabriss *m* – tonal break – coupure *f* de tonalité
Tonwertangleichung *(Option in Photoshop)* – Equalize – Égaliser
Tonwertbalance *f* – tonal balance – balance *f* des tons
Tonwertbereich *m* – tonal range – plage *f* tonale
Tonwertkorrektur *f* – tonal correction, tone correction – correction *f* tonale
Tonwertskala *f* – tone scale – échelle (gamme) *f* des tons
Tonwertspreizung *(Option in Photoshop)* – Input Levels – Niveaux d'entrée

Tonwerttrennung *(Option in Photoshop)* – Posterize – Isohélie

Tonwertumfang *m* – tonal range, tone range – étendue *f* des tons

Tonwertveränderung *f* – tonal change – changement *m* tonal

Tonwertverschiebung *f* – tonal shift – décalage (glissement) *m* des tons

Tonwertwerkzeuge *n/pl* – toning tools – outils *m/pl* de maquillage

Tonwertzunahme *f* – tone value increase (TVI), dot gain – augmentation *f* des valeurs de teintes, engraissement *m*

Tonwertzuwachs *m* – tone value increase (TVI), dot gain – augmentation *f* des valeurs de teintes, engraissement *m*

Tortengrafik *f* – pie chart – camembert *m*

Touchscreen *m* – touch screen – écran *m* tactile, écran *m* sensitif

TouchUp-Werkzeug *(Acrobat)* – TouchUp tool – outil Retouche

Trackball *m* – trackball, rolling ball – boule *f* de commande

Tracking *n* – job tracking, tracking – suivi *m* (des travaux)

traditionelle Maltechnik *f* – traditional painting technique – technique *f* de peinture traditionnelle

Trägermaterial *n* – carrier material, substrate, media – support *m*, substrat *m*

Trägersubstanz *f* – vehicle – véhicule *m*

Tragriemen *m* *(fotogr.)* – strap – bandoulière *f*

Transceiver *m* – transceiver – émetteur-récepteur *m*

Transfer *m* – transfer – transfert *m*

Transferfunktion *f* – transfer function – fonction *f/pl* de transfert

Transformation *f* – transformation – transformation *f*

Transformationstabelle *f* – transformation table – table *f* de conversion

Transformationswerkzeug *n* – transform tool – outil *m* de transformation

transformieren – transform *v.* – transformer

Transitional *(Schriftenklassifizierung)* – Barock Antiqua – réales

transparent – transparent – transparent

Transparente Bereiche schützen *(Option in Photoshop)* – Preserve Transparency – Préserver les zones transparentes

Transparentfolie *f* – transparent film – film *m* transparent

Transparentpapier *n* – translucent paper – papier *m* transparent

Transparenz *f* – transparency – transparence *f*

Transparenzen reduzieren *(Illustrator, InDesign)* – Flatten Transparency – Aperçu de l'aplatissement

Transparenzfüllraum *(InDesign)* – Transparency Blend Space – Espace de fusion des transparences

Transparenzgitter *n* – transparency grid – damier *m* de transparence

Transparenzreduzierung *f* – flattening – aplatissement *m*

Transparenzreduzierungsformate *(InDesign, Illustrator)* – Transparency Flattener Styles – Styles d'aplatissement des transparences

Trap *m* – trap – grossi *m*, débord *m*

Trapbreite *f* – trap width – épaisseur *f* du recouvrement

trappen – trap *v.* – appliquer des grossi(s) et maigri(s), recouvrir

Trapping *n* – trapping – trapping *m*, grossi(s)-maigri(s) *m*, grossi(s) et maigri(s), recouvrement *m* *(Illustrator)*

Traprichtung *f* – trap direction – sens *m* de recouvrement

Treiber *m* – driver – pilote *m*, driver *m*

Treiberprogramm *n* – software driver – logiciel *m* de pilotage

Treibriemen *m* – drive belt – courroie *f* d'entraînement

Trema *n* (¨) – di(a)eresis – tréma *m*

Trenn(ungs)strich *m* – hyphen – césure *f*

Trennausnahmen *f/pl* – hyphenation exceptions – exceptions *f/pl* de césure

Trennblatt *n* – divider sheet – feuille *f* de séparation

trennen *(Objekte)* – separate *v.*, segregate *v.* – séparer

trennen *(Text)* – hyphen(ate) *v.*, divide *v.* – couper, diviser

Trennfuge *f* – soft hyphen, discretionary hyphen – trait *m* d'union facultatif, division *f* optionnelle, trait *m* d'union virtuel

Trennlinie *f* – break-off rule, dividing rule – ligne *f* de séparation

Trennmaschine *f* *(Endlospapier)* – decollator – déliasseuse *f*

Trennschnitt *m* – trim cut – coupe *f* de séparation

Trennung *f* *(Wörter)* – division – division *f*

Trennungen in Folge *(QuarkXPress)* – Hyphens in a row – Césures consécutives

Trennungslinie *f* – break-off rule, dividing rule – ligne *f* de séparation

Trennvorschlag *m* – suggested hyphenation – césure *f* proposée

Trennzeichen *n* – separation character, separation sign, delimiter, separator – caractère *m* de séparation

Treppenbildung *f* *(Treppeneffekt m)* – aliasing, jaggies, stairstepping – crénelage *m*, effet *m* d'escalier

Triade *f* – triad – triade *f*

Trial and Error – trial and error – essais et erreurs

Triaxialkabel *n* – triaxial cable – câble *m* triaxial

trichromatisch – trichromatic – trichromique

S

Trinitron-Monitor *m* – Trinitron monitor – écran *m* Trinitron, moniteur *m* trinitron

Triplex(bild) *n* – tritone image – image *f* trichrome

Tristimuluswert *m (CIE-Farbsystem)* – tristimulus value – valeur *f* trichromique

Trockenhaube *f* – drying hood – capot *m* de séchage

Trockenstoff *m* – siccative – siccatif *m*

Trockentoner *m* – dry toner – toner *m* à poudre

Trockenzeit *f* – dry time – temps *m* de séchage

trocknen – dry *v.* – sécher, faire sécher

Trockner *m* – dryer – sécheur *m*

Trocknung *f* – drying – séchage *m*

Trocknungseigenschaft *f (Druckfarbe)* – drying properties – siccativité *f*

Trocknungszeit *f* – dry time – temps *m* de séchage

Trommel *f (etwa in Laser-druckern)* – drum – tambour *m*

Trommelanleger *m* – drum feeder – margeur *m* à tambour

Trommelbelichter *m* – drum imagesetter – flasheuse *f* à tambour

Trommelfalzwerk *n* – drum folder – plieuse *f* à tambour

Trommelscanner *m* – drum scanner – scanner *m* à tambour, scanner *m* rotatif

Troubleshooting *n* – troubleshooting – dépannage *m*

Trübung *f* – tarnishing – ternissement *m*

TrueType-Font *m* – TrueType font – police *f* TrueType

Tupfballen *m* – dabber – tampon *m*

tupfen – dab *v.* – tamponner

Tupfen *n* – dabbing – tamponnement *m*

türkis – turquoise – turquoise

Tusche *f* – India(*n*) ink – encre *f* de Chine

Tuschkasten *m* – paintbox – boîte d'aquarelle *f*, boîte *f* de couleurs de l'eau

Tuschzeichnung *f* – Indian ink drawing – lavis *m*

Tutorial *n* – tutorial – tutoriel *m*, tutorial *m*

Twisted-Pair-Kabel *n* – twisted-pair cable – câble *m* à paire torsadée

Typ *m* – type – type *m*

Type-1-Font *m* – Type 1 font – police *f* Type 1

Typenraddrucker *m* – daisywheel printer, print wheel – roue *f* d'impression

Typograf, -in – typographer, compositor, type-setter – typographe *m*

Typografie *f* – typography – typographie *f*, F typo *f*

typografisch – typographical – typographique

typografische Anführungs-zeichen *n/pl* – smart quotes, typographer's quotes – guillemets *m/pl* typographiques

typografische Gestaltung *f* – typographical design – dessin *m* typographique

typografischer Fehler *m* – typographical error, typo – faute *f* typographique

typografischer Punkt *m* – typo-graphic(al) point – point *m* typographique

typografisches Maß *n* – typogra-phical measurement – mesure *f* typographique

Typometer *m* – type gauge – typomètre *m*

U

über – above, over – au-dessus de, sur, par-dessus

Über- und Unterfüllung *f* – trapping – grossi-maigri *m*, trapping *m*

überarbeiten *(Text)* – revise *v.* – retoucher, reprendre

überarbeitete Ausgabe *f* – revised edition – édition *f* révisée, édition *f* revue (et corrigée), édition *f* remaniée

überarbeitete und erweiterte Ausgabe *f (Buch)* – revised and expanded edition – édition *f* revue et augmentée, édition *f* remaniée et augmentée

Überarbeitung *f (Text)* – revision – retouche *f*

überbelichten – overexpose *v.* – surexposer

überbelichtet – overexposed – surexposé

Überbelichtung *f* – overexposure – surexposition *f*

Überblendeffekt *m* – transition effect – effet *m* de transition

überblenden – fade *v.*, cross-fade *v.*, blend *v.*, fade *v.* over, dissolve *v.* – faire un fondu enchaîné

Überblendung *f* – fading, fade-over, blending – fondu *m* enchaîné

überdecken – cover *v.* – recouvrir

überdeckend – overlapping – superposé

überdeckte Anlage *f* – overlap feeding – marge *f* en nappe

Überdeckung *f* – covering – recouvrement *m*

Überdruck *m* – overprint(ing) – surimpression *f*, F surimp *f*

Überdruck simulieren *(InDesign)* – Simulate Overprint – Simuler la surimpression

überdrucken – overprint *v.* – surimprimer

Überdrucken *n* – overprinting – surimpression *f*

Überdrucken über *(Trapping QuarkXPress)* – Overprint Limit – Limite de surimpression

überdruckend – overprinting – en surimpression

Überdruckenvorschau *(Acrobat, InDesign, Illustrator)* – Overprint preview – Aperçu *m* de la surimpression

übereinander – on top of each other, one on top of the other – l'un sur l'autre, l'un par-dessus l'autre

T
U

übereinander legen – overlay v., lay v. on top of each other – superposer, mettre l'un sur l'autre

übereinander liegen – overlay v., lie v. on top of each other – superposé

Übereinanderbelichtung f – overlay setting – composition f par superposition

Übereinanderdruck m – overprinting – surimpression f, superposition f des encres (impressions)

übereinander drucken – overprint v. – repiquer, surimprimer

übereinstimmen (Farbe) – match v. – concorder, cadrer, correspondre

Übereinstimmung f **der Farben** – color matching – correspondance f des couleurs

Überfärbung f (beim Druck) – overinking – surencrage m

Überfeuchtung f (Offsetdruck) – overdamping – excès m de mouillage

überfliegen (Text) – browse v. – survoler

Überfliegen n – browsing – survol m

überfließen – overflow v. – déborder

überfließender Text m – text overflow – texte m débordé

Überformat n – oversize – de format exceptionnel

Überfüllbreite f – trap width, spreading width – largeur f du grossi

überfüllen – trap v., spread v. – grossir, appliquer un trapping

Überfüllmethode (QuarkXPress) – Trapping Method – Méthode de défonce

Überfüllung f – trapping, spread – engraissement m

Überfüllung zeigen/verbergen (Fenster in QuarkXPress) – Show/Hide Trap Information – Afficher/masquer les info. de défonce

Überfüllungsformate (InDesign) – Trap Styles – styles de recouvrement

Übergang m (z.B. zwischen Vordergrund und Hintergrund) – transition – transition f

Überhang m – overhang, overshot – débordement m

überhängender Buchdeckel m – overhang cover board – plat m de couverture dépassant

Überkapazität f – overcapacity – surcapacité f

überkreuzen (sich) – coincide v. – se croiser, se coïncider

überladen – overload v. – surcharger

überlagern – overlay v., overlap v. – se superposer, se chevaucher, recouvrir

Überlagerung f (Objekte) – overlapping – superposition f

Überlagerung f (Frequenz) – interference, heterodyning (Radio) – interférence f

überlappen (sich) – overlap v., overlay v. – recouvrir, se chevaucher

überlappend – overlapping – à cheval

überlappende Anlage f – overlap feeding – marge f en nappe

überlappende Anlage f – overlap feeding – marge f en nappe

überlappendes Menü n – cascading menu – menu m en cascade

Überlappung f – overlapping – recouvrement m, chevauchement m

Überlastsicherung f – overload protection – protection f contre les surcharges

Überlastung f – overload – surcharge f

Überlauf m – overset text, overmatter, break over – débordé m, texte m en excès

Überlaufen n **des Stapels** – overpiling – débordement m de la pile

übermitteln – transmit v. – transmettre, transférer

Übermittlung f – transmission – transmission f

Überproduktion f – overproduction – production f excédentaire

überprüfen – check v., review v., revise v. – réviser, revoir, contrôler

Überprüfung f – check, revision – révision f, contrôle m

Überprüfung vor dem Druck – checking prior to printing – vérification f avant l'impression

überqualifiziert – overqualified – surdiplômé

überregionale Zeitung f – national newspaper – journal m national

Übersatz(text) m – over, overset text, overmatter, break over – débordé m, texte m en excès

Überschießbogen m – overrun sheet – dépassement m de feuille

überschneiden (sich) – overlap v., intersect v. – se chevaucher, se croiser

Überschneidung f – overlapping – chevauchement m, intersection f

überschneidungsfrei – matched – sans doublons

überschreiben (mit Überschrift versehen) – title v. – intituler

überschreiben (Datei) – overwrite v. – écraser

überschreiten – exceed v. – excéder

Überschrift f – title – titre m, entête m

übersehen (überlesen) – overlook v. – sauter, passer (en lisant), survoler

übersetzen – translate v. – traduire

Übersetzende Satzzeichen (Option in Illustrator) – Hanging punctuation – Ponctuation hors justification

Übersetzer, -in – translator – traducteur, -rice

Übersetzung f – translation – traduction f, F traduc f

U

Übersetzungsbüro n – translating agency – bureau m de traduction

Übersetzungsfehler m – translating error (mistake), mistranslation – faute f de traduction

übersichtlich – clear(ly arranged) – clair, net

Übersichtlichkeit f – clarity, clear arrangement – netteté f, clarté f

Übersichtsbild n (a. Thumbnail) – thumbnail, preview – aperçu m, vue f miniature, vignette f

Übersichtsscan m – overview scan – numérisation f de vue d'ensemble

überspringen – skip v., jump v. – sauter, ignorer

überspringende Nummerierung f – skip numbering – numérotation f intermittente

Überstrahlung f (digitale Kamera) – blooming – débordement m, blooming m

überstreichen – overscore v. – surligner

übertragen – transfer v., transmit v. – transférer

Übertragung f – transmission, transfer – transmission f, transfert m

Übertragungsfehler m – transfer error – erreur f de transfert

Übertragungslinie f – transmission line – ligne f de transmission

Übertragungsrate f – transmission rate, data transfer rate – taux m de transmission, taux m de transfert de données, débit m de transmision

Übertragwalze f (Druckmaschine) – transfer roll – rouleau m de transfert

überwachen (z.B. Hot Folder) – monitor v., poll v., control v. – scruter, surveiller, contrôler

überwachter Ordner m – hot folder, watched folder (Acrobat) – dossier m surveillé, dossier m de contrôle (Acrobat)

Überwachung f – monitoring, polling – scrutation f, surveillance f, contrôle m

überziehen (Bucheinband) – cover v. – revêtir

überziehen mit Schrumpffolie – shrink v. wrap – emballer par rétraction

Überzugspapier n – lining paper – papier m de couverture

Übungsbuch n – book of exercises – livre m d'exercices

UCA – UCA (Under Color Addition) – UCA, addition f de sous-couleurs, ajout m de sous-couleurs

UCR (a. Unterfarbenreduktion) – UCR (Under Color Removal) – UCR, réduction f de sous-couleurs

ultraviolett – ultraviolet – ultraviolet

umbenennen – rename v. – renommer, débaptiser

umbinden – rebind v. – relier à nouveau

umbrechen – assemble v. – mettre en page(s), monter

Umbruch m – assembly, page assembly – mise f en page

Umbruchtabulator m – wrapping tab – tabulation f d'habillage

umdrehen (Bild) – flop v. – retourner

Umdrehen n (Druckbogen) – work and twist – imposition f en ailes de moulin

Umfang m (geometr.) – circumference – circonférence f, périmètre m

Umfang m (eines Werks) – size – volume m, grosseur f

umfangreich – voluminous, large, bulky, extensive (Recherchen) – volumineux

Umfangsregister n (Passerhaltung beim Druck) – circumferential register (registration), length register – repérage m circonférentiel

Umfangsrichtung f – circumferential direction – sens m circonférentiel

Umfluss m (Text um Bild) – runaround, wraparound – habillage m

umformen – reshape v. – remodeler

Umgangssprache f – colloquial language, conversational language – argot m, langage m familier

umgangssprachlich – colloquial – familier

Umgebungslicht n – ambient light, room light – lumière f ambiante, éclairage m ambiant

umgedrehtes Ausrufezeichen n (¡) – inverted exclamation mark – point m d'exclamation inversé

umgekehrt – reverse, inverted – renversé

umgekehrt proportional – inversely proportional – inversement proportionnel

umgekehrter Schrägstrich m – backslash – barre f oblique inversée

umhüllendes Rechteck n – bounding box – boîte f englobante

Umhüllungswerkzeug (FreeHand) – Envelope tool – outil Enveloppe

umkehrbar – reversible – réversible

Umkehren (Option in Photoshop) – Invert – Négatif

umkehren – invert v., reverse v. – inverser

Umkehrfilm m – reversal film, autopositive – film m autoréversible, film m autopositif, film m inversible

Umlaut m (Zeichen) – umlaut – umlaut m

umorganisieren – reorganize v. – réorganiser

umrahmen – frame v. – encadrer

Umrahmung f – framing, framework(s) – encadrement m

Umrandung f – border, edge – bordure f

Umriss m – outline, contours – contour m, silhouette f

U

Umrissansicht f – wireframe view
– affichage m en contours bruts
Umrisslinie f – peripheral outline
– ligne f de contour
Umrüstung f – changeover –
changement m
Umrüstzeiten f/pl – changeover
times – temps m/pl de changement
Umsatz m – sales (figure) – chiffre
m d'affaires
Umschalttaste f – shift key –
touche f majuscule, touche
Maj. f
Umschlag m – cover, wrapper –
couverture f, F couv f
Umschlag m **mit Klappe** – cover
with flap – couverture f avec
rabat
umschlagen (Bogen nach Druckvorgang) – turn v. – basculer
Umschlagen n – work and turn –
basculage m
Umschlagkarton m – cover board
– carton m de couverture
Umschlagklappe f – slap, cover
flap – coup m
Umschlag-Layout n – work and
turn layout – imposition f en
demi-feuilles
Umschlagseite f – cover page –
page f de couverture
umschließen – enclose v., surround v. – entourer, enclorer
umschlossen – enclosed –
entouré, enclos
umschreiben (Text) – re-write v.
– réécrire
umschreibender Rahmen m –
bounding box, bbox – boîte f
d'encombrement, bounding
box m
Umsetzungstabelle f (Look-up
Table, LUT) – Look-up Table,
LUT – table f de conversion,
Look-up Table, LUT
umstellen (z.B. Satz) – rearrange
v., transpose v. – transposer
Umstellung f – changeover –
changement m
umstülpen (Bogen nach
Druckvorgang) – tumble v. –
culbuter

Umstülpen n – work and tumble
– culbutage m
Umstülp-Layout n – work and
tumble layout – imposition f
tête-à-queue
unbeaufsichtigt – unattended –
autonome
unbedingte Verzweigung f –
unconditional branch –
branchement m inconditionnel
unbedruckt – plain, vacat,
unprinted – blanc
unbekannter Host m – unknown
host – hôte m inconnu
unbeschichtet – unsensitized –
non sensibilisé
unbeschnittenes Format n –
bleed size, untrimmed size –
format m à vif, format m brut,
format m non rogné
unbeschränkt – unlimited –
illimité
unbeschriftet – unlabeled – sans
étiquette, sans référence
unbunt – achromatic – achromatique
Unbuntaufbau m (GCR) – GCR
(Gray Component Removal),
achromatic reproduction,
acromatic synthesis, acromatic
composition, acromatic structure, acromatic color removal –
remplacement m du composant
gris, GCR, composition
(reproduction) f achromatique
undurchsichtig – opaque – non
transparent
und-Zeichen n (&) – ampersand,
amper, and – perluète f, et, et
commercial
unendlich – infinite – infini
unformatiert – unformatted –
non-formaté
ungebunden (Buch) – unbound,
in sheets – non relié
ungedruckt – unpublished –
inédit
ungefalzter Bogen m – open
sheet – cahier m non plié
ungelesener Korrekturabzug m
– unread proof – épreuve f en
première

ungerade Seiten f/pl – odd pages,
recto pages – pages f/pl
impaires
ungeschirmtes Kabel n – unshielded cable – câble m non blindé
ungestrichenes Papier n –
uncoated paper, uncoated
stock – papier m non couché,
papier m sans couche
ungleichmäßig – uneven,
irregular – irrégulier
**ungleichmäßiger Zeichen-
abstand** m – uneven character
spacing – espacement m
irrégulier des caractères
Ungleich-Zeichen n – unequal
sign – signe m différent
unidirektional – unidirectional –
unidirectionnel
unkalibriert – uncalibrated –
non-calibré
unkorrigiert – uncorrected, with
all faults – non corrigé, sans
correction
unleserlich – illegible – illisible
unlöslich – insoluble – insoluble
unregelmäßig – irregular –
irrégulier
unsachgemäß – improper,
inexpert – inapproprié
unscharf – blurred, blurry,
unsharp, fuzzy, unfocused, out
of focus (fotogr. unscharf
eingestellt) – flou, brouillé
Unscharf maskieren (Filter)
(Photoshop) – Unsharp
masking filter – filtre
Accentuation
Unschärfe f – blur, lack of
sharpness – flou m, manque f
de netteté
Unscharfmaskierung f – unsharp
masking, U.S.M – masquage m
flou
unsichtbar – invisible – invisible
unsichtbare Zeichen n/pl –
hidden characters – caractères
m/pl masqués
unten – down, below, down
below, at the bottom – en bas
unten erwähnt – mentioned
below – mentionné ci-dessous

U

unter – under, below, underneath
– sous, en-desssous de

Unter- und Überfüllung *f* –
spread and choke – grossi-
maigri *m*

unterbelichten – underexposure
v. – sous-exposer

unterbelichtet *(Film)* – underexposed – sous-exposé

Unterbelichtung *f* – underexposure – sous-exposition *f*

unterbrechen – interrupt *v.* –
interrompre, suspendre
(Sitzung)

Unterbrechung *f* – interruption,
break – interruption *f*

unterentwickelt *(Film)* – underdeveloped – sous-développé

Unterentwicklung *f* –
underdevelopment – sous-
développement *m*

unterer Seitenrand *m* – bottom
margin, lower margin, foot
margin, tail margin – blanc *m*
de pied, marge *f* du bas

unterer Überhang *m* – base
overhang – débordement *m*
inférieur

Unterfarbenaddition *f (UCA)* –
UCA (Under Color Addition) –
UCA, addition *f* de sous-
couleurs

Unterfarbenentfernung *f*
*(a. UCR oder Unterfarben-
reduduktion)* – UCR (Under
Color Removal) – UCR,
réduction *f* de sous-couleurs

Unterfärbung *f* – underinking –
sous-encrage *m*

unterfüllen – choke *v.* – maigrir

Unterfüllung *f* – choke – maigri
m, amincissement *m*

untergeordnete Seite *(FreeHand)*
– child page – page *f* enfant

Untergruppe *f (bei Schriften)* –
subset – jeu *m* partiel

unterhalb – below – dessous

Unterlagefolie *f* – packing foil –
feuille *f* d'habillage

Unterlagetuch *n* – underlay
blanket – blanchet *m* de
dessous

Unterlänge *f (beim Buchstaben)*
– descender (length) – descendante *f*, jambage *m* descendant,
longue *f* du bas, jambage *m*
inférieur

Unterlicht *n (Kamera)* – backlight
– éclairage *m* arrière

Untermenü *n* – submenu – sous-
menu *m*

Untermesser *n (Druckverarbeitung)* – bottom knife – couteau
m inférieur, lame *f* inférieure

Unternehmen *n (Betrieb)* – firm,
(business) enterprise, company
– entreprise *f*

Unternehmensberater, -in –
management consultant –
conseiller, -ère en gestion
d'entreprise

Unternehmensberatung *f* –
management consultancy –
conseil *m* en gestion
d'entreprise

Unternehmer, -in – entrepreneur,
businessman, employer, –
entrepreneur, -euse

Unterordner *n* – subfolder –
sous-dossier *m*

Unterroutine *f* – subroutine –
sous-programme *m*

Unterrubrik *f* – sub-heading –
sous-titre *m*

unterscheiden – distinguish *v.* –
différencier

Unterschneidung *f* – kerning,
pair kerning – crénage *m*,
correction *f* des approches,
approche *f* (des paires)

Unterschneidungstabelle *f* –
kerning table – table *f* de
crénage

Unterschnitt *m (Buch)* – tail edge
– tranche *f* inférieure

unterschnittener Buchstabe *m* –
kerned letter – lettre *f* crénée

Unterschrift *f* – signature –
signature *f*

Unterseite *f* – bottom side,
underside – verso *m*

unterstreichen – underline *v.* –
souligner

Unterstreichung *f* – underlining –
soulignement *m*

Unterstrich *m (_)* – underscore,
underline – souligné *m*, trait *m*
bas

unterstrichen – underlined –
souligné

unterstützend *(Dateiformate)* –
compliant, savvy – supportant

unterstützte Formate *n/pl* –
supported formats – formats
m/pl supportés

Unterstützung *f (Dateiformate)* –
support – reconnaissance *f*

Unterteilen *(Druckoption in
QuarkXPress)* – Tiling –
Mosaïque

unterteilen – tile *v.*, divide *v.*,
split *v.* – diviser, subdiviser,
partager

**unterteilen (aufspalten) eines
Pfades** – split *v.* a path – diviser
un tracé, scinder un tracé

Unterteilen *n* **(Aufspaltung** *f)*
eines Pfades – path splitting –
division *f* de tracé

Unterteilung *f (Bild/Seite)* – tiling
– tuilage *m*, morcellement *m*

Unterteilungslinie *f* – break-off
rule, dividing rule – ligne *f* de
séparation

Untertitel *m* – subhead(ing),
subtitle, crosshead, tag line –
sous-titre *m*, intertitre *m*

Unterverzeichnis *n* – subfolder,
subdirectory – sous-dossier *m*,
sous-répertoire *m*

untrennbar *(Wort)* – inseparable,
unbreakable – insécable, non
divisible

untrennbarer Bindestrich *m* –
non-breaking hyphen, inseparable hyphen – tiret *m* insécable

untrennbarer Zwischenraum *m* –
inseparable space, hard space,
no-break space, non-breaking
space – blanc *m* dur, blanc *m*
insécable, espace *m* insécable

unveränderte Neuausgabe *f* –
reprint – réimpression *f*,
retirage *m*

unveröffentlicht – unpublished –
inédit, non publié

unvollständiges Exemplar *n* –
incomplete copy – exemplaire
m incomplet

U

unzensierte Ausgabe *f* – unexpurgated edition – edition *f* intégrale

unzerknittert – unwrinkled – sans pli

Unziale *f* – uncial (letter) – onciale *f*

Update *n* – update – mise *f* à jour (MAJ)

updaten – update *v.* – mettre à jour

Urheberrecht *n* – copyright – copyright *m*, droits *m/pl* d'auteur, droit *m* de publication

urheberrechtlich geschützt – protected by copyright law – tous droits d'auteur réservés

Urkundenpapier *n* – document paper – papier *m* document

Ursprungspunkt *m* – origin – point *m* d'origine

USB – USB (Universal Serial Bus) – USB, bus série universel

UV-empfindlich – UV sensitive – sensible aux UV

UV-Farbe *f* – U.V. ink, ultraviolet ink – encre *f* UV, encre *f* à séchage ultraviolet

UV-Filter *m* – UV filter – filtre *m* ultraviolet

UV-Lampe *f* – UV lamp – lampe *f* ultraviolette

UV-Licht *n* – ultraviolet light – lumière *f* ultraviolette

UV-Strahlen *m/pl* – ultraviolet rays – rayons *m/pl* ultraviolets

UV-Strahlung *f* – ultraviolet radiation – rayonnement *m* ultraviolet

UV-Trockner *m* – UV dryer – sécheur *m* ultraviolet

V

vakat – vacat – blanc

Vakuum *n* – vacuum – vide *m*

Vakuumkammer *f* – vacuum (coating) chamber – cloche *f* de métallisation

Vakuumkopierrahmen *m* – vacuum frame – châssis *m* (à) vide

Vakuumstreifen *m (Plattenmontage)* – masking stripes – bande *f* de mise sous vide

vakuumverpackt – vacuum-packed – emballé sous vide

Vakuumverpackung *f* – vacuum packaging – emballage *m* sous vide

variable Absender-Personalisierung *f* – variable sender's personalization – personnalisation *f* variable de l'expéditeur

variable Daten *pl* – variable data – données *f/pl* variables

Variable *f* – variable – variable *f*

variable Kosten *pl* – variable costs – frais *m/pl* variables

Variabler Strich *(Werkzeug in FreeHand)* – Variable Stroke – Trait variable

Vektor *m* – vector – vecteur *m*

Vektorelement *n* – vector object (element, item) – élément *m* vectoriel

Vektorformat *n* – vector format – format *m* vectoriel

Vektorgrafik *f* – vector graphics – graphique *m* vectoriel

Vektorisation *f* – vectorization – vectorisation *f*

vektorisieren – vectorize *v.* – vectoriser

vektorisiert – vectorized – vectorisé

Vektorpfad *m* – vector path – tracé *m* vectoriel

Vektorrechner *m* – array processor – processeur *m* vectoriel

Velinpapier *n* – vellum paper – papier *m* vélin

Venetianische Antiqua *f* – Humanistic, Aldine, Venetian (serif) – Humanes, Vénitienne *f*

Ventilator *m* – fan, ventilator – ventilateur *m*

veraltet – out-of-date – obsolète

verarbeiten – process *v.* – traiter

Verarbeitung *f* – processing – traitement *m*

verbessern – improve *v.* – améliorer

verbesserte Ausgabe *f* – corrected edition – édition *f* corrigée

Verbesserung *f* – improvement – amélioration *f*

verbinden – connect *v.*, join *v.*, link *v.*, plug *v.*, hook up *v.* – relier, connecter, brancher

verbindlicher Proof *m* – contract proof – épreuve *f* contractuelle

Verbindung (eine) aufbauen zwischen – establish *v.* a connection between – établir une connexion entre

Verbindung *f* – connection – connexion *f*, raccordement *m*, liaison *f*

Verbindungskabel *n* – connecting cable – câble *m* de jonction

Verbindungsstecker *m* – connector – connecteur *m*

verblassen – bleach *v.*, fade *v.* – faner, décolorer

Verblassen *(Option in Photoshop)* – Fade – Estomper

Verblassen *n* – bleeding, fading – déteintage *m*, décoloration *f*

Verblassung *f* – fade-out – estompage *m*

verborgene Zeichen *n/pl* – hidden characters – caractères *m/pl* cachés (masqués)

verborgener Text *m* – hidden text – texte *m* caché (masqué)

Verbrauchsmaterialien *n/pl* – consumables – consommables *f/pl*

Verbreitungsgebiet *n (Zeitung)* – distribution area – zone *f* de diffusion

verbunden mit – linked to, connected to – connecté à

verchromt – chrome-coated – chromé

Verchromung *f* – chrome-plating – chromage *m*

verdeckt – hidden – caché

verdicken – thicken *v.* – épaissir

Verdickung *f* – thickening – épaississement *m*

verdünnen – dilute *v.* – diluer

Verdünnung *f* – dilution – dilution *f*

U
V

verdunsten – evaporate v. – s'évaporer

Verdunstung f – evaporation – évaporation f

vereinen (Objekte) – merge v. – fusionner

vereinfachen – simplify v. – simplifier

Vereinfachung f – simplification – simplification f

Vereinigung (QuarkXPress) – Union – union

verfassen – write v., compose v. (Gedicht) – écrire, rédiger, composer (Gedicht)

Verfasser, -in – author – auteur m

verfeinernde Analyse – top-down analysis – analyse f descendante

verflachen (Transparenzen, Ebenen) – flatten v. – aplatir

verflachen (Kontrast eines Bildes) – become v. flat – devenir plat

Verflüssigen-Werkzeug (Option in Photoshop) – Liquify tool – outil Fluidité

verformen – deform v., distort v. – déformer

Verformung f – deformation, distortion – déformation f, distorsion f

verfügbar (z.B. Speicherplatz) – available – disponible, F dispo

vergilben – go v. yellow, turn v. yellow – jaunir

vergilbt – yellowed, yellowing – jauni

Vergilbung f – yellowing – jaunissement m

vergoldet – gilt stamped – doré

vergriffen – out of print, out of stock – épuisé

vergrößern – magnify v., enlarge v., scale v. – agrandir

Vergrößern n – magnifying – agrandissement m

Vergrößerung f – enlargement, magnification, blow-up (fotogr.) – agrandissement m (fotogr.), grossissement m (opt.), mise f à l'échelle (Objekte)

Vergrößerungsfaktor m – scaling factor, magnification – échelle f, facteur m d'agrandissement

Vergrößerungsglas n – magnifying glass, magnifier – loupe f, verre m grossissant

Verifizierung f – verification – vérification f

Verkabelung f – cabling, wiring – câblage m

Verkaufsbroschüre f – selling brochure – brochure f commerciale

Verkaufskatalog m – sales catalogue (U.S.), sales catalogue (brit.) – catalogue m de vente

Verkaufsleiter, -in – sales manager, sales executive – directeur, -rice des ventes, directeur, -rice commercial, responsable m des ventes

verketten (Objekte) – link v. – chaîner

verkettet – linked – chaîné

Verkettete Bilder (QuarkXPress) – Linked Pictures – images reliées

Verkettung f (Objekte) – link(ing) – chaînage m

Verklebung f – bond – collage m

Verklebungsmechanismus m – adhesive mechanism – mécanisme m de collage

verkleinern – reduce v., scale down v. – réduire

Verkleinern n – scaling down – réduction

verkleinerter Maßstab m – reduced scale – échelle f réduite, à grande échelle

Verkleinerung f – reduction – réduction f

verknüpfen – link v. – lier

Verknüpfte Pfade (InDesign) – Compound Paths – Tracés transparents

verknüpftes Bild n – linked image – image f liée

Verknüpfung f – link – lien m

verkupfern (Tiefdruck) – copperplate v. – cuivrer

verkupfert (Tiefdruck) – copperplated – cuivré

Verkupferung f (Tiefdruck) – copper-facing, copper-plating – cuivrage m

Verlag m – publisher, publishing house – édition f, maison f d'édition

Verlagsangabe f – imprint, name plate – marque f de l'éditeur, adresse f bibliographique

Verlagsanstalt f – publishing house, publishing company – édition f, maison f d'édition

Verlagsbuchhändler, -in – publisher and bookseller – libraire-éditeur m

Verlagsdruckerei f – publishing and printing house – maison f d'édition et d'impression

Verlagsprogramm n – publisher's list – ensemble m des publications (d'une maison d'édition)

Verlagsrecht n – right of publishing, copyright – droit m d'édition

Verlagsredakteur, -in – publishing editor – rédacteur, -rice d'édition

Verlagssystem n – editorial system – système m éditorial

Verlagswesen n – publishing – édition f

verlassen (Programm) – quit v. – quitter, sortir

Verlauf m (Farbverlauf) – gradient, blend, shading, vignette – dégradé m (de couleurs)

verlaufen (Farben) – blend v. – se fondre

Verlaufswerkzeug (Photoshop) – Gradient tool – outil Dégradé

verlegen – publish v., edit v. – publier

Verleger, -in – publisher – éditeur m

verleimen – glue v. – coller

Verleimung f – gluing – collage m

verlustbehaftete Komprimierung f – lossy compresssion – compression f avec perte

verlustfreie Komprimierung f – lossless compression – compression f sans perte

vernetzen – network *v.* – connecter en réseau, interconnecter
Vernetzung *f* – networking – réseautique *f*
veröffentlichen – publish *v.* – publier
Veröffentlichung *f* – publishing, publication – publication *f*
verpacken – pack *v.* – emballer
Verpacken *(InDesign)* – Package – Assemblage
Verpackung *f* – packaging – emballage *m*
Verpackungsdruck *m* – package printing – impression *f* d'emballages
Verpackungsmaterial *n* – packing material – matériel *m* d'emballage
Verpackungsspezialist *m* – packaging expert – packageur *m*
Versalhöhe *f* – cap height, H-height – hauteur *f* des capitales (majuscules), ligne *f* des capitales (majuscules)
Versalie *f* – cap, capital letter, capital – capitale *f*, majuscule *f*
Versaliensatz *m* – all-caps setting – composition *f* en capitales (en majuscules)
Versand *m* – dispatch, shipping – expédition *f*
Versandabteilung *f* – distribution department – service *m* d'expédition
Versandtasche *f* – pocket envelope – pochette *f* d'expédition
Versatz *m* – offset – décalage *m*
verschachteln – fit *v.* into each other – enchevêtrer
Verschachteln *n* – nesting – enchevêtrement *m*, imbrication *f*
verschachtelt – nested, interlocking – enchevêtré, imbriqué
Verschachtelung *f* – nesting – enchevêtrement *m*, imbrication *f*
verschicken *(z.B. E-Mail)* – send *v.*, mail *v.* – envoyer, expédier
verschieben – move *v.*, shift *v.* – déplacer, décaler
Verschiebung *f* – offset, displacement – décalage *m*, déplacement *m*

Verschluss *m (bei Kamera)* – shutter – obturateur *m*
verschlüsseln – encrypt *v.* – crypter
verschlüsselt – encrypted – crypté
Verschlüsselung *f* – encryption – cryptage *m*
Verschlussvorhang *m* – shutter curtain – rideau *m* d'obturateur
Verschlusszeit *f* – shutter speed – vitesse *f* d'obturation
verschmelzen – merge *v.*, blend *v.* together – fusionner, fondre
Verschmelzung *f* – blending – fusion *f*
verschmieren – smear *v.* (up) – barbouiller
Verschmieren *n (Druckfarbe)* – slur, smearing – papillotage *m*
verschnörkelter Buchstabe *m* – flourished letter – lettre *f* d'ornement
verschoben – moved – décalé
verschossen *(Farbe)* – discolored – décoloré
verschwommen – fuzzy, hazy, blurred – flou (Bild), estompé (Malerei), fondu (Farbe)
versenden – send *v.*, mail *v.* – expédier, envoyer
Versetzen-Filter *(Photoshop)* – Displace filter – filtre *m* Dispersion
versetzt anordnen – stagger *v.* – décaler
versiegeln – seal *v.* – sceller, cacheter
Versiegelung *f* – sealing – scellage *m*
Version *f* – version, release – version *f*
Versioning *n* – versioning – versioning *m*
Versionskontrolle *f* – version control – contrôle *m* des versions
versteckt – hidden – masqué, caché
verteilen – distribute *v.* – distribuer
verteilen *(Farbwerte)* – spread *v.* – étaler

Verteiler *m (Verteilerliste f)* – mailing list, distrubution list – liste *f* de diffusion, liste *f* de destinataires
Verteilung *f* – distribution – distribution *f*
vertikal – vertical – vertical
vertikale Achse *f* – vertical axis – axe *m* vertical
vertikale Ausrichtung *f* – vertical justification, vertical alignment, vertical spacing – justification *f* verticale
Vertikale *f* – vertical – verticale *f*
vertikale Synchronisation *f* – vertical sync – synchronisation *f* verticale
vertikaler Ausschluss *m* – vertical justification – justification *f* verticale
vertikaler Keil *m* – vertical justification – alignement *m* vertical
vertikaler Strich *m (|)* – vertical line, pipe, v-bar – barre *f* verticale
vertikales Ausschließen *n* – vertical justification, vertical alignment, vertical spacing – justification *f* verticale
vertikal spiegeln – flip *v.* vertically – retourner verticalement
Vertrieb *m* – distribution – distribution *f*, diffusion *f*
Vertriebsnetz *n* – distribution network – réseau *m* de distribution
vervielfältigen – duplicate *v.* – reproduire
Vervielfältigung *f* – duplication – reproduction *f*
verwackelt *(fotogr.)* – blurred – bougé
verwalten – manage *v.* – gérer
Verwaltung *f* – management – gestion *f*
Verwaltung *f* **von Kundendateien** – client file management – gestion *f* de fichiers-clients
Verwaltungsdaten *pl* – administrative data – données *f/pl* administratives

verwaschen – washed out – décoloré(e), atténué(e), délavé(e)

verweisen – reference *v.* – faire référence à

verwischen – smudge *v.*, blur *v.* – estomper

Verzeichnen *n (opt.)* – distortion – distorsion *f*

Verzeichnis *n* – directory, folder – répertoire *m*, dossier *m*

Verzeichnung *f (opt.)* – distortion – distorsion *f*

verzerren – deform *v.*, distort *v.* – déformer, distordre

verzerrt – deformed – déformé

Verzerrung *f* – deformation, distortion – déformation *f*, distorsion *f*, anamorphose *f*

verzerrungsfrei – distortion-free – exempt de distorsion

verziehen (sich) – go out *v.* of shape, warp *v.* – se voiler, se fausser

Verziehen *n* – distortion – distorsion *f*

verzieren – decorate *v.* – décorer, orner

verziert – decorated, ornate – decoré, orné

verzierte Initiale *f* – ornamented initial, decorative initial, swash initial – initiale *f* ornementée, initiale *f* ornée

verzierte Linie *f* – ornamented rule – filet *m/pl* ornementé

verzierter Buchstabe *m* – swash letter, ornamental letter, decorative typeface – caractère *m* ornemental, caractère *m* gracile, caractère *m* prétentieux

Verzierung *f* – decoration, ornament(ation), flourish – décoration *f*, ornement *m*, fleuron *m*

verzogen *(verbogen)* – warped – déjeté

verzögern – slow down *v.*, delay *v.* – ralentir

Verzögerung *f* – delay – ralentissement *m*

Vexierbild *n* – distorting mirror – miroir *m* déformant

Video *m* – video – vidéo *f*

Videoaufnahme *f (Videoaufzeichnung f)* – video recording – enregistrement *m* vidéo

Videoausgangsbuchse *f* – video output jack – prise *f* de sortie vidéo

Videoband *n* – video tape – bande *f* vidéo

Video-Board *n* – video board – carte *f* vidéo

Videodesigner, -in – video designer – designer vidéo

Videogerät *n* – video (recorder) – magnétoscope *m*

Videokabel *n* – video cable – câble *m* vidéo

Videokamera *f* – video camera, camcorder – caméscope *m*, caméra *f* vidéo

Videokarte *f* – video card, video board – carte *f* vidéo

Videokassette *f* – video cassette – vidéocassette *f*, cassette *f* vidéo

Videokonferenz *f* – video-conference – visioconférence *f*

Videokunst *f* – video art – art *m* vidéo

Videorecorder *m* – video (recorder), VCR – magnétoscope *m*

Videosequenz *f* – video sequence – séquence *f* vidéo

Videosignal *n* – video signal – signal *m* vidéo

Videotext *m* – teletext – vidéographie *f*

Videoüberwachungssystem *n* – video inspection system – observation *f* par caméra vidéo

Vierfachnutzen *m* – four-up – quatre poses

Vierfarbdruck *m* – four-colo(u)r print(ing), process printing, four-colour printout – quadrichromie *f*, impression *f* quadri, F quadri *f*

Vierfarbsatz *m* – four color set – jeu *m* de films quadrichromie

Vierseiten-Belichter (Plattenbelichter) *m* – Four-Up (4-Up) platesetter/imagesetter – flasheuse *f* quatre poses

vierspaltig – four-column – en (à) quatre colonnes

Viertelgeviert *n* – thin space – espace *m* fin, quart *m* de cadratin

vierteljährliche Zeitschrift *f* – quarterly – trimestriel *m*, publication *f* trimestrielle

vierzehntägig – bi-weekly, fortnightly – bimensuel, deux fois par mois, à toutes les deux semaines

Viewer *m (Software)* – viewer – visionneur *m*

Vignettierung *f* – vignetting – vignettage *m*

violett – violet – violet

Violettlaser *m* – violet laser – laser *m* violet

virtueller Raum *m* – virtual space – espace *m* virtuel

virtueller Speicher *m* – virtual memory – mémoire *f* virtuelle

Virus *m* – virus – virus *m*

Viskosimeter *m* – viscometer – viscosimètre *m*

Viskosität *f (Dickflüssigkeit bei Druckfarbe)* – viscosity – viscosité

visualisieren – visualize *v.* – visualiser

Visualisierung *f* – visualization – visualisation *f*

visuell – visual – visuel(lement)

visuell angleichen – adjust *v.* by eye – ajuster au jugé

visuelle Beurteilung *f* – visual asessment – évaluation *f* visuelle

visuelle Kalibrierung *f* – visual calibration – calibrage *m* visuel

visuelle Kommunikation *f* – visual communication – communication *f* visuelle

visuelle Kontrolle *f* – visual control, visual check(ing) – contrôle *m* visuel

Vollauflösende TIFF-Ausgabe *(Druckoption QuarkXPress)* – Full Resolution TIFF Output – Sortie TIFF pleine résolution

volle Seite *f* – full page – pleine page

V

vollständig – complete, entire, exhaustive – complet, entier, exhaustif

Vollständigkeitsprüfung f – completeness check – contrôle m d'intégrité

Volltext m – full text – texte m intégral

Volltextsuche f – full-text search – recherche f de texte intégral

Vollton m – solid tone, full tone – aplat m

Volltondichte f – solid ink density (SID), density in the solids – densité f d'aplat

Volltonfarbe f – spot color – ton m direct, couleur f d'accompagnement,

Volltonfeld n (Kontrollstreifen) – solid ink patch – plage f d'aplat

Volltonfläche f – solid (area) – aplat m

Vollzeitangestellte, -r – full-time employee – employé/e à plein temps

volumenbezogene Masse f – specific gravity – poids m volumique

von hinten beleuchtet – backlighted – rétro-éclairé

vor (örtlich) – in front of – devant, avant

Vorabdruck m – preprint – prépublication f

Voransicht f – preview – aperçu m, prévisualisation f, F prévisu f

Vorarbeiten f/pl – preparatory work – travaux m/pl préparatoires

Vorbelichtung f – pre-exposure – préinsolation f

vorbereiten – prepare v. – préparer

Vorbereitung f – preparation – préparation f

Vorbreite f – left side bearing – approche f de gauche

Vorder- und Rückseite f – recto and verso – recto/verso m

Vorderansicht f – front view – vue f de face

vordere Umschlaginnenseite f – inside front cover, second cover – deuxième (de) couverture

vorderer Papierrand m – outer margin – marge f extérieure

Vordergrund m – foreground – premier plan m

Vorderkante f – front edge – bord m avant

Vorderseite f – frontpage, front(-)side, recto – devant m, recto m

Vorderseite f **der Maschine** – front of the machine – avant m de la machine

Vordruck m – preprinting, first impression – pré-impression f

Vordruck m (Formular) – form, flat form, blank (U.S.) – formulaire m, formule f

voreingestellt – pre-defined – prédéfini

Voreinstellung f – presetting – préréglage m

Vorentwurf m (Layout) – dummy – blanco m

Vorfalz m – overfold – pli m dépassant

Vorgang m (Prozess) – process – processus m

vorgedruckt – pre(-)printed – pré-imprimé

vorgedruckte Bogen m/pl – pre(-)printed sections – cahiers m/pl préimprimés

vorgerippte Daten – pre-ripped data – données f/pl pré-rastérisées

vorhergehend – previous – précédent(e)

vorherige Seite f – previous page – page f précédente

Vorkalkulation f – preliminay calculation – calcul m à priori, calculation f préliminaire

Vorkompensation f – precom-pensation – précompensation f

vorkonfiguriert – pre-defined – pré-configuré

Vorlackierung f – prelacquer – prélaque f

Vorlage f – original – original m

Vorlage f (Layout) – template, copy – maquette f, modèle m

Vorlagenbeurteilung f – image assessment – appréciation f de l'original

Vorlagendichte f – original density – densité f de l'original

Vorlagengestaltung f – art design – conception f des modèles

Vorlagenhalter m – original holder, copy holder, copyboard – porte-original m

Vorlagenmontage f – mounting of the original – mise f en place de l'original

vorlegen – present v. – montrer

vorn(e) – in front, at the front – devant

Vorsatzblatt n – endmatter, endpaper – page f de garde, feuille f de garde

Vorsatzpapier n – endmatter, endpaper – page f de garde, feuille f de garde

Vorschau f – preview – aperçu m, prévisualisation f, F prévisu f

Vorschau f **in hoher Auflösung** – high-resulotion preview, preview in high resolution – prévisualisation f pleine résolution, prévisualisation f à haute résolution

Vorschaubild n – thumbnail, preview picture – imagette f, aperçu m, vue f miniature

vorsepariert – pre-separated – préséparé

Vorspann m – header – chapeau m

Vortitel m – half-title, bastard title – faux-titre m

Vorwärts-Scrollen n – scrolling forward – défilement m avant

Vorwort n – preface, foreword – avant-propos m, préface f

Vorzugsplatz m (Anzeige) – special position, preferred position, premium position – emplacement m de rigueur

V
W

W

waagerecht – horizontal – horizontal(ement)

Waagerechte f – horizontal – horizontale f

Wachsfarbstift *m* – wax crayon – crayon *m* de cire

Wachspapier *n* – wax paper, waxed paper – papier *m* ciré

Wagenrücklauf *m (bei der Schreibmaschine)* – carriage return – retour *m* chariot

wählen *(Telefonnummer)* – dial *v.* – composer

wahlfreier Zugriff *m* – random access – accès *m* direct

Wahltaste *(MacOS)* – Option key – touche *f* Option

wahrgenommen – perceived – perçu

wahrnehmbar – perceptible, discernable – perceptible

wahrnehmen *(sinnlich)* – perceive *v.*, discern *v.* – percevoir

Wahrnehmung *f (sinnlich)* – perception – perception *f*

wahrnehmungsorientiert – perceptual – perceptif

Wahrnehmungsspektrum *n* – spectrum perception – spectre *m* de perception

Wahrnehmungsvermögen *n* – perceptive faculty – perception *f*

Währungssymbol *n* – currency symbol – symbole *m* monétaire

Walze *f* – cylinder, roller – rouleau *m*

Wandkalender *m* – wall calendar – calendrier *m* mural

Warenzeichen *n* – trademark – marque *f* déposée

warme Farbe *f* – warm color, rich color – couleur *f* chaude

wärmeempfindlich – heat-sensitive – thermosensible

Warmstart *m* – warm boot – lancement *m* à chaud

Warnmeldung *f* – warning – avertissement *m*

Warping *n* – warping – warping *m*

Warteschlange *f (a. in Informatik)* – queue – file *f* d'attente

Warteschlangenverarbeitung *f* – queue processing – traitement *m* de file d'attente

Wartung *f* – maintenance, servicing – maintenance *f*, entretien *m*

Wartungsdienst *m* – customer engineering – assistance *f* technique

wartungsfrei – maintenance-free – exempt d'entretien

Wartungskosten *pl* – maintenance costs – frais *m/pl* d'entretien (de maintenance)

Wartungstechniker, -in – service engineer, maintenance engineer, service technicien, customer engineer – technicien, -ne (de maintenance)

Wasserfarbe *f* – water color – couleur *f* à l'eau

Wasserführung *f* – damping – mouillage *m*

Wasserlinie *f* – wire mark – vergeure *f*

wasserliniertes Papier *n* – wire marked paper – papier *m* vergé

wasserlose Platte *f* – waterless plate – plaque *f* sans mouillage

wasserloser Offsetdruck *m* – waterless offset printing – impression *f* offset sans eau

wasserlöslich – water-soluble – soluble dans l'eau

Wasserzeichen *n* – watermark – filigrane *m*

wässrige Platte *f (Offsetdruck)* – aqueous plate – plaque *f* aqueuse

wattierte Buchdecke *f* – padded book case – couverture *f* ouatinée

Web-Administrator, -in – web administrator – administrateur *m* web

webbasiert – web-based – basé web

Webbrowser *m* – web browser – navigateur *m* (web), butineur *m* (Kanada), fureteur *m* (Kanada)

Webdesigner, -in – web designer – webdesigner *m*

Webmaster *m* – web master – webmaster *m*, webmestre *m*

Webseite *f* – *Website f* – web site, web page – site *m* web, page *f* web

Wechselkassette *f* – interchangeable cassette – cassette *m* interchangeable

Wechselobjektiv *n* – interchangeable lens – objectif *m* interchangeable

Wechselplatte *f* – removable hard disk, disk cartridge – disque *m* amovible

Wechselstrom *m* – AC (alternating current) – courant *m* alternatif

weglassen – omit *v.* – omettre

wegschlagen *(Druckfarbe auf Papier)* – penetrate *v.* – pénétrer

Wegschlagen *n (Druckfarbe auf Papier)* – absorption, penetration, setting – absorption *f* (de l'encre), pénétration *f*

Weich mischen *(Option in Illustrator)* – Soft mix – Mélange pondéré

weiche Kante *f* – feather (edge), smooth edge – bord *m* flou, contour *m* progressif

weichelastische Druckplatte *f* – resilient printing plate – plaque *f* d'impression souple

weicher Bindestrich *m* – soft hyphen, discretionary hyphen – trait *m* d'union facultatif, division *f* optionnelle, trait *m* d'union virtuel

weicher Punkt *m* – soft dot – point *m* mou

weicher Rand *m* – feather (edge), smooth edge – bord *m* flou

weicher Trennstrich *m* – discretionary hyphen – césure *f* conditionnelle

weicher Verlauf *m* – smooth shading – dégradé *m* lisse (progressif)

weiches Licht *(Option in Photoshop)* – Soft light – Lumière tamisée

W

Weichverpackung *f* – flexible packaging – emballage *m* souple

weichzeichnen – soften *v.*, blur *v.* – adoucir, rendre flou

Weichzeichnen *n* – softening – adoucissement *m*

Weichzeichner *m* (*fotogr.*) – soft-focus lens – objectif *m* pour flou artistique, filtre *m* pour flou artistique

Weichzeichner-Werkzeug (*Photoshop*) – Blur tool – outil Goutte d'eau

Weichzeichnung *f* – softening, diffusing – flou *m*, adoucissement *m*

weiß – white – blanc

Weißabgleich *m* – white alignment, white balance – équilibrage *m* du blanc, balance *f* des blancs

Weißbezug *m* (*Farbmessung*) – white base – base *f* blanche

Weißbuch *n* – white book – livre *m* blanc

Weißgrad *m* (*Papier*) – whiteness – blancheur *f*

Weißgrund *n* (*Druck auf Aluminium o. Folien*) – white back-up – aplat *m* de blanc

Weißpunkt *m* (*in einem Bild*) – white point, whitepoint – point *m* blanc

Weiterbildung *f* – continuing education, further training – formation permanente (continue), formation *f* complémentaire

weiterleiten (*E-Mail*) – forward *v.* – rediriger

Weiterleitung *f* (*E-Mail*) – forwarding – redirection *f*

Weiterverarbeitung *f* – finishing, converting – façonnage *m*, finissage *m*, finition *f*

Weitwinkelobjektiv *n* – wide angle lens – objectif *m* (à) grand angle

wellen (*z.B. Papier*) – curl *v.* – onduler

Wellenlänge *f* – wavelength – longueur *f* d'onde

wellig – warped, buckled, undulating, wavy, slack – ondulé

Wellpappe *f* – corrugated (board), board – carton *m* ondulé

Wellpappenindustrie *f* – corrugated industry – industrie *f* du carton ondulé

Wellpappenmaschine *f* – corrugator – onduleuse *f*

Wellpappensorte *f* – board grade – composition *f* du carton

Wellpappkarton *m* – corrugated box, corrugated case – caisse *f* en carton ondulé

Wendepunkt *m* – point of inflection – point *m* d'inflexion

Wendestange *f* (*Rollendruck*) – angle bar – barre *f* de renvoi

Wendetrommel *f* – perfecting drum – tambour *m* de retournement

Werbeabteilung *f* – ad department, publicity department – service *m* (de la) publicité

Werbeagentur *f* – advertising agency – agence *f* de publicité

Werbebanner *n* (*a. Internet*) – (ad) banner – bandeau *m* (publicitaire)

Werbebeilage *f* – advertising insert – encart *m* publicitaire

Werbeberater, -in – advertising consultant – conseil *m* en publicité

Werbebrief *m* – advertising letter – lettre *f* publicitaire

Werbebroschüre *f* – advertising brochure, advertising leaflet – brochure *f* publicitaire, dépliant *m* publicitaire

Werbedruck *m* – publicity printing – impression *f* de produits publicitaires

Werbedrucksache *f* – publicity matter, advertising matter – imprimé *m* publicitaire, document *m* publicitaire

Werbeetat *m* – publicity budget – budget *m* publicitaire, budget *m* de publicité

Werbefachmann, -frau – advertising expert – professionel *m* de la publicité, expert *m* en publicité, F pubeur *m*

Werbegrafik *f* (*a. Gebrauchsgrafik*) – commercial art – dessin *m* publicitaire

Werbegrafiker, -in – advertising designer – dessinateur, -rice publicitaire

Werbekampagne *f* – advertising campaign – campagne *f* publicitaire

Werbeleiter, -in – publicity manager – directeur, -rice de la publicité, chef *m* de la publicité

Werbematerial *n* – promotional material, advertising material – matériel *m* publicitaire (de publicité)

Werbemittel *n/pl* – advertising media – moyen *m* publicitaire

Werbemittelgestaltung *f* – advertising media design – création *f* de moyens publicitaires

werben – advertise *v.* – faire de la publicité

Werbeplakat *n* – advertisement, advertising poster – affiche *f* publicitaire

Werbeprospekt *m* – publicity brochure, advertising brochure – dépliant *m* publicitaire

Werbeschrift *f* – advertising brochure – plaquette *f* publicitaire

Werbesendung *f* (*gedruckt*) – advertising mail, commercial – message *m* publicitaire

Werbeslogan *m* – slogan, advertising slogan, catch phrase – phrase *f* d'accroche, slogan *m* publicitaire

Werbespot *m* – commercial – spot *m* publicitaire

Werbespruch *m* – slogan, advertising slogan, catch phrase – phrase *f* d'accroche, slogan *m* publicitaire

Werbetafel *f* – billboard – panneau-réclame *m*

W

Werbetext *m* – advertising text – texte *m* publicitaire

Werbetexter, -in – ad texter, copywriter – rédacteur, -rice publicitaire, concepteur, -rice publicitaire, concepteur, -rice rédacteur

Werbeträger *m* – medium, advertising vehicle – support *m* publicitaire

Werbung *f* – ad, advertising – pub *f*, publicité *f*

Werbungskosten *pl (steuerlich)* – professional outlay – frais *m/pl* professionnels

Werkdruck *m* – bookwork – travaux *m/pl* de labeur

Werkdruckfarbe *f* – book ink – encre *f* pour édition

Werkdruckpapier *n* – book paper – papier *m* édition

Werksatz *m* – book(-)work, book composition – composition *f* (de travaux) de labeur

Werkschrift *f* – book type – caractère *m* de labeur

Werkzeug *n (a. in Programmen)* – tool – outil *m*

Werkzeugleiste *f* – tool bar, toolbar – barre *f* d'outils

Werkzeugpalette *f* – toolbox – palette *f* d'outils

Werkzeugspitzen *(Photoshop)* – Brushes – Formes

Wettbewerb *m* – competition – compétition *f*

wettbewerbsfähig – competitive – compétitif

Wettbewerbsfähigkeit *f* – competitiveness – compétitivité *f*

Wettbewerbsverzerrung *f* – unfair competition – distorsion *f* de la concurrence

Wickelfalz *m* – letter fold, wrap(-around) fold, barrel fold – pli *m* roulé, pli *m* superposé

Widerdruck *m* – back(-side) printing, backing-up, perfecting – impression *f* du (au) verso, retiration *f*

Widerdruckform *f* – perfecting form – forme *f* du second côté

widerrufen *(in Programmen)* – undo *v.* – annuler

Widmung *f* – dedication – dédicace *f*

wieder kombinieren – recombine *v.* – recombiner

wieder(auf)finden *(z.B. Datei)* – recover *v.*, retrieve *v.* – retrouver, récupérer

Wiederauffinden *n* – retrieval – récupération *f*

wieder aufnehmen *(Arbeit)* – resume *v.* – reprendre

wiederbearbeiten – rework *v.* – retravailler

wiederbeschreibbar – rewritable – réinscriptible

Wiedergabe *f* – rendering – rendu *m*

Wiedergabetreue *f* – reproduction fidelity – fidélité *f* de reproduction

Wiedergabeziel *(Farbmanagement QuarkXPress)* – Rendering Intent – Usage final du rendu

wiederherstellbar – recoverable – récupérable

wiederherstellen – restore *v.*, unerase *v.*, undelete *v.*, redo *v.* – rétablir, recouvrer, restaurer

Wiederherstellung *f* – restoring – rétablissement *m*

wiederholbar – repeatable – répétable

Wiederholbarkeit *f* – repeatability – répétabilité *f*

wiederholende (sich) Arbeiten *f/pl* – repeating tasks, repetitive work – tâches *f/pl* répétitives, travail *m* répétif

Wiederholgenauigkeit *f* – repeatability – répétabilité *f*

widerspiegeln – reflect *v.* – refléter

Widerspiegelung *f* – reflection – reflet *m*

Winkel *m* – angle – angle *m*

Winkelhaken *m (Bleisatz)* – setting stick – composteur *m*

Winkelmesser *m* – protractor – rapporteur *m*

Winkelspatium *n* – angle space – espace *m* angulaire

Wire-O-Heftung *f* – wire-o binding – reliure *f* wire-o

Wirkung *f* – effect – effet *m*

Wischfinger-Werkzeug *(Photoshop)* – Smudge tool – outil Doigt

Wischwalze *f* – damping roller – mouilleur *m*

Wischwasser *n* – damping solution – solution *f* de mouillage

Wissensdatenbank *f* – knowledge base – base *f* de connaissances

Wochenblatt *n (-zeitung f, -zeitschrift f)* – weekly – hebdomadaire *m*, F hebdo *m*

Wolfram *n* – tungsten – tungstène *m*

Workaholic *m* – workaholic – bourreau *m* de travail, F bosseur, -esse

Workaround *m* – workaround – solution *f* de rechange, workaround *m*

Workflow *m* – workflow – flux *m* de production

Workflowmanagement *n* – workflow management – gestion *f* de (du) flux de production

Workflowmanagement-programm *n* – workflow management program – logiciel *m* de gestion de (du) flux de production

Workstation *f* – workstation – poste *m* de travail

Wort *n* – word – mot *m*

Wortabstand *m* – word spacing, interword spacing, letter spacing, word space – intermot *m*, espacement *m* de mots, espace *m* inter-mot

Wörterbuch *n* – dictionary – dictionnaire *m*, F dico *m*

Wörterverzeichnis *n* – list of words, vocabulary – index *m* des mots

wörtlich – literal(ly), word-for-word – litéral(ement)

W

Worttrennung *f* – hyphenation, word break(ing), word cutting – division *f* de mots, césure *f*, coupure *f* de mots

Worttrennung und Justierung – hyphenation and justification (H&J) – césure et justification (C&J)

Würfel *m* – cube – cube *f*

Wurfsendung *f* – bulk mail circular, unadressed advertising matter, F junk mail, door-to-door distribution – multipostage *m*, envoi *m* en nombre, distribution *f* porte à porte

Wurzelzeichen *n* – radical sign – signe *m* radical

WYSIWYG – WYSIWYG – WYSIWYG, tel-tel (tel écran - tel écrit)

X

x-Achse *f* – xaxis – axe *m* des X

Xenonlampe *f* – xenon lamp – lampe *f* (au) xénon

Xerografie *f* – xerography – xérographie *f*

XTensions Manager *(Quark-XPress)* – XTensions Manager – Gestionnaire d'Xtensions

XY-Zoomtechnik *f* – XY-Zoom technology – technologie *f* à zoom XY

Y

y-Achse *f* – y-axis – axe *m* des Y

Z

zackig – jaggy – crénelé

zackiger Rand *m* – jaggy edge, jagged edge – bord *m* crénelé, bord *m* irrégulier

Zähigkeit *f (Druckfarbe)* – tack, stickiness (of an ink) – épaisseur *f*

Zahl *f* – number – nombre *m*

Zähler *m (Zählwerk n)* – counter – compteur *m*

Zahlungsbedingungen *f/pl* – payment terms – conditions *f/pl* de paiement, conditions *f/pl* de règlement

Zahnstreifen *m* – gear streak – strie *f* d'engrenage

Zapfen *m (Auge)* – cone – cône *m*

Zauberstab *(Photoshop)* – Magic wand – Baguette *f* magique

Zeichen *n (typogr.)* – character, sign – caractère *m*, signe *m* (Satzzeichen)

Zeichenabstand *m* – tracking, character spacing – interlettrage *m*, espacement *m* des caractères

Zeichenattribut *n* – character attribute – attribut *m* de caractère

Zeichenblock *m* – sketch pad, sketchpad – bloc *m* de papier à dessin

Zeichenbrett *n* – drawing board – planche *f* à dessin

Zeichendreieck *n* – set square – équerre *f* à dessiner

Zeichenerkennung *f* – character recognition – reconnaissance *f* des caractères

Zeichenfeder *f* – drawing pen – plume *f* (à dessin)

Zeichenfehler *m* – punctuation error, punctuation mistake – faute *f* de ponctuation

Zeichenfolge *f (*character) string – chaîne *f* de caractères, séquence *f* de caractères

Zeichenfolie *f* – drafting film – film *m* à dessiner

Zeichenformat *n* – character style – style *m* de caractère

Zeichenkette *f* – string – chaîne *f* (de caractères)

Zeichenkodierung *f* – character encoding – encodage *m* de caractères

Zeichenkohle *f* – charcoal – fusain *m*

Zeichenkreide *f* – drawing chalk – craie *f* à dessiner

Zeichenpapier *n* – drawing paper – papier *m* à dessin

Zeichenpinsel *m* – drawing brush – pinceau *m* à dessiner

Zeichenprogramm *n* – graphics program – programme *m* de dessin

Zeichensatz *m (Font)* – font – police *f* (de caractères), jeu *m* de caractère, fonte *f*

Zeichensatz *m* **mit konstanter Breite** – monospace font, fixed pitch characters – caractère *m* à chasse fixe, police *f* non proportionnel

Zeichensatztabelle *f* – character encoding – encodage *m* de caractères

Zeichensetzung *f* – punctuation – ponctuation *f*

Zeichenstift *m* – pencil, crayon (bunt) – crayon *m* (à dessiner)

Zeichenstilvorlage *f* – character style sheet – feuille *f* de style de caractères

Zeichentablett *n* – tablet, drawing tablet, drawing pad – tablette *f* (graphique)

Zeichentisch *m* – drawing board, drawing table – table *f* à dessiner

Zeichentusche *f* – drawing ink – encre *f* à dessiner

Zeichenvorlage *f* – drawing copy – original *m* à dessiner

Zeichenwerkzeug *n* – drawing tool, design tool – outil *m* à dessiner

zeichnen – draw *v.* – dessiner, tracer (Linie)

Zeichner, -in – draughtsman, *(U.S.)* Draftsman – dessinateur, -rice

Zeichnung *f* – drawing, illustration, draft (Entwurf), skatch (Skizze) – dessin *m*

Zeichnung *f (Kontrast)* – detail – netteté *f*

zeigen – show *v.* – montrer

Zeiger *m* – pointer – pointeur *m*

Zeile *f* – line, row – rangée *f*, ligne *f*

Zeilen zusammenhalten *(QuarkXPress)* – Keep lines together – joindre les lignes

Zeilenabstand *m* – leading, line spacing – interligne *f*, interlignage *m*, espacement (écartement) *m* des lignes

Zeilenanfang *m* – start of the line, beginning of (the) line – début *m* de (la) ligne

Zeilenausschluss *m* – horizontal justification – justification *f* horizontale

Zeilendrucker *m* – line printer – imprimante *f* à lignes

Zeilendurchschuss *m* – leading – interlignage *m*, interligne *f*

Zeilenende *n* – end of line – fin *f* de (la) ligne

Zeilengießmaschine *f* – line caster – linotype *f*, fondeuse *f* de lignes

Zeilenhonorar *n* – payment per line – rémunération à la ligne

Zeilenhonorar *n* **bekommen** – be *v.* paid by the line – travailler à la pige, être payé à la pige (ligne)

Zeilenkonturen *(InDesign)* – Row Strokes – contours de ligne

Zeilenlänge *f* – line length, line measure – longueur *f* de ligne

Zeilenmaß *n* – type gauge, line gauge – lignomètre *m*

Zeilenumbruch *m* – line break – saut *m* de ligne

Zeilenvorschub *m* – line feed, advance – avancement *m*, saut *m* de ligne

zeilenweise – line by line, by the line – ligne par ligne, par lignes

Zeilenzwischenraum *m* – leading, interline leading – interligne *f*

Zeitcode *m* – time code – code *m* horaire

zeitgenössische Kunst *f* – contemporary art – art *m* contemporain

Zeitplan *m* – schedule, timetable – calendrier *m*, emploi *m* du temps horaire

Zeitplanung *f* – scheduling – planning *m*

Zeitschrift *f* – magazine, periodical (Fachzeitschrift) – magazine *m*, revue *f*

Zeitschriftendruck *m* – magazine printing – impression *f* de magazines

Zeitschriftenständer *m* – magazine rack – porte-revues *m*

Zeitschriftenverleger *m* – magazine publisher – éditeur *m* de revues

Zeitschriftenwerbung *f* – magazine advertising – publicité *f* en revues

Zeitung *f* – newspaper – journal *m*, quotidien *m*, F canard *m*

Zeitungsabonnement *n* – newspaper subscription – abonnement *m* à un journal

Zeitungsannonce *f* – newspaper ad(vertisment) – annonce-presse *f*

Zeitungsanzeige *f* – newspaper ad(vertisment) – annonce-presse *f*

Zeitungsarchiv *n* – newspaper archive – archives *f/pl* de journaux

Zeitungsartikel *m* – newspaper article, news story – article *m* de journal

Zeitungsauschnitt *m* – newspaper cutting, newspaper clipping – coupure *f* de journal

Zeitungsausträger, -in – newspaper carrier – porteur, -euse de journaux

Zeitungsbeilage *f* – newspaper supplement – supplément *m*

Zeitungsbranche *f* – newspaper industry – industrie *f* des journaux

Zeitungsdruck *m* – newspaper printing – impression *f* de journaux

Zeitungsdrucker *m* – newspaper printer – imprimeur *m* de presse

Zeitungsdruckerei *f* – newspaper printhouse – imprimerie *f* de journaux, imprimerie *f* de presse

Zeitungsdruckmaschine *f* – newspaper press – rotative *f* de presse

Zeitungsfalz *m* – newspaper fold – pli *m* journal

Zeitungsfarbe *f* – news ink – encre *f* de presse

Zeitungsformat *n* – newspaper size – format *m* du journal

Zeitungshändler, -in – news agent, news dealer *(U.S.)* – marchand(e) *m/f* de journaux

Zeitungsherstellung *f* – newspaper production – production *f* de journaux

Zeitungsinserat *n* – advertisement, advert *(brit.)* – annonce *f*

Zeitungskolumne *f* – newspaper column – colonne *f* de journal

Zeitungsleser, -in – newspaper reader – lecteur, -rice de journaux

Zeitungsnotiz *f* – press item – entrefilet *m*

Zeitungspaket *n* – newspaper bundle – paquet *m* de journaux

Zeitungspapier *n* – newsprint, newspaper – papier *m* journal, papier *m* de presse

Zeitungsrotationsmaschine *f* – newspaper rotary – rotative *f* de presse

Zeitungsstand *m* – newsstand – kiosque *m* à journaux

Zeitungsständer *m* – magazine rack – porte-journaux *m*

Zeitungsumbruch *m* – newspaper pagination – mise *f* en page de journaux

Zeitungsverkäufer, -in – news vendor – vendeur, -euse de journaux

Zeitungsverlag *m* – newspaper publisher – éditeur *m* de journaux

Zeitungsverleger, -in – newspaper publisher – éditeur *m* de journaux

Zellstoff *m* *(Papierherstellung)* – pulp – cellulose *f*

Zellulose *f* – cellulose, woodpulp – cellulose *f*

Z

Zelluloseazetatfolie *f* – cellulose acetate film – film *m* en acétocellulose

Zensur *f* – censorship – censure *f*

Zentimeter *m* – centimeter – centimètre *m*

Zentraleinheit *f* – CPU (Central Processing Unit) – CPU *f*, processeur *m*

zentralisiert – centralized – centralisé

Zentralrechner *m* – host system, mainframe – ordinateur *m* central

zentrieren – center *v.* – centrer

zentriert ausgerichteter Tabulator *m* – center align tab – tabulation *f* de centrage

zentrierter Trap *m* – center-trap(ping) – trapping *m* centré

Zentrierter, linearer Verlauf *(QuarkXPress)* – Mid-Linear Blend – Dégradé semi-linéaire

Zentrierung *f* – centering – centrage *m*

zerfallendes Buch *n* – brittle book – livre *m* au papier cassant

zerknittert – creased – froissé

zerschnittene Pfade *m/pl* – cut path – tracés *m/pl* découpés

Zerstreuungskreis *m* – circle of confusion (CoC) – cercle *m* de confusion (diffusion)

Zerstreuungslinse *f* – dispersion lens – lentille *f* divergente

zertifiziert – certified – certifié

Zettel *m* – slip of paper, note *(Notizzettel)*, leaflet *(Handzettel)* – brouillon *m*, bout *m* de papier, note *f (Notizzettel)*

Zickzackfalz *m* – zigzag fold, concertina fold, computer fold – pli *m* (en) paravent, pli *m* (en) accordéon

ziehen auf *(z.B. eine Datei auf den Icon eines Programms)* – drag *v.* on – faire glisser sur

Ziehmarke *f (Druck)* – pull guide – rectificateur *m* tirant, taquet *m* tireur

Zielfarbe *f* – destination color – couleur *f* cible

Zielordner *m* – destination folder – dossier *m* de destination

Zielprofil *n (ICC-Farbmanagement)* – target profile, destination profile – profil *m* de destination

Zierbuchstabe *m* – swash letter, ornamental letter, ornamental character, decorative typeface – caractère *m* ornemental, caractère *m* gracile, caractère *m* prétentieux

Zierinitiale *f* – ornamented initial, decorative initial, swash initial – initiale *f* ornementée, initiale *f* ornée

Zierlinie *f* – ornemented rule – filet *m/pl* ornementé

Zierrand *m* – ornamental border, decorative border – bordure *f* décorative, bord *m* orné

Zierschrift *f* – ornament(ed) type, decorative typefont, swash type – caractères *m/pl* ornementés

Ziffer *f* – digit, numeral, figure – chiffre *m*

Ziffernblock *m* – number pad, numeric keypad – pavé *m* numérique

Zifferntaste *f* – numeric(al) key – touche *f* numérique

Zirkel *m* – compasses, pair of compasses – compas *m*

Zirkumflex(akzent) *m* – circumflex accent – accent *m* circonflexe

Zitat *n* – quotation, quote – citation *f*

zitieren – quote *v.*, cite *v.* – citer

Zoll *m (Maßeinheit, Inch)* – inch – pouce *f*

Zonenschraube *f (an Druckmaschine)* – ink key – vis d'encrier, clé *f* d'encrier

Zoom *m (a. Zoomobjektiv n)* – zoom, magnification – zoom *m*

zoomen *(hochzoomen)* – zoom *v.*, magnify *v.* – zoomer

Zoomfaktor *m* – magnification level, zoom factor – facteur *m* de zoom

Zoomhebel *m (Kamera)* – zoom lever – levier *m* du zoom

Zoomobjektiv *n* – zoom lens – objectif *m* zoom

zu Testzwecken – for testing purposes – à titre d'essai

Zubehör *n* – accessory, accessories, fittings – accessoires *m/pl*

Zufallsrauschen *n* – random noise – bruit *m* aléatoire

zufrieden stellende Qualität *f* – satisfactory quality – qualité *f* satisfaisante

Zugang *m* **verweigert** – access refused – accès *m* refusé

Zugbogen *m* – drawsheet – feuille *f* d'assise

zugewiesener Speicherplatz *m* – allocated memory – mémoire *f* allouée

zugewiesenes Profil *n (ICC-Farbmanagement)* – assigned profile – profil *m* attribué

Zugfestigkeit *f* – resistance to tearing, tensile strength – résistance *f* à la déchirure (à la tension)

Zügigkeit *f* **der Druckfarbe** – tack, ink tacking – tirant *m* de l'encre

zugreifen – access *v.* – accéder

Zugriff *m* – access, hit (auf Internetseite) – accès *m*

Zugriffspfad *m* – access path – chemin *m* d'accès

Zugriffsrecht *n (Zugriffsberechtigung f)* – permission, access right, (user) authorization, access privilege, access permission – droit *m* d'accès

Zugriffszeit *f* – access time – temps *m* d'accès

zulässige Länge *f* – allowed length – longueur *f* autorisée

zur Ansicht – on approval – à l'épreuve

Zurichtebogen *m* – overlay sheet – feuille *f* de mise en train

Zurichtepappe *f* – overlay board – carton *m* d'habillage

zurückliegende Ausgabe (Nummer) *f* – back issue (copy, number) – ancien numéro *m*

zurücksetzen – reset *v.* – réinitialiser, mettre à zéro

Z

zurückspulen *(z.B. Film in Kamera)* – rewind *v.* – rembobiner

zurückstellen *(z.B. Druckauftrag)* – postpone *v.* – remettre à plus tard, renvoyer

zusammenarbeiten – collaborate *v.* – collaborer

Zusammenarbeit *f* – collaboration – collaboration *f*

Zusammendruck *m* – ganging, gang printing, combined printing, combination printing – impression *f* combinée

zusammenfassen – summarize *v.* – résumer, répertorier

Zusammenfassung *f* – summary, abstract – résumé *m*

zusammenfügen – merge *v.*, combine *v.* – fusionner, combiner

zusammengestellte Liste *f* – compiled list – liste *f* compilée

zusammenheften – staple *v.* – agrafer

zusammentragen – collect *v.*, assemble *v.*, collate *v.* – collationner, assembler, collecter

Zusammentragen *n* – gathering, assembling, collation, collecting – collationnement *m*, assemblage *m*

Zusammentragmaschine *f* – collator, gatherer – assembleuse *f*

Zusatzausrüstung *f* – optional equipment – équipement *m* optionnel

Zusatzmodul *n (Plug-In)* – plug in – module *m* externe (complémentaire), plug-in *m*, extension *f*

zuschneiden – crop *v.* – recadrer

Zuschnitt auf Rahmen *(QuarkXPress)* – Crop To Box – Recadrer aux dimensions du bloc

Zuschuss *m (Papier beim Druck)* – overs, oversheets, allowance (for spoils) – passe *f*, feuilles *f/pl* de passe

Zuschussbogen *m/pl* – oversheets – feuilles *f/pl* de passe, feuilles *f/pl* en excès

zuweisen *(Speicher)* – allocate *v.* – allouer

Zweibruch-Kreuzfalz *m* – two-directional right angle fold – pliage *m* croisé à deux plis

Zwei-Byte-Zeichen *n* – two-byte character – caractère *m* à deux octets

zweidimensional – two-dimensional – bidimensionnel

Zweifarbendruck *m* – two-color printing – bichromie *f*, impression *f* bicolore, impression *f* en deux couleurs

zweifarbig – two-tone, bicolor – bichromique

zweimal pro Woche – twice a week – bihebdomadaire

Zweiseiten-Belichter/Plattenbelichter *m* – Two-Up (2-Up) platesetter/imagesetter – flasheuse *f* deux (2) poses

zweiseitig – two pages long, two-sided – de deux pages, double face

zweiseitiger Druck *m* – two-sided print(ing), double-sided print(ing) – impression *f* de deux côtés

zweispaltig – two-column – en (à) double colonnes

zweispaltige Anzeige *f* – two-column ad – annonce *f* à double colonnes

Zwischenablage *f (Zwischenspeicher m)* – clipboard, cut buffer – presse-papiers *m*

Zwischenfarben *f/pl* – intermediate colors – couleurs *f/pl* intermédiaires

zwischenliniert – leaded – interligné

Zwischenraum *m (typogr.)* – space – espace *m* blanc, espace *m* intermédiaire, mémoire *f* tampon

Zwischenraum *m (Lücke f)* – gap – écart *m*

Zwischenspeicher *m* – buffer – mémoire *f* tampon, tampon *m*

Zwischenspeicherung *f* – intermediate storage – enregistrement *m* intermédiaire

Zwischentöne *m/pl* – intermediate tones – teintes *f/pl* intermédiaires

Zwischenwert *m* – intermediate value – valeur *f* intermédiaire

Zwischenzeile *f* – blank line – ligne *f* de (en) blanc

Zylinder *m* – cylinder – cylindre *m*

Zylinderaufzug *m* – cylinder packing – habillage *m* du cylindre

Zylinderherstellung *f (Tiefdruck)* – cylinder preparation – préparation *f* de cylindres

Zylinderkorrektur *f (Tiefdruck)* – cylinder retouching (correction) – retouche *f* sur cylindre

Zylinderumdrehung *f* – cylinder revolution – tour *m* du cylindre

Zylinderumfang *m* – cylinder circumference – circonférence *f* du cylindre

Z

e·d·f

A

35 mm camera –
Kleinbildkamera *f* – caméra *f*
petit format, appareil *m* photo
format 24 x 36

35 mm slide – Kleinbilddia *n* –
diapositive *f* petit format

abbreviate *v.* – abkürzen –
abréger, abrévier, écourter

abbreviation *(typogr.)* –
Abkürzung *f* – abréviation *f*

abbreviation list –
Abkürzungsverzeichnis *n* – liste
f d'abréviations

aberration *(fotogr.)* – Aberration
f – aberration *f*

abort *v.* – abbrechen – annuler

above – über, oberhalb – au-
dessus de, sur, dessus, par-
dessus

above it – darüber – dessus, au-
dessus, par-dessus

abrasion – Abrieb *m* – abrasion *f*

abrasion resistance –
Scheuerfestigkeit *f*,
Abriebfestigkeit *f* – résistance *f*
à l'abrasion, résistance *f* au
frottement

abrasion-resistant – abriebfest,
scheuerfest – résistant à
l'abrasion

abrasion tester – Abriebtestgerät
n – abrasimètre *m*

abscissa – Abszisse *f* – abscisse *f*

absolute – absolut – absolu

absolute colorimetric – absolut
farbmetrisch *(ICC-
Farbmanagement)* –
colorimétrie *f* absolue,
colorimétrique absolu

absolute coordinates – absolute
Koordinaten *f/pl* – coordonnées
f/pl absolues

Absolute Overlap *(Illustrator)* –
Absolute Überlappung –
Recouvrement absolu

absolute positioning – absolute
Positionierung *f* –
positionnement *m* absolu

absorb *v.* – absorbieren –
absorber

absorbency – Saugfähigkeit *f* –
pouvoir *m* absorbant,
absorptivité *f*

absorbent – saugfähig –
absorbant

absorbent paper – saugfähiges
Papier *n* – papier *m* absorbant

absorbing – absorbierend –
absorbant

absorption – Wegschlagen *n*,
Absorption *f (Druckfarbe auf
Papier)* – absorption *f* (de
l'encre), pénétration *f*

abstract – abstrakt – abstrait

abstract – Auszug *m*,
Zusammenfassung *f* – extrait *m*

abut *v.* – angrenzen – toucher,
juxtaposer, avoisiner

abutting – angrenzend – contigu,
attenant, avoisinant

AC (alternating current) –
Wechselstrom *m* – courant *m*
alternatif

accelerate *v.* – beschleunigen –
accélérer

acceleration – Beschleunigung *f* –
accélération *f*

accelerator – Beschleuniger *m* –
accélérateur *m*

accelerator board (card) –
Beschleunigerkarte *f* – carte *f*
accélératrice

accent – Akzent *m* – accent *m*

**accented letter/accent-bearing
letter** – Akzentbuchstabe *m* –
lettre *f* accentuée

accentuate *v.* – auszeichnen –
mettre en évidence

acceptance test – Abnahme *f* –
essai *m* de reception

access – Zugriff *m* – accès *m*

access *v.* – zugreifen – accéder

accessory – Zubehör *n* –
accessoires *m/pl*

accessory shoe *(fotogr.)* –
Aufsteckschuh *m* – sabot *m*,
griffe *f* porte-accessoire

access path – Zugriffspfad *m* –
chemin *m* d'accès

access privilege – Zugriffsrecht
n, Zugriffsberechtigung *f* –
droit *m* d'accès

access refused – Zugang *m*
verweigert – accès *m* refusé

access right – Zugriffsrecht *n* –
droit *m* d'accèss

access time – Zugriffszeit *f* –
temps *m* d'accès

accompanying letter –
Begleitschreiben *n* – lettre *f*
d'accompagnement, lettre *f*
d'envoi

accomplish *v.* **tests** – Tests *m/pl*
durchführen – réaliser des tests

accordion fold – Leporellofalz *m*
– pli *m* (en) accordeon, pli *m*
(en) paravent

account – Account *m* – compte *m*

accounting – Buchführung *f* –
comptabilité *f*

accuracy – Genauigkeit *f*,
Präzision *f* – précision *f*

accurate – genau – exact

acetate – Azetat *n*, Acetat *n* –
acétate *m*

acetate film (foil) – Kaschierfolie
f, Glanzfolie *f* – film *m* acétate

acetone – Azeton *n*, Aceton *n* –
acétone *f*

achromatic – achromatisch –
achromatique

**achromatic reproduction
(composition) (GCR)** –
Unbuntaufbau *m* –
remplacement *m* du composant
gris, GCR, composition
(reproduction) *f* achromatique

acid-free paper – säurefreies
Papier *n* – papier *m* exempt
d'acide

acidity – Säuregehalt *m* – acidité *f*

acknowledgement of order –
Auftragsbestätigung *f* –
confirmation *f* de commande

acoustic coupler –
Akkustikkoppler *m* – coupleur
m acoustique

acquire *v.* – akquirieren,
erwerben – prospecter

acquisition – Akquisition *f*,
Erwerbung *f* – acquisition *f*

acronym – Akronym *n* –
acronyme *m*

across the gutter – im Bund –
dans le petit fond

across the web (grain) – gegen die Laufrichtung – en sens travers des fibres, en sens travers du grain

acrylic glass cylinder – Acrylglaswalze *f (bei Trommelscannern)* – cylindre *m* en verre acrylique

actinic rays – aktinische Strahlen *m/pl* – rayons *m/pl* actiniques

action of light – Lichteinwirkung *f* – action *f* de la lumière

activate *v.* – aktivieren *(Option in Programmen)* – cocher, activer

Actual Size – Originalgröße *(Dokumentansicht in DTP-Programmen)* – taille réelle

actual value – Istwert *m* – valeur *f* effective

acute – spitz – aigu

acute accent – Accent aigu *m* – accent *m* aigu

acute angle – spitzer Winkel *m* – angle *m* aigu

ad *(abbr. für advertisement)* – Annonce *f*, Anzeige *f*, Inserat *n*, Werbung *f* – annonce *f*, pub *f*, publicité *f*

ad acquisition – Anzeigenakquisition *f* – acquisition *f* d'annonces

adaptor – Adapter *m* – adaptateur *m*

ad arrangement – Anzeigengestaltung *f* – conception *f* d'annonce

(ad) banner – Werbebanner *n (a. Internet)* – bandeau *m* (publicitaire)

ad canvassing – Anzeigenakquisition *f* – acquisition *f* d'annonces

ad closing – Anzeigenschluss *m* – clôture *f* d'annonces

ad collection – Anzeigenannahme *f* – saisie *f* des annonces

ad collection deadline – Anzeigenschluss *m* – clôture *f* d'annonces

ad composition – Anzeigensatz *m* – composition *f* d'annonces

A/D converter (ADC) – Analog-Digital-Wandler *m*, AD-Wandler *m* – convertisseur *m* analogique-numérique (CAN)

add *v.* – hinzufügen – ajouter

ad department – Werbeabteilung *f* – service *m* (de la) publicité

ad design – Anzeigengestaltung *f* – conception *f* d'annonce

additional bleed – Beschnittzugabe *f* – rogne *f* en plus

additive *(chem.)* – Additiv *n* – additif

additive colors – additive Farben *f/pl* – couleurs *f/pl* additives

additive color theory (synthesis) – additive Farbmischung *f* – mélange *m* additif de couleurs, synthèse *f* additive des couleurs

address – Adresse *f* – adresse *f*

address *v.* – adressieren – adresser

addressability – Adressierbarkeit *f* – capacité *f* d'adressage, possibilité *f* d'adressage

addressable point (position) – adressierbarer Punkt *m* – point *m* adressable

address book (directory) – Adressbuch *n* – carnet *m* d'adresses, annuaire *m*

addressee – Adressat *m* – destinataire *m*

addressing – Adressierung *f* – adressage *m*

addressing head – Adressierkopf *m* – tête *f* d'adressage

addressing machine – Adressiermaschine *f* – machine *f* à adresser

address register – Adressenregister *n* – registre *m* d'adresses

adhere *v.* – kleben – coller, F scotcher

adhesion – Adhäsion *f* – adhérence *f*, adhésion *f*

adhesive – Kleber *m* – colle *f*, adhésif *m*, adhésive *f*

adhesive binding – Klebebindung *f* – reliure *f* par collage, reliure *f* sans couture, arraphique *f*

adhesive foil – Klebefolie *f* – film *m* adhésif

adhesive fold – Klebefalz *m* – pli *m* collé

adhesive mechanism – Verklebungsmechanismus *m* – mécanisme *m* de collage

adhesive strength – Klebkraft *f* – force *f* adhésive

adhesive tape – Klebeband *n* – ruban *m* adhésif, F scotch *m*

adjoin *v.* – angrenzen – toucher (à)

adjust *v.* – einpassen, einstellen, justieren – ajuster, adapter, régler, paramétrer

adjustable – einstellbar, justierbar – réglable, paramétrable

adjust *v.* **by eye** – visuell angleichen – ajuster au jugé

Adjust Display Colors *(FreeHand)* – Bildschirmfarben anpassen – Ajuster les couleurs d'affichage

adjusting screw – Stellschraube *f* – vis *f* de réglage

adjustment *(typogr.)* – Anpassung *f*, Einpassung *f* – ajustement *m*, adaptation *f*

ad layout – Anzeigengestaltung *f* – conception *f* d'annonce

ad make-up – Anzeigenumbruch *m* – mise *f* en page des annonces

administrative data – Verwaltungsdaten *pl* – données *f/pl* administratives

administrator – Administrator, -in – administrateur *m*, -rice *f*

ad pages *pl* – Anzeigenteil *m* – partie *f* annonces

ad processing program – Anzeigenprogramm *n* – logiciel *m* de traitement annonces

ad rate(s) – Anzeigenpreis *m*, Anzeigentarif *m* – tarif *m* de publicité

ad section – Anzeigenteil *m* – partie *f* annonces

ad tariff – Anzeigenpreis *m*, Anzeigentarif *m* – tarif *m* de publicité

ad typographer – Anzeigensetzer *m* – metteur *m* des annonces

advanced search – erweiterte Suche *f* – recherche *f* avancée

advanced user – erfahrener Benutzer/Anwender *m* – utilisateur *m* chevronné, utilisateur *m* de bon niveau

advert *(brit.)* – Zeitungsinserat *n* – annonce *f*

advertise *v.* – werben, inserieren – faire de la publicité, mettre (faire passer) une annonce

advertisement – Annonce *f*, Anzeige *f*, Inserat *n*, Werbung *f*, Zeitungsinserat *n* – annonce *f*, pub *f*, publicité *f*

advertisement depth – Anzeigenhöhe *f* – hauteur *f* de l'annonce

advertisement height – Anzeigenhöhe *f* – hauteur *f* de l'annonce

advertisement series – Anzeigenserie *f* – série *f* d'annonces

advertising – Werbung *f* – pub *f*, publicité *f*

advertising agency – Werbeagentur *f* – agence *f* de publicité

advertising brochure – Werbebroschüre *f*, Werbeschrift *f*, Werbeprospekt *m* – brochure *f* publicitaire, dépliant *m* publicitaire, plaquette *f* publicitaire

advertising campaign – Werbekampagne *f* – campagne *f* publicitaire

advertising consultant – Werbeberater, -in – conseil *m* en publicité

advertising customer – Anzeigenkunde *m* – annonceur *m*

advertising expert – Werbefachmann, -frau – professionel *m* de la publicité, expert *m* en publicité, F pubeur *m*

advertising insert – Werbebeilage *f* – encart *m* publicitaire

advertising journal – Anzeigenblatt *n* – feuille *f* d'annonces

advertising letter – Werbebrief *m* – lettre *f* publicitaire

advertising mail – Werbesendung *f* *(gedruckt)* – message *m* publicitaire

advertising media – Werbemittel *n/pl* – moyen *m* publicitaire

advertising media design – Werbemittelgestaltung *f* – création *f* de moyens publicitaires

advertising poster – Werbeplakat *n* – affiche *f* publicitaire

advertising section – Anzeigenteil *m* – partie *f* annonces

advertising slogan – Werbespruch *m*, Werbeslogan *m* – phrase *f* d'accroche, slogan *m* publicitaire

advertising text – Werbetext *m* – texte *m* publicitaire

advertising vehicle – Werbeträger *m* – support *m* publicitaire

advertographer – Anzeigensetzer *m* – metteur *m* des annonces

aerate *v.* – belüften – aérer

aeration – Belüftung *f* – aération *f*

aerial photo (shot) – Luftaufnahme *f* – prise *f* de vue aérienne

aerograph – Aerograf *m*, Airbrush *m* – aérographe *m*, pistolet *m*

aesthetic box – Ästhetiktabelle *f* – table *f* esthétique, programme *m* esthétique

aesthetics *(brit.)* – Ästhetik *f* – esthétique *f*

AF target mark – Autofokusmarkierung *f* – cible *f* d'autofocus

after copy deadline – nach Redaktionsschluss – après bouclage de l'édition

after installation service – technischer Kundendienst (Support) *m* – support *m* technique, prestation *f* technique

after sales service – Kundendienst *m* – service *m* après vente (S.A.V.)

against the light – im Gegenlicht – à contre-jour

agency – Agentur *f* – agence *f*

airbrush – Airbrush *f*, Spritzpistole *f*, Aerograf *m* – aerographe *m*, pistolet *m*, brosse *f* à air

airbrush retouching – Spritzretusche *f* – retouche *f* à l'aérographe

airbrush stencil – Spritzschablone *f* – pochoir *m* à l'aérographe

album – Album *n* – album *m*

album cover – Plattenhülle *f* – pochette *f* (de disque)

albumin paper – Albuminpapier *n* – papier *m* albuminé

alcohol – Alkohol *m* – alcool *m*

alcohol damping – Alkoholfeuchtung *f* – mouillage *m* à l'alcool

Aldine – venetianische Antiqua *f* – vénitienne *f*

algorithm – Algorithmus *m* – algorithme *m*, F algo *m*

Alias *(InDesign)* – Alias – Pseudonyme

aliasing – Alias-Effekt *m*, Aliasing *n*, Treppenbildung *f* – crénelage *m*, effet *m* d'escalier

aligned left – linksbündig – justifié à gauche, au fer à gauche, alignement à gauche

aligned on center – mittelbündig – centré

aligned right – rechtsbündig – justifié à droite, au fer à droite, alignement à droite

alignment – Ausrichtung *f* *(Text)* – alignement *m*

align on *v.* – ausrichten an *(Text)* – aligner sur

A

Align To Baseline Grid
(InDesign) – An
Grundlinienraster ausrichten –
Aligner sur la grille de ligne de
base

aliphatic hydrocarbons –
aliphatische
Kohlenwasserstoffe *m/pl* –
hydrocarbures *f/pl* aliphatiques

alkaline paper – alkalihaltiges
Papier *n* – papier *m* alcalin

all-caps setting – Versaliensatz *m*
– composition *f* en capitales

allocate *v.* – zuweisen *(Speicher)*
– allouer

allocated memory –
zugewiesener Speicherplatz *m* –
mémoire *f* allouée

allocation – Belegung *f (Speicher)*
– allocation *f*

allowance (for spoils) – Zuschuss
m (Papier beim Druck) – passe
f, feuilles *f/pl* de passe

allowed length – zulässige Länge
f – longueur *f* autorisée

all rights reserved – alle Rechte
vorbehalten – tous droits
réservés

almanac – Almanach *m* –
almanach *m*

along a path – entlang eines
Pfades – le long d'un trace

along(side) – längs – le long de

along the web – in Laufrichtung
– en sens du défilement, le long
de la bande

alphabet – Alphabet *n* – alphabet
m

alphabetical list – alphabetische
Liste *f* – liste *f* alphabétique

alphabetical order –
alphabetische Reihenfolge *f* –
ordre *m* alphabétique

alphabetize *v.* – alphabetisieren,
alphabetisch einordnen –
classer par ordre alphabétique

alphabet length – Alphabetlänge
f – longueur *f* de l'alphabet

alpha channel – Alphakanal *m* –
couche *f* alpha

alphanumeric(al) –
alphanumerisch –
alphanumérique

alphanumeric key –
alphanumerische Taste *f* –
touche *f* alphanumérique

alteration – Korrektur *f* –
correction *f*, retouche *f*

Alt key – Alt-Taste *f* – touche *f*
Alt

aluminium foil – Alufolie *f* –
papier *m* (d')alu

aluminium laminated –
alukaschiert – laminé
d'aluminium

aluminum oxide –
Aluminiumoxyd *n* – oxyde *m*
d'aluminium

amateur photographer –
Amateurfotograf, -in –
photographe *m/f* amateur

ambient light – Umgebungslicht
n, Raumlicht *n* – lumière *f*
ambiante, éclairage *m* ambiant

amortization – Amortisation *f* –
amortissement *m*

amount of data – Datenmenge *f* –
quantité *f* de données

amper(sand) *(&)* – und-Zeichen
n – perluète *f*, et

AM screening – autotypisches
Raster *n* – tramage *m*
autotypique

analog(ous) – analog –
analogique

analog signal – analoges Signal *n*
– signal *m* analogique

analog(ue) proofing –
Analogproof *m* – épreuvage *m*
analogique, épreuve *f*
analogique

analyze *v.* – auswerten – analyser

analyze light – Abtastlicht *n* –
lumière *f* d'analyse

analyze light source –
Abtastlichtquelle *f* – source *f* de
lumière d'analyse

analyze unit – Abtasteinheit *f* –
module *m* de lecture

anamorphic lens –
Schrumpfobjektiv *n* – objectif
m anamorphique

anchor – Anker *m (bei
Hyperlink)* – ancre *m*

anchor point – Ankerpunkt *m* –
point *m* d'ancrage

and *(&)* – und-Zeichen *n* –
perluète *f*, et

angle – Winkel *m* – angle *m*

angle bar – Wendestange *f*
(Rollendruck) – barre *f* de
renvoi

angle cutter – Schrägschneider *m*
– coupeuse *f* à coupe oblique

angled-roller delivery –
Schrägrollenauslage *f* – sortie *f*
à rouleaux obliques

angle of incidence –
Einfallswinkel *m* – angle *m*
d'incidence

angle of italicization –
Kursivwinkel *m* – angle *m*
d'inclinaison, angle *m*
(d')italique

angle of reflection –
Reflexionswinkel *m* – angle *m*
de réflexion

angle of rotation – Drehwinkel
m, Rotationswinkel *m* – angle
m de rotation

angle of view (vision) –
Blickwinkel *m* – angle *m* de
vision, angle *m* visuel

angle of vision –
Betrachtungswinkel *m* – angle
m de visualisation

angle space – Winkelspatium *n* –
espace *m* angulaire

angstrom *(Å)* – Angström –
angstrom

angular – eckig – anguleux

aniline – Anilin *n* – aniline *f*

aniline printing – Anilindruck *m*
– impression *f* à l'aniline

anilox impression – Aniloxdruck
m – impression *f* anilox

anilox (inking) system –
Aniloxfarbwerk *n* – système *m*
d'encrage anilox

anilox roll – Aniloxwalze *f* –
rouleau *m* anilox, cylindre *m*
anilox

animal size – tierischer Leim *m* –
colle *f* animale

animate *v.* – animieren – animer

animation – Animation *f* –
animation *f*

annotate *v.* – mit Anmerkung
versehen – annoter

annotation – Anmerkung *f (z.B. in Adobe Acrobat)* – annotation *f*, note *f*

annual – Jahrbuch *n*, Jahresschrift *f* – annuaire *m*

annual report – Jahresbericht *m* – rapport *m* annuel

annual subscription – Jahresabonnement *n* – abonnement *m* annuel

anodized plate – anodisierte Platte *f* – plaque *f* anodisée

antialiasing – Antialiasing *n* – anticrénelage *m*, antialiasing *m*

anti-blooming – Anti-Blooming *n (digitale Kamera)* – anti-blooming *m*

antifoaming agent *(chem.)* – Entschäumungsmittel *n* – agent *m* anti-mousse

anti-halation backing – Lichthofschutzschicht *f*, Antihalo-Rückschicht *f* – couche *f* (dorsale) antihalo

antipolar – gegenpolig – antipode

Antiqua – Antiqua(schrift) *f* – Antiqua *f*

antiquarian bookseller – Antiquar, -in – marchand, -e de livres d'occasion, bouquiniste *m/f*

antique *v.* – antiquieren – antiquer

antique binding – Antikeinband *m* – reliure *f* à l'antique

antiskinning agent – Antihautmittel *n* – agent *m* anti-peau

antiviral software (program) – Antiviren-Programm *n* – logiciel *m* antivirus

aperture – Blendenöffnung *f* – ouverture *f* du diaphragme

aperture – Blende *f* – diaphragme *m*

aperture plane – Blendenebene *f* – plan *m* du diaphragme

aperture priority – Priorität *f* der Blende *(Zeitautomatik)* – priorité *f* à l'ouverture du diaphragme

aperture setting (adjustment) – Blendeneinstellung *f* – réglage *m* du diaphragme

apostrophe – Apostroph *m* – apostrophe *f*

apostrophize *v.* – apostrophieren – mettre une apostrophe à

appear *v.* – erscheinen *(Buch)* – paraître

appearance – Erscheinungsbild *n* – apparence *f*, aspect *m*

append *v.* – anfügen – ajouter

appendix – Anhang *m (im Buch)* – appendice *m*

Apple menu *(Mac)* – Apfel-Menü – Menu Pomme

application (F *app*) Programm *n*, Anwendung *f* – application *f*, F appli *f*, logiciel *m*

application engineer – Anwendungstechniker, -in – technicien *m*, -ne *f* d'application

application field – Anwendungsbereich *m* – domaine *m* d'application

application roller – Auftragswalze *f* – rouleau *m* toucheur

Applications *(Mac OS X)* – Programme – Applications

application software – Anwendungsprogramm *n* – programme *m* d'application, progiciel *m*

applied arts – angewandte Kunst *f* – arts *m/pl* appliqués (décoratifs)

Applying dithering *(FreeHand)* – Rasterung anwenden – Application de la juxtaposition des couleurs

appointment – Terminvereinbarung *f* – prise *f* de rendez-vous

appointment – Termin *m* – délai *m*

apprentice – Lehrling *m* – apprenti *m*

apprenticeship – Lehre *f* – apprentissage *m*

approximation – Näherung *f* – approximation

approximative – annähernd – approximatif, -ve

aquarelle – Aquarell *n* – aquarelle *f*

aquatint – Aquatinta *f* – aquatinte *f*

aqueous plate – wässrige Platte *f (Offsetdruck)* – plaque *f* aqueuse

arabesque – Arabeske *f* – arabesque *f*

Arabic characters – arabische Schrift *f* – caractères *m/pl* arabes

Arabic numeral (figure) – arabische Ziffer *f* – chiffre *m* arabe

arc – Bogen *m*, Kreisbogen *m* – arc *m*, arc *m* de cercle

archivability – Archivfestigkeit *f* – aptitude *f* à la conservation

archival storage – Archivierung *f* – archivage *m*

archived file – archivierte Datei *f* – fichier *m* archivé

archive material – Archivmaterial *n* – matériel *m* archivistique

archives – Archiv *n* – archives *f/pl*

archiving – Archivierung *f* – archivage *m*

arc lamp – Bogenlampe *f* – lampe *f* à arc

area – Fläche *f* – surface *f*

area pattern – Flächenmuster *n (Kartografie)* – dessin *m* de surface

area printing – Flächendruck *m* – impression *f* d'aplats

arithmetical sign – arithmetisches Zeichen *n* – signe *m* arithmétique

arm – Querstrich *m (Buchstabe)* – trait *m* transversal, trait *m* horizontal

arrange *v.* – anordnen – arranger, disposer

arrangement – Anordnung *f* – arrangement *m*, disposition *f*

array processor – Vektorrechner *m* – processeur *m* vectoriel

arrow – Pfeil *m (Form)* – flèche *f*

arrow head – Pfeilspitze *f* – pointe *f* de flèche

A

arrow key (arrow pad) – Pfeiltaste *f* – touche *f* de déplacement du curseur, touche *f* de direction, touche *f* fléchée, molette *f* fléchée

art – Kunst *f* – art *m*

art board – Kunstdruckkarton *m* – carton *m* couché brillant

art book – Kunstband *n*, Kunstbuch *n* – livre *m* d'art

Art box *(PDF)* – Objekt-Rahmen – Zone d'image

art calendar – Kunstkalender *m* – calendrier *m* d'art

art design – Vorlagengestaltung *f* – conception *f* des modèles

art director – Art Director *m*, künstlerische(r) Leiter, -in – directeur, -rice artistique (DA)

article – Artikel *m*, Beitrag *m* – article *m*

artifact – Artefakt *n* – artefact *m*

artificial bold – künstlich fett – gras artificiel

artificial intelligence (AI) – künstliche Intelligenz *f* – intelligence *f* artificielle, AI

artificial italic – künstlich kursiv – italique artificiel

artificial leather binding – Kunstledereinband *m* – reliure *f* simili-cuir

artificial light – Kunstlicht *n* – lumière *f* artficielle

artificial light source – künstliche Lichtquelle *f* – source *f* lumineuse artificielle

artificial outline – künstlich konturiert – relief artificiel

artificial style – künstlicher Stil *m* *(Texteigenschaft)* – style *m* artificiel

artist's proof – Künstlerabzug *m*, Probeabzug *m* des Künstlers – épreuve *f* d'artiste

Art Nouveau typography – Jugendstiltypographie *f* – typographie *f* Art Nouveau

art of bookbinding – Buchbindekunst *f* – art *m* de la reliure

art of printing – Druckkunst *f*, schwarze Kunst *f* – art *m* de l'impression

art of the book – Buchkunst *f* – art *m* du livre

art paper – Kunstdruckpapier *n* – papier *m* couché brillant, papier *m* d'art, papier *m* couché impression d'art

art picture – Kunstbild *n* – image *f* d'art

art print(ing) – Kunstdruck *m* – impression *f* d'art

artwork – Grafik *f*, Illustration *f*, Reinzeichnung *f* – graphique *m*, illustration *f*, illustrations *f/pl*

ASA rating *(fotogr.)* – ASA-Wert *m* – valeur *f* ASA

ascender (length) *(typogr.)* – Oberlänge *f* – ascendante *f*, hampe *f* montante, jambage *m* ascendant

ascending – aufsteigend, steigend – ascendant

ascent *(typogr.)* – Oberlänge *f* – ascendante *f*, hampe *f* montante, jambage *m* ascendant

ASCII character set – ASCII-Zeichensatz *m* – jeu *m* de caractères ASCII, codes *m/pl* de caractères ASCII

Asian language kit *(Acrobat)* – asiatische Sprachdateien – fichiers langues asiatiques

aspect ratio – Seitenverhältnis *n* – rapport *m* hauteur/largeur

aspherical lens – asphärische Linse *f* – objectif *m* asphérique

assemble *v.* – umbrechen, montieren – mettre en page(s), monter

assemble *v.* – zusammentragen – collationner, assembler, collecter

assembler – Assembler *m* – assembleur *m*

assembling – Zusammentragen *n* – collationnement *m*, assemblage *m*

assembly – Umbruch *m*, Montage *f* – mise *f* en page

assembly for reuse – Stehmontage *f* – montage *m* vif

assembly sheet – Montagebogen *m* – feuille *f* de montage

asset management – Asset Management *n* – asset management *m*, gestion *f* des actifs numériques

assigned profile – zugewiesenes Profil *n* *(ICC-Farbmanagement)* – profil *m* attribué

Assign profile *(Photoshop)* – Profil zuweisen – Attribuer un profil

assortment – Sortiment *n* – assortiment *m*

asterisk (*) – Asterisk *(U.S.)* *m*, Sternchen *n* – astérisque *m*, étoile *f*

astronomical sign – astronomisches Zeichen *n* – signe *m* astronomique

asynchronous – asynchron – asynchrone

asynchronous communication – asynchrone Übertragung *f* – communication *f* asynchrone

at a scale of – im Abbildungsmaßstab – à l'échelle de

at right angles to – im rechten Winkel zu – à l'angle droit de

at-sign (@) – at-Zeichen *n*, Klammeraffe *m* – a commercial, arrobas *m*, at, F escargot *m*

attach *v.* – anhängen *(z.B. von Kommentaren oder Dateien an E-Mail)* – joindre, annexer

attached file – angehängte Datei *f* – fichier *m* attaché, fichier *m* joint

attachment – Anhang *m* *(an E-Mail)* – attachement *m*

attendance – Bedienung *f* *(Gerät)* – maniement *m*

at the back – hinten – au fond, à l'arrière

at the bottom – unten – en bas

at the front – vorn(e) – devant

at the last minute – in letzter Minute – à la dernière minute

A

at the top – oben – en haut

at the touch of a button – auf Knopfdruck – en appuyant sur un bouton

Attributes *(InDesign, Illustrator)* – Attribute – Options d'objet

audio-visual – audiovisuell – audio-visuel

author – Autor, -in, Verfasser, -in, Schriftsteller, -in – auteur *m*

authoring application – Erstellungsprogramm *n* – application *f* de création

authoring system (software) – Autorensystem *n* – logiciel *m* auteur

authorization – Zugriffsrecht *n*, Zugriffsberechtigung *f* – droit *m* d'accès

author (of software) – Software-Designer, -in – concepteur, -rice de logiciel

author-publisher – Selbstverleger, -in – auteur-éditeur *m*

author's alteration(s) (AA) – Autorkorrektur *f* – correction(s) *f* d'auteur

author's copy – Autorenexemplar *n*, Belegexemplar *n* – exemplaire *m* d'auteur, justificatif *m*, exemplaire *m* justificatif

author's correction(s) (AC) – Autorkorrektur *f* – correction(s) *f* d'auteur

author's royalties – Autorhonorar *n* – droits *m/pl* d'auteurs

auto bracket – automatische Belichtungsreihe *f* – fourchette *f* automatique

autocenter – automatisch zentrieren – centrer automatiquement

auto-expanding text block – automatisch erweiternder Textblock – bloc *m* de texte à élargissement automatique

autoflow *v.* – automatisch einlaufen lassen *(Textimport)* – placer automatiquement

auto focus – Autofokus *m*, automatische Fokussierung, AF – autofocus *m*, mise *f* au point AF, système *m* de mise au point automatique

auto(-)focus camera – Autofokus-Kamera *f*, AF-Kamera *f* – caméra *f* autofocus, autofocus *m*

auto(-)focus(ing) – automatische Scharfeinstellung *f* – mise *f* au point automatique

auto-kerning – Auto-Kerning *n* – réglage *m* automatique des approches, crénage *m* automatique

automate *v.* – automatisieren – automatiser

automated data acquisition system – automatisches Datenerfassungssystem *n* – système *m* d'acquisition de données

automatic(ally) – automatisch – automatique

automatic aperture (control) – Blendenautomatik *f* – réglage *m* automatique (de l'ouverture) du diaphragme

automatic backup – automatische Sicherungskopie *f* – sauvegarde *f* automatique

automatic channeling – Kanalautomatik *f* – canalisation *f* automatique

automatic color range selection – automatische Farbbereichsauswahl *f* – sélection *f* automatique de la gamme de couleurs

auto(matic) exposition – automatische Belichtung *f* – exposition *f* automatique

auto(matic) exposure – Belichtungsautomatik *f* – exposition *f* automatique, réglage *m* automatique du temps de pose

automatic focus(s)ing – automatische Scharfeinstellung *f* – mise *f* au point automatique

automatic pagination – automatische Seitennummerierung *f* – numérotation *f* automatique des pages

automatic positioning – Positionierautomatik *f* *(Schneidemaschine)* – positionnement *m* automatique

automatic register monitoring – automatische Registerüberwachung *f* *(an Druckmaschine)* – suivi *m* automatique du repérage

automation – Automatisierung *f* – automatisation *f*

auto-page numbering – automatische Seitennummerierung *f* – numérotation *f* automatique des pages

autosave – automatisches Speichern *n* – sauvegarde *m* automatique des fichiers

auto-tracing – Auto-Tracing *n* – détection *f* des contours

autotrapping – automatisches Trapping *n* – grossi maigri *m* automatique

autotype – Autotypie *f*, Rasterätzung *f* – similigravure *f*, silimi *m*, cliché *m* simili

autotypical screening – autotypisches Raster *n* – tramage *m* autotypique

auxiliary color unit – Farbeindruckwerk *n* – groupe *m* (de) couleur supplémentaire

Auxiliary Dictionary *(QuarkXPress)* – Hilfslexikon – Dictionnaire auxiliaire

auxiliary equipment – Peripheriegeräte *n/pl* – périphériques *m/pl*, appareils *m/pl* périphériques

auxiliary line – Hilfslinie *f* – repère *m*, ligne *f* auxiliaire

auxiliary storage – externer Speicher *m* – mémoire *f* auxiliaire

available – verfügbar *(z.B. Speicherplatz)* – disponible

average – Durchschnitt *m* – moyen *m*

average downsampling *(Acrobat Distiller)* – durchschnittliche Neuberechnung *f* – Sous-échantillonnage *m* moyen

average user – Durchschnittsbenutzer *m* – utilisateur *m* lambda

average value – Durchschnittswert *m* – valeur *f* moyenne

axis – Achse *f* – axe *m*

axis of rotation – Rotationsachse *f* – axe *m* de rotation

azure – azurblau – azur

B

backbone – Buchrücken *m*, Rücken *m* – dos *m* (du livre)

backbone network – Netz-Grobstruktur *f* – dorsale *f*, réseau *m* de base, réseau *m* principal

back coating – Rückschicht *f* – couche *f* dorsale

back exposure – Rückseitenbelichtung *f* – exposition *f* dorsale

back fold – Rückenfalz *m* – pli *m* dorsal, pli *m* du dos

back glueing – Rückenleimung *f* – encollage *m* du dos

background – Hintergrund *m* – arrière-plan *m*, fond *m*

background color – Hintergrundfarbe *f* – couleur *f* d'arrière-plan

background fog – Grundschleier *m (auf Film)* – voile *m* de fond

background printing – Hintergrunddruck *m* – impression *f* en arrière plan

background processing – Hintergrundverarbeitung *f* – traitement *m* en tâche de fond, traitement *m* en arrière-plan

background screen – hinterlegter Raster *m* – fond tramé *m*

background tint – Hintergrundfläche *f* – benday *m*, fond *m* aplat

backing – Abpressen *n (Buchblock)* – endossure *f*, pressage *m*

backing-up – Widerdruck *m* – impression *f* au verso, retiration *f*

back issue (copy, number) – ältere Ausgabe (Nummer) *f*, zurückliegende Ausgabe (Nummer) *f* – ancien numéro *m*

backlight – Unterlicht *n*, Gegenlicht *n (Kamera)* – éclairage *m* arrière

backlighted – von hinten beleuchtet – rétro-éclairé

backlighting – Beleuchtung *f* von hinten – rétro-éclairage *m*

backline *v.* – hinterkleben *(Buchproduktion)* – contrecoller

backliner – Hinterklebepapier *n* – papier *m* de contrecollage

back-lining – Hinterklebung *f* – contrecollage *m*

backlit – hinterleuchtet – rétro-éclairé

backlit shot – Gegenlichtaufnahme *f* – photo *f* à contre-jour

back margin – Bund *m*, innerer Seitenrand *m (Heftrand)* – marge *f* de petit fond, marge *f* de la reliure, marge *f* intérieure

back (of book) – Buchrücken *m* – dos *m*, dos *m* du livre

backplane – Rückwandplatine *f* – fond *m* de panier

back printing – Rückseitendruck *m* – impression *f* (au) verso

back side – Rückseite *f* – coté *m* verso, page *f* verso, face *f* verso, verso *m*

back(-side) printing – Widerdruck *m* – impression *f* au verso, retiration *f*

backslant(ing) – Schrägstellung *f* – inclinaison *f*, italicisation *f* (Font)

backslash – Backslash *m*, umgekehrter Schrägstrich *m* – barre *f* oblique inversée, barsou *m*, antislash *m*, contre-cotice *f*

back-stitched brochure – Rückstichbroschüre *f* – brochure *f* piquée dans le pli

back-stitcher – Rückstichheftmaschine *f* – piqueuse *f* (à cheval)

back stitching – Rückstichheftung *f* – piqûre *f* à cheval, piquage *m* dans le pli

back to back – Rücken an Rücken *(back-to-back)* – dos à dos

back to front – seitenverkehrt *(back-to-front)* – à l'envers

backup *v.* – Backup durchführen – faire une copie de sauvegarde

backup (copy) – Backupkopie *f*, Sicherungskopie *f* – copie *f* de sauvegarde, copie *f* de secours, sauvegarde *f*

backup file – Sicherungsdatei *f* – fichier *m* de sauvegarde

backwoods newspaper – Provinzblatt *n* – feuille *f* de province

bad break – falsche Trennung *f* – mauvaise coupure *f*, coupure *f* inappropriée

badly lit – schlecht beleuchtet – mal éclairé

bake *v.* – einbrennen – cuire

baking – Einbrennen *n (bei Offsetdruckplatte)* – cuisson *f*

bale – Ballen *m* – paquet *m*

bale of paper – Papierballen *m* – balle *f* de papier

balloon help – Sprechblasen-Hilfe *f* – info *f* bulle

banding – Banderolierung *f* – cerclage *m*

banding – stufiger Übergang *m*, Streifenbildung *f* – formation *f* de stries

bandwidth – Bandbreite *f* – bande *f* passante, largeur *f* de bande

bank paper – Bankpostpapier *n* – papier *m* poste

banner *(typogr.)* – Banner *n*, Schlagzeile *f*, Balkenüberschrift *f* – manchette *f*, gros titre *m*, bannière *f*, titre *m* en bandeau

banner page *(Internet)* – Bannerseite *f* – page *f* d'entête

bar chart – Säulendiagramm *n* – histogramme *m*, graphique *m* à barres, graphique *m* à tuyaux d'orgue, graphique *m* en colonnes

bar code – Strichcode *m* – code *m* à barres, code-barres *m*

bar code reader (scanner) – Barcode-Scanner *m*, Strichcodeleser *m* – lecteur *m* de codes à barres

bar graph – Balkengrafik *f*, Balkendiagramm *n* – histogramme *m*, graphique *m* à barres, graphique *m* à tuyaux d'orgue, graphique *m* en colonnes

Barock Antiqua – Transitional *(Schriftenklassifizierung)* – Réales

barrel distortion *(fotogr.)* – tonnenförmige Verzeichnung *f* – distorsion *f* en barillet

barrel fold – Wickelfalz *m* – pli *m* roulé, pli *m* superposé

base fonts – Standardschriften *f/pl* – polices *f/pl* de base

baseline – Grundlinie *f*, Schriftlinie *f (Schriftlinie)* – ligne *f* de base

base linearization – Grundlinearisierung *f* – linéarisation *f* de base

baseline grid – Grundlinienraster *n* – grille *f*

Baseline optimized *(Photoshop)* – Baseline optimiert – De base optimisé

baseline shift – Grundlinienversatz *m* – décalage *m* de la ligne de base

base overhang – unterer Überhang *m* – débordement *m* inférieur

basic color – Grundfarbe *f* – couleur *f* de base

basic equipment – Grundausstattung *f* – équipement *m* de base

basic shape – Grundform *f* – forme *f* de base

basic size – Basisformat *n* – format *m* standard

bastard – Schwabacher *(Schriftenklassifizierung)* – bâtarde

bastard title – Schmutztitel *m*, Vortitel *m* – faux-titre *m*

batch file – Stapeldatei *f* – fichier *m* batch, fichier *m* de commande

batch process *v.* – im Stapelbetrieb verarbeiten – traiter par lots

batch processing – Stapelverarbeitung *f* – traitement *m* par lots

batter *v.* – abquetschen – écraser

battered type – abgequetschte Schrift *f (Hochdruck)* – caractère *m* écrasé

battery – Batterie *f* – pile *f*, batterie *f*

beam *v.* – leuchten – luir, rayonner, briller, reluire, donner de la lumière

beam of light – Lichtstrahl *m* – rayon *m* de lumière, rayon *m* lumineux (phys.)

beard – Fleisch *n (bei Buchstaben)* – blanc *m*

bearer ring – Schmitzring *m (bei Druckmaschine)* – cordon *m* du cylindre

become flat *v.* – flach werden, verflachen *(Kontrast eines Bildes)* – devenir plat

bed – Bett *n (Hochdruck, Fundament)* – fondation *f*, marbre *m*

beginner – blutiger Anfänger *m* – néophyte *m*, béotien *m*

beginning of the line – Zeilenanfang *m* – début *m* de la ligne

beginning quote – Anführungszeichen *n* – guillemet *m* ouvrant

behind – hinter – derrière

bellows – Balgen *m* – soufflet *m*

bellows extension – Balgenauszug *m (Kamera)* – tirage *m* du soufflet

below – unterhalb, unten – dessous

below – unter – sous, en-dessous de

benchmark – Benchmark *m* – benchmark *m*, banc *m* d'essai, test *m* de performance(s)

bend *v.* – biegen, krümmen – cintrer, courber

benday – Rasterton *m*, Rasterfläche *f*, Flächenton *m* – benday *m*, aplat *m* tramé

bending press – Biegepresse *f* – machine *f* à cintrer

bending strength – Biegefestigkeit *f* – résistance *f* à la flexion, rigidité *f* à la flexion

beneath – darunter – là-dessous, en dessous, au dessous

be *v.* **paid by the line** – Zeilenhonorar *n* bekommen – travailler à la pige, être payé à la pige (ligne)

be published soon – erscheint in Kürze – est sur le point de paraître

beside – neben – à côté

be *v.* **tangent to** – tangieren – être tangent à

beta site – Beta-Site *f* – site *m* bêta

beta test – Betatest *m* – bêta test *m*

beta tester – Betatester *m* – bêta-testeur *m*

beta (version) *(program)* – Betaversion *f* – version *f* bêta

beveled – abgeschrägt – en biseau

beveling machine – Facettiermaschine *f* – biseauteuse *f*

Bézier curve – Bézierkurve *f* – courbe *f* (de) Bézier

biannual – halbjährlich – semestriel

Bible paper – Bibel(druck)papier *n*, Dünndruckpapier *n* – papier *m* bible

B

bibliograhic(al) – bibliografisch – bibliographique

bibliographer – Bibliograf, -in – bibliographe *m/f*

bibliography – Bibliografie *f* – bibliographie *f*

bicolor – zweifarbig – bichromique

bicubic – bikubisch – bicubique

bicubic downsampling – bikubische Neuberechnung *f* – sous-échantillonnage *m* bicubique

bidirectional – bidirektional – bidirectionnel

big – groß – grand

big file – große Datei *f* – fichier *m* volumineux

billboard – Werbetafel *f* – panneau-réclame *m*

bimetal plate – Bimetallplatte *f* – plaque *f* bimétallique

binary – binär – binaire

bind *v.* – binden – relier

binder – Buchbinder, -in – relieur, -euse

binder's board – Deckelpappe *f* – carton *m* pour reliure

bindery – Buchbinderei – atelier *m* de reliure

bindery method – Bindeart *f*, Bindeverfahren *n* – méthode *f* de reliure

bind in *v.* – einheften – fixer, encarter

bind in *v.* **boards** – kartonieren – cartonner

binding – Bindung *f*, Buchbinden *n*, Bucheinband *m*, Einband *m* – reliure *f*, couverture *f* (de livre)

binding edge – Bund *m* (Heftrand) – marge *f* de la reliure, marge *f* intérieure, marge *f* de petit fond

binding loosened – lose im Einband – délié

binding machine – Buchbinde(rei)maschine *f* – machine *f* à relier

binding margin – Bund *m* (Heftrand) – marge *f* de la reliure, marge *f* intérieure, marge *f* de petit fond

binding method – Bindeart *f*, Bindeverfahren *n* – méthode de reliure *f*

binding section – Heftlage *f* – cahier *m* à relier

binding thread – Heftfaden *m* – fil *m* à coudre

biro™ – Kugelschreiber *m* – stylo *m*

bit – Bit *n* – bit *m*

bit depth – Bittiefe *f*, Scantiefe *f* – profondeur *f* de bit, niveau *m* d'échantillonnage, profondeur *f* d'analyse

bitmap – Bitmap *f* – bitmap *m*

bitmap font – Bitmap-Font *m* – police *f* bitmap

bitmap layer – Bitmap-Ebene *f* – couche *f* bitmap

bit per color – Bit pro Farbe (Bittiefe) – bits par couleur

bit rate – Bitrate *f* – débit *m* binaire

bi-weekly – vierzehntägig – bimensuel, deux fois par mois, à toutes les deux semaines

black *(typogr.)* – fett – gras

black – schwarz – noir

black and white artwork (original, copy) – Schwarzweißvorlage *f* – original *m* (en) noir et blanc *m*

black and white (b&w) – schwarzweiß – noir et blanc

black-and-white film – Schwarzweißfilm *m* – film *m* (en) noir et blanc

black and white image (picture) – Schwarzweißbild *n* – image *f* noir et blanc (N&B)

black and white photograph – Schwarzweißfotografie *f* – photographie *f* (en) noir et blanc

black and white printer – Schwarzweißdrucker *m* – imprimante *f* noir et blanc

black composition – Schwarzaufbau *m* – répartition *f* du noir

black form – Schwarzform *f* – forme *f* du noir

black generation – Schwarzgenerierung *f* – génération *f* du noir

black letter – fetter Buchstabe *m* – caractère *m* gras

Black Letters – Fraktur(schrift) *f*, gotische Schrift *f*, Gotisch Fraktur – caractères *m/pl* gothiques, gothiques *f/pl*, lettre *f* gothique

black plate – Schwarzplatte *f* – plaque *f* du noir

black point – Schwarzpunkt *m* – point *m* noir

black point compensation (Adobe) – Tiefenkompensierung *f* – compensation *f* du point noir

blade – Rakel *f* – racle *f*

blade – Blendenlamelle *f* – lamelle *f* (d'obturateur)

blade stripe (streak) – Rakelstreifen *m* (Druckfehler) – traînée *f* de racle

blank – Nutzen *m* (beim Stanzen) – découpe *f* (à plat)

blank cutting – Nutzenstanzung *f* – découpage *m* des poses

blanket – Drucktuch *n* – blanchet *m*

blank line – Zwischenzeile *f* – ligne *f* de (en) blanc

blank line – Leerzeile *f* – ligne *f* vide

blank page – Leerseite *f*, Blankoseite *f* – page *f* blanche

blank paper – Blankopapier *n* – papier *m* en blanc

blank space – Freiraum *m* – zone *f* reservée

bleach *v.* – verblassen – faner, décolorer

bleach-resistance – Lichtechtheit *f* – résistance *f* à la décoloration

bleed – Anschnitt *m* – fond *m* perdu

bleed *v.* – anschneiden *(Seitenrand)* – couper à bords vifs

bleed add – Beschnittzugabe *f* – rogne *f* en plus

bleed ad(vertisement) – Randanzeige *f*, angeschnittene Anzeige *f* – annonce *f* à fond perdu

bleed bound – Anschnittbereich *m* – limites *f/pl* de fond perdu

bleed box – Anschnittrahmen *m* – zone *f* de fond perdu

bleeding – Ausbleichen *n* *(Druckfarbe)* – déteintage *m*

Bleed Inside *(InDesign)* – Anschnitt Innen – Fond perdu sur petit fond

bleed margin – Anschnittrand *m* – marge *f* de coupe

bleed mark – Anschnittmarke *f*, Beschnittzugabemarke *f* – marque *f* de fond perdu, repère *m* de marge

ble(e)d-off – randabfallend, angeschnitten, mit Anschnitt – à fond(s) *m* perdu(s), à bord(s) *m* vif(s)

Bleed Outside *(InDesign)* – Anschnitt Außen – Fond perdu sur grand fond

bleed size – unbeschnittenes Format *n* – format *m* à vif, format *m* brut, format *m* non rogné

blemish – Fleck *m*, Flecken *m* – tache *f*, tacheture *f*

blend – Farbverlauf *m*, Verlauf *m* – dégradé *m* (couleur, de couleurs)

blend *v.* – verlaufen, überblenden *(Farben)* – se fondre

Blend color *(Photoshop)* – Farbauftrag – Couleur de dessin

blending – Überblendung *f*, Verschmelzung *f* – fusion *f*

blend *v.* **together** – mergen, vereinen, verschmelzen – fusionner, fondre

Blend tool *(Illustrator)* – Angleichen-Werkzeug – outil Dégradé de formes

blind copy – Blindkopie *f* – copie *f* aveugle

blind embossing – Blindprägung *f* – gaufrage *m* à sec, gaufrage *m* à froid

blinking – Blinken *n* – clignotement *m*

blob – Klecks *m (kleine Menge)* – bavure *f*, tache *f*, paté *m*

block binding – Blockleimung *f* – encollage *m* des blocs

block capitals – Blockschrift *f* – capitales *f/pl* bâtons

block engraving machine – Klischeegraviermaschine *f* – machine *f* à graver les clichés

blocking – Blocken *n* – blocage *m*

blocking – Prägedruck *m*, Prägung *f* – gaufrage *m*

blocking press – Prägepresse *f* – estampeuse *f*

blocking resistance – Blockfestigkeit *f* – résistance *f* au blocage

block letter – Druckbuchstabe *m* – caractère *m* d'imprimerie

block paragraph – Absatz *m* ohne Einzug – paragraphe *m* carré

block stitching – Blockheftung *f* – piquage *m* de blocs, piqûre *f* au bloc

block thickness – Blockstärke *f* – épaisseur *f* du corps

blooming – Blooming *n*, Überstrahlung *f (digitale Kamera)* – débordement *m*, blooming *m*

blot – Flecken *m* – tache *f*, tacheture *f*

blot *v.* – klecksen – cracher, faire des taches (pâtes)

blotch – Klecks *m* – bavure *f*, tache *f*, paté *m*

blotting paper – Löschpapier *n* – papier *m* buvard

blue – blau – bleu

blue-carbon leaf – Durchschreibpapier *n* – papier *m* carbone

blue-gray *(bluish-gray)* – blaugrau – gris bleu

blue-green *(bluish-green)* – blaugrün – bleu vert

blueline – Blaupause *f* – bleu *m*, photocalque *m* bleu, ozalid *m*

blueprint – Blaupause *f* – bleu *m*, photocalque *m* bleu, ozalid *m*

blue sensitive plate – blauempfindliche Platte *f* – plaque *f* sensible au bleu

bluish – bläulich – bleuâtre, bleuté

bluish-gray – blaugrau – gris bleu

bluish-green – blaugrün – bleu vert

blur – Unschärfe *f* – flou *m*, manque *f* de netteté

blur *v.* – weichzeichnen, verwischen – estomper

blurb – Klappentext *m (im Buch)* – texte *m* du rabat

blurred – unscharf, verschwommen, verwackelt – flou, brouillé, estompé, bougé

blurred effect – Schleiereffekt *m* – effet *m* de voile

Blur tool *(Photoshop)* – Weichzeichner-Werkzeug– outil Goutte d'eau

board *v.* – einbinden *(Buch)* – cartonner

board grade – Wellpappensorte *f* – composition *f* du carton

boarding – Kartonage *f* – cartonnage *m*

board lining – Kartonkaschierung *f* – contrecollage *m* du carton

bodkin – Ahle *f* – pointe *f*

body – Mittellänge *f* – médiane *f*

body – Gehäuse *n (Kamera)* – boîtier *m*

body matter – glatter Satz, laufender Text *m*, Textsatz *m* – texte *m* courant

body size *(typogr.)* – Kegel *m*, Schriftkegel *m*, Kegelhöhe *f* – corps *m* (du caractère, de lettre), force *f* de corps

body type – Grundschrift *f*, Laufschrift *f* – caractère *m* courant

bold *(typogr.)* – fett – gras

B

bold condensed typefaces – schmalfette Schrift *f* – caractère *m* étroit-gras

bold rule – Balken *m* – barre *f*, filet *m* gras

bond – Verklebung *f* – collage *m*

bond – holzfrei – sans fibres de bois, sans cellulose

bond paper – Feinpostpapier *n* – papier *m* bond

bone folder – Falzbein *n* – bras-plieur *m*

book – Buch *n* – livre *m*, F bouquin *m*

bookbinder – Buchbinder, -in – relieur, -euse

bookbinder's cloth – Leinen *n* – toile *f*

bookbinder's (shop) – Buchbinderei *f* – atelier *m* de reliure

bookbindery – Buchbinderei *f* – atelier *m* de reliure

bookbinding – Binden *n* – reliure *f*

book block – Buchblock *m* – corps *m*, bloc *m* du livre

bookcase – Bücherschrank *m* – bibliothèque *f*

book cover – Buchdeckel *m* – couverture *f* (de livre), plat *m* du livre

book design – Buchgestaltung *f* – conception *f* du livre

book face – Buchschrift *f* – caractère *m* de labeur

book fair – Buchmesse *f* – foire *f* du livre

book feature (function) *(QuarkXPress, InDesign)* – Buchfunktion – Fonction Livre

booking of space – Anzeigenbuchung *f* – achat *m* d'espace

book ink – Werkdruckfarbe *f* – encre *f* pour édition

bookkeeping – Buchführung *f* – comptabilité *f*

booklet – Booklet *n*, Broschüre *f*, Büchlein *n*, kleines Werk *n* – livret *m*, booklet *m*, cahier *m*, opuscule *m*

book linen (cloth, calico) – Buchleinen *n* – toile *f* à reliure

bookmark – Lesezeichen *n* – signet *m*, marque-page *m*

book market – Büchermarkt *m* – marché *m* du livre

book of exercises – Übungsbuch *n* – livre *m* d'exercices

book paper – Buchdruckpapier *n*, Werkdruckpapier *n* – papier *m* graphique

book post – Büchersendung *f*, Buchversand *m* – envoi *m* de livres

book publisher – Buchverlag *m* – édition *f* de livres

book publishing – Buchgewerbe *n* – industrie *f* du livre

book rounding – Buchrunden *n* – arrondissage *m* du livre

bookseller – Buchhändler, -in – libraire *m/f*, F bouquiniste *m/f*

book sewing – Fadenheftung *f* – couture *f* (au fil), brochage *m* au fil textile

book-sewing machine – Fadenheftmaschine *f* – brocheuse *f* au fil textile

bookshop – Buchladen *m* – librairie *f*, F bouquinerie

bookspine – Buchrücken *m* – dos *m*, dos *m* du livre

book stacker – Buchstapler *m* – empileur *m* de livres

bookstock – Buchbestand *m* – fonds *m* (de livres), collection *f* (de livres)

bookstore *(U.S.)* – Buchhandlung *f* – librairie *f*

book style – Absatz *m* ohne Einzug – paragraphe *m* carré

book title – Buchtitel *m* – titre *m* du livre

book trimmer – Buchdreischneider *m* – trilame *m* pour livres

book type – Brotschrift *f*, Werkschrift *f* – caractère *m* de labeur

book(-)work – Werksatz *m* – composition *f* (de travaux) de labeur

book(-)work – Werkdruck *m* – travaux *m/pl* de labeur

bookwork – Buchobjekt *n* – livre *m* objet

bookworm – Leseratte *f*, Bücherwurm *m* – bouquineur *m*, rat *m* de bibliothèque

book wrapper – Buchumschlag *m*, Buchhülle *f*, Schutzumschlag *m* – couvre-livre *m*, jaquette *f*, couverture *f* protectrice

Boolean operator – Boolescher Ausdruck *m (Boolescher Operator)* – opérateur *m* booléen

boot *v.* – booten, hochfahren – amorcer, démarrer

boot manager – Boot-Manager *m* – gestionnaire *m* d'amorçage

boot sector – Boot-Sektor *m* – secteur *m* d'amorçage

bootstrap – Bootstrap *m* – amorce *f*

bottle label – Flaschenetikett *n* – étiquette *f* de bouteille

bottleneck – Engpass *m*, Flaschenhals *m* – engorgement *m*, goulet *m* d'étranglement

bottom knife – Untermesser *n (Druckverarbeitung)* – couteau *m* inférieur, lame *f* inférieure

bottom line – Fußzeile *f*, Schlusszeile *f* – pied *m* de page, note *f* en bas de page, ligne *f* de pied, dernière ligne *f*

bottom margin – unterer Seitenrand *m* – blanc *m* de pied, marge *f* du bas

bottom note – Fußzeile *f*, Schlußzeile *f* – pied *m* de page, note *f* en bas de page, ligne *f* de pied, dernière ligne *f*

bottom of table – Tabellenfuß *m* – bas *m* de table(au)

bottom side – Unterseite *f* – verso *m*

bounce light(ing) – indirektes Licht *n*, indirekte Beleuchtung *f* – lumière *f* indirecte

bound book – gebundenes Buch *n*, Hardback *m*, Hardcover *n* – livre *m* relié

bounding box – Bounding Box *f*, Seitenrahmen *m*, umhüllendes Rechteck *n*, umschreibender Rahmen *m (Seitengröße)* – cadre *m* de la page, boîte *f* de circonscription, boîte *f* englobante

bound insert – Beihefter *m*, Einhefter *m* – encart *m* broché

bow *(geometr.)* – Bogen *m* – arc *m*

box – Feld *n (in Programmen)* – case *f*

box – Rahmen *m*, Block *m* – bloc *m*

boxboard printing – Kartonagendruck *m* – impression *f* de cartonnages

box delivery – Kastenauslage *f* – sortie *f* à casier

boxed ad – Anzeige *f* mit Umrandung – annonce *f* encadrée

box number – Chiffre *f (in Anzeigen)* – référence *f*

box rule – Rahmenlinie *f* – filet *m* d'encadrement

brace – geschweifte Klammer *f* – accolade *f*

bracket *(typogr.)* – Klammer *f* – parenthèse *f* (rund), crochet *m* (eckig), accolade *f* (geschweift)

bracket – eckige Klammer *f* – crochet *m*

bracket *v.* – klammern, einklammern, in Klammern setzen – mettre entre parenthèses (crochets)

brand color – Hausfarbe *f* – couleur *f* (de) maison, couleur *f* de l'entreprise

break – Abriss *m*, Unterbrechung *f* *(in Tonwerten)* – interruption *f*

break *(typogr.)* – Absatz *m* – alinéa *f*, paragraphe *m*

breaking copy – Schlachtexemplar *n* – livre *m* démembré

break key – Pausetaste *f* – touche *f* d'interruption, touche *f* pause

break mark – Absatzzeichen *n* – signe *m* d'alinéa

break-off rule – Absetzlinie *f* – ligne *f* de séparation

break over – Überlauf *m*, Übersatz(text) *m* – débordé *m*, texte *m* en excès

brickstack *v.* – kreuzweise stapeln – empiler de façon croisée

bridge-type camera – Brückenkamera *f* – chambre *f* en pont

briefcase – Aktentasche *f* – serviette *f*, porte-documents *m*

briefing – Briefing *n* – briefing *m*

bright – hell – clair

brighten *v.* – aufhellen – éclaircir

brightening – Aufhellung *f* – éclaircissement *m*

brightlight film – Tageslichtfilm *m* – film *m* lumière du jour

brightly shining – hellleuchtend – lumineux

brightness – Helligkeit *f* – luminosité *f*, luminance *f*, clarté *f*

Brightness/Contrast *(Photoshop)* – Helligkeit/Kontrast – Luminosité/Contraste

brightness control – Helligkeitsregler *m* *(Bildschirm)* – variateur *m* de lumière

brightness range – Helligkeitsumfang *m* – écart *m* de brillances

brightness value – Helligkeitswert *m* – valeur *f* de luminosité

bright red – grellrot, knallrot – d'un rouge très vif, d'un rouge criard (éclatant)

brilliance – Brillanz *f* – brillant *m*

brilliant – leuchtend, brillant – brillant, lumineux, -euse

Bring to Front *(QuarkXPress)* – Ganz nach vorn – Premier plan

bring to the foreground/background – nach vorne/hinten stellen – mettre en premier plan/en arrière plan

Bristol board – Bristolkarton *m* – carton *m* bristol

brittle book – zerfallendes Buch *n* – livre *m* au papier cassant

broad – breit – large

broadband – Breitband ... – à large bande *m*

broadsheet – Flugblatt *n* – feuille *f* volante, papillon *m*, tract *m*

broadsheet size – Großformat *n* – grand format *m*, gros format

broadside – Falzprospekt *m* – dépliant *m*

brochure – Broschüre *f*, Prospekt *m* – brochure *f*, dépliant *m*, prospectus *m*

brochure body (content) – Broschüreninhalt *m* – corps *m* de la brochure

broken *(typogr.)* – gebrochen – fracturé

broken line – Ausgangszeile *f* – ligne *f* creuse

broken line – gestrichelte Linie *f* – tirets *m/pl*

broken types – Fraktur(schrift) *f* – caractère *m* gothique, gothiques *f/pl*, lettre *f* gothique

bromide – Opal *n* – film *m* opalin

bronze *v.* – bronzieren – bronzer

bronze ink – Bronzefarbe *f* – encre *f* bronze

bronze printing – Bronzedruck *m* – bronzage *m*

bronzing – Bronzierung *f*, Bronzedruck *m* – bronzage *m*

brown – braun – brun, marron

brownish – bräunlich – brunâtre

browse *v.* – browsen, surfen, schmökern, überfliegen – naviguer, surfer, fureter, explorer, butiner, survoler

browser – Browser *m* – navigateur *m*, browser *m*, fureteur *m*, butineur *m* *(Kanada)*

browsing – Überfliegen *n*, Browsen *n* – navigation *f*, exploration *f*, furetage *m*, butinage *m*, survol *m*

Brunner strip – Brunner-Kontrollstreifen *m* – échelle *f* Brunner

brush – Brush *f*, Pinsel *m* – brosse *f*, pinceau *m*

brush v. – brushen – brosser

Brushes (Photoshop) –
Werkzeugspitzen – Formes

brush retouching –
Pinselretusche f – retouche f au
pinceau

brush stroke – Pinselstrich m –
trait m de pinceau

B-spline curve – B-Spline-Kurve f
– courbe f b-spline

bubble jet process – Bubble-Jet-
Verfahren n (InkJet-Drucker) –
procédé m à bulle d'encre,
procédé m de l'imprimante à
bulles

buckle v. – stauchen – refouler

buckled – wellig – ondulé

buckle fold – Taschenfalz m,
Stauchfalz m – pli m à poche,
pli m à refoulement

buckle folder –
Taschenfalzmaschine f –
plieuse f à poches

buckle plate – Falztasche f –
poche f de pliage, poche f
plieuse

buckram – Buchbinderleinwand f
– toile f buckram

budget – Budget n – budget m

buffer – Puffer(speicher) m,
Zwischenspeicher m – mémoire
f tampon, tampon m

bug – Bug m – bogue m

bug hunter – Bugjäger m –
chasseur m de bogues

built-in – eingebaut – incorporé

bulk copy – Mengentext m –
texte m de masse

bulk (index) – Papiervolumen n –
bouffant m

bulk mail – Massendrucksachen
f/pl – imprimés f/pl en nombre
non urgents, imprimés f/pl en
masse

bulk-printed matter –
Massendrucksachen f/pl –
imprimés f/pl en nombre non
urgents, imprimés f/pl en masse

bulky – umfangreich –
volumineux

bullet – Aufzählungszeichen n –
puce f (graphique)

bulletin – Mitteilung f, Bulletin n
– bulletin m

bundle – Bündel n, Papierbündel
n – liasse f

bundle v. – bündeln – mettre en
liasse

burin – Stichel m – burin m

burn v. – einbrennen – cuire

burner – Brenner m – graveur m

burnish v. – polieren
(Zylindergravur) – brunir

Burn tool (Photoshop) –
Nachbelichter-Werkzeug –
outil Densité +

burst v. – abtrennen – détacher

burst shot (fotogr.) –
Sequenzaufnahme f – prise f de
vue en rafale

burst strength – Berstfestigkeit f
– résistance f à l'éclatement,
indice m d'éclatement

bus cable – Bus-Kabel n – câble
m de bus

business ad(vertisement) –
Geschäftsanzeige f – annonce f
publicitaire

business graphic – Business-
Grafik f, Geschäftsgrafik f –
graphique m d'entreprises,
graphique m commercial

business relation –
Geschäftsbeziehung f – relation
f commerciale

busy with – beschäftigt mit –
occupé à

butt v. – angrenzen – toucher (á)

butt fit – Aneinanderstoßen n
(nahtlos angrenzen) –
contiguïté f

button – Button m, Schaltfläche f
– bouton m

buzzword – Schlüsselwort n,
Stichwort n – mot m clé

by default – standardmäßig – par
défaut

Byte – Byte n – octet m

by the line – zeilenweise – ligne
par ligne, par lignes

C

C1S paper (C-1-S) – einseitig
gestrichenes Papier n – papier
m couché une face

cable carrier – Kabelschacht m –
chambre f, chemins m/pl de
câbles

cable clamp – Kabelklemme f –
collier m de câble

cable connection –
Kabelverbindung f – connexion
f par câble

cable duct – Kabelführung f –
conduite f de câble

cable release (fotogr.) –
Drahtauslöser m – déclencheur
m souple

cable termination –
Kabelabschluss m – tête f de
câble

cabling – Verkabelung f –
câblage m

cache – Cache(-Speicher) m –
mémoire f tampon, mémoire f
cache, cache m, antémémoire f

**CAD (Computer Aided Design,
Computer Aided Drawing)** –
CAD – CAO (Conception
Assistée par Ordinateur)

calculate v. – berechnen –
calculer

calculation – Berechnung f,
Kalkulation f – calcul m,
calculation f

calculation disk – Rechenscheibe
f – disque m à calculer

Calculations (Photoshop) –
Kanalberechnungen –
Opérations

calculator – Taschenrechner m –
calculatrice f, calculette f

calendar – Kalender m –
calendrier m

calibrate v. – kalibrieren –
étalonner, calibrer

calibrated – kalibriert – étalonné,
calibré

calibration – Kalibrierung f,
Eichung f – calibrage m,
calibration f, étalonnage m

call v. – laden, aufrufen (Datei) –
charger, appeler

call forwarding (teleph.) –
Gesprächsweiterleitung f –
renvoi m des appels

calligrapher – Kalligraf, -in –
calligraphe m

Calligraphic Pen *(FreeHand)* – Kalligrafiestift – Plume calligraphique

calligraphic writing – Schönschrift *f* – écriture *f* calligraphique

calligraphy – Kalligrafie *f*, Schönschreibkunst *f* – calligraphie *f*

call waiting *(teleph.)* – Anklopfen *n* – appel *m* en attente (en instance)

camera – Kamera *f*, Fotoapparat *m* – caméra *f*, appareil *m* photo(graphique), chambre *f* *(Studiokamera)*

camera angle – Aufnahmewinkel *m* – angle *m* de prise de vue

camera back (cameraback) – Kamerarückteil *n* – dos *m* numérique

camera case – Kameratasche *f* – sacoche *f* pour appareil photographique

camera-ready – reprofähig – reproductible, prêt à la reproduction

camera-ready copy – reprofähige Vorlage *f* – original *m* reproductible

can be contacted – erreichbar *(Person)* – joignable

cancel *v.* – abbrechen – annuler

candlelight – Kerzenlicht *n*, Kerzenschein *m* – éclairage *m* aux bougies, lueur *f* d'une bougie

can go over – Druckfreigabe *f*, druckreif, OK für den Druck – bon à tirer, BAT, BàT, b.a.t., bon à rouler

canvas – Leinwand *f* *(Malerei)* – toile *f*

canvas – Arbeitsfläche *f* – zone *f* de travail

canvassing (of customers) – Kundenwerbung *f* – prospection *f* (de la clientèle)

Canvas size *(Photoshop)* – Arbeitsfläche – Taille de la zone de travail

cap – Großbuchstabe *m*, Versalie *f* – capitale *f*, majuscule *f*

cap height – Versalhöhe *f* – hauteur *f* des capitales (majuscules), ligne *f* des capitales (majuscules)

capitalization – Großschreibung *f* – emploi *m* des majuscules

capital (letter) – Großbuchstabe *m*, Kapitalbuchstabe *m*, Versalie *f*, Majuskel *f* – majuscule *f*, capitale *f*

cap line *(typogr.)* – Oberlinie *f* – ligne *f* de crête

caps and small caps (c&sc, c/sc) – Kapitälchen *n* mit großen Anfangsbuchstaben – capitales et petites capitales

Caps Lock key – Feststell-Taste *f* – touche *f* (de) verrouillage des majuscules, touche *f* (de) blocage des majuscules

capstan imagesetter – Capstan-Belichter *m* – flasheuse *f* cabestan

caption – Bildunterschrift *f*, Legende *f* – légende *f*

captive printer – Hausdruckerei *f* – imprimerie *f* dans l'entreprise

capture *v.* – einfangen, einlesen *(Bild)*, erfassen *(Text)* – capturer

captured image – eingefangenes Bild *n* – image *f* capturée

Capture settings *(QuarkXPress)* – Einstellungen erhalten – Saisir réglages

capturing – Einlesen *n* – acquisition *f*

carbon paper – Kohlepapier *n* – papier *m* carbone

carbon ribbon – Kohlefarbband *n* – ruban *m* carbone

carbon rod – Kohlestift *m* – crayon *m* de charbon

card – Karte *f* – carte *f*

cardboard – Kartonage *f*, Karton *m*, Pappe *f* – cartonnage *m*, carton *m*, carte *f* *(dünne Pappe)*

cardboard bock – Papprückwand *f* – dos *m* cartonné

cardboard box – Pappschachtel *f* – carton *m*, boîte *f* en carton

caricature – Karikatur *f* – caricature *f*, dessin *m* satirique

carrel – Lesenische *f* – carrel *m*

carriage – Schlitten *m* *(in Druckern oder Scannern)* – coulisseau *m*

carriage return – Carriage Return *m*, Wagenrücklauf *m* – retour *m* chariot

carrier material – Trägermaterial *n* – support *m*, substrat *m*

carrous(s)el – Karussellmagazin *n* *(in Diagerät)* – carrousel *m*

carry out *v.* – durchführen – exécuter *(Inform.)*, réaliser *(Arbeit)*

cartesian coordinates – kartesische Koordinaten *f/pl* – coordonnées *f/pl* cartésiennes

cartograph – Kartograf *m* – cartographe *m*

cartographic(ally) – kartografisch – cartographique

cartography – Kartografie *f* – cartographie *f*

carton – Pappkarton *m* – carton *m*, boîte *f* en carton

cartoning machine – Kartoniermaschine *f* – encartonneuse *f*

cartoon – Karikatur *f* – caricature *f*, dessin *m* satirique

cartridge – Kartusche *f* – cartouche *f*

cartridge *(fotogr.)* – Patrone *f* – chargeur *m*

cascading menu – überlappendes Menü *n* – menu *m* en cascade

case – Groß-/Kleinschreibung *f*, Buchstabenart *f* – casse *f*, emploi *m* des majuscules et des minuscules

case – Schuber *m* – emboîtage *m*

case – Gehäuse *n* *(Kamera)* – boîtier *m*

casebound book – Hartdeckelbuch *n* – livre *m* cartoné

cased-in book – Hartdeckelbuch *n* – livre *m* cartoné

case in *v.* – einhängen *(Buchproduktion)* – emboîter

case room – Setzerei *f* – atelier *m* de composition

C

case-sensitive –
Groß-/Kleinschreibung *f*
beachtend – sensible à la casse
case sensitivity – Beachtung *f* der
Groß-/Kleinschreibung –
sensibilité *f* à la casse
cassette – Kassette *f* – cassette *f*
casting off –
Manuskriptberechnung *f*,
Satzberechnung *f* – calibrage *m*
(du texte)
cast shadow – Schattenwurf *m* –
ombre *f* projetée
catalog(ue) – Katalog *m* –
catalogue *m*
catalogue *v.* – katalogisieren –
cataloguer
catalog(ue) production –
Katalogproduktion *f* –
production *f* de catalogue
cataloguer – Katalogbearbeiter,
-in – catalogueur, -euse
catalog(u)ing – Katalogisieren *n*
– catalogage *m*
catchlight – Spitzlicht(er) –
scintillement *m*, très hautes
lumières *f/pl*
catchlight area –
Spitzlichtbereich *m* – zone *f*
(de) très haute lumières
catchlight original – Spitzlicht-
Vorlage *f* – original *m* à
scintillements
catch phrase – Werbespruch *m*,
Werbeslogan *m* – phrase *f*
d'accroche, slogan *m*
publicitaire
category – Kategorie *f* –
catégorie *f*
cathode ray tube (CRT) –
Kathodenstrahlröhre *f* – tube *m*
à rayons cathodiques, tube *m*
cathodique
causic sensitivity – alkalische
Empfindlichkeit *f* – sensibilité *f*
alcaline
CCD array – CCD-Sensor *m* –
capteur *m* CCD
CCD (Charge Coupled Device) –
CCD *f* – CCD, dispositif *m* à
couplage de charge, capteur *m*
à transfert de charge

CCD line – CCD-Zeile *f* – ligne *f*
CCD
CD blank – CD-Rohling *m* – CD-
ROM *m* vierge
CD (compact disc) – CD *f* – CD
m, disque *m* compact, F galette
f
CD drive – CD-Laufwerk *n* –
lecteur *m* de CD-ROM
CD recorder – CD-Brenner *m* –
graveur *m* (de) CD-ROM
CD ROM – CD-ROM *f* – CD-
ROM *m*, cédérom *m*
CD-Rom drive – CD-ROM-
Laufwerk *n* – lecteur *m* CD-
Rom
cedilla – Cédille *f* – cédille *f*
cell – Näpfchen *n (im Tiefdruck)*
– alvéole *f*
cell angle – Näpfchenwinkel *m* –
angle *m* des alvéoles
cell configuration –
Näpfchenkonfiguration *f* –
configuration *f* des alvéoles
cellophane – Cellophan *n* –
cellophane *m*
cell phone – Handy *n*, Natel *n*
(Schweiz) – téléphone *f* mobile,
natel *m (Schweiz)*
cellulose – Zellulose *f* – cellulose *f*
cellulose acetate film –
Zelluloseazetatfolie *f* – film *m*
en acétocellulose
cellulose nitrate film –
Nitrozellulosefilm *m* – film *m*
nitrate
cell volume – Näpfchengröße *f*,
Näpfchenvolumen *n* – taille *f*
de l'alvéole, volume *m* de
l'alvéole
censorship – Zensur *f* – censure *f*
center *v.* – zentrieren – centrer
center *(U.S.)* – Mitte *f*,
Mittelpunkt *m* – centre *m*
center align tab – zentriert
ausgerichteter Tabulator *m* –
tabulation *f* de centrage
centering – Zentrierung *f* –
centrage *m*
centerline – Mittellinie *f* – ligne *f*
de centre
center marks – Mittelmarken *f/pl*
– repères *m/pl* centraux

centertrap(ping) – zentrierter
Trap *m* – trapping *m* centré
centimeter – Zentimeter *m* –
centimètre *m*
centralized – zentralisiert –
centralisé
centre *(brit.)* – Mitte *f*,
Mittelpunkt *m* – centre *m*
cent sign *(¢)* – Cent-Zeichen *n* –
symbole *m* centime
ceramic cylinder –
Keramikzylinder *m* – cylindre
m céramique
certified – zertifiziert – certifié
chalk – Kreide *f* – craie *f*, pastel *m*
chalk drawing – Kreidezeichnung
f – dessin *m* au pastel
chalking – Abkreiden *n* –
poudrage *m*
chalk pencil – Kreidestift *m* –
crayon *m* pastel, pastel *m*
chambered doctor blade –
Kammerrakel *f* – chambre *f* à
racles
change(-)over – Umrüstung *f*,
Umstellung *f* – changement *m*
change(-)over times – Rüstzeiten
f/pl, Umrüstzeiten *f/pl* – temps
m d'adaptation, temps *m* de
préparation, temps *m* de
changement
channel – Kanal *m*, Durchstich *m*
– canal *m*
Channel Mixer *(Photoshop)* –
Kanalmixer – Mélangeur de
couches
chapter – Kapitel *n* – chapitre *m*
chapter head –
Kapitelüberschrift *f* – titre *m* de
chapitre
character *(typogr.)* – Buchstabe
m, Zeichen *n*, Schriftzeichen *n*
– lettre *f*, caractère *m*, signe *m*
(Satzzeichen)
character attribute –
Zeichenattribut *n* – attribut *m*
de caractère
character count –
Manuskriptberechnung *f*,
Satzberechnung *f* – calibrage *m*
(du texte)

character encoding –
Zeichenkodierung f,
Zeichensatztabelle f – encodage
m de caractères

character height – Schrifthöhe f
– hauteur f du caractère

characterization –
Charakterisierung f (ICC-
Farbmanagement) –
caractérisation f

characterize v. – charakterisieren
– caractériser

character recognition –
Zeichenerkennung f –
reconnaissance f des caractères

character set – Schriftweite f,
Dickte f – chasse f du caractère,
largeur f du caractère

character spacing –
Zeichenabstand m –
interlettrage m, espacement m
des caractères,

character string – Zeichenfolge f
– séquence f de caractères

character style –
Buchstabenform f,
Zeichenformat n, Schriftstil m
– forme f de la lettre, style m de
caractère

character style sheet –
Zeichenstilvorlage f – feuille f
de style de caractères

charcoal – Zeichenkohle f –
fusain m

charcoal drawing –
Kohlezeichnung f – fusain m,
dessin m au charbon

charger – Ladegerät n – chargeur
m

chart – Diagramm n – diagramme
m

chat (Internet) – Chat m – chat m

chat v. (Internet) – chatten –
chat(t)er

chatroom – Chatroom m –
chatroom m, salon m
discussion, F salon m de
causette

check – Nachprüfung f,
Überprüfung f – révision f,
contrôle m

check v. – aktivieren, ankreuzen
(Option in Programmen) –
cocher, activer

check v. – nachprüfen,
überprüfen – réviser, revoir,
contrôler

check box – Kontrollkästchen n –
case f à cocher

checking – Durchsicht f,
Überprüfung f – examen m,
révision f

checking prior to printing –
Überprüfung vor dem Druck –
vérification f avant l'impression

checking sheet – Kontrollbogen
m – feuille f de contrôle

checkmark – Häkchen n
(Zeichen) – petit crochet m

check note – Prüfvermerk m –
mention f de contrôle
(vérification)

checksum – Kontrollsumme f –
somme f de contrôle

**chemical bond, chemical
compound** – chemische
Verbindung f – composé m
chimique

chemicals – Chemikalien f/pl –
substances f/pl chimiques

chiaroscuro – Helldunkel n
(Malerei) – clair-obscur m

chief editor – Chefredakteur, -in
– rédacteur, -rice en chef

child page (FreeHand) –
untergeordnete Seite f – Page f
enfant

children's book – Kinderbuch n –
livre m d'enfant

chill roll – Kühlwalze f – cylindre
m refroidisseur

chip – Chip m – puce f

choke – Unterfüllung f – maigri
m, amincissement m

choke v. – unterfüllen – maigrir

Chooser (Mac) – Auswahl –
Sélecteur

chromatic – chromatisch –
chromatique

chromatic aberration –
chromatische Aberration f –
aberration f chromatique

chromatic color – Buntfarbe f –
couleur f chromatique

chromaticity diagram –
chromatisches Diagramm n –
diagramme m chromatique

chromatic reproduction –
Buntaufbau m – reproduction f
chromatique

chrome-coated – verchromt –
chromé

chrome-plating – Verchromung f
– chromage m

chromolithography –
Chromolithographie f,
Farblithographie f –
chromolithographie f

chronology – Chronologie f –
chronologie f

cicero (typogr.) – Cicero n –
cicéro m, douze

cine-camera – Schmalfilmkamera
f – caméra f à film réduit

cine film (8mm film) –
Schmalfilm m – film m (de)
taille réduit

circle – Kreis m – cercle m

circle of confusion (CoC) –
Zerstreuungskreis m – cercle m
de confusion (diffusion)

circle segment (arc) – Teilkreis m
– segment m de cercle, arc m de
cercle

circular – kreisförmig – circulaire

circular blend – kreisförmiger
Verlauf m – dégradé m
circulaire

circulation – Auflage f (Anzahl
der Drucke) – tirage m

circumference (geometr.) –
Umfang m – circonférence f,
périmètre m

circumferential direction –
Umfangsrichtung f – sens m
circonférentiel

**circumferential register
(registration)** –
Umfangsregister n
(Passerhaltung beim Druck) –
repérage m circonférentiel

circumflex accent – Accent
circonflexe m,
Zirkumflex(akzent) m – accent
m circonflexe

cite v. – zitieren – citer

C

C

clamp v. – aufspannen *(Platte in Druckmaschine)* – caler

clamping – Aufspannen n *(Platte in Druckmaschine)* – calage m

clarity – Übersichtlichkeit f – netteté f, clarté f

Classic environment *(Mac)* – Classic-Umgebung f – Environnement m Classic

classification – Klassifizierung f, Klassifikation f – classification f

classified ad – Kleinanzeige f – petite annonce f

classified catalog(ue) – Sachkatalog m – catalogue m systématique

classify v. – klassifizieren – classifier

clear arrangement – Übersichtlichkeit f – netteté f, clarté f

clear glass – Klarglas n – verre m neutre

Clear key – Entf-Taste – touche Suppr

clear(ly arranged) – übersichtlich – clair, net

cleat bind – Seitenheftung f, Randheftung f – piqûre f à plat

click – Klick m – clic m

click on v. – klicken auf – cliquer sur

client – Auftraggeber, -in, Kunde/Kundin – client m, donneur m d'ordres

client file management – Verwaltung f von Kundendateien – gestion f de fichiers-clients

client-server – Client-Server m – client-serveur m

client software – Client-Software f – logiciel m client

cling film – Klarsichtfolie f – film m transparent

clip-art – Clip-Art m – clip-art m, graphique m prédessiné

clipboard – Zwischenablage f, Zwischenspeicher m – presse-papiers m

clipped – beschnitten *(Seite, Bild)* – coupé, massicoté

Clipping *(QuarkXPress)* – Ausschnitt – Détourage

clipping – Freistellen n – détourage m, découpage m

Clipping Mask *(Illustrator)* – Masken – Masque d'écrétage

clipping path – Freistellpfad m, Beschneidungspfad m – contour m, détourage m

clock frequency – Taktfrequenz f – fréquence f d'horloge

clock rate – Taktfrequenz f – fréquence f d'horloge

clock speed – Taktgeschwindigkeit f – vitesse f d'horloge

clockwise – im Uhrzeigersinn – dans le sens des aiguilles de la montre, en sens horaire

close v. – schließen *(Fenster in Programmen)* – fermer

close brackets – Klammer zu – fermez la parenthèse

closed chamber – geschlossene Kammerrakel f – chambre f à racles fermées (encastrées)

closed contour – geschlossene Kontur f – contour m fermé

closed stacks – Magazinsystem n *(in Buchhandlung)* – magasin m fermé

close quote – Abführungszeichen n – guillemet m fermant

close-up lens – Makroobjektiv n – objectif m optique pour la macro

close-up (shot) – Großaufnahme f, Nahaufnahme f – gros plan m

clothback – Leineneinband m – reliure f (en) toile

cloth binding – Leineneinband m – reliure f (en) toile

cloth ribbon – Textilfarbband n – ruban m en tissu

club line – Ausgangszeile f – ligne f creuse

clue – Anhaltspunkt m – point m de repère, indice m

cluster – Bündel n, Papierbündel n – liasse f

cluster – Cluster m *(mehrere Rechner)* – grappe f, groupe m

CMYK (Cyan Magenta Yellow Key) – CMYK – CMJN (Cyan Magenta Jaune Noir)

CMYK value – CMYK-Wert m – valeur f CMJN

coarse resolution – grobe Auflösung f – basse résolution f

coarse screen – grobes Raster n – trame f grossière

coated – gestrichen – couché

coated lens – beschichtetes Objektiv n, entspiegelte Linse f, oberflächenvergütete Linse f – objectif m traité

coated one-side paper – einseitig gestrichenes Papier n – papier m couché une face

coated paper – gestrichenes Papier n – papier m couché

coated side – Schichtseite f – coté m d'émulsion, face f d'émulsion, côté m couché

coating – Beschichtung f, Strich m *(gestrichenes Papier)* – couchage m, couche f

coating – Lackierung f – couche f de vernis, vernissage m

coating (film) – Lackschicht f – couche f de vernis, film m de vernis

coating thickness – Schichtdicke f – épaisseur f de la couche

coaxial cable – Koaxialkabel n – câble m coaxial

coffee-table book – illustriertes Buch n, Bildband m – livre m illustré

coincide v. – sich überkreuzen – se croiser, se coïncider

cold boot (cold start) – Kaltstart m – lancement m à froid

cold color – kalte Farbe f – couleur f froide

cold glue – Kaltleim m – colle f froide

cold type – Kaltsatz m – composition f à frappe, composition f froide

collaborate v. – mitarbeiten, zusammenarbeiten – collaborer

collaboration – Zusammenarbeit f – collaboration f

collaborative working model –
kollaboratives Arbeitsmodell *n*
– modèle *m* de travail
collaboratif
collage – Collage *f* – collage *m*
collapsible carton – Faltschachtel
f – boîte *f* pliante
collate *v.* – kollationieren –
collationner
collating mark – Flattermarke *f* –
marque *f* d'assemblage, marque
f de collationnement
collation – Zusammentragen *n* –
collationnement *m*, assemblage
m
collation sequence – Sortierfolge
f – séquence *f* de collation
collator –
Zusammentragmaschine *f* –
assembleuse *f*
collect *v.* – zusammentragen –
collationner, assembler,
collecter
Collect for output
(QuarkXPress) – Für Ausgabe
sammeln – Rassembler les info
pour sortie
collecting – Zusammentragen *n* –
collationnement *m*, assemblage
m
collide *v.* – angrenzen – toucher,
juxtaposer, avoisiner
colliding – angrenzend *(Objekte)*
– contigu, juxtaposé
collimator – Kollimator *m* –
collimateur *m*
colloquial – umgangssprachlich –
familier
colloquial language –
Umgangssprache *f* – argot *m*,
langage *m* familier
collotype – Kollotypie *f* –
collotypie *f*, phototypie *f*
colon – Doppelpunkt *m* – deux
points *m/pl*
colophon – Kolophon *n* –
colophon *m*
color *(U.S.)* – Farbe *f* – couleur *f*,
F coul *f*
color ... – farblich – des couleurs,
de la couleur, sur le plan des
couleurs

color accuracy – Farbgenauigkeit
f – exactitude *f* des couleurs
color adequacy – Farbtreue *f*,
Farbverbindlichkeit *f* – fidélité *f*
des couleurs
color adjustment –
Farbeinstellung *f*,
Farbkorrektur *f* – réglage *m* de
la couleur
color area – Farbfläche *f* – aplat
m
color-bag – Farbtüte *f* – cornet *m*
de couleurs
color balance – Farbbalance *f* –
balance *f* des couleurs,
équilibre *m* des couleurs
color balance patch –
Farbbalancefeld *n* – plage *f* de
balance couleurs
color behavior *(brit. behaviour)* –
Farbverhalten *n* –
comportement *m* chromatique
color-blind – farb(en)blind –
daltonien
color-blindness –
Farb(en)blindheit *f* –
daltonisme *m*
color-blind person –
Farbenblinde(r) – daltonien *m*
color calibration –
Farbkalibrierung *f* – calibrage
m des couleurs
colorcast reduction –
Farbstichausgleich *m* –
compensation *f* de dominante,
correction *f* de dominante
colorcast (shift) – Farbstich *m* –
dominantes *f/pl* de couleurs,
dominante *f*
color channel – Farbkanal *m* –
canal *m* couleur
color characterization –
Farbcharakterisierung *f* –
caractérisation *f* colorimétrique
color chart – Farbtafel *f* – charte *f*
de couleurs
color chart – Farbskala *f* – échelle
f des couleurs, gamme *f* des
couleurs
color circle – Farbkreis *m* – cercle
m chromatique

color component – Farbanteil *m*
(im Bild) – composant *m* de la
couleur
color component –
Farbkomponente *f* –
composante *f* d'une couleur
color (control) bar –
Farbkontrollstreifen *m* – bande
f (de contrôle) couleurs
color control desk –
Farbsteuerpult *n*
(Druckmaschine) – pupitre *m*
de contrôle couleurs
color (control) patch –
Farbkontrollstreifen *m* – bande
f (de contrôle) couleurs
color (control) strip –
Farbkontrollstreifen *m* – bande
f (de contrôle) couleurs
color conversion –
Farbkonvertierung *f* –
conversion *f* de couleur
color copier – Farbkopierer *m* –
copieur *m* couleur,
photocopieur *m* couleur
color copy – Farbkopie *f* – copie *f*
couleur, copie *f* (en) couleurs
color correction – Farbkorrektur
f – correction *f* de couleur
color depth – Farbtiefe *f* –
profondeur *f* d'échantillonnage
color deviation –
Farbabweichung *f* – variation *f*
de couleur
color difference – Farbabstand *m*
– différence *f* colorimétrique
color display – Farbanzeige *f* –
affichage *m* de couleurs
colored – farbig – coloré, en
couleurs
colored (colorful) – bunt – en
couleurs, bigarré (Stoff),
bariolé (Stoff)
colored light – farbiges Licht *n* –
lumière *f* colorée
color(ed) paper – Farbpapier *n* –
papier *m* de couleur
colored pencil – Buntstift *m*,
Farbstift *m* – crayon *m* de
couleur

color engine – Farbengine *f*
(*ICC-Farbmanagement*) –
engin *m* de couleur (de
conversion)

color exactitude –
Farbgenauigkeit *f* – exactitude *f*
des couleurs

color expert – Farbspezialist, -in
– chromiste *m*

color-fast – lichtecht (*bei
Druckfarbe*) – résistant à la
décolloration

color fastness –
Farbbeständigkeit *f* – solidité *f*
de la couleur

color fidelity –
Farbverbindlichkeit *f* – fidélité *f*
des couleurs

color film – Farbfilm *m* – film *m*
couleur

color fluctuations –
Farbschwankungen *f/pl* –
variations *f/pl* de la couleur

color guide – Farbfächer *m* –
nuancier (des couleurs) *m*,
palette (des couleurs) *f*

color image – Farbbild *n* – photo
f couleur, image *f* couleur

colorimeter – Colorimeter *n*,
Kolorimeter *n* – colorimètre *m*

colorimetry – Farbmessung *f*,
Kolorimetrie *f* – mesure *f* de
couleur, colorimétrie *f*

color industry – Farbenindustrie *f*
– industrie *f* des colorants

colorize *v.* – einfärben – colorier

colorizing – Einfärbung *f*,
Kolorierung *f* – colorisation *f*

color laser printer –
Farblaserdrucker *m* – laser *m*
couleur

colorless – farblos – sans
couleurs

color library – Farbbibliothek *f* –
bibliothèque *f* de couleurs

color (look-up) table, CLUT, clut
– Farbtabelle *f* – table *f* des
couleurs

color management –
Farbmanagement *n* – gestion *f*
de (la) couleur

Color Management Policies
(*Adobe*) – Farbmanagement-
Richtlinien – règles de gestion
de couleurs

color management program –
Farbmanagementprogramm *n*
– logiciel *m* de gestion de (la)
couleur

color management system –
Farbmanagementsystem *n* –
système *m* de gestion de
couleurs, gestionnaire *m* de
couleurs

color matching –
Farbabmusterung *f*,
Farbabstimmung *f*,
Farbübereinstimmung *f*,
Übereinstimmung *f* der Farben
– adaptation *f* des couleurs

color measurement –
Farbmessung *f* – mesure *f* de
couleur, colorimétrie *f*

colormetrics – Farbmetrik *f* –
colorimétrie *f*

Color Mixer (*FreeHand*) –
Farbmischer – Mélangeur

color mix(ing) – Farbmischung *f*
– mélange *m* des couleurs

color mode – Farbmodus *m* –
mode *m* couleur

color model – Farbmodell *n* –
modèle *m* colorimétrique

color monitor – Farbmonitor *m* –
moniteur *m* couleur(s)

color negative – Farbnegativ *n* –
négatif *m* couleurs

color nuance – Farbnuance *f* –
teinte *f* de couleur

color of the spectrum –
Spektralfarbe *f* – couleur *f*
spectrale, couleur *f* du spectre

color overlap – Farbüberlappung
f – chevauchement *m* de
couleur

color pair – Farbpaar *n* – paire *f*
des couleurs

color patch – Farbfeld *n* – plage *f*
de couleur

color perception –
Farbempfinden *n*,
Farbwahrnehmung *f* –
perception *f* des couleurs,
sensation *f* des couleurs

color photo – Farbfoto *n* – photo
f (en) couleurs

color photography –
Farbfotografie *f* – photographie
f couleur

Color Picker (*Photoshop*) –
Farbwähler – Sélecteur de
couleur

color plotter – Farbplotter *m* –
traceur *m* couleur

color print – Farbdruck *m*,
Farbkopie *f* – impression *f* en
couleurs

color printer – Farbdrucker *m* –
imprimante *f* couleur

color profile – Farbprofil *n* (*ICC-
Farbmanagement*) – profil *m*
colorimétrique

color range – Farbbereich *m* –
zone *f* de couleur

color range selection –
Farbbereichsauswahl *f* –
sélection *f* de la gamme de
couleurs

color reduction –
Farbrücknahme *f* – réduction *f*
(de) couleurs

color reference system –
Farbbezugssystem *n* – système
m de référence de couleur

color rendering –
Farbwiedergabe *f* – rendu *m*
des couleurs, reproduction *f*
des couleurs

color reproduction –
Farbreproduktion *f* –
reproduction *f* des couleurs

color reversal film –
Farbumkehrfilm *m* – film *m* à
inversion couleur

color sample – Farbmuster *n* –
échantillon *m* de couleur

color scale – Farbskala *f* – échelle
f des couleurs, gamme *f* des
couleurs

color scan – Farbscan *m* – scanne
m couleur, numérisation *f*
couleur

color scanner – Farbscanner *m* –
scanner *m* couleur

color screen – Farbmonitor *m* –
moniteur *m* couleur(s)

color sensitive – farbempfindlich *(Film)* – orthochromatique, sensible aux couleurs

color sensitivity – Farbempfindlichkeit *f* – sensibilité *f* chromatique, sensibilité *f* aux couleurs

color separation – Auszug *m*, Farbseparation *f (Farbauszug)* – séparation *f* de couleur

color separation service – Belichtungsstudio *n* – atelier *m* de flashage, atelier *m* de photocomposition, F flasheur *m*, F photocompositeur *m*

color sequence – Farbfolge *f (beim Druck)* – ordre *m* des couleurs

color set – Farbsatz *m* – composition *f* de couleurs, jeu *m* de films

color shift – Farbwert *m* – valeur *f* de couleur

color space – Farbraum *m* – espace *m* des couleurs, espace *m* colorimétrique

color space transformation – Farbraumtransformation *f* – conversion *f* de l'espace colorimétrique, transformation *f* de l'espace colorimétrique

color specimen – Farbmuster *n* – échantillon *m* de couleur

color specimen book – Farbfächer *m* – nuancier (des couleurs) *m*, palette (des couleurs) *f*

color spectrum – Farbspektrum *n* – spectre *m* de couleurs

color standard – Farbnorm *f* – standard *m* de couleur

color standard table – Normfarbtafel *f (CIE-Farbsystem)* – tableau *m* normalisé des couleurs

color stimulus – Farbreiz *m* – stimuli *m* chromatique

color swatch – Farbmuster *n*, Farbfeld *n* – échantillon *m* de couleur, plage *f* de couleur

color system – Farbsystem *n* – système *m* colorimétrique

color temperature – Farbtemperatur *f* – température *f* de couleur

color theory – Farblehre *f* – théorie *f* des couleurs

color tone – Farbton *m* – teinte *f*, ton *m*

color transitions – Farbübergänge *m/pl* – transitions *f/pl* entre couleurs

color value – Farbwert *m* – valeur *m* de la couleur

color variance – Farbabweichung *f*, Farbverschiebung *f* – variation *f* de couleur, décalage *m* de couleurs, glissement *m* de la couleur

colour *(brit.)* – Farbe *f* – couleur *f*, F coul *f*

column – Spalte *f*, Kolumne *f* – colonne *f*

column break – Spaltenumbruch *m* – saut *m* de colonne, changement *m* de colonne

column chart – Säulendiagramm *n* – graphique *m* à barres

column head(ing) – Spaltenkopf *m*, Rubriktitel *m* – en-tête *m* de colonne

column height – Spaltenhöhe *f* – hauteur *f* de (la) colonne

columnist – Kolumnist, -in – chroniqueur, -euse

column measure – Spaltenbreite *f*, Spaltenmaß *n* – largeur *f* de la colonne

Column strokes *(InDesign)* – Spaltenkonturen – Contours de colonnes

column width – Spaltenbreite *f*, Spaltenmaß *n* – largeur *f* de la colonne, justification *f* de la colonne

combination – Kombination *f* – combination *f*

combination board – Mehrlagenkarton *m* – carton *m* ondulé, carton *m* multiplex

combination printing – Zusammendruck *m* – impression *f* combinée

combine *v.* – kombinieren, zusammenfügen, zusammenführen – combiner

combined circulation – Gesamtauflage *f* – tirage *m* combiné

combined form – Sammelform *f* – amalgame *m*, forme *f* (en) multiposes, groupage *m*, mariage *m*, imbrication *f*

combined printing – Zusammendruck *m* – impression *f* combinée

combo printing – kombinierter Druck *m* – impression *f* mixte

come'n go – Kommen und Gehen *(Bindung)* – tête-bêche *f*

comic – Comic *m* – bande *f* dessinée, BD *m*

comma – Komma *n* – virgule *f*

command – Befehl *m (Informatik)* – commande *f*, instruction *f*

command key – Befehlstaste *f* – touche *f* (de) commande

command line – Befehlszeile *f* – ligne *f* de commande

commencing quote – öffnendes Anführungszeichen *n* – guillemet *m* ouvrant

commercial – Werbespot *m* – spot *m* publicitaire

commercial art – Gebrauchsgrafik *f*, Werbegrafik *f* – dessin *m* publicitaire

commercial artist – Grafiker, -in, Grafikdesigner, -in, Infografiker, -in – infographiste *m*, graphiste *m*, info-artiste *m*

commercial printer – Akzidenzdrucker(ei) *m (f)* – imprimeur *m* de travaux de ville

commercial printing – Akzidenzdruck *m* – impression *f* de travaux de ville

commissioned work – Auftragsarbeit *f* – ouvrage *m* de commande

committee – Komitee *n* – comité *m*

C

communicate *v.* – kommunizieren – communiquer

communication – Kommunikation *f* – communication *f*

communication color space – Kommunikationsfarbraum *m* (*ICC-Farbmanagement*) – espace *m* colorimétrique de communication

communications engineering – Nachrichtentechnik *f* – technique *f* de communications

compact camera – Kompaktkamera *f* – compact *m*

compact disc – Compact Disc *f* – disque *m* compact, F compact *m*

company – Unternehmen *n* – entreprise *f*

company color – Hausfarbe *f* – couleur *f* (de) maison, couleur *f* de l'entreprise

company logo – Firmenlogo *n* – logo *m* d'entreprise

compasses – Zirkel *m* – compas *m*

compatibility – Kompatibilität *f* – compatibilité *f*

compatible (with) – kompatibel (mit) – compatible (avec)

compensate *v.* – kompensieren – compenser

compensation – Kompensation *f* – compensation *f*

competition – Wettbewerb *m* – compétition *f*

competitive – wettbewerbsfähig – compétitif

competitiveness – Wettbewerbsfähigkeit *f* – compétitivité *f*

compilation – Kompilierung *f* – compilation *f*

compile *v.* – kompilieren – compiler

compiled list – zusammengestellte Liste *f* – liste *f* compilée

compiler – Compiler *m* – compilateur *m*

compiling an archive – Archivierung *f* – archivage *m*

complementary color – Komplementärfarbe *f* – couleur *f* complémentaire

complete – vollständig – complet, entier, exhaustif

completeness check – Vollständigkeitsprüfung *f* – contrôle *m* d'intégrité

completion – Fertigstellung *f* – finition *f*

complex – komplex – complexe

compliant – ...-fähig, unterstützend, kompatibel (*Dateiformate*) – supportant, compatible

complimentary subscription – Gratis-Abonnement *n* – abonnement *m* gratuit

component – Komponente *f* – composant *m*

compose *v.* (*typogr.*) – setzen – composer

composing and reproduction costs – Satz- und Reprokosten *pl* – frais *m* de composition et de photogravure

composing room – Setzerei *f* – atelier *m* de composition

composite output – Composite-Ausgabe *f* – sortie *f* composite

composite PostScript files – Composite-PostScript-Dateien *f/pl* – fichiers *m/pl* composites PostScript

Composite Simulates Separations (*FreeHand*) – Probedruck simuliert Farbauszüge – Composite simulant les séparations

composition – Satz *m*, Schriftsatz *m* – composition *f*

composition jobs – Satzarbeiten *f/pl* – travaux *m/pl* de composition

compositor – Setzer, -in, Schriftsetzer, -in – typographe *m/f*, compositeur, -rice

Compound Paths (*InDesign*) – Verknüpfte Pfade – Tracés transparents

compress *v.* – komprimieren – comprimer

compressed – komprimiert – comprimé

compression – Komprimierung *f*, Kompression *f* – compression *f*

compression factor – Kompressionsfaktor *m* – facteur *m* de compression

compression method – Kompressionsmethode *f* – méthode *f* de compression

compression rate – Kompressionsrate *f* – taux *m* de compression

computation – Berechnung *f* – calculation *f*

compute *v.* – berechnen – calculer

computer – Computer *m*, Rechner *m* – ordinateur *m*, F ordi *m*, F bécane *f*

computer architecture – Rechnerarchitektur *f* – architecture *f* de machine

computer center (centre) – Rechenzentrum *n* – centre *m* de calcul

computer engineer – Anwendungsinformatiker, in – ingénieur *m* infomaticien

computer fold – Zickzackfalz *m* – pli *m* (en) paravent, pli *m* (en) accordéon

computer fraud – Computerkriminalität *f* – piratage *m* informatique

computer freak – Computerfreak *m* – mordu *m* de l'informatique

computer graphics – Computer-grafik *f* – infographie *f*

computer magazine – Computerzeitschrift *f* – revue *f* micro

computer network – Rechner-Netzwerk *n* – réseau *m* informatique

computer science – Informatik *f* – informatique *f*

computer scientist – Informatiker, -in – informaticien, -ne

computer security – EDV-
Sicherheit *f* – sécurité *f*
informatique
computer security consultant –
EDV-Sicherheitsberater, -in –
consultant *m* de sécurité
informatique
computer technician –
Computertechniker *m* –
technicien *m* informatique
computer-to-flexoplate imager
– Flexoplattenbelichter *m* –
imageuse *f* de plaques
flexographiques
computer-to-sleeve – Computer-
to-Sleeve – gravure *f* directe de
manchons
computer training – EDV-
Ausbildung *f* – formation *f* à
l'informatique
computer typesetting –
Computersatz *m* – composition
f informatisée
computer workshop –
Computerworkshop *m* – atelier
m informatique
concave – konkav – concave
concave foot – Hohlfuß *m* – pied
m creux, pied *m* cavé
concentric – mittig – au centre
conception – Konzeption *f* –
conception *f*
concern – Konzern *m* – groupe
m, trust *m*
concertina fold – Zickzackfalz *m*
– pli *m* (en) paravent, pli *m* (en)
accordéon
condense *v.* – kondensieren –
condenser
condensed *(typogr.)* – schmal –
étroit
condenser – Kondensator *m* –
condensateur *m*
conditional branch – bedingte
Verzweigung *f* – branche *f*
conditionnelle
conditions of sale –
Lieferbedingungen *f/pl* –
conditions *f/pl* de livraison
conditions of storage –
Lagerbedingungen *f/pl* –
conditions *f/pl* de stockage

cone – Kegel *m* (Objekt), Zapfen
m (Auge) – cône *m*
conference call –
Telefonkonferenz *f*,
Konferenzschaltung *f* –
téléconférence *f*, conférence *f*
téléphonique
configuration – Konfiguration *f* –
configuration *f*
configure *v.* – konfigurieren –
configurer
confirmation of order –
Auftragsbestätigung *f* –
confirmation *f* de commande
confirm delivery –
Empfangsbestätigung *f* – accusé
m de réception
conical – kegelförmig – conique,
en (forme de) cône
conical projection –
Kegelprojektion *f* – projection *f*
conique
conic section – Kegelschnitt *m*
(section f) conique *f*
connect *v.* – verbinden,
anschließen – relier, connecter,
brancher
connected to – angeschlossen an,
verbunden mit – connecté à
(sur)
connecting cable –
Verbindungskabel *n* – câble *m*
de jonction
connecting lead –
Anschlusskabel *m* – câble *m* de
raccordement
connection – Verbindung *f*,
Anschluss *m* – connexion *f*,
raccordement *m*, liaison *f*
connectivity –
Anschlussfähigkeit *f* –
connectabilité *f*, connexité *f*
connector – Anschlussbuchse *f*,
Verbindungsstecker *m* – prise *f*
de raccordement
Connect to Server *(Mac OS X)* –
Mit Server verbinden – Se
connecter à un serveur
consecutive numbering –
fortlaufende Nummerierung *f* –
pagination *f* continue,
numérotation *f* séquentielle

consistency – Konsistenz *f* –
consistance *f*, cohérence *f*
consistency of print color –
Konstanz *f* der gedruckten
Farbe – constance *f* de la
couleur imprimée
consistent – konsistent –
consistant, homogène, cohérent
console – Computerterminal *n* –
console *f* (d'ordinateur)
Constrain *(QuarkXPress)* –
Bezug herstellen – Contraindre
constrain angle – fixer Winkel *m*
– angle *m* fixe, angle *m* de
contrainte
consultant – Berater, -in –
conseiller, -ère
consulting – Beratung *f* – conseil
m
consumables –
Verbrauchsmaterialien *n/pl* –
consommables *f/pl*
contact copying – Kontaktkopie
f – copie *f*
contact establishment –
Kontaktaufnahme *f* – prise *f* de
contact
contacting – Kontaktaufnahme *f*
– prise *f* de contact
contact print – Kontaktabzug *m*
– épreuve *f* par contact
contact screen – Kontaktraster *m*
– trame *f* de contact
contact sheet – Kontaktabzug *m*,
Kontaktbogen *m* – épreuve *f*
par contact, planche *f* de
contact
contact zone – Kontaktzone *f* –
surface *f* de contact
contain *v.* – beinhalten – contenir
contemplate *v.* – betrachten
(aufmerksam, z.B. Gemälde) –
contempler
contemplation – Betrachtung *f* –
contemplation *f*
contemporary art –
zeitgenössische Kunst *f* – art *m*
contemporain
content – Inhalt *m* – contenu *m*
content change – inhaltliche
Abweichung *f* – changement *m*
du contenu

C

content creator – Informations-beschaffer *m* – créateur *m* d'informations

content management – Content Management *n* – gestion *f* de contenu

content preproof – Inhaltsproof *m* – avant-tirage *m* contenu

content update – Inhaltsaktualisierung *f* – mise *f* à jour du contenu

context menu – Kontextmenü *n* – menu *m* contextuel

context-sensitive help – kontextbezogene Hilfe *f* – aide *f* contextuelle

contiguous pages – aufeinander folgende Seiten *f/pl* – pages *f/pl* consécutives

continuous – fortlaufend – continu

continuous form – Endlosformular *n* – formulaire *m* en continu

continuous form paper – Endlospapier *n* – papier *m* en continu

continuous inkjet – Continuous InkJet – jet *m* d'encre continu

continuous printing – Endlosdruck *m* – impression *f* en continu

continuous shooting – Serienaufnahmen *f/pl* – – prises *f/pl* de vues en séquence

continuous tone – Halbton *m* – simili *m*, demi-ton *m*, ton *m* continu, demi-teinte *f*

control patch – Kontrollfeld *n* (*Testfeld bei Belichtung*) – plage *f* de contrôle

contone – Halbton *m* – simili *m*, demi-ton *m*, ton *m* continu, demi-teinte *f*

contour – Kontur *f*, Umriss *m* – contour *m*, silhouette *f*

contour *v.* – konturieren – tracer le contour

contour definition – Randschärfe *f* – netteté *f* des contours

contouring – Konturieren *n* – silhouettage *m*

contour width – Konturstärke *f* – largeur *f* contour, largeur *f* du bord

contract proof – Kontraktproof *m* – épreuve *f* contractuelle

contrast – Kontrast *m* – contraste *m*

contrast compression – Kontrastverringerung *f* – réduction *f* du contraste

contrast control – Kontrastregler *m* – régulateur *m* contraste

contrast enhancement – Kontraststeigerung *f* – accentuation *f* du contraste, augmentation *f* du contraste

contrast range – Kontrastumfang *m* – écart *m* de contrast

control – Kontrolle *f* – contrôle *m*

control *v.* – kontrollieren, überprüfen – contrôler

control *v.* – steuern – guider

control *v.* – überwachen (*z.B. Hot Folder*) – scruter, surveiller, contrôler

control bar – Kontrollstreifen *m* – barre *f* de contrôle

control bus – Steuer-Bus *m* – bus *m* de commandes

control character – Steuerzeichen *n* – caractère *m* de contrôle

control chart – Prüfdiagramm *n* – schéma *m* de contrôle

control code – Befehlscode *m* – code *m* de commande

control copy – Prüfexemplar *n*, Kontrollexemplar *n* – copie *f* de contrôle

control panels – Kontrollfelder *f/pl* (*z.B. bei MacOS*) – tableaux *m/pl* de bord

control point – Kontrollpunkt *m* – point *m* de contrôle

Control Strip (*Mac OS*) – Kontrollleiste – Barre de réglages

control wedge – Testkeil *m* – coin *m* de contrôle, gamme *f* de contrôle

conventional flexo – konventioneller Flexodruck *m* – flexo *f* traditionnelle

conventional gravure – konventioneller Tiefdruck *m* – – hélio(gravure) *f* traditionnelle

conventional screening – konventionelle Rasterung *f* – tramage *m* traditionnel

convergence – Konvergenz *f* – convergence *f*

conversion – Konvertierung *f* – conversion *f*

conversion table – Konvertierungstabelle *f* – table *f* de conversion

conversion to line(-)art – Strichumsetzung *f* – conversion *f* au trait

convert *v.* – konvertieren – convertir

converted – konvertiert – converti

converter – Druckverarbeiter *m* – façonnier *m*

converter – Konvert(ier)er *m*, Konvertierprogramm *n* – convertisseur *m*

converting – Konvertierung *f*, Konvertieren *n* – conversion *f*

converting – Finishing *n*, Druck(weiter)verarbeitung *f*, Weiterverarbeitung *f*, Endverarbeitung *f* – façonnage *m*, finissage *m*, finition *f*

convert *v.* **text to outline paths** – Text in Pfade umwandeln – convertir du texte en tracés vectoriels

Convert to Profile (*Adobe*) – In Profil konvertieren – Convertir en profil

convex lens – Konvexlinse *f*, Sammellinse *f* – lentille *f* convexe

cookery book – Kochbuch *n* – livre *m* de cuisine

cookie – Cookie *m* – cookie *m*, témoin *m* (de connexion)

cooperate *v.* – mitarbeiten – collaborer

cooperation – Mitarbeit *f* – collaboration *f*

coordinate – Koordinate *f* – coordonnée *f*

coordinate system – Koordinatensystem *n* – système *m* de coordonnées

coordinate zero point – Koordinatennullpunkt *m* – point *m* zéro de coordonnées

coordinator – Koordinator *m* – coordinateur *m*

copier – Kopierer *m*, Kopiergerät *n* – photocopieur *m*, photocopieuse *f*

copies – Exemplare *f/pl* (*Druckzahl*) – copies *f/pl*, exemplaires *m/pl*

copper bath – Kupferbad *n* – bain *m* de cuivrage

copper-facing – Verkupferung *f* (*Tiefdruck*) – cuivrage *m*

copper plate – Kupferdruckplatte *f* – plaque *f* de cuivre, planche *f* d'impression pour taille-douce

copper-plate *v.* – verkupfern (*Tiefdruck*) – cuivrer

copper-plated – verkupfert (*Tiefdruck*) – cuivré

copperplate engraving – Kupferstich *m* – taille-douce *f* (*pl* tailles-douces), gravure *f* sur cuivre

copperplate press – Kupferdruckpresse *f* – presse *f* pour taille-douce

copper-plating – Verkupferung *f* (*Tiefdruck*) – cuivrage *m*

copper recovery – Kupferrückgewinnung *f* – récupération *f* du cuivre

copper skin (coating) – Kupferhaut *f* – coquille *f* de cuivre

coprocessor – Coprozessor *m*, Koprozessor *m* – coprocesseur *m*

copy – Kopie *f* – copie *f*

copy – Druckvorlage *f* – modèle *m* à imprimer, original *m* pour l'impression

copy – Exemplar *n* (Buch) – exemplaire *m*

copy *v.* – kopieren, nachbilden – copier, reproduire, faire une copie de

copy *v.* – fotokopieren – photocopier

copy checking – Textprüfung *f* – vérification *f* du texte

copy deadline – Redaktionsschluss *m* – bouclage *m*, date (heure) *f* limite (de bouclage d'une édition)

copydot – Copydot – copydot *m*

copydot scanner – Copydot-Scanner *m* – scanner *m* copydot

copyfit (calculation) – Satzberechnung *f*, Manuskriptberechnung *f* – calcul *m* de calibrage

copyfitting – Manuskriptberechnung *f*, Satzberechnung *f* – calibrage *m* (du texte)

copy holder – Vorlagenhalter *m* – porte-original *m*

copying frame – Kopierrahmen *m* – châssis *m*, châssis *m* de copie, châssis *m* d'insolation, châssis-tireuse *m*

copying technique – Kopiertechnik *f* – technique *f* de copie

copy lamp – Kopierlampe *f* – lampe *f* de copie

copy-paste – kopieren und einfügen – copier-coller

copy preparation – Satzvorbereitung *f* – préparation *f* de la copie

copyright – Copyright *n*, Urheberrecht *n*, Verlagsrecht *n* – copyright *m*, droits *m/pl* d'auteur, droit *m* de publication, droit *m* d'édition

copyright notice – Copyright-Hinweis *m* – mention *f* de copyright

copyright permission – Abdruckrecht *n* – droit *m* de reproduction

copywrite *v.* – texten (*Werbung*) – rédiger le texte

copywriter – Werbetexter, -in – rédacteur, -rice publicitaire, concepteur, -rice publicitaire

cords – Heftbünde *m/pl* – nerfs *m/pl*

corner – Ecke *f* – coin *m*

corner ornament – Eckenverzierung *f* – décoration *f* de coins

corner point – Eckpunkt *m* – point *m* d'angle

corner punching machine – Eckenstanzmaschine *f* – découpeuse *f* de coins

corner radius – Eckenradius *m* – rayon *m* angulaire

corner shape – Eck(en)form *f* – forme *f* du coin

corner stapling – Eckenheftung *f* – agrafage *m* des coins

corona – Korona *f* – corona *f*

corona treater – Koronabehandler *m* – dispositif *m* de traitement corona

corona treatment – Koronabehandlung *f* – traitement *m* corona

corporate brochure – Firmenbroschüre *f* – brochure *f* de l'entreprise

corpus – Gesamtwerk *n*, Korpus *n* – œuvre *f* complète, corpus *m*

correct – fehlerfrei, fehlerlos – sans faute(s), correct

correct *v.* – korrigieren – corriger

correct *v.* **an error** – einen Fehler korrigieren – corriger une erreur

corrected edition – verbesserte Ausgabe *f* – édition *f* corrigée

corrected line – Korrekturzeile *f* – ligne *f* corrigée

correction – Korrektur *f* – correction *f*, retouche *f*

correction cycle – Korrekturzyklus *m* – cycle *m* de correction

correction key – Korrekturtaste *f* (*Schreibmaschine*) – touche *f* de correction

correction mark – Korrekturzeichen *n* – signe *m* de correction, marque *f* de revision

correction pen – Korrekturstift *m* – crayon *m* retouche

C

correction tape – Korrekturband n (Schreibmaschine) – ruban m correcteur

correspondence – Korrespondenz f – correspondance f

correspondent – Korrespondent, -in – correspondant, -e

corrugated (board) – Wellpappe f – carton m ondulé

corrugated box (case) – Wellpappkarton m – caisse f en carton ondulé

corrugated industry – Wellpappenindustrie f – industrie f du carton ondulé

corrugator – Wellpappenmaschine f – onduleuse f

corrupt – beschädigt (z.B. Datei) – endommagé, détérioré

corrupted – defekt – corrompu

corrupted font – beschädigter Font m (Zeichensatz) – police f endommagée

cosmetic box – Kosmetikverpackung f – boîte f cosmétique

co-solvent – Hilfslösemittel n – co-solvant m

cost accounting – Kalkulation f – calcul m, calculation f

cost calculation – Kostenberechnung f – calcul m des frais

cost estimate – Kostenvoranschlag m – devis m

cost factors – Kostenfaktoren m/pl – facteurs m/pl de coût

cost price – Selbstkostenpreis m – prix m de revient

cost structure – Kostenstruktur f – structure f des coûts

couch v. – gautschen – coucher

counter – Zähler m, Zählwerk n – compteur m

counter (typogr.) – Punze f, Innenraum m (von Buchstabe) – poinçon m, contre-poinçon m

counter-clockwise – gegen den Uhrzeigersinn – contre le sens des aiguilles de la montre, en sens antihoraire

counter-die – Stanzgegenzurichtung f, Patrize f – contre(-)partie f de gaufrage, contre(-)partie f de découpage

counter mask – Gegenmaske f – contre(-)masque m

coupon – Coupon m – coupon m, talon m

coupon printing – Koupondruck m – impression f de coupons

courseware – Lernprogramm n – didacticiel m

cover – Einband m, Cover n, Hülle f, Umschlag m – couverture f, F couv f, reliure f

cover – Abdeckung f (bei Geräten) – capot m

cover v. – abdecken – masquer

cover v. – überdecken – recouvrir

cover v. – überziehen (Bucheinband) – revêtir

coverage properties – Deckkraft f – pouvoir m couvrant, opacité f

cover board – Buchdeckel m, Umschlagkarton m – couverture f (de livre), plat m du livre, carton m de couverture

cover flap – Umschlagklappe f – coup m

cover letter – Begleitbrief m – lettre f d'accompagnement

cover illustration/photo/picture – Titelbild n – couverture f

covering – Überdeckung f – recouvrement m

covering frame – Abdeckrahmen m – cadre m de couverture

cover(ing) letter – Begleitschreiben n – lettre f d'accompagnement, lettre f d'envoi

covering note – Begleitschreiben n – lettre f d'accompagnement, lettre f d'envoi

cover page – Umschlagseite f – page f de couverture

cover paper – Karton m – carton m

cover sheet – Deckblatt n – feuille f de couverture

cover story – Titelgeschichte f – article m qui fait la une

cover with flap – Umschlag m mit Klappe – couverture f avec rabat

co(-)worker – Arbeitskollege m, -kollegin f, Mitarbeiter, -in – collègue m/f, collaborateur, -rice

CPU (Central Processing Unit) – Zentraleinheit f (CPU) – processeur m, CPU f

cracker – Hacker m – pirate m, hacke(u)r m, cyberdélinquant m

cracking – Abblätterung f, Rissbildung f – craquelure f, fissure f

crash – Crash m, Absturz m (Rechner, Programm) – plantage m

crash v. – crashen, abstürzen – se planter, tomber en panne

crash v. **a system** – ein System zum Absturz bringen – faire planter un système

crash course – Crashkurs m – formation f flash, stage m intensif

crayon – Kreidestift m – crayon m pastel, pastel m

crayon – Zeichenstift m – crayon m (à dessiner)

crayon – Buntstift m – crayon m de couleurs

crease – Rille f – rainure f

crease v. – rillen – refouler

creased – zerknittert – froissé

creasing – Rillung f – rainage m

creasing knife – Rillmesser n – couteau m de rainage

creasing machine – Rillmaschine f – refouleuse f

create v. – anlegen, erstellen, erzeugen (Verzeichnis, Datei) – créer

creation – Gestaltung f, Erstellung f, Erzeugung f – création f, F créa f

creation date – Erstelldatum n – date f de création

creative – kreativ – créatif, -ive

creativity – Kreativität *f* – créativité *f*

creep – Bundzuwachs *m* Papierverdrängung *f* – chasse *f* du papier, gradation *f* des petits fonds

crepe paper – Krepppapier *n* – papier *m* crêpé

crimson – karmesinrot – carmin

crisp – scharf *(Bild)* – net

critic – Rezensent *m* – critique *m*

crop *v.* – beschneiden, ausschneiden, zuschneiden – couper, massicoter, rogner, recadrer (in Programm), découper

crop box *(PDF)* – Masken-Rahmen – zone de cadrage

crop mark – Beschnittmarke *f*, Schnittmarke *f* – trait *m* de coupe, marque *f* de coupe, repère *m* de coupe, repère *m* de rogne

cropped – beschnitten *(Seite, Bild)* – coupé, massicoté

cropping – Ausschneiden *n* – découpage *m*

Crop To Box *(QuarkXPress)* – Zuschnitt auf Rahmen – Recadrer aux dimensions du bloc

Crop tool *(Photoshop)* – Freistellungs-Werkzeug – outil Recadrage

cross – Kreuz *n* – croix *f*

crossbar – Querbalken *m* – barre *f* transversale

cross-check *v.* – gegenprüfen – contre-vérifier

cross-check(ing) – Gegenprüfung *f* – contre-vérification *f*

cross cut – Querschnitt *m* *(Schneiden)* – coupe *f* transversale

cross-fade *v.* – überblenden – faire un fondu enchainé

cross fold – Kreuz(bruch)falz *m*, Querfalz *m* – pli *m* croisé

cross grain – liegendes Format *n* – format *m* à l'italienne

crosshair – Fadenkreuz *n* – réticule *m*

crosshair mark – Passkreuz *n* – hirondelle *f*, croix *f* de repérage, repère *m* en croix

crosshead – Untertitel *m* – sous-titre *m*

crossmark – Marke *f*, Druckmarke *f* – repère *m*

cross media publishing – Cross Media Publishing – publishing *m* cross média

cross perforation – Querperforation *f* – perforation *f* transversale

cross-platform – plattformübergreifend – multi-plate(-)forme, sur plusieurs plate(-)formes

cross-reference – Querverweis *m*, Kreuzverweis *m* – renvoi *m*

cross-shaped – kreuzförmig – cruciforme, en (forme) croix

cross stern (stroke) – Querbalken *m*, Querstrich *m* – barre *f* transversale, trait *m* transversal, trait *m* horizontal

cross web (grain) – gegen die Laufrichtung – en sens travers des fibres, en sens travers du grain

crosswise – quer – en travers, de travers

crossword (puzzle) – Kreuzworträtsel *n* – mots *m/pl* croisés

cruciform – kreuzförmig – cruciforme, en (forme) croix

crumpled sheet – Knautschbogen *m* – feuille *f* froissée, feuille *f* plissée

CTP (computer-to-plate) – CTP – CTP, exposition *f* directe des plaques, gravure *f* directe des plaques, insolation *f* directe des plaques

CTP system (computer-to-plate system) – CTP-System *n* – système *m* CTP, système *m* ordinateur-plaque

Ctrl-Alt-Del – Strg-Alt-Entf – Ctrl-Alt-Suppr

Ctrl key – Strg-Taste *f* – touche *f* Ctrl

cube – Würfel *m* – cube *f*

cuneiform characters – Keilschrift *f* – caractères *m/pl* cunéiformes

curl *v.* – wellen *(z.B. Papier)* – onduler

curly bracket – geschweifte Klammer *f* – accolade *f*

currency symbol – Währungssymbol *n* – symbole *m* monétaire

current – Strom *m* – courant *m*, alimentation *f*

current job – laufender Auftrag *m* – tâche *f* courante

current page – aktuelle Seite – page *f* courante

current supply – Stromversorgung *f* – alimentation *f*, alimentation *f* en courant, alimentation *f* électrique, F alim *f*

cursor – Cursor *m* – curseur *m*

cursor key – Cursortaste *f* – touche *f* du curseur

cursor movement – Cursorbewegung *f* – déplacement *m* du curseur

cursor movement key – Pfeiltaste *f* – touche *f* de déplacement du curseur, touche *f* de direction, touche *f* fléchée, molette *f* fléchée

curvature – Krümmung *f* – courbure *f*

curve – Kurve *f* – courbe *f*

curve *(geometr.)* – Rundung *f* – rondeur *f*, rond *m*, arrondi *m*

curve adjustment – Kurvenausgleich *m* – compensation *f* des courbes

curved – geschwungen, kurvenförmig – courbe, galbé, cintré

curved line – runder Strich *m* – trait *m* courbe

curve point – Kurvenpunkt *m* – point *m* de courbe

curve stroke *(typogr.)* – runder Balken *m* – barre *f* arrondie, barre *f* courbe

custom ... – benutzerdefiniert – personnalisé

custom color – Kundenfarbe f – couleur f spéciale

custom dictionary – Benutzerwörterbuch n – dictionnaire m personnalisé

customer – Kunde m, Auftraggeber, -in – client m, donneur m d'ordres

customer approval – Kundenfreigabe f – approbation f du client

customer engineering – Wartungsdienst m – assistance f technique

customer file – Kundendatei f – fichier m de (du) client

customer service – Kundendienst m, technischer Kundendienst (Support) m – service m après vente (SAV), support m technique, prestation f technique

customer solicitation – Kundenwerbung f – prospection f

customisable – customizable (U.S.) – individuell anpassbar – personnalisable

customise – customize (U.S.) – individuell anpassen – personnaliser

customization – individuelle Anpassung f – personnalisation f

custom mark – individuelle Marke f (beim Ausschießen) – repère m personnalisé

cut – Schnitt m, Beschnitt m, Schneiden n, – coupe f, massicotage m, rognage m, rogne f, découpage m

cut v. – beschneiden, schneiden – couper, massicoter, rogner, recadrer (in Programm), découper

cut-and-paste – ausschneiden und einfügen, cut-and-paste – couper-coller

cutback curve – Rücknahmekurve f – courbe f de réduction

cut(back) in staff – Personalabbau m – réduction f de personnel

cut mark – Schneidemarke f – repère m de rognage

cut off v. – abschneiden – couper, cisailler

cut out v. – ausschneiden – découper, couper

cutout – Durchstich m – canal m

cut-out figure – freigestelltes Bild n – image f détourée, silhouette f

cut-out (mask) – Freisteller m – détourage m

cut path – zerschnittene Pfade m/pl – tracés m/pl découpés

cut-sheet feeder – Einzelblatteinzug m – alimenteur m feuille à feuille

cutter – Papierschneider m, Schneidemaschine f, Cutter m – massicot m, cutter m

cutter-creaser – Stanzpresse f – découpeuse f à platine

cutting – Bildausschnitt m – partie f de l'image, extrait m de l'image, cadrage m

cutting – Schnitt m, Schneiden n, Beschnitt m – coupe f, massicotage m, rognage m, rogne m

cutting die – Stanzform f – forme f de découpe, forme f à découper, matrice f de découpe

cutting die drum – Stanzrolle f – cylindre m de l'outil de coupe

cutting edge – Schnittkante f – bord m de coupe

cutting knife – Schneidemesser n – lame f (de coupe)

cutting length – Schnittlänge f – longueur f de coupe

cutting machine – Papierschneider m, Schneidemaschine f – massicot m, machine f à couper, rogneuse f

cutting mark – Beschnittmarke f – marque f de coupe, repère m de coupe

cutting rule – Stanzlinie f – filet m de découpe

cutting sequence – Schnittfolge f – séquence f de coupes

cutting waste – Schneidabfall m – déchets m/pl de coupe

cutting width – Schnittbreite f – largeur f de coupe

CV (curriculum vitae) – Lebenslauf m – CV (curriculum vitae)

cyan – Cyan – cyan

cybernetics – Kybernetik f – cybernétique f

cyberspace – Cyberspace m – cyberspace m

cylinder – Zylinder m, Walze f – cylindre m, rouleau m

cylinder base – Rohzylinder m (Tiefdruck) – cylindre m brut

cylinder circumference – Zylinderumfang m – circonférence f du cylindre

cylinder correction – Zylinderkorrektur f (Tiefdruck) – retouche f sur cylindre

cylinder packing – Zylinderaufzug m – habillage m du cylindre

cylinder preparation – Tiefdruckformherstellung f, (Tiefdruck) – préparation f de cylindres

cylinder retouching – Zylinderkorrektur f (Tiefdruck) – retouche f sur cylindre

cylinder revolution – Zylinderumdrehung f – tour m du cylindre

Cyrillic alphabet – kyrillisches Alphabet – alphabet m cyrillique

D

dab v. – tupfen – tamponner

dabber – Tupfballen m – tampon m

dabbing – Tupfen n – tamponnement m

D/A converter (DAC) – D/A-Wandler m – convertisseur m numérique-analogique (CNA)

daemon – Daemon m (Prozess) – démon m

dagger – Anmerkungszeichen n – appel m de note

Daguerreotype – Daguerrotypie
f – daguerréotypie f
daily (paper) – Tageszeitung f –
quotidien m
daily press – Tagespresse f –
presse f quotidienne
daisywheel printer –
Typenraddrucker m – roue f
d'impression
damp v. – feuchten, anfeuchten,
befeuchten – humidifier,
mouiller
damper cover –
Feuchtwalzenbezug m –
revêtement m du mouilleur
damper roller –
Feuchtauftragswalze f –
toucheur-mouilleur m
damping – Feuchtung f,
Wasserführung f – mouillage m
damping control –
Feuchtmittelsteuerung f –
réglage m du débit de
mouillage
damping distributor –
Feuchtreiber m – dégraisseur m
damping duct roller –
Feuchtduktor m – barboteur m
damping film – Feuchtmittelfilm
m – film m de mouillage
damping roller – Feuchtwalze f,
Wischwalze f – mouilleur m
damping solution – Wischwasser
n, Feuchtmittel n *(Offsetdruck)*
– solution f de mouillage
damping transfer roller –
Feuchtübertragwalze f –
rouleau m mouilleur de
transfert
damping unit – Feuchtwerk n –
dispositif m de mouillage
damp(ness) – Feuchtigkeit f –
humidité f
dancing – tanzend *(Text)* –
valsant
dark color – dunkle Farbe f –
couleur f foncée, couleur f
sombre
darken v. – abdunkeln –
assombrir, foncer, obscurcir
darkening – Abdunklung f –
assombrissement m

dark red – dunkelrot – rouge
foncé
darkroom – Dunkelkammer f –
chambre f noire
dash – Gedankenstrich m, Strich
m – trait m, tiret m
dashed – gestrichelt – en tirets
dashed line – gestrichelte Linie f
– tirets m
data – Daten pl – données f/pl
data acquisition –
Datenerfassung f – saisie f de
données
data administration –
Datenverwaltung f – gestion f
de données, administration f
des données
data analysis – Datenanalyse f –
analyse f des données
data base (database) –
Datenbank f, Datenbestand m
– base f de données, banque f
de données
database driven –
datenbankgesteuert – dirigé par
base de données
database publishing – Database
Publishing n – édition f de base
de données, database m
publishing
database structure –
Datenbankstruktur f –
structure f de la base de
données
data buffer – Datenpuffer m –
mémoire-tampon m
data bus – Daten-Bus m – bus m
de données
data capture – Datenerfassung f,
Datenprotokollierung f – saisie
f de données
data evaluation –
Datenauswertung f –
dépouillement m des données
data exchange – Datenaustausch
m – échange m de données
data extraction –
Datenextrahierung f –
extraction f des données
data flow – Datenfluss m – flux
m de données
data fork *(Mac)* – Datenzweig m
– plage f de données, data fork

data medium – Datenträger m –
support m de données
(stockage)
data network – Datennetz n –
réseau m informatique
data processing –
Datenverarbeitung f –
traitement m de données,
traitement m de l'information
**data processing equipment
(installation)** –
Datenverarbeitungsanlage f –
centre m de traitement de
l'information
**data processing (service) center
(centre)** – Rechenzentrum n –
centre m de calcul
data protection – Datenschutz m
– protection f contre les abus de
l'informatique
data protection commissioner –
Datenschutzbeauftragte, -r –
audit m informatique
data protection law (act) –
Datenschutzgesetz n – loi
«informatique et libertés», loi f
contre les abus de
l'informatique
data reception – Datenempfang
m – réception f des données
data stream – Datenstrom m –
flux m de données
data (tele)communication –
Datenfernübertragung f –
transmission f de données à
distance, télématique f
data traffic – Datenverkehr m –
trafic m de données
data transfer –
Datenübertragung f –
transmission f de données,
transfert m de données
data transfer mode –
Datenübertragungsmodus m –
mode m de transmission de
données
data transfer rate –
Übertragungsrate f,
Datentransferrate f – taux m de
transmission, taux m de
tansfert de données, débit m de
transmision, taux m de
transfert de données

D

data transmission –
Datenübertragung *f* –
transmission *f* de données,
transfert *m* de données
data typist – Datentypist, -in –
claviste *m*, agent *m* en saisie,
opérateur, -rice de saisie
data validation –
Datenüberprüfung *f* –
vérification *f* des données
date – Datum *n* – date *f*
DAT recorder – DAT-Recorder *m*
– recorder *m* DAT
DAT tape (Digital Audio Tape) –
DAT-Tape *n* – bande *f*
audionumérique, DAT, cassette
f audionumérique
daylight – Tageslicht *n* – lumière
f du jour
daylight cassette –
Tageslichtkassette *f* – cassette *f*
lumière du jour
daylight film – Tageslichtfilm *m*
– film *m* lumière du jour
DC (direct current) – Gleichstrom
m – courant *m* continu
de-acidify *v.* – entsäuern –
désacidifier
deactivate *v.* – deaktivieren –
désactiver
deadline – Termin *m*, Deadline *f*
– délai *m*, échéance *f*
deadline pressure –
Termindruck *m* – délai *m* serré
dealer – Händler *m* – distributeur
m, marchand *m*
debug *v.* – debuggen – déboguer
debugger – Debugger *m* –
débogueur *m*
debugging – Troubleshooting *n*,
Fehlerbeseitigung *f*, Fehlerbehebung *f* – dépannage *m*
decalcomania – Abziehbild *n* –
décalcomanie *f*
decimal – dezimal – décimal
decimal – Dezimalbruch *m* –
fraction *f* décimale
decimal – Dezimalstelle *f*,
Dezimale *f* – décimale *f*
decimal – Dezimalzahl *f* –
nombre *m* décimal

decimal-align tab –
Dezimaltabulator *m* –
tabulation *f* d'alignement
décimale
decimal inch – Dezimalzoll –
puce *f* décimale
decimal system – Dezimalsystem
n – système *m* décimal
decision maker –
Entscheidungsträger *m* –
décideur *m*, décisionnaire *m*
deck – Farbdruckwerk *n* –
encrage *m*
deckle-edge – Büttenrand *m* –
barbe *f*, bord *m* ébarbé
deckle-edged paper –
Büttenrandpapier *n* – papier *m*
barbé
decode *v.* – dekodieren,
entschlüsseln, entziffern –
déchiffrer, décoder, décrypter
decoder – Decoder *m* – décodeur
m
decoding – Entschlüsselung *f* –
décryptage *m*
decollator – Trennmaschine *f*
(Endlospapier) – déliasseuse *f*
decompress *v.* –
entkomprimieren –
décompresser
decompressing –
Entkomprimierung *f* –
décompression *f*
decoppering – Entkupfern *n* –
décuivrage *m*
decorate *v.* – verzieren – décorer,
orner
decorated – verziert – décoré
decoration – Verzierung *f* –
décoration *f*, ornement *m*,
fleuron *m*
decorative typeface –
Zierbuchstabe *m* – caractère *m*
ornemental, caractère *m*
gracile, caractère *m* prétentieux
decrypt *v.* – dekodieren,
entschlüsseln – décrypter
decryption – Dekodierung *f* –
décryptage *m*
dedicated – spezialisiert – dédié,
spécialisé
dedicated line – Standleitung *f* –
ligne *f* fixe (établie)

dedication – Widmung *f* –
dédicace *f*
deep embossing – Basrelief *n*,
Flachrelief *n*, Tiefprägung *f* –
bas-relief *m*
deep relief plate –
Tiefreliefplatte *f* – plaque *f* à
grand creux, plaque *f* épaisse
default – Standard *m* – défaut *m*
default profile – Standardprofil *n*
(ICC-Farbmanagement) –
profil *m* par défaut
default (setting) –
Standardeinstellung *f* – réglage
m par défaut
defective *(techn.)* – fehlerhaft –
défectueux
definition – Bildschärfe *f* –
netteté *f* de l'image
deflect *v.* – beugen – diffracter
deform *v.* – verzerren, verformen
– déformer, distordre
deformation – Verformung *f*,
Verzerrung *f* – déformation *f*,
distorsion *f*, anamorphose *f*
deformed – verzerrt – déformé
defragment *v.* – defragmentieren
– défragmenter
defragmentation –
Defragmentierung *f* –
défragmentation *f*
degrees – Grad *m* *(Winkel)* –
degré *m*
degree sign – Grad-Zeichen *n* –
symbole *m* degré
delaminate *v.* – delaminieren,
entlaminieren – délaminer,
décoller
delamination – Entlaminierung *f*
– décollage *m*, décomplexage *m*
delay – Verzögerung *f* –
ralentissement *m*
delay *v.* – verzögern – ralentir
delete *v.* – löschen, entfernen –
effacer, supprimer, détruire,
gommer, ôter, enlever, F virer
Delete key – Löschtaste *f* –
touche Supprimer
deleting – Löschung *f*, Löschen
n, Löschvorgang *m* –
effacement *m*, suppression *f*

D

deletion – Löschung *f*, Löschen *n*, Löschvorgang *m* – effacement *m*, suppression *f*

delimiter – Trennzeichen *n* – caractère *m* de séparation

deliver *v.* – liefern – livrer

delivery – Lieferung *f* – livraison *f*

delivery date – Ablieferungstermin *m* – date *f* de livraison

delivery deadline – Lieferfrist *f* – délai *m* de livraison

delivery note – Lieferschein *m* – bon *m* de livraison

denominator – Nenner *m* – dénominateur *m*

densitometer – Densitometer *n* – densitomètre *m*

densitometric(al) – densitometrisch – densitométrique

densitometric control – densitometrische Kontrolle *f* – contrôle *m* densitométrique

density – Dichte *f* – densité *f*

density control wedge – Dichtekontrollzeichen *n* – coin de contrôle de densité

density deviation – Dichteabweichung *f* – écart *m* de densité

density jump – Dichtesprung *m* – chute *f* de densité

density measurement – Dichtemessung *f* – mesure *f* de la densité

density range – Dichteumfang *m* – plage *f* de densités, écart *m* de densité

density value – Dichtewert *m* – valeur *f* de (la) densité

department – Abteilung *f* – département *m*

departmental manager – Abteilungsleiter, -in – chef *m* de service

depth of column – Spaltenhöhe *f* – hauteur *f* de (la) colonne

depth of focus/field (dof) *(fotogr.)* – Tiefenschärfe *f* – profondeur *f* de (du) champ

depth of space – Anzeigenhöhe *f* – hauteur *f* de l'annonce

desaturate *v.* – Sättigung *f* herabsetzen – désaturer

descender (length) – Unterlänge *f (beim Buchstaben)* – descendante *f*, jambage *m* descendant, longue *f* du bas, jambage *m* inférieur

descending – absteigend – descendant

descending sort – absteigende Sortierung *f* – triage *m* descendant

descreen *v.* – entrastern – détramer

descreening – Entrasterung *f* – détramage *m*

descreening scanner – Entrasterungs-Scanner *m* – scanner *m* de détramage

deselect *v.* – Auswahl *f* aufheben, deselektieren *(z.B. Objekte auf einer Seite)* – désélectionner

desensitize *v.* – desensibilisieren – désensibiliser

design – Design *n*, Gestaltung *f* – création *f*, design *m*, F créa *f*, dessin *m*

design *v.* – gestalten – créer, réaliser

designer – Designer, -in – designer *m*, concepteur, -rice, dessinateur, -rice, concepteur-dessinateur/conceptrice-dessinatrice

design studio – Design-Studio *n* – studio *m* de création

desk – Schreibtisch *m (a. auf Rechnern)* – bureau *m*

desk accessory – Schreibtischzubehör *n* – accessoire *m* de bureau

desk pad – Schreibunterlage *f* – sous-main *m*

desktop – Schreibtisch *m (a. auf Rechnern)* – bureau *m*

desktop computer – Desktop-Rechner *m* – ordinateur *m* de table

desktop environment – Schreibtischumgebung *f* – environnement *m* de bureau

desktop model – Tischmodell *n* – modèle *m* de table

desktop printer – Desktop-Drucker *m* – imprimante *f* bureautique

desktop publishing – Desktop Publishing *n* – PAO (publication assistée par ordinateur), microédition *f*

de-stacking – Entstapeln *n* – désempilage *m*

destination color – Zielfarbe *f* – couleur *f* cible

destination folder – Zielordner *m* – dossier *m* de destination

destination profile – Zielprofil *n* *(ICC-Farbmanagement)* – profil *m* de destination

detach *v.* – abhängen *(z.B. E-Mail-Anhang)* – détacher

detach *v.* – abnehmen *(z.B. Abdeckung)* – enlever

detail – Detail *n*, Ausschnitt *m*, Bildausschnitt *m (aus einem Bild)* – détail *m*, partie *f* de l'image, extrait *m* de l'image, cadrage *m*

detail – Zeichnung *f (Kontrast)* – netteté *f*

detail contrast – Detailkontrast *m* – contraste *m* des détails

detailed – detailliert – détaillé

detail enhancement – Kontraststeigerung *f* – accentuation *f* du contraste, augmentation *f* du contraste

detect *v.* – erkennen, aufspüren – reconnaître, détecter

detector bar – Kontaktschiene *f* – glissière *f* de contact

detect *v.* **problems** – Probleme erkennen – détecter des problèmes

detereoration in quality – Qualitätsminderung *f* – baisse *f* de la qualité

develop *v. (fotogr.)* – entwickeln – développer, révéler

developer *(fotogr.)* – Entwickler *m* – révélateur *m*

developer – Entwicklungsmaschine *f* – développeuse *f*, machine *f* de développement

D

developer bath – Entwicklerbad
n – bain *m* révélateur, bain *m*
de développement

developer streaks –
Entwicklerstreifen *m* – stries
f/pl de développement, trainées
f/pl de développement

developing agents –
Entwicklersubstanzen *f/pl* –
agents *m/pl* de développement

developing sink –
Entwicklerbecken *n* – évier *m*
de développement

developing solution –
Entwicklerlösung *m* – solution
f révélateur, solution *f* de
développement

developing tank –
Entwicklungstank *m* – cuve *f*
de développement

developing time –
Entwicklungszeit *f* – durée *f* du
développement

developing tray –
Entwicklerschale *f* – cuvette *f*
de développement

development time –
Entwicklungszeit *f* – durée *f* du
développement

device – Gerät *n* – appareil *m*

device calibration –
Gerätekalibrierung *f* –
calibrage *m* de l'appareil

device characterization –
Gerätecharakterisierung *f*
(ICC-Farbmanagement) –
caractérisation *f* de
périphérique

device-dependency –
Geräteabhängigkeit *f* –
dépendance *f* du périphérique

device-dependent color –
geräteabhängige Farbe *f* –
couleur *f* dépendante du
périphérique

device-independency –
Geräteunabhängigkeit *f* –
indépendance *f* du périphérique

device-independent –
geräteunabhängig –
indépendant du périphérique

device profile – Geräteprofil *n*
(ICC-Farbmanagement) –
profil *m* d'appareil, profil *m*
d'un périphérique

diacritical – diakritisches Zeichen
n – signe *m* diacritique

diacritic mark – diakritisches
Zeichen *n* – signe *m* diacritique

di(a)eresis (¨) – Trema *n* – tréma
m

diagonal – diagonal –
diagonal(ement), en diagonale

diagonal – Diagonale *f* –
diagonale *f*

diagonal line – Querlinie *f* – ligne
f transversale

diagonal stroke – Schrägstrich *m*
– barre *f* oblique, barre *f*
diagonale

diagram – Diagramm *n* –
diagramme *m*

dial *v.* – wählen *(Telefonnummer)*
– composer

dialog box – Dialogfenster *n*,
Dialogfeld *n* – boîte *f* de
dialogue

diamond *(geometr.)* – Raute *f* –
losange *m*

Diamond Blend *(QuarkXPress)* –
Rautenförmiger Verlauf –
Dégradé en losange

diaphragm – Blende *f* –
diaphragme *m*

diaphragm blade –
Blendenlamelle *f* – lamelle *f*
d'obturateur

diaphragm blade –
Blendenlamelle *f* – lamelle *f*
(d'obturateur)

diary pad – Kalenderblock *m* –
bloc *m* d'agenda

diazo coating –
Diazobeschichtung *f* –
couchage *m* diazo

diazo compound –
Diazoverbindung *f* – composé
m diazo

diazo screen emulsion –
Diazokopierschicht *f*
(Siebdruck) – émulsion *f* diazo

diazotype – Diazotypie *f* –
diazotypie *f*

dichromate solution –
Bichromatlösung *f*
(Tiefdruckgravur) – solution *f*
de bichromate

dictionary – Wörterbuch *n* –
dictionnaire *m*, F dico *m*

Didonics – klassizistische
Antiqua *f* – Didones *f/pl*

Didot system – Didotsches
System *n* – système *m* Didot

die – Stanzform *f* – forme *f* de
découpe, forme *f* à découper,
matrice *f* de découpe

die-board – Stanzform *f* – forme *f*
de découpe, forme *f* à
découper, matrice *f* de découpe

die-cut (D/C) – Stanzung *f* –
découpe *f*

die-cut section – Stanzwerk *n* –
découpoir *m*

die-cut sheet – Stanzbogen *m* –
feuille *f* de découpe

die-cutter (die-cutting machine)
– Stanzmaschine *f* – machine *f*
de découpe, machine *f* à
découper

die-cut(ting) – Stanzen *n*,
Formstanzen *n* – estampage *m*,
découpage *m* à l'emporte-pièce

die-cylinder – Stanzzylinder *m* –
cylindre *m* de découpe

die-plate – Prägeplatte *f* – cliché
m de gaufrage

die-stamper – Stahlstecher *m* –
graveur *m* au burin

die-stamping – Stahlstich *m* –
gravure *f* sur acier

diffract *v.* – beugen – diffracter

diffraction *(opt.)* – Beugung *f*,
Lichtbeugung *f* – diffraction *f*,
diffraction *f* de la lumière,
diffusion *f* de la lumière

diffuse(d) – diffus – diffus

diffuse light – diffuses Licht *n* –
lumière *f* diffuse

diffuse lighting – diffuse
Beleuchtung *f* – éclairage *m*
diffus

diffusing – Weichzeichnung *f* –
flou *m*

diffusion of light – Lichtstreuung
f – diffusion *f* de la lumière

digest – Abriss *m*,
Buchzusammenfassung *f* –
résumé *m*

digit – Ziffer *f* – chiffre *m*

digital – digital – numérique

digital back – Rückteil *n (digitale Kamera)* – dos *m* (numérique)

digital book – digitales Buch *n* –
livre *m* électronique

digital camera – Digitalkamera *f*
– caméra *f* numérique, appareil
m photo numérique

digital cameraback – Rückteil *n (digitale Kamera)* – dos *m*
(numérique)

digital design – digitales Design
n – création *f* numérique

digital display – Digitalanzeige *f*
– affichage *m* digital

digital image processing –
digitale Bildverarbeitung *f* –
traitement *m* d'image
numérique

digital imaging – digitale
Bebilderung *f* – imageage *m*
numérique

digital meter – digitales
Messinstrument *n* – instrument
m digital de mesure

digital photography – digitale
Fotografie *f* – photographie *f*
numérique

digital printing – Digitaldruck *m*
– impression *f* numérique,
impression *f* électronique

digital printing machine –
digitale Druckmaschine *f* –
presse *f* numérique

digital print system – digitales
Drucksystem *n* – système *m*
d'impression numérique

digital proof – Digitalproof *m* –
épreuve *f* numérique

digital representation – digitale
Darstellung *f* – représentation *f*
digitale, représentation *f*
numérique

digital screening – digitale
Rasterung *f* – tramage *m*
numérique

digital signature – digitale
Signatur *f*, digitale Unterschrift
– signature *f* numérique

digital technology –
Digitaltechnik *f* – technique *f*
digitale

digital workflow – digitaler
Workflow *m* – flux *m* de
production numérique

digitization – Digitalisierung *f* –
numérisation *f*, digitalisation *f*

digitize *v.* – digitalisieren –
numériser, digitaliser

digitized font – digitalisierte
Schrift *f* – fonte *f* numérisée

digitized image – digitalisiertes
Bild *n* – image *f* numérisée

digitizer – Digitizer *m*,
Digitalisiergerät *n*,
Grafiktablett *n* – digitalisateur
m, tablette *f* graphique

digitizing – Digitalisierung *f* –
numérisation *f*, digitalisation *f*

digitizing tablet –
Digitalisiertablett *n*,
Grafiktablett *n* – digitalisateur
m, tablette *f* à numériser,
tablette *f* à digitaliser, tablette *f*
graphique

dilute *v.* – verdünnen – diluer

dilution – Verdünnung *f* –
dilution *f*

dim – lichtschwach – à faible
luminosité

dimension – Größe *f*, Abmessung
f – taille *f*, format *m*,
encombrement *m*, dimensions
f/pl

dimensional stability –
Maßhaltigkeit *f*,
Dimensionsstabilität *f* –
stabilité *f* dimensionnelle

dimensioning – Bemaßung *f* –
dimensionnement *m*, calcul *m*
des dimensions

dimension of the cell –
Näpfchenabmessungen *f/pl* –
dimensions *f/pl* des alvéoles

dimensions – Größenverhältnis *n*
– proportion *f*

DIN size – DIN-Format *n* –
format *m* DIN

diopter adjustment dial –
Dioptrienausgleichsregler *m*
(Kamera) – molette *f* de réglage
dioptrique

diopter compensation –
Dioptrienausgleich *m* –
compensation *f* dioptrique

diphthong – Diphtong *m*,
Doppellaut *m* – diphtongue *f*

dip tank – Küvette *f* – cuvette *f*

direct access – Direktzugriff *m* –
accès *m* direct

direct addressing –
Direktadressierung *f* –
adressage *m* direct

direct engraving – Direktgravur
f – gravure *f* directe

direct imaging –
Direktbebilderung *f* – imageage
m direct

direction – Richtung *f* – direction *f*

direction of the scan –
Scanrichtung *f* – sens *m*
d'analyse du scanner.

direction of web travel –
Bahnlaufrichtung *f* – sens *m* de
défilement de la bande

direction point – Richtungspunkt
m (Bézier-Pfad) – point *m*
directionnel

direct mail – Direct Mail *f* –
publipostage *m*

direct mail advertising –
Direktwerbung *f* – publicité *f*
directe, publipostage *m*

direct marketing –
Direktmarketing *n* – marketing
m direct

directory – Verzeichnis *n* –
répertoire *m*

Direct select tool *(InDesign,
Illustrator)* – Direkt-Auswahl –
Sélection directe

direct stencil – Direktschablone *f*
– pochoir *m* direct

direct-to-plate – direkte
Plattenbelichtung *f* – exposition
f directe des plaques

dirt particles – Schmutzpartikel
n/pl – impuretés *f/pl*

disable *v.* – deaktivieren –
désactiver

disabled – deaktiviert – désactivé

disactivated – deaktiviert –
désactivé

disactivation – Deaktivierung *f* –
désactivation *f*

D

discern v. – erkennen, wahrnehmen – percevoir

discernable – wahrnehmbar, erkennbar – reconnaissable, discernable, perceptible

discolored – verschossen *(Farbe)* – décoloré

disconnect v. – ausstecken – déconnecter

discretionary hyphen – weicher Trennstrich m, Trennfuge f – césure f conditionnelle, trait m d'union facultatif, division f optionnelle, trait m d'union virtuel

Discretionary Ligatures *(InDesign)* – Bedingte Ligaturen – Ligatures conditionnelles

discussion forum – Newsgroup f, Diskussionsforum n – groupe m de discussion, forum m électronique

disk – Festplatte f, Platte f – disque m (dur)

disk crash – Plattencrash m – crash m disque

disk drive – Plattenlaufwerk n – lecteur m de disque

diskette – Diskette f, Floppy-Disk f – disquette f

diskette format – Diskettenformat n – format m de la disquette

disk space – Speicherplatz m – espace m disque

disk storage – Plattenspeicher m – mémoire f disque

dispatch – Versand m – expédition f

dispersion coating – Dispersionslack m – vernis m à dispersion

dispersion glue – Dispersionskleber m – colle f à dispersion

dispersion lens – Zerstreuungslinse f – lentille f divergente

dispersion sheet – Streufolie f *(bei Plattenkopie)* – écran m diffuseur, feuille f de diffusion

dispersion sheet exposure – Streufolienbelichtung f *(bei Plattenkopie)* – insolation f à feuille de diffusion

Displace filter *(Photoshop)* – Versetzen-Filter m – Filtre m dispersion

displacement – Verschiebung f – décalage m, déplacement m

display – Anzeige f *(Bildschirmanzeige)* – affichage m

display v. – auszeichnen – mettre en évidence

display v. – anzeigen – afficher

display conditions – Anzeigebedingungen f/pl – conditions f/pl d'affichage

display device – Sichtgerät n – visu f, écran m de visualisation

display line – Auszeichnungszeile f – ligne f en vedette

Display Simulation *(Color management in QuarkXPress)* – Anzeigesimulation – simulation d'affichage

display type – Auszeichnungsschrift f – caractère m de titre, caractère m distinctif

display typecase – Steckschriftkasten m – casse f à barrettes mobiles

display typeface – Displayschrift f – caractère m de titre/titrage

disruption – Abriss m *(in Tonwerten)* – interruption f

dissertation, thesis – Dissertation f – thèse f

Dissolve *(Photoshop)* – Sprenkeln – Fondu

dissolve v. *(chem.)* – auflösen – dissoudre

dissolve v. – überblenden – faire un fondu enchaîné

distance – Abstand m, Distanz f – écart m

distance between two objects – Entfernung f zwischen zwei Objekten – distance f entre deux objets

distance line – Abstandslinie f – ligne f de distance

distemper – Temperafarbe f – détrempe f

distinguish v. – unterscheiden – différencier

distort v. – verformen – déformer

distorting mirror – Vexierbild n – miroir m déformant

distortion – Verzerrung f, Verformung f, Verzeichnen n, Verziehen n, Verzeichnung f – distorsion f

distortion-free – verzerrungsfrei – exempt de distorsion

distribute v. – verteilen – distribuer

distribute-and-print – dezentraler Druck m – impression f décentralisée

distribution – Vertrieb m, Verteilung f – distribution f, diffusion f

distribution area – Verbreitungsgebiet n *(Zeitung)* – zone f de diffusion

distribution department – Versandabteilung f – service m d'expédition

distribution network – Vertriebsnetz n – réseau m de distribution

distributor – Händler m – distributeur m, marchand m

dither v. – dithern – juxtaposer

dithering – Dithering n – juxtaposition f

divide v. – teilen, unterteilen – diviser, subdiviser, partager

divide v. – trennen *(Text)* – couper, diviser

divider sheet – Trennblatt n – feuille f de séparation

dividing rule – Trennungslinie f – ligne f de séparation

division – Trennung f, Division f – division f

division sign – Bruchzeichen n – signe m division

doctor blade – Rakel f – racle f

doctor blade angle – Rakelwinkel n – angle m de la racle

doctoring – Abrakelung f – essuyage m

D

doctoring angle – Abrakelungswinkel *m* – angle *m* d'essuyage

document – Dokument *n* – document *m*

document *v.* – dokumentieren – documenter

documentation – Dokumentation *f* – documentation *f*, F doc *f*

documentation purposes – Dokumentationszwecke *m/pl* – fins *f/pl* documentaires

documented problem – dokumentiertes Problem *n* – problème *m* recensé

document exchange – Dokumentenaustausch *m* – échange *m* de documents

Document info *(Acrobat)* – Dokumentinfo – Informations sur le document

document layout – Seitenlayout *n* – mise *f* en page, plan *m* de montage, maquette *f* de la page

document management – Dokumentenmanagement *n* – gestion *f* de documents

document paper – Urkundenpapier *n* – papier *m* document

document processing – Dokumentenverarbeitung *f* – traitement *m* de documents

Document properties *(Acrobat)* – Dokumenteigenschaften – Propriétés du document

Document setup *(QuarkXPress)* – Dokument einrichten – Réglages du document

document template – Dokumentvorlage *f* – modèle *m* de document

Dodge tool – Abwedler-Werkzeug – outil Densité

dodging – Aufhellung *f* – éclaircissement *m*

dog's ear (dog-eared page) – Eselsohr *n* – oreille *f* d'âne, page *f* cornée

dome-shaped cover – gewölbter Deckel *m* – couvercle *m* bombé

dongle – Dongle *m* – dongle *m*, clé *f* électronique

door-to-door distribution – Wurfsendung *f* – distribution *f* porte à porte

dot – Rasterpunkt *m* – point *m* de trame, point *m* de simili

dot *v.* – punktieren – pointiller

dot area – Punktbereich *m* *(Flächendeckung)* – surface *f* du point

dot definition – Punktschärfe *f* – netteté *f* du point

dot distortion – Rasterpunktverformung *f* – distorsion *f* de (du) point de trame

dot doubling – Punktverdoppelung *f* *(beim Druck)* – dédoublement *m* de point

dot fringe – Quetschrand *m* – auréole *f*

dot gain – Tonwertzunahme *f*, Tonwertzuwachs *m*, Punktvergrößerung *f*, Punktzuwachs *m* – augmentation *f* des valeurs de teintes, engraissement *m* (de/du point)

dot gain compensation – Punktzuwachskompensation *f* – compensation *f* de l'engraissement (de/du point), élargissement *m* du point

do *v.* **the proofreading** – Korrektur lesen – corriger les épreuves

doting – Punktierung *f* – pointillé *m*

dot joint – Punktschluss *m* – fermeture *f* du point

dot matrix – Punktmatrix *f* – matrice *f* de points

dot pitch – Dot Pitch *m*, Punktabstand *m* *(Bildschirm)* – pas *m* de masque, pitch *m*

dot proofing – Rasterproof *m* – épreuve *f* tramée

dot shape – Rasterpunktform *f* – forme *f* de (du) point de trame

dot sharpness – Punktschärfe *f* – netteté *f* du point

dots per inch (dpi) – Punkte pro Inch – points *m/pl* par pouce (ppp)

dot spread – Punktvergrößerung *f*, Punktzuwachs *m* – engraissement *m* (de/du point)

dot squeeze – Punktquetschen *n* – écrasement *m* du point

dot structure – Punktaufbau *m*, Punktstruktur *f* – structure *f* du point

dotted – gepunktet – pointillé

dotted line – punktierte Linie *f* – ligne *f* (en) pointillé

double-backer – Double-Backer *m* – double face *f*

double-byte font – Doppel-Byte-Schrift *f* – police *f* sur deux octets

double click – Doppelklick *m* – double-clic *m*

double click *v.* – doppelklicken – faire un double-clic, double-cliquer

double cone – Doppelkegel *m* – cône *m* double

double density – doppelte Schreibdichte *f* – double densité *f*

double form – Doppelform *f* – forme *f* double

double lens system – Doppellinsen-System *n* – système *m* bifocal

double letter – Doppelbuchstabe *m* – lettre *f* double

double line (rule) – Doppellinie *f* – double ligne *f*, double filet *m*

double-page – Doppelseite *f*, Panoramaseite *f* – page *f* double, pages *f/pl* en regard, F double *f*

double-page full bleed – Doppelseite angeschnitten – double page à fond perdu

double parallel fold – Doppelparallelfalz *m* – double pli *m* parallèle

double quote – Anführungszeichen *n*, F Gänsefüßchen *n* – guillemet *m*

double-sided – doppelseitig – des deux cotés, sur deux pages *(Anzeige)*

double-side printing – Schön- und Widerdruck *m* – impression *f* recto-verso

double wall – Doppelwand *f* *(Verpackung)* – double paroi *m*

double-web printing – Doppelrollendruck *m* *(Rollendruckmaschine)* – impression *f* sur deux bobines

down – unten – en bas

down below – unten – en bas

download – Download *m* – téléchargement *m*

download *v.* – downloaden, herunterladen – télécharger, faire du téléchargement (de), downloader

downloadable – herunterladbar, downloadbar – téléchargeable

download(ing) – Herunterladen *n* – téléchargement *m*

Download PPD Fonts *(InDesign)* – PPD-Schriftarten herunterladen – Télécharger les polices PPD

downsample *v.* – herunterrechnen, neuberechnen *(Auflösung von Bildern)* – sous-échantillonner

downsampling – Downsampling *n*, Neuberechnung *f* – sous-échantillonnage *m*, rééchantillonnage *m*

down-stroke *(typogr.)* – Abstrich *m* – plein *m*

down time (downtimes) – Stillstandszeit *f*, Ausfallzeit *f* – point *m* mort, temps *m* d'immobilisation

down to last detail – bis ins kleinste Detail – jusqu'au moindre détail

downwards compatibility – Abwärtskompatibilität *f* – compatibilité *f* descendante

downwards (downwardly) compatible – abwärtskompatibel – à compatibilité descendante

down warp – konvexe Krümmung *f* – tuilage *m* convexe

dpi (dots per inch) – dpi – ppp (points par pouce), dpi

draft – Entwurf *m* – maquette *f*, brouillon *m* (erster Grobentwurf), ébauche *f*

drafting film – Zeichenfolie *f* – film *m* à dessiner

Drag & Drop – Drag & Drop – glisser-déposer, faire glisser sur

drag on *v.* – ziehen auf *(z.B. eine Datei auf das Icon eines Programms)* – faire glisser sur

draughtsman, draftsman *(U.S.)* – Zeichner, -in – dessinateur, -rice

draw *v.* – zeichnen – dessiner, tracer (Linie)

drawer – Schublade *f* – tiroir *m*

draw in *v.* – einziehen *(Papierbahn)* – engager

drawing – Zeichnung *f* – dessin *m*

drawing board – Reißbrett *n*, Zeichenbrett *n* – planche *f* à dessin

drawing brush – Zeichenpinsel *m* – pinceau *m* à dessiner

drawing chalk – Kreidefarbe *f*, Zeichenkreide *f* – craie *f* à dessiner

drawing copy – Zeichenvorlage *f* – original *m* à dessiner

drawing (design) tool – Zeichenwerkzeug *n* – outil *m* à dessiner

drawing ink – Zeichentusche *f* – encre *f* à dessiner

drawing of a model – Modellzeichnung *f* – dessin *m* d'un modèle

drawing paper – Zeichenpapier *n* – papier *m* à dessin

drawing pen – Zeichenfeder *f*, Reißfeder *f* – plume *f* (à dessin), tire-ligne *m*

drawing pin – Heftzwecke *f*, Reißnagel *m*, Reißzwecke *f* – punaise *f*

drawing table – Zeichentisch *m* – table *f* à dessiner

drawn – gezeichnet – dessiné

drawn initial – gezeichnete Initiale *f* – lettrine *f* dessinée

drawsheet – Zugbogen *m* – feuille *f* d'assise

drilling (holes) – Bohren *n* (von Löchern) – perforation *f* par perçage

drive – Ansteuerung *f* *(Ausgabegerät)* – pilotage *m*

drive – Antrieb *m* *(Kamera)* – commande *f*, entraînement *m*

drive – Laufwerk *n* – lecteur *m*

drive *v.* – ansteuern *(Ausgabegerät)* – piloter

drive belt – Treibriemen *m* – courroie *f* d'entraînement

driven by computer – computergesteuert – commandé par ordinateur

driver – Treiber *m* – pilote *m*, driver *m*

Drop Box *(Mac OS X)* – Briefkasten – Boîte de dépôt

drop cap (initial) – hängende Initiale *f* – lettrine *f*

drop folio – Seitenzahl *f* am Fuß – folio *m* en bas

drop of ink – Tintentropfen *m* *(Tintenstrahldrucker)* – goutte *f* d'encre, gouttelette *f* d'encre (klein)

drop-on-demand inkjet – Drop-on-Demand-Tintenstrahldruck *m* – jet *m* d'encre à la demande

drop shadow – Schlagschatten *m* – ombre *f* portée

drum – Trommel *f* *(z.B. in Laserdruckern)* – tambour *m*

drum feeder – Trommelanleger *m* – margeur *m* à tambour

drum folder – Trommelfalzwerk *n* – plieuse *f* à tambour

drum imagesetter – Trommelbelichter *m* – flasheuse *f* à tambour

drum scanner – Trommelscanner *m* – scanner *m* à tambour, scanner *m* rotatif

dry *v.* – trocknen, abbinden – sécher, faire sécher

dryer – Trockner *m* – sécheur *m*

drying – Trocknung *f* – séchage *m*

drying hood – Trockenhaube *f* – capot *m* de séchage

drying properties – Trocknungseigenschaft *f* (*Druckfarbe*) – siccativité *f*

drying time – Abbindezeit *f* – temps *m* de séchage

dry point engraving – Kaltnadelradierung *f* – gravure *f* à la pointe sèche

dry time – Trocknungszeit *f* – temps *m* de séchage

dry toner – Trockentoner *m* – toner *m* à poudre

DTP (desktop publishing) – DTP – PAO (Publication Assistée par Ordinateur), microédition *f*

DTP software – DTP-Programm *n* – logiciel *m* de PAO

DTP type matter – DTP-Satz *m* – composition *f* PAO

dual doctor ink chamber – Doppelkammerrakel *f* – chambre *f* à double racle

dual drive – Doppelaufwerk *n* – lecteur *m* double

dual-stream delivery – Doppelstromauslage *f* – sortie *f* à double piste

ductor roller – Duktorwalze *f* – rouleau *m* barboteur, rouleau *m* preneur

ductus – Duktus *m* – ductus *m*

dull – matt, glanzlos – mat, sans éclat, terne

dull *v.* – abdunkeln – assombrir, foncer, obscurcir

dull-coated paper – mattgestrichenes Papier *n* – papier *m* couché mat

dull finish – Mattglanz *m* – apprêt *m* mat, fini mat

dulling – Abdunklung *f* – assombrissement *m*

dull varnish – Mattlack *m* – vernis *m* mat

dumb quotes – senkrechte Anführungszeichen *n/pl* – guillemets *m/pl* simples

dummy – Blindmuster *n*, Dummy *m* – blanco *m*, maquette *f*

dummy fold/joint – Falzmuster *n* – maquette *f* de pliage

dummy text – Blindtext *m*, Dummytext *m* – faux texte *m*, texte *m* fictif

duotone – Duplex(bild) *n* – image *f* bichrome

duotone printing – Duplexdruck *m* (*Druck eines Duplexbildes*) – bichromie *f*

dupe – Dublette *f* – doublon *m*

duplex – Duplexdruck *m* (*Vorder- und Rückseite*) – recto verso *m*

duplex board – Duplexkarton *m* – carton *m* duplex

duplex paper – Duplexpapier *n* – papier *m* duplex

duplicate – Duplikat *n* – duplicata *m*, double *m*

duplicate *v.* – duplizieren, vervielfältigen – dupliquer, reproduire

duplicated – dupliziert – dupliqué

duplication – Vervielfältigung *f*, Duplikatherstellung *f* – reproduction *f*, contretypage *m*

durable binding – haltbare Bindung *f* – reliure *f* durable

during press run – bei laufender Maschine – pendant la marche de la presse

durometer – Härtemesser *m* – duromètre *m*, appareil *m* de contrôle de la dureté

dust *v.* – abstauben (*Scanvorlage*) – épousseter

Dust and Scratches (*Photoshop*) – Staub und Kratzer enfernen – Anti-poussière

dust cover – Schutzumschlag *m*, Schutzhülle *f* – couvre-livre *m*, jaquette *f* du livre, protège-livre *m*, couverture *f* protectrice

dust filter – Staubfilter *m* – filtre *m* anti-poussière

dust(-)free – staubfrei – exempt de poussière

dusting – Abstauben *n* – dépoussiérage *m*

dust jacket – Schutzumschlag *m*, Schutzhülle *f* – couvre-livre *m*, jaquette *f* du livre, protège-livre *m*, couverture *f* protectrice

dustjacket – Buchhülle *f* – couvre-livre *m*, jaquette *f*

dust removal – Staubentfernen *n* – dépoussiérage *m*

dust-tight – staubdicht – étanche à la poussière

DVD (digital versatile disc, digital video disc) – DVD – DVD, disque numérique polyvalent, vidéodisque numérique

dye – Farbstoff *m*, Färbemittel *n* – colorant *m*, matière *f* colorante

dyeline – Lichtpause *f* – diazocopie *f*

dyeline machine – Lichtpausgerät *n* – appareil *m* diazo

dyeline paper – Lichtpauspapier *n* – papier *m* diazo

dyeline process – Lichtpausverfahren *n* – diazotypie *f*

dye mask – Farbmaske *f* – masque *m* couleur

DyeSub – DyeSub – sublimation *f* de pigments

dye sublimation printer – Thermosublimationsdrucker *m* – imprimante *f* à sublimation thermique

dye transfer letters – Abreibeschrift *f* – caractères *m/pl* adhésifs

dynamic – dynamisch – dynamique(ment)

dynamic range – Dynamikumfang *f*, Bildumfang *m* – plage *f* de densité, plage *f* de (la) dynamique

dynamic storage – dynamischer Speicher *m* – mémoire *f* dynamique

dynamic web page – dynamische Webseite *f* – page *f* web dynamique

E

ease of use –
Bedienerfreundlichkeit *f* –
facilité *f* d'utilisation

eBook tag – eBook-Tag *m* –
référence *f* eBook

e-commerce – E-Commerce –
commerce *m* électronique

edge – Rand *m*, Kante *f*
(Objektrand) – bord *m*,
contour *m*, bordure *f*

edge definition – Kantenschärfe
f – netteté *f* des bords

edge routing – Kantenfräsen *n* –
fraisage *m* des bords

edge smoothing –
Kantenglättung *f* – lissage *m*
des bords

edit *v.* – bearbeiten, editieren,
redigieren – éditer, traiter,
modifier, retoucher

edit *v.* – herausgeben – éditer,
publier

editability – Editierbarkeit *f* –
éditabilité *f*

editable – editierbar – éditable

edited – redigiert – rédigé

edition – Ausgabe *f (Buch,
Zeitschrift)* – édition *f*

edition deluxe –
Liebhaberausgabe *f* – édition
de luxe

editor – Editor *m* – éditeur *m*

editor – Lektor, -in – lecteur, -
rice

editor – Redakteur, -in –
rédacteur, -rice

editor – Redaktionsleiter, -in –
directeur, -rice de la rédaction

editor – Verleger, Herausgeber *m*
– éditeur *m*

editorial – Editorial *n* – éditorial
m

editorial – redaktionell –
rédactionnel

editorial department – Lektorat
n – comité *m* de lecture

editorial manager –
Chefredakteur *m* – rédacteur *m*
en chef

editorial staff – Redaktion *f* –
rédaction *f*, F rédac *f*

editorial system –
Redaktionssystem *n* – système
m rédactionnel

editorial system – Verlagssystem
n – système *m* éditorial

editorial *(U.S.)* – Leitartikel *m* –
éditorial *m*, article *m* de fond

editorial writer *(U.S.)* – Leitartikler, -in – éditorialiste *m*

editor-in-chief – Chefredakteur
m – rédacteur *m* en chef

editors – Redaktion *f* – rédaction
f, F rédac *f*

effect – Effekt *m*, Wirkung *f* –
effet *m*

effective resolution – effektive
Auflösung *f* – resolution *f* réelle

effect screen – Effektraster *m* –
trame *f* effet

Egyptian – serifenbetonte Linear-
Antiqua *f*
(Schriftenklassifizierung) –
Mécane *f*, Mécanes

eight-page signature –
Achtseitenbogen *m* – cahier *m*
de huit pages

**Eight-Up (8-Up) imagesetter
(platesetter)** – Achtseiten-
Belichter/Plattenbelichter *m* –
flasheuse *f* huit poses

eject *v.* – auswerfen *(CD)* –
éjecter

elastic – dehnbar – dilatable,
expansible, extensible

elastic(ally) – elastisch – élastique

elasticity – Dehnbarkeit *f* –
dilatabilité *f*, expansibilité *f*,
extensibilité *f*

elastomer cover –
Elastomerbeschichtung *f* –
revêtement *m* élastomère

elastomer covered –
elastomerbeschichtet – à
revêtement élastomère

elastomeric – elastomerisch –
élastomère

electrical engineering –
Elektrotechnik *f* –
électrotechnique *f*

electrical field – elektrisches Feld
n – champ *m* électrique

electric connector – elektrischer
Anschluss *m* – courant *m*
électrique

electric light bulb – Glühbirne *f* –
ampoule *f*

electrolytical – galvanisch –
galvanique

electrolytical bath – Galvanobad
n – bain *m* galvanique

electrolytical correction –
Galvanokorrektur *f* –
correction *f* galvanique

electromagnetic disturbance –
elektromagnetische Störung *f* –
déreglement *m*
électromagnétique

electromagnetic waves –
elektromagnetische Wellen *f/pl*
– ondes *f/pl* électromagnétiques

electron beam –
Elektronenstrahl *m* – faisceau
m d'électrons

electronic collation –
elektronisches
Zusammentragen *n* –
assemblage *m* électronique

electronic discussion group –
Diskussionsforum *n* – groupe
m de discussion, forum *m*
électronique

electronic engraving –
elektronische Gravur *f* –
gravure *f* électronique

electronic journal – elektronische
Zeitschrift *f* – journal *m*
électronique, E-Zine *f*

electronic magazine –
elektronische Zeitschrift *f (E-
Zine)* – journal *m* électronique,
E-Zine *f*

electronic media – elektronische
Medien *n/pl* – médias
électroniques *m/pl*

electronics – Elektronik *f* –
électronique *f*

electrophotographic plate –
elektrofotographische Platte *f* –
plaque *f* électrophotographique

electroplating – Galvanisierung *f*
– plaquage *m* par électrolyse

electrosmog – Elektrosmog *m* –
électrosmog *m*

electrostatic adherence – elektrostatisches Haften *n* – adhérence *f* électrostatique

electrostatic(ally) – elektrostatisch – électrostatique(ment)

electrostatic charge – elektrostatisches Aufladen *n* – charges *f/pl* électrostatiques

electrostatic image transfer – elektrostatische Bildübertragung *f* – transfert *m* de l'image électrostatique

electrostatic powder spraying – elektrostatische Druckbestäubung *f* – poudrage *m* antimaculateur électrostatique

electrostatic process – elektrostatisches Verfahren *n* – procédé *m* électrostatique

electrostatics – Elektrostatik *f* – électrostatique *f*

electrotechnical – elektrotechnisch – électrotechnique

electrotype – Galvano – galvano(type) *m*

electrotyping – Galvanoplastik *f* – galvanoplastie *f*, galvanotypie *f*

eliminate *v.* – löschen, entfernen – effacer, supprimer, détruire, F virer

ellipse – Ellipse *f* – ellipse *f*

ellipsis (...) – Auslassungspunkte *m/pl* – points *m/pl* de suspension

elliptical – elliptisch – elliptique

elliptical dot – elliptischer Rasterpunkt *m*, Kettenpunkt *m* – point *m* elliptique

elongation – Dehnung *f* – étirement *m*, élongation *f*

em – Geviert *n* – cadratin *m*

e-mail – E-Mail *n*, elektronische Post *f* – courrier *m* (électronique), e-mail, mail *m*, mél *m*, message *m* électronique, courriel *m*

e-mail program – E-Mail-Programm *n* – logiciel *m* de messagerie électronique

embed *v.* – einbetten – imbriquer, incorporer, inclure

embedded – eingebettet – incorporé, imbriqué

Embedded Path *(QuarkXPress)* – Eingebetteter Pfad – Chemin imbriqué

Embedded pictures *(QuarkXPress)* – Eingebettete Bilder – Images imbriquées

embedding – Einbettung *f* – imbrication *f*

Embed Fonts *(InDesign)* – Schriftarten einbetten – Incorporer les polices

emboss *v.* – prägen – empreindre, gaufrer, repousser

embossing – Prägedruck *m*, Prägung *f* – gaufrage *m*

embossing die – Prägestempel *m* *(Form)* – forme *f* de gaufrage

embosssed stamping – Reliefprägung *f* – gaufrage *m* en relief, empreinte *f* en relief

embrace *v.* **a technology** – eine Technologie übernehmen – adopter une technique

embroidered binding – gestickter Einband *m* – reliure *f* brodée

em-dash – Geviertstrich *m*, langer Gedankenstrich *m* – tiret *m* cadratin

emphasize *v.* – hervorheben *(grafisch)* – mettre en surbrillance, surbriller, mettre en évidence

employed – beschäftigt – employé

employee – Angestellte,-r, Mitarbeiter, -in – employé *m*, employée *f*

employer – Arbeitgeber, -in – employeur *m*, patron *m*, patronne *f*

employers' association – Arbeitgeberverband *m* – syndicat *m* patronal

employment ad – Stellenanzeige *f* – annonce *f* offre d'emploi, offre *f* d'emploi par annonce

empty line – Leerzeile *f* – ligne *f* vide

empty page – Leerseite *f* – page *f* vierge, page *f* blanche

Empty trash – Papierkorb entleeren – vider la corbeille

em-quad – Geviert *n* – cadratin *m*

em-space – Geviertleerzeichen *n* – espace *m* cadratin

em-square – Geviert *n* – cadratin *m*

emulate *v.* – emulieren – émuler

emulation – Emulation *f* – émulation *f*

emulator – Emulator *m* – émulateur *m*

emulsifying agent – Emulgator *m* – agent *m* émulsifiant

emulsion – Emulsion *f* – émulsion *f*

emulsion down – Schichtseite unten (seitenverkehrt) – émulsion *f* au-dessous, émulsion *f* vers le bas

emulsion fog – Grundschleier *m* *(auf Film)* – voile *m* de fond

emulsion layer – Emulsionsschicht *f* – couche *f* d'émulsion

emulsion side – Schichtseite *f* – coté *m* d'émulsion, face *f* d'émulsion, côté *m* couché

emulsion up – Schichtseite oben (seitenrichtig) – émulsion *f* en-dessus, émulsion *f* vers le haut

en – Halbgeviert *n* – demi-cadratin *m*

enamel paper – Hochglanzpapier *n* – papier *m* glacé, papier *m* couché à haut brillant

encase *v.* – einschließen *(Schutzhülle)* – enchâsser

enclose *v.* – umschließen – entourer, enclorer

enclosed – umschlossen – entouré, enclos

enclosure – Anhang *m* *(an E-Mail)* – attachement *m*

encode *v.* – kodieren – encoder

encoding – Encoding *n*, Kodierung *f* – encodage *m*

encrypt *v.* – verschlüsseln – crypter

encrypted – verschlüsselt –
crypté
encryption – Verschlüsselung *f* –
cryptage *m*
encyclopedia – Lexikon *n*,
Enzyklopädie *f* – lexique *m*,
dictionnaire *m* encyclopédique,
encyclopédie *f*
en-dash – Halbgeviertstrich *m* –
tiret *m* demi-cadratin
endmatter – Vorsatzblatt *n*,
Vorsatzpapier *n* – page *f* de
garde, feuille *f* de garde
end of column – Spaltenende *n* –
fin *f* de colonne
end of line – Zeilenende *n* – fin *f*
de (la) ligne
endpaper – Vorsatzblatt *n*,
Vorsatzpapier *n* – page *f* de
garde, feuille *f* de garde
end points – Endpunkte *m/pl* –
extrémités *f/pl*, points *m/pl*
d'arrivées
End Task *(Windows)* – Task
beenden – Fin de tâche
end user *(Software)* –
Endanwender, -in – utilisateur
m final
end user license agreement –
Endnutzer-Lizenzvereinbarung
f – accord *m* de licence
utilisateur final
engineer – Ingenieur, -in –
ingénieur *m*
engineering drawing –
technische Zeichnung *f* – dessin
m technique
engraved – graviert – gravé
engraved cell – Rasternäpfchen *n*
(Tiefdruck, Flexo) – alvéole *f*
engraver – Kupferstecher *m* –
graveur *m*
engraver – Belichtungsstudio *n* –
atelier *m* de flashage, atelier *m*
de photocomposition, F
flasheur *m*, F
photocompositeur *m*
engraving – Gravur *f* – gravure *f*
engraving cylinder –
Gravurzylinder *m* – cylindre *m*
à graver

engraving machine –
Gravurmaschine *f* – machine *f*
de gravure
enlarge *v.* – vergrößern –
agrandir
enlarged a hundred times –
hundertfache Vergrößerung *f* –
grossissement cent (fois),
grossissement au centuple
enlargement – Vergrößerung *f* –
agrandissement *m* (fotogr.),
grossissement *m* (opt.), mise *f* à
l'échelle (Objekte)
en-space –
Halbgeviert(leer)zeichen *n* –
espace *m* demi-cadratin
Enter key – Enter-Taste *f* –
touche *f* d'entrée
enterprise – Unternehmen *n* –
entreprise *f*
enter *v.* **the password** – Passwort
eingeben – entrer le mot de
passe
entire – vollständig – complet,
entier, exhaustif
**entrepreneur, businessman,
employer,** – Unternehmer, -in
– entrepreneur *m*,
entrepreneuse *f*
entry – Eintrag *m* – entrée *f*
entry field – Eingabefeld *n* –
champ *m* d'entrée
envelope – Umschlag *m* –
enveloppe *f*
envelope *v.* – kuvertieren –
mettre sous pli
envelope stuffing automatic –
Kuvertierautomat *m* – machine
f à mettre sous pli automatique
Envelope tool *(FreeHand)* –
Umhüllungswerkzeug – outil
Enveloppe
epilogue – Nachwort *n* –
épilogue *m*
EPS graphic – EPS-Grafik *f* –
graphique *m* EPS
Equalize *(Photoshop)* –
Tonwertangleichung – Égaliser
equal sign (equal mark) – Gleich-
Zeichen *n* – signe *m* égal à
equation – Gleichung *f* –
équation *f*

equiangular (with equal angles)
– gleichwinklig – équiangle,
isogone
equidistant from each other – in
gleichem Abstand voneinander
– à égale distance
equilateral *(math.)* – gleichseitig
– équilatéral
equipment – Ausrüstung *f*,
Equipment *n* – équipement *m*
erasable – löschbar – effaçable
erase *v.* – löschen, entfernen,
radieren, ausradieren –
supprimer, effacer, enlever,
gommer, effacer (à la gomme)
Eraser tool *(Photoshop)* –
Radiergummi-Werkzeug – outil
Gomme
eraser *(U.S.)* – Radiergummi *m* –
gomme *f*
erasing knife – Rasiermesser *n* –
grattoir *m*
erasure – Löschung *f*, Löschen *n*
– effacement *m*, suppression *f*
ergonomics – Ergonomie *f* –
ergonomie *f*
errata – Druckfehlerverzeichnis *n*
– errata *m*, erratum *m*
error correction –
Fehlerkorrektur *f* – correction *f*
de la faute (de l'erreur)
error message – Fehlermeldung *f*
– message *m* d'erreur
Escape key – Escape-Taste *f* –
touche *f* échappe
establish *v.* **a connection
between** – eine Verbindung
aufbauen zwischen – établir
une connexion entre
ester *(chem.)* – Ester *m* – ester *m*
esthetics *(U.S.)* – Ästhetik *f* –
esthétique *f*
eszet (ß) – Szet – s dur, szet
allemand, double s
etch *v.* – radieren *(Kunst)* –
graver à l'eau-forte
etching – Ätzung *f* – gravure *f*,
morsure *f*
etching – Radierung *f*,
Radierkunst *f* – eau-forte *f*,
gravure *f* à l'eau-forte
etching needle – Radiernadel *f* –
échoppe *f*, point *m* (de gravure)

Euroscale – Euroskala *f* –
Eurostandard *m*, Euroscala *f*

evaporate *v.* – verdunsten –
s'évaporer

evaporation – Verdunstung *f* –
évaporation *f*

even – gleichmäßig – uniforme,
régulier

evening edition – Abendausgabe
f (einer Zeitung) – édition *f* du
soir

evening paper – Abendzeitung *f*
– quotidien *m* du soir

even pages – gerade Seiten *f/pl* –
pages *f/pl* paires

exceed *v.* – überschreiten –
excéder

exception dictionary –
Ausnahmelexikon *n* –
dictionnaire *m* d'exception

excess production –
Produktionsüberschuss *m* –
excédent *m* de production,
surproduction *f*

exchange – Austausch *m* –
échange *m*

exchange *v.* – austauschen –
échanger

exchangeable – austauschbar –
échangeable

exchangeable disk –
austauschbarer Datenträger *m*
– disque *m* échangeable

excite *v.* – lichtempfindlich
machen – sensibiliser

exclamation mark –
Ausrufezeichen *n* – point *m*
d'exclamation

Exclusion *(Photoshop)* –
Ausschluß – Exclusion

executable – ausführbar –
exécutable

execute *v.* – durchführen,
ausführen – exécuter *(Inform.)*,
réaliser *(Arbeit)*

execution time –
Ausführungszeit *f* – temps *m*
d'exécution

exhaustive – vollständig –
complet, entier, exhaustif

exhibition catalogue –
Ausstellungskatalog *m* –
catalogue *m* d'exposition

ex libris – Exlibris *n* – ex-libris *m*

expand *v.* – erweitern – étendre,
élargir

expanded – erweitert – étendu

expanded edition – erweiterte
Ausgabe *f (Buch)* – édition *f*
augmentée

expansibility – Dehnbarkeit *f* –
dilatabilité *f*, expansibilité *f*,
extensibility *f*

expansible – dehnbar – dilatable,
expansible

expansion board –
Erweiterungskarte *f* – carte
d'extension, carte d'expansion

expansion card – Erweiterungs-
Karte *f* – carte *f* d'extension

expansion slot – Erweiterungs-
Slot *m* – emplacement *m* pour
carte d'extension

expert in computer science –
EDV-Fachmann, -frau –
professionnel *m* de
l'informatique

expert system – Expertensystem
m – sytème *m* expert

exponent – Exponent *m* –
exposant *m*

export – Export *m (a. Dateien)* –
exportation *f*

export *v.* – exportieren – exporter

export filter – Export-Filter *m* –
filtre *m* d'exportation

expose *v.* – belichten – flasher,
exposer, insoler

exposure – Belichtung *f* –
flashage *m (Druckvorstufe)*,
exposition *f*, pose *f (Fotografie)*

exposure compensation
(fotogr.) –
Belichtungskorrektur *f* –
compensation *f* de l'exposition

exposure counter – Bildzähler *m*
(Kamera) – numéro *m* de vue

exposure lamp –
Belichtungslampe *f* – lampe *f*
d'exposition

exposure latitude –
Belichtungsspielraum *m* –
latitude *f* (d'exposition)

exposure meter –
Belichtungsmesser *m* –
posemètre *m*

exposure time – Belichtungszeit *f*
– temps *m* de pose, durée *f*
d'exposition

expression – Ausdruck *m* –
expression *f*

extended character set –
erweiterter Zeichensatz *m* – jeu
m de caractères étendus

extensible – skalierbar,
erweiterbar – adaptable,
extensible

extension *(typogr.)* – Auszug *m* –
sortie *f* gracile, paraphe *f*

extension board –
Erweiterungskarte *f* – carte *f*
d'extension, carte *f*
d'expansion

Extensions *(Mac)* –
Systemerweiterungen –
Extensions

Extensions Manager *(Mac)* –
Erweiterungen Ein/Aus –
Gestionnaire *m* d'extensions

external data – Fremddaten *pl* –
données *f/pl* extérieures

external drum – Außentrommel *f*
– tambour *m* externe

external drum imagesetter –
Außentrommelbelichter *m* –
flasheuse *f* à tambour externe

extra bold (extrabold) – extra
fett – extra gras

extract – Ausschnitt *m* (aus
einem Buch) – extrait *m*

extract *v.* – extrahieren – extraire

extraction – Extraktion *f* –
extraction *f*

extra light (extralight) – extra
leicht – extra maigre

extreme value of the curve –
Kurvenextremum *n* – extrémité
f de courbe

Extrude filter *(Photoshop)* –
Extrudieren-Filter – filtre
Extrusion

eye – Auge *n* – œil *m*

eyedropper – Pipette *f (z.B.
Photoshop)* – pipette *f*

eyestrain –
Ermüdungserscheinungen *f/pl*
der Augen – asthénopies *f/pl*,
fatigue *f* visuelle

E

F

face – Front f – face f
face and back printing – Schön- und Widerdruck m – impression f recto-verso
face printing – Schöndruck m – impression f recto
Facing Pages *(QuarkXPress)* – Doppelseiten – Pages en regard
facsimile – Faksimile n – fac- similé m
Fade *(Photoshop)* – Verblassen – Estomper
fade *v.* – ausbleichen, verblassen – faner, décolorer
fade *v.* – überblenden – faire un fondu enchaîné
fade (out) – auslaufen *(Farbverläufe, Masken)* – estomper
fade out *v.* – ausblenden *(Film)* – fermer en fondu
fade-out – Verblassung f – estompage m
fade *v.* **over** – überblenden – faire un fondu enchaîné
fade-over – Überblendung f – fondu m enchaîné
fade-resistance – Lichtechtheit f *(bei Druckfarbe)* – résistance f à la décoloration
fade-resistant – lichtecht *(bei Druckfarbe)* – résistant à la décolloration
fade-resistant ink – lichtechte Druckfarbe f – encre f résistante à la décolloration
fading – auslaufend *(Farbverläufe, Masken)* – estompant
fading – Überblendung f – fondu m enchaîné
fail-safe – ausfallsicher – à sécurité intégrée
failure – Ausfall m, Defekt m – défaillance f
faithful – originalgetreu – fidèle, conforme à l'original
fall in production – Produkionsrückgang m – ralentissement m, recul m, baisse f de la production

fan – Ventilator m – ventilateur m
fan(-)fold paper – Endlospapier n – papier m en continu, papier m listing
fanfold paper – Leporellopapier n – papier m à pliage accordéon
fantasy screen – Fantasieraster m – trame f de fantaisie
fashion designer – Modezeichner m – modéliste m/f
fashion magazine – Modezeitschrift f – magazine m de mode
fast – lichtstark *(bei Objektiven)* – à grande luminosité
fast access – schneller Zugriff m – accès m rapide
fast drying ink – Quicksetfarbe f, schnelltrocknende Farbe f – encre f à séchage rapide, encre f quick-set
fault – Fehler m – erreur f, faute f, défaut m
fault tolerance – Fehlertoleranz f – tolérance f aux pannes
fault tolerant – fehlertolerant – tolérant aux pannes
fax – Fax n – fax m, télécopie f
fax *v.* – faxen – faxer, téléfaxer, télécopier, envoyer par télécopieur
fax machine – Faxgerät n – téléfax m, télécopieur m
fax modem – Faxmodem n – modem m de télécopie
feather – auslaufender Rand, weicher Rand m, weiche Kante f – contour m progressif, bord m flou
feature – Funktion f – fonction f
feeder – Anleger m *(bei Geräten)* – chargeur m, margeur m
felt side – Filzseite f *(Papier)* – côté m feutre
felt tip – Filzstift m – feutre m, crayon-feutre m *(pl crayons-feutres)*
felt(-tip) pen – Filzstift m – feutre m, crayon-feutre m *(pl crayons-feutres)*
fiber direction *(brit. fibre)* – Papier-Laufrichtung f – sens m de fabrication du papier

fiber optics *(brit. fibre)* – Fiberoptik f, Glasfaser(technik) f – fibre f optique
fiber-optic cable – Glasfaserkabel n – câble m optique
field of vision (view) – Blickfeld n, Gesichtsfeld n – champ m visuel, champ m de vision
field service – Kundendienst m – service m après vente (SAV)
figure – Ziffer f – chiffre m
figure – Abbildung f *(in Buch)* – illustration f, représentation f, reproduction f, figure f *(in wissenschaftlichen Texten)*
file – Datei f – fichier m
file – Akte f – dossier m
file *v.* – katalogisieren – cataloguer
file browser – File-Browser m – navigateur m de fichiers
file conversion – Dateikonvertierung f – conversion f de fichier
file format – Dateiformat n, Datenformat n – format m de fichier, format m de données
file header – Datenheader m – en-tête m de fichier
file integrity – Datenintegrität f – intégrité f du fichier
file management – Dateiverwaltung f – gestion f des fichiers
file name – Dateiname m – nom m de fichier
file name extension – Dateinamenerweiterung m – extension f de (du) nom de fichier
file number – Aktenzeichen n – référence f, numéro m du dossier
file server – File-Server m – serveur m de fichiers
file sharing – File-Sharing n – partage m de fichiers
file size – Dateigröße f – taille f du fichier
file transfer – Datenübertragung f – transfert m de fichiers

filigreed binding – bestickter Einband *m* – reliure *f* à filigranes

fill – Füllung *f* – remplissage *m*

fill *v.* – füllen – remplir

fill character – Füllzeichen *n* – caractère *m* de suite, caractère *m* de remplissage

fill-in flash – Aufhellblitz *m* – flash *m* forcé

fill-in light – Aufhelllicht *n* – fill-in au flash, éclairage *m* d'appoint

fill-light – Aufhelllicht *n* – fill-in au flash. éclairage *m* d'appoint

fill (up) *v.* – ausfüllen – remplir

film – Film *m* – film *m*

film density – Filmdichte *f* – densité *f* du film

film developing conditions – Filmentwicklungsbedingungen *f/pl* – conditions *f/pl* de développement

film exposure – Filmschwärzung *f* – noircissement *m* du film

film library – Filmarchiv *n* – cinémathèque *f*, filmothèque *f*

film masking (opaquing) – Ausflecken *n* – rebouchage *m*, bouchage *m*, gouachage *m*

film processing – Filmentwicklung *f* – développement *m* du film

film reel – Filmstreifen *m* – bande *f*

film sealing machines – Foliensiegelgerät *n* – appareil *m* de scellage de feuilles (en plastique)

filmsetting – Fotosatz *m* – photocomposition *f*

film welding machine – Folienschweißgerät *n* – appareil *m* de scellage de feuilles (en plastique)

film wrapping – Folienverpackung *f* – mise *f* sous film

filter – Filter *m* – filtre *m*

filter *v.* – filtern, herausfiltern – filtrer

filter acceleration – Filterbeschleunigung *f* – accélération *f* des applications de filtres

final art(work) – Reinzeichnung *f* – dessin *m* au net

final checking – Endkontrolle *f* – contrôle *m* final

final client – Endkunde *m* – client *m* final

final cut (trim) – Endbeschnitt *m* – coupe *f* finale, rognage *m* final

final result – Endergebnis *n* – résultat *m* final

fine arts – bildende Künste *f/pl*, schöne Künste *f/pl* – beaux-arts *m/pl*

fine binding – Kunsteinband *m* – reliure *f* d'art

fine data – Feindaten *f/pl* – données *f/pl* en haute résolution

fine screen – feiner Raster *m* (Feinraster *n*) – trame *f* fine

finger marks – Fingerabdrücke *m/pl* – traces *f/pl* de doigt

fingerprint – Fingerabdruck *m* – empreinte *f* digitale

finish – Oberfläche *f (Papier)* – apprêt *m*

finished art – reprofähige Vorlage *f* – original *m* reproductible

finished art(work) – Reinzeichnung *f* – dessin *m* au net

finished page – fertige Seite *f* – page *f* finie

finished size – Endformat *n*, beschnittenes Format *n* – format *m* massicoté, format *m* rogné

finishing – Finishing *n*, Druck(weiter)verarbeitung *f*, Weiterverarbeitung *f*, Endverarbeitung *f* – façonnage *m*, finissage *m*, finition *f*

firewall – Firewall *f* – firewall *m*, coupe-feu *m*, pare-feu *m*, garde-barrière *f*

firm – Unternehmen *n* – entreprise *f*

firmware – Firmware *f* – microprogramme *m*

first-class mail *(U.S.)* – Briefsendung *f* – envoi *m* de lettres

first impression – Vordruck *m* – pré-impression *f*

first indent – Einzug erste Zeile – alinéa *m*

first-line indent – Erstzeileneinzug *m* – indentation *f* de première ligne, retrait *m* de la première ligne

fisheye lens – Fischaugenobjektiv *n* – objectif *m* fish-eye

fit *v.* – hineinpassen – rentrer

fit in to each other – verschachteln – enchevêtrer

Fit in Window – Ganze Seite *(Ansicht von Dokumenten)* – taille écran

fitting – Buchstabenpassung *f* – rectification *f* des approches, réglage *m* des approches

five color machine – Fünffarbmaschine *f* – machine *f* cinq couleurs

fix *v.* – fixieren – fixer

fix *v.* **an error** – einen Fehler korrigieren – corriger une erreur

fixed accent – Festakzent *m*, Fixakzent *m* – accent *m* fixe

fixed angle – fixer Winkel *m* – angle *m* fixe, angle *m* de contrainte

fixed costs – fixe Kosten – frais *m/pl* fixes

fixed image – Standbild *n (Video)* – arrêt *m* sur l'image

fixed pitch character – Zeichensatz *m* mit fester Breite – caractère *m* à chasse fixe

fixed space – hartes Leerzeichen *n* – espace *m* fixe

Fixed Target Size *(Photoshop)* – Feste Zielgröße – Taille fixe

fixer – Fixiermittel *n* – fixateur *f*

fixing – Fixierung *f (Laserdrucker)* – fixation *f*

fixing bath – Fixierbad *n* – bain *m* fixateur, bain *m* de fixage

fixture – Halterung *f* – patte *f*

flake off *v.* – abblättern – s'écailler

flap – Lasche *f* – attache *f*, volet *m*, patte *f*, languette *f*

flap blurb – Klappentext *m (im Buch)* – texte *m* du rabat

flash *(fotogr.)* – Blitz *m*, Blitzlicht *n* – flash *m*

flash *v.* – blitzen – photographier au flash

flash memory – Flash-Speicher *m* – mémoire *f* flash

flash photography – Blitzlichtaufnahme *f* – photo *f* au flash

flash shoe *(fotogr.)* – Aufsteckschuh *m* – sabot *m*, griffe *f* porte-accessoire

flash socket – Blitzanschlussbuchse *f* – prise *f* de connexion du flash

flash sync(hronization) *(fotogr.)* – Blitzsynchronisation *f* – synchronisation *f* du flash

flash sync speed – Blitzsynchronisations-Geschwindigkeit *f* – vitesse *f* de synchronisation du flash

flat – flach, flau, kontrastarm *(z.B. Bild)* – plat

flat – Offsetfilm *m* – film *m* pour offset

flat – Druckbogen *m*, Montage *f*, ausgeschossene Form *f* – montage *m*, forme *f* imposée, feuille *f* imprimée, feuille *f* d'impression

flat-bed die-cutting – Flachbettstanzen *m* – découpage *m* à plat

flat-bed printing – Flachdruck *m* – impression *f* à plat

flat-bed scanner – Flachbettscanner *m* – scanner *m* à plat

flat image – kontrastarmes Bild *n* – image *f* peu contrastée

flatness – Flatness *f*, Kurvengenauigkeit *f*, Kurvennäherung *f* – platitude *f*

flat plan – Kuchenbrett *n*, Heftstrukturplanung *f* – chemin *m* de fer

flatplan – Kuchenbrett *n*, Heftstrukturplanung *f* – chemin *m* de fer

flat screen – Flachbildschirm *m* – écran *m* plat

flat stitching – Seitenheftung *f*, Randheftung *f* – piqûre *f* à plat

flatten *v.* – verflachen *(Transparenzen, Ebenen)* – aplatir

Flattener Resolution *(InDesign)* – Reduzierungsauflösung – Résolution *f* d'aplatissement

Flatten image *(Photoshop)* – Auf Hintergrundebene reduzieren – Aplatir l'image

flattening – Transparenzreduzierung *f* – aplatissement *m*

Flatten Transparency *(Illustrator, InDesign)* – Transparenzen reduzieren – Aperçu de l'aplatissement

flesh tones – Hauttöne *m/pl* – tons *m/pl* chairs

flexibility – Biegsamkeit *f* – flexibilité *f*, souplesse *f*

flexible – dehnbar – dilatable, expansible

flexible – biegsam – flexible, souple, pliable

flexible packaging – Weichverpackung *f*, flexible Verpackung *f* – emballage *m* souple

flexible space width – flexibles Leerzeichen *n* – espace *m* variable

flexographic ink – Flexodruckfarbe *f* – encre *f* flexographique

flexo(graphic) press – Flexodruckmaschine *f* – imprimeuse *f* flexographique

flexography – Flexodruck *m*, Flexografie *f* – flexo *f*, flexographie *f*, impression *f* flexo(graphique)

flexo label press – Flexo-Etikettendruckmaschine *f* – presse *f* flexo pour étiquettes

flexo packaging – Flexoverpackung *f* – emballage *m* flexo

flexo platesetter – Flexoplattenbelichter *m* – imageuse *f* de plaques flexographiques

flexo printer – Flexodrucker *m* – imprimeur *m* flexo

flexo print(ing) – Flexodruck *m* – flexo *f*, flexographie *f*, impression *f* flexo(graphique)

flexo printing form – Flexodruckform *f* – forme *f* imprimante flexographique

flexo printing plate – Flexodruckplatte *f* – cliché *m* flexographique

flexural stiffness – Biegefestigkeit *f* – résistance *f* à la flexion, rigidité *f* à la flexion

flicker *v.* – flackern, flimmern *(Bildschirm)* – scintiller

flicker-free – flimmerfrei – sans scintillement, exempt de scintillement (de papillotement)

flickering – Flackern *n*, Flimmern *n* – scintillement *m*, papillotement *m*

flick through *v.* – durchblättern, blättern – feuilleter, parcourir, faire défiler

flipchart – Flipchart *n* – tableau *m* à feuilles motiles, tableau-chevalet *m*

flip *v.* **horizontally** – horizontal spiegeln – retourner horizontalement

flip *v.* **vertically** – vertikal spiegeln – retourner verticalement

floating accent – fliegender Akzent *m* – accent *m* flottant

floating point – Gleitkomma *n*, Floating Point *m* – virgule *f* flottante

floating-point number – Gleitkomma-Zahl *f* – nombre *m* à virgule flottante

floor – Reliefsockel *m* – semelle *f*

flop *v.* – umdrehen *(Bild)* – retourner

floppy disk – Diskette *f*, Floppy-Disk *f* – disquette *f*

floppy (disk) drive – Diskettenlaufwerk *n* – lecteur *m* de disquette

flourished letter – verschnörkelter Buchstabe *m* – lettre *f* d'ornement

flowchart – Flussdiagramm *n*, Durchlaufplan *m* – organigramme *m*

flow of data – Datenfluss *m* – flux *m* de données

flow rate – Fließrate *f* (*Druckfarbe*) – indice *m* d'écoulement

flow *v.* **the text** – Text einfließen lassen – répartir le texte

fluff – Fussel *f* – peluche *f*

fluid ink – flüssige Farbe *f* – encre *f* liquide

fluorescent – fluoreszierend – fluorescent

fluorescent color – fluoreszierende Farbe *f* – couleur *f* fluorescente, F couleur *f* fluo

fluorescent lamp – Leuchtröhre *f* – tube *m* fluorescent, tube *m* luminescent

fluorescent paper – fluoreszierendes Papier *n* – papier *m* fluorescent

flush – bündig – justifié, au fer

flush left – linksbündig – alignement à gauche, justifié à gauche, au fer à gauche

flush paragraph – Absatz *m* ohne Einzug – paragraphe *m* carré

flush right – rechtsbündig – justifié à droite, au fer à droite, alignement à droite

flush space – Ausgleichsabstand *m* – espace *m* sans alinéa

flush with – auf gleicher Höhe mit – à fleur de

flush zone – Bündigkeitszone *f* – zone *f* justifiée

fluttering – Flattern *n* (*Papierbahn*) – flottement *m*

flyer – Flyer *m* – feuillet *m*, flyer *m*

flying reelchange (splice) – fliegender Rollenwechsler *m* – dérouleur *m* à collage en vol

flying web-splice – fliegender Rollenwechsel *m* – collage *m* de bandes en vol

fly-leaf – fliegender Vorsatz *m* – feuille *f* de garde

flyout menu – seitliches Menü *n* – menu *m* latéral

FM (frequency-modulated) screening – FM-Rasterung *m* (frequenz-modulierte Rasterung) – tramage *m* à (en) modulation de fréquence

f-number – Blendenzahl *f* – degré *m* d'ouverture du diaphragme

foam density – Schaumdichte *f* – compressibilité *f*

foam formation – Schaumbildung *f* – formation *f* de mousse

focal length (*opt.*) – Brennweite *f* – distance *f* focale, focale *f*

focal plane – Brennebene *f* – plan *m* focal

focal point – Brennpunkt *m*, Fokus *m* – point *m* focal, foyer *m*

focus – Brennpunkt *m*, Fokus *m* – point *m* focal, foyer *m*

focus *v.* – fokussieren, scharfstellen – mettre au point

focusing – Fokussierung *f*, Scharfstellung *f* – mise *f* au point

focusing lens – Einstelllupe *f* – loupe *f* de mise au point

focusing lens system – Fokussierlinsensystem *n* – système *m* de lentilles de mise au point

focus range (*fotogr.*) – Entfernungsbereich *m* – plage *f* de mise au point

focus rectangle – Fokusrechteck *n* – rectangle *m* de mise au point

foil – Folie *f* – film *m* plastique, plastique *m*

foil stamping – Folienprägung *f* – estampage *m*, dorure *f* à chaud

fold – Falz *m*, Falzbruch *m* – pli *m*

fold *v.* – falzen – plier

folded – gefaltet – plié

folded brochure – Faltbroschüre *f*, Faltprospekt *m* – dépliant *m*

folded sheet – Falzbogen *m* – cahier *m* plié, feuille *f* pliée

folder – Aktenordner *m* – classeur *m*

folder – Ordner *m* – dossier *m*, répertoire *m*

folder-gluer – Falz-Klebemaschine *f* – plieuse-colleuse *f*

folder tree – Ordnerbaum *m* – arborescence *f* des dossiers

folding – Falzung *f* – pliage *m*, pliure *f*

folding board – Falzkarton *m* – carton *m* plat

folding box – Faltschachtel *f* – boîte *f* pliante

folding carton – Faltschachtel *f* – boîte *f* pliante

folding layout – Falzschema *n* – schéma *m* de pliage

folding machine – Falzmaschine *f* – plieuse *f*

folding methods – Falzarten *f/pl* – méthodes *f/pl* de pliage

fold mark – Falzmarke *f* – marque *f* de pliage, repère *m* de pliage

folio – Folio *n*, Folioblatt *n* – folio, in-folio

folio – Seitenzahl *f*, Seitennummer *f* – numéro *m* de page, folio *m*

follow *v.* **the instructions** – den Instruktionen folgen – suivre les consignes

font – Font *m*, Zeichensatz *m*, Schrift *f* – police *f* (de caractères), fonte *f*, caractères *m/pl*

font (character) cache – Schrift-Cache *m* – mémoire *f* cache des caractères

font designer – Fontdesigner, -in, Schriftdesigner, -in – créateur, -rice typographique, dessinateur, -rice de caractères

font family – Schriftfamilie *f* – famille *f* de polices, famille *f* des caractères

font format – Schriftformat *n* – format *m* de police

font group – Schriftgattung *f* – groupe *m* de caractères

F

font library – Schriftenbibliothek f – librairie f de fontes, typothèque f

font management – Fontverwaltung f, Schriftverwaltung f – gestion f de polices

font management program – Fontverwaltungsprogramm n, Schriftverwaltungsprogramm n – gestionnaire m de polices, logiciel m de gestion de polices

font menu – Schriftmenü n – menu m polices

font metrics – Schriftmetrik f – mesures f/pl des polices

font name – Schriftname m – nom m de la police

font (profile) embedding – Einbetten n von Schriften (Profilen) – imbrication f des polices (profils)

font properties – Fonteigenschaften f/pl – propriétés f/pl des polices

font size – Schriftgrad m, Schriftgröße f – corps m (du caractère)

font style – Schriftschnitt m – style m du caractère

font subset – Fontuntergruppe f, Schriftuntergruppe f – jeu m partiel de police

font substitution – Fontersetzung f, Schriftersetzung f – substitution f de polices

font suitcase – Schriftkoffer m – valise f (de police)

font type – Schriftbild n – typographie f, typo f, œil m (du caractère)

font width – Dickte f (Buchstabenbreite) – chasse f (du caractère), largeur f du caractère

food labeling – Lebensmitteletikettierung f – étiquetage m alimentaire

food packaging – Lebensmittelverpackung f – emballage m alimentaire

food packaging ink – Lebensmittelfarbe f – encre f (pour emballage) alimentaire

food to food – Fuß-an-Fuß – pied-à-pied

food to head – Fuß-an-Kopf – pied-à-tête

foot margin – unterer Seitenrand m – blanc m de pied, marge f du bas

footnote – Fußnote f – note f de pied, note f, note f courante, renvoi m

Force Continuous Tone Behavior (InDesign) – Halbtöne erzwingen – Imposer les tons en continu

forced flash – Aufhellblitz m – flash m forcé

fore-edge (margin) – äußerer Papierrand m – blanc m extérieur, blanc m de grand fond, marge f de grand fond

foreground – Vordergrund m – premier plan m

foreword – Vorwort n – avant-propos m, préface f

form – Formular n – formulaire m, imprimé m

form v. – gestalten, formen – créer, réaliser, former, façonner, modeler

format – Format n – format m

format v. – formatieren (Festplatte, Text) – formater

formatted – formatiert – formaté

formatting – Formatierung f, Formatieren n – formatage m

forme – Druckform f – forme f d'impression

form feed – Seitenvorschub m – avance f de page

form field – Formularfeld n – champ m de formulaire

forms close – Annahmeschluss m für Druckunterlagen (Anzeige) – clôture f d'annonces

form setting – Formsatz m – composition f serrée (formée)

formula – Formel f – formule f

formula setting – Formelsatz m – composition f de formules

for testing purposes – zu Testzwecken – à titre d'essai

forthcoming – im Erscheinen begriffen (Buch) – être sur le point de paraître

fortnightly – vierzehntägig – bimensuel, deux fois par mois, à toutes les deux semaines

forum – Forum n – forum m

forward v. – weiterleiten (E-Mail) – rediriger

forwarding (E-Mail) – Weiterleitung f – redirection f

fountain roller – Duktorwalze f – rouleau m barboteur, rouleau m preneur

four-color print(ing) – Vierfarbdruck m – quadrichromie f, impression f quadri, F quadri f

four-color printout – Vierfarbdruck m – quadrichromie f, impression f quadri(colore), F quadri f

four color set – Vierfarbsatz m – jeu m de films quadrichromie

four-column – vierspaltig – en (à) quatre colonnes

four-sided trimming – Rundumbeschnitt m – équerrage m des quatre côtés, rognage m des quatre côtés

four-up – Vierfachnutzen m, im Vierfachnutzen – quatre poses, en quatre poses

Four-Up (4-Up) platesetter/imagesetter – Vierseiten-Belichter/Plattenbelichter m – flasheuse f quatre poses

FPO (image) – Platzhalter m (niedrig aufgelöstes Bild) – image f de placement, F basse def, F imagette f

fractal – fraktal – fractale

fractal compression – fraktale Komprimierung f – compression f fractale

fraction (math.) – Bruch m, Bruchzahl f, Bruchziffer f – fraction f, nombre m fractionnel

fractionation – Fraktionieren *n* – fractionnement *m*

fraction line – Bruchstrich *m* – barre *f* oblique, barre *f* de fraction

fragmentation – Fragmentierung *f* – fragmentation *f*

frame – Rahmen *m*, Einrahmung *f* – cadre *m*, encadrement *m*

frame *(QuarkXPress)* – Randstil *m* – Cadre *m*

frame *v.* – rahmen, einrahmen, umrahmen – encadrer

frame-grabbing – Bilderfassung *f* – acquisition *f* d'images

frame number – Bildzähler *m* *(Kamera)* – numéro *m* de vue

frame rate – Bildfrequenz *f* – taux *m* de rafraîchissement d'image, vitesse *f* de défilement, images *f/pl* par seconde

frameworks – Umrahmung *f* – encadrement *m*

framing – Einrahmung, Umrahmung *f* – encadrement *m*

frank *v.* – frankieren – affranchir

fray *v.* – ausfransen – s'effranger, s'effilocher

frayed – ausgefranzt – en dents de scie

free *v.* – frei machen *(Speicher)* – libérer

freeform path – Freiformpfad *m* – tracé *m* de forme libre

freehand – freihändig – à main levée

freehand drawing – Freihandzeichnung *f* – dessin *m* à main levée

freehand tool – Freihandwerkzeug *n* *(in DTP-Programmen)* – outil *m* à main levée

freelance – freie(r) Mitarbeiter, -in – free-lance *m*, indépendant, -e

free up *v.* **disk space** – Platz schaffen auf der Festplatte – faire de la place sur le disque

freeware – Freeware *f*, Public Domain *f* – gratuiciel *m*, logiciel *m* gratuit, logiciel *m* public

french curve – Kurvenlineal *n* – pistolet *m* (à dessin)

frequency – Frequenz *f* – fréquence *f*

frequency of issue – Erscheinungsfrequenz *f* – cadence *f* de parution

fresco – Fresko *n* – fresque *f*

fresco painting – Freskenmalerei *f* – peinture *f* à fresque

front and back – Schön- und Widerdruckseite *f* – recto-verso *m*

front cover – Frontabdeckung *f* – capot *m* avant

front cover – Titelblatt *n* – page *f* de titre, titre *m*, frontispice *m*

front edge – Vorderkante *f* – bord *m* avant

front end – Front End *n* – frontal *m*

frontispiece – Frontispiz *n* – frontispice *m*

frontlighting – Gegenlicht *n* – contre-jour *m*

front matter – Titelei *f*, Innentitel *m* – feuilles *f/pl* de titre, préliminaires *f/pl*

front of the machine – Vorderseite *f* der Maschine – avant *m* de la machine

front side (page) – Vorderseite *f* – devant *m*

front-side printing – Schöndruck *m* – impression *f* (au) recto

front view – Vorderansicht *f* – vue *f* de face

***f*-stop** – Blendeneinstellung *f* – réglage *m* du diaphragme

full-duplex mode – Full-Duplex Modus *m* – mode *m* bidirectionnel simultané

full of mistakes – voll Fehlern – plein de fautes

full page – volle Seite *f* – pleine page

Full Resolution TIFF Output *(Printing option QuarkXPress)* – Vollauflösende TIFF-Ausgabe – Sortie TIFF pleine résolution

full text – Volltext *m* – texte *m* intégral

full-text search *(Acrobat)* – Volltextsuche *f* – recherche *f* de texte intégral

full-time employee – Vollzeitangestellte, -r – employé, -e à plein temps

full tone – Vollton *m* – aplat *m*

function – Funktion *f* – fonction *f*

functional specification – Pflichtenheft *n* – cahier *m* des charges

functioning – Funktionsweise *f* – fonctionnement *m*, mode *m* de fonctionnement

function key – Funktionstaste *f* – touche *f* de fonction

further vocational training – berufliche Fortbildung *f* – formation *f* professionnelle continue

fuzzy – unscharf, verschwommen – flou, brouillé, estompé

F
G

G

gain in efficiency – Produktivitätssteigerung *f* – accroissement *m* de la productivité

galley – Satzfahne *f*, Satzabzug *m* – galée *f*

galley press – Abziehpresse *f* – presse *f* à épreuves

galley proof – Druckfahne *f*, Fahnenabzug *m*, Korrekturabzug *m*, Korrekturfahne *f* – épreuve *f*, épreuve *f* en placard (galée), placard *m*

galvanic(ally) – galvanisch – galvanique

galvanization – Galvanisierung *f* – plaquage *m* par électrolyse

galvanize *v.* – galvanisieren – galvaniser

gamma curve – Gammakurve *f* – courbe *f* gamma

gamut – Farbumfang *m* – gamme *f* de couleurs

gamut mapping – Farbraumtransformation *f*, Gamut Mapping *n*, Farbraumanpassung *f* – conversion *f* de l'espace colorimétrique, transformation *f* de l'espace colorimétrique, adaptation *f* de l'espace colorimétrique

gang (form) – Sammelform *f* – amalgame *m*, forme *f* (en) multiposes, groupage *m*, mariage *m*, imbrication *f*

ganging – Zusammendruck *m* – impression *f* combinée

gang printing – Zusammendruck *m* – impression *f* combinée

gap – Blitzer *m* (*Passerfehler*) – liséré *m*, blanc *m*

gap – Lücke *f*, Zwischenraum *m* – lacune *f*, vide *m*, écart *m*

Garaldic – Garald, Renaissance Antiqua *(Schriften-klassifizierung)* – Garaldes

gatefold – Fensterfalz *m* – pli *m* portefeuille

gateway server – Gateway-Server *m* – serveur *m* de passerelle

gatherer – Zusammentragmaschine *f* – assembleuse *f*

gatherer-stitcher – Sammelhefter *m* – encarteuse-piqueuse *f*

gathering – Zusammentragen *n* – collationnement *m*, assemblage *m*

gathering-stitching – Sammelheftung *f* – encartage-piquage *m*

gaudy – grellbunt – aux couleurs voyantes (criardes)

gauge – Lehre *f*, Kaliber *n* (*Messgerät*) – calibre *m*, jauge *f*

Gaussian blur – Gauss'scher Weichzeichner *m* – flou *m* gaussien

gazetteer – Ortslexikon *n* – index *m* geographique

GCR (Gray Component Replacement) – GCR, Unbuntaufbau *m* – remplacement *m* du composant gris, GCR, composition (reproduction) *f* achromatique

gear streak – Zahnstreifen *m* – strie *f* d'engrenage

generate *v.* – erzeugen, generieren – générer, créer

generic profile – generisches Profil *n* – profil *m* générique

generic profile (*ICC-color management*) – generisches Profil *n* – profil *m* générique

geometric(al) – geometrisch – géométrique

geometry – Geometrie *f* – géométrie *f*

Get Text/Picture (*QuarkXPress*) – Text/Bild laden – Importer texte/image

ghosting – Geisterbild *n* – impression *f* fantôme, image *f* fantôme

ghost key – Skelettschwarz *n* – noir *m* squelette, noir *m* de structure

giftwrap paper – Geschenkpapier *n* – papier *m* cadeau

gilt-edge – Goldschnitt *m* – dorure *f* sur tranche

gilt stamped – vergoldet – doré

glariness – Grellheit *f*, Grelle *f* – crudité *f*

glaring – knallig, grell – éclatant, vif, -ve, voyard, criard (negativ)

glassine (paper) – Pergamin(papier) *n*, Dünnpergamin *n* – papier *m* cristal

glaze – Lasur *f* – vernis *m*, glacis *m*

glaze *v.* – lasieren – vernir

glaze *v.* – satinieren – satiner

glazed paper – Glanzpapier *n* – papier *m* satiné, papier *m* à l'anglaise

glazed surface – satinierte Oberfläche *f* – apprêt *m* à l'anglaise, apprêt *m* satiné

global change – globale Änderung *f* – modification *f* globale

gloss – Glosse *f* – glose *f*

glossary – Glossar *n* – glossaire *m*

gloss finish – Hochglanzpapier *n* – papier *m* glacé, papier *m* couché à haut brillant

gloss paper – Glanzpapier *n* – papier *m* satiné, papier *m* à l'anglaise

glossy – glänzend – brillant, éclatant

glossy paper – Hochglanzpapier *n* – papier *m* glacé, papier *m* couché à haut brillant

glow *v.* – leuchten – luir, rayonner, briller, reluire, donner de la lumière

glowing – leuchtend – lumineux, -euse

glue – Klebstoff *m*, Leim *m*, Kleber *m* – colle *f*, adhésif *m*, adhésive *f*

glue *v.* – kleben, leimen, verleimen – coller, encoller, F scotcher

glued – geklebt – collé

glue joint – Klebestelle *f* – joint *m* de collage

glue stick – Klebestift *m* – bâton *m* de colle

gluing – Verleimung *f* – collage *m*

glyph – Glyphe *f* – glyphe *f*

Go (*Mac OS X*) – Gehe zu – Aller à

gold – Gold *n* – or *m*

gold embossing – Goldprägung *f* – gaufrage *m* doré

golden – golden – en or, d'or

golden-brown – goldbraun – mordoré

golden-colored – goldfarben – doré

golden tone – Goldton *m* (*brun*) mordoré *m*

gold foil – Goldpapier *n* – papier *m* doré

good read – Schmöker *m* – bouquin *m*

go out *v.* **of shape** – sich verziehen – se voiler, se fausser

gossip sheet – Klatschblatt *n* – baveux *m*

Gothic (character) – gotische Schrift *f*, Gotisch Fraktur – Gothiques *m*, caractères *m/pl* gothiques

gouache – Gouache *f* – gouache *f*

gradate *v.* – abstufen *(Farbtöne)* – dégrader, nuancer

gradation – Gradation *f* – gradation *f*

gradation correction – Gradationskorrektur *f* – correction *f* de gradation

gradation curve – Gradationskurve *f* – courbe *f* de gradation

gradation of color shapes – Farbabstufungen *f* – nuances *f/pl* de couleurs

grade *v.* – abstufen *(Farbtöne)* – dégrader, nuancer

grade (of paper) – Papiersorte *f* – sorte *f* de papier, catégorie *f* de papier

gradient – Farbverlauf *m*, Verlauf *m* – dégradé *m* (couleur, de couleurs)

Gradient tool *(Photoshop)* – Verlaufswerkzeug – outil Dégradé

gradual – schrittweise – progressivement, pas à pas

graduated tones – abgestufte Tonwerte *m/pl* – teintes *f/pl* dégradées

grain *(fotogr.)* – Korn *n* – grain *m*

grain direction – Laufrichtung *f* *(Papier, Bahn)* – sens *m* (de) marche, sens du papier, sens *m* de défilement de la bande

graininess – Körnigkeit *f (Film)* – granulation *f*

grain of dust – Staubkorn *n* – grain *m* de poussière

grainy – grobkörnig – à gros grain

grammar – Grammatik *f* – grammaire *m*

granulated screen – Kornraster *n* – trame *f* à grain

graphic – Grafik *f* – graphique *m*

graphic(al) – grafisch – graphique(ment)

graphical user interface (GUI) – grafische Benutzeroberfläche *f* – interface *f* graphique pour l'utilisateur

graphic art – Grafik *f* – graphique *m*

graphic arts – grafische Künste *f/pl*, grafisches Gewerbe *n* – arts *m/pl* graphiques

graphic arts chain – grafische Produktion(skette) *f* – chaîne *f* graphique

graphic (arts) industry – grafische Industrie *f* – industrie *f* graphique, industrie *f* des arts graphiques

graphic arts industry – Druckindustrie *f* – industrie *f* graphique, industrie *f* de l'impression

graphic department – Grafikstudio *n* – atelier *m* graphique

graphic designer – Grafiker, -in, Grafikdesigner, -in – infographiste *m/f*, graphiste *m/f*

graphic format – Grafikformat *n* – format *m* graphique

Graphic Hose *(FreeHand)* – Grafiksprühdose – Canal graphique

graphic object – grafisches Objekt *n* – objet *m* graphique

graphic production line – grafische Produktion(skette) *f* – chaîne *f* graphique

graphic representation – grafische Darstellung *f* – représentation *f* graphique

graphics – Grafikdesign *n* – graphisme *m*

graphics accelerator (board) – Grafikbeschleuniger *m* – accélérateur *m* de couleur

graphics card – Grafikkarte *f* – carte *f* graphique

graphics character – Grafikzeichen *n* – caractère *m* graphique

graphics program – Zeichenprogramm *n* – programme *m* de dessin

graphics software – Grafikprogramm *n* – logiciel *m* graphique

graphics tablet – Grafiktablett *n* – tablette *f* graphique

grave accent – Accent grave *m*, Gravis *m* – accent *m* grave

gravure ink – Tiefdruckfarbe *f* – encre *f* hélio

gravure (printing) – Tiefdruck *m* – hélio *m*, héliogravure *f*, impression *f* hélio, impression *f* en creux

gray balance – Graubalance *f* – balance *f* des gris

gray box – grauer Kasten *m*, graues Kästchen *n* *(in Programmen)* – case *f* grise

grayish – gräulich – grisâtre

grayish-black – grauschwarz – gris-noir

gray level – Graustufe *f*, Grauwert *m* – niveau *m* de gris

grayscale – Graukeil *m* – échelle *f* de gris, coin *m* neutre, gamme *f* de gris

grayscale – Graustufen *f/pl*, Graustufenskala *f* – niveaux *m/pl* de gris, gamme *f* de gris

grayscale image – Graustufenbild *n* – image *f* en niveaux de gris, simili *m*

gray tones (tints) – Grautöne *m/pl* – nuances *f/pl* grises

gray *(U.S.)* – grau – gris

gray veil (haze, fog) – Grauschleier *m* – voile *f* (grisâtre)

gray-wedge – Graukeil *m* – échelle *f* de gris, coin *m* neutre, gamme *f* de gris

great – groß – grand

greater-than sign – Größer-als-Zeichen *n* – signe *m* supérieur à

greek text (greeking) – Blindtext *m*, Dummytext *m* – faux texte *m*, texte *m* fictif

green – grün – vert

green-blind – grünblind – deuteranomal

green cast – Grünstich *m* – dominante *f* du vert

green filter – Grünfilter *m* – filtre *m* vert

greenish – grünlich – verdâtre

greenish-blue – grünblau – bleu-vert

G

greenish-yellow – grüngelb – vert-jaune

green laser – Grünlaser *m* – laser *m* vert

green light – Grünlicht *n* – lumière *f* verte

grey *(brit.)* – grau – gris

grid – Gitter *n*, Liniengitter *n* – grille *f*, quadrillage *m*

grid fitting – Gitter-Anpassung *f* – ajustement *m* à la grille

gridline – Rasterlinie *f* – quadrillage *m*

grid offset – Gitterabstand *m* – espacement *m* de la grille

grid origin – Gitterursprung *m* – origine *f* de la grille

gripper – Greifer *m* *(in Druckmaschine)* – pince *f*

gripper edge – Greiferrand *m* – bord *m* des pinces, marge *f* des pinces

gripper trim – Schneidgreifer *m* – pince *f* de rognure

groove *v.* – nuten – rainer

grotesque – grotesk *(serifenlos)* – grotesque

groundwood-free – holzfrei – sans fibres de bois, sans cellulose

group – Gruppe *f* – groupe *m*

group *v.* – gruppieren – grouper

grouped – gruppiert – groupé

grouped style – Blocksatz *m* – justifié, composition *f* en alinéa, composition *f* en bloc

grouping – Gruppierung *f* – groupe *m*

groupware – Groupware *f*, Gruppen-Software *f*, Gruppenprogramme *n/pl* – logiciel *m* de groupe, collecticiel *m*

guest access – Gastzugriff *m* – accès *m* aux utilisateurs invités

guidance – Leitfaden *m* – guide *m*

guide(-book) – Reiseführer *m* *(Buch)* – guide *m*

guide copy – Anhaltekopie *f* – film *m* de repérage

guide line – Hilfslinie *f* – repère *m*, ligne *f* auxiliaire

guideline – Richtlinie *f* – ligne *f* de conduite

guide mark – Ausrichtemarke *f* – repère *m* de calage, taquet *m* de guidage

guide number *(fotogr.)* – Leitzahl *f* – nombre *m* guide

Guides layer – Hilfslinienebene *f* *(FreeHand)* – calque *m* repères

guillotine – Papierschneider *m*, Schneidemaschine *f*, Cutter *m* – massicot *m*, cutter *m*

guillotine – Planschneider *m* – guillotine *f*

guillotine operator – Schneidemaschinenbediener *m* – rogneur *m*, massicotier *m*

gum *v.* – gummieren – engommer

gummed – gummiert – gommé

gummed flap – gummierte Klappe *f* – patte *f* gommée

gumming – Gummierung *f* – gommage *m*

gutter *(typogr.)* – Steg *m* *(Spaltenfreiraum)* – gouttière *f*, marge *f* intérieure

gutter paper – Käseblatt *n* – feuille *f* de chou

gutter press – Boulevardpresse *f* – presse *f* à sensation

gutter width – Spaltenabstand *m* – largeur *f* de la gouttière

H

H & J (Hyphenation & Justification) – S & B (Silbentrennung & Blocksatz) – C & J (Césure & Justification)

hacker – Hacker *m* – pirate *m*, hacke(u)r *m*, cyberdélinquant *m*

hairline – Haarlinie *f* – délié *m*, filet *m* fin

hair space – Achtelgeviert *n*, Haargeviert *n* – espace *m* fin (mince)

halation – Lichthofbildung *f* – formation *f* halo

half binding – Halb(ein)band *m* – demi-reliure *f*

half-cloth – Halbleinen *n* – demi-toile *f*

half em quad (space) – Halbgeviert *n* – demi-cadratin *m*

half-leading – halber Zeilenvorschub *m* – demi-interlignage *m*

half leather binding – Halbledereinband *m* – reliure *f* demi-peau

half-linen – Halbleinen *n* – demi-toile *f*

half-page ad – halbseitige Anzeige *f* – annonce *f* demi-page

half sheet – Halbbogen *m* – demi-feuille *f*

half-title – Schmutztitel *m*, Vortitel *m* – faux-titre *m*

halftone – Halbton *m* – simili *m*, demi-ton *m*, ton *m* continu, demi-teinte *f*

halftone cell – Rasterzelle *f* – cellule *f* de trame (de demi-tons)

halftone dot – Rasterpunkt *m* – point *m* de trame, point *m* de simili

halftone dot proofing – Rasterproof *m* – épreuve *f* tramée

halftone engraving – Autotypie *f*, Rasterätzung *f* – similigravure *f*, simili *m*, cliché *m* simili

halftone film – Rasterfilm *m* – film *m* simili

halftone filter – Farbraster-Filter *m* – filtre *m* demi-teintes couleur

halftone image – Rasterbild *n* – image *f* simili

halftone patch – Rasterfeld *n* – champ *m* tramé, plage *f* tramée

halftone process – Rasterverfahren *n* – procédé *m* à trame

halftone range – Rasterumfang *m* – écart *m* de trame

halftone screen – Halbtonraster *m* – trame *f* de demi-teintes

halftone value – Rastertonwert *m* – pourcentage *m* des points

halftone wedge – Rasterkeil *m* – coin *m* tramé

half-uncial *(typogr.)* –
Halbunziale *f* – semi-onciale *f*

half vellum – Halbpergament *n* –
demi-vélin *m*

halo – Lichthof *m*, Halo *m* – halo
m

halogen lamp – Halogenlampe *f*
– lampe *f* halogène

halogen light – Halogenlicht *n* –
lumière *f* halogène

haloing – Halo-Effekt *m* – effet *m*
de halo

handbill – Handzettel *m* – feuille
f volante

handbook – Handbuch *n* –
manuel *m*, F doc *f*

hand-colored – handkoloriert –
colorié à la main

hand-digitization –
Handdigitalisierung *f* –
numérisation *f* manuelle

hand feeding – Handanlage *f* –
alimentation *f* à la main

hand(held) scanner –
Handscanner *m* – scanner *m* à
main, scanner *m* manuel

handle – Anfasser *m* *(bei grafischen Objekten)* – poignée *f*

hand-made paper – Büttenpapier
n *(handgeschöpftes Papier)* –
papier *m* à la cuve

hand press – Handpresse *f* –
presse *f* à bras

hand roller – Handwalze *f* –
rouleau *m* à main

hand set (composition) –
Handsatz *m* – composition *f* à
la main, composition *f*
manuelle

Hand tool – Hand-Werkzeug *n* –
outil *m* Main

handwriting – Handschrift *f* –
écriture *f* à la main, écriture *f*
manuelle, F griffe *f*

handwritten – handschriftlich –
écrit à la main

hanging indent – hängender
Einzug *m*, negativer Einzug –
retrait *m* négatif, ligne *f* en
sommaire

Hanging punctuation
(Illustrator) – Übersetzende
Satzzeichen – Ponctuation hors
justification

hardback – gebundenes Buch *n*,
Hardback – livre *m* cartonné
(relié)

hardboard – Hartpappe *f* –
carton *m* dur

hardbound book –
Hartdeckelbuch *n* – livre *m*
cartoné

hard-coded – hartkodiert – codé
en dur

hard copy – Ausdruck *m*,
Hardcopy *f* *(Druck)* –
impression *f*, copie *f* sur papier

hardcopy – Belegausdruck *m* –
épreuve *f* dure

hardcopy manual – gedrucktes
Handbuch *n* – manuel *m*
imprimé

hardcover – kartoniert –
cartonné

hardcover binding –
Hartdeckelbindung *f* – reliure à
couverture dure

hard disk – Festplatte *f* – disque
m dur

hard disk space –
Festplattenspeicher *m* – espace
disque

hard dot – harter Punkt *m* – point
m dur

hard edge – harte Kante *f* *(bei
Farben, Masken)* – bord *m* net,
arête *f* dure

hard hyphen – harter Bindestrich
m – trait *m* d'union impératif

Hard light *(Photoshop)* – hartes
Licht – Lumière crue

Hard mix *(Illustrator)* – Hart
mischen – Mélange maximal

hardness (of water) – Härtegrad
m *(des Wassers)* – dureté *f* (de
l'eau)

hard paperback – Pappeinband
m – reliure *f* cartonnée

hard proof – Hardproof *m* –
épreuve *f* papier

hard space – geschütztes
Leerzeichen *n*, untrennbarer
Zwischenraum *m*, hartes
Leerzeichen *n* – blanc *m* dur,
blanc *m* insécable, espace *m*
insécable, espace *m* fixe

hardware – Hardware *f* –
matériel *m*, hardware *m*, F hard
m, F matos *m*

hardware requirements –
Hardware-Voraussetzungen
f/pl – besoins *m/pl* en matériel

harmonica fold – Leporellofalz *m*
– pli *m* (en) accordéon, pli *m*
(en) paravent

hatch *v.* – schraffieren – hacher,
hachurer

hatched type – schraffierte
Schrift *f* – caractères *m/pl*
hachurés

hatching – Schraffierung *f* –
hachure *f*

hazy – verschwommen – flou,
brouillé, estompé

head – Seitenkopf *m* – têtière *f*

head crash – Headcrash *m* –
écrasement *m* de tête, head
crash *m*

header – Header *m*, Kopfzeile *f* –
en-tête *m*, haut *m* de page

header – Vorspann *m* – chapeau
m

heading – Titelkopf *m* – en-tête
m

head letter *(typogr.)* – Initiale *f* –
lettrine *f*, initiale *f*, lettre *f*
initiale

headline – Schlagzeile *f*, Headline *f* – titre *m*, manchette *f*

head margin – oberer Seitenrand
m – blanc *m* de tête, marge *f* de
tête, marge *f* supérieure

head of table – Tabellenkopf *m* –
têtière *f* (du tableau)

head rule – Kopflinie *f* *(beim
Tabellensatz)* – filet *m* de tête

head stick – Kopfsteg *m* – blanc
m de tête

head to foot imposition – Kopf-
an-Fuß-Form *f* – imposition *f*
tête-bêche

H

head to head imposition – Kopf-an-Kopf-Form *f* – imposition *f* tête-à-tête

head trim – Kopfbeschnitt *m* – rognage *m* en tête, coupe *f* en tête

heat-fusing – Einbrennen *n (bei Offsetdruckplatte)* – cuisson *f*

heating – Erhitzung *f* – échauffement *m*

heat resistance – Hitzebeständigkeit *f* – solidité *f* à la chaleur

heat-sealing – Heißkaschierung *f* – scellage *m* à chaud

heat-sensitive – wärmeempfindlich – thermosensible

heat-set ink – Heatset-Farbe *f* – encre *f* heat-set

heavy rule (line) – fette Linie *f* – filet *m* plein

Hebrew type – hebräisches Zeichen *n* – caractère *m* hébraïque

height – Höhe *f* – hauteur *f*

height of column – Spaltenhöhe *f* – hauteur *f* de (la) colonne

heliography – Heliografie *f* – héliographie *f*

Help key – Hilfetaste *f* – touche Aide

help menu – Hilfsmenü *n* – menu *m* d'aide

hertz time – Taktgeschwindigkeit *f* – vitesse *f* d'horloge

heterogeneous environment – heterogene Umgebung *f* – environnement *m* hétérogène

hexachrome process – Hexachromie *f* – hexachromie *f*

hexachrome separation – Hexachrome-Separation *f* – sélection *f* hexachrome

hexadecimal – hexadezimal – hexadécimal

H-height – Versalhöhe *f* – hauteur *f* des capitales (majuscules), ligne *f* des capitales (majuscules)

hidden – verdeckt, versteckt – masqué, caché

hidden characters – unsichtbare Zeichen *n/pl*, verborgene Zeichen *n/pl* – caractères *m/pl* cachés (masqués)

hidden text – verborgener Text *m* – texte *m* caché (masqué)

hide *v.* – ausblenden – masquer

hierarchical – hierarchisch – hiérarchique

hieroglyph – Hieroglyphe *f* – hiéroglyphe *f*

hieroglyphic writing – Hieroglyphenschrift *f* – écriture *f* hiéroglyphique

high – hoch – haut

high-circulation – auflagenstark – à grand tirage

high contrast – hoher Kontrast *m*, starker Kontrast *m* – contraste *m* élevé

high-contrast – kontrastreich – nuancé, contrasté

high-definition – hochauflösend – à haute résolution (définition)

high density – hohe Schreibdichte *f* – haute densité

high end – High-End – haut *m* de gamme

higher – höher – supérieur, plus élevé, plus haut

high gloss – Hochglanz *m* – brillant *m*, poli *m*

high gloss paper – Hochglanzpapier *n* – papier *m* glacé, papier *m* couché à haut brillant

high intensity bulb – Hochleistungslampe *f* – lampe *f* haute performance

high key (image) – High-Key-Bild *n* – image *f* claire, image *f* surexposée

high key original – High-Key-Vorlage *f* – original *m* high key, original *m* à dominante claire

highlight – Schlaglicht *n*, Hochlicht *n*, Glanzlicht *n* – hautes lumières *f/pl*, échapée *f* de lumière, réhaut *m*

highlight *v.* – hervorheben, markieren *(grafisch)* – mettre en surbrillance, surbriller, mettre en évidence, marquer

highlight area – Lichterpartien *f/pl*, Hochlichtbereich *m* – zone *f* (de) hautes lumières

highlight break – Abbrüche *m/pl* in den Lichtern – cassures *f/pl* dans les hautes lumières

highlight details – Lichterzeichnung *f* – détails *m/pl* haute lumières

highlight dot – Spitzpunkt *m*, Lichtpunkt *m* – point *m* haute lumières

highlight dot patch – Lichtpunktfeld *f (Kontrollkeil)* – case *f* (de) point lumineux

highlighting – Markierung *f* – marquage *m*, mise *f* en évidence (surbrillance)

highlights – Bildlichter *n/pl*, Lichter *n/pl (eines Bildes)* – lumières *f/pl*

highlight tones – Lichtertöne *m/pl* – tons lumières

high-performance – Hochleistungs-... – haut débit *m*, haute performance *f*

high quality – hohe Qualität *f* – haute qualité

High Quality Display *(InDesign)* – Anzeige mit hoher Qualität – Affichage de qualité supérieure

high resolution – hohe Auflösung *f* – haute résolution *f*

high-resolution – hochauflösend – à haute résolution (définition)

high-resolution preview – hochauflösende Vorschau *f*, Vorschau in hoher Auflösung – prévisualisation *f* pleine résolution, prévisualisation *f* à haute résolution

high screen ruling – hohe Rasterweite *f* – linéature *f* élevée

high-sensitive film – hochempfindlicher Film *m* – film *m* de haute sensibilité

high-speed – lichtstark *(bei Objektiven)* – à grande luminosité

high-speed lens – lichtstarkes Objektiv *n* – lentille *f* à grande luminosité

high viscosity – Dickflüssigkeit f
(Viskosität) – viscosité f
hinge – Ansatzfalz m – charnière f
hint – Hint m (Fonts) – hint m,
suggestion f
hint – Tipp m – astuce f, tuyau m
histogram – Säulendiagramm n,
Histogramm n – histogramme
m, graphique m à barres,
graphique m à tuyaux d'orgue,
graphique m en colonnes
hit v. – drücken (Taste) –
enfoncer, presser, appuyer sur
HKS color chart – HKS-Fächer m
– nuancier f HKS
hold v. – anhalten, stoppen (z.B.
Druckauftrag) – suspendre,
arrêter, stopper
hold down v. **a key** – eine Taste
gedrückt halten – maintenir
une touche enfoncée
hold v. **pressed** – gedrückt halten
– maintenir enfoncé
hole perforation –
Lochperforation f – perforation
f de trous
hollow-cast foot – Hohlfuß m –
pied m creux, pied m cavé
hologram – Hologramm n –
hologramme m
hologram printing –
Hologrammdruck m –
impression f holographique
holographic – holografisch –
holographique
holographic diffraction grating
– holografisches Beugungsgitter
n (Farbmessung) – réseau m de
diffraction holographique
holography – Holografie f –
holographie f
home page (Internet) –
Homepage f, Startseite f – page
f personelle, F page f perso,
page f d'accueil
hook up v. – anschließen –
connecter
horizontal – horizontal,
waagerecht –
horizontal(ement)
horizontal – Waagerechte f,
Horizontale f – horizontale f

horizontal camera –
Horizontalkamera f – chambre
f horizontale
horizontal format – Querformat
n – paysage m, format m
paysage, format à l'italienne, à
l'italienne, format m oblong
horizontal justification –
Zeilenausschluss m –
justification f horizontale
horizontal line – Querstrich m –
trait m transversal, trait m
horizontal
horizontal scale – horizontale
Skalierung f – échelle f
horizontale
horizontal scrolling –
horizontales Scrollen n –
défilement m horizontal
horizontal stripe – Querstreifen
m – bande f transversale, raie f
transversale
horizontal sync – horizontale
Synchronisation f –
synchronisation f horizontale
host v. (Internet) – hosten,
beherbergen – héberger
host-based separation – Host-
basierte Separationen f/pl –
séparations f/pl basées sur
l'hôte
host computer – Hostrechner m
– hôte m, ordinateur m
principal
hosting – Hosting n –
hébergement m
host name – Hostname m – nom
m d'hôte
host system – Zentralrechner m
– ordinateur m central
hot-air dryer – Heißlufttrockner
m – sécheur m à air chaud
hot-air drying –
Heißlufttrocknung f – séchage
m à air chaud
hot embossing – Heißprägung f
– gaufrage m à chaud
hot foil stamping –
Heißfolienprägung f – dorure f
à chaud
hot folder – Hot Folder,
überwachter Ordner m – hot
folder, dossier m actif, dossier
m scruté, dossier m surveillé

hot line – Hotline f – hot li(g)ne f,
numéro m d'urgence, F ligne f
chaude, F ligne f brûlante
hot(-)melt binding (gluing) –
Hotmelt-Bindung f – reliure f
au collage à chaud
hot(-)melt glue (adhesive) –
Hotmeltkleber m – adhésif m à
chaud
hot metal type (typogr.) –
Bleisatz m – composition f au
plomb, plomb m
hot off the press – druckfrisch –
fraîchement imprimé
hot stamping foil –
Heißprägefolie f – film m
métallique pour estampage à
chaud
house organ – Firmenzeitung f,
Hauszeitung f – journal m
interne
house style – Hausstil m – style
m maison
**HTML (HyperText Markup
Language) page** – HTML-
Seite f – page f HTML
hub – Hub m – hub m,
concentrateur m
hue – Farbton m – teinte f, ton m
Hue/Saturation (Photoshop) –
Farbton/Sättigung –
Teinte/Saturation
Humanistic – Venetianische
Antiqua
(Schriftenklassifizierung) –
Humanes
humidity – Feuchtigkeit f,
Luftfeuchtigkeit f – humidité f
atmosphérique
hybrid screening – Hybrid-
Rasterung f – tramage m
hybride
hydrometer – Hydrometer m –
hydromètre m
hydrophilic – hydrophil,
wasserannehmend – hydrophile
hydrophobic – hydrophob,
wasserabstoßend – hydrophobe
hyperfocal distance –
hyperfokale Entfernung f –
distance f hyperfocale
hyperlink – Hyperlink m –
hyperlink m, lien m hypertexte

H

hypertext – Hypertext *m* – hypertexte *m*

hyphen – Bindestrich *m*, Gedankenstrich *m* – tiret *m*, trait *m* d'union

hyphen – Trennstrich *m* – césure *f*

hyphen(ate) *v.* – trennen *(Text)* – couper, diviser

hyphenation – Silbentrennung *f*, Worttrennung *f* – division *f* des mots, césure *f*, coupure *f* des mots

hyphenation and justification (H&J) – Worttrennung und Justierung, Silbentrennung und Ausschießen – césure et justification (C&J), coupure *f* de mots et justification

hyphenation exceptions – Trennausnahmen *f/pl* – exceptions *f/pl* de césure

hyphenation zone – Silbentrennzone *f* – zone *f* de césure

hyphened word – Koppelwort *n* – mot *m* couplé

Hyphens in a row *(QuarkXPress)* – Trennungen in Folge – Césures consécutives

I

I.R. dryer – IR-Trockner *m* – sécheur *m* infrarouge

I.R. drying – IR-Trocknung *f* – séchage *m* infrarouge

ICC profile – ICC-Profil *n* – profil *m* ICC

icon – Icon *n*, Symbol *n* – icône *f*

iconize *v.* – ikonifizieren – iconiser, iconifier

iconographer – Ikonograf *m* – iconographe *m*

iconography – Ikonografie *f* – iconographie *f*

icons bar *(in Programmen)* – Symbolleiste *f* – barre *f* d'icônes

illegible – unleserlich – illisible

illuminant – Lichtart *f* – type *m* d'éclairage

illuminate *v.* – ausleuchten, beleuchten, illuminieren – illuminer

illuminated advertising – Leuchtreklame *f* – enseigne *f* lumineuse

illuminated manuscript – Bilderhandschrift *f*, Buchmalerei *f* – manuscrit *m* enluminé

illumination – Ausleuchtung *f*, Beleuchtung *f* – éclairage *m*, illumination *f* (festlich)

illumination angle – Beleuchtungswinkel *m* – angle *m* d'éclairement

illustrate *v.* – illustrieren – illustrer

illustrated – illustriert – illustré

illustrated book – illustriertes Buch *n*, Bildband *m* – livre *m* illustré

illustrated broadsheet – Bilderbogen *m* – image *f* d'Épinal, feuille *f* imprimée découpée en vignettes

illustration – Illustration *f*, Abbildung *f* (in Buch) – illustration *f*, représentation *f*, reproduction *f*, figure *f* (in wissenschaftlichen Texten)

illustration linen – Kunstleinen *n* – toile *f* artificielle

illustration printing – Bilderdruck *m* – impression *f* d'illustrations

illustrations – Bildmaterial *n* – illustrations *f/pl*

illustrator – Illustrator, -in – illustrateur, -rice

image – Bild *n* – image *f*

imageable area – belichtbarer Bereich *m* – zone *f* exposable

image acquirement – Bilderfassung *f* – acquisition *f* d'images

image adjustment – Bildeinstellung *f* – réglage *m* de l'image

image area – Bildbereich *m* – zone *f* de l'image

image assessment – Vorlagenbeurteilung *f* – appréciation *f* de l'original

image capture (capturing) – Bilderfassung *f* – acquisition *f* d'images

image catalog(ue) – Bildkatalog *m* – catalogue *m* images

image composing – Bildcomposing *n* – imbrication *f* d'images

image definition – Konturenschärfe *f* – netteté *f* de l'image

image definition in the shadows – Tiefenzeichnung *f* – détails *m/pl* dans les ombres

image editing program – Bildbearbeitungsprogramm *n* – programme *m* de traitement d'images

image enlargement – Bildvergrößerung *f* – agrandissement *m* d'image

image format – Bildformat *n* – format *m* de l'image

image in high resolution – hochaufgelöstes Bild, Bild *n* in hoher Auflösung – image *f* à (en) haute résolution (définition), F haute déf *f*

image processing – Bildverarbeitung *f* – traitement *m* d'images

image recording – Bildaufzeichnung *f* – enregistrement *m* de l'image

image replacement – Bildersetzung *f* – remplacement *m* des images

image reproduction – Bildwiedergabe *f* – reproduction *f* de l'image

image retouching – Bildretusche *f* – retouche *f* d'image

image section – Bildausschnitt *m* – partie *f* de l'image, extrait *m* de l'image, cadrage *m*

imagesetter – Belichter *m* – flasheuse *f*, photocomposeuse *f*, imageuse *f*, unité *f* photo

image shadows – Bildtiefen *f/pl* – ombres *f/pl* dans l'image

image size – Bildgröße *f* *(a. Menüpunkt in Photoshop)* – taille *f* de l'image

image with a low contrast – kontrastarmes Bild *n* – image *f* peu contrastée

image with colorcast – farbstichiges Bild – image *f* avec dominante

imaging – Bebilderung *f* *(Digitaldruck)* – imageage *m*

imaging – Belichtung *f* – flashage *m* (Druckvorstufe), exposition *f*, pose *f* (Fotografie)

immiscible – nicht mischbar – non miscible

implement *v.* – implementieren – implémenter, implanter

implementation – Implementierung *f* – implémentation *f*

import – Import *m* – importation *f*

import *v.* – importieren – importer

imported – importiert – importé

import filter – Importfilter *m* – filtre *m* d'importation

impose *v.* – ausschießen – imposer

imposed pages – ausgeschossene Seiten *f/pl* – pages *f/pl* imposées

imposed sheet – ausgeschossener Bogen *m* – feuille *f* imposée

imposition – Ausschießen *n* – imposition *f*

impositioning scheme – Ausschießschema *n* – schéma *m* d'imposition, modèle *m* d'imposition

imposition layout – Ausschießschema *n* – schéma *m* d'imposition, modèle *m* d'imposition

imposition model – Ausschießmodell *n* – polichinelle *m* (Papier), modèle *m* d'imposition

imposition program – Ausschießprogramm *n* – logiciel *m* d'imposition

imposition proof – Standproof *m*, Formproof *m* – épreuve *f* d'imposition

imposition sheet – Standbogen *m*, Ausschießbogen *m* – feuille *f* d'imposition, imposition *f* de la feuille, cahier *m*

impregnated – imprägniert – imprégné

impression cylinder – Druckzylinder *m*, Gegendruckzylinder *m* – cylindre *m* d'impression, cylindre *m* de contre-pression

impressionistic – impressionistisch – impressionniste

impression pressure – Druckspannung *f* – pression *f* d'impression

impression pressure – Presseur *m* *(beim Tiefdruck)* – presseur *m*

impression roll – Druckwalze *f* – cylindre *m* de contre-pression

imprimatur – Imprimatur *n* – bon à tirer

imprint – Impressum *n*, Druckvermerk *m*, Verlagsangabe *f* – ours *m*, marque *f* de l'éditeur, adresse *f* bibliographique

imprint *v.* – aufdrucken, eindrucken – repiquer, surimprimer

imprint(ing) – Aufdruck *m*, Eindruck *m* – repiquage *m*, surimpression *f*

imprinting machine – Eindruckmaschine *f* – machine *f* à repiquer

imprinting unit – Eindruckwerk *n* – groupe *m* de repiquage

improper – unsachgemäß – inapproprié

improve *v.* – verbessern – améliorer

improvement – Verbesserung *f* – amélioration *f*

in alphabetical order (sequence) – alphabetisch geordnet, in alphabetischer Reihenfolge – par ordre alphabétique, classé par ordre alphabétique

inch – Inch, Zoll *m* – pouce *f*

incident light – auffallendes Licht *n* – lumière *f* incidente

Incised – Antiqua-Varianten *f/pl* – Incises *f/pl*

inclination – Neigung *f*, Schräge *f*, Neige *f* – inclinaison *f*

Include ICC Profiles *(InDesign)* – ICC-Profile einschließen – Inclure les profils ICC

in color – farblich – des couleurs, de la couleur, sur le plan des couleurs

in columns – spaltenweise – en colonnes

incoming mail – Posteingang *m* – courrier *m* entrant

in-company training – innerbetrieblicher Lehrgang *m* – cours *m* intra-entreprise

incomplete copy – unvollständiges Exemplar *n* – exemplaire *m* incomplet

increase of production – Produktionssteigerung *f* – augmentation *f* de la production

increase *v.* **the productivity** – Produktivität steigern – augmenter la productivité *f*

increment – Inkrement *n* – incrément *m*

incremental – inkremental – incrémentiel

indent – Einzug *m*, Einrückung *f* *(Text)* – retrait *m*, mise *f* en retrait, renfoncement *m*, rentrée *f*

indent *v.* – einrücken, einziehen – rentrer, renfoncer

indentation – Einzug *m*, Einrückung *f* *(Text)* – retrait *m*, mise *f* en retrait, renfoncement *m*, rentrée *f*

indent *v.* **copy** – Text *m* einziehen – renfoncer le texte

indent first line – Einzug *m* erste Zeile – alinéa *m*

index – Stichwortverzeichnis *n*, Index *m*, Register *n*, Suchverzeichnis *n (Verzeichnis)* – index *m*

index *v.* – katalogisieren – cataloguer

index card – Karteikarte *f* – fiche *f*

indexed colors – indizierte Farben *f/pl* – couleurs *f/pl* indexées

index entry – Indexeintrag *m* – entrée *f* d'index

indexing – Katalogisierung *f*, Indexierung *f* – catalogage *m*, indexation *f*

I

India(n) ink – Tusche *f* – encre *f* de Chine

Indian ink drawing – Tuschzeichnung *f* – lavis *m*

indication – Anhaltspunkt *m* – point *m* de repère, indice *m*

indirect printing process – indirektes Druckverfahren *n* – procédé *m* d'impression indirecte

individual shot – Einzelaufnahme *f* – exposition *f* individuelle

indoor shot – Innenaufnahme *f* – prise *f* de vue intérieure

in duplicate – in doppelter Ausfertigung – en double

industrial artist – Gebrauchsgrafiker, -in – dessinateur, -rice publicitaire

industrial design – Industrie-Design *n* – dessin *m* industriel

industrial packaging – Industrieverpackung *f* – emballage *m* industriel

infeed tension – Einzugsspannung *f* *(Papierbahn im Rollendruck)* – tension *f* à l'alimentation

inferior character – tief gestelltes Zeichen *n* – indice *m*, caractère *m* inférieur

infinite – unendlich – infini

infinite loop – Endlosschleife *f* – boucle *f* infinie

informatics – Informatik *f* – informatique *f*

information – Information *f* – information *f*

information brochure – Informationsbroschüre *f* – brochure *f* d'informations

information carrier – Informationsträger *m* – support *m* d'information

information exchange – Informationstausch *m* – partage *m* d'information

information highway – Datenautobahn *f* – autoroutes *f/pl* de l'information

information research – Informationssuche *f* – recherche *f* d'information

information retrieval – Informationsrückgewinnung *f*, Informationswiedergewinnung *f* – recherche *f* documentaire

information science (technology) – Informatik *f* – informatique *f*

information scientist – Informatiker, -in – informaticen, -ne

information technics (IT) – Informationstechnik *f*, Informationstechnologie *f* – technologie *f* d'informations

info sheet – Infoblatt *n* – lettre *f* d'infos (d'informations)

infrared – Infrarot – infrarouge

in front of – vor *(örtlich)* – devant, avant

in-house printer – Hausdruckerei *f* – imprimerie *f* dans l'entreprise

in-house publishing – hausinterne Druckproduktion *f* – édition *f* dans l'entreprise

in-house standard – Hausstandard *m* – standard *m* de la maison

initialization – Initialisierung *f* – initialisation *f*

initialize *v.* – initialisieren – initialiser

initial (letter) *(typogr.)* – Initiale *f* – lettrine *f*, initiale *f*, lettre *f* initiale

ink – Druckfarbe *f* – encre *f*

ink absorption – Farbannahme *f* – absorption *f* d'encre

ink adhesion – Adhäsion *f* der Farbe, Haften *n* der Farbe – adhérence *f* de l'encre

ink amount – Farbmenge *f* – quantité *f* de couleur

ink application – Farbauftrag *m* – encrage *m*, application *f* de l'encre

ink ball – Druckerballen *m* – tampon *m*

ink blending – Farbvermischung *f* – mise *f* à la teinte

ink build-up – Aufbauen der Farbe *f* – accumulation *f* d'encre

ink chamber – Farbkammer *f* – chambre *f* d'encrage

ink change (changeover) – Farbumstellung *f* – changement *m* d'encre (de couleur)

ink (color) formulation – Farbrezeptur *f* – formulation *f* des couleurs

ink consistency – Farbkonsistenz *f* – consistance *f* de l'encre

ink consumption – Farbverbrauch *m* – consommation *f* d'encre

ink container – Farbtank *m* *(Druckmaschine)* – réservoir *m* d'encre

ink control – Farbkontrolle *f* – contrôle *m* de l'encrage

ink control system – Farbregelanlage *f* – système *m* de régulation de l'encrage

ink coverage – Farbdeckung *f* – couverture *f* d'encre (en encre)

ink coverage – Flächendeckung *f* – recouvrement *m* de surface

ink density – Farbdichte *f* – densité *f* de l'encrage

ink duct – Farbkasten *m* – encrier *m*

ink duct roller – Farbduktor *m* – rouleau *m* d'encrier

ink feed – Farbführung *f* – amenée *f* d'encre, encrage *m*

ink flow – Farbfluss *m* – écoulement *m* de l'encre

ink formula – Farbrezept *n* – formule *f* d'encre

ink fountain – Farbkasten *m* – encrier *m*

inking – Farbführung *f*, Farbgebung *f* – amenée *f* d'encre, encrage *m*

inking fluctuations – Farbschwankungen *f/pl* – variations *f/pl* de l'encrage

ink(ing) roller – Farbwalze *f* – rouleau *m* encreur

inking unit (system) – Farbwerk *n* – dispositif *m* d'encrage, système *m* d'encrage

inkjet printer – InkJet-Drucker *m*, Tintenstrahldrucker *m* – imprimante *f* à jet d'encre

ink key – Farbschraube *f*, Farbzonenregler *m*, Zonenschraube *f* *(Druckmaschine)* – vis *f* d'encrier, clé *f* d'encrier, vis *f* d'encrage

ink (key) control – Farbsteuerung *f (an der Druckmaschine)* – régulation *f* des couleurs

ink (key) setting – Farbzoneneinstellung *f* – réglage de l'encrage

ink knife – Farbmesser *n* – couteau *m* à encre

ink layer – Farbschicht *f* – couche *f* d'encre

ink level control – Farbniveauregelung *f* – régulation *f* du niveau d'encre

ink leveler – Farbniveauregler *m* – régulateur *m* du niveau d'encre

ink manufacterer – Farbhersteller *m*, Farbenhersteller *m* – fabricant *m* d'encre(s)

ink matching – Farbabstimmung *f (Farbabmusterung an der Druckmaschine)* – adaptation *f* des couleurs

ink metallic – Metallicfarbe *f* – encre *f* métallique

ink metering – Farbdosierung *f* – dosage *m* de l'encrage

ink metering duct – Farbdosierkasten *m* – encrier *m* doseur

ink mileage – Farbverbrauch *m* – consommation *f* d'encre

ink mill – Farbmühle *f* – broyeuse *f* d'encre

ink mist – Farbnebel *m* – brouillard *m* d'encre

ink pan – Farbwanne *f*, Farbvorratsbehälter *m* *(Druckmaschine)* – réservoir *m* d'encre

ink pre-setting – Farbzonenvoreinstellung *f* – préréglage *m* de l'encrage

ink pump – Farbpumpe *f* *(Druckmaschine)* – pompe *f* à encre

ink recipe – Farbrezept *n* – formule *f* d'encre

ink splash(ing) – Farbspritzen *n* – éclaboussure *f*

ink stability – Farbstabilität *f* – stabilité *f* de l'encre

ink supply – Farbzuführung *f* – alimentation *f* en encre

ink tacking – Zügigkeit *f* der Druckfarbe – tirant *m* de l'encre

ink transfer – Farbübertragung *f* *(in Druckmaschine)* – transfert *m* d'encre

ink trough – Farbwanne *f*, Farbvorratsbehälter *m* – réservoir *m* à encre

ink zone – Farbzone *f* – zone *f* d'encrage

in-line finishing – Inline-Finishing *n* – façonnage *m* en ligne, finition *f* en ligne

in-line machine – Inline-Maschine *f* – filière *f* droite

in-line varnishing – Inline-Lackierung *f* – vernissage *m* en ligne

inner contour – Innenrand *m*, Innenkontur *f* – contour *m* intérieur (interne)

inner edge – Innenrand *m*, Innenkontur *f* – contour *m* intérieur (interne)

inner (inside) page – Innenseite *f* – page *f* intérieure

in one pass – in einem Durchgang – en une seule passe

in perspective – perspektivisch – perspectif, en perspective

in piles – stapelweise – en tas, en pile

in-plant printer – Hausdruckerei *f* – imprimerie *f* dans l'entreprise

in print – erhältlich *(Buch)* – disponible

in proportion to – im Verhältnis zu – par rapport à

input – Eingabe *f* – entrée *f*, saisie *f* *(Text)*

input color space – Eingabefarbraum *m* – espace *m* colorimétrique d'entrée

input device – Eingabegerät *n* – périphérique *f* d'entrée

Input Levels *(Photoshop)* – Tonwertspreizung – Niveaux d'entrée

input profile – Eingabeprofil *n* – profil *m* d'entrée

input tray – Eingabefach *n*, Papierkassette *f* *(bei Laserdruckern)* – bac *m* d'entrée, alimentation *f*

in register – registergenau, registerhaltig, pass(er)genau – en parfait repérage, conforme au repérage, en repérage

in relation to – in Relation zu – en relation avec

in reverse order – in umgekehrter Reihenfolge – en sens inverse, dans l'ordre inverse

In-RIP separation – In-RIP-Separation *f* – séparation *f* In-RIP

In-RIP trapping – In-RIP-Trapping *n* – trapping *m* In-RIP, recouvrement *m* sur le RIP, grossi-maigri *m* In-RIP

inscription – Aufschrift *f* – inscription *f*

inseparable – untrennbar *(Wort)* – insécable

inseparable hyphen – geschützter Bindestrich *m*, untrennbarer Bindestrich *m* – tiret *m* insécable

inseparable space – geschütztes Leerzeichen *n*, untrennbarer Zwischenraum *m* – blanc *m* dur, blanc *m* insécable, espace *m* insécable

insert – Beilage *f (in Zeitung)* – supplément *m*

insert *v.* – einlegen – insérer (z.B. CD), encarter *(Beilage in Heft)*

insert *v.* – einfügen – coller

insert advertising – Beilagenwerbung *f* – publicité *f* par encarts

inserting – Einstecken *n* – encartage *m*

insert(ion) point – Einfügepunkt *m* – point *m* d'insertion

inset *v.* – ineinander stecken, beilegen – encarter

inset sheet – Einsteckbogen *m* – encart *m*

insetting – Einheften *n*, Ineinanderstecken *n* – encartage *m*

inside – innerhalb – à l'intérieur de, au sein de

inside back cover (IBC) – hintere Umschlaginnenseite *f* – troisième (de) couverture *f*

inside front cover (IFC) – vordere Umschlaginnenseite *f* – deuxième (de) couverture *f*

insoluble – unlöslich – insoluble

inspection sheet – Kontrollbogen *m* – feuille *f* de contrôle

install *v.* – installieren – installer

installation – Installation *f* – installation *f*

installer – Installationsprogramm *n* – installeur *m*, programme *m* d'installation

instant access – Sofortzugriff *m* – accès *m* immédiat

instant camera – Sofortbildkamera *f* – polaroid *m*

instant paper plate – Direktdruckplatte *f* – plaque *f* papier directe

instant picture – Sofortbild *n* – instantané *m*

instant printer – Schnelldrucker *m*, Sofortdrucker *m* – imprimerie *f* minute

instant printing – Sofortdruck *m* – impression *f* instantanée

instant register system – Schnellpasssystem *n* – système *m* de mise en page rapide

instruction – Befehl *m* *(Inform.)* – commande *f*, instruction *f*

instruction chain – Befehlskette *f* – chaîne *f* d'instructions

instruction leafset – Merkblatt *n* – feuille *f* de renseignement

instruction manual – Bedienungsanleitung *f* – mode *m* d'emploi

instructor – Instruktor *m* – instructeur *m*

intaglio (printing) – Tiefdruck *m* – hélio *m*, héliogravure *f*, impression *f* hélio, impression *f* en creux

intake of order – Auftragseingang *m* – entrée *f* des commandes

integral sign – Integralzeichen *n* – signe *m* d'intégrale

integrated – integriert – intégré

integrated circuit – integrierter Schaltkreis *m* – circuit *m* integré

integrated density – integrale Dichte *f* – densité *f* intégrale

integrate in *v.* – integrieren in – intégrer dans

integration – Integration *f* – intégration *f*

intensify *v.* – intensivieren, aufsteilen, verstärken – renforcer, accentuer

intensity – Intensität *f* – intensité *f*

interactive – interaktiv – interactif

interactive tool – interaktives Werkzeug *n* – outil *m* interactif

interactive trapping – interaktives Trapping *n* – grossi maigri *m* en mode interactif

interchangeable cassette – Wechselkassette *f* – cassette *m* interchangeable

interchangeable lens – Wechselobjektiv *n* – objectif *m* interchangeable

interface – Interface *n*, Schnittstelle *f* – interface *f*

interface card – Interface-Karte *f*, Schnittstellenkarte *f* – carte *f* d'interface

interference – Interferenz *f*, Überlagerung *f*, Bildstörung *f* – interférence *f*, interruption *f* de l'image

interference filter – Interferenzfilter *m* – filtre *m* interférentiel

interferometry – Interferometrie *f* – interférométrie *f*

interleave *v.* *(typogr.)* – durchschießen, einschießen – interligner, blanchir, intercaler

interleaved – durchschossen – interligné, interfolié

interleaving paper – Einschießpapier *n* – papier *m* intercalaire

interlocking – verschachtelt – enchevêtré, imbriqué

intermediate colors – Zwischenfarben *f/pl* – couleurs *f/pl* intermédiaires

intermediate storage – Zwischenspeicherung *f* – enregistrement *m* intermédiaire

intermediate tones – Zwischentöne *m/pl* – teintes *f/pl* intermédiaires

intermediate value – Zwischenwert *m* – valeur *f* intermédiaire

internal drum – Innentrommel *f* *(Belichter)* – tambour *m* interne

internal drum imagesetter – Innentrommelbelichter *m* – flasheuse *f* à tambour interne

internal format – internes Format *n* – format *m* interne

internaut – Internetbenutzer, -in – internaute *m*

internet café – Internet-Café *n* – cybercafé *m*

interpolate *v.* – interpolieren – interpoler

interpolated resolution – interpolierte Auflösung *f* – résolution *f* interpolée

interpolation – Interpolation *f* – interpolation *f*

interpolation method – Interpolationsmethode *f* – méthode *f* d'interpolation

interpretation – Interpretation *f* – interprétation *f*

interprete *v.* – interpretieren – interpréter

interpreter – Interpreter *m* – interpréteur *m*

interrupt *v.* – unterbrechen – interrompre, suspendre *(Sitzung)*

interruption – Unterbrechung *f* – interruption *f*

I

intersect *v.* – sich überschneiden, sich überlappen – se chevaucher, se croiser, recouvrir

intersecting colors – benachbarte Farben *f/pl* – couleurs *f/pl* contiguës

intersection *(math.)* – Schnittmenge *f*, Schnittstelle *f* – intersection *f*

intersection point – Schnittpunkt *m* – point *m* d'intersection, intersection *f*

in the background – im Hintergrund – en tâche de fond

in the foreground – im Vordergrund – au premier plan

in the form of – in Form von – sous forme de

in three passes – in drei Durchgängen – en trois passes

intra – innerhalb – à l'intérieur de, au sein de

intranet – Intranet *n* – intranet *m*

inverse *v.* – invertieren – invertir

inversely proportional – umgekehrt proportional – inversement proportionnel

Invert *(Photoshop)* – Umkehren – Négatif

invert *v.* – umkehren – inverser

inverted commas – englische Anführungszeichen *n/pl* – guillemets *m/pl* anglais

inverted exclamation mark (¡) – umgedrehtes Ausrufezeichen *n* – point *m* d'exclamation inversé

invest *v.* – investieren – investir

investment – Investition *f* – investissement *m*

invisible – unsichtbar – invisible

invoice form – Rechnungsformular *n* – formulaire *m* de facture

ionizer – Ionisiereinrichtung *f* – ioniseur *m*

IP address – IP-Adresse *f* – adresse *f* IP

iris diaphragm – Irisblende *f* – diaphragme *m* iris

irregular – ungleichmäßig, unregelmäßig – irrégulier

ISDN (Integrated Digital Services Network) – ISDN – RNIS (Réseau Numérique à Intégration de Services), ISDN

ISDN line – ISDN-Linie *f* – ligne *f* RNIS

isosceles triangle – gleichschenk(e)liges Dreieck – triangle *m* isocèle

ISO value – ISO-Wert *m* – valeur *f* ISO

issue – Ausgabe *f*, Exemplar *n* *(Buch, Zeitschrift)* – édition *f*, exemplaire *m*

issue – Problem *n* – problème *m* (pb)

issue date – Erscheinungsdatum *n* – date *f* de parution

IT8 target – IT8-Target *n*, IT8-Referenzvorlage *f* – charte *f* IT8

italic – kursiv, schräg gestellt – italique

italic angle – Kursivwinkel *m* – angle *m* d'inclinaison, angle *m* (d')italique

italic capital – Kursivversalie *f* – capitale *f* en italique

italicized (italized) – schräggestellt – incliné, italisé

italics – Kursivschrift *f* – caractères *m/pl* italiques

italic script (type) – Kursivschrift *f* – caractères *f/pl* italiques

italic typeface – Schrägschrift *f* – italique *m*

IT calibration original – IT-Kalibrationsvorlage *f* – original *m* de calibrage IT

ivory paper – Elfenbeinpapier *n* – papier *m* ivoire

J

jack – Buchse *f*, Anschlussbuchse *f* – prise *f* de raccordement, prise *f* femelle

jacket – Schutzhülle *f*, Schutzumschlag *m* – couvre-livre *m*, jaquette *f* du livre, protège-livre *m*, couverture *f* protectrice

jacket blurb – Klappentext *m* *(im Buch)* – texte *m* du rabat

jaggy – zackig, gezackt – crénelé

jaggy (jagged) edge – zackiger Rand *m* – bord *m* crénelé, bord *m* irrégulier

jam sheet – Knautschbogen *m* – feuille *f* froissée, feuille *f* plissée

jam-up – Papierstau *m* *(im Drucker)* – bourrage *m*

Japanese text – japanischer Text *m* – texte *m* japonais

Japan paper – Japanpapier *n* – papier *m* japon

jaw fold – Klappenfalz *m* – pli *m* mâchoire

jet – Düse *f* *(Tintenstrahldrucker)* – buse *f*

job – Auftrag *m* – ordre *m*, commande *f*, tâche *f*

job ad(vertisement) – Stellenanzeige *f* – annonce *f* offre d'emploi, offre *f* d'emploi par annonce

jobbing composition – Akzidenzsatz *m* – composition *f* de travaux de ville

jobbing press – Akzidenzmaschine *f* – presse *f* pour travaux de ville

jobbing typeface – Akzidenzschrift *f* – caractère *m* (pour) travaux de ville

jobbing work – Akzidenzarbeiten *f/pl* – bilboquets *m/pl*, travaux *m/pl* de ville

job costing – Auftragskalkulation *f* – calculation *f* des travaux

job counter – Auflagenzähler *m* *(an der Druckmaschine)* – compteur *m* des tirages

job data – Auftragsdaten *pl* – données *f/pl* du travail

job docket – Laufzettel *m*, Auftragstasche *f* – dossier *m* de travail, fiche *f* de fabrication, fiche *f* d'instructions

job preparation – Auftragsvorbereitung *f* – préparation *f* du travail

job ticket – Jobticket *n* – job ticket *m*, fiche *f* de travail, ticket *m* de travail

I
J

job tracking – Produktionsüberwachung *f*, Tracking *n* –
suivi *m* (des travaux)
job type – Akzidenzschrift *f* –
caractère *m* (pour) travaux de
ville
jog *v.* – aufrütteln, aufstoßen,
geradestoßen, glattstoßen
(Papierstoß) – taquer
jogger – Rüttelmaschine *f* –
taqueuse *f*
jogging – Aufstoßen *n*,
Geradestoßen *n*, Glattstoßen *n*
(Papierstoß) – taquage *m*
jogging delivery –
Schüttelauslage *f* – sortie *f* à
vibrateurs
jogging table – Rütteltisch *m* –
table *f* vibrante
join *v.* – verbinden – relier,
connecter, brancher
Join Endpoints *(QuarkXPress)* –
Endpunkte verbinden – Joindre
les extrémités
joint author – Mitverfasser, -in –
co-auteur *m*
journal – Journal *n* – journal *m*
journalism – Journalismus *m*,
Journalistik *f*, Publizistik *f* –
journalisme *m*
journalist – Journalist, -in –
journaliste *m/f*, F pigiste –
journalistic(ally) – journalistisch,
publizistisch – journalistique,
de(s) journaliste(s)
joystick – Joystick *m* – manche *f*
à balai, manche *f*, manette *f* de
jeu
jubilee publication –
Jubiläumsschrift *f* – publication
f d'anniversaire
jukebox – Jukebox *f* – juke-box *m*
jump *v.* – überspringen – sauter
junction – Knotenpunkt *m* –
point *m* nodal
justification *(typogr.)* –
Ausschluss *m* – justification *f*,
alignement *m*
justification mode –
Ausschlussart *f* – mode *f* de
justification
justification range (zone) –
Ausschließbereich *m* – zone *f*
de justification

justified setting – Blocksatz *m* –
justifié, composition *f* en
alinéa, composition *f* en bloc
justify *v. (typogr.)* – ausschließen
– justifier, cadratiner
just-in-time (JIT) – Just-in-time –
JAT (juste à temps), à flux
tendus, just in time
just out – neu erscheinen – vient
de paraître
just published – neu erscheinen –
vient de paraître
juxtapose *v.* – nebeneinander
stellen – juxtaposer
juxtaposition –
Nebeneinanderstellung *f* –
juxtaposition *f*

K

kByte (kB, Kilobyte) – kByte –
Koctet, Ko, ko, kilo-octet *(pl.*
kilo-octets)
keeping properties –
Archivfestigkeit *f* – aptitude *f* à
la conservation
Keep lines together
(QuarkXPress) – Zeilen
zusammenhalten – Joindre les
lignes
keep *v.* **open** – offen halten *(z.B.*
Raster) – tenir ouvert
Kelvin temperature – Kelvin-
Temperatur *f* – température *f*
en degrés Kelvin
kerned letter – unterschnittener
Buchstabe *m* – lettre *f* crénée
kernel – Kernel *m* – noyau *m*
kerning – Kerning *n*,
Unterschneidung *f*,
Ausgleichen *n* der
Buchstabenzwischenräume –
crénage *m*, correction *f* des
approches, approche *f* (des
paires), réglage *m* des
approches
kerning – Laufweite *f* – chasse *f*,
approche *f* de chasse
kerning table – Kerningtabelle *f*,
Unterschneidungstabelle *f* –
table *f* de crénage
kerning value – Kerningwert *m* –
valeur *f* du crénage

ketones *(chem.)* – Ketone *n/pl* –
cétones *f/pl*
kettle stitch – Fitzbund *m* –
chaînette *f*
key – Taste *f* – touche *f*
key *v.* – erfassen *(Text)* – saisir
keyboard – Tastatur *f* – clavier *m*
keyboard *v.* – erfassen *(Text)* –
saisir
keyboard control –
Tastatursteuerung *f* –
configuration *f* du clavier
keyboarding – Erfassung *f* –
frappe *f*, saisie *f*
keyboarding time –
Erfassungszeit *f* – durée *f* de
saisie, temps *m* de saisie
keyboard layout – Tastaturplan
m – plan *m* du clavier
keyboard operating speed –
Erfassungsgeschwindigkeit *f* –
vitesse *f* de frappe (saisie)
keyboard operator –
Texterfasser, -in, Taster, -in –
claviste *m/f*
keyboard shortcut –
Tastenkürzel *n*, Tastaturbefehl
m – raccourci *m* (clavier)
key combination –
Tastenkombination *f* –
combinaison *f* de touches
key form – Passform *f* – forme *f*
de mise en repérage
key in *v.* – eingeben *(Text)* –
saisir, taper, entrer
keyline drawing –
Konturzeichnung *f* – tracé *m* de
contours
key number – Chiffre *f (in*
Anzeigen) – référence *f*
key pressure – Tastendruck *m* –
pression *f* sur une touche
key sequence – Tastenfolge *f* –
séquence *f* de touches
keystroke (keystroking) –
Tastenanschlag *m* – frappe *f*
key word – Schlüsselwort *n*,
Stichwort *n* – mot *m* clé
kilobit – Kilobit *n* – kilobit *n*
kilobits per second (kbps) –
Kilobit pro Sekunde – kilobits à
la seconde
kind of composition – Satzart *f* –
sorte *f* de composition

kiosk – Kiosk *m* – kiosque *m*
kiss contact – Beistellung *f* –
effleurage *m*
kiss printing – leichter
Beistelldruck *m* – impression *f*
légère
kit – Satz *m (Bausatz,*
Programmpaket) – ensemble
m, jeu *m*, kit *m*
knife – Messer *n (an*
Schneidemaschine) – couteau
m, lame *f*
knife adjustment –
Messeranstellung *f* – réglage *m*
de la lame
knife block – Messerblock *m* –
couteau-bloc *m*
knife change – Messerwechsel *m*
– changement *m* de la lame
knife-fold – Schwertfalz *m* – pli
m à couteau
knife-folder –
Schwertfalzmaschine *f* – plieuse
f à couteau
knife holder – Messerhalter *m* –
porte-lame *m*
knife position – Messerstellung *f*
(Schneidemaschine) – position *f*
de la lame
knockout *v.* – aussparen –
défoncer
Knockout All *(Trapping*
QuarkXPress) – Alle
Aussparen – Supprimer tout
détourage
Knockout Limit *(Trapping*
QuarkXPress) –
Aussparbegrenzung – Limite
d'aucun débord
knot – Knoten *m* – nœud *m*
know-how – Know-how *n* –
savoir-faire *m*
knowledge base –
Wissensdatenbank *f*,
Knowledge Base *f* – base *f* de
connaissances
known issue – bekanntes
Problem *n* – problème *m* connu
kraft paper – Kraftpapier *n* –
papier *m* Kraft

L

label – Etikett *n* – étiquette *f*
label *v.* – etikettieren – étiqueter
labeling – Etikettierung *f* –
étiquetage *m*
labeling machine –
Etikettiermaschine *f* –
étiqueteuse *f*
label printing – Etikettendruck *m*
– impression *f* d'étiquettes
label printing press –
Etikettendruckmaschine *f* –
imprimeuse *f* d'étiquettes
label punching machine –
Etikettenstanzmaschine *f* –
machine *f* à découper les
étiquettes
labor contract – Arbeitsvertrag *m*
– contrat *m* de travail
labo(u)r-intensive –
arbeitsaufwendig – laborieux
lacking – fehlend – manquant
lack of sharpness – Unschärfe *f* –
flou *m*, manque *f* de netteté
laid paper – geschöpftes Papier *n*,
Papier *n* mit Wasserlinien,
geripptes Papier *n* – papier *m*
vergé
laminate – Laminat *n* – complexe
m (laminé)
laminate *v.* – kaschieren,
laminieren – laminer
laminate proof – Laminatproof
m – épreuve *f* laminée
laminating film (foil) –
Kaschierfolie *f*, Glanzfolie *f* –
film *m* acétate
lamination – Laminierung *f*,
Kaschierung *f* – complexage *m*,
contrecollage *m*, laminage *m*
laminator – Laminator *m* –
contrecolleuse *f*, pelliculeuse *f*
lamp – Lampe *f* – lampe *f*
landscape – Querformat *n* –
paysage *m*, format *m* paysage,
format à l'italienne, à
l'italienne, format *m* oblong
language – Sprache *f* – langue *f*
language support –
Sprachunterstützung *f (in*
Programmen) – gestion *f*
linguistique

LAN (Local Area Network) –
lokales Netzwerk *n* – réseau *m*
local
laptop – Laptop *m* – portable *m*,
ordinateur *m* portable
(portatif)
large – groß – grand
large – breit, groß – large
large circulation – Großauflage *f*,
hohe Auflage *f* – grande
diffusion *f*
large file – große Datei *f* – fichier
m volumineux
large-format – großformatig – à
grand format *m*
large format camera –
Großformatkamera *f* –
chambre *f* photographique
large format imagesetter –
Großformatbelichter *m* –
imageuse *f* grand format
large format (LF) – Großformat *n*
– grand format *m*, gros format
large format printing –
Großformatdruck *m* –
impression *f* (à) grand format
larger scale – größerer Maßstab
m – échelle *f* supérieure
large-scale – in großem Maßstab
– sur une grande échelle
large-scale projection –
Großprojektion *f* – pojection *f*
à grande échelle
laser – Laser *m* – laser *m*
laser beam – Laserstrahl *m* –
faisceau *m* laser, rayon *m* laser
laser diode – Laserdiode *f* –
diode *f* (à) laser
laser diode imagesetter –
Laserdiodenbelichter *m* –
flasheuse *f* à diode (à) laser
laser engraving – Lasergravur *f* –
gravure *f* au laser
laser imagesetter –
Laserbelichter *m* – flasheuse *f*
laser, photocomposeuse *f* laser,
imageuse *f* laser
laser imaging – Laserbelichtung *f*
– exposition *f* à laser
laser plotter – Laserbelichter *m* –
flasheuse *f* laser,
photocomposeuse *f* laser,
imageuse *f* laser

K
L

laser printer – Laserdrucker *m* – imprimante *f* à laser

laser print(ing) – Laserdruck *m* – impression *f* laser

laser print system – Laserdrucksystem *n* – système *m* d'impression au laser

laser spot – Laserpunkt *m* – point *m* laser

laser technology – Lasertechnik *f* – technologie *f* laser

laser typesetting – Lasersatz *m* – composition *f* à laser

Lasso tool *(Photoshop)* – Lasso-Werkzeug – outil Lasso

last-minute changes (correction) – Korrektur *f* in letzter Minute – correction *f* de (en) dernière minute

late issue – Spätausgabe *f* – édition *f* de (du) soir

latent image – latentes Bild *n* – image *f* latente

lateral – seitlich – latéral, de côté

Latin type – lateinische Schrift *f* – police *f* latin

latitude – Belichtungsspielraum *m* – latitude *f* (d'exposition)

launch *v.* – starten *(Programm)* – lancer, démarrer

Launcher *(Macintosh)* – KlickStarter *m* – Lanceur *m*

law of physics – physikalisches Gesetz *n* – loi *f* physique

lay angle – Anlagewinkel *m* – angle *m* de marge

lay edge – Anlage(kante) *f* – bord *m* avant, côté *m* de la marge

layer – Ebene *f*, Schicht *f* – calque *m*, couche *f*

Layer mask *(Photoshop)* – Ebenenmaske – Masque de fusion

layer of photopolymer – Fotopolymerschicht *f* – couche *f* photopolymère

lay flat *v.* – planliegen – coucher à plat

lay gauge – Anlegemarke *f* – taquet *m* latéral, taquet *m* de marge

lay on *v.* **top of each other** – übereinander legen – superposer, mettre l'un sur l'autre

layout – Layout *n*, Entwurf *m* – maquette *f*, layout *m*, mise *f* en page

layout grid – Layout-Raster *n* – grille *f* typographique

layout image – Layoutbild *n* – image *f* de mise en place

layout instructions – Layoutangaben *f/pl* – spécifications *f/pl* de la maquette

layout man/woman – Layouter, -in, Druckvorlagenhersteller, -in – maquettiste *m/f*, metteur *m* en page

layout program – Layoutprogramm *n* – programme *m* de mise en page

layout table – Leuchttisch *m* – table *f* lumineuse

LCD (Liquid Crystal Display) monitor – LCD-Monitor *m* – écran *m* LCD, écran *m* ACL (écran à cristaux liquides)

lead – Bleistiftmine *f* – mine *f* de crayon

lead – Anhaltspunkt *m* – point *m* de repère, indice *m*

lead – durchschossen – interligné, interfolié

lead *(typogr.)* – Durchschuss *m* – interlignage *m*, interligne *f*

lead *v.* – sperren, durchschießen – serrer, interligner, blanchir, intercaler

leaded – zwischenliniert – interligné

lead edge – Anlage(kante) *f* – bord *m* avant, côté *m* de la marge

lead edge sheet feeder – Anlegekanten-Bogenzuführer *m* – margeur *m* à vide

leaded matter – durchschossener Satz – composition *f* interlignée

leader – Füllzeichen *n* – caractère *m* de suite, caractère *m* de remplissage

leader – Leitartikel *m* – éditorial *m*, article *m* de fond

leaders – Führungspunkte *pl* – points *m/pl* de conduite

leader writer – Leitartikler, -in – éditorialiste *m/f*

leading – Zeilenabstand *m*, Zeilendurchschuss *m*, Durchschuss *m* – interligne *f*, interlignage *m*, espacement (écartement) *m* des lignes

leading article – Leitartikel *m* – éditorial *m*, article *m* de fond

lead (story) – Hauptartikel *m* *(Zeitung)* – article *m* de tête

lead time – Durchlaufzeit *f* – temps *m* d'exécution

leaflet – Prospekt *m*, Flugblatt *n*, Infobeilage *f* – feuille *f* volante, papillon *m*, tract *m*, prospectus *m*, dépliant *m*

leaf through *v.* – durchblättern, blättern – feuilleter, parcourir, faire défiler

leased line – Standleitung *f*, gemietete Linie *f* *(Telekommunikation)* – ligne *f* fixe (établie), liaison *f* louée

leather binding – Ledereinband *m* – reliure *f* (en) cuir

leather-bound – in Leder (ein)gebunden – relié en cuir

leather covering – Lederüberzug *m* – recouvrement *m* en cuir

LED (light-emitting diode) – LED *f* – DEL (diode *f* électroluminescente)

left-align tab – links ausgerichteter Tabulator *m* – tabulation *f* d'alignement à gauche

left-hand end point – linker Randpunkt *m* – point *m* à l'extrême gauche

left(-hand) page – linke Seite *f* – page *f* de gauche, fausse page *f*, page *f* paire, verso *m*

left indent – Einzug *m* links, linker Einzug *m* – retrait *m* (à) gauche

left side bearing – Vorbreite *f* – approche *f* de gauche

legal deposit – Pflichtexemplar *n*
– dépôt *m* légal
legend – Bildunterschrift *f*,
Legende *f* – légende *f*
legibility – Lesbarkeit *f* – lisibilité *f*
legible – lesbar, leserlich –
lisible(ment)
lending library – Leihbücherei *f* –
bibliothèque *f* de prêt
length – Länge *f* – longueur *f*
length fold – Längsfalz *m* – pli *m*
longitudinal
length of fold mark –
Falzmarkenlänge *f* – longueur *f*
du repère de pliage
length-of-run capacity –
Auflagenbeständigkeit *f* – tenue
f au tirage
length-of-run circulation –
Auflagenhöhe *f* – tirage *m*,
chiffre *m* du tirage
length register –
Umfangsregister *n*
(Passerhaltung beim Druck) –
repérage *m* circonférentiel
lengthy – seitenlang – long(ue) de
plusieurs pages, de plusieurs
pages, des pages et des pages
lens *(fotogr.)* – Objektiv *n*, Linse
f – objectif *m*, lentille *f*
lens adjustment –
Objektiveinstellung *f* – ajustage
m de l'objectif
lens aperture – Blendenöffnung *f*
– ouverture *f* du diaphragme
lens cap – Objektivdeckel *m* –
bouchon *m* d'objectif
lens hood – Gegenlichtblende *f*,
Streulichtblende *f* – pare-soleil
m
lens shade – Gegenlichtblende *f*,
Streulichtblende *f* – pare-soleil
m
lessening brightness –
abnehmende Helligkeit *f* –
clarté *f* déclinante
less-than sign – Kleiner-als-
Zeichen *n* – signe *m* inférieur à
letter – Brief *m* – lettre *f*
letter – Buchstabe *m*,
Schriftzeichen *n* – caractère *m*,
lettre *f*

letter case – Setzkasten *m* – casse *f*
letter-file – Schnellhefter *m* –
chemise *f*
letter fit – Buchstabenpassung *f* –
rectification *f* des approches,
réglage *m* des approches
letter fold – Wickelfalz *m* – pli *m*
roulé, pli *m* superposé
letterhead – Briefkopf *m* – en-
tête *m*
letter of transmittal –
Begleitschreiben *n* – lettre *f*
d'accompagnement, lettre *f*
d'envoi
letter paper – Briefpapier *n* –
papier *m* à lettres
letter post – Briefsendung *f* –
envoi *m* de lettres
letterpress – Buchdruckpresse *f* –
presse *f* typo
letterpress printer –
Buchdrucker, -in – conducteur
m typo
letterpress printing – Buchdruck
m, Hochdruck *m* – impression *f*
typographique, impression *f* en
relief
letterpress printshop –
Buchdruckerei *f* – atelier *m*
d'impression typographique
letter space – Buchstaben-
Zwischenraum *m* – espace *m*
entre lettres
letter spacing – Spationierung *f* –
interlettrage *m*
letters page – Leserbriefe *m/pl*
(Zeitungsrubrik) – courrier *m*
des lecteurs
letters to the editor – Leserbriefe
m/pl (Zeitungsrubrik) –
courrier *m* des lecteurs
letter (to the editor) – Leserbrief
m, Leserzuschrift *f* – lettre *f* de
lecteur
librarian – Bibliothekar, -in –
bibliothécaire *m/f*
librarian science –
Bibliothekswissenschaft *f* –
bibliothéconomie *f*
librarianship – Bibliothekswesen
n – bibliothéconomie *f*

library – Bibliothek *f* –
bibliothèque *f*
library photo – Archivbild *n* –
photo(graphie) *f* d'archives
licence *(brit.)* – Lizenz *f* – licence *f*
license *(U.S.)* – Lizenz *f* – licence *f*
license agreement –
Lizenzvertrag *m*,
Lizenzabkommen *n* – contrat *m*
de licence, contrat *m* de cession
de droits (Verlagswesen)
licensed – lizenziert – licencé,
cédé sous licence
licensee – Lizenzinhaber *m* –
concessionnaire *m*, détenteur *m*
d'une licence, titulaire *m* d'une
licence
license key – Lizenzschlüssel *m* –
clé *f* d'activation
lie *v.* **above it** – darüber liegen –
être au-dessus
lie on *v.* **top of each other** –
übereinander liegen –
superposé
lift truck – Hubwagen *m* –
chariot *m* élévateur
ligature – Ligatur *f* – ligature *f*
light *(typogr.)* – mager, leicht –
maigre
light – Licht *n* – lumière *f*
light – hell – clair
light absorption –
Lichtabsorption *f* – absorption
f de la lumière
light beam – Lichtbündel *n* –
faisceau *m* lumineux
light blue – hellblau – bleu clair
light board – Leichtpappe *f* –
papier *m* carton
lightbox – Leuchtkasten *m* –
plateau *m* lumineux, boîte *f*
lumineuse
light diffusion – Lichtverteilung *f*
– diffusion *f* lumineuse
light emission – Lichtstrahlung *f*
– rayonnement *m* lumineux
light-emitting diode –
Leuchtdiode *f* – diode *f*
électroluminescente
lighten *v.* – aufhellen – éclaircir
light energy – Lichtenergie *f* –
énergie *f* lumineuse

L

lightfastness –
Lichtbeständigkeit f –
résistance f à la lumière,
solidité f à la lumière

light gray – hellgrau – gris clair

lighting – Beleuchtung f –
éclairage m, illumination f
(festlich)

lighting – Belichtung f – flashage
m *(Druckvorstufe)*, exposition
f, pose f *(Fotografie)*

lighting (conditions) –
Lichtverhältnisse f,
Beleuchtungsverhältnisse n/pl –
conditions f/pl d'éclairage

lighting effect – Lichteffekt m –
effet m lumineux

Lighting Effects filter
(Photoshop) –
Beleuchtungseffekte-Filter –
filtre Éclairage

light intensity – Leuchtkraft f –
intensité f lumineuse

light meter – Belichtungsmesser
m – posemètre m

light metering – Lichtdosierung f
– dosage m de la lumière

lightness – Helligkeit f –
luminosité f, luminance f, clarté f

lightning technician –
Beleuchter, -in *(Theater, Film)*
– éclairagiste m/f

light pen – Lichtgriffel m,
Lichtstift m – crayon m optique

light ray – Lichtstrahl m – rayon
m de lumière, rayon m
lumineux (phys.)

light reflection – Lichtreflexion f
– réflexion f de la lumière

light-resistance –
Lichtbeständigkeit f –
résistance f à la lumière,
solidité f à la lumière

light-resistant – lichtbeständig –
résistant à la lumière

light scatter – Lichtbeugung f –
diffraction f de la lumière,
diffusion f de la lumière

light-sensitivity –
Lichtempfindlichkeit f –
sensibilité f à la lumière,
photosensibilité f

light signal – Lichtsignal n –
signal m lumineux

light source – Lichtquelle f –
source f lumineuse, source f de
lumière, source f d'éclairement

light transmission unit –
Durchlichteinheit f – unité f
d'éclairage par transmission

light tray – Leuchtkasten m –
plateau m lumineux, boîte f
lumineuse

light up v. *(fotogr.)* – beleuchten
– éclairer

lilac – lila – lilas, violet
(dunkellila), mauve (helllila)

limitations – Einschränkungen
f/pl *(z.B. Software)* –
limitations f/pl

limited edition – limitierte
Auflage, begrenzte Auflage f –
édition f (à tirage) limitée

line *(telef.)* – Anschluss m –
raccordement m

line – Zeile f – rangée f, ligne f

line – Linie f, Strich m – ligne f,
filet m, trait m, tiret m

line v. – linieren – régler, ligner

Lineal – serifenlose Linear-
Antiqua f – Linéale f

lineal fold – Längsfalz m – pli m
longitudinal

lineal perforation –
Längsperforation f –
perforation f longitudinale

Lineals pl – Linear-Antiqua f –
Linéales f/pl

linear – linear – linéaire

linear blend – linearer Verlauf m
– dégradé m linéaire

linearity – Linearität f – linéarité f

linearization – Linearisierung f –
linéarisation f

linearize v. – linearisieren –
linéariser

line art image – Strichbild n –
image f trait

line(-)art original – Strichvorlage
f – original m de trait

line break – Zeilenumbruch m –
saut m de ligne

line caster – Zeilengießmaschine
f – linotype f

lined board – kaschierter Karton
m – carton m contrecollé

line definition (sharpness) –
Strichschärfe f – netteté f de
trait

lined paper – Linienpapier n –
papier m réglé

line feed – Zeilenvorschub m –
saut m de ligne

line film – Strichfilm m – film m
trait, film m line

line graphic – Strichgrafik f –
graphique m au trait

line illustration –
Strichabbildung f – illustration
f trait

line length – Satzbreite f,
Zeilenlänge f – longueur f de la
ligne, justification f

line of intersection – Schnittlinie
f – ligne f de coupe

line of production –
Produktionszweig m – branche
f de (la) production

line printer – Zeilendrucker m –
imprimante f à lignes

line screen – Linienraster m –
trame f à lignes

line spacing – Zeilenabstand m –
interligne f, interlignage m,
espacement (écartement) m des
lignes

lines per cm – Linien/cm – lignes
par cm

line up v. – aneinander reihen –
juxtaposer

line weight (width) –
Linienstärke f, Strichstärke f –
épaisseur f de (du) trait, largeur
f de (du) trait

linework – Stricharbeiten f/pl –
travaux m/pl aux traits

lining – Laminierung f,
Kaschierung f – complexage m,
contrecollage m, laminage m

lining figures – Antiqua-Ziffern
f/pl – chiffres m/pl alignés

lining machine –
Kaschiermaschine f –
contrecolleuse f

lining paper – Überzugspapier n
– papier m de couverture

L

lining strip – Fälzelstreifen *m* – ruban *m* de dos

link – Verkettung *f*, Verknüpfung *f (Objekte)* – chaînage *m*, lien *m*

link *v.* – verbinden – relier, connecter, brancher

link *v.* – verketten *(Objekte)* – chaîner

link *v.* – verknüpfen – lier

linked – verkettet – chaîné

linked – verbunden – connecté

linked image – verknüpftes Bild *n* – image *f* liée

Linked Pictures *(QuarkXPress)* – Verkettete Bilder – Images reliées

link to – Link *m* zu – lien *m* vers

lino cut – Linolschnitt *m* – gravure *f* sur linoléum

liquid cristal display (LCD) – Flüssigkristallanzeige *f* – affichage *m* cristaux liquides (ACL)

liquid polymer plate – Flüssigpolymerplatte *f* – plaque *f* aux photopolymères liquides

liquid toner – Flüssigtoner *m* – toner *m* liquide

Liquify tool *(Photoshop)* – Verflüssigen-Werkzeug – outil Fluidité

list – Liste *f* – liste *f*

list *v.* – auflisten – lister

listing – Computerausdruck *m*, Listing *n* – saisie *f* papier, listing *m*, listage *m*

list of subscribers – Abonnentenliste *f* – liste *f* des abonnés

list of words – Wörterverzeichnis *n* – index *m* des mots

literal(ly) – wörtlich – litéral(ement)

literature – Literatur *f* – littérature *f*

literature search – Literaturrecherche *f* – recherche *f* bibliographique

lith film – Lith-Film *m* – film *m* lith

lithographer – Lithograf, -in – lithographe *m*, similiste *m/f*

lithographic pencil – Lithografenstift *m* – crayon *m* litho

lithographic press – Steindruckpresse *f* – presse *f* litho

litho(graphy) – Lithografie *f* – lithographie *f*

litho stone – Lithografiestein *m* – pierre *f* lithographique

lit up – beleuchtet – éclairé

live matter – Stehsatz *m* – composition *f* conservée

load *v.* – laden, aufrufen – charger

load *v.* **a film** – Film einlegen *(Film in Kamera)* – mettre un film

load balancing – Load Balancing *n* – load balancing *m*, répartition *f* de charge

loading – Laden *n* – chargement *m*

loading arm – Ladearm *m* *(Druckmaschine)* – bras *m* de chargement

local edition – Lokalausgabe *f* – édition *f* locale

localization – Lokalisierung *f* – localisation *f*

localize *v.* – lokalisieren – localiser

local newspaper – Lokalzeitung *f* – journal *m* local

local pages – Lokalseiten *f/pl* – pages *f/pl* locales

local press – Lokalpresse *f* – presse *f* locale

local rag – Käseblatt *n* – feuille *f* de chou

Lock *(Illustrator)* – Fixieren – verrouiller

lock *v.* – sperren *(Objekt)* – verrouiller

locked – gesperrt *(Datei)* – verrouillé

locking – Sperrung *f* – déverrouillage *m*

lock lever – Arretierung *f* – fermeture *f*

Lock to Baseline Grid *(QuarkXPress)* – Am Grundlinienraster ausrichten – Verrouiller sur grille

lock-up frame – Schließrahmen *m* – châssis *m*

log file – Log-Datei *f* – fichier *m* journal, fichier *m* (de) log, fichier *m* de trace, fichier-trace *m*

logic tree – logischer Baum *m* – arbre *m* logique

log in *v.* – sich einloggen, sich anmelden – se connecter

logo – Logo *n* – logo *m*

log off *v.* – sich ausloggen, sich abmelden – se déconnecter

logotype – Logotype *f* – logotype *m*

log out *v.* – sich ausloggen, sich abmelden – se déconnecter

long cut-off – stehendes Format *n* – format *m* à la française

long-fib(e)red paper – langfaseriges Papier *n* – papier *m* à longues fibres

long grain – in Laufrichtung – dans le sens du grain, en sens du grain

long grain – stehendes Format *n* – format *m* à la française

long ink – lange Farbe *f* – encre *f* longue

longitudinal – längsgerichtet – longitudinal

longitudinal axis – Längsachse *f* – axe *m* longitudinal

longitudinal direction – Längsrichtung *f* – sens *m* de la longueur, longitudinal

longitudinal section – Längsschnitt *m* – coupe *f* longitudinale, section *f* longitudinale, refente *f*

longitudinal stitching – Längsheftung *f* – brochage *m* longitudinal

longwise – längs – le long de

look – Aussehen *n* – aspect *m*

look at *v.* – betrachten, anschauen – regarder

Look-up Table (LUT) – Umsetzungstabelle *f*, Look-up Table, LUT – table *f* de conversion, Look-up Table, LUT

L

loop – Schleife *f*
(*Programmschleife*) – boucle *m*
loop stitching –
Schlaufenheftung *f* – reliure *f* à
boucles
loose – in großem Abstand –
espacé
loose insert – Beilage *f (in
Zeitung)* – supplément *m*,
encart *m* jeté, encart *m* libre
loose-leaf – Loseblattsammlung *f*
– livre *m* à feuilles mobiles
loose-leaf binding –
Loseblattbindung *f* – reliure *f* à
feuille(t)s mobiles
loose leaves – lose Blätter *n/pl* –
feuilles *f/pl* volantes
loosen up *v.* – auflockern
(*Druckbogen*) – décoller
lossless compression –
verlustfreie Komprimierung *f* –
compression *f* sans perte
loss of detail – Detailverlust *m* –
perte *f* de détails
loss of production –
Produktionsausfall *m* – perte *f*
de production
loss of sharpness –
Schärfeverlust *m* – perte *f* de
netteté
loss of tone – Tonverlust *m* –
perte *f* de ton
lossy compresssion –
verlustbehaftete
Komprimierung *f* –
compression *f* avec perte
lost output – Produktionsausfall
m – perte *f* de production
loud – knallig, grell *(Farbe)* –
éclatant, vif, -ve, voyard, criard
(negativ)
low-circulation –
auflagenschwach – à faible
tirage
low contrast image –
kontrastarmes Bild *n* – image *f*
peu contrastée
low end – Low end – bas *m* de
gamme
lower *v. (typogr.)* – tief setzen –
abaisser

lower body line *(typogr.)* –
Kegelunterkante *f* – limite *f*
inférieure du corps
lowercase characters – Gemeine
f/pl, gemeine Buchstaben *m/pl* –
caractères *m/pl* en bas de casse,
minuscules *f/pl*, bas-de-casses
m/pl
lowercase (letter) –
Kleinbuchstabe *m*, Minuskel *f*
– minuscule *f*, lettre *f*
minuscule, caractère *m* en bas
de casse, bas-de-casse *m*
lowercasing – Kleinschreibung *f*
– emploi *m* des minuscules
lower margin – unterer
Seitenrand *m* – blanc *m* de
pied, marge *f* du bas
low gloss – niedrige Glanzstufe *f*
– niveau *m* de brillant faible
low-grammage paper – leichtes
Papier *n* – papier *m* de faible
grammage
low-key image – Low-Key-Bild *n*
– image *f* low key, image *f* à
dominante foncée
low-key original – Low-Key-
Vorlage *f* – original *m* Low Key
low light – schwaches Licht *n* –
éclairage *m* faible
lowpass filter – Tiefpassfilter *m* –
filtre *m* passe-bas
low quality – niedrige Qualität *f*
(*z.B. JPEG-Komprimierung*) –
basse qualité *f*
low-res image – niedrig
aufgelöstes Bild *n*, Platzhalter
m (niedrig aufgelöstes Bild) –
image *f* en basse résolution,
image *f* de placement, F basse
déf, F imagette *f*
low resolution – niedrige
Auflösung *f*, grobe Auflösung *f*
– basse résolution *f*
low-screen ruling – niedrige
Rasterweite *f* – linéature *f*
faible
low-viscosity ink – dünnflüssige
Farbe *f* – encre *f* à basse
viscosité
low-volume printwork –
Kleinauflage *f* – petite série *f*,
petit tirage *m*, faible tirage *m*

lpi (lines per inch) – lpi – lpp
(lignes par pouce)
luminance – Luminanz *f* –
luminance *f*
luminescent paint – Leuchtfarbe
f – couleur *f* phosphorescente,
couleur *f* fluorescente
**LWC (Light Weight Coated)
paper** – LWC-Papier *n* – papier
m LWC, papier *m* couché léger
magazine

M

machine-coated paper –
maschinengestrichenes Papier *n*
– papier *m* couché-machine
machine code (language) –
Maschinencode *m* – langage *m*
machine
machine direction –
Laufrichtung *f (Papier, Bahn)* –
sens *m* de marche, sens du
papier, sens *m* de défilement de
la bande
machine gilding –
Pressvergoldung *f* – dorure *f* à
presse
machine minder –
Maschinenführer *m* –
conducteur *m* (de machine)
machine(-)readable –
maschinenlesbar – déchiffrable
par la machine
machine set-up –
Maschineneinstellung *f* –
réglage *m* machine
machine standstill –
Maschinenstillstand *m* – arrêt
m (de la) machine
machine standstill times –
Maschinenstillstandszeiten *f/pl*
– temps *m/pl* morts de la
machine
mackle – Makulatur *f* – macules
f/pl, papier *m* de rebut
macro – Makro *n* – macro *m*
macro command – Makrobefehl
m – macro-commande *f*
macro instruction – Makrobefehl
m – macro-instruction *f*
macro language – Makrosprache
f – langage *m* macro

L
M

macro lens – Makroobjektiv *n* – objectif *m* macro

magazine – Magazin *n*, Zeitschrift *f*, Illustrierte *f* – revue *f*, magazine *m*, illustré *m*

magazine advertising – Zeitschriftenwerbung *f* – publicité *f* en revues

magazine printing – Zeitschriftendruck *m* – impression *f* de magazines

magazine publisher – Zeitschriftenverleger, -in – éditeur *m* de revues

magazine rack – Zeitungsständer *m* – porte-journaux *m*

magenta – Magenta – magenta

magenta film – Magentafilm *m* – film *m* du magenta

magenta separation – Magentaauszug *m* – séparation *f* du magenta

Magic wand *(Photoshop)* – Zauberstab – Baguette magique

magnetic – magnetisch – magnétique

magnetic card – Magnetkarte *f* – carte *f* magnétique

magnetic disk – Magnetplatte *f* – disque *m* magnétique

magnetic field – Magnetfeld *n* – champ *m* magnétique

Magnetic lasso *(Photoshop)* – Magnetisches Lasso – Lasso magnétique

magnetic tape – Magnetband *n* – bande *f* magnétique

magneto optical disk (MOD) – magneto-optische Disk – disque *m* optonumérique (DON)

magnification – Abbildungs-verhältnis *n* – facteur *m* de zoom

magnification – Vergrößerung *f* – agrandissement *m* (*fotogr.*), grossissement *f* (*opt.*), mise *f* à l'échelle *(Objekte)*

magnification – Zoom *m* – zoom *m*

magnification level – Zoom-faktor *m* – facteur *m* de zoom

magnified a hundred times – hundertfache Vergrößerung *f* – grossissement cent (fois), grossissement au centuple

magnifier – Lupe *f*, Vergrößerungsglas *n* – loupe *f*, verre *m* grossissant

magnify *v.* – vergrößern, zoomen, hochzoomen – agrandir, zoomer

magnifying – Vergrößern *n* – agrandissement *m*

magnifying glass – Lupe *f*, Vergrößerungsglas *n* – loupe *f*, verre *m* grossissant

mail *v.* – abschicken, senden, absenden, verschicken, versenden – envoyer, expédier

mail box – Mailbox *f* – boîte *f* aux lettres

mailbox -- Briefkasten *m* – boîte *f* aux lettres

mailer – Absender, -in – expéditeur, -rice

mailer personalization – Absender-Personalisierung *f* – personnalisation-éxpediteur *f*

mailing – Mailing *n* – publipostage *m*

mailing list – Mailingliste *f*, Verteiler *m* – liste *f* de diffusion, liste *f* de destinataires

mail server – Mail-Server *m* – serveur *m* de courrier

main application – Hauptanwendung *f* – grande application *f*

mainboard – Hauptplatine *f*, Motherboard *n* – carte *f* mère

main directory – Hauptverzeichnis *n* – répertoire *m* principal

main exposure – Hauptbelichtung *f* – exposition *f* principale

mainframe – Mainframe *m* – macroordinateur *m*

main language – Standard-sprache *f* – langue *f* principale

mains connection – Netzan-schluss *m* – raccordement *m*

mains voltage – Netzspannung *f* – tension *f* de secteur

main switch – Hauptschalter *m* – commutateur *m* principal

maintain *v.* **register** – Register halten – maintenir le registre

maintenance – Wartung *f* – maintenance *f*, entretien *m*

maintenance costs – Wartungskosten *pl* – frais *m/pl* d'entretien (maintenance)

maintenance-free – wartungsfrei – exempt d'entretien

main title – Haupttitel *m* – grand-titre *m*

make *v.* **a (carbon) copy of** – durchschreiben – écrire en double

make *v.* **a proof** – proofen, Proof durchführen – tirer une épreuve, faire une épreuve, réaliser une épreuve

maker – Produzent, -in – producteur, -rice

make-ready time – Einrichtzeit *f* – temps *m* de mise en train, temps *m* de préparation

male connector – Stiftbuchse *f* – connecteur *m* mâle

manage *v.* – verwalten – gérer

management – Verwaltung *f* – gestion *f*

management consultancy – Unternehmensberatung *f* – conseil *m* en gestion d'entreprise

management consultant – Unternehmensberater, -in – conseiller, -ère en gestion d'entreprise

management information system (MIS) – Management-Informationssystem *n* (MIS) – système *m* de gestion des informations

mandrel – Mandrille *f* – mandrin *m*

manpower shortage – Personalmangel *m* – manque *f* de personnel, pénurie *f* de main-d'œuvre

Manual – handschriftliche Antiqua *f* – manuaires *f/pl*

manual – Handbuch *n* – manuel *m*, F doc *f*

M

manual feed(ing) – Handzuführung *f (von Papier in Drucker)* – alimentation *f* manuelle

manual focus(ing) – manuelle Scharfstellung *f (Kamera)* – mise *f* au point manuelle

manual folding – manuelles Falzen *n* – pliage *m* manuel

manufacturer – Hersteller, -in, Produzent, -in – fabricant, -e, producteur, -rice

manufacturing cycle – Produktionszyklus *m* – cycle *m* de production (fabrication)

manufacturing process – Herstellungsverfahren *n* – procédé *m* de fabrication

manuscript – Manuskript *n* – manuscrit *m*, copie *f*

map *v.* – mappen – faire correspondre, F mapper

mapmaker – Kartograf *m* – cartographe *m*

mapmaking – Kartografie *f* – cartographie *f*

mapping – Mapping *n* – correspondance *f*

mapping – Abbildung *f* – reproduction *f*

map printing – Kartendruck *m* – impression *f* de cartes (géographiques)

marbled paper – marmoriertes Papier *n* – papier *m* marblé

marbling – Marmorierung *f* – jaspage *m*, marbrure *f*

margin – Rand *m (Seitenrand)* – marge *f*

marginal decoration – Randverzierung *f* – ornement *m* marginal

marginal figure – Marginalziffer *f* – chiffre *m* en marge

marginal note – Marginalie *f*, Randnote *f*, Randbemerkung *f* – manchette *f*, note *f* marginale

marginal width – Randbreite *f* – largeur *f* de la marge

Margin Guides *(QuarkXPress)* – Randhilfslinien *f/pl* – Repères de marges

mark – Signet *n* – sigle *m*

mark – Klecks *m* – bavure *f*, tache *f*, paté *m*

mark – Marke *f*, Druckmarke *f* – repère *m*

mark *v.* – markieren – marquer

marker – Markierung *f* – marquage *m*

marker text – Marker-Text *m* – texte *m* indicateur

market analysis – Marktanalyse *f* – analyse *f* du marché

marketer – Marketingfachmann, -frau – marketeur *m*, mercaticien, -ne

market for printed matter – Drucksachenmarkt *m* – marché *m* des arts graphiques, marché *m* de l'imprimé

marketing – Marketing *n* – marketing *m*

marketing manager – Marketingchef, -in – responsable (du) marketing

market research – Marktforschung *f* – étude *f* des marchés

marking – Markierung *f* – marquage *m*, mise *f* en surbrillance

mark up – Satzvorbereitung *f* – préparation *f* de la copie

mark up *v.* – Original *n* vorbereiten – marquer, préparer la copie, baliser

marquee – Begrenzungsrahmen *m*, Auswahlrechteck *n* – cadre *m* de sélection

marquee – Auswahlrechteck *n* – rectangle *m* de sélection

mask – Maske *f*, Maskierung *f* – masque *m*

mask *v.* – maskieren, freistellen, abdecken – détourer, découper, masquer

masked area – freigestellter Bereich *m* – zone *f* détourée

masking – Maskieren *n*, Ausdecken *n* (Film) – masquage *m*

masking stripes – Vakuumstreifen *m (Plattenmontage)* – bande *f* de mise sous vide

mass storage – Massenspeicher *m* – mémoire *f* de masse

master *v.* – beherrschen *(Programm)* – maîtriser

master page – Musterseite *f* – maquette *f*, gabarit *m*, page *f* maîtresse, page *f* type

masthead *(U.S.)* – Impressum *n* – ours *m*

match *v.* – abgleichen, angleichen – ajuster, équilibrer, établir une correspondance

match *v.* – übereinstimmen *(Farbe)* – concorder, cadrer, correspondre

matched – überschneidungsfrei – sans doublons

matchfold *v.* **inks** – Farben abstimmen – contretyper des encres

matching – Abgleich *m* – équilibrage *f*

matching sheet – Abstimmbogen *m* – feuille-échantillon *f* d'examen

material – Material *n* – matériel *m*

material flow – Materialfluss *m* – flux *m* des matériaux

material loading – Materialzufuhr *f* – chargement *m* du support

material requirement – Materialbedarf *m* – besoins *m/pl* des matériaux

materials testing – Materialprüfung *f* – contrôle *m* des matériaux

math coprocessor – mathematischer Coprozessor *m* – coprocesseur *m* arithmétique

mathematical construction – mathematisches Konstrukt *n* – construction *f* mathématique

math setting – mathematischer Satz *m* – composition *f* des mathématiques

matrix – Matrix *f*, Matrize *f* – matrice *f*

matrix printer – Matrixdrucker *m* – imprimante *f* matricielle

matt – matt – mat, terne

matte-coated paper – mattgestrichenes Papier *n* – papier *m* couché mat

matte-coating – Mattstrich *m* – couchage *m* mat

matte finish – Mattglanz *m* – apprêt *m* mat, fini mat

matte paper – mattes Papier *n* – papier *m* mat

mauve – blasslila, malvenfarbig, mauve – mauve

maximal density – Maximaldichte *f*, maximale Dichte *f* – densité *f* maximale

maximal exposure area – maximaler Belichtungsbereich *m* – zone *f* maximum d'insolation

maximize *v.* – maximieren – maximiser

maximum quality – maximale Qualität *f (z.B. JPEG-Komprimierung)* – qualité *f* maximale

Maxwellian trichromatic values – Maxwellsche Dreifarbenwerte *m/pl* – valeurs *f/pl* trichromiques de Maxwell

MB (MegaByte, MByte) – MB – Mo, méga-octet (*pl* méga-octets)

means of production – Produktionsmittel *n/pl* – moyens *m/pl* de la production

measurable – messbar – mesurable

measure *v.* – messen – mesurer

measured value – Messwert *m* – valeur *f* mesurée

measurement – Messung *f* – mesure *f*, mesurage *m*

measurement aperture – Messöffnung *f* – ouverture *f* de mesure

measurement conditions – Messbedingungen *f/pl* – conditions *f/pl* de prise de mesure

measurement file – Messwertedatei *f* – fichier *m* de valeurs de mesure

measurement geometry – Messgeometrie *f* – géométrie *f* de mesure

measurement of density – Dichtemessung *f* – mesure *f* de la densité

Measurements *(QuarkXPress)* – Maßpalette – Spécifications

measurement unit – Maßeinheit – unité *f* de mesure

measure of hardness – Härtemessung *f* – contrôle *m* de la dureté

measuring accuracy – Messgenauigkeit *f* – précision *f* de mesure

measuring angle – Messwinkel *m* – angle *m* de mesure

measuring area – Messfläche *f* – surface *f* de mesure

measuring device – Messgerät *n* – appareil *m* de mesure, instrument *m* de mesure

measuring geometry – Messgeometrie *f* – géométrie *f* de mesure

measuring head – Messkopf *m* – tête *f* de mesure

measuring instrument – Messgerät *n* – appareil *m* de mesure, instrument *m* de mesure

measuring range – Messbereich *m* – gamme *f* de mesure, plage *f* de mesure

measuring strip – Messstreifen *m* – barre *f* de mesure

measuring the distance – Messen *n* des Abstands – mesure *f* de la distance

mechanical equipment – Maschinenpark *m* – parc *m* de machines

mechanical folding – maschinelles Falzen *n* – pliage *m* mécanique

mechanical pulp – Holzfaserstoff *m* – pâte *f* mécanique

Mechanistic – Serifenbetonte Linear-Antiqua *(Schriftenklassifizierung)* – Mécanes

media – Trägermaterial *n* – support *m*, substrat *m*

media – Medium *n*, Medien *n/pl* – média *m*

media artist – Medienkünstler, -in – médiartiste *m*

media box *(PDF)* – Medien-Rahmen *m* – zone *f* de support

media buyer – Media-Einkäufer, -in – acheteur, -euse média

media campaign – Medienkampagne *f* – campagne *f* média

media director – Media-Direktor, -in – concepteur, -rice médiatique

median axis – Mittelachse *f* – ligne *f* médiane

media plan – Mediaplan *m* – plan *m* média

media transport system – Medientransportsystem *n (z.B. in Belichter)* – système *m* de transport de support

Media type *(InDesign)* – Medientyp – Type de support

medium – Werbeträger *m* – support *m* publicitaire

medium – normal *(Schriftstil)* – standard, normal

medium quality – mittlere Qualität *(z.B. JPEG-Komprimierung)* – qualité *f* moyenne

megapixels – Megapixel *n/pl* – mégapixels *m/pl*

memo – Aktennotiz *f* – note *f*

memo pad *(U.S.)* – Notizblock *m* – bloc-notes *m*

memory – Speicher *m*, Arbeitsspeicher *m*, RAM *m* – mémoire *f*, mémoire *f* vive (MEV), mémoire *f* de travail

Memory & Image cache *(Photoshop)* – Speicherbenutzung & Bild-Cache – Mémoire cache

memory allocation – Speicherbelegung *f*, Speicherzuteilung *f* – allocation *f* (de) mémoire

M

memory capacity – Speicherkapazität f – capacité f de stockage, capacité f mémoire

memory capacity requirement – Speicherbedarf m – besoin m de mémoire

memory card (stick) – Speicherkarte f – carte f mémoire

memory management – Speicherverwaltung f, Speichermanagement n – gestion f de (la) mémoire

memory requirement – Speicherplatzanforderung f – mémoire f requise

mentioned above – oben erwähnt – susmentionné

mentioned below – unten erwähnt – mentionné ci-dessous

menu – Menü n – menu m

menu bar – Menüleiste f – barre f de menus

menu-driven – menügesteuert – piloté par menu

menu item (choice) – Menüpunkt m, Menüeintrag m – élément m de menu, option f de menu, commande f de menu

merge $v.$ – mergen, vereinen, verschmelzen *(Objekte)* – fusionner, fondre

Mesh gradient *(Illustrator)* – Lebender Verlauf – Filet de dégradé

meta data – Metadaten pl – méta-données f/pl

metal plate – Metalldruckplatte f – plaque f métallique

metameric colors – metamere Farben – couleurs f/pl métamères

metamerism – Metamerie f – métamérie f

meter – Messgerät n – appareil m de mesure, instrument m de mesure

metering blade – Dosierklinge f – lame f docteur

meter(ing) roll – Dosierwalze f *(Flexodruck)* – rouleau m doseur (docteur), cylindre m de dosage

metric(al) – metrisch – métrique

metrics – Metrik f – métrique f

metric system – metrisches System n – système m métrique

mezzotint – Mezzotinto n – manière f noire, mezzo-tinto m

microcircuit card – Chipkarte f – carte f à puce, carte f à microcircuit

microdot – Mikropunkt m – micropoint m

microelectronics – Mikroelektronik f – micro-électronique f

micro-fiche – Mikroplanfilm m – micro-fiche m

microfilm – Mikrofilm m – microfilm m

microline elements – Mikrolinienelemente n/pl *(Kontrollstreifen)* – éléments m/pl microligne

micrometer – Mikrometer m – micromètre m, palmer m

microprocessor – Mikroprozessor m – microprocesseur m

microprocessor-controlled – mikroprozessorgesteuert – commandé par microprocesseur

Mid-Linear Blend *(QuarkXPress)* – Zentrierter, linearer Verlauf – Dégradé semi-linéaire

midrange model – Mittelklassemodell n – modèle m de milieu de gamme

midtone – Mittelton m – ton m moyen

midtones – Mitteltöne m/pl – tons m/pl moyens

millboard – Maschinenpappe f – carton m à l'enrouleuse

millimeter *(U.S.)* – Millimeter m – millimètre m

millimetre *(brit.)* – Millimeter m – millimètre m

minimal density – Minimaldichte f – densité f minimum

minimize $v.$ – minimieren – minimiser

minimum circulation – Mindestauflage f – tirage m minimum

minimum line weight (width) – Mindeststrichstärke f – épaisseur f minimale des lignes

minus correction – Minuskorrektur f *(bei Druckzylindern)* – correction f minus

minus sign – Minuszeichen n – moins m

mirror – Spiegel m – miroir m

mirror $v.$ – spiegeln – miroiter

mirror image – Spiegelbild n – reflet m

mirroring – Spiegeln n – miroitement m

mirroring – spiegelnd – effet m miroir

mirror-inverted – seitenverkehrt – à l'envers

mirror print – seitenverkehrte Ausgabe f – impression f en émulsion verso

mirror type – Spiegelschrift f – caractères m/pl en miroir

mirror writing – Spiegelschrift f – écriture f en miroir, caractères m/pl en miroir

miscible – mischbar – miscible

misconfiguration – falsche Konfiguration f – mauvaise configuration f

miscontact – Hohlkopie f *(bei Druckplattenkopie)* – hors-contact m

mis-fed sheet – Fehlbogen m – feuille f manquante

MIS (Management Information System) system – MIS-System n – système m MIS

misprint – Druckfehler m, Satzfehler m – coquille f, mastic m, faute f d'impression

misprints – Makulatur f – macules f/pl, papier m de rebut

mis-register – Fehlpasser m, Passerversatz m – mal repéré

misregistration – Passerfehler m – erreur f de repérage, défaut m de repérage

missing – fehlend – manquant

missing fonts – fehlende Schriften f/pl – polices f manquantes

mistake – Fehler *m* – erreur *f*, faute *f*, défaut *m*

mistranslation – Übersetzungsfehler *m* – faute *f* de traduction

miter *(brit. mitre)* – Gehrung *f* – onglet *m*, biais *m*

miter angle – Gehrungswinkel *m* – angle *m* d'onglet

miter limit – Gehrungsbegrenzung *f* – limite *f* onglet

mitred cut – Gehrungsschnitt *m* – coupe *f* d'onglets

mix – mischen – mélanger

mixable – mischbar – miscible

mixed color – Mischfarbe *f* – couleur *f* mixte

mixed form – Sammelform *f* – amalgame *m*, forme *f* (en) multiposes, groupage *m*, mariage *m*, imbrication *f*

mixture – Mischung *f* – mélange *m*

mobile (phone) – Handy *n*, Natel *n (Schweiz)* – téléphone *f* mobile, natel *m (Schweiz)*

mock-up – Dummy *m*, Klebelayout *n*, Legemuster *n* – maquette *f* (collée)

mode dial – Programm-Wahlscheibe *f (Kamera)* – molette *f* de réglage

model – Modell *n* – modèle *m*

modem – Modem *n* – modem *m*

Modern face – klassizistische Antiqua *f* – didones *f/pl*

modification – Modifikation *f* – modification *f*

modify *v.* – modifizieren – modifier

modular – modular – modulaire

moiré – Moiré *n* – moiré *m*, moirage *m*

moire pattern – Moiré-Muster *n* – motif *m* moiré

moisture – Feuchtigkeit *f* – humidité *f*

moisture absorption – Feuchtigkeitsaufnahme *f* – absorption *f* d'humidité

molleton – Molton *m* – molleton *m*

monitor – Monitor *m*, Bildschirm *m* – moniteur *m*, écran *m*

monitor *v.* – überwachen *(z.B. Hot Folder)* – scruter, surveiller, contrôler

monitor calibration – Bildschirmkalibrierung *f* – calibrage *m* d'écran

monitor calibration software – Bildschirmkalibrierungsprogramm *n* – calibrateur *m* d'écran

monitor display – Bildschirmanzeige *f* – affichage *m* à l'écran

monitoring – Überwachung *f* – scrutation *f*, surveillance *f*, contrôle *m*

monitor profile – Monitorprofil *n (ICC-Farbmanagement)* – profil *m* de moniteur

monitor vendor – Monitorhersteller *m* – constructeur *m* de (du) moniteur

monochromatic light – monochromatisches Licht *n* – lumière *f* monochrome

monochrome – einfarbig, monochrom – monochrome

monomer – Monomer *n* – monomère *m*

monopod – Einbeinstativ *n* – monopod *m*

monospaced – dicktengleich – chasse *f* fixe

monospace font – nicht proportionale Schrift *f* – police *f* à chasse fixe

montage film – Montagefolie *f* – film *m* de montage

monthly (magazine) – Monatszeitschrift *f* – mensuel *m*, revue *f* mensuelle

morning paper – Morgenzeitung *f* – quotidien *m* du matin

morphing – Morphing *n* – morphage *m*

mosaic – Mosaik *n* – mosaïque *f*

mosaic effect – Mosaikeffekt *m* – effet *m* de mosaïque

motherboard – Hauptplatine *f*, Motherboard *n* – carte *f* mère

motion blur – Bewegungsunschärfe *f* – flou *m* de bougé

mottle *v.* – perlen *(Fehler im Druckbild)* – perler, moutonner

mottling – Mottling *f (Schärfeeffekt)* – effet *m* de chiné

mould-made paper – handgeschöpftes Papier *n* – papier *m* à la cuve

mount *v.* – ansetzen *(Objektiv bei Kamera)* – engager, placer

mount *v.* – montieren *(bei Geräten)* – monter, mettre en place

mount *v.* – mounten *(EDV)* – monter

mounting – Plattenmontage *f* – montage *m* de plaques

mounting board – Aufziehkarton *m* – carton *m* pour montage

mounting equipment – Montagesystem *n* – système *m* de montage

mounting of the original – Vorlagenmontage *f* – mise *f* en place de l'original

mounting spray – Montagespray *n* – spray *m* de montage

mouse – Maus *f* – souris *f*

mouse button – Maustaste *f* – bouton *m* de la souris

mouse pad – Mousepad *n* – tapis *m* de souris

move *v.* – verschieben – déplacer

moved – verschoben – décalé

movie clip – Movie-Clip *m* – séquence *f* vidéo

multi-byte font – Mehrbyte-Font *m* – police *f* à plusieurs octets

Multichannel image *(Photoshop)* – Mehrkanalbild – Image multicouche

multi(-)color(ed) – mehrfarbig – à plusieurs couleurs, polychrome

multi(color printing – Mehrfarbendruck *m* – impression *f* en couleurs

multi-column – mehrspaltig – à plusieurs colonnes

M

multi-column composition –
Mehrspaltensatz *m* –
composition *f* en multi-
colonnes

multiflash – Mehrfachbelichtung
f – exposition *f* multiple

multi-frequency screen –
Multifrequenz-Bildschirm *m* –
écran *m* multifréquence

Multi Ink color *(QuarkXpress)* –
Multi-Ink-Farbe – Couleur
Multi-Ink

multi-layered – mehrlagig –
multicouche

multilingual job –
mehrsprachiges Projekt *n* –
projet *m* multilingue

multimedia – Multimedia –
multimédia *m*, plurimédia

multimedia artist –
Multimediakünstler, -in –
artiste *m/f* multimédia,
concepteur, -rice multimédia

multimedia author –
Multimedia-Autor, -in –
créateur, -rice multimédia

multimedia system –
Medienverbund *m* – groupe *m*
de communication

MultipleMaster font –
MultipleMaster-Schrift *f* –
police *f* MultipleMaster

multiple page document –
mehrseitiges Dokument *n* –
document *m* à plusieurs pages

multiple plate exposures –
Schiebekopie *f* *(bei der
Druckplattenkopie)* – copie *f*
décalée

multiple web – Mehrfachrolle *f* –
bobines *f/pl* multiples

multiplexer – Multiplexer *m* –
multiplexeur *m*

multiplexing – Multiplexing *n* –
multiplexage *m*

multiplication sign –
Multiplikationszeichen *n* –
signe *m* multiplication

Multiply *(Photoshop)* –
Multiplizieren – Produit

multi-ply board – mehrlagiger
Karton *m* – carton *m* multiplex

multiprocessing –
Multiprozessor-Verarbeitung *f*
– multitraitement *m*

multiprocessor – Multiprozessor
m – multiprocesseur *m*

multitasking – Multitasking *n* –
multitâche *m*

multithreading – Multithreading
n – multithreading *m*

multithread *m* – Multithread *m* –
multithread *m*

multiuser – Mehrfachbenutzer
m, Multiuser *m* –
multiutilisateur

multi-web printing –
Mehrfachrollendruck *m* –
impression *f* à bobines
multiples

N

name and address labeling –
Adressenaufkleben *n* – collage
m d'adresses

name list – Adressenliste *f* – liste *f*
d'adresses

naming – Namensgebung *f* –
désignation *f*

naming convention –
Namenskonvention *f* –
convention *f* de nom

nanometer – Nanometer *m* –
nanomètre *m*

narrow *(typogr.)* – schmal – étroit

narrow-band filter –
Schmalbandfilter *m* *(bei
Densitometern)* – filtre *m* à
bande étroite

narrow composition (setting) –
enger Satz *m* – composition *f*
serrée

narrow web – Schmalbahn *f* –
bande *f* étroite, laize *f* étroite

narrow web press –
Schmalbahndruckmaschine *f* –
presse *f* en laize étroite

narrow-width printing –
Schmalbahndruck *m* –
impression *f* à petite laize

national newspaper –
überregionale Zeitung *f* –
journal *m* national

native file format – natives
Dateiformat *n* – format *m* de
fichier natif

navigate *v. (Internet)* –
navigieren – parcourir

navigation – Navigation *f*,
Browsen *n* – navigation *f*,
exploration *f*, furetage *m*,
butinage *m*

Navigator palette *(Photoshop)* –
Navigator-Palette – palette
Navigation

nearest Neighbor *(Photoshop)* –
Pixelwiederholung – Au plus
proche

needle printer – Nadeldrucker *m*
– imprimante *f* à aiguilles,
imprimante *f* matricielle

negative – Negativ *n* – négatif

negative contact screen –
Negativkontrastraster *n* –
trame *f* de contact négative

negative doctoring – negative
Abrakelung *f* – raclage *m*
négatif

negative exposure –
Negativbelichtung *f* –
exposition *f* en négatif

negative film – Negativfilm *m* –
film *m* négatif

negative tracking – negative
Laufweite *f* – approche *f*
négative

negative value – negativer Wert
m – valeur *f* négative

neighboring objects *(brit.
neighbouring)* – benachbarte
Objekte *n/pl* – objets *m/pl*
adjacents

neon light – Neonlicht *n* –
lumière *f* (au) néon

neon sign – Neonreklame *f* –
publicité *f* (au) néon, F néon *m*

neon tube – Neonröhre *f* – tube
m (au) néon

nested – verschachtelt –
enchevêtré, imbriqué

nesting – Nesting *n*, Ineinanderschachtelung *f*, Verschachteln
n, Verschachtelung *f* –
imbrication *f* (de motifs),
incrustation *f*, enchevêtrement *m*

net – Netz *n* – réseau *m*

net surfer *(Internet)* – Internet-surfer *m* – surfeur *m* du réseau

network – Netzwerk *n* – réseau *m*

network administrator – Netzwerkadministrator, -in – manager *m* réseau, administrateur, -rice réseau

network architecture – Netzwerkarchitektur *f* – architecture *f* du réseau

network card – Netzwerkkarte *f* – carte *f* réseau

networking – Netzwerkver-waltung *f* – gestion *f* de réseau

networking – Vernetzung *f* – réseautique *f*

networking software – Netzwerkprogramm *n* – logiciel *m* de réseau

network printing – Network Printing *n* – impression *f* à distance

network protocol – Netzwerkprotokoll *n* – protocole *m* de réseau

network rate transfer – Netzwerkübertragungsrate *f* – débit *m* de transmision sur réseau

networks expert – Netzwerkspezialist, -in – spécialiste *m/f* réseau

network structure – Netzwerkstruktur *f* – structure *f* du réseau

network system fonts *(Mac OS X)* – Netzwerksystemzeichensätze *m/pl* – polices *f/pl* système réseau

network topology – Netzwerktopologie *f* – topologie *f* réseau

network traffic – Netzwerkver-kehr *m* – trafic *m* sur le réseau

neural network – neuronales Netzwerk *n* – réseau *m* neuronal

neutral area – neutraler Bildbereich *m* – zone *f* neutre de l'image

neutral color – neutrale Farbe *f* – couleur *f* neutre

neutral density – neutrale Dichte *f* – densité *f* neutre

neutral density filter *(fotogr.)* – Neutraldichtefilter *m*, Graufilter *m* – filtre *m* de densité neutre, filtre *m* gris neutre

neutral gray – Neutralgrau *n* – gris *m* neutre

neutral tone – neutraler Ton *m* – ton *m* neutre

new acquisition – Neuerwerbung *f* – nouvelle acquisition *f*

new book (publication) – Neuerscheinung *f* – nouvelle publication *f*, dernière publication *f*

new edition – Neuauflage *f* – nouvelle édition *f*, réimpression *f*

new media – neue Medien *n/pl* – nouveaux médias *m/pl*

news agency – Nachrichtenagentur *f* – agence *f* de presse

news agent – Zeitungshändler, -in – marchand, -e de journaux

news deadline – Redaktionsschluss *m* – bouclage *m*, date (heure) *f* limite (de bouclage d'une édition)

news dealer *(U.S.)* – Zeitungshändler, -in – marchand, -e de journaux

newsgroup – Newsgroup *f*, Diskussionsforum *n* – groupe *m* de discussion, forum *m* électronique

news ink – Zeitungsfarbe *f* – encre *f* de presse

newsletter – Mitteilungsblatt *n*, Newsletter *m*, Rundbrief *m*, Rundschreiben *n* – bulletin *m* d'information

newspaper – Zeitung *f* – journal *m*, quotidien *m*, F canard *m*

newspaper ad(vertisement) – Zeitungsanzeige *f*, Zeitungsannonce *f* – annonce-presse *f*

newspaper archive – Zeitungsarchiv *n* – archives *f/pl* de journaux

newspaper article – Zeitungs-artikel *m* – article *m* de journal

newspaper bundle – Zeitungspaket *n* – paquet *m* de journaux

newspaper carrier – Zeitungsausträger, -in – porteur, -euse de journaux

newspaper clipping – Zeitungsausschnitt *m* – coupure *f* de journal

newspaper column – Zeitungskolumne *f* – colonne *f* de journal

newspaper cutting – Zeitungsausschnitt *m* – coupure *f* de journal

newspaper fold – Zeitungsfalz *m* – pli *m* journal

newspaper industry – Zeitungsbranche *f* – industrie *f* des journaux

newspaper offset rotary – Offsetzeitungsrotation *f* – rotative *f* offset de presse

newspaper pagination – Zeitungsumbruch *m* – mise *f* en page de journaux

newspaper press – Zeitungsdruckmaschine *f* – rotative *f* de presse

newspaper printer – Zeitungsdrucker *m* – imprimeur *m* de presse

newspaper printhouse – Zeitungsdruckerei *f* – imprimerie *f* de journaux, imprimerie *f* de presse

newspaper printing – Zeitungsdruck *m* – impression *f* de journaux

newspaper production – Zeitungsherstellung *f* – production *f* de journaux

newspaper publisher – Zeitungsverlag *m*, Zeitungsverleger, -in – éditeur *m* de journaux

newspaper reader – Zeitungsleser, -in – lecteur, -rice de journaux

newspaper rotary – Zeitungsrotationsmaschine *f* – rotative *f* de presse

N

newspaper size – Zeitungsformat *n* – format *m* du journal

newspaper subscription –
Zeitungsabonnement *n* –
abonnement *m* à un journal

newspaper supplement – Zeitungsbeilage *f* – supplément *m*

news photographer – Pressefotograf *m* – photographe *m* de
presse

newsprint – Zeitungspapier *n* –
papier *m* journal, papier *m* de
presse

news release – Pressenotiz *f* –
entrefilet *m*

newsstand – Zeitungsstand *m* –
kiosque *m* à journaux

news story – Zeitungsartikel *m* –
article *m* de journal

news transmission –
Nachrichtenübermittlung *f* –
transmission *f* de l'info,
transmission *f* des nouvelles
(des informations)

news vendor –
Zeitungsverkäufer, -in –
vendeur, -euse de journaux

Newton('s) rings – Newton-
Ringe *m/pl* – anneaux *m/pl* de
Newton

new version – neue Version *f*,
Neufassung *f* – nouvelle
version *f*

next page – nächste Seite *f* – page
f suivante

next to – neben – à côté

next to each other –
nebeneinander – côte à côte

niche market – Nischenmarkt *m*
– marché *m* niche

night shift – Nachtschicht *f* –
poste *m* de nuit, équipe *f* de
nuit

no-break space – geschütztes
Leerzeichen *n*, untrennbarer
Zwischenraum *m* – blanc *m*
dur, blanc *m* insécable, espace
m insécable

nodal point – Knotenpunkt *m* –
point *m* nodal

node – Knoten *m* – nœud *m*

noise – Rauschen *n* (*in Bildern*) –
bruit *m* (parasite)

noise level – Lärmpegel *m* –
niveau *m* de bruit

noise protection – Lärmschutz *m*
– protection *f* contre le bruit

noise reduction –
Lärmdämpfung *f* – réduction *f*
du bruit

nominal value – Sollwert *m* –
valeur *f* assignée, valeur *f*
nominale, valeur *f* de consignes

non-aging properties –
Alterungsbeständigkeit *f* –
résistance *f* au vieillissement

non-breaking hyphen –
geschützter Bindestrich *m* –
tiret *m* insécable

non-breaking space –
geschütztes Leerzeichen *n*,
untrennbarer Zwischenraum *m*
– blanc *m* dur, blanc *m*
insécable, espace *m* insécable

non-capitalization –
Kleinschreibung *f* – emploi *m*
des minuscules

non-contiguous pages – nicht
aufeinander folgende Seiten *f/pl*
– pages *f/pl* non-consécutives

non-counting text input –
Endloserfassung *f* (*Text*) –
frappe *f* au kilomètre, saisie *f*
au kilomètre

non-impact printing –
berührungsloses
Druckverfahren *n* – procédé *m*
d'impression sans impact

Non-Latins – Fremde Schriftarten
(*Schriftenklassifizierung*) – non
latines

non-printable character – nicht
druckbares Zeichen *n* –
caractère *m* non imprimable

non-proportional width –
dicktengleich – chasse *f* fixe

non-reproducible – nicht
reproduzierbar – non
reproductible

non-toxic ink – lebensmittelechte
Farbe *f* – encre *f* alimentaire

non-volatile memory – nicht
flüchtiger Speicher *m* –
mémoire *f* non volatile

Non-white areas (*QuarkXPress*)
– Nicht-weiße Bereiche – Zones
non blanches

norm – Norm *f* – norme *f*

normalize *v.* – normalisieren –
normaliser

normalizer – Normalizer *m* –
normaliseur *m*

norm color system –
Normfarbsystem *n* (*CIE-
Farbsystem*) – système *m*
colorimétrique normalisé

**NORM (Normalize Once, Render
Many)** – NORM – NORM

no-sheet detector –
Fehlbogenkontolle *f* – détecteur
m de manque de feuille

note – Notiz *f* (*Vermerk*) – note *f*,
notice *f*

notebook – Notebook *n* –
ordinateur *m* bloc-notes, bloc-
notes *m*, organizer *m*

notebook – Notizbuch *n*, Heft *n*
– carnet *m*, calepin *m*, cahier *m*

notepad – Notizblock *m* – bloc-
notes *m*

notepad – Notepad *m* – ardoise *f*
électronique

novel – Roman *m* – roman *m*

nozzle – Blase *f* (*Druckblase in
Tintenstrahldrucker*) – bulle *f*

nude photography –
Aktfotografie *f*, Aktfoto *n* –
photo *f* de nu(s), nu *m*
photographique, photographie
f de nu(s)

number – Zahl *f* – nombre *m*

number *v.* – nummerieren –
numéroter

numbered – nummeriert –
numéroté

numbering – Nummerierung *f* –
numérotation *f*

numbering box –
Nummerierwerk *n* –
numéroteur *m*

number of pages – Seiten(an)zahl
f – nombre *m* de pages

number of signatures –
Bogenzahl *f* – nombre *m* de
cahiers

number pad – Ziffernblock *m*
(*Tastatur*) – pavé *m* numérique

number *v.* **pages** – paginieren –
folioter, paginer, numéroter les
pages

N

number sign (#) – Nummerzeichen *n*, Rautezeichen *n* – dièse *m*, symbole *m* numéro

numeral – Ziffer *f* – chiffre *m*

numeric(al) key – Zifferntaste *f* – touche *f* numérique

numeric keypad – Ziffernblock *m (Tastatur)* – pavé *m* numérique

num lock key – Num-Lock-Taste *f* – touche *f* de verrouillage du clavier numérique

nylon block – Nylonklischee *n* – cliché *m* nylon

O

O.K. proof, OK proof – abgezeichneter Bogen *m* – épreuve *f* acceptée

object oriented trapping – objektorientiertes Trapping *n* – trapping *m* orienté objets, grossi-maigri *m* orienté objets

object properties – Objekteigenschaften *f/pl* – propriétés *f/pl* d'un objet

oblique – schräg, kursiv – oblique, en biais, penché, incliné

oblique edge – Schrägschnitt *m* – tranche *f* oblique

oblong format – Querformat *n* – paysage *m*, format *m* paysage, format à l'italienne, à l'italienne, format *m* oblong

obtuse angle – stumpfer Winkel *m* – angle *m* obtus

OCR (optical character recognition) – optische Zeichenerkennung *f* – reconnaissance *f* optique des caractères, OCR

odd pages – ungerade Seiten *f/pl* – pages *f/pl* impaires

odorless ink *(brit. odourless)* – geruchsfreie Farbe *f* – encre *f* inodore

OEM product – OEM-Produkt *n* – produit *m* OEM

office program – Office-Programm *n* – logiciel *m* bureautique

office scanner – Büroscanner *m* – scanner *m* de bureau

official gazette – Amtsblatt *n* – journal *m* officiel

offline – offline – hors ligne, autonome

offline finishing – Offline-Finishing *n* – finition *f* hors ligne

offload *v.* – entladen – décharger (de)

off(-)print – Sonderdruck *m* – décalque *m*, tirage *m* à part, tiré *m* à part

off-print – Teilauflage *f* – tirage *m* à part

offset – Versatz *m*, Verschiebung *f* – décalage *m*, déplacement *m*

offset blanket – Gummituch *n (beim Offsetdruck)* – blanchet *m* (en caoutchouc), caoutchouc *m*

offset ink – Offsetfarbe *f* – encre *f* offset

offset mounting – Offsetmontage *f* – montage *m* offset

offset paper – Offsetpapier *n* – papier *m* offset

offset plate – Offsetplatte *f* – plaque *f* offset

offset printer – Offsetdrucker, -in – imprimeur *m* offset

offset printhouse (printshop) – Offsetdruckerei *f* – imprimerie *f* offset

offset (printing) – Offsetdruck *m* – impression *f* offset

offset (printing) plate – Offsetdruckplatte *f* – plaque *f* offset

offset (printing) press – Offsetdruckmaschine *f* – presse *f* offset, machine *f* offset

offset rotary – Offsetrotation *f* – rotative *f* offset

off-setting – Abschmieren *n*, Abliegen *n (Druckfarbe)* – décharge *f*

off the page – außerhalb der Seite – en dehors de la page, hors page

oil (paint) – Ölfarbe *f* – peinture *f* à l'huile

oil painting – Ölgemälde *n*, Ölmalerei *f* – tableau *m* à l'huile, peinture *f* à l'huile

oilstone – Ölstein *m* – pierre *f* huilé

oil varnish – Ölfirnis *m* – vernis *m* à huile

OK to print, O.K. to print – OK für den Druck, gut zum Druck, druckfertig, Druckfreigabe *f* – bon à tirer, BAT, BàT, b.a.t., bon à rouler

old papers – Altpapier *n* – vieux papiers *m/pl*, papier *m* recyclé

old style figure – Mediävalziffer *f* – chiffre *m* elzévirien

oleography – Oleografie *f* – oléographie *f*

oleophilic – farbfreundlich *(oleophil)* – oléophile

oleophobic – farbabweisend *(oleophob)* – oléophobe

omission marks (...) – Auslassungspunkte *m/pl* – points *m/pl* de suspension

omission (of words) – Auslassen *n* von Wörtern *(Satzfehler)* – bourdon *m*

omit *v.* – auslassen – omettre

Omit for OPI *(InDesign)* – Für OPI auslassen – Ignorer pour OPI

Omni light *(Photoshop)* – Diffuses Licht – Eclairage omnidirectionnel

on a large scale – in großem Maßstab – sur une grande échelle

on a level with – auf gleicher Höhe mit – à fleur de

on approval – zur Ansicht – à l'épreuve

on a scale of – im Maßstab von – à l'échelle de

on centre – mittig – au centre

on-demand printing – Print-on-demand – impression *f* à la demande

N

O

one color back – einfarbiger
Widerdruck *m* – verso *m* en
une couleur
one color both sides – einfarbiger
Schön- und Widerdruck *m* –
recto-verso *m* en une couleur
one color front – einfarbiger
Schöndruck *m* – recto *m* en une
couleur
one-frame erase – Einzelbild-
Löschung *f* *(dig. Kamera)* –
effacement *m* d'une vue
one-side coated paper – einseitig
gestrichenes Papier *n* – papier
m couché une face
one-sided printing – einseitiger
Druck *m* – impression *f* d'une
face
one-up – Einzelnutzen *m* – en
simple pose *f*
onion skin – Florpostpapier *n* –
pelure *f* d'oignon
on-light – Auflicht *n* – éclairage
m par réflexion
on-light measurement –
Auflichtmessung *f* – mesure *f*
par réflexion
online – online – en ligne
online community – Online-
Gemeinde *f* – communauté *f*
virtuelle, communauté *f* en
ligne
online spectrophotometry –
Online-Spektrofotometrie *f (an
Druckmaschine)* –
spectrophotométrie *f* directe
online system – Online-System *n*
– système *m* en ligne
on-press perforation –
Druckperforation *f* –
perforation *f* sur presse
on-screen editing –
Bildschirmkorrektur *f* –
correction *f* écran
on-screen preview –
Bildschirmvorschau *f* –
prévisualisation *f* à l'écran
on the fly – im Fluge, on the fly –
à la volée
on the Internet – im Internet –
sur Internet
on the left(-hand side) – links – à
gauche

on-the-run imprinting –
fliegender Eindruck *m* –
repiquage *m* en vol
on (the) top – oben – en haut
on-time delivery –
termingerechte Lieferung *f* –
livraison *f* à temps
on top of each other –
übereinander – l'un sur l'autre,
l'un par-dessus l'autre
opacity – Opazität *f*, Deckkraft *f*
– opacité *f*, pouvoir *m* couvrant
Opacity mask *(Photoshop)* –
Opazitätsmaske – Masque
d'opacité
opal glass – Opalglas *n* – verre *m*
opalin
opal lamp – Opallampe *f* – lampe
f opaline
opaque – deckend, opak,
lichtundurchlässig,
undurchsichtig – couvrant,
opaque, non transparent
opaque film – Opakfilm *m* – film
m opaque
opaque ink – Deckfarbe *f* – encre
f couvrante
opaqueness –
Lichtundurchlässigkeit *f* –
opacité *f*
opaque paper – nicht
durchscheinendes Papier *n* –
papier *m* opaque
opaque white – Deckweiß *n* –
blanc *m* couvrant, blanc *m*
opaque
opaquing pen – Abdeckstift *m* –
feutre *m* de retouche
open contour – offene Kontur *f* –
contour *m* ouvert
open(ing) bracket – Klammer
auf – ouvrez la parenthèse,
ouvrir la parenthèse
opening line – Anfangszeile *f* –
ligne *f* de départ
opening page – Anfangsseite *f* –
page *f* de départ
open interface – offene
Schnittstelle *f* – interface *f*
ouverte
open path – offener Pfad *m* –
tracé *m* ouvert

open sheet – Planobogen *m* –
feuille *f* à plat, feuille *f* plano
open side – offene Seite *f (beim
Falzen)* – côté *m* ouvert
operating error –
Bedienungsfehler *m* – erreur *f*
de manœuvre (de commande),
faute *f* de manœuvre (de
commande), fausse manœuvre *f*
operating hours –
Betriebsstunden *f/pl* – heures
f/pl d'exploitation
operating instructions –
Bedienungsanleitung *f* – mode
m d'emploi
operating panel – Bedienfeld *n* –
panneau *m* de commande
operating speed –
Betriebsgeschwindigkeit *f* –
vitesse *f* d'exploitation
operating status –
Betriebszustand *m* – état *m* de
fonctionnement
operating system (OS) –
Betriebssystem *n* – système
d'exploitation *m*
operating temperature –
Betriebstemperatur *f* –
température *f* de service
operation – Bedienung *f (Gerät)*
– maniement *m*
operational – betriebsbereit,
einsatzbereit – opérationnel
operational data – Betriebsdaten
pl – données *f/pl* d'exploitation
operational data recording –
Betriebsdatenerfassung *f* –
saisie *f* de données
d'exploitation
operational structure –
Betriebsstruktur *f* – structure *f*
de la production
operation sequence –
Bedienungsablauf *m* – séquence
f des opérations
operator – Operator *m* –
opérateur *m*
operator console –
Bedienerkonsole *f* – console *f*
de commande
OPI comment – OPI-Kommentar
m – commentaire *m* OPI

O

OPI Image Replacement *(InDesign)* – OPI-Bildersetzung – Substitution d'image OPI

OPI server – OPI-Server *m* – serveur *m* OPI

opposite – gegenüber – en face de, vis-à-vis de

optical bandwidth – optische Bandbreite *f (Farbmessung)* – largeur *f* de bande optique

optical brightener – optischer Aufheller *m* – agent *m* blanchissant

optical compensation – optischer Ausgleich *m* – correction *f* optique

optical density – optische Dichte *f* – densité *f* optique

optical distortion – optische Verzeichnung *f* – distorsion *f* optique

optical illusion – optische Täuschung *f* – illusion *f* d'optique

optically spaced – optisch ausgeglichen *(Text)* – approches *f* rectifiées visuellement

optical path – optischer Weg *m* *(in Scanner)* – chemin *m* optique

optical resolution – optische Auflösung *f* – résolution *f* optique

optics – Optik *f* – optique *f*

optimization – Optimierung *f* – optimisation *f*

optimize *v.* – optimieren – optimiser

Optimized Subsampling *(InDesign)* – Optimierte Abtastauflösung – Échantillonnage optimisé

optional equipment – Zusatzausrüstung *f* – équipement *m* optionnel

Option key *(MacOS)* – Wahltaste *f* – touche *f* Option

opto-electronic – optoelektronisch – opto-électronique

optoelectronics – Optoelektronik *f* – opto-électronique *f*

opto-mechanical – optomechanisch – opto-mécanique

orange – orange – orange

order – Bestellung *f*, Auftrag *m* – ordre *m*, commande *f*, tâche *f*

order – Reihenfolge *f* – ordre *m*, séquence *f*, suite *f*

order book – Auftragsbuch *n* – livre *m* de commandes, carnet *m* de commandes

order coupon – Bestellcoupon *m* – talon *m* de commande

order form – Bestellformular *n* – formulaire *m* de commande, bon *m* de commande

order handling – Auftragsabwicklung *f* – traitement *m* des commandes

order intake – Auftragseingang *m* – entrée *f* des commandes

order number – Bestellnummer *f* – numéro *m* de commande

order sheet – Bestellzettel *m* – formulaire *m* de commande

orders situation – Auftragslage *f* – rentrée *f* des commandes

order structure – Auftragsstruktur *f* – structure *f* des commandes

order taking – Auftragsannahme *f* – réception *f* des commandes

ordinary type – Textschrift *f* – caractère *m* courant

ordinate – Ordinate *f* – ordonnée *f*

organ – Presseorgan *n* – organe *m*

organic compound – organische Verbindung *f* – composé *m* organique

organic pigment – organisches Pigment *n* – pigment *m* organique

organic solvent – organisches Lösemittel *n* – solvant *m* organique

organization – Organisation *f* – organisation *f*

organize *v.* – organisieren – organiser

organizer – Organizer *m* – organiseur *m*, agenda *m* électronique

orientation – Orientierung *f*, Ausrichtung *f (Druckformat)* – orientation *f*

origin – Ursprungspunkt *m* – point *m* d'origine

original – Vorlage *f* – original *m*

original binding – Originaleinband *m* – reliure *f* originale

original density – Vorlagendichte *f* – densité *f* de l'original

original edition – Erstausgabe *f* – première édition *f*

original holder – Vorlagenhalter *m* – porte-original *m*

original size – Originalgröße *f* – format *m* d'origine

ornamental border – Bordüre *f* – bordure *f* décorative

ornamental box – Schmuckrahmen *m* – encadrement *m* décoratif

ornamental letter – Zierbuchstabe *m* – caractère *m* ornemental, caractère *m* gracile, caractère *m* prétentieux

ornament(ation) – Verzierung *f*, Ornament *n* – décoration *f*, ornement *m*, fleuron *m*

ornamented initial – verzierte Initiale *f* – initiale *f* ornementée

ornamented rule – verzierte Linie *f* – filet *m/pl* ornementé

ornamented type – Zierschrift *f* – caractères *m/pl* ornementés

orphan – Schusterjunge *m* – orphelin *m*

orthochromatic – orthochromatisch – orthochromatique

ortography – Rechtschreibung *f*, Orthografie *f* – orthographe *f*

oscillating drum – Reibzylinder *m* – table *f* à balade

oscillating mirror – Schwingspiegel *m* – miroir *m* oscillant

outdoor advertising – Außenwerbung *f* – publicité *f* dans la rue

outdoor shot *(fotogr.)* – Außenaufnahme *f* – prise *f* de vue extérieure

outer contour – Außenkontur *f* – contour *m* extérieur

outer edge – Außenrand *m* – contour *m* extérieur/externe

outer edge – Außenkante *f* – bord *m* extérieur

O

outgoing mail – Postausgang *m* – courrier *m* sortant

Outline *(QuarkXPress)* – Konturiert *(Schriftstil)* – Relief

outline – Kontur *f*, Umriss *m* – contour *m*, silhouette *f*

outline *v.* – entwerfen – crayonner, croquer

outline character – Kontur-zeichen *n* – lettre *f* éclairée

outline font – Druckerfont *m*, Outline-Font *m* – police *f* de contours

outline type – Konturschrift *f* – caractères *m/pl* en éclairé

out of alignment – nicht liniehaltend – désaligné

out-of-contact – Kontaktfehler *m* *(Plattenkopie)* – erreur *f* de contact

out-of-date – veraltet – obsolète

out of focus – unscharf (eingestellt) – flou, brouillé

out of print – vergriffen – épuisé

out of register – nicht registerhaltig – mal repéré

out-of-square feeding – schiefwinklige Anlage *f* – marge *f* oblique

out of stock – vergriffen – épuisé

output – Ausgabe *f* – sortie *f*

output capacity – Produktionsleistung *f* – rendement *m*

output color space – Ausgabefarbraum *m* – espace *m* colorimétrique de sortie

output conditions – Ausgabebedingungen *f/pl* – conditions *f/pl* de sortie

output device – Ausgabegerät *n* – appareil *m* de sortie, périphérique *m* de sortie

output file – Ausgabedatei *f* – fichier *m* de sortie

output format – Ausgabeformat *n* – format *m* de sortie

output intent – Ausgabezweck *m* – usage *m* de sortie

output material – Ausgabematerial *n* – support *m* de sortie

output on film – Ausgabe *f* auf Film – sortie *f* sur film

output profile – Ausgabeprofil *n* – profil *m* de sortie

output resolution – Ausgabeauflösung *f* – résolution *f* de la sortie

output tray – Ausgabefach *n* – bac *m* de sortie

output unit – Ausgabeeinheit *f* – unité *f* de sortie

outputworthy – ausgabetauglich – prêt pour la sortie

outside edge – Außenkante *f* – bord *m* extérieur

outside of the page – außerhalb der Seite – en dehors de la page, hors page

outsourcing – Outsourcing *n* – externalisation *f*

oval – oval – oval

over – über – au-dessus de, sur, par-dessus

overall impression – Gesamteindruck *m* – aspect *m* général

overall sensitivity – Allgemeinempfindlichkeit *f* *(Film)* – sensibilité *f* générale

overcapacity – Überkapazität *f* – surcapacité *f*

overdamping – Überfeuchtung *f* *(Offsetdruck)* – excès *m* de mouillage

overexpose *v.* – überbelichten – surexposer

overexposed – überbelichtet – surexposé

overexposure – Überbelichtung *f* – surexposition *f*

overflow *v.* – überfließen – déborder

overfold – Vorfalz *m* – pli *m* dépassant

overhang – Überhang *m* – débordement *m*

overhang cover board – überhängender Buchdeckel *m* – plat *m* de couverture dépassant

overhead projection – Tageslichtprojektion *f* – projection *f* lumière du jour

overhead projector – Overhead-Projektor *m* – rétroprojecteur *m*

overinking – Überfärbung *f* *(beim Druck)* – surencrage *m*

over it – darüber – dessus, au-dessus, par-dessus

overlap *v.* – sich überschneiden, sich überlappen, sich überlagern – se chevaucher, se croiser, recouvrir, se superposer

overlap feeding – Schuppen-anlage *f*, überlappende Anlage *f* – marge *f* en nappe

overlapping – überlappend, überdeckend – à cheval, superposé

overlapping – Überlagerung *f*, Überlappung *f*, Überschnei-dung *f* – superposition *f*, recouvrement *m*, chevauche-ment *m*, intersection *f*

Overlay *(Photoshop)* – Ineinan-derkopieren – Incrustation

overlay – Overlay *m* – superposition *f*

overlay *v.* – sich überschneiden, sich überlappen, übereinander legen/liegen, sich überlagern – se chevaucher, se croiser, recouvrir, se superposer

overlay board – Zurichtepappe *f* – carton *m* d'habillage

overlay proof – Overlay-Proof *m* – amalgame *m*

overlay sheet – Zurichtebogen *m* – feuille *f* de mise en train

overload – Überlastung *f* – surcharge *f*

overload *v.* – überladen – surcharger

overload protection – Überlastsicherung *f* – protection *f* contre les surcharges

overlook *v.* – überlesen – sauter, passer (en lisant), survoler

overmatter – Überlauf *m*, Übersatz(text) *m* – débordé *m*, texte *m* en excès

overpiling – Überlaufen *n* des Stapels – débordement *m* de la pile

overprint – Überdruck *m*,
Überdrucken *n* – surimpression
f, F surimp *f*
overprint *v*. – überdrucken,
übereinander drucken –
surimprimer, repiquer
Overprint Fill *(InDesign, Illustrator)* – Fläche überdrucken –
Surimpression du fond
overprint form – Eindruckform *f*
– forme *f* de surimpression
overprinting – überdruckend –
en surimpression
Overprint Limit *(Trapping
QuarkXPress)* – Überdrucken
über – Limite de surimpression
overprint preview *(Acrobat,
InDesign, Illustrator)* –
Überdruckenvorschau –
Aperçu de la surimpression
overprint varnish – Drucklack *m*
– vernis *m* de surimpression
overprint varnishing – Drucklackierung *f* – vernissage *m* de
surimpression
overproduction – Überproduktion *f* – production *f*
excédentaire
overqualified – überqualifiziert –
surdiplômé
overrun sheet –
Überschießbogen *m* –
dépassement *m* de feuille
overs – Zuschuss *m* *(Papier beim
Druck)* – passe *f*, feuilles *f/pl* de
passe
overscore *v*. – überstreichen –
surligner
overset text – Überlauf *m*,
Übersatz(text) *m* – débordé *m*,
texte *m* en excès
oversheets – Zuschussbogen
m/pl – feuilles *f/pl* de passe,
feuilles *f/pl* en excès
overshot – Überhang *m* –
débordement *m*
oversize – Überformat *n* – de
format exceptionnel
overview scan – Übersichtsscan
m, Overview-Scan *m* –
numérisation *f* de vue
d'ensemble
overwrite *v*. – überschreiben
(Datei) – écraser

oxidation – Oxidation *f* –
oxydation *f*
oxidative drying – oxidative
Trocknung *f* *(Druckfarbe)* –
séchage *m* par oxydation
oxide – Oxyd *n* – oxyde *m*
oxidize *v*. – oxidieren – oxyder
ozalid – Blaupause *f* – bleu *m*,
photocalque *m* bleu, ozalid
ozalid – Ozalidkopie *f* – copie *f*
ozalid
ozone – Ozon *n* – ozone *m*

P

pack *v*. – verpacken – emballer
package – Paket *n* – colis *m*
postal
Package *(InDesign)* – Verpacken
– Assemblage
package printing – Verpackungsdruck *m* – impression *f*
d'emballages
packaging – Verpackung *f* –
emballage *m*
packaging expert –
Verpackungsspezialist *m* –
packageur *m*
packaging of sterile goods –
Sterilgut-Verpackung *f* –
conditionnement *m* de produits
stériles
packing foil – Unterlagefolie *f* –
feuille *f* d'habillage
packing height – Aufzugsstärke *f*
– épaisseur *f* de l'habillage
packing machine –
Kartoniermaschine *f* –
encartonneuse *f*
packing material –
Verpackungsmaterial *n* –
matériel *m* d'emballage
packing paper – Packpapier *n* –
papier *m* d'emballage
pad *v*. – blockleimen – coller des
blocs
padded book case – wattierte
Buchdecke *f* – couverture *f*
ouatinée
padding – Blockleimung *f*,
Blockheftung *f* – encollage *m*
des blocs

pad page – Füllseite *f* – page *f* de
remplissage
pad stapling – Blockheftung *f* –
piquage *m* de blocs, piqûre *f* au
bloc
page – Seite *f* – page *f*
page *v*. – paginieren – folioter,
paginer, numéroter les pages
page area – Seitenbereich *m* –
zone *f* de page
page assembly – Montage *f*,
Seitenmontage *f*,
Seitenumbruch *m* – mise *f* en
page, montage *m* (de la page)
page bottling – Seitenneigung *f* –
inclinaison *f* de la page
page boxes *(PDF)* –
Seitenrahmen *m/pl* – zones *f* de
la page
page break – Seitenbruch *m* –
saut *m* de page
page composition – Montage *f*,
Seitenmontage *f*,
Seitenumbruch *m* – mise *f* en
page, montage *m* (de la page)
page content – Seiteninhalt *m* –
contenu *m* de la page
page coordinates –
Seitenkoordinaten *f/pl* –
coordonnées *f/pl* de la page
page cord – Kolumnenschnur *f* –
ficelle *f*, colonnes *f/pl*
page description language –
Seitenbeschreibungssprache *f* –
langage *m* de description de
page(s)
page-down key – Bild-nach-
unten-Taste *f* – touche *f* page
suivante
page dummy – Seitenaufriss *m* –
maquette *f* de (la) page
page elements –
Seitenbestandteile *m/pl* –
éléments *m/pl* de la page
page format – Seitenformat *n* –
format *m* de (la) page
page grid – Seitenraster *m* – grille
f de (la) page
page height – Seitenhöhe *f* –
hauteur *f* de la page
page layout – Seitenlayout *n* –
mise *f* en page, plan *m* de
montage, maquette *f* de la page

O

P

pagemaker – Layouter, -in, Druckvorlagenhersteller, -in – maquettiste *m/f*, metteur *m* en page

page make-up – Montage *f*, Seitenmontage *f*, Seitenumbruch *m*, Layout *n* – mise *f* en page, montage *m* (de la page)

page margin – Seitenrand *m* – marge *f* de la page

page number – Seitenzahl *f*, Seitennummer *f* – numéro *m* de page, folio *m*

page numbering – Seitennummerierung *f* – foliotage *m*, pagination *f*, numérotation *f* des pages

page of a (the) calendar – Kalenderblatt *n* – feuille *f* de calendrier

page orientation – Seitenausrichtung *f*, Seitenlage *f* – orientation *f* de la page

page printer – Seitendrucker *m* – imprimante *f* page par page

page proof – Standproof *m*, Formproof *m* – épreuve *f* d'imposition

pager – Pager *m* – téléavertisseur *m*

page reference – Seitenangabe *f* – indication *f* de page

pages and pages – seitenlang – long(ue) de plusieurs pages, de plusieurs pages, des pages et des pages

page sequence – Seitenfolge *f* – séquence *f* de pages

Page Setup – Seite einrichten, Papierformat *(Menüpunkt in DTP-Programmen)* – Format de page, Réglages de page

page setup – Seiteneinrichtung *f* *(in Programmen)* – configuration *f* de l'impression

page shingling – Seitenverdrängung *f* – chasse *f*, gradation *f* des petits fonds

page size – Seitengröße *f* – taille *f* de la page, gabarit *m*

page-up key – Bild-nach-oben-Taste *f* – touche *f* page précédente

page width – Seitenbreite *f* – largeur *f* de la page

paginate *v.* – paginieren – folioter, paginer, numéroter les pages

pagination – Paginierung *f*, Seitennummerierung *f*, Seitenpaginierung *f* – foliotage *m*, pagination *f*, numérotation *f* des pages

paging – Blättern *n (z.B. in Zeitschrift)* – feuilletage *m*

paint *v.* – malen – peintre, faire de la peinture

paintbox – Tuschkasten *m* – boîte d'aquarelle *f*, boîte *f* de couleurs de l'eau

Paintbrush tool *(Photoshop)* – Pinsel-Werkzeug – outil Pinceau

Paint bucket tool *(Photoshop)* – Füllwerkzeug – outil Pot de peinture

painter – Maler, -in *(Kunst)* – peintre *m*, artiste *m/f* peintre

painting – Malerei *f* – peinture *f*

painting technique – Maltechnik *f*, Malstil *m* – technique *f* de peinture, style *m* de peinture

pair kerning – Kerningpaar *n*, Unterschneidung *f* – approche *f* de paire, crénage *m*, correction *f* des approches, approche *f* (des paires)

pair of compasses – Zirkel *m* – compas *m*

pale – blass – pâle

palmtop (computer) – Palmtop *n* – ordinateur *m* de poche

pamphlet – Flugblatt *n*, Broschüre *f* – feuille *f* volante, dépliant *m*, brochure *f*

panchromatic film – panchromatischer Film *m* – film *m* panchromatique

panel – Paneel *n*, Schild *n* – panneau *m*

panning – Panoramaanzeige *f* – panoramique *f*

pan (shot) – Panoramaaufnahme *f* – panoramique *f*

pantograph – Pantograf *m*, Storchenschnabel *m* – pantographe *m*

PANTONE color – PANTONE-Farbe *f* – couleur *f* PANTONE

PANTONE matching system – PANTONE-Farbsystem *n* – système *m* d'adaptation de couleurs PANTONE

PANTONE swatchbook – PANTONE-Farbfächer *m* – nuancier *m* PANTONE

paper – Papier *n* – papier *m*

paperback – Taschenbuch *n* – livre *m* de poche

paperback edition – Taschen(buch)ausgabe *f* – édition *f* de poche

paperbound – broschiert – broché

paper caliper – Papierstärke *f* – épaisseur *f* du papier

paper clip – Heftklammer *f* – agrafe *f*

paper consumption – Papierverbrauch *m* – consommation *f* de papier

paper cutter – Papierschneider *m*, Schneidemaschine *f* – massicot *m*, cutter *m*

paper cutting – Papierschneiden *n* – massicotage *m*

paper cutting – Papierschnitzel *n* – rognure *f* de papier

paper distortion – Papierverzug *m* – déformation *f* du papier

paper dust – Papierstaub *m* – poussière *f* de papier

paper edge – Papierkante *f* – bord *m* du papier, lisière *f* du papier

paper feed(er) – Papierhalter *m* – bac *m* (à feuilles)

paper fiber *(U.S.)* – Papierfaser *f* – fibre *f* du papier

paper fibre *(brit.)* – Papierfaser *f* – fibre *f* du papier

paper gauge – Papierstärke *f* – épaisseur *f* du papier

paper grade – Papiersorte *f* – sorte *f* de papier, catégorie *f* de papier

P

paper grain – Laufrichtung *f*
(Papier, Bahn) – sens *m* de
marche, sens du papier, sens *m*
de défilement de la bande
paper grammage – Papiergewicht *n* – grammage *m* (du
papier), poids *m* du papier
paper guide – Papierführung *f (in*
der Druckmaschine) – guidage
m du papier
paper industry – Papierindustrie
f – industrie *f* de papier
paper in-feed – Papiereinzug *m* –
entrée *f* du papier, appel *m* du
papier
paper jam – Papierstau *m* *(im*
Drucker) – bourrage *m*
paperless office – papierloses
Büro *n* – bureau *m* sans papier
papermaker – Papierhersteller *m*
– papetier *m*, fabricant *m* de
papiers
papermaking – Papierherstellung
f – fabrication *f* de papiers
paper merchant – Papierhändler
m – marchand *m* de papier
paper mill – Papierfabrik *f* –
papeterie *f*
paper moistener – Papierbefeuchter *m* – dispositif *m* de
mouillage du papier
paper-processing –
papierverarbeitend – de
transformation du papier
paper shrinkage –
Papierschrumpfung *f* –
rétrécissement *m* du papier
paper size – Papierformat *n* –
format *m* du papier
paper slip – Papierschnipsel *m* –
morceau *m* de papier
paper slipping – Papierschlupf *m*
– glissement *m* du papier
paper stand – Papierablage *f (bei*
Druckern) – support *m* papier
paper stock – Papierlager *n* –
entrepôt *m* de papier
paper stretch – Papierdehnung *f*
– allongement *m* du papier
paper thickness – Papierdicke *f* –
épaisseur *f* du papier

paper transport unit – Papiertransportsystem *n* – système *m*
de transport de papier
paper tray – Papierfach *n (bei*
Druckern) – bac *m* de papier
paper weight – Papiergewicht *n* –
grammage *m* (du papier), poids
m du papier
paper wetter – Papierbefeuchter
m – dispositif *m* de mouillage
du papier
paper white – Papierweiß *n* –
blanc *m* du papier
papier-mâché – Pappmaché *n* –
carton-pâte *m*, papier *m* mâché
paragraph *(typogr.)* – Absatz *m*,
Paragraf *m* – alinéa *m*,
paragraphe *m*
paragrapher – Leitartikler, -in –
éditorialiste *m*
paragraph formatting –
Absatzformatierung *f* –
formatage *m* du paragraphe
paragraph sign (§) –
Paragrafzeichen *n* – symbole *m*
paragraphe
paragraph spacing – Absatzabstand *m* – espacement *m* des
paragraphes
paragraph style – Absatzformat
n – style *m* de paragraphe
paragraph style sheet –
Absatzstilvorlage *f* – feuille *f* de
style de paragraphe
paragraph symbol –
Absatzmarke *f* – marque de
paragraphe
parallax – Parallaxe *f* – parallaxe
m
parallel fold – Einbruchfalz *m*,
Parallelfalz *m* – pli *m* parallèle,
pliage *m* parallèle
parallel interface – parallele
Schnittstelle *f* – interface *f*
parallèle
parallel processing – parallele
Verarbeitung *f* – traitement *m*
parallèle
parallel ruler – Parallel-Lineal *n* –
règle *f* parallèle
parallel to – parallel zu –
parallèle à

parameter – Parameter *m* –
paramètre *m*
parcel *(U.S.: package)* – Paket *n* –
colis *m* postal
parcel of books – Büchersendung
f, Buchversand *m* – envoi *m* de
livres
parcel sticker (label) – Paketaufkleber *m* – autocollant *m* pour
colis
parchment – Pergament *n* –
parchemin *m*
parchment paper –
Pergamentpapier *n* – papier *m*
parchemin
parenthesis *(U.S., typogr.)* –
Klammer *f* – parenthèse *f*
(rund), crochet *m* (eckig),
accolade *f* (geschweift)
parenthesize *v.* – klammern –
mettre qc entre parenthèses
parity bit – Paritätsbit *n* – bit *m*
de parité
parity check – Paritätsabgleich *m*
– contrôle *m* de parité
parse *v.* – parsen – parser
parser – Parser *m* – analyseur *m*,
parse(u)r *m*
part edition – Teilauflage *f* –
tirage *m* à part
partially – teilweise –
partiel(lement)
partial signature – Teilstandbogen *m* – cahier *m* partiel
particle – Partikel *n* – particule *f*
partition – Partition *f* – partition *f*
partition *v.* – partitionieren –
partitionner
partitioning – Partitionierung *f* –
partitionnement *m*
partitive mixture – partitive
Mischung *f (Farbmodell)* –
mélange *m* partitif
passed for press – Druckfreigabe
f, druckreif *(OK für den*
Druck) – bon à tirer, BAT,
BàT, b.a.t., bon à rouler
passepartout – Passepartout *n* –
passe-partout *m*
password – Password *n*,
Kennwort *n* – mot *m* de passe

P

password protection –
Kennwort-Schutz *m* –
protection *f* par mot de passe
paste *v*. – einfügen – coller
pasteboard *(starker)* Karton *m* –
carton *m*
pasted – aufgeklebt – encollé
pastel – Pastell *n*, Pastellbild *n*,
Pastellfarbe *f* – couleur *f* à
pastel, pastel *m*
pastel drawing – Pastellbild *n*,
Pastellmalerei *f* – pastel *m*,
dessin *m* au pastel
pastel tone – Pastellton *m* – ton
m pastel
paste paper – Bezugspapier *n*,
Buntpapier *n*, Kleisterpapier *n*
– papier-reliure *m*
paste type – pastös – pâteux
paste-up – Klebeumbruch *m* –
montage *m* collé
pasting device –
Klebeeinrichtung *f* – colleuse *f*
pasting machine – Klebebinde-
maschine *f* – encolleuse *f*
patch – Messfeld *n* – champ *m* de
mesure, plage *f* de mesure
patent – Patent *n* – brevet *m*
patented – patentiert – breveté
path – Pfad *m* – tracé *m*, chemin
m
pathname – Pfadname *m* –
chemin *m* d'accès
path segment – Pfadsegment *n* –
segment *m* de tracé
path splitting – Unterteilen *n*
(Aufspaltung *f*) eines Pfades –
division *f* de tracé
pattern – Muster *n* – motif *m*
pattern book – Musterbuch *n* –
livre *m* échantillon
pattern matching –
Musterangleichung *f* –
appariement *m* de formes
pattern recognition –
Mustererkennung *f*,
Motiverkennung *f* –
reconnaissance *f* des formes
pause key – Pausetaste *f* – touche
f d'interruption, touche *f* pause
payment per line – Zeilenhonorar *n* – rémunération à la
ligne

payment terms –
Zahlungsbedingungen *f/pl* –
conditions *f/pl* de paiement,
conditions *f/pl* de règlement
payroll costs – Personalkosten *pl*
– coûts salariaux, frais *m/pl* de
personnel
peel-off-label – ablösbares
Etikett *n* – étiquette *f*
détachable
peer-to-peer – Peer-to-Peer –
peer-to-peer, pair à pair
pen – Stift *m*, Schreibstift *m* –
crayon *m*
pen – Kugelschreiber *m* – stylo *m*
pencil – Bleistift *m* – crayon *m*
(noir)
pencil drawing –
Bleistiftzeichnung *f* – dessin *m*
au crayon *m*, crayon *m*
pencil layout – Bleistiftentwurf *m*
– esquisse *f* au crayon
pencil sharpener – Bleistiftspitzer *m* – taille-crayon *m*
pen drawing – Federzeichnung *f* –
dessin *m* à la plume
penetrate *v*. – wegschlagen,
durchdringen *(Druckfarbe auf
Papier)* – pénétrer
penetration – Wegschlagen *n*,
Durchdringung *f* – absorption *f*
(de l'encre), pénétration *f*
Pen tool *(FreeHand)* –
Stiftwerkzeug – outil Plume
perceive *v*. – erkennen,
wahrnehmen – percevoir
perceived color difference –
empfundener Farbunterschied *f*
– différence *f* de couleur perçue
perceive subjectively – subjektiv
wahrnehmen – percevoir de
manière diverse
percent (per cent) – Prozent *n* –
pour cent
percentage – Prozentwert *m* –
pourcentage *m*
percentage coverage –
prozentuale Flächendeckung *f*,
Flächendeckungsgrad *m* –
pourcentage *m* de la couverture
superficielle
percent sign – Prozentzeichen *n* –
symbole *m* du pourcentage

perceptible – wahrnehmbar,
erkennbar – reconnaissable,
discernable, perceptible
perceptible – sichtbar – visible
perception – Empfindung *f*,
Wahrnehmung *f* – perception *f*
perceptive – perzeptiv,
wahrnehmungsorientiert –
perceptive
perceptive faculty – Wahrnehmungsvermögen *n* – perception *f*
perceptual – empfindungsgemäß,
wahrnehmungsorientiert –
perceptif
perfect – fehlerfrei, fehlerlos –
sans faute(s), correct
perfect binder – Klebebinder *m*,
Klebebindemaschine *f* –
encolleuse *f*, machine *f* à relier
par collage
perfect binding – Klebebindung *f*
– reliure *f* par collage, reliure *f*
sans couture, arraphique *f*
perfect-bound book –
klebegebundenes Buch *n* – livre
m relié à la colle
perfecting – Widerdruck *m* –
impression *f* au verso,
retiration *f*
perfecting drum – Wendetrommel *f* – tambour *m* de
retournement
perfecting form – Widerdruckform *f* – forme *f* du second côté
perfecting press – Schön- und
Widerdruckmaschine *f* – presse
f à retiration
perforate *v*. – perforieren, lochen
– perforer
perforating – Perforierung *f* –
perforation *f*
perforating device – Perforationswerk *n* – dispositif *m* de
perforation
perforating knife –
Perforiermesser *n* – lame *f* de
perforation
perforating machine –
Perforiermaschine *f*, Perforator
m – perforatrice *f*, machine *f* à
perforer, perforateur *m*,
perforeuse *f*

P

perforation – Lochung *f*,
Perforation *f* – perforation *f*
perforator – Perforiermaschine *f*,
Perforator *m*, Lochmaschine *f* –
poinçonneuse *f*, machine *f* à
perforer, perforateur, -euse
performance –
Leistungsfähigkeit *f*,
Arbeitsgeschwindigkeit *f* –
performance *f*
performance cache –
Beschleunigungscache *m* –
cache *m* performances
performance specification –
Pflichtenheft *n* – cahier *m* des
charges
perfumed printing ink –
Druckfarbe *f* mit Duftstoffen –
encre *f* parfumée
period – Punkt *m* – point *m*
periodical – Fachzeitschrift *f* –
magazine *m*
peripheral – Peripheriegerät *n* –
périphérique *f*
peripheral outline – Umrisslinie *f*
– ligne *f* de contour
peripheral units –
Peripheriegeräte *n/pl* –
périphériques *m/pl*, appareils
m/pl périphériques
permanent – haltbar *(Papiereigenschaft)* – permanent
permanent – permanent – en
permanence
permanent storage – Langzeitarchivierung *f* – archivage
(stockage) *m* à long terme
permission – Zugriffsrecht *n*,
Zugriffsberechtigung *f* – droit
m d'accès
permission grant – Abdruckrecht
n – droit *m* de reproduction
permission to reprint –
Abdruckrecht *n* – droit *m* de
reproduction
perpendicular – senkrecht –
vertical, perpendiculaire
perpendicular – Senkrechte *f* –
verticale *f*, perpendiculaire *f*
persistent connection – ständige
Verbindung *f* – connexion *f*
persistante
personal computer – Personal
Computer *m* – ordinateur *m*
personnel, PC *m*

personalization –
Personalisierung *f* –
personnalisation *f*
personalized – benutzerdefiniert
– personnalisé
personalized advertising media
– personalisierte Werbemittel
n/pl – moyens *m/pl*
publicitaires personnalisés
personalized mailer –
personaliertes Anschreiben *n* –
publipostage *m*
personalized mailing –
personalisiertes Mailing *n* –
publipostage *m*
personalized mailings –
personalisierte Sendungen *f/pl* –
messages *m/pl* personnalisés
personnel costs – Personalkosten
pl – coûts *m/pl* salariaux, frais
m/pl de personnel
personnel department –
Personalabteilung *f* – service *m*
du personnel
personnel manager –
Personalchef, -in – chef *m* du
personnel, directeur, -rice des
ressources humaines
perspecitve – perspektivisch –
perspectif, en perspective
perspective – Perspektive *f* –
perspective *f*
perspective grid –
Perspektivraster *n* – grille *f*
perspective
perspective view –
perspektivische Darstellung *f* –
vue *f* perspective
pH value – pH-Wert *m* – valeur *f*
pH
phone book – Telefonbuch *n* –
annuaire *m* (du téléphone)
phone book printing –
Telefonbuchdruck *m* –
impression *f* d'annuaires
phosphor – Phosphor *m* –
phosphore *m*, luminophore *m*
(Bildschirm)
phosphorescent – phosphoreszierend – phosphorescent
photo-album – Fotoalbum *n* –
album *m* de photos
photocathode – Fotokathode *f* –
photocathode

photo CD – Foto-CD *f* – disque *m*
compact photo, photo CD
photocell – Fotozelle *f* – cellule *f*
photoélectrique
photo-chemical process –
fotochemischer Prozess *m* –
processus *m* photochimique
photochemicals – Fotochemikalie *f/pl* – produits *m/pl*
photochimiques
photochemistry – Fotochemie *f* –
photochimie *f*
photocoating – Kopierschicht *f* –
couche *f* photosensible
photocomposer –
Lichtsatzmaschine *f* –
photomposeuse *f*
photocomposing –
Fotocomposing *n* –
photocomposition *f*
photocomposition – Fotosatz *m*
– photocomposition *f*
photoconductive – lichtleitend –
photoconductif
photocopier – Fotokopierer *m*
(Fotokopiergerät n) – photocopieuse *f*, photocopieur *m*
photocopy – Fotokopie *f* –
photocopie *f*
photocopy *v.* – fotokopieren –
photocopier
photocopying paper –
Kopierpapier *n* – papier *m* pour
photocopier
photodiode – Fotodiode *f* –
photodiode *f*
photo emulsion – Kopierschicht *f*
– couche *f* photosensible
photo-engraver – Klischeur, -in
(Tiefdruck) – clicheur *m*
photo-engraving –
Klischeeherstellung *f* –
photogravure *f*
photo(graph) – Foto *n* – photo *f*
photograph – Foto *n*, Fotografie
f – photo *f*
photograph *v.* – fotografieren –
photographier, prendre une
photo, faire de la photo *(als
Hobby)*
photographer – Fotograf, -in –
photographe *m/f*
photographic(ally) – fotografisch
– photographique

P

photographic archive –
Bildarchiv *n* – photothèque *f*,
archives *f/pl* photographiques,
archives *f/pl* d'images

photo(graphic) equipment –
Fotoausrüstung *f* – équipement
m photographique

photo(graphic) lab(oratory) –
Fotolabor *n* – laboratoire *m*
photo(graphique)

photo(graphic) materials –
Fotomaterial *n* – matériel *m*
photographique

photographic paper –
Fotopapier *n* – papier *m*
bromure, papier *m*
photo(graphique)

photographic reproduction –
fotografische Abbildung *f* –
représentation *f*
photographique

photo(graphic) studio –
Fotoatelier *n* (Fotostudio) –
atelier *m* de photographe

photography – Fotografie *f* –
photographie *f*

photojournalism –
Fotojournalismus *m* –
journalisme *m* photo

photojournalist – Fotoreporter
m, Bildjournalist, -in – reporter
m photographe

photomontage – Fotomontage *f*
– photomontage *m*

photomultiplier – Fotomultiplier
m, Lichtverstärker *m* –
photomultiplicateur *m*

photopolymer – Fotopolymer *n* –
photopolymère *m*

photopolymer printing plate –
Fotopolymer-Druckplatte *f* –
plaque *f* photopolymère

photoprint – Fotoabzug *m* –
bromure *m*, épreuve *f*
photo(graphique)

photorealism – Fotorealismus *m*
– photoréalisme *m*

photorealistic – fotorealistisch –
photoréaliste

photo reproductian –
fotomechanische Reproduktion
f – reproduction *f*
photomécanique

photo retouching – Fotoretusche
f – retouche *f* de photos

photo semi-conductor –
Fotohalbleiter *m* – semi-
photoconducteur *m*

photosensitive –
lichtempfindlich – sensible à la
lumière, photosensible

photosensitive coating –
lichtempfindliche Schicht *f* –
couche *f* photosensible, côté *m*
émulsion

phototype printing – Lichtdruck
m – phototypie *f*

photo(type)setting – Fotosatz *m*
– photocomposition *f*

physical properties –
physikalische Eigenschaften
f/pl – caractéristiques *f/pl*
physiques

picking – Rupfen *n* (Papier beim
Druck) – arrachage *m*

pictogram – Piktogramm *n* –
pictogramme *m*, signe *m*
pictographique

pictographic system –
Bilderschrift *f* – pictographie *f*

pictorial – illustriert, bildhaft –
illustré, imagé

pictorial sign – Piktogramm *n* –
pictogramme *m*, signe *m*
pictographique

PICT preview – PICT-Vorschau *f*
– prévisualisation *f* PICT

picture archive – Bildarchiv *n* –
photothèque *f*, archives *f/pl*
photographiques, archives *f/pl*
d'images

picture book – Bilderbuch *n* –
livre *m* d'images

Picture Bounds (QuarkXPress) –
Bildbegrenzung – Limites de
l'image

picture bullet –
Aufzählungssymbol *n* – puce *f*
(graphique)

picture cut(-)out –
Bildfreistellung *f* – détourage *m*

picture database –
Bilddatenbank *f* – base *f* de
données d'image

picture definition – Bildauflösung *f* – résolution *f* d'image

picture dictionary –
Bildwörterbuch *n* –
dictionnaire *m* d'images

picture frame – Bilderrahmen *m*
– cadre *m*, encadrement *m*

picture frequency – Bildfrequenz
f – taux *m* de rafraîchissement
d'image, vitesse *f* de défilement,
images *f/pl* par seconde

picture loss (TV) – Bildausfall *m*
– panne *f* (d'image)

picture postcard – Ansichtskarte
f – carte *f* postale illustrée

picture quality – Bildqualität *f* –
qualité *f* de l'image

picture resolution –
Bildauflösung *f* – résolution *f*
d'image

picture section – Bildteil *m* –
partie *f* de l'image

picture sequence – Bildfolge *f* –
suite *f* d'images, séquence *f*
(Film)

picture transmission – Bildübertragung *f* – transmission *f*
d'images

picture tube – Bildröhre *f* – tube
m cathodique

pie chart – Tortengrafik *f*, Kreisdiagramm *n* – camembert *m*

piezoelectric method –
piezoelektronisches Verfahren
n – méthode *f* piézo-électrique

pigment – Pigment *n* – pigment
m

pigmentation – Pigmentierung *f*
– pigmentation *f*

pigment copy – Pigmentkopie *f* –
copie *f* sur papier carbone
(autocopiant)

pigmented – pigmentiert –
pigmenté

pigmented ink – pigmentierte
Druckfarbe *f* – encre *f*
pigmentaire

pigment layer – Pigmentschicht *f*
– couche *f* pigmentée

pile – Stapel *m* – pile *f*

pile up *v.* – stapeln – empiler

pilot lamp – Kontrollleuchte *f* –
témoin *m* lumineux

pinch roller – Andruckrolle *f* –
rouleau *m* presseur

P

pincushion distortion – Kissenverzeichnung *f* – distorsion *f* en coussin

pink – pink, rosa – rose

pin register – Stiftregister *n* – repère *m* de cadrage

pin-sharp – gestochen scharf – très net

pipe (|) – vertikaler Strich *m* – barre *f* verticale

piracy – Raubkopieren *n* – piratage *m* (logiciel)

pirate – Raubkopierer *m* – pirate *m*

pirate *v.* – raubkopieren – pirater

pirate copy – Raubkopie *f* – version *f* piratée

pivot point – Drehpunkt *m* – point *m* pivot

pivot point – Stützwert *m* – point *m* de référence

pixel – Pixel *n* – pixel *m*

Pixel Dimensions *(Photoshop)* – Bildmaße – Taille actuelle

pixelization – Pixelung *f* – pixellisation *f*

pixel retouching – Pixelretusche *f* – retouche *f* des pixels

placard *v.* – plakatieren – coller (poser) des affiches (Plakate ankleben), faire connaître par voie d'affiches *(Werbekonzept)*

place *v.* – platzieren – placer

place *v.* **an ad** – inserieren – mettre une annonce, faire passer une annonce

placed EPS file – platzierte EPS-Datei *f* – fichier *m* EPS importé

placeholder – Platzhalter *m* *(niedrig aufgelöstes Bild)* – image *f* de placement, F basse déf, F imagette *f*

placement – Platzierung *f* – placement *m*

plain – normal *(Schriftstil)* – standard, normal

plain – unbedruckt – blanc

plain sheet – Einfachbogen *m* – feuille *f* simple

plain text – Fließtext *m* – texte *m* brut

plan *v.* – planen – planifier

plane of symmetry – Symmetrie-ebene *f* – plan *m* de symétrie

planning – Planung *f* – planification *f*, planning *m*

planning data – Planungsdaten *pl* – bases *f/pl* de planification

planning sheet – Einteilungsbogen *m* – modèle, feuille *f* de planification

plant manager – Hestellungsleiter, -in – chef *m* de fabrication, F chef *m* de fab

plastic envelope – Plastikhülle *f* – enveloppe *f* transparente

plastic wrap *(U.S.)* – Klarsicht-folie *f* – film *m* transparent

plate – Bildtafel *f* – planche *f*

plate – Druckplatte *f* – plaque *f* (de presse, d'impression, d'imprimerie)

plate clambing – Platte *f*, Platteneinrichtung *f* – calage *m* de la plaque

plate crack – Plattenbruch *m* – casse *f* (de la plaque)

plate cylinder – Klischeezylinder *m* – cylindre *m* porte-cliché

plate elongation – Plattenausdehnung *f* – déformation *f* de la plaque

plate exposure – Plattenbelichtung *f* – exposition *f* de plaque

platemaking – Plattenherstellung *f* – fabrication *f* des plaques

plate relief – Plattenrelief *n* – relief *m* de la plaque

platesetter – Plattenbelichter *m* – flasheuse *f* CTP, imageuse *f* de plaques

plate thickness – Plattendicke *f* – épaisseur *f* de plaque

plate wear – Plattenabnutzung *f* *(Druckplatte)* – usure *f* de la plaque

platform – Plattform *f* *(z.B. für Betriebssystem)* – plate(-)forme *f*

platform independant – plattformunabhängig – indépendant de la plate(-)forme

pliability – Biegsamkeit *f* – flexibilité *f*, souplesse *f*

pliable – biegsam – flexible, souple, pliable

plot *v.* – plotten – tracer

plotter – Plotter *m* – traceur *m*

plug(-)in (Plug-In) – Zusatzmodul *n*, Plug-In *n* – module *m* externe, plug-in *m*, extension *f*

plug-in board – Steckkarte *f* – carte *f* d'extension

plus correction – Pluskorrektur *f* – correction *f* plus

plus sign – Pluszeichen *n* – plus *m*

pocketbook – Taschenbuch *n* – livre *m* de poche

pocket calculator – Taschen-rechner *m* – calculatrice *f*, calculette *f* (klein)

pocket calendar – Taschenkalender *m* – calendrier *m* de poche

pocket dictionary – Taschenwörterbuch *n* – dictionnaire *m* de poche

pocket edition – Taschen(buch)ausgabe *f* – édition *f* de poche

pocket envelope – Versandtasche *f* – pochette *f* d'expédition

point – Punkt *m* – point *m*

point Didot *(typogr.)* – Didot-Punkt *m* – point *m* Didot

pointer – Zeiger *m* – pointeur *m*

point light – Punktlicht *n* – lumière *f* ponctuelle

point of focus *(fotogr.)* – Fixpunkt *m* – point *m* de repère

point of inflection – Wendepunkt *m* – point *m* d'inflexion

point of intersection – Schnittpunkt *m* – point *m* d'intersection, intersection *f*

point of reference – Fixpunkt *m* – point *m* de repère

point Pica – Pica-Punkt *m* – point *m* Pica

point size *(typogr.)* – Punktgröße *f* – corps *m*

polar coordinates – Polarkoordinaten *f/pl* – coordonnées *f/pl* polaires

P

polarization filter *(brit. Polarisation, photogr.)* – Polarisationsfilter *m* – filtre *m* polarisant

polarizer – Polfilter *m* – polariseur *m*

poll *v.* – überwachen *(z.B. Hot Folder)* – scruter, surveiller, contrôler

polling – Überwachung *f* – scrutation *f*, surveillance *f*, contrôle *m*

polychrome – mehrfarbig – à plusieurs couleurs, polychrome

polychrome printing – Mehrfarbendruck *m* – impression *f* en couleurs

poly(ester) plate – Polyester-Direktdruckplatte *f* – plaque *f* polyester

polyester support – Polyester-Trägerfolie *f* – support *m* polyester

polygon – Polygon *n* – polygone *m*

polygone line – Polygonallinie *f* – ligne *f* polygonale

Polygon lasso *(Photoshop)* – Polygon-Lasso – Lasso polygonal

polyline – Polygon *n* – polygone *m*

polymer – Polymer *n* – polymère *m*

P **polymerization** *(brit. polymerisation)* – Polymerisation *f* – polymérisation *f*

polymer plate – Polymer-Platte *f* – plaque *f* polymère

poor image quality – schlechte Bildqualität *f* – mauvaise qualité *f* d'image

poor resolution – nicht ausreichende Auflösung *f* – manque *f* de définition

popular press – Boulevardpresse *f* – presse *f* à sensation

popup menu – Aufklappmenü *n*, Popup-Menü *n*, Dropdown-Menü *n* – menu *m* déroulant

porosity – Porosität *f* – porosité *f*

porous – porös – poreux

port – Port *m* – port *m*, porte *f* d'accès

portability – Portabilität *f* – portabilité *f*

portable – portabel – portable

portal – Portal *n (a. Internet)* – portail *m*

portrait – Hochformat *n* – portrait *m*, format *m* portrait, à la française

position – Position *f* – position *f*, emplacement *m*

position *v.* – positionieren – positionner

positioning precision – Positioniergenauigkeit *f* – précision *f* du positionnement

positive – Positiv *n* – positif *m*

positive film – Positivfilm *m* – film positif *m*

postal code – Postleitzahl *f* – code *m* postal (CP)

postcard – Postkarte *f* – carte *f* postale

postcard format – Postkartenformat *n* – format *m* de carte postale

poster – Poster *n*, Plakat *n* – affiche *f*, poster *m*

poster advertising – Plakatwerbung *f* – publicité *f* par voie des affiches

poster art – Plakatmalerei *f* – art *m* de peindre les affiches

poster artist (designer) – Plakatmaler, -in – affichiste *m*

Posterize *(Photoshop)* – Tonwerttrennung – Isohélie

poster sticker – Plakatkleber *m* – colleur *m* d'affiches, poseur *m* d'affiches

post-exposure – Nachbelichtung *f* – post-exposition *f*, insolation *f* ultérieure (complémentaire)

postfold – Nachfalz *m* – pli *m* postérieur

postpone *v.* – zurückstellen *(z.B. Druckauftrag)* – remettre à plus tard, renvoyer

postpress – Finishing *n*, Druckverarbeitung *f* – façonnage *m*, finissage *m*, converting *m*

post-processing – Nachbearbeitung *f* – post-traitement

PostScript error – PostScript-Fehler *m* – erreur *f* PostScript

PostScript interpreter – PostScript-Interpreter *m* – interpréteur *m* PostScript

PostScript level – PostScript-Level *m* – niveau *m* de langage PostScript

PostScript operator – PostScript-Befehl *m* – opérateur *m* PostScript

PostScript savvy – PostScript-fähig – compatible PostScript

pounce paper – Pauspapier *n* – papier *m* calque, papier *m* à calquer

pound (#) – Nummerzeichen *n* – dièse *m*, symbole *m* numéro

pound sign (£) – Pfund-Zeichen *n* – symbole *m* livre

power – Strom *m* – courant *m*, alimentation *f*

power button – Einschaltknopf *m* – bouton *m* d'alimentation

power cord – Netzkabel *n* – câble *m* d'alimentation

power cut – Stromausfall *m* – coupure *f* de courant

power failure – Stromausfall *m* – panne *f* de courant

powerful – leistungsfähig – performant

power point – Steckdose *f* – prise *f* (de courant)

power supply – Stromversorgung *f* – alimentation *f*, alimentation *f* en courant, alimentation *f* électrique, F alim *f*

practice – Praxis *f* – pratique *f*

precise – genau – exact

precision – Genauigkeit *f*, Präzision *f* – précision *f*, exactitude *f*

precompensation – Vorkompensation *f* – précompensation *f*

pre-defined – voreingestellt, vorkonfiguriert – prédéfini, pré-configuré

preemptive multitasking – präemptives Multitasking *n* – multitâche *m* préemptif
pre-exposure – Vorbelichtung *f* – préinsolation *f*
preface – Vorwort *n* – avant-propos *m*, préface *f*
preferences – Grundeinstellungen *f/pl (in Programmen)* – préférences *f/pl*
preferred position – Vorzugsplatz *m (Anzeige)* – emplacement *m* de rigueur
prefix – Präfix *n* – préfixe *m*
preflight – Preflight *m* – contrôle *m* en amont, vérification *f* en amont, préflight *m*
preflight *v.* – Preflight *m* durchführen – contrôler en amont, préflighter
preflighting – Preflighten *n* – contrôle *m* en amont
preflight profile – Preflight-Profil *n* – profil *m* de contrôle en amont
preflight report – Preflight-Prüfbericht *m*, Prüfbericht *m* – rapport *m* de contrôle en amont
prefs – Grundeinstellungen *f/pl (in Programmen)* – préférences *f/pl*
prelacquer – Vorlackierung *f* – prélaque *f*
preliminay calculation – Vorkalkulation *f* – calcul *m* à priori, calculation *f* préliminaire
prelims *pl* – Titelei *f* – feuilles *f/pl* de titre, préliminaires *f/pl*
premium position – Sonderplatzierung *f (Anzeige)* – emplacement *m* de rigueur
preparation – Vorbereitung *f*, Rüsten *n* (Druckmaschine), – préparation *f*
preparation times – Rüstzeiten *f/pl*, Umrüstzeiten *f/pl* – temps *m* d'adaptation (de préparation, de changement)
preparatory work – Vorarbeiten *f/pl* – travaux *m/pl* préparatoires

prepare *v.* – vorbereiten, rüsten (Druckmaschine) – préparer
prepress – Druckvorstufe *f*, Prepress – pré(-)presse *f*
prepress house (shop, studio) – Druckvorstufenbetrieb *m*, Druckvorstufenunternehmen *n* – studio *m* pré-presse, agence *f* de pré-presse
prepress workflow – Prepress-Workflow *m* – flux *m* de production prépresse
preprint – Kaschierbogen *m* – préimprimé *m*
preprint – Vorabdruck *m* – prépublication *f*
preprint – Andruck *m* – épreuve *f* machine, impression *f* essai couleur
pre(-)printed – vorgedruckt – pré-imprimé
pre(-)printed sections – vorgedruckte Bogen *m/pl* – cahiers *m/pl* préimprimés
preprinting – Vordruck *m* – pré-impression *f*
prep service – Belichtungsstudio *n* – atelier *m* de flashage, atelier *m* de photocomposition, F flasheur *m*, F photocompositeur *m*
pre-ripped data – vorgerippte Daten *pl* – données *f/pl* pré-rastérisées
prescan – Prescan *m* – pré(-)numérisation *f*, préscan *m*
present *v.* – präsentieren, vorlegen – présenter, montrer
presentation – Präsentation *f* – présentation *f*
presentation graphics – Präsentationsgrafik *f* – présentation *f* graphique
pre-separated – vorsepariert – préséparé
preserve *v.* – beibehalten – préserver
preserve Transparency *(Photoshop)* – Transparente Bereiche schützen – Préserver les zones transparentes
presetting – Voreinstellung *f* – préréglage *m*

press – Druckmaschine *f*, Druck(er)presse *f*, Presse *f* – presse *f* (d'imprimerie), machine *f* à imprimer
press *v.* – drücken *(Taste)* – enfoncer, presser, appuyer sur
press agency – Presseagentur *f* – agence *f* de presse
press *v.* **a key** – eine Taste drücken – appuyer sur une touche
press archives – Pressearchiv *n* – archive *f* presse
press card – Presseausweis *m* – carte *f* de presse
press characteristics – Druckkennlinie *f* – caractéristiques *f/pl* de la presse
press clipping – Presseausschnitt *m* – coupure *f* de presse
press control – Druckmaschinensteuerung *f* – commande *f* de la presse
press control console – Druckmaschinensteuerpult *m* – pupitre *m* de commande de la presse
press cutting – Presseausschnitt *m* – coupure *f* de presse
pressed – gedrückt *(Taste)* – enfoncé
press engineering – Druckmaschinenbau *m* – construction *f* de presses, fabrication *f* de presses
press-gilding – Pressvergoldung *f* – dorure *f* à presse
press item – Zeitungsnotiz *f* – entrefilet *m*
press manufacture – Druckmaschinenbau *m* – construction *f* de presses, fabrication *f* de presses
press organ – Presseorgan *n* – organe *m*
press photographer – Pressefotograf, -in – photographe *m* de presse
pressplate – Druckplatte *f* – plaque *f* (de presse, d'impression, d'imprimerie)
press proof – Andruck *m* – épreuve *f* machine, impression *f* essai couleur

P

press-ready – druckfertig – bon à tirer, BAT, BàT, b.a.t., bon à rouler

press-ready plate – druckfertige Platte *f* – plaque *f* prête à l'emploi

press report – Pressemitteilung *f*, Pressemeldung *f* – communiqué *m* de presse

press revisor – Revisor *m* – réviseur *m*

pressroom – Druck(maschinen)-saal *m* – salle *f* de presses, atelier *m* d'imprimerie

pressroom equipment – Druckmaschinenpark *m* – équipement *m* d'imprimerie

pressroom manager – Druckereileiter, -in – chef *m* de l'imprimerie

press run – Druckvorgang *m* – tirage *m*

press schedule – Druckfrist *f* – calendrier *m* de presse

press settings – Druckmaschinen-einstellungen *f/pl* – réglages *m/pl* de la presse

press sheet edge – Druckbogenkante *f* – bord *m* de la feuille d'impression

press standstill – Druckmaschinenstillstand *m* – arrêt *m* de la presse

pressure-sensitive label – Haftetikett *n*, Selbstklebeetikett *n* – étiquette *f* autocollante (adhésive)

pressure-sensitive tablet – druckempfindliches Zeichentablett *n* – tablette *f* tactile

preview – Voransicht *f*, Vorschau *f* – aperçu *m*, prévisualisation *f*, F prévisu *f*

preview in high resolution – hochauflösende Vorschau *f*, Vorschau *f* in hoher Auflösung – prévisualisation *f* pleine résolution, prévisualisation *f* à haute résolution

preview (picture) – Übersichts-bild *n*, Thumbnail *m*, Vorschaubild *n*, Preview *m* – aperçu *m*, vue *f* miniature, vignette *f*, imagette *f*

previous – vorhergehend – précédent

previous page – vorherige Seite *f* – page *f* précédente

price-to-performance ratio – Preis-Leistungsverhältnis *n* – rapport *m* qualité / prix

primary color – Grundfarbe *f* – couleur *f* de base

primary colors – Primärfarben *f/pl* – couleurs *f/pl* primaires

primer coating – Grundierung *f* – application *f* du fond

print – Abzug *m* – contretype *m*

print *v.* – drucken, ausdrucken, bedrucken – imprimer

print *v.* – in Druckbuchstaben schreiben – écrire en capitales (d'imprimerie)

printability – Bedruckbarkeit *f*, Druckbarkeit *f* – imprimabilité *f*

printable – bedruckbar, druckbar – imprimable

printable area – druckbarer Bereich *m* – zone *f* imprimable

print area – Druckbereich *m* – zone *f* d'impression

print buyer – Drucksachen-Einkäufer, -in, Print Buyer *m* – acheteur, -euse d'imprimés

Print Center – Print Center *(a. in Mac OS X)* – centre d'impression

print contrast – Druckkontrast *m* – contraste *m* d'impression

print control strip/bar – Druckkontrollstreifen *m* – bande *f* de contrôle de l'impression

print cylinder – Drucktrommel *f* – cylindre *m* d'impression

print designer – Layouter, -in, Druckvorlagenhersteller, -in – maquettiste *m*, metteur *m* en page

print dot – Druckpunkt *m* – point *m* d'impression

printed – bedruckt, gedruckt – imprimé

printed blank – bedruckter Zuschnitt *m* – carton *m* imprimé

printed both sides – beidseitig bedruckt – imprimé de deux côtés

print(ed) image – Druckbild *n* – image *f* imprimée

printed manual – in Papierform vorliegendes Handbuch – manuel *m* papier

printed matter – Briefdrucksache *f*, Drucksache *f* – imprimé *m*

printed media – Druckmedien *n/pl* – média *m/pl* imprimés

printed one side – einseitig bedruckt – imprimé d'un côté

printed sheet – Druckbogen *m* – feuille *f* imprimée, feuille *f* d'impression

printed surface – bedruckte Fläche *f* – surface *f* imprimée

printer – Drucker *m (Person)* – imprimeur *m*

printer – Drucker *m (Maschine)* – imprimante *f*

printer consumables – Drucker-Verbrauchsmaterialien *n/pl* – consommables *f/pl* pour imprimantes

printer descriptions – Drucker-beschreibungen *f/pl (PPD-Dateien)* – descriptions *f/pl* d'imprimantes

printer driver – Druckertreiber *m* – pilote *m* d'imprimante

printer driver settings – Druckertreibereinstellungen *f/pl* – réglages *m/pl* du pilote d'imprimante

printer font – Druckerfont *m*, Outline-Font *m* – police *f* de contours

printer manufacturer – Druckerhersteller *m* – fabricant *m* d'imprimante

printer profile – Druckerprofil *n* – profil *m* d'imprimante

printer queue – Druckerwarteschlange *f* – file *f* d'attente de l'impression

printer-resident font – druckerresidente Schrift *f* – police *f* résidant dans l'imprimante

printer resolution – Druckerauflösung *f* – résolution *f* de l'imprimante

printer's art – Druckkunst *f*, schwarze Kunst *f* – art *m* de l'impression

printer's ink – Druckerschwärze *f* – encre *f* d'imprimerie

printer's mark – Druckzeichen *n*, Druck(er)marke *f* – repère *m* d'impression, marque *f* d'imprimeur, marque *f* d'éditeur

printer's OK – Druckabnahme *f* – bon à tirer, BàT, b.a.t., bon à rouler

printer-specific options – druckerspezifische Optionen *f/pl* – options *f/pl* spécifiques de l'imprimante

Printer styles *(InDesign)* – Druckerformate – Styles d'impression

printer's waste – Makulatur *f* – macules *f/pl*, papier *m* de rebut

print head – Schreibkopf *m*, Druckkopf *m* – tête *f* d'insolation, tête *f* d'impression

print(ing) – Druck *m* – impression *f*

printing block – Klischee *n* *(Hochdruck)* – cliché *m*

print(ing) carrier – Bedruckstoff *m* – support *m* d'impression, matière *f* d'impression,

printing characteristics – Druckkennlinie *f* – caractéristiques *f/pl* de la presse

printing company – Druckerei *f* – imprimerie *f*

printing conditions – Druckbedingungen *f/pl*, Druckverhältnisse *n/pl* – conditions *f/pl* d'impression

printing copy – Druckvorlage *f* – copie *f*, modèle *m* à imprimer, original *m* pour l'impression

printing costs – Druckkosten *pl* – coûts d'impression, frais *m* d'impression

printing deck – Farbdruckwerk *n* – encrage *m*

printing direction – Druckrichtung *f* – sens *m* d'impression

printing engineer – Druckingenieur *m* – ingénieur *m* de l'imprimerie

printing error – Druckfehler *m*, Satzfehler *m* – coquille *f*, mastic *m*, faute *f* d'impression

printing estimating – Druckkalkulation *f* – calcul *m* d'un imprimé

printing expenses – Druckkosten *pl* – coûts d'impression, frais *m* d'impression

printing expert – Druckfachmann *m* – expert *m* de l'imprimerie

print(ing) format – Druckformat *n* – format *m* d'impression

print(ing) forme – Druckform *f* – forme *f* d'impression

print(ing) house – Druckerei *f* – imprimerie *f*

printing industry – Druckindustrie *f* – industrie *f* graphique, industrie *f* de l'impression

printing ink – Druckerschwärze *f* – encre *f* d'imprimerie

printing line – Druckzeile *f* – ligne *f* d'impression

printing mark – Druckzeichen *n* – repère *m* d'impression, marque *f* d'éditeur

printing method – Druckverfahren *n* – procédé *m* d'impression, procédé *m* d'imprimerie

printing methods – Drucktechniken *f/pl* – techniques *f/pl* d'impression

printing order – Farbreihenfolge *f (beim Druck)* – séquence *f* d'impression, ordre *m* de superposition des couleurs

printing paper – Druckpapier *n* – papier *m* d'imprimerie

printing performance – Druckgeschwindigkeit *f* – vitesse *f* d'impression, performances *f/pl* (d')impression

printing plate – Druckplatte *f* – plaque *f* (de presse, d'impression, d'imprimerie)

printing plate roll – Plattenzylinder *m (Flexodruck)* – cylindre *m* porte-cliché

printing press – Druckmaschine *f*, Druckerpresse *f* – machine *f* à imprimer, presse *f*

printing process – Druckverfahren *n* – procédé *m* d'impression, procédé *m* d'imprimerie

printing process – Druckprozess *m* – processus *m* d'impression

printing sequence – Farbreihenfolge *f (beim Druck)* – séquence *f* d'impression, ordre *m* de superposition des couleurs

printing substrate – Bedruckstoff *m* – support *m* d'impression, matière *f* d'impression

printing time – Druckdauer *f* – temps *m* d'impression

printing unit – Druckwerk *n* – groupe *m* d'imprimantes, unité *f* d'impression

print job – Druckauftrag *m* – tâche *f* d'impression

print media – Printmedien *n/pl* – presse *f* écrite

print method – Druckmethode *f* – procédé *m* d'impression

print on *v.* – bedrucken – imprimer sur

print-on-demand – Print-on-demand *m* – impression *f* à la demande

printout – Ausdruck *m (Druck)* – impression *f*

print preview – Druckvorschau *f* – aperçu *m* avant impression

print quality – Druckqualität *f* – qualité *f* d'impression

P

print queue – Druckwarte-schlange *f* – file d'attente de l'impression

print rate – Druckrate *f* – cadence *f* d'impression

print-ready – druckfertig – bon à tirer

print run – Auflage *f*, Auflagenhöhe *f* – tirage *m*, chiffre *m* du tirage

print run paper – Auflagenpapier *n* – papier *m* du tirage

print run paper proof – Proof *m* auf Auflagenpapier – épreuve *f* sur le papier du tirage

print-screen key – Drucktaste *f* – touche *f* (de) copie d'écran

print sequence – Druckfolge *f* – séquence *f* d'impression

print server – Druckserver *m*, Printserver *m* – serveur *m* d'impression

print service provider – Druckdienstleister *m* – prestataire *m* (de services) en arts graphiques

printshop – Druckerei *f* – imprimerie *f*

print space – Satzspiegel *m* – surface *f* de composition

Print style *(QuarkXPress)* – Druckstil – Style d'impression

print system – Drucksystem *n* – système *m* d'impression

print table – Drucktabelle *f* – table *f* d'impression

print type – Druckschrift *f* – caractères *m/pl* typographiques, caractères *m/pl* d'imprimerie

print wheel – Typenraddrucker *m* – roue *f* d'impression

priority – Priorität *f* – priorité *f*

prism – Prisma *n* – prisme *m*

pro – Profi *m* – pro *m*

probe – Probe *f* – échantillon *m*

problem – Problem *n* – problème *m* (pb)

problem (case) – Problemfall *m* – cas *m* (problématique)

process – Prozess *m*, Vorgang *m* – processus *m*

process *v.* – verarbeiten – traiter

process chart – Flussdiagramm *n*, Durchlaufplan *m* – organigramme *m*

process color – Prozessfarbe *f*, Skalenfarbe *f* – couleur *f* de processus, couleur *f* d'échelle

process fluctuations – Prozessschwankungen *f/pl* – variations *f/pl* de processus

processing – Entwicklung *f*, Filmentwicklung *f* – développement *m* (du film)

processing – Verarbeitung *f*, Bearbeitung *f* – traitement *m*

processing speed *(Software)* – Bearbeitungsgeschwindigkeit *f* – vitesse *f* d'exécution

processing stability – Entwicklerstabilität *f* – stabilité *f* au développement

processing status – Bearbeitungsstatus *m* – statut *m* d'édition

processless plate – prozesslose Platte *f* – plaque *f* sans développement

processor – Prozessor *m* – processeur *m*

processor card – Prozessorkarte *f*, Emulationskarte *f* – carte *f* d'émulation, carte *f* processeur

processor-controlled – prozessorgesteuert – commandé par processeur

produce *v.* – produzieren – produire

producer – Hersteller *m*, Produzent, -in – fabricant, -e, producteur, -rice

product – Produkt *n* – produit *m*

production – Produktion *f*, Herstellung *f* – fabrication *f*, production *f*, F fab *f*, F prod *f*

production cost(s) – Herstellungskosten *pl*, Produktionskosten *pl* – frais *m/pl* de fabrication, coût *m* de la fabrication (production)

production cycle – Produktionszyklus *m* – cycle *m* de production (fabrication)

production data – Produktions-daten *pl* – données *f/pl* de production

production department – Produktionsabteilung *f*, Produktion *f* – production *f*, fabrication *f*, département *m* de production

production downtimes – Produktionsausfall *m* – perte *f* de production

production manager – Produktionsleiter, -in – chef *m* de (la) production (fabrication), directeur *m* de la production (fabrication), responsable *m* production, chef *m* de fab

production man/woman – Hersteller, -in *(im Verlag)* – fabricant-deviseur *m*, technicien, -ne de la fabrication (production)

production peak – Produktionsspitze *f* – pic *m* de production

production planning – Produktionsplanung *f* – planification *f* de la production, planification *f* des tâches

production process – Produktionsablauf *m* – flux *m* de production, processus *m* de production

production (productive) capacity – Produktionskapa-zität *f* – capacité *f* de production

production site – Fertigungsstätte *f* – site *m* de production

production technology – Produktionstechnik *f* – technologie *f* de production

productive – produktiv – productif, -ve

productivity – Produktivität *f* – productivité *f*, efficacité *f*

product liability – Produkt-haftung *f* – responsabilité *f* du fabricant (producteur)

product line – Produktreihe *f* –
gamme *f* de produits
product presentation –
Produktpräsentation *f* –
présentation *f* produits
professional – professionell –
professionnel
professional outlay –
Werbungskosten *pl (steuerlich)*
– frais *m/pl* professionnels
professional photographer –
Berufsfotograf, -in –
photographe *m/f*
professionnel(le)
professional (specialist) journal
– Fachzeitschrift *f* – revue *f*
spécialisée (technique)
profile – Profil *n* – profil *m*
profile generation –
Profilgenerierung *f* –
élaboration *f* du profil
Profile Mismatches *(Adobe)* –
Profilabweichungen – Non
concordances des profils
profiling – Profilierung *f (Farbmanagement)* – profilage *m*
program *(brit. -me)* – Programm
n – logiciel *m*, application *f*,
pro-gramme *m*, F appli *f*, F soft
m
program *v.* – programmieren –
programmer
program exposure –
Belichtungsautomatik *f* –
exposition *f* automatique,
réglage *m* automatique du
temps de pose
program flowchart –
Programmablaufplan *m* –
organigramme *m* de
programmation
program guide – Programm-
zeitschrift *f*, Programmheft *n* –
magazine *m* de radiotélévision
program(m)able – programmierbar – programmable
program(m)ed – programmiert –
programmé
program(m)er – Programmierer,
-in – programmeur, -euse
program(m)ing –
Programmierung *f* –
programmation *f*

program(m)ing error –
Programmierfehler *m* – faute *f*
de programmation
program(m)ing language –
Programmiersprache *f* –
langage *m* de programmation
Progressive *(Photoshop)* –
Mehrere Durchgänge –
Progressif optimisé
projection – Projektion *f* –
projection *f*
projection plane –
Projektionsebene *f* – plan *m* de
projection
project management –
Projektmanagement *n* – gestion
f des projets
project manager –
Projektmanager *m* –
responsable *m* du projet
project (onto) – projizieren (auf)
– projeter (sur)
projector – Projektor *m* –
projecteur *m*
project plan – Projektplan *m* –
calendrier *m* du projet
prolific – produktiv – prolifique
prolog(ue) – Prolog *m* – prologue
m
promotional material –
Werbematerial *n* – matériel *m*
de publicité
proof – Abzug *m* – contretype *m*
proof – Proof *m*, Probedruck *m* –
épreuve *f*
proof *v.* – proofen, Proof
durchführen – tirer une
épreuve, faire une épreuve,
réaliser une épreuve
proof bit – Prüfbit *n* – bit *m* de
vérification
Proof Colors *(InDesign)* – Farb-
Proof – Couleurs d'épreuve
proofer – Proofer *m* – proofer *m*
proofing – Proofen *n*,
Proofherstellung *f* – épreuvage
m, tirage *m* des épreuves
proofing conditions –
Proofbedingungen *f/pl* –
conditions *f/pl* tirage d'épreuve
proof press – Abziehpresse *f* –
presse *f* à épreuves

proofprint *v.* – andrucken – tirer
des épreuves
proof printing – Andruck *m* –
épreuve *f* machine, impression *f*
essai couleur
proofread *v.* – Korrektur lesen –
corriger les épreuves
proofreader – Korrektor, -in –
réviseur *m*, correcteur, -rice,
proofreader's mark chart –
Korrekturzeichentabelle *f* –
tableau *m* des signes de
correction
proofreader's mark –
Korrekturzeichen *n* – signe *m*
de correction, marque *f* de
revision
proofreading – Korrekturlesen *n*
– correction *f* des épreuves
Proof Setup *(InDesign)* – Proof
einrichten – Format d'épreuve
proof system – Proofsystem *n* –
système *m* d'épreuvage
properties – Eigenschaften *f/pl*
(z.B. unter Windows) –
propriétés *f/pl*
proportional – proportional,
prozentual – en (au)
pourcentage, proportionnel
proportional compass –
Proportionalzirkel *m*,
Reduktionszirkel *m* – compas
m de réduction
proportional font –
Proportionalschrift *f* – police *f*
proportionnelle
proportions – Proportionen *f/pl*,
Größenverhältnis *n* –
proportions *f/pl*
proprietary – proprietär –
propriétaire, exclusif
propyl acetate – Propylacetat *n* –
acétate *m* propylique
prose text (writings) – Prosatext
m – texte *m* en prose
prospect – Interessent *m* –
prospect *m*
prospective customer –
Interessent *m* – prospect *m*
prospectus *(pl.* **prospectuses)** –
Prospekt *m* – prospectus *m*,
dépliant *m*

P

protected by copyright law –
urheberrechtlich geschützt –
tous droits d'auteur réservés

protected by password –
passwortgeschützt – protégé
par un code d'accès

protective coating – Schutzschicht *f*, Schutzlackierung *f* –
couche *f* protectrice, vernis *m* à
masquer

protective cover – Schutzhülle *f* –
couvre-livre *m*

protective layer – Schutzschicht *f*
– couche *f* protectrice, vernis *m*
à masquer

protocol – Protokoll *n* –
protocole *m*

protractor – Winkelmesser *m* –
rapporteur *m*

provider – Provider *m* –
fournisseur *m* (de services),
provider *m*, hébergeur *m*

proxy server – Proxy-Server *m* –
serveur *m* proxy, serveur *m*
mandataire

Prussian blue – preußischblau –
bleu *m* de Prusse

publication – Druckerzeugnis *n* –
imprimé *m*

publication – Publikation *f*,
Veröffentlichung *f*, Erscheinen
n (eines Buches) – parution *f*,
publication *f*

publication date –
Erscheinungsdatum *n* – date *f*
de parution

publicist – Publizist, -in –
publiciste *m*

publicity brochure –
Werbeprospekt *m* – dépliant *m*
publicitaire

publicity budget – Werbeetat *m*
– budget *m* publicitaire, budget
m de publicité

publicity department –
Werbeabteilung *f* – service *m*
(de la) publicité

publicity manager – Werbeleiter,
-in – directeur, -rice de la
publicité, chef *m* de la publicité

publicity matter –
Werbedrucksache *f* – imprimé
m publicitaire

publicity printing – Werbedruck
m – impression *f* de produits
publicitaires

public relations (PR) – Public
Relations (PR) – relations *f/pl*
publiques

publish *v.* – herausgeben,
veröffentlichen, verlegen,
publizieren – éditer, publier

published by – erschienen bei
(Buch in Verlag) – publié par

publisher – Verleger, -in,
Herausgeber, -in – éditeur *m*

publisher – Verlag *m* – édition *f*,
maison *f* d'édition

publisher and bookseller –
Verlagsbuchhändler, -in –
libraire-éditeur *m*

publisher's list –
Verlagsprogramm *n* – ensemble
m des publications

publishing – Verlagswesen *n* –
édition *f*

publishing – Veröffentlichung *f* –
publication *f*

publishing and printing house –
Verlagsdruckerei *f* – maison *f*
d'édition et d'impression

publishing editor –
Verlagsredakteur, -in –
rédacteur *m* d'édition,
rédactrice *m* d'édition

publishing house – Verlag *m*,
Verlagsanstalt *f* – édition *f*,
maison *f* d'éditions

publishing professional – DTP-
Profi *m* – PAOiste *m*

pull – Abzug *m* – contretype *m*

pull down menu – Pulldown-
Menü *n* – menu *m* déroulant

pull guide – Ziehmarke *f (Druck)*
– rectificateur *m* tirant, taquet
m tireur

pulp – Zellstoff *m*, Faserbrei *m*,
Papierbrei *m*, Pulpe *f*
(Papierherstellung) – pâte *f* (à
papier), cellulose *f*

pulp *v.* – einstampfen *(Auflage)* –
mettre au pilon

pulp magazine – Käseblatt *n* –
feuille *f* de chou

pumice stone – Bimsstein *m* –
pierre *f* ponce

punch – Locher *m* – perforateur
m (Akten), perforatrice *f*,
perforeuse *f* (Lochkarte)

punch – Stanze *f* – poinçonneuse *f*

punch – Prägestempel *m* –
estampe *f*

punch – Stanzloch *n* –
perforation *f* de repérage

punch *v.* – stanzen, ausstanzen,
einstanzen – poinçonner, percer

punch *v.* – lochen – perforer

punchcard – Lochkarte *f* – carte *f*
perforée

punch center – Stanzlochmitte *f* –
perforation *f* de repérage
centrale

punch-cutter – Stempelschneider
m – graveur *m* de poinçons

punching – Ausstanzung *f* –
découpage *m*, poinçonnage *m*

punch mark – Stanzlochmarke *f* –
repère *m* de perforation

punch orientation – Stanzloch-
Ausrichtung *f* – orientation *f* de
la perforation de repérage

punch perforation –
Stanzperforation *f* –
perforation *f* par découpe

punch register – Stanzregister *n* –
registre *m* découpe

punctuation – Zeichensetzung *f*,
Interpunktion *f* – ponctuation *f*

punctuation error (mistake) –
Zeichenfehler *m* – faute *f* de
ponctuation

punctuation mark –
Interpunktionszeichen *n* – signe
m de ponctuation

punctuation marks – Satzzeichen
n – signes *m/pl* de ponctuation

purchase department –
Einkaufsabteilung *f* – service *m*
des achats

purchase price – Kaufpreis *m* –
prix *m* d'acquisition

purchasing manager –
Einkaufsleiter, -in – chef *m* des
achats

purple – Purpur *m* – pourpre *f*
(Farbstoff), pourpre *m*
(Farbton)

purple – purpur(farben) –
pourpre, pourpré, purpurin

P

purple line – Purpur-Linie *f*
(CIE-Farbsystem) – ligne *f* des
pourpres
push guide – Schiebemarke *f* –
rectificateur *m* poussant
put/place *v.* **next to each other** –
nebeneinander stellen –
juxtaposer
put/place *v.* **side by side** –
nebeneinander stellen –
juxtaposer
put in *v.* **brackets (parenthesis)** –
einklammern, in Klammern
setzen – mettre entre
parenthèses (crochets)
put in *v.* **quotes** – in
Anführungszeichen setzen –
mettre entre guillemets
put *v.* **into alphabetical order** –
alphabetisieren – classer par
ordre alphabétique
put *v.* **into (the) archives** –
archivieren – classer dans les
archives
pyramid – Pyramide *f* – pyramide *f*
pyramid cell –
pyramidenförmiges Näpfchen
n – alvéole *f* pyramidale
pyramid-shaped –
pyramidenförmig – pyramidal

Q

quad – bündig – justifié, au fer
quad left – linksbündig –
alignement à gauche, justifié à
gauche, au fer à gauche
quad middle – Blocksatz *m* –
justifié, composition *f* en
alinéa, composition *f* en bloc
quadrant – Quadrant *m* – cadran
m
quad right – rechtsbündig –
justifié à droite, au fer à droite,
alignement à droite
quadtone – Quadruplex(bild) *n* –
image *f* quadrichrome
quality assurance (QA) –
Qualitätsgewährleistung *f* –
assurance *f* qualité
quality control (QC) – Qualitätskontrolle *f* – contrôle *m* qualité
(CQ)

quarterly – vierteljährliche
Zeitschrift *f* – trimestriel *m*,
publication *f* trimestrielle
question mark – Fragezeichen *n* –
point *m* d'interrogation
questionnaire – Fragebogen *m* –
questionnaire *m*
queue – Warteschlange *f (a. in
Informatik)* – file *f* d'attente
queue processing –
Warteschlangenverarbeitung *f*
– traitement *m* de file d'attente
quick changeover (change) –
Schnellumstellung *f* –
changement *m* rapide
Quick Mask mode *(Photoshop)* –
Maskierungsmodus *m* – mode
Masque
quick-set ink – Quicksetfarbe *f*,
schnelltrocknende Farbe *f* –
encre *f* quick-set, encre *f* à
séchage rapide
quit *v.* – verlassen *(Programm)* –
quitter
quoin – Keil *m (Schließkeil im
Bleisatz)* – cale *f*, coin *m* de
serrage
quoin chase – Keilrahmen *m* –
châssis *m* à coin
quotation – Zitat *n* – citation *f*
quotation mark –
Anführungszeichen *n*,
F Gänsefüßchen *n* – guillemets
m/pl (anglais)
quote – Zitat *n* – citation *f*
quote – Anführungszeichen *n*,
F Gänsefüßchen *n* – guillemets
m/pl (anglais)
quote *v.* – zitieren – citer
quote sheet – Angebotsformular
n – devis *m*

R

radiation – Strahlung *f* –
rayonnement *m*
radical sign – Wurzelzeichen *n* –
signe *m* radical
radio and television guide –
Programmzeitschrift *f*,
Programmheft *n* – magazine *m*
de radiotélévision

rag – Käseblatt *n* – feuille *f* de
chou
ragged – nicht bündig, flatternd
– en drapeau, non justifié
ragged center – Flattersatz *m*
Mitte – composition *f* (texte *m*)
en drapeau centre
ragged composition – Flattersatz
m – en drapeau, composition *f*
en drapeau, texte *m* en drapeau
ragged left – Flattersatz *m*
rechtsbündig – composition *f*
(texte *m*) en drapeau à fer de
droit
ragged right – Flattersatz *m*
linksbündig – composition *f*
(texte *m*) en drapeau à fer de
gauche
ragged type matter – Flattersatz
m – en drapeau, composition *f*
en drapeau, texte *m* en drapeau
ragged type matter – Flattersatz
m – en drapeau, composition *f*
en drapeau, texte *m* en drapeau
rag left – Flattersatz *m*
rechtsbündig – composition *f*
(texte *m*) en drapeau à fer de
droit
rag paper – Hadernpapier *n*,
Lumpenpapier *n* – papier *m*
chiffon(s)
rag right – Flattersatz *m*
linksbündig – composition *f*
(texte *m*) en drapeau à fer de
gauche
rainbow – Regenbogen *m* – arc-
en-ciel *m*
RAM (Random Access Memory) –
Arbeitsspeicher *m*, RAM *m* –
mémoire *f* vive (MEV),
mémoire *f* de travail
random access – Direktzugriff *m*,
wahlfreier Zugriff *m* – accès *m*
direct
random noise – Zufallsrauschen
n – bruit *m* aléatoire
random sample – Stichprobe *f* –
échantillon *m*
range of products –
Produktpalette *f* – gamme *f*,
assortiment *m* de produits
rare book – seltenes Buch *n* –
livre *m* rare

Raster/Vector Balance *(InDesign)*
– Pixelbild-Vektor-Abgleich –
Equilibre Pixellisation/
Vectorisation
raster effect – Rastereffekt *m* –
effet *m* de pixélisation
rasterization – Rasterisierung *f* –
rastérisation *f*
rasterize *v.* – rasterisieren –
rastériser
rated value – Sollwert *m* – valeur
f assignée, valeur *f* nominale,
valeur *f* de consignes
rate increase – Tariferhöhung *f* –
augmentation *f* de tarif
ratio – Größenverhältnis *n* –
proportion *f*
rationalization of workflow –
Rationalisierung *f* des
Arbeitsablaufs – rationalisation
f du flux de production
rationalize *(brit. rationalise)* –
rationalisieren – rationaliser
ratio of (the) densities –
Dichteverhältnis *n* – rapport *m*
de densité
raw data – Rohdaten *pl* –
données *f/pl* brutes
raw scan – Rohscan *m* – scan *m*
brut, brut *m* de scan
ray – Strahl *m* – rayon *m*
ray of light – Lichtstrahl *m* –
rayon *m* de lumière, rayon *m*
lumineux (phys.)
read *v.* – lesen – lire,
F bouquiner (Buch)
readable type – leserliche Schrift
f – écriture *f* lisible
reader – Leser, -in – lecteur, -rice
reader-printer – Lese-und
Druckvergrößerungsgerät *n* –
lecteur-reproducteur *m*
readership – Leserschaft *f* –
lecteurs *m/pl*, cercle *m* de
lecteurs, public *m*
readership (range) – Leserschicht
f – profil *m* des lecteurs
read in *v.* – einspeichern – mettre
en mémoire
reading direction – Leserichtung
f – sens *m* de lecture
reading head – Lesekopf *m* – tête
f de lecture

reading (matter) – Lektüre *f*,
Lesestoff *m* – lecture *f*
Read Me file – Readme-Datei *f* –
fichier *m* Lisez-moi
read (the) proofs – Korrektur
lesen – corriger les épreuves
ready for setting copy –
satzfertiges Manuskript *n* –
copie *f* préparée, copie *f* mise
au point
ready for (the) press –
druckfertig, Druckfreigabe *f* –
bon à tirer, BAT, BàT, b.a.t.,
bon à rouler
real art paper –
originalgestrichenes
Kunstdruckpapier *n* – papier *m*
couché original
real image viewfinder –
Realbildsucher *m (Kamera)* –
viseur *m* à image réelle
realizable – realisierbar –
réalisable
realization – Realisation *f*,
Realisierung *f* – réalisation *f*
realize *v.* – durchführen,
realisieren – exécuter (inform.),
réaliser (Arbeit)
real time – Echtzeit *f* – temps *m*
réel
real-time processing (operation)
– Echtzeitverarbeitung *f* –
traitement *m* en temps réel,
fonctionnement *m* en temps
réel
ream – Ries *n (500 Papierbogen)*
– rame *f*
rearrange *v.* – umstellen *(z.B.*
Satz) – transposer
rebind *v.* – umbinden – relier à
nouveau
reboot – Neustart *m* –
redémarrage *m*
reboot *v.* – neustarten, rebooten
– redémarrer, réamorcer
rebuild desktop *(Mac)* –
Schreibtisch neu anlegen –
reconstruire le bureau
recalculation of job costs –
Nachkalkulation *f* – calcul *m* à
posteriori, postcalculation *f*
receipt notification – Empfangsbestätigung *f* – accusé *m* de
réception

receive *v.* – empfangen *(Daten)* –
recevoir
receiver – Empfänger *m* –
récepteur *m*, destinataire *m*
recent book (publication) –
Neuerscheinung *f* – nouvelle
publication *f*, dernière
publication
recently published – neu
erscheinen – vient de paraître
receptacle – Führung *f (in*
Geräten) – réceptacle *m*
reception – Empfang *m (Daten)*
– réception *f*
rechargable – aufladbar –
rechargeable
recharging battery device –
Akkuladegerät *n* – chargeur *m*
d'accus
recipient – Empfänger *m* –
déstinataire *m*
recognizable – wahrnehmbar,
erkennbar – reconnaissable,
discernable, perceptible
recognize *v.* – erkennen –
reconnaître, détecter
recombine *v.* – wieder
kombinieren – recombiner
record – Akte *f* – dossier *m*
record – Datensatz *m* – jeu *m* de
données
record – Aufnahme *f* –
enregistrement *m*, tournage *m*
record *v.* – aufzeichnen –
enregistrer
recorder – Aufzeichnungsgerät *n*
– enregistreur *m*
recorder – Brenner *m* – graveur *m*
recording – Aufzeichnung *f* –
enregistrement *m*
recording head – Schreibkopf *m*
– tête *f* d'insolation, tête *f*
d'impression
recording mode –
Aufnahmemodus *m (z.B. bei*
Kamera) – mode *m*
d'enregistrement
record office – Archiv *n* –
archives *f/pl*
recover *v.* – wiederfinden –
retrouver
recoverable – wiederherstellbar –
récupérable

R

rectangle – Rechteck *n* – rectangle *m*
rectangular – rechteckig – rectangulaire
rectangular alignment – Kanalverarbeitung *f* – alignement *m* automatique
Rectangular Blend *(QuarkXPress)* – Rechteckiger Verlauf – Dégradé rectangulaire
rectification – Berichtigung *f* – rectification *f*
recto and verso – Vorder- und Rückseite *f* – recto/verso *m*
recto pages – ungerade Seiten *f/pl* – pages *f/pl* impaires
recto (side, page) – Schöndruckseite *f*, Vorderseite *f* – côté *m* recto, recto *m*
recyclable – recyclingfähig – recyclable
recycle *v.* – recyceln – recycler
recycled paper – Altpapier *n*, Recyclingpapier *n* – vieux papiers *m/pl*, papier *m* recyclé
recycling – Recycling *n* – recyclage *m*
red – rot – rouge
red chalk – Rötel *m* – gouache *f* rouge
red chalk crayon – Rötelstift *m* – crayon *m* rouge, sanguine *f*
red chalk drawing – Rötelzeichnung *f* – sanguine *f*
reddish – rötlich, rotstichig – rougeâtre, tirant sur le rouge, roussâtre (Haar)
red-eye effect – Rote-Augen-Effekt *m* – effet *m* yeux rouges
red-eye reduction flash – Blitz *m* mit Rote-Augen-Reduzierung – flash *m* avec réduction des yeux rouges
red filter – Rotfilter *m* – filtre *m* rouge
red gold – Rotgold *n* – or *m* rouge
redigitize *v.* – redigitalisieren – renumériser
red light – Rotlicht *n* – lumière *f* rouge
redo *v.* – wiederherstellen – rétablir

red-orange – rotorange – orange rouge
red pencil – Rotstift *m* – crayon *m* rouge
red signal – Rot-Signal *n* – signal *m* rouge
reduce *v.* – verkleinern, abschwächen – affaiblir, réduire
reduced scale – verkleinerter Maßstab *m* – échelle *f* réduite, à grande échelle
reducer – Abschwächer *m* – affaiblisseur *m*
reducing – Abschwächen *n* – affaiblissement *m*
reduction – Verkleinerung *f* – réduction *f*
redundant – redundant – redondant
re-edit *v.* – neuauflegen, neu herausgeben – rééditer
re-edition – Neuauflage *f* – nouvelle édition *f*, réimpression *f*
re-edition – Neuerfassung *f* – refrappe *f*
reel – Papierrolle *f*, Rolle *f*, Spule *f* – bobine *f*, rouleau *m*
reelchange – Rollenwechsel *m* *(Papier)* – changement *m* de bobines
reel paper – Rollenpapier *n* – papier *m* en rouleau, papier *m* en bobines
reel-to-reel processing – Rolle/Rolle-Verarbeitung *f* – production *f* bobine-bobine
reference – Referenz *f* – référence *f*
reference *v.* – verweisen – faire référence *à*
reference book – Nachschlagewerk *n* – ouvrage *m* de référence
reference mark – Querverweis *m*, Kreuzverweis *m* – renvoi *m*
reference measurement – Referenzmessung *f* – mesure *f* référentielle
reference point – Bezugspunkt *m*, Referenzpunkt *m*, Stützpunkt *m* – point *m* de référence
reference proof – Referenzproof *m* – épreuve de référence

reference value – Referenzwert *m* – valeur *f* de référence
reference white – Referenzweiß *n* – blanc *m* de référence
reflect *v.* – reflektieren, widerspiegeln – refléter, réfléchir
reflectance – Reflexion *f* – réfléchissement *m*, réflexion *f*
reflected light – reflektiertes Licht *n* – lumière *f* réfléchie
reflecting – reflektierend – réfléchissant
reflection – Abbild *n*, Reflexion *f*, Spiegelung *f*, Widerspiegelung *f* – reflet *m*
reflection – Aufsicht *f* – réflexion *f*
reflection densitometer – Aufsichtsdensitometer *n* – densitomètre *m* réflexion
reflection original – Aufsichtsvorlage *f* – original *m* pour analyse par réflexion
reflector – Reflektor *m* – réflecteur *m*
reflex camera – Spiegelreflexkamera *f* – reflex *m*, appareil *m* reflex
reformat *v.* – neu formatieren – reformater
reform of orthography – Rechtschreibreform *f* – réforme *f* de l'orthographe
refraction *(opt.)* – Brechung *f* – réfraction *f*
refraction angle – Brechungswinkel *m* – angle *m* de refraction
refresh rate – Bildfrequenz *f*, Bildrate *f* *(Bildschirm)* – fréquence *f* de balayage
regional edition – Regionalausgabe *f* – édition *f* régionale
regional newspaper – Regionalzeitung *f* – journal *m* régional
register – Passer *m* – repérage *m*
Register *(QuarkXPress)* – Passkreuze – Repérage
register – Register *n* – repérage *m*
register *v.* – ausrichten *(Druckmaschine)* – mettre en registre

R

register v. – registrieren – inscrire, enregistrer

register accuracy – Passergenauigkeit f, Registerhaltung f, Registergenauigkeit f – précision f du registre (repérage)

register adjustment – Registerverstellung f (an Druckmaschine) – réglage m du registre

register cross – Passkreuz n – hirondelle f, croix f de repérage, repère m en croix

registered trademark – eingetragenes Warenzeichen n – marque f déposée

register error – Passerfehler m – erreur f de repérage, défaut m de repérage

register fluctuations – Passerschwankungen f/pl, Registerschwankungen f/pl – variations f/pl du registre

register form – Passform f – forme f de mise en repérage

register holes – Passlochung f, Registerlochung f – trous m/pl de repérage

registering – Registereinstellung f, Registerstellen n – mise f en registre

register mark – Pass(er)marke f, Registermarke f – repère m, marque f de repérage

register monitoring – Passerkontrolle f – contrôle m registre (repérage)

register pin – Passstift m, Registerstift m – têton m de repérage

register pin row – Registerleiste f – registre m

register pin strip – Passstiftleiste f – barette f de repérage

register punch – Registerstanze f – perforatrice f de registre

register punching – Registerstanzung f – perforation f en repérage

register system – Registersystem n, Passsystem n – système m de registre, système m de mise en page

register-true – registergenau, registerhaltig, pass(er)genau – en parfait repérage, conforme au repérage, en repérage

registration – Registrierung f – enregistrement m

registration color – Registerfarbe f – couleur f de repérage

regular – gleichmäßig, regelmäßig – uniforme, régulier

regular customers – Kundenstamm m – clientèle f fixe

reinitialization – Reinitialisierung f – réinitialisation f

reinitialize v. – reinitialisieren – réinitialiser

reinstall v. – neu installieren – réinstaller

re-issue – Neuausgabe f – réédition f

reissue v. – nachdrucken, neuauflegen, neu herausgeben – rééditer, réimprimer

reject sheet – Makulaturbogen m – feuille f de passe (gâche)

relative colorimetric – relativ farbmetrisch (ICC-Farbmanagement) – colorimétrie f relative, colorimétrique m relatif

relative distance coordinates – relative Abstandskoordinaten f/pl – coordonnées f/pl de distance relatives

relative humidity – relative Luftfeuchtigkeit f – humidité f relative

release – Release f, Version f – version f

release v. – loslassen (z.B. Maus) – relâcher

release v. – auslösen – déclencher

release v. **a key** – eine Taste loslassen – relâcher une touche

release paper – Einschießbogen m – intercalaire m

relief – Relief n – relief m

relief depth – Relieftiefe f – profondeur f des reliefs

relief embossing – Reliefprägung f – gaufrage m en relief, empreinte f en relief

relief map – Reliefkarte f – carte f en relief, plan m en relief

relief printing – Reliefdruck m – impression f en relief

remission – Remission f – réflectance f

remote control – Fernbedienung f – télécommande f

remote control lamp – Selbstauslöserlampe f – voyant m de retardateur

remote control release (fotogr.) – Fernauslöser m – déclencheur m à distance

remote maintenance – Fernwartung f – télémaintenance f

remote proofing – Remote Proofing n, dezentrales Proofen n – épreuvage m à distance

removable hard disk – Wechselplatte f – disque m amovible

removable inking system – herausnehmbares Farbwerk n – chambre f d'encrage démontable

remove v. – löschen, entfernen – effacer, supprimer, détruire, F virer

remove v. **of colorcast** – Farbstich m beseitigen – supprimer la dominante

Renaissance Antiqua – Garald (Schriftenklassifizierung) – Garaldes

rename v. – umbenennen – renommer, débaptiser

render v. – rendern – effectuer un rendu

rendering – Rendering n, Rendern n, Wiedergabe f – rendu m

rendering intent – Rendering Intent m – gestion f du rendu des couleurs, rendering intent m

Rendering Intent (Color management in QuarkXPress) – Wiedergabeziel – Usage final du rendu

renumber v. – neu nummerieren – renuméroter

renumbering – Neunummerierung f – renumérotation f

reorder v. – neu anordnen – réorganiser

reordering – Neuanordnung *f* – réorganisation *f*

reorganization – Reorganisation *f*, Neugestaltung *f* – réorganisation *f*, refonte *f*, remaniement *m*

reorganize *v.* – umorganisieren, reorganisieren, neu organisieren – réorganiser

repeatability – Wiederholbarkeit *f* – répétabilité *f*

repeatable – wiederholbar – répétable

repeat copying – Nutzenkopie *f* – report *m* à répétition, report *m* à multiposes

repeating tasks – sich wiederholende Aufgaben *f/pl* – tâches *f/pl* répétitives

replace *v.* – ersetzen – substituer, remplacer

Replace color *(Photoshop)* – Farbe ersetzen – Remplacement de couleur

replicate *v.* – nachbilden – reproduire, copier, faire une copie de

report – Bericht *m* – rapport *m*

report(age) – Reportage *f* – reportage *m*

reporter – Reporter, -in – reporter *m*

repositionning – Neupositionierung *f* – repositionnement *m*

representative – Repräsentant, -in – représentant, -e

reprint – Nachdruck *m*, Neudruck *m*, Reprint *m*, unveränderte Neuausgabe *f* – réimpression *f*, retirage *m*

reprint *v.* – nachdrucken – réimprimer

repro artwork – Reprovorlage *f* – modèle *m* de reproduction

repro camera – Reprokamera *f* – chambre *f* de reproduction

reprocity effect – Schwarzschildeffekt *m* – effet *m* de voisinage

repro department – Reproabteilung *f* – département *m* repro

reproduce *v.* – nachbilden, reproduzieren, abbilden – reproduire, copier, faire une copie de

reproduced – reproduziert – reproduit

reproducible – reproduzierbar, darstellbar – reproductible, représentable

reproducible results – reproduzierbare Ergebnisse *n/pl* – résultats *m/pl* reproductibles

reproduction – Reproduktion *f*, Darstellung *f* – reproduction *f*, représentation *f*

reproduction characteristics – Reprokennlinie *f* – caractéristiques *m/pl* de reproduction

reproduction fidelity – Wiedergabetreue *f* – fidélité *f* de reproduction

reproduction film – Reprofilm *m* – film *m* de reproduction

reproduction photographer – Reprofotograf, -in – photograveur *m*, similiste *m/f*

reproduction photography – Reprofotografie *f* – photo-reproduction *f*

reproduction process – Reproduktionsverfahren *n* – procédé *m* de reproduction

reproduction scale – Abbildungsmaßstab *m* – échelle *f* de reproduction

reproduction sharpness – Abbildungsschärfe *f* – netteté *f* de reproduction

reproduction techniques – Reproduktionstechniken *f/pl* – techniques *f/pl* de reproduction

reproduction technology – Reproduktionstechnik *f* – technologie *f* de reproduction

reprography – Reprografie *f* – reprographie *f*

repro house – Reprostudio *n*, Reproanstalt *f* – atelier *m* de reproduction

repro original – Reprovorlage *f* – modèle *m* de reproduction

repro specialist – Reprograf, -in – spécialiste *m/f* de la reproduction

repro studio – Reprostudio *n*, Reproanstalt *f* – atelier *m* de reproduction

repro technique – Repro(duktions)technik *f* – technique *f* de reproduction

repurposing (of data) – Andersverwendung *f* von Daten – réorientation *f* des données

request – Anfrage *f*, Datenbankabfrage *f* – requête *f*

requirements specification – Pflichtenheft *n* – cahier *m* des charges

resample *v.* – neuberechnen *(Bilddaten)* – rééchantillonner

resampling – Neuberechnung *f*, Resampling *n* – sous-échantillonnage *m*, rééchantillonnage *m*

resemble *v.* – ähnlich aussehen – ressembler à

reset *v.* – resetten – réinitialiser

reset button – Reset-Knopf (Button) *m* – bouton *m* de réinitialisation

reshape *v.* – umformen – remodeler

resilient printing plate – weichelastische Druckplatte *f* – plaque *f* d'impression souple

resistance to tearing – Reißfestigkeit *f* – résistance *f* à la déchirure

resize *v.* – Größe *f* verändern – redimensionner

resize *v.* **page** – Seitengröße ändern – recadrer

resizing – Größenveränderung *f* – redimensionnement *m*

resolution – Auflösung *f* – résolution *f*

resolution dependent – auflösungsabhängig – dépendant de la résolution

resolution independent – auflösungsunabhängig – indépendant de la résolution

resolve *v.* – beheben – résoudre

R

resolved issue – behobenes Problem *n* – problème *m* résolu

resource – Ressource *f* – ressource *f*

resource fork *(Mac)* – Resourcen-Zweig *m* – plage *f* de ressources, resource fork

response time – Antwortzeit *f* – temps *m* de réponse

restore *v.* – wiederherstellen – rétablir, recouvrer, restaurer

restoring – Wiederherstellung *f* – rétablissement *m*

restricted embedding instruction – Einbettungs-beschränkung *f (Font)* – restriction *f* d'incorporation

Restrict To Box *(QuarkXPress)* – Auf Rahmen begrenzen – Restreindre au bloc

resume *v.* – wieder aufnehmen *(Arbeit)* – reprendre

réticulation – Runzelkornbildung *f*, Retikulation *f* – reticulation *f*

retouch *v.* – retuschieren – retoucher

retouch(ing) – Retusche *f*, Retuschieren *n* – retouche *f*

retouching program – Retuscheprogramm *n* – programme *m* de retouche

retrieval – Wiederauffinden *n* – récupération *f*

retrieve *v.* – wiederauffinden – retrouver, récupérer

retrospective bibliography – retrospektive Bibliografie *f* – bibliographie *f* rétrospective

reversal film – Umkehrfilm *m* – film *m* autoréversible

reverse – umgekehrt – renversé

reverse angle blade – gegen-läufige Rakel *f (Flexodruck)* – racle *f* à angle inversé

reverse characters – Negativschrift *f* – caractères *m/pl* (en) noir et blanc

reversely – in umgekehrter Richtung – inversé

reverse page – Rückseite *f* – côté *m* verso, page *f* verso, face *f* verso, verso *m*

reverse(-side) printing – Rückseitendruck *m* – impression *f* (au) verso

reverse text – Negativtext *m* – texte *m* (en) noir et blanc

reversible – umkehrbar, reversibel – reversible

review – Rezension *f*, Buchbesprechung *f* – critique *f*

review *v.* – nachprüfen, überprüfen – réviser, revoir, contrôler

review *v.* – rezensieren – faire la critique de

review copy – Rezensionsexem-plar *n* – exemplaire *m* de presse

revise *v.* – überarbeiten *(Text)* – retoucher, reprendre

revise *v.* **copy** – Text überarbeiten – réviser le texte

revised and expanded edition – überarbeitete und erweiterte Ausgabe *f (Buch)* – édition *f* revue et augmentée

revised edition – überarbeitete Ausgabe *f* – édition *f* révisée, édition *f* revue (et corrigée)

revision – Nachprüfung *f*, Überprüfung *f* – révision *f*, contrôle *m*

revision – Überarbeitung *f (Text)* – retouche *f*

revision mark – Korrekturzeichen *n* – signe *m* de correction, marque *f* de revision

rewind *v.* – zurückspulen *(z.B. Film in Kamera)* – rembobiner

rewinder – Aufrollung *f (Druckbahn)* – bobineuse *f*, enrouleur *m*, embobineur *m*

rework *v.* – wiederbearbeiten – retravailler

rewritable – wiederbeschreibbar – réinscriptible

re-write *v.* – umschreiben *(Text)* – réécrire

RGB – RGB – RVB

RGB value – RGB-Wert *m* – valeur *f* RVB

rhomb *(U.S., geometr.)* – Raute *f*, Rhombus *m* – losange *m*

ribbon – Farbband *n* – ribbon *m* (d'encrage)

ribbon cartridge – Farbband-kassette *f* – cartouche *f* ruban

ribbon replacement – Farbband-wechsel *m* – remplacement *m* du ruban d'encrage

rice paper – Reispapier *n* – papier *m* de riz, papier *m* de Chine

rich black – gesättigtes Schwarz *n* – noir *m* soutenu, noir *m* enrichi

rider roll(er) – Reiterwalze *f* – rouleau *m* presseur

right – rechts – à droite

right-align tab – rechts ausgerichteter Tabulator *m* – tabulation *f* d'alignement à droite

right angle – rechter Winkel *m* – angle *m* droit

right-angle cut – rechtwinkliger Schnitt *m* – coupe *f* rectangulaire, équerrage *m*

right-angled – rechtwinklig – rectangulaire, en équerre, d'équerre

right-angle fold(ing) – Kreuz(bruch)falz *m* – pli *m* croisé

right-hand end point – rechter Randpunkt *m* – point *m* à l'extrême droite

right(-hand) page – rechte Seite *f* – belle page, page *f* de droite, recto *m*

right indent – Einzug rechts, rechter Einzug *m* – retrait *m* à droite, retrait *m* droit

right of publishing – Verlags-recht *n* – droit *m* d'édition

right of reproduction – Abdruck-recht *n* – droit *m* de reproduction

right quotation mark – schließendes Anführungszeichen *n* – guillemet *m* fermant

right reading – seitenrichtig – à l'endroit

right side bearing – Nachbreite *f* – approche *f* droite

R

ring binder – Ringbuch *n* – classeur *m*

ring binding – Ring-Bindung *f* – reliure *f* à anneaux

ring network – Ring-Netzwerk *n* – réseau *m* en anneau

ring topology – Ring-Topologie *f* – topologie *f* en anneau

rip *v.* – rippen – ripper

ripped data – gerippte Daten *pl* – données *f/pl* rippées

ripping – Rippen *n* – rippage *m*, ripping *m*

RIP (Raster Image Processor) – RIP *m* – RIP *m*, rastériseur *m*, générateur *m* d'images tramées

riser *(typogr.)* – Oberlänge *f* – ascendante *f*, hampe *f* montante, jambage *m* ascendant

roller – Walze *f* – rouleau *m*

roll film – Rollfilm *m* – film *m* en rouleau

rolling ball – Trackball *m* – boule *f* de commande

ROM – ROM – mémoire *f* morte, ROM

roman – romanisch – romanesque

Roman figures (numerals) – römische Ziffern *f/pl* – chiffres *m/pl* romains

Roman font – lateinische Schrift *f* – police *f* latin

Roman monumental lettering – Römische Lapidarschrift *f* – lapidaire *f* romaine

roman type(face) – römische Antiqua *f* – caractère *m* romain

room light – Raumlicht *n*,Umgebungslicht *n* – lumière *f* ambiante, éclairage *m* ambiant

room light film – Raumlichtfilm *m* – film *m* lumière du jour

ROOM (Rip Once, Output Many) – ROOM – RIP unique, plusieurs sorties

root directory – Hauptverzeichnis *n* – répertoire *m* racine

rosette – Rosette *f* – rosette *f*

rotary-band sealer – Folien-Durchlaufsiegelgerät *n* – appareil *m* de soudage de film

rotary die-cutter – Schneidrollenstanzmaschine *f* – découpoir *m* rotatif

rotary die-cutting – Rotationsstanzen *n* – découpage *m* rotatif

rotary minder – Rotationsdrucker *m* – rotatitviste *m*, imprimeur *m* rotativiste, conducteur *m* de rotative

rotary offset – Rollenoffset *m* – offset *m* rotatif

rotary offset press – Rollenoffsetmaschine *f* – rotative *f* offset

rotary press – Rotationsmaschine *f* – rotative *f*

rotary (press) printing – Rotationsdruck *m* – impression *f* en rotative, impression *f* sur roto, tirage *m* (en) roto

rotary printer – Rotationsdrucker *m* – rotatitviste *m*, imprimeur *m* rotativiste, conducteur *m* de rotative

rotary printing – rotatives Druckverfahren *n* – procédé *m* d'impression rotatif

rotate *v.* – drehen, rotieren – pivoter, faire pivoter, tourner

rotated – gedreht – pivoté

rotating – rotierend – tournant

rotation – Drehung *f*, Rotation *f* – rotation *f*, pivotage *m*

rotation angle – Drehwinkel *m*, Rotationswinkel *m* – angle *m* de rotation

rotogravure – Rotationstiefdruck *m* – rotogravure *f*, hélio *f* rotative

rotogravure paper – Tiefdruckpapier *n* – papier *m* hélio

rough – rau *(Oberfläche)* – rugueux

rough – skizzenhaft – esquissé, ébauché, en quelque traits

rough data – Grobdaten *pl* – données *f/pl* grossières

rough layout – Skizze *f* – croquis *m*, esquisse *f*, ébauche *f*

round – rund – rond

round *v.* – runden – arrondir

round cornering – Eckenrunden *n (Druckverarbeitung)* – arrondi *m* de coins

rounded – abgerundet – arrondi

rounded corners – runde Ecken *f/pl* – coins *m/pl* arrondis

rounding error – Rundungsfehler *m* – erreur *f* d'arrondi

router – Router *m* – routeur *m*

routing – Routing *n* – acheminement *m*

routing edge – Fräskante *f* – bord *m* de fraisage

routing margin – Fräsrand *m* – marge *f* de fraisage

row – Zeile *f* – rangée *f*, ligne *f*

Row Strokes *(InDesign)* – Zeilenkonturen – Contours de ligne

royalty-free – lizenzfrei – libre de droits

rubber – Radiergummi *m* – gomme *f*

rubber blanket – Gummituch *n* *(beim Offsetdruck)* – blanchet *m*, caoutchouc *m*

Rubber stamp tool *(Photoshop)* – Stempel-Werkzeug – outil Tampon

rub out *v.* – radieren, ausradieren – gommer, effacer (à la gomme)

rub resistance – Scheuerfestigkeit *f*, Abriebfestigkeit *f* – résistance *f* à l'abrasion, résistance *f* au frottement

rubric – Rubrik *f* – rubrique *f*

rule – Linie *f* – ligne *f*, filet *m*

ruled paper – Linienpapier *n* – papier *m* réglé

ruler – Lineal *n* – règle *f*

rule(-up) *v.* – linieren – régler, ligner

rule weight – Linienstärke *f* – épaisseur *f* de (du) trait, largeur *f* de (du) trait

ruling – Linierung *f* – réglure *f*

run – Ineinanderlaufen *n* – mélange *m* (des encres)

run – Auflage *f* *(Anzahl der Drucke)* – tirage *m*

run *v.* – ausführen *(Programm)* – exécuter

runaround – Umfluss *m (Text um Bild)* – habillage *m*

R

run chart – Produktionsdiagramm *n* – schéma *m* de
production

run *v.* **into one another** –
ineinander laufen *(Farben)* – se
mélanger

run length – Lauflänge *f* – tracé
m des lignes

run length code –
Lauflängenkodierung *f* –
codage *m* des parcours

runner – Marginalziffer *f* –
chiffre *m* en marge

running direction – Laufrichtung
f (Papier, Bahn) – sens *m* (de)
marche, sens du papier, sens *m*
de défilement de la bande

running head – lebender
Kolumnentitel *m* – titre *m*
courant

running production – laufende
Produktion *f* – production *f*
courante

running title (headline) –
Kolumnentitel *m* – titre *m*
courant

running width – Laufweite *f* –
chasse *f*, approche *f* de chasse

runtime software – Runtime-
Programm *n* – exécuteur *m*

rush job – eiliger Auftrag *m* –
ordre *m* pressant

S

saddle-stitched booklet –
Rückstichbroschüre *f* –
brochure *f* piquée dans le pli

saddle-stitcher –
Rückstichheftmaschine *f* –
piqueuse *f* (à cheval)

saddle-stitching –
Rückstichheftung *f* – piqûre *f* à
cheval, piquage *m* dans le pli

safelight – Sicherheitslicht *n* –
lumière *f* inactinique

safety film – Azetatfilm *m*,
Sicherheitsfilm *m* – film *m*
acétate

safety guard – Schutzvorrichtung
f – panneau *m* de protection

sag *v.* – einsinken – affaisser

sagging – Einsinken *n (Bahn in
Druckmaschine)* – affaissement
m

sales catalog *(brit. sales
catalogue)* – Verkaufskatalog
m – catalogue *m* de vente

sales (figure) – Umsatz *m* –
chiffre *m* d'affaire

sales manager (executive) –
Verkaufsleiter, -in – directeur, -
rice des ventes, directeur, -rice
commercial, responsable *m* des
ventes

sample – Leseprobe *f* – extrait *m*
de texte

sample – Muster *n* – échantillon
m, maquette *f*

sample *v.* – aufnehmen
(Farbwerte aus Bild) – prélever

sample diameter –
Probendurchmesser *m* –
diamètre *m* d'échantillonnage

sample folder – Mustermappe *f* –
dossier *m* d'échantillons

sampling – Probeentnahme *f*,
Stichprobenentnahme *f* –
échantillonnage *m*

sans serif – serifenlos – sans
empattements

sans serif type(face) – serifenlose
Schrift *f*, Groteskschrift *f*,
Antiqua *f* – caractères *m/pl*
sans empattements, caractères
m/pl grotesques

satellite transmission –
Satellitenübertragung *f* –
transmission *f* par satellite

satisfactory quality –
zufriedenstellende Qualität *f* –
qualité *f* satisfaisante

saturate *v.* – sättigen – saturer

saturated – gesättigt *(Farbe)* –
saturé

saturation – Sättigung *f* –
saturation *f*

save *v.* – speichern, abspeichern,
sichern – enregistrer,
sauvegarder, stocker, archiver,
mémoriser

save as – speichern als, speichern
unter – enregistrer sous

Save as EPS *(QuarkXPress)* –
Sichern als EPS – Enregistrer
page en EPS

savvy – unterstützend, ...-fähig
(Dateiformate) – compatible,
supportant

saw-tooth effect –
Sägezahneffekt *m* – effet *m*
dent de scie

scalability – Skalierbarkeit *f* –
extensibilité *f*

scalable – skalierbar – adaptable,
extensible

scale – Maßstab *m*, Skala *f* –
échelle *f*

scale *v.* – skalieren – mettre à
l'échelle

scaled – skaliert – mis à l'échelle

scale down *v.* – verkleinern –
réduire

scale drawing – maßstabsgerechte Zeichnung *f* – dessin
m à l'échelle

scale of reproduction –
Abbildungsmaßstab *m* – échelle
f de reproduction

scale paper – Millimeterpapier *n*
– papier *m* millimétrique
(millimétré)

scaling – Maßstabs(ver)änderung
f – changement *m* d'échelle

scaling – Skalierung *f* – mise *f* à
l'échelle

scaling down – Verkleinern *n* –
réduction

scaling factor – Vergrößerungsfaktor *m* – échelle *f*, facteur *m*
d'agrandissement

scan – Scan *m* – image *f*
numérisée, scanne *m*, analyse *f*,
numérisation *f*

scan *v.* – scannen, einscannen,
abtasten, einlesen – numériser,
scanner, analyser, balayer,
acquérir

scan data – Scandaten *pl* –
données *f/pl* scannées

scan direction – Scanrichtung *f* –
sens *m* d'analyse du scanner.

scanline – Scanlinie *f* – ligne *f* de
balayage, ligne *f* de scannage

scanline density – Schreibdichte *f*
– densité *f* (d'écriture)

scanned image – eingescanntes Bild *n* – image *f* numérisée

scanner – Scanner *m* – scanne(u)r *m*

scanner glass – Scanglas *n* – vitre *f* d'analyse

scanner operator – Scanner-operator *m* – scanneriste *m*, opérateur *m* scanner

scanner setting – Scanner-einstellung *f* – réglage *m* du scanner

scanning – Abtastung *f*, Scan-vorgang *m* – analyse *f*, numérisation *f*, analyse *f* d'image

scanning area – Scanbereich *m* – surface *f* d'analyse

scanning bed – Scannerbett *n* – plateau *m* du scanner

scanning drum – Abtasttrommel *f (beim Scanner)* – cylindre *m* d'analyse

scanning side – Abtastfläche *f* – surface *f* d'analyse, surface *f* de numérisation

scan resolution – Scanauflösung *f* – résolution *f* d'analyse, résolution *f* de numérisation

scan software – Scanprogramm *n* – logiciel *m* de pilotage de scanner, logiciel *m* pour scanner, pilote *m* de numérisation

scan tablet – Scannertablett *n* – surface *f* d'analyse du scanner

scan time – Aufnahmezeit *f (Scanner, Kamera)* – temps *m* d'acquisition

scatter diagram – Punktdia-gramm *n* – diagramme *m* de dispersion

scattered – diffus – diffus

scattered light – Streulicht *n* – lumière *f* dispersée, lumière *f* parasite

scatter (proof) – Scatter-Proof *m* – épreuve *f* d'amalgame

schedule – Termin *m* – délai *m*

schedule – Zeitplan *m* – calendrier *m*, emploi *m* du temps horaire

schedule *v*. – terminieren, Termin festlegen – fixer une date

scheduling – Zeitplanung *f* – planning *m*

scheme – Schema *n* – schéma

schoolbook – Schulbuch *n* – livre *m* scolaire, livre *m* de classe

scissoring – Freistellen *n* – détourage *m*, découpage *m*

scissors – Schere *f* – ciseaux *m/pl*

score – Rille *f* – rainure *f*

score *v*. – ritzen – rainer, entailler, tracer

scoring – Ritzen *n* – traçage *m*

scrapbook – Sammelalbum *n* – recueil *m* de coupures

scrap of paper – Papierfetzen *m* – chiffon *m* de (du) papier

scratch – Kratzer *m*, Schabstelle *f* – rayure *f*, éraflure *f*

scratch *v*. – schaben – érafler, gratter

Screen *(Photoshop)* – Negativ multiplizieren – Superposition

screen – Bildschirm *m* – écran *m*, moniteur *m*

screen – Raster *m* – linéature *f*, trame *f*

screen *v*. – rastern – tramer

screen angle – Rasterwinkel *m* – angle *m* de trame

screen background – Bildschirmhintergrund *m* – fond *m* d'écran

screen capture – Screenshot *m* – copie *f* d'écran, capture *f* d'écran

screen density – Rasterdichte *f* – densité *f* de la trame

screen display – Bildschirmdar-stellung *f* – affichage *m* du moniteur

screen dot – Rasterpunkt *m* – point *m* de trame, point *m* de simili

screened – gerastert – tramé

screened background – Hinter-grundraster *m* – fond *m* tramé

screened film – Rasterfilm *m* – film *m* simili

screened proof – Rasterproof *m* – épreuve *f* tramée

screen fabrics – Siebdruckgewebe *n* – tissu *m* sérigraphique

screen film – Rasterfolie *f* – feuille *f* de trame

screen font – Bildschirmfont *m* – police *f* d'écran

screen frame – Siebdruckrahmen *m* – cadre *m* sérigraphique

screen frequency – Rasterweite *f* – linéature *f*, fréquence *f* de trame

screening – Rasterung *f*, Aufrasterung *f* – tramage *m*

screening algorithm – Rasteralgorithmus *m* – algorithme *m* de tramage

screen magnifier – Fadenzähler *m* – compte-fils *m*

screen negative – Rasternegativ *n* – négatif *m* tramé

screen percentage value – Rasterprozentwert *m* – valeur *f* de pourcentage de trame

screen printer – Siebdruck-maschine *f* – imprimeuse *f* sérigraphique

screen printer – Siebdrucker *m* – sérigraphe *m*, imprimeur *m* sérigraphe

screen printing – Siebdruck *m* – sérigraphie *f*

screen printing frame – Siebdruckkopierrahmen *m* – châssis *m* de copie pour sérigraphie

screen printing ink – Siebdruck-farbe *f* – encre *f* sérigraphique

screen printshop – Siebdruckerei *f* – atelier *m* de sérigraphie

screen range – Rasterumfang *m* – écart *m* de trame

screen refresh – Bildschirmauf-frischung *f* – rafraîchissement *m* d'écran

screen resolution – Bildschirmauflösung *f* – résolution *f* d'écran

screen ruling – Rasterweite *f* – linéature *f*, fréquence *f* de trame

screensaver – Bildschirmschoner *m* – économiseur *m* d'écran, F écono *m*

S

screenshot – Screenshot *m* – copie *f* d'écran, capture *f* d'écran

screen tint – Rasterton *m*, Rasterfläche *f*, Flächenton *m* – benday *m*, aplat *m* tramé

screen value – Rasterwert *m* – valeur *f* de trame

scribble – Scribble *m* – scribble *m*

script – Schreibschrift *f* – écriture *f* manuscrite

scriptable – skriptfähig – scriptable

scripting language – Skriptsprache *f* – langage *m* (de) script

Scripts – Schreibschriften *f/pl* – caractères *m/pl* à écriture courante

script template – Schrift-schablone *f* – trace-lettre *f*

script typeface – Schreibschriftart *f* – police *f* script

script types – Schreibschriften *f/pl* – caractères *m/pl* à écriture courante

scroll – Banderole *f* – banderole *f*

scroll *v.* – scrollen – faire défiler

scroll bar – Rollbalken *m* (in Programmen) – barre *f* de défilement

scrolling – Scrollen *n* – défilement *m*

scrolling forward – Vorwärts-Scrollen *n* – défilement *m* avant

scroll-lock key – Bildroll-Sperrtaste *f* – touche *f* de verrouillage du défilement (à l'écran)

scroll through *v.* – durchblättern, blättern – feuilleter, parcourir, faire défiler

scroll up/down *v.* – nach oben/unten scrollen – faire défiler vers le haut/bas

scumming – Schleierbildung *f* – voilage *m*

seal – Siegel *n* – sceau *m*

seal *v.* – versiegeln – sceller, cacheter

sealing – Laminierung *f*, Kaschierung *f* – complexage *m*, contrecollage *m*, laminage *m*

sealing – Versiegelung *f* – scellage *m*

sealing process – Siegelvorgang *m* – opération *f* de scellage

sealing seam – Siegelnaht *f* – cordon *m* de scellage

search – Suche *f* – recherche *f*

search *v.* – durchsuchen – parcourir

searchable text – suchbarer Text *m* – texte *m* recherchable

search and replace – Suchen und Ersetzen – rechercher et remplacer

search criteria – Suchkriterium *n*, Suchbedingung *f* – critère *m* de recherche

search engine – Suchmaschine *f* – moteur *m* de recherche

search options – Suchoptionen *f/pl* – options *f/pl* de recherche

search query – Suchtext *m* – définition *f* de recherche

secondary colors – Sekundär-farben *f/pl* – couleurs *f/pl* secondaires

second-class matter (U.S.) – Drucksache *f* – imprimé *m*

second cover – vordere Umschlaginnenseite *f* – deuxième couverture *f*

section – Abschnitt *m* (Buch) – section *f*

section – Auslage *f* – sortie *f*

section – Signatur *f*, Lage *f* – cahier *m*

section – Schnittfläche *f* – plan *m* de la section, section *f*, coupe *f*

sectional view – Querschnitt *m* (Ansicht) – vue *f* en coupe, profil *m*

sector – Sektor *m* – secteur *m*

sector correction – Sektorkorrektur *f* – correction *f* par secteur chromatique

see – siehe (Verweis in Buch) – voire

seek *v.* – suchen – rechercher, chercher

segmentation – Segmentierung *f* – segmentation *f*

segregate *v.* – separieren, trennen (Objekte) – séparer

select *v.* – auswählen (z.B. Objekte auf einer Seite) – sélectionner

Select all (DTP programs) – Alles auswählen – Tout sélectionner

Select All Unused Colors (InDesign) – Alle nicht verwendeten Farben auswählen – Sélectionner toutes les nuances inutilisées

selection – Auswahl *f*, Auswahlbereich *m* – sélection *f*

selection border (Photoshop) – Auswahlbegrenzung – Contour de sélection

selective color correction – selektive Farbkorrektur *f* – correction *f* couleur sélective

self-adhesive – selbstklebend – autocollant, adhésif

self-adhesive label – Haftetikett *n*, Selbstklebeetikett *n* – étiquette *f* autocollante (adhésive)

self-calibrating – selbstkalibrie-rend – auto-calibrant

self-calibration – Selbstkalibrie-rung *f* – auto-calibrage *m*

self-copying paper – Durchschreibepapier *n* – papier *m* autocopiant

self-extracting – selbstauspackend, selbstentpackend – auto-extractible, auto-dépliant

self-sign security (Acrobat) – Self-Sign-Sicherheit *f* – protection *f* autosignée

self-study *v.* – sich selbst weiterbilden – s'autoformer

self-timer (fotogr.) – Selbstauslöser *m* – retardateur *m*, déclencheur *m* automatique

selling brochure – Verkaufsbroschüre *f* – brochure *f* commerciale

semibold typeface – halbfette Schrift *f* – caractère *m* demi-gras

semicolon – Semikolon *n*, Strich-punkt *m* – point-virgule *m*

semi-conductor – Halbleiter *m* – semi-conducteur *m*

semi-conductor memory – Halbleiterspeicher *m* – mémoire *f* à semi-conducteur

seminar – Seminar *n* – séminaire *m*

send *v.* – abschicken, senden, absenden, verschicken, versenden – envoyer, expédier

sender – Absender, -in – expéditeur, -rice

sender – Sender *m* – émetteur *m*

Send to Back *(QuarkXPress)* – Ganz nach hinten – Arrière-plan

send *v.* **to press** – in Druck geben – mettre sous presse

senior editor – Chefredakteur, -in – rédacteur, -rice en chef

sensitive to light – lichtempfindlich – sensible à la lumière, photosensible

sensitivity – Lichtempfindlichkeit *f* – sensibilité *f* à la lumière, photosensibilité *f*

sensitize *v.* – sensibilisieren, lichtempfindlich machen – sensibiliser

sensitized – lichtempfindlich – sensible à la lumière, photosensible

sensor – Sensor *m* – détecteur *m*, capteur *m*, palpeur *m*

sensor key – Sensortaste *f* – touche *f* du curseur

sentence – Satz *m* – phrase *f*

separate *v.* – separieren, trennen – séparer

separated – separiert – séparé

separation – Farbauszug *m*, Separation *f* – séparation *f*

separation character – Trennzeichen *n* – caractère *m* de séparation

Separations *(QuarkXPress)* – Auszüge – Séparations

separation sign – Trennzeichen *n* – caractère *m* de séparation

separation table – Separationstabelle *f* – table *f* de séparation, tableau *m* de séparation

sepia – Sepia *n* – sépia *m*

sequence – Reihenfolge *f* – suite *f*, ordre *m*, séquence *f*

sequential – sequenziell – séquentiel

sequential access – sequenzieller Zugriff *m* – accès *m* séquentiel

sequential numbering – fortlaufende Nummerierung *f* – pagination *f* continue, numérotation *f* séquentielle

sequential processing – sequenzielle Verarbeitung *f* – traitement *m* séquentiel

serial – Serie *f*, Buchreihe *f* – publication *f* en série

serial interface (port) – serielle Schnittstelle *f* – interface *f* série, port *m* série

serif – Serife *f* – empattement *m*, sérif *m*, patin *m*

serif typeface – Serifenschrift *f* – caractère *m* à empattement

Server – Server *m* – serveur *m*

service – Dienstleistung *f* – prestation *f* (de services)

service bureau – Belichtungsstudio *n* – atelier *m* de flashage, atelier *m* de photocomposition, F flasheur *m*, F photocompositeur *m*

service engineer – Wartungstechniker, -in – technicien, -enne

service provider – Dienstleister *m* – prestataire *m* (de services)

servicing – Wartung *f* – maintenance *f*, entretien *m*

set – Satz *m* *(Bausatz, Programmpaket, ...)* – ensemble *m*, jeu *m*, kit *m*

set *v.* *(typogr.)* – setzen – composer

set flush – bündig setzen – composer aux fers, composer en alignée

set flush left – linksbündig setzen – composer au fer à gauche, aligner la compo à gauche

set *v.* **flush right** – rechtsbündig setzen – composer au fer à droite, aligner la compo à droite

set in *v.* **italics** – in kursiv setzen – composer en italique

set-off – Abschmieren *n*, Abliegen *n* *(Druckfarbe)* – décharge *f*

set of films – Farbsatz *m* – composition *f* de couleurs, jeu *m* de films

set of options – Einstellungssatz *m* – jeu *m* d'options

set square – Zeichendreieck *n*, Geodreieck *n* – équerre *f* (à dessiner)

setting – Wegschlagen *n* *(Druckfarbe auf Papier)* – absorption *f* (de l'encre), pénétration *f*

setting – Einstellung *f* – réglage *m*

setting instruction – Satzanweisung *f* – indication *f* pour la composition, instruction *f* typographique

Settings > Printers *(Windows)* – Einstellungen > Drucker – paramètres > imprimantes

setting stick – Winkelhaken *m* *(Bleisatz)* – composteur *m*

settling-in period – Einarbeitungszeit *f* – temps *m* d'apprentissage

settling-in period – Einarbeitungszeit *f* – période *f* d'initiation (d'adaptation)

set-up times – Rüstzeiten *f/pl*, Umrüstzeiten *f/pl* – temps *m* d'adaptation (de préparation, de changement)

sew *v.* – fadenheften – brocher au fil textile

sewed – broschiert – broché

sewing – Fadenheftung *f* – couture *f* (au fil), brochage *m* au fil textile

sewing machine – Fadenheftmaschine *f* – brocheuse *f* au fil textile

sewn book – fadengeheftetes Buch *n* – livre *m* broché au fil

shade – Schattierung *f*, Abtönung *f* – nuance *f*, ombrage *m*

shade *v.* – schattieren, abschatten, abtönen *(Malerei)* – nuancer, ombrer, dégrader, atténuer

S

shade v. – abstufen *(Farbtöne)* – dégrader, nuancer

shaded background – Hintergrundverlauf m – fond m dégradé

shaded color – gedämpfte Farbe f – couleur f atténuée

shaded type – schattierte Schrift f – caractères m/pl ombr(ag)és

shade of gray – Grauschattierung f – niveau m de gris

shading – Farbverlauf m, Verlauf m – dégradé m (couleur, de couleurs)

shadow – Schatten m – ombre f

Shadow *(QuarkXPress)* – Schattiert *(Schriftstil)* – Ombré

shadow area – dunkler Bildbereich m, Schattenpartien f/pl – zone f foncée d'image, zone f d'ombre

shadow details – Tiefenzeichnung f – détails m/pl dans les ombres

shadow gradation – Gradation f in den Tiefen – gradation f dans les ombres

shadow offset – Schattenverschiebung f – décalage m d'ombrage

shadows – Tiefen f/pl *(dunkle Stellen im Bild)* – ombres f/pl

shadow tones – Tiefentöne m/pl – ombres f/pl

shaftless unwind – achsloses Abwickeln n *(Rollendruck)* – dérouleur m sans broche

shape – Form f – forme f

shape v. – formen, gestalten – former, façonner, modeler, créer, réaliser

shared memory – Shared Memory, gemeinsamer Speicher m – mémoire f partagée

share point *(Mac)* – Netzwerkvolume n – point m de partage

shareware – Shareware f – logiciel m contributif

Sharing setup *(Mac)* – Sharing Setup – Partage de fichiers

sharp – scharf *(Bild)* – net

sharp angle – spitzer Winkel m – angle m aigu

sharp edge – scharfe Kante f – bord m net, bord m vif

sharpen v. – schärfen – rendre plus net

sharpening – Schärfen n, Scharfzeichnen n – renforcement m

Sharpen tool *(Photoshop)* – Scharfzeichner-Werkzeug – outil Netteté

sharpness – Schärfe f *(Bild)* – netteté f

sharpness filter – Schärfefilter m – filtre m de netteté

shear v. – scheren *(Objekt)* – incliner

shear cut – Scher(en)schnitt m – coupe f au cisaillement, cisaillement m

shearing – Scherung f *(Objekt)* – inclinaison f

sheet – Blatt n, Bogen m *(Papier)* – feuille f, feuillet m

sheet assembly – Bogenmontage f – montage m de la feuille

sheet control – Bogenkontrolle f – contrôle m de la feuille

sheet delivery – Bogenauslage f – réception f des feuilles

sheet division – Bogeneinteilung f – repartition f de la feuille

sheet edge – Bogenkante f – bord m de la feuille

sheet(-)fed offset – Bogenoffset m – offset m à feuilles

sheet(-)fed offset press – Bogenoffsetmaschine f – machine f offset à feuilles

sheet(-)fed press – Bogendruckmaschine f – presse f à feuilles

sheet feeder – Einzelblatteinzug m – alimenteur m feuille à feuille

sheet feeder – Bogenanlage f – margeur m de feuilles

sheet feeding – Bogenzuführung f – alimentation f à feuilles

sheet film – Planfilm m – film m plan, film m en feuilles

sheet gripping – Bogenerfassung f *(Druckmaschine)* – saisie f de la feuille

sheet layout – Standbogen m – feuille f d'imposition, imposition f de la feuille, cahier m

sheet length – Bogenlänge f – longueur f de la feuille

sheet of lined paper – Linienblatt n – feuille f de papier réglé

sheet (piece) of writing paper – Briefbogen m – feuille f de papier à lettres

sheet size – Bogengröße f – format m de la feuille

shelf life – Lagerbeständigkeit f – durée f de vie en stock (du stock)

shielding – Abschirmung f *(Kabel)* – blindage m

shift – Versatz – décalage m

shift v. – verschieben – décaler

shift key – Umschalttaste f – touche f majuscule, touche f Maj

shine v. – leuchten – luir, rayonner, briller, reluire, donner de la lumière

shingle delivery – Schuppenauslage f – sortie f en nappe

shingling – Seitenverdrängung f – chasse f, gradation f des petits fonds

shipping – Versand m – expédition f

shoe sole – Schuhsohle f *(CIE-Farbsystem)* – semelle f de chaussure

shooting – Aufnahme f – enregistrement m, tournage m

shooting range *(fotogr.)* – Aufnahmebereich m – plage f de prise de vue

shooting techniques *(fotogr.)* – Aufnahmetechnik f – technique f de la prise de vues

shortage of staff – Personalmangel m – manque f de personnel, pénurie f de main-d'œuvre

short black – kurzes Schwarz n – noir m bref

shortcut – Tastenkürzel n, Kurzbefehl m – raccourci m (clavier)

shorten v. – abkürzen – abréger, abrévier, écourter

shorthand typist – Stenotypistin f – sténodactylo f

short ink – kurze Farbe f – encre f courte

short run – Kleinauflage *f* – petite série *f*, petit tirage *m*, faible tirage *m*

shot – Aufnahme *f*, Foto *n* – prise *f* de vue, photo *f*

shoulder – Schulter *f* – talus *m*

show *v.* – einblenden, zeigen – afficher, montrer

Show/Hide Trap Information *(QuarkXPress)* – Überfüllung zeigen/verbergen – Afficher/Masquer les info. de défonce

show through *v.* – durchscheinen – luire à travers

shredder – Reißwolf *m*, Shredder *m* – déchiqueteur *m*

shrink film – Schrumpffolie *f* – film *m* rétractable

shrink *v.* **wrap** – überziehen mit Schrumpffolie – emballer par rétraction

shrink-wrapped – eingeschweißt – emballé sous film rétractable

shrink-wrapping – Schrumpffolienverpackung *f* – emballage *m* à film rétractable

shut down *v.* – herunterfahren – éteindre

shutter – Verschluss *m (Kamera)* – obturateur *m*

shutter curtain – Verschlussvorhang *m* – rideau *m* d'obturateur

shutter release *(fotogr.)* – Auslöser *m* – déclencheur *m* (souple)

shutter speed – Verschlusszeit *f* – vitesse *f* d'obturation

siccative – Trockenstoff *m*, Sikkativ *n* – siccatif *m*

side ... – seitlich – latéral, de côté

side by side – Seite an Seite – côté à côté

side effect – Seiteneffekt *m* – effet *m* de bord

side figure – Marginalziffer *f* – chiffre *m* en marge

side frame – Seitenwand *f*, Seitengestell *n* *(Druckmaschine)* – bâti *m* latéral

side guide – Anlegemarke *f*, Seitenmarke *f* – taquet *m* latéral, taquet *m* de marge

side guide – Seitenführung *f* – guide *m* latéral

side heading – Marginaltitel *m* – titre *m* en marge

side note – Randbemerkung *f* – manchette *f*, note *f* marginale

side registration – Seitenregister *n (Passerhaltung beim Druck)* – repérage *m* latéral

side stitching – Seitenheftung *f*, Randheftung *f* – piqûre *f* à plat

side view – Seitenansicht *f* – vue *f* latérale de côté, profil *m*

sign *(typogr.)* – Zeichen *n* – caractère *m*, signe *m* (Satzzeichen)

signature – Signatur *f*, Standbogen *m* – cahier *m*, feuille *f* d'imposition, imposition *f* de la feuille, cahier *m*

signature – Unterschrift *f* – signature *f*

signature mark – Flattermarke *f* – marque *f* d'assemblage, marque *f* de collationnement

signature number (mark) – Signaturnummer *f* – chiffre *m* de signature

silhouette – freigestelltes Bild *n* – image *f* détourée, silhouette *f*

silk-print – Seidendruck *m* – impression *f* sur soie

silk-screen printer – Siebdrucker, -in – sérigraphe *m*, imprimeur *m* sérigraphe

silk-sreen printing – Siebdruck *m* – sérigraphie *f*

silver – Silber *n* – argent *m*

silver bath – Silberbad *n* – bain *m* d'argent

silver film – Silberfilm *m* – film *m* argentique

silver grain – Silberkorn *n* – grain *m* d'argent

simplification – Vereinfachung *f* – simplification *f*

simplify *v.* – vereinfachen – simplifier

simulate *v.* – simulieren – simuler

Simulate Overprint *(InDesign)* – Überdruck simulieren – Simuler la surimpression

simulation – Simulation *f* – simulation *f*

single copy – Einzelexemplar *n* – exemplaire *m* simple

single frame – Einzelbild *n* – vue *f*

single page – Einzelseite *f* – page *f* individuelle

single quote – Apostroph *m* – apostrophe *f*

single sheet – Einzelblatt *n* – feuille *f* individuelle

single sheet printing – Einzelblattdruck *m* – impression *f* à feuilles, impression *f* feuille à feuille

single-sided – einseitig – d'un (seul) côté

single user – Einplatzbenutzer *m* – mono-utilisateur *m*

six-color printing – Sechsfarbendruck *m* – impression *f* en six couleurs

size – Größe *f* – taille *f*, format *m*

size – Umfang *m (eines Werks)* – volume *m*, grosseur *f*

skeleton black – Skelettschwarz *n* – noir *m* squelette, noir *m* de structure

sketch – Skizze *f*, Entwurf *m* – croquis *m*, esquisse *f*, maquette *f*, brouillon *m* (erster Grobentwurf), ébauche *f*

sketch *v.* – skizzieren, entwerfen – ébaucher, esquisser, crayonner, croquer

sketchbook – Skizzenbuch *n* – carnet *m* de (à) dessins (croquis), album *m* de (á) croquis

sketchpad – Zeichenblock *m*, Skizzenblock *m* – bloc *m* de (à) croquis, bloc *m* de papier à dessin

sketchy – skizzenhaft – esquissé, ébauché, en quelques traits

skew – Neigung *f*, Schräge *f*, Neige *f* – inclinaison *f*

skew *v.* – neigen – incliner

skilled worker – Facharbeiter, -in – ouvrier *m* spécialisé

S

skip *v.* – überspringen – sauter, ignorer

skip numbering – überspringende Nummerierung *f* – numérotation *f* intermittente

slab serif – serifenbetonte Linear-Antiqua *f* – mécane *f*

slant – Neigung *f*, Schräge *f*, Neige *f* – inclinaison *f*

slant *v.* – schräg stellen – incliner

slanted – schräggestellt – incliné, italisé (elektronisch)

slanting angle – Kursivwinkel *m* – angle *m* d'inclinaison, angle *m* (d')italique

slap – Umschlagklappe *f* – coup *m*

slash – Schrägstrich *m*, Bruchstrich *m* – barre *f* oblique, barre *f* diagonale

sleeve – Hülse *f*, Sleeve *m*, Hülle *f* (Flexodruckform) – manchon *m*

slice *v.* – abschneiden – couper, cisailler

slick paper – Hochglanzpapier *n* – papier *m* glacé, papier *m* couché à haut brillant

slide – Dia *n*, Diapositiv *n* – diapo *f*, diapositive *f*, ekta *m*

slide frame – Diarahmen *m* – cadre *m* de diapositive

slide projector – Diaprojektor *m* – projecteur *m* de diapositives

slider – Rollbalken *m*, Schieberegler *m* (in Programmen) – barre *f* de défilement

slide rule – Rechenschieber *m* – règle *f* à calculer

slide scanner – Diascanner *m* – scanner *m* diapo, scanner *m* de diapositives

slide show – Diaschau *f* – diaporama *m*

slide tray – Diatablett *n* – table *f* pour diapo

slide viewer – Diabetrachter *m* – projecteur *m* de diapositives, visionneuse *f* de diapositives

slip case – Schuber *m*, Schutzkarton *m* – coffret *m*, emboîtage *m*, boîte *f*, gaine *f*

slip of paper – Zettel *m* – bout *m* de papier

slip of the pen – Rechtschreib-fehler *m*, Schreibfehler *m* – faute *f* de frappe, faute *f* d'orthographe

slitter-rewinder – Längsschnei-der *m*, Rollenschneider *m* – bobineuse-refendeuse *f*

slitting – Längsschnitt *m* – coupe *f* longitudinale, section *f* longitudinale, refente *f*

slogan – Werbespruch *m*, Werbe-slogan *m* – phrase *f* d'accroche, slogan *m* publicitaire

sloped stem – schräger Balken *m* – barre *f* oblique, barre *f* inclinée

slot – Slot *m* – logement *m*

slot depth – Schlitztiefe *f* – profondeur *f* d'encochage

slotter – Schlitzmaschine *f* – slotter *m*

slotter section – Schlitzwerk *n* – section *f* slotter

slow connection – langsame Verbindung *f* – connexion *f* lente

slow down *v.* – verzögern – ralentir

slug (typogr.) – Durchschuss *m* – interlignage *m*, interligne *f*

slugline – Dateikennung *f*, Infozeile *f*, Kommentarzeile *f* – libellé *m*, ligne *f* d'informa-tions, commentaire *m*

slur – Dublieren *n*, Schieben *n* – maculage *m*, doublage *m*

small ad – Kleinanzeige *f* – petite annonce *f*

small business (firm, enterprise) – Kleinbetrieb *m* – petite entreprise *f*, petite exploitation *f*

small cap – Kapitälchen *n* – petite capitale *f*, petite majuscule *f*

small-format – Kleinformat *n*, kleinformatig – petit format, en petit format

small letter – Minuskel *f*, Gemeine *pl*, gemeine Buchstaben *pl* – caractères *m/pl* en bas de casse, minuscules *f/pl*, bas-de-casses *m/pl*

small offset – Kleinoffset *m* – offset *m* (de) petit format

small parcel (brit.) – Päckchen *n* – petit paquet *m*

small package (U.S.) – Päckchen *n* – petit paquet *m*

smart card – Smartcard *f*, Chipkarte *f* – carte *f* à puce, carte *f* à microcircuit

Smart Guides (Illustrator) – Magnetische Hilfslinien – Repères commentés

Smart Punctuation (Illustrator) – Satz- und Sonderzeichen – Ponctuation typographique

smart quotes – typografische Anführungszeichen *n/pl* – guillemets *m/pl* typographiques

smearing – Verschmieren *n*, Schmieren *n* (Druckfarbe) – papillotage *m*, maculage *m*

smear *v.* **(up)** – verschmieren – barbouiller

smooth – glätten – lisser

smooth *v.* **a curve** – Kurve *f* glätten – lisser une courbe *f*

smooth edge – weiche Kante *f* – bord *m* flou

smooth gradation – fließender Übergang *m* – transition *f* insensible, gradation *f* insensible

smoothing – Glättung *f* (Bildverarbeitung) – lissage *m*

smoothing the edges – Glättung *f* der Kanten, Glätten *n* der Kanten – lissage *m* des bords

smoothness – Glätte *f* – lisse *f*

smooth shading (PostScript, PDF) – weicher Verlauf, Smooth Shading – smooth shading, dégradé lisse (progressif)

smooth transition – fließender Übergang *m* – transition *f* insensible, gradation *f* insensible

smudge *v.* – verwischen – estomper

Smudge tool (Photoshop) – Wischfinger-Werkzeug – outil Doigt

snapshot – Schnappschuss *m* – instantané *m*

S

snap to grid – an Gitter
ausrichten – aligner sur la grille
socket – Buchse *f* – prise *f* femelle
soft binding – Broschürenbindung *f* – brochage *m*
soft dot – weicher Punkt *m* –
point *m* mou
soften *v.* – weichzeichnen –
adoucir, rendre flou
softening – Weichzeichnen *n*,
Weichzeichnung *f* –
adoucissement *m*
softening the edges – Glättung *f*
der Kanten, Glätten *n* der
Kanten – lissage *m* des bords
soft-focus lens *(fotogr.)* –
Weichzeichner *m* – objectif *m*
pour flou artistique, filtre *m*
pour flou artistique
soft hyphen – weicher
Bindestrich *m*, Trennfuge *f* –
trait *m* d'union facultatif,
division *f* optionnelle,trait *m*
d'union virtuel
soft light – gedämpftes Licht *n* –
lumière *f* tamisée
Soft light *(Photoshop)* – weiches
Licht – Lumière tamisée
Soft mix *(Illustrator)* – Weich
mischen – Mélange pondéré
softproof – Softproof *m* –
épreuve *f* écran, épreuvage *m*
écran, softproof *m*,
prévisualisation *f* sur écran,
épreuvage *m* logiciel
software – Programm *n*,
Software *f* – logiciel *m*, F soft
m, application *f*, F appli *f*
software designer – Software-
Designer, -in – concepteur, -rice
de logiciel
software developer – Software-
Entwickler, -in – développeur,
-euse (de logiciel), concepteur,
-rice de logiciel
software driver – Treiberprogramm *n* – logiciel *m* de
pilotage
software ergonomics – Software-
Ergonomie *f* – ergonomie *f* du
logiciel

software package – Programmpaket *n*, Softwarepaket *n* –
progiciel *m*, paquet *m* de
logiciel
solarization – Solarisation *f* –
solarisation *f*
solid – fest *(Aggregatzustand,
nicht flüssig)* – solide
solid (area) – Volltonfläche *f* –
aplat *m*
solid ink density (SID) –
Volltondichte *f* – densité *f*
d'aplat
solid ink patch – Volltonfeld *n*
(Kontrollstreifen) – plage *f*
d'aplat
solid line – durchgezogene Linie *f*
– ligne *f* solide
solid tint – Farbfläche *f* – aplat *m*
solid tone – Vollton *m* – aplat *m*
soluble *(chem.)* – lösbar – soluble
solution of the problem –
Problemlösung *f* – solution *f* du
problème
solvent – Lösemittel *n* – solvant *m*
solventless lamination –
lösungsfreie Laminierung *f* –
contrecollage *m* sans solvant
solventless laminator –
lösungsfreier Laminator *m* –
contrecolleuse *f* sans solvant
solvent mixture – Lösemittelmischung *f* – mélange *m* de
solvants
sort *v.* – sortieren – trier
sorting – Sortierung *f* – triage *m*
sound card (board) – Soundkarte
f – carte *f* (de) son
source code – Quellcode *m* –
code *m* source
source color – Quellfarbe *f* –
couleur *f* source
source document –
Quelldokument *n* – document
m source
source of error (trouble) –
Fehlerquelle *f* – source *f*
d'erreur(s), cause *f* d'erreur(s)
source profile – Quellprofil *n* –
profil *m* de source
Source Space *(Color management Adobe)* – Quellfarbraum
– espace source

space *(typogr.)* – Leerzeichen *n*,
Spatium *n*, Zwischenraum *m*,
Abstand *m*, Leerraum *m* –
espace *m*, espace *m* blanc
Space/Align *(QuarkXPress)* –
Abstand/Ausrichtung –
Espacer/Aligner
space bar – Leertaste *f* – barre *f*
d'espace(ment)
space out *v.* *(typogr.)* –
austreiben, ausbringen,
spationieren *(Zwischenraum)* –
chasser, blanchir, espacer,
interlettrer
space rate (charge) – Anzeigenpreis *m*, Anzeigentarif *m* – tarif
m de publicité
space selling – Anzeigenakquisition *f* – acquisition *f*
d'annonces
spamming – Spamming *n*
(Werbemüllung per Internet)
– inondation *f*, multipostage *m*
abusif
span *v.* – sich ausdehnen *(Papier)*
– dilater, s'étendre
sparkling – tanzend *(Text)* –
valsant
special character –
Sonderzeichen *n* – caractère *m*
spécial
special edition – Extraausgabe *f*,
Sonderausgabe *f* – édition *f*
spéciale
special effect – Spezialeffekt *m* –
effet *m* spécial *(pl* effets
spéciaux)
special issue – Sonderausgabe *f* –
édition *f* spéciale
specialist book – Fachbuch *n* –
livre *m* spécialisé, ouvrage *m*
spécialisé
specialist dictionary –
Fachwörterbuch *n* –
dictionnaire *m* spécialisé, F dico
m spécialisé
specialized – spezialisiert – dédié,
spécialisé
specialized dictionary –
Fachwörterbuch *n* –
dictionnaire *m* spécialisé, F dico
m spécialisé

S

specialized journalist –
Fachjournalist, -in – journaliste
m/f spécialisé

special position –
Sonderplatzierung *f (Anzeige)* –
emplacement *m* de rigueur

specification – Spezifikation *f* –
spécification *f*

specific gravity – spezifisches
Gewicht *n*, volumenbezogene
Masse *f* – poids *m* volumique

specific volume – spezifisches
Volumen *n* – indice *m* de main

specify *v.* – spezifizieren –
spécifier

specimen – Muster *n* –
échantillon *m*, maquette *f*

specimen book – Musterbuch *n* –
livre *m* échantillon

specimen copy – Probenummer *f*
(Zeitschrift) – numéro *m*
spécimen

specimen copy – Belegexemplar
n – justificatif *m*, exemplaire *m*
justificatif

speckling – Speckling *n* – effet *m*
tacheté

spectral – spektral – spectral

spectral analysis – Spektralanalyse *f* – analyse *f* spectrale
(du spectre)

spectral color – Spektralfarbe *f* –
couleur *f* spectrale, couleur *f* du
spectre

spectral color density – spektrale
Farbdichte *f* – densité *f*
spectrale de la couleur

**spectral color density
measurement** – spektrale
Farbdichtemessung *f (an
Druckmaschine)* – mesure *f*
spectrale de la densité
d'encrage

spectral light distribution –
spektrale Lichtverteilung *f* –
répartition *f* spectrale de la
lumière

spectral line – Spektrallinienzug
m (CIE-Farbsystem) – ligne *f*
spectrale

spectral purity – spektrale
Reinheit *f* – pureté *f* spectrale

spectral range – Spektralbereich
m – plage *f* spectrale

spectral sensitivity (response) –
spektrale Empfindlichkeit *f* –
sensibilité *f* spectrale

spectrophotometer –
Spektralfotometer *n* –
spectrophotomètre *m*

**spectrophotometric
measurement** – spektralfotometrische Messung *f* – analyse *f*
spectrophotométrique

spectrophotometry – Spektrofotometrie *f* – spectrophotométrie *f*

spectrum – Spektrum *n* – spectre
m

spectrum analysis – Spektralanalyse *f* – analyse *f* spectrale
(du spectre)

spectrum perception –
Wahrnehmungsspektrum *n* –
spectre *m* de perception

specular highlight – Spitzlichter
n/pl – très hautes *f/pl* lumières

speech recognition –
Spracherkennung *f* –
reconnaissance *f* vocale

speed – Lichtstärke *f* (eines
Objektivs) – luminosité *f*

speed – Lichtempfindlichkeit *f*,
Filmempfindlichkeit *f* –
sensibilité *f* du film, rapidité *f*

speed of exposure –
Belichtungsgeschwindigkeit *f* –
vitesse *f* d'insolation

spell check – Rechtschreibprüfung *f* – vérification *f* de
l'orthographe

spelling – Rechtschreibung *f*,
Orthografie *f*, Schreibweise *f* –
orthographe *f*

spelling checker –
Rechtschreibprüfprogramm *n* –
programme *m* de correction
orthographique

spelling mistake – Rechtschreibfehler *m*, Schreibfehler *m* –
faute *f* de frappe, faute *f*
d'ortographe

spell (out) – buchstabieren –
épeler

spherical aberration – sphärische
Aberration *f* – aberration *f*
sphérique

spine – Buchrücken *m* – dos *m*,
dos *m* du livre

spiral – Spirale *f* – spirale *f*

spiral binding – Spiralbindung *f* –
reliure *f* (à) spirale

spiral fold – Spiralfalz *m* – pliage
m à hélices

spiral wire – Spiraldraht *m* – fil *m*
en spirale

spiral wire binding –
Spiraldrahtbindung *f* – reliure *f*
à fil en spirale

splash *v.* – klecksen – cracher,
faire des taches (pâtes)

splash(ing) – Farbspritzen *n* –
éclaboussure *f*

splash screen –
Eröffnungsbildschirm *m* –
écran *m* d'introduction

splicing – Klebung *f* – collage *m*

spline curve – Spline-Kurve *f* –
courbe *f* Spline

split *v.* – aufspalten, unterteilen,
splitten – scinder, diviser,
répartir, subdiviser, partager

split *v.* **a path** – unterteilen
(aufspalten) eines Pfades –
diviser un tracé, scinder un
tracé

Split complex paths *(FreeHand)*
– Komplexe Pfade teilen –
Séparer les trajets complexes

split screen – Split-Screen *m* –
écran *m* séparé

spoiled sheet – Fehlbogen *m* –
feuille *f* manquante

spoil sheets – Ausschuss(bogen)
m (Makulatur) – feuilles *f/pl*
maculées

Sponge tool *(Photoshop)* –
Schwamm-Werkzeug – outil
Eponge

spool *v.* – spoolen – spouler

spool directory – Spool-
Verzeichnis *n* – répertoire *m*
spoule

spooler – Spooler *m* – spouleur *m*

spot color – Schmuckfarbe *f*, Sonderfarbe *f*, Volltonfarbe *f* – couleur *f* d'accompagnement, couleur *f* spéciale, ton *m* direct

spot size – Punktgröße *f* *(Belichterpunkt)* – taille *f* du point

spotting(-out) – Ausflecken *n* – rebouchage *m*, bouchage *m*, gouachage *m*

spray *v.* – sprühen – pulvériser

spray can – Sprühdose *f* – bombe *f*

spray nozzle – Spritzdüse *f* – pulvérisateur *m*

spread – Ausdehnung *f (Papier)* – dilatation *f*

spread – Doppelseite *f*, Panoramaseite *f* – page *f* double, pages *f/pl* en regard, F double *f*

spread – Überfüllung *f* – engraissement *m*

spread *v.* – verteilen *(Farbwerte)* – étaler

spread *v.* – sich ausdehnen *(Papier)* – dilater, s'étendre

spread *v.* – überfüllen – grossir, appliquer un trapping

spread and choke – Unter- und Überfüllung *f* – grossi-maigri *m*

spreading width – Trapbreite *f*, Überfüllbreite *f* – largeur *f* du grossi, épaisseur *f* du recouvrement

Spreads *(QuarkXPress)* – Montageflächen – Planches

spread sheet – Tabellenkalkulation *f* – feuille *f* de calcul, tableur *m*

spreadsheet (program) – Tabellenkalkulationsprogramm *n* – tableur *m*

spring cover – Klappdeckel *m* – couvercle *m* à charnière

sprinkled – gesprenkelt – jaspé

square – Quadrat *n* – carré *m*

square – quadratisch – carré

square *v.* – karieren – quadriller

square back – Flachrücken *m* *(Druckverarbeitung)* – dos *m* carré

square bracket – eckige Klammer *f* – crochet *m*

square cut – rechtwinkliger Schnitt *m* – coupe *f* rectangulaire, équerrage *m*

squared – kariert – quadrillé

squeeze *v.* – quetschen – presser, pressurer

stabilize *v.* – stabilisieren – stabiliser

stabilizer – Stabilisator *m* – stabilisateur *m*, stabilisant *m*

stack *v.* – stapeln – empiler

stacking – Stapeln *n* – empilage *m*

stacking – Stapelung *f* – empilement *m*

stacking order – Stapelreihenfolge *f* – ordre *m* d'empilement

stack level – Stapelungsebene *f* – niveau *m* d'empilement

staff – Personal *n*, Mitarbeiterstab *m* – personnel *m*, employés *m/pl*, équipe *f* de collaborateurs, cercle *m* de collaborateurs

staff reduction – Personalabbau *m* – réduction *f* de personnel

stagger *v.* – versetzt anordnen – décaler

stamp – Stempel *m*, Prägestempel *m* – cachet *m*, tampon *m*, estampe *f*

stamp *v.* – prägen, frankieren – empreindre, gaufrer, repousser

stamping die – Prägestempel *m* *(Form)* – forme *f* de gaufrage

stamping foil – Prägefolie *f* – film *m* d'estampage

stamping form – Prägeform *f* – forme *f* d'estampage

stand-alone application – Stand-Alone-Programm *n* – application *f* autonome

standard – Standard *m*, Norm *f* – standard *m*, défaut *m*, norme *f*

standard format – Standardformat *n* – format *m* standard

standardization – Standardisierung *f*, Normung *f* – normalisation *f*, standardisation *f*

standardized conditions – standardisierte Bedingungen *f/pl* – conditions *f/pl* normalisées

standardized light – Normlicht *n* – lumière *f* normalisée

standard observer – Normalbeobachter *m*, Standardbeobachter *m (CIE-Farbsystem)* – observateur *m* de référence, observateur *m* moyen

standard size – Basisformat *n* – format *m* standard

standby – standby – en veille

standing expenses – Fixkosten *pl* – coûts *m/pl* fixes

standing matter – Stehsatz *m* – composition *f* conservée

staple – Heftklammer *f* – agrafe *f*

staple *v.* – heften, anheften, zusammenheften – agrafer

stapler – Heftapparat *m* – agrafeuse *f*

stapling – Klammerheftung *f* – agrafage *m*

star (*) – Asterisk *(U.S.)* *m*, Sternchen *n* – astérisque *m*, étoile *f*

star layout network – sternförmiges Netzwerk *n* – réseau *m* en étoile

star-shaped – sternförmig – en étoile

starting point – Startpunkt *m*, Anfangspunkt *m (Objekt)* – point *m* de départ

start of the line – Zeilenanfang *m* – début *m* de la ligne

star topology – Stern-Topologie *f* – topologie *f* en étoile

Startup objects *(Mac)* – Startobjekte – Ouverture au démarrage

startup screen – Eröffnungsbildschirm *m* – écran *m* d'introduction

static-free case – Antistatikhülle *f* – étui *m* antistatique

static IP address – statische IP-Adresse *f* – adresse *f* IP fixe

S

stationer's (shop) –
Papierwarenhandlung *f* –
papeterie *f*
stationery – Briefpapier *n* –
papier *m* à lettres
stationery – Papierwaren *f/pl* –
papeterie *f*, articles *m/pl*
papeterie
status bar – Statusleiste *f* – barre
f d'état
stave – Stäbchen *n (Auge)* –
bâtonnet *m*
steep gradation – steile
Gradation *f* – gradation *f* raide
stem edge – Balkenrand *m* –
bornée *f*
stem width – Balkenstärke *f* –
épaisseur *f* de trait
stencil – Schablone *f* – pochoir *m*,
stéréotype *m*, poncif *m*, gabarit
m
stencil mask – Abdeckschablone
f – pochoir *m*
stenographer – Stenotypist, -in –
sténodactylo *f*
step & repeat – Step and Repeat,
Repetieren *n* – copie-report *f*,
montage *m* par report à
répétition, copier-répéter,
report *m*, step & repeat
step & repeat copy –
Nutzenkopie *f* – report *m* à
répétition, report *m* à
multiposes
step & repeat signature –
Nutzendruck-Signaturen *f/pl* –
signature *f* de pages répétées
Step and Repeat *(QuarkXPress)*
– Mehrfach duplizieren –
Dupliquer et Déplacer
step-and-repeat assembly –
Repetiermontage *f* – montage
m par report à répétition
step-by-step – schrittweise –
progressivement, pas à pas
stern – Grundstrich *m* – jambage
m, barre *f* verticale, fût *m*
stern – Balken *m* – barre *f*, filet *m*
gras
stick *v*. – kleben – coller, F
scotcher

sticker – Etikett *n*, Aufkleber *m*,
Sticker *m* – étiquette *f*,
autocollant *m*
stickiness (of an ink) – Zähigkeit
f – épaisseur *f*
stickyback – Stickyback *m* –
adhésif *m* double face
still – Standaufnahme *f* –
photogramme *m*
stitch *v*. – broschieren, heften –
agrafer, coudrer, piquer,
brocher
stitch bind *v*. – drahtheften –
agrafer
stitcher – Heftmaschine *f* –
couseuse *f*
stitching – Heftung *f* – agrafage
m, brochage *m*, piquage *m*,
couture *f*
stitching machine –
Heftmaschine *f* – couseuse *f*
stochastic screening –
stochastische Rasterung *f* –
tramage *m* stochastique,
tramage *m* aléatoire
stock keeper – Lagerverwalter, -
in, Lagerist, -in – gestionnaire
m de stock
stone printing – Steindruck *m* –
lithographie *f*
stop *v*. – anhalten, stoppen *(z.B.
Druckauftrag)* – suspendre,
arrêter, stopper
stop bath – Stoppbad *m* – bain *m*
d'arrêt
stop down *v. (fotogr.)* –
abblenden – diaphragmer
stopgap – Lückenfüller *m (a. in
Zeitung)* – bouche-trou *m*
stopping down – Abblenden *n* –
diaphragmation *f*
storage – Speicherung *f*,
Lagerung *f* – archivage *m*,
stockage *m*
storage capacity –
Speicherkapazität *f* – capacité *f*
de stockage, capacité *f* mémoire
storage device – Speichergerät *n*
– support *m* de stockage
storage media – Speichermedium
n – moyen *m* d'enregistrement
storage system – Speichersystem
n – système *m* de stockage

store *v*. – lagern, speichern –
stocker, sauvegarder
Story *(InDesign)* – Textabschnitt
– Article
stow *v*. – ikonifizieren – iconiser,
iconifier
straight – Gerade *f* – droite *f*,
ligne *f* droite
straight line – gerade Linie *f* –
ligne *f* droite
strap *(fotogr.)* – Tragriemen *m* –
bandoulière *f*
stray light – Streulicht *n* –
lumière *f* dispersée, lumière *f*
parasite
streaking – Streifenbildung *f* –
formation *f* de stries
streamer – Streamer *m* –
dévideur *m*
streaming – Streaming *n* –
enchaînement *m*
streamline *v*. – optimieren,
rationalisieren – rationaliser
streamlining of workflow –
Rationalisierung *f* des
Arbeitsablaufs – rationalisation
f du flux de production
stream PostScript – PostScript-
Datenstrom *m* – flux *m*
PostScript
stretch – Dehnung *f* – étirement
m, élongation *f*
stretch *v*. – dehnen, ausdehnen –
s'étendre, se dilater, s'étirer,
s'allonger
strike through – durchstreichen
(Text) – barrer
string – Kolumnenschnur *f* –
ficelle *f*, colonnes *f/pl*
string – Zeichenkette *f* – chaîne *f*
de caractères
string *v*. **together** – aneinander
reihen – juxtaposer
strip *v*. – montieren – mettre en
page(s), monter
strip *v*. – entschichten – décaper
stripe – Streifen *m* – bande *f*
striped – gestreift – strié
strip lighting – Neonröhre *f* –
tube *m* (au) néon
stripper – Montierer, -in –
monteur *m*

stripping – Montage *f*, Strippen *n* – mise *f* en page, montage *m*, pelliculage *m*

stripping – Entschichtung *f* – décapage *m*

stripping table – Montagetisch *m* – table *f* de montage

strobe (stroboscope) – Stroboskop *n* – stroboscope *m*, flash *m* stroboscopique

stroke – Strich *m*, Rahmen *m* – trait *m*, tiret *m*, filet *m*

stroke – Anschlag *m (Taste, Schreibmaschine)* – butée *f*

stroke – Querstrich *m* – trait *m* transversal, trait *m* horizontal

stroke thickness (width) – Linienstärke *f*, Strichstärke *f* – épaisseur *f* de (du) trait, largeur *f* de (du) trait

stroke through – durchgestrichen – barré

stroke width – Strichbreite *f* – largeur *f* de trait

strong color – kräftige Farbe *f* – couleur *f* vive

strong colorcast (shift) – starker Farbstich *m* – fortes dominantes *f/pl* de couleurs, forte dominante *f*

stuck – festgeklebt – collé

stuff *v.* – kuvertieren – mettre sous pli

stuff *v.* – komprimieren, verpacken *(Datei)* – comprimer

style – Stil *m*, Schreibstil *m* – façon *f* d'écrire, manière *f* d'écrire, style *m*

style of typography – Satzart *f* – sorte *f* de composition

style sheet – Stilvorlage *f* – feuille *f* de style

styling – Formgebung *f* – modelage *m*

stylus – Stift *m (bei Grafiktablett)* – stylet *m*

subeditor – Redaktionssekretär, -in – secrétaire *m/f* de rédaction

subfolder – Unterordner *m*, Unterverzeichnis *n* – sous-dossier *m*

sub-heading – Unterrubrik *f*, Untertitel *m* – sous-titre *m*

subjacent – darunter liegend – sous-jacent

subject *(opt.)* – Motiv *n* – sujet *m*, thème *m*

subject index – Sachregister *n* – index *m* des sujets

submenu – Untermenü *n* – sous-menu *m*

subnet – Teilnetz *n* – sous-réseau *m*

subroutine – Subroutine *f*, Unterroutine *f* – sous-programme *m*

subsampling – Subsampling *n*, Kurzberechnung *f* (in Acrobat Distiller) – sous-échantillonnage *m*

subscribe *v.* – abonnieren – s'abonner (à)

subscriber – Abonnent, -in – abonné, -e

subscriber recruiting – Abonnentenwerbung *f* – recrutement *m* d'abonnés

subscript – tiefgestelltes Zeichen *n* – indice *m*, caractère *m* inférieur

subscription – Abonnement *n* – abonnement *m*

subset – Untergruppe *f (bei Schriften)* – jeu *m* partiel

substitute *v.* – ersetzen, substituieren – substituer, remplacer

substituted font – ersetzte Schrift *f* – police *f* substituée

substitute font – Ersatzschrift *f* – police *f* de substitution

substrate – Trägermaterial *n*, Substrat *n*, Bedruckstoff *m* – support *m*, substrat *m*

subtitle – Untertitel *m* – sous-titre *m*, intertitre *m*

subtle gradation of color shapes – feine Farbabstufungen *f* – nuances *f/pl* de couleurs subtiles

subtractive colors – subtraktive Farben *f/pl* – couleurs *f/pl* soustractives

subtractive color theory – subtraktive Farbmischung *f* – mélange *m* soustractif de couleurs

suction cup – Saugnapf *m* – ventouse *f*

suede finish – Mattglanz *m* – apprêt *m* mat, fini mat

suggested hyphenation – Trennvorschlag *m* – césure *f* proposée

summarize *v.* – zusammenfassen – répertorier

summary – Zusammenfassung *f* – résumé *m*

sunlight – Sonnenlicht *n* – lumière *f* du soleil

superblack – gesättigtes Schwarz *n* – noir *m* soutenu, noir *m* enrichi

supercell – Superzelle *f (Rastertechnologie)* – super-cellule *f*

superior character – hochgestelltes Zeichen *n* – caractère *m* supérieur

superscript – hochgestelltes Zeichen *n*, Hochstellung *f* – caractère *m* supérieur, exposant *m*

superscript *v. (typogr.)* – hochstellen – exposer

superuser *(UNIX)* – Superuser *m* – superutilisateur *m*

supplement – Beilage *f* (in Zeitung), Nachtrag *m*, Ergänzungsband *m* – supplément *m*

supplier – Lieferant *m* – fournisseur *m*

support – Unterstützung *f (Dateiformate)* – reconnaissance *f*

supported formats – unterstützte Formate *n/pl* – formats *m/pl* supportés

Suppress Printout *(QuarkXPress)* – Ausgabe unterdrücken – Ne pas imprimer

surf *v. (Internet)* – surfen – naviguer, surfer

S

surface *(geometr.)* – Oberfläche *f*
– surface *f* (Außenseite),
superficie *f*

surface drying –
Oberflächentrocknung *f* –
séchage *m* de surface

surface energy – Oberflächenenergie *f* – énergie *f* de surface

surface finishing – Druckveredlung *f* – surfaçage *m*

surface of the lens *(fotogr.)* –
Linsenoberfläche *f* – surface *f*
de l'objectif

surface of the screen – Schirmfläche *f* – surface *f* de l'écran

surface sizing – Oberflächenleimung *f* – collage *m*
superficiel

surface tension – Oberflächenspannung *f* *(Papierbahn im
Rollendruck)* – tension *f* de
surface, tension *f* superficielle

surprint – Aufdruck *m* –
repiquage *m*, surimpression *f*

surrealism – Surrealismus *m* –
surréalisme *m*

surround *v.* – umschließen –
entourer, enclorer

swap – Swap *m* – permutation *f*,
swap *m*

swap *v.* – swappen, auslagern –
permuter

swash letter – Zierbuchstabe *m* –
caractère *m* ornemental,
caractère *m* gracile, caractère *m*
prétentieux

swash type – Zierschrift *f* –
caractères *m/pl* ornementés

swatchbook – Farbfächer *m* –
nuancier (des couleurs) *m*,
palette (des couleurs) *f*

Swatches palette *(Photoshop,
Illustrator, InDesign)* –
Farbfelder-Palette – palette
Nuancier

swell *v.* – quellen *(z.B. Farbe)* –
gonfler

swelling – Quellen *n* –
gonflement *m*

switch – Schalter *m* – commutateur *m*, interrupteur *m*

switchboard – Telefonzentrale *f* –
standard *m*

switchboard operator – Telefonist, -in – standardiste *m/f*

switch off *v.* – abschalten,
ausschalten – éteindre, mettre à
l'arrêt, mettre hors tension

swivel *v.* – drehen – faire pivoter,
tourner

SWOP standard – SWOP-
Standard *m* – norme *f* SWOP

syllable – Silbe *f* – syllabe *f*

symbol – Symbol *n* – symbole *m*

symbolic link – symbolischer
Link *m* – lien *m* symbolique

symbolize – symbolisieren –
symboliser

**symmetric multiprocessing
(SMP)** – symmetrische
Multiprozessor-Verarbeitung *f*
– multitraitement *m* symétrique

symmetry – Symmetrie *f* –
symétrie *f*

symmetry axis – Symmetrieachse
f – axe *m* de symétrie

synchronous communication –
synchrone Übertragung *f* –
communication *f* synchrone

synthetic light film – Kunstlichtfilm *m* – film *m* éclairé avec une
lumière artificielle

system – System *n* – système *m*

system administrator – Systemadministrator,- in, Systemverwalter, -in – administrateur, -
euse réseau

system clock – Systemuhr *f* –
horloge *m* système

system components – Systemkomponenten *f/pl* – composants *m/pl* du système

system crash – Systemabsturz *m*
– plantage *m* du système

system engineering – Systemanalyse *f* – analyse *f*
fonctionnelle

system error – Systemfehler *m* –
erreur *f* du système

System folder *(Mac)* – Systemordner – dossier système

system font – Systemschrift *f* –
police *f* système

system profile *(ColorSync)* –
Systemprofil *n* – profil *m* de
système

system requirements – Systemanforderungen *f/pl* – configuration *f* système requise

system resources – Systemressourcen *f/pl* – ressources *f/pl*
système

system(s) analysis – Systemanalyse *f* – analyse *f* fonctionnelle

system(s) analyst – Systemanalytiker, -in – analyste *m/f* système

system specification – Pflichtenheft *n* – cahier *m* des charges

system startup – Systemstart *m* –
démarrage *m* du système

T

tab – Karteireiter *m*,
Registerkarte *f* *(in Oberfläche
von Programmen)* – onglet *m*

tab – Tabulator *m* – tabulateur *m*

tabbing – Tabellensatz *m* –
tableautage *m*, composition *f*
de (en) tableaux

tab key – Tabulatortaste *f* –
touche *f* de tabulation

table – Tabelle *f* – tableau *m*,
table *f*

table cell – Tabellenzelle *f* –
cellule *f* de tableau

table drum scanner –
Tischtrommelscanner *m* –
rotatif *m* de table

table grid – Tabellenraster *m* –
grille *f* de tableau

table head – Tabellenkopf *m* –
têtière *f* (du tableau)

table of content entry –
Inhaltsverzeichniseintrag *m* –
entrée *f* de table des matières

table of contents (TOC) –
Inhaltsverzeichnis *n* – table *f*
des matières

tablet – Tablett *n*, Zeichentablett
n – tablette *f*

tabloid size (format) –
Tabloidformat *n* – format *m*
tabloid

tab setting –
Tabulatoreinstellung *f* – réglage
m des tabulations

tab stop – Tabulator *m*, Tabulation *f*, Tabulatorstopp *m* – tabulateur *m*, tabulation *f*, taquet *m* de tabulation

tabular – tabellarisch – sous forme de tableau

tabular column – Tabellenspalte *f* – colonne *f* de table(au)

tabular field – Tabellenfeld *n* – champ *m* de table(au)

tabular form – Tabellenform *f* – forme *f* de table(au)

tabular matter (composition, setting, work) – Tabellensatz *m* – tableautage *m*, composition *f* de (en) tableaux

tabulated – tabellarisch, in Tabellenform – sous forme de tableau

tabulator – Tabulator *m* – tabulateur *m*

tack – Zügigkeit *f* (der Druckfarbe) – tirant *m* (de l'encre)

tacky ink – dickflüssige Farbe *f*, zähe Farbe – encre *f* poisseuse, encre *f* tirante

tag – Etikett *n* – étiquette *f*

tag – Tag *m* (*Textformatierung*) – balisage *m*

tag *v.* – taggen – baliser

tagged – getaggt – balisé

tagged text – getaggter Text *m* – texte *m* balisé

tagging rule – Tag-Regel *f* – règle *f* de balisage

tag line – Untertitel *m* – sous-titre *m*

tail (*typogr.*) – Abschwung *m* – queue *f*

tail edge – Unterschnitt *m* (*Buch*) – tranche *f* inférieure

tail margin – unterer Seitenrand *m* – blanc *m* de pied, marge *f* du bas

tailored (tailor-made) – maßgeschneidert (*a. Programm*) – personnalisé, sur mesure

tail ornament – Schlussvignette *f* – cul-de-lampe *f*

tail trim – Fußbeschnitt *m* (*Druckverarbeitung*) – coupe *f* en pied, rognage *m* en pied

take – Aufnahme *f*, Foto *n* – prise *f* de vue, photo *f*

take *v.* **a picture** – fotografieren – photographier, prendre une photo, faire de la photo (als Hobby)

take *v.* **a sample** – Probe entnehmen – échantillonner

take-up cassette – Aufnahmekasette *f* – cassette *f* réceptrice

tampon – Druckerballen *m* – tampon *m*

tangent – Tangente *f* – tangente *f*

tangential – tangential – tangentiel

tangent point – Tangentenpunkt *m* – point *m* de tangente

tape drive (streamer) – Bandlaufwerk *n* – streamer à bande magnétique

taper off – spitz zusammenlaufen – se terminer en pointe

target advertising – gezielte Werbung *f* – publicité *f* ciblée

target profile – Zielprofil *n* (*ICC-Farbmanagement*) – profil *m* de destination

target value – Sollwert *m* – valeur *f* assignée, valeur *f* nominale, valeur *f* de consignes

tarnishing – Trübung *f* – ternissement *m*

task – Aufgabe *f* – tâche *f*

task manager (*Windows*) – Task Manager *m* – gestionnaire *m* des tâches

teachware – Lernprogramm *n* – didacticiel *m*

tear – Riss *m* – déchirure *f*

tear *v.* – reißen – arracher, déchirer

tear-off *v.* – abreißen – détacher, arracher

tear-off calendar – Abreißkalender *m* – calendrier *m* à effeuiller

tear-off pad – Abreißblock *m* – bloc-notes *m*

tearproof – reißfest – résistant à la déchirure

tearsheet – Belegbogen *m* – preuve *f* de parution

technical – technisch – technique

technical consultant – technischer Berater *m* – consultant *m* technique

technical director – technische(r) Leiter, -in – directeur *m* technique

technical documentation – technische Dokumentation *f* – documentation *f* technique

technical drawing – technische Zeichnung *f* – dessin *m* technique

technical editor – Fachredakteur, -in – rédacteur, -rice professionnel(le)

technical engineer – Techniker, -in – technicien *m*, technicienne *f*

technical literature – Fachliteratur *f* – littérature *f* technique

technical note – technischer Hinweis *m* – note *f* technique

technical press – Fachpresse *f* – presse *f* spécialisée

technical problems – technische Probleme *n/pl* – problèmes *m/pl* techniques

technical restrictions – technische Einschränkungen *f/pl* – contraintes *f/pl* techniques

technical service – technischer Kundendienst (Support) *m* – support *m* technique, prestation *f* technique

technical specifications – technische Daten *pl* – caractéristiques *f/pl* techniques

technical staff – technisches Personal *n* – personnel *m* technique

technical support – technischer Kundendienst (Support) *m* – support *m* technique, prestation *f* technique

technical term – technischer Ausdruck *m* – terme *m* technique

technician – Techniker, -in – technicien, -ne

technological – technologisch – technologique

technology – Technologie *f*, Technik *f* – technologie *f*, technique *f*

T

technology transfer –
Technologietransfer *m* –
transfert *m* de technologie

telecamera (television camera) –
Fernsehkamera *f* – caméra *f* de
télévision

telecommunication(s) –
Telekommunikation *f* –
télécommunication *f*

telecommuting – Telearbeit *f* –
télétravail *m*

teleconference – Konferenzschaltung *f* – téléconférence *f*

tele-lens – Teleobjektiv *n* –
téléobjectif *m*

telephone line – Telefonleitung *f*
– ligne *f* téléphonique

telephone network –
Telefonnetz *n* – réseau *m*
téléphonique

telephoto *(fotogr.)* –
Teleaufnahme *f* – prise *f* de vue
en téléobjectif

telephoto lens – Teleobjektiv *n* –
téléobjectif *m*

teleprocessing –
Datenfernverarbeitung *f* –
télétraitement *m*

teletext – Videotext *m* –
vidéographie *f*

television – Fernsehen *n* –
télévision *f*, F télé *f*

television screen –
Fernsehschirm *m* – écran *m* (de
télévision)

television (set) – Fernseher *m*,
Fernsehgerät *n* – téléviseur *m*,
télévision *f*, F télé *f*

television technology –
Fernsehtechnologie *f* –
technologie *f* de la télévision

television tube – Fernsehröhre *f*
– tube *m* cathodique (de
téléviseur)

teleworking – Telearbeit *f* –
télétravail *m*

tempera – Temperafarbe *f* –
couleur *f* détrempée

tempera (painting) –
Temperamalerei *f* – peinture *f* à
la détrempe

template – Vorlage *f*, Layout *n*,
Standardvorlage *f* – maquette *f*,
modèle *m*, modèle *m* par défaut

template – Einteilungsbogen *m*
(Ausschießen) – modèle, feuille
f de planification

temporary – temporär –
temporaire

temporary file – temporäre Datei
f – fichier *m* temporaire

temporary worker – Mitarbeiter,
-in auf Zeit – intérimaire *m*

terminal – Auslauf *m* – sortie *f*

terminal – Terminal *n* – terminal *m*

terminator – Abschlusswiderstand *m* – terminateur *m*

terms of delivery –
Lieferbedingungen *f/pl* –
conditions *f/pl* de livraison

terms of sale –
Bezugsbedingungen *f/pl* –
conditions *f/pl* d'achat

tertiary colors – Tertiärfarben
f/pl – couleurs *f/pl* tertiaires

test – Test *m* – test *m*, essai *m*

test *v.* – testen – tester

test bench – Prüfstand *m* – banc
m d'essai

test card – Testbild *n* – mire *f* (de
réglage)

test cut – Probegravur *f* – gravure
f d'essai

test data – Testdaten *pl* –
données *f/pl* de test

test exposure – Probebelichtung
f – exposition *f* d'essai

testing apparatus – Prüfgerät *n* –
appareil *m* de contrôle

test method – Testverfahren *n* –
procédé *m* de test, méthode *f* de
test

test original – Testvorlage *f* –
original *m* d'essai, original *m*
test

test phase – Testphase *f* – phase *f*
de test

test printout – Testausdruck *m* –
test *m* d'impression

test procedure – Testverfahren *n*
– procédé *m* de test, méthode *f*
de test

test run – Probelauf *m* – test *m*,
essai *m*

test strip – Teststreifen *m* –
bande *f* de contrôle

test wedge – Testkeil *m* – coin *m*
de contrôle, gamme *f* de
contrôle

text – Text *m* – texte *m*, saisie *f*

text alignment – Textausrichtung *f* – alignement *m* du texte

text area – Texfläche – surface *f*
composée

text attribute – Textattribut *n* –
attribut *m* du texte

text block – Textblock *m* – bloc
m de texte, bloc-texte *m*

text box *(in DTP programs)* –
Textrahmen *m* – bloc *m* de
texte

text box overflow *(QuarkXPress)*
– Textrahmenüberfluss *m* –
débordement *m* du texte

text color – Textfarbe *f* – couleur
f du texte

text content – Textinhalt *m* –
contenu *m* textuel

text converter – Textkonverter *m*
– convertisseur *m* de texte

text correction – Textkorrektur *f*
– correction *f* du texte

text cursor – Textcursor *m* –
curseur *m* de texte

text data – Textdaten *pl* –
données *f/pl* de texte

text edition – Textausgabe *f* –
textuel

text edition – Textbearbeitung *f*
– correction *f* du texte,
rédaction *f* du texte

text editor – Texteditor *m* –
éditeur *m* de texte

text entry – Texteingabe *f* –
entrée *f* du texte, saisie *f* du
texte

text file – Textdatei *f* – fichier *m*
de texte

text flow – Textfluss *m* –
répartition *f* du texte, flux *m* de
(du) texte

text formatting – Textformatierung *f* – formatage *m* de (du)
texte

text frame *(in DTP programs)* –
Textrahmen *m* – bloc *m* de
texte

T

Text Frame Options *(InDesign)* – Textrahmenoptionen – Options de bloc de texte

text handling – Textverarbeitung *f* – traitement *m* de (du) texte

textile printing – Textildruck *m* – impression *f* sur textile

text input – Texteingabe *f*, Texterfassung *f* – entrée *f* du texte, saisie *f* (du texte)

text line – Textzeile *f* – ligne *f* de texte

Text mask tool *(Photoshop)* – Textmaskenwerkzeug – outil Marque de texte

text matter – glatter Satz *m*, laufender Text *m*, Textsatz *m* – texte *m* courant

text overflow – überfließender Text *m* – texte *m* débordé

text processor – Textverarbeitungsprogramm *n* – texteur *m*, logiciel/programme *m* de traitement de texte

text ragged center – Flattersatz *m* Mitte – composition *f* (texte *m*) en drapeau centre

text ragged left – Flattersatz *m* rechtsbündig – composition *f* (texte *m*) en drapeau à fer de droit

text ragged right – Flattersatz *m* linksbündig – composition *f* (texte *m*) en drapeau à fer de gauche

text setting – glatter Satz *m*, laufender Text *m*, Textsatz *m* – texte *m* courant

text smoothing – Schriftglättung *f* – lissage *m* du texte

text string – Textfolge *f* – séquence *f* du texte

text transmission – Textübertragung *f* – transmission *f* du texte

texture – Textur *f* – texture *f*

text with artificial style – Text *m* mit künstlichem Stil – texte *m* avec style artificiel

text wrap – Konturenführung *f* – habillage *m*

theoretical value – Sollwert *m* – valeur *f* assignée, valeur *f* nominale, valeur *f* de consignes

thermal imaging – thermische Bebilderung *f* – gravure *f* thermique

thermal laser – Thermolaser *m* – laser *m* thermique

thermal noise – thermisches Rauschen *n* – bruit *m* généré par la chaleur

thermal paper – Thermopapier *n* – papier *m* thermosensible

thermal plate *(CTP)* – Thermoplatte *f* – plaque *f* thermique

thermal printer – Thermodrucker *m* – imprimante *f* thermique

thermal wax printer – Thermotransferdrucker *m* – imprimante *f* à transfert thermique, imprimante *f* à cire thermique

thermochromic ink – thermochromatische Druckfarbe *f* – encre *f* thermochromatique

thermographic printing – thermografischer Druck *m* – impression *f* thermographique

thermography – Thermografie *f* – thermographie *f*

thesaurus – Thesaurus *m* – thésaurus *m*, dictionnaire *m* de synonymes

thick – stark *(Papier)* – fort, épais

thicken *v.* – verdicken – épaissir

thickening – Verdickung *f* – épaississement *m*

thick plate – Tiefreliefplatte *f* – plaque *f* à grand creux, plaque *f* épaisse

thin line – feine Linie *f* – filet *m* fin

thin plate – dünne Druckplatte *f* – plaque *f* mince

thin space – Achtelgeviert *n*, dünnes Spatium *n* – espace *m* fin (mince), quart *m* de cadratin

third-party – Third-Party – tierce partie *f*

third-party application – Third-Party-Programm *n* – application *f* tierce

third-party developer – Drittentwickler *m* – tiersdéveloppeur *m*

third-party producer – Dritthersteller *m* – fabricant *m* tierce partie

thread – Gewinde *n* *(a. Kamera)* – filetage *m*

thread – Thread *m* *(Forumsbeitrag im Internet)* – fil *m* (de discussion)

three-colored – dreifarbig – trichromique

three-color printing – Dreifarbendruck *m* – trichromie *f*, impression *f* tricolore, impression *f* en trois couleurs

three-column – dreispaltig – en (à) trois colonnes

three-dimensional (3D) – dreidimensional – tridimensionnel, 3D, en (à) trois dimensions

three dots (...) – Auslassungspunkte *m/pl* – points *m/pl* de suspension

three-quarter tone – Dreiviertelton *m* – trois quarts de ton

three-side trimmer – Dreiseitenschneider *m* *(Druckverarbeitung)* – massicot *m* trilatéral, massicot *m* à trois lames

threshold – Schwellwert *m* – seuil *m*

throat – Schlitz *m* – fente *f*

through-light – Durchlicht *n* – lumière *f* de transmission

through-light measurement – Durchlichtmessung *f* – mesure *f* par transmission

through-put – Durchsatz *m* – débit *m*

throw-off – Abstellen *n* *(Druckzylinder)* – mise *f* hors (im)pression

throw-on – Anstellen *n* *(Druckzylinder)* – mise *f* en (im)pression

thumb index – Daumenregister *n* – index *m* à encoches

T

Thumbnails *(QuarkXPress)* – Miniaturen – Chemin de fer

thumbtack *(U.S.)* – Heftzwecke *f*, Reißnagel *m*, Reißzwecke *f* – punaise *f*

thumb through *v.* – durchblättern, blättern – feuilleter, parcourir, faire défiler

ticker tape – Lochstreifen *m* – bande *f* perforée

tight – dicht – serré

tilde *(~)* – Tilde *f* – tilde *m*

tile *v.* – aufspalten, splitten, aufteilen – scinder, diviser, répartir

tiling *(Photoshop)* – Kacheleffekt – Carrelage

Tiling *(QuarkXPress)* – Unterteilen – Mosaique

tiling – Unterteilung *f (Bild, Seite)* – tuilage *m*, morcellement *m*

tilt *v.* – schrägstellen – pencher, s'incliner

time code – Zeitcode *m* – code *m* horaire

timer *(fotogr.)* – Selbstauslöser *m*, Timer *m* – retardateur *m*, déclencheur *m* automatique

time schedule – Terminplan *m* – planning *m*

time sharing – Time Sharing *n* – partage *m* du temps

timetable – Zeitplan *m* – calendrier *m*, emploi *m* du temps horaire

tint – Ton *m*, Farbton *m*, Farbschattierung *f*, Tonwert *m* – ton *m*, nuance *f*, valeur *f* tonale, tonalité *f*, teinte *f*

tint area – Tonfläche *f* – benday *m*

tinting – Färbung *f* – teinture *f*

tint patch – Rasterfeld *n* – champ *m* tramé, plage *f* tramée

tip – Tipp *m* – astuce *f*, tuyau *m*

tip in *v.* – einkleben – coller (dans)

tip-in – Beikleber *m (eingeklebte Beilage)* – encart *m* collé

tipping – Einkleben *n* – collage *m*

tips & tricks – Tipps & Tricks *pl (Rubrik in Computerzeitschriften)* – attrape-trucs *m/pl*

tissue paper – Seidenpapier *n* – papier *m* de soie

title – Titel *m*, Überschrift *f* – titre *m*, en-tête *m*

title *v.* – überschreiben *(mit Überschrift versehen)* – intituler

title bar – Titelleiste *f (in Programmen)* – barre *f* de titre

title page – Titelseite *f*, Titelblatt *n* – page *f* de titre, page *f* couverture, frontispice *m*, une *f*

titling face – Titelschrift *f* – caractères *m/pl* en capitales

toggle switch – Kippschalter *m* – interrupteur *m* à bascule

token ring network – Token-Ring-Netzwerk *n* – réseau *m* en anneau à jeton

tolerance – Toleranz *f* – tolérance *f*

tonal balance – Tonwertbalance *f* – balance *f* des tons

tonal break – Tonwertabriss *m* – coupure *f* de tonalité

tonal change – Tonwertveränderung *f* – changement *m* tonal

tonal correction – Tonwertkorrektur *f* – correction *f* tonale

tonal inversion – Tonumkehrung *f* – inversion *f* des tons

tonal range – Tonwertbereich *m* – plage *f* tonale

tonal shift – Tonwertverschiebung *f* – décalage (glissement) *m* des tons

tonal value – Tonwert *m* – valeur *f* tonale, tonalité *f*, teinte *f*

tone – Ton *m*, Farbton *m* – ton *m*

tone *v.* – einfärben – coloriser

tone *v.* – abstufen *(Farbtöne)* – dégrader, nuancer

tone correction – Tonwertkorrektur *f* – correction *f* tonale

tone down *v.* – abschwächen – affaiblir, réduire

toner – Toner *m* – toner *m*

tone range – Tonwertumfang *m* – étendue *f* des tons

toner powder – Tonerpulver *n* – poudre *m* du toner

tone scale – Tonwertskala *f* – échelle (gamme) *f* des tons

tone value – Tonwert *m* – valeur *f* tonale, tonalité *f*, teinte *f*

tone value increase (TVI) – Tonwertzunahme *f*, Tonwertzuwachs *m* – augmentation *f* des valeurs de teintes, engraissement *m*

tone value sum (TVS) – Gesamtflächendeckung *f* – couverture *f* totale de surface

toning – Einfärben *n* – encrage *m*

toning down – Abschwächung *f* – affaiblissement *m*

toning tools – Tonwertwerkzeuge *n/pl* – outils *m/pl* de maquillage

tool – Werkzeug *n (a. in Programmen)* – outil *m*

tool bar – Werkzeugleiste *f* – barre *f* d'outils

toolbox – Werkzeugpalette *f* – palette *f* d'outils

top – Kappe *f (Verschluss z.B. bei Stiften)* – capuchon *m*

top-down analysis – verfeinernde Analyse – analyse *f* descendante

top edge – oberer Rand *m* – arête *f* supérieure

top-edge gilt – Kopfgoldschnitt *m* – dorure *f* en tête

top edge gluing – Kopfleimung *f* – (en)collage *m* en tête

top head – Spaltenkopf *m*, Rubriktitel *m* – en-tête *m* de colonne

top margin – oberer Seitenrand *m* – blanc *m* de tête, marge *f* de tête, marge *f* supérieure

top of the page – Seitenanfang *m* – haut *m* de page

top side – Schöndruckseite *f*, Vorderseite *f* – côté *m* recto, recto *m*

torn – gerissen – déchiré

total area coverage (TAC) – Gesamtflächendeckung *f* – couverture *f* totale de surface

total ink coverage – Flächendeckung *f* gesamt *(Summe)* – somme *f* du recouvrement de surface

to the left of – links von – à gauche de

to the right of – rechts von – à droite de

touching *(typogr.)* – berührend – d'accolage

touching table – Berührungstabelle *f* – table *f* d'accolage, table *f* de contact

touch screen – Touchscreen *m* – écran *m* tactile, écran *m* sensitif

touch up *v.* – retuschieren – retoucher

touch-up – Retusche *f* – retouche *f*

TouchUp tool *(Acrobat)* – TouchUp-Werkzeug – outil Retouche

touting – Kundenfang *m* – racolage *m* commercial

trace *v.* – nachzeichnen – retracer

trace *v.* – pausen, abpausen, durchpausen – décalquer

Trace Contours *(Photoshop)* – Konturwerte finden – Courbes de niveaux

tracer tool *(FreeHand)* – Nachzeichnungswerkzeug – outil Tracer

tracing – Pausen *n*, Abpausen *n*, Durchpausen *n* – décalquage *m*

tracing – Pause *f* – décalque *m*

tracing paper – Pauspapier *n* – papier *m* calque, papier *m* à calquer

track – Spur *f* – piste *f*

track – Spationierung *f* – interlettrage *m*

trackball – Trackball *m* – boule *f* de commande

tracked text – Text *m* mit eingestellter Laufweite – texte *m* espacé

tracking – Produktionsüberwachung *f*, Tracking *n* – suivi *m* (des travaux)

tracking – Zeichenabstand *m* – interlettrage *m*, espacement *m* des caractères

trade – Metier *n* – métier *m*

trade editor – Fachredakteur, -in – rédacteur, -rice professionel(le)

trade journalist – Fachjournalist, -in – journaliste *m/f* spécialisé, -e

trade magazine – Fachzeitschrift *f* – revue *f* spécialisée (technique)

trademark – Warenzeichen *n* – marque *f* déposée

trade press – Fachpresse *f* – presse *f* spécialisée

traditional painting technique – traditionelle Maltechnik *f* – technique *f* de peinture traditionnelle

train *v.* – ausbilden – former

trainee – Praktikant, -in – stagiaire *m/f*

trainer – Kursleiter, -in – formateur, -rice

traing course for beginners – Einführungslehrgang *m* – stage *m* initial

training center – Fortbildungszentrum *n* – centre *m* de formation

transceiver – Transceiver *m* – émetteur-récepteur *m*

transfer – Abziehbild *n* – décalcomanie *f*

transfer – Übermittlung *f*, Übertragung *f*, Transfer *m* – transmission *f*, transfert *m*

transfer *v.* – übertragen – transférer

transfer error – Übertragungsfehler *m* – erreur *f* de transfert

transfer function – Transferfunktion *f* – fonction *f* de transfert

transfer roll – Übertragwalze *f* *(Druckmaschine)* – rouleau *m* de transfert

transform *v.* – transformieren – transformer

transformation – Transformation *f* – transformation *f*

transformation table – Transformationstabelle *f* – table *f* de conversion

transform tool – Transformationswerkzeug *n* – outil *m* de transformation

transition – Übergang *m (z.B. zwischen Vordergrund und Hintergrund)* – transition *f*

transition effect – Überblendeffekt *m* – effet *m* de transition

translate *v.* – übersetzen – traduire

translating agency – Übersetzungsbüro *n* – bureau *m* de traduction

translating error (mistake) – Übersetzungsfehler *m* – faute *f* de traduction

translation – Übersetzung *f* – traduction *f*

translator – Übersetzer, -in – traducteur, -rice

translucency – Lichtdurchlässigkeit *f* – translucidité *f*

translucent paper – Transparentpapier *n* – papier *m* transparent

translucid – lichtdurchlässig – translucide

transmission – Übermittlung *f*, Übertragung *f* – transmission *f*, transfert *m*

transmission line – Übertragungslinie *f* – ligne *f* de transmission

transmission rate – Übertragungsrate *f* – taux *m* de transmission, taux *m* de transfert de données, débit *m* de transmision

transmit *v.* – übertragen, übermitteln – transférer, transmettre

transparency – Dia *n*, Diapositiv *n* – diapo *f*, diapositive *f*, ekta *m*

transparency – Transparenz *f*, Durchsichtigkeit *f* – transparence *f*

transparency – Durchsicht-Scan *n* – analyse *f* par transparence

Transparency Blend Space *(InDesign)* – Transparenzfüllraum – Espace de fusion des transparences

transparency densitometer – Durchsichtsdensitometer *n* – densitomètre *m* transparent

T

Transparency Flattener Styles
(InDesign, Illustrator) –
Transparenzreduzierungs-
formate – Styles
d'aplatissement des
transparences
transparency grid – Transparenzgitter *n* – damier *m* de
transparence
transparency original – Durchsichtsvorlage *f* – original *m*
transparent
transparent – durchsichtig,
transparent – transparent
transparent film – Transparentfolie *f* – film *m* transparent
transparent ink – lasierende
Farbe *f* – encre *f* transparente
transparent (translucent) paper
– durchscheinendes Papier *n* –
papier *m* translucide
transverse perforation – Querperforation *f* – perforation *f*
transversale
trap – Trap *m* – grossi *m*, débord *m*
trap *v.* – überfüllen, trappen –
appliquer des grossis et
maigris, recouvrir, grossir,
appliquer un trapping
trap direction – Traprichtung *f* –
sens *m* de recouvrement
trapping – Trapping *n*,
Überfüllung *f*, Über- und
Unterfüllung *f* – trapping *m*,
grossi(s)-maigri(s) *m*, grossi(s)
et maigri(s), engraissement *m*,
recouvrement *m* (Illustrator)
Trapping Method *(QuarkXPress)*
– Überfüllmethode – Méthode
de défonce
Trap Styles *(InDesign)* –
Überfüllungsformate – Styles
de recouvrement
trap width – Trapbreite *f*,
Überfüllbreite *f* – largeur *f* du
grossi, épaisseur *f* du
recouvrement
trash – Papierkorb *m* – corbeille *f*
trashy (women's) weekly –
Regenbogenpresse *f* – presse *f*
du cœur
travel writing – Reiseliteratur *f* –
récits *m/pl* de voyage

triad – Triade *f* – triade *f*
trial and error – Trial and Error –
essais et erreurs
trial subscription – Probeabonnement *n* – abonnement *m*
d'essai
triangle – Dreieck *n* – triangle *m*
triangular – dreieckig –
triangulaire
triaxial cable – Triaxialkabel *n* –
câble *m* triaxial
trichromatic – trichromatisch –
trichromique
trigger *(fotogr.)* – Auslöser *m* –
déclencheur *m* (souple)
trigger *v.* – auslösen – déclencher
trilingual – dreisprachig –
trilingue
trim – Schnitt *m*, Beschnitt –
coupe *f*, massicotage *m*,
rognage *m*, rogne *f*
trim *v.* – schneiden, beschneiden –
couper, massicoter, rogner
trim box *(PDF)* – Endformat-
Rahmen *m* – zone *f* de rogne
trim cut – Trennschnitt *m* –
coupe *f* de séparation
trim edge – Beschnittrand *m* –
marge *f* de coupe
trim mark – Beschnittmarke *f* –
marque *f* de coupe, repère *m* de
coupe
trim(med) size – beschnittenes
Format *n*, Endformat *n* –
format *m* massicoté, format *m*
rogné
trimmer – Papierschneider *m*,
Schneidemaschine *f* – massicot
m, machine *f* à couper,
rogneuse *f*
trimming – Beschneiden *n*,
Schneiden *n*, Zuschneiden *n* –
coupe *f*, cadrage *m*, rognage *m*
Trinitron monitor – Trinitron-
Monitor *m* – écran *m*
Trinitron, moniteur *m* trinitron
triple – dreifach – triple
tripod – Stativ *n*, Dreibeinstativ *n*
– trépied *m*, support *m*
tripod socket – Stativgewinde *n* –
embase *f* filetée de trépied

tristimulus value – Dreifarbenwert *m*, Tristimuluswert *m*
(CIE-Farbsystem) – valeur *f*
trichromique
tritone image – Triplex(bild) *n* –
image *f* trichrome
troubleshooting – Troubleshooting *n*, Fehlerbeseitigung *f*, Fehlerbehebung *f* – dépannage *m*
true to color – farbverbindlich –
restituer fidèlement les couleurs
true-to-register – pass(er)genau
– en parfait repérage, conforme
au repérage, en repérage
true to scale – maßstabsgerecht –
à l'échelle
TrueType font – TrueType-Font
m – police *f* TrueType
truncate *v.* – abschneiden –
tronquer
truncated cone – Kegelstumpf *m*
– tronc *m* de cône, cône *m*
tronqué
tryout version – Testversion *f*
(Software) – version *f*
d'évaluation, F version *f* d'éval
t-square – Reißschiene *f* – règle *f*
à dessin
tube – Röhre *f* *(Bildschirm)* –
tuyau *m*
tucker blade – Falzmesser *n* –
lame *f* de pliage
tumble *v.* – umstülpen *(Bogen
nach Druckvorgang)* – culbuter
tungsten – Wolfram *n* –
tungstène *m*
tungsten light – Kunstlicht *n* –
lumière *f* artificielle
turn *v.* – umschlagen *(Bogen nach
Druckvorgang)* – basculer
turn(-)around time –
Durchlaufzeit *f* – temps *m*
d'exécution
turn off *v.* – abschalten,
ausschalten – éteindre, mettre à
l'arrêt, mettre hors tension
turn *v.* **yellow** – vergilben – jaunir
turquoise – türkis – turquoise
tutorial – Tutorial *n*, Lehrgang *m*
– tutoriel *m*, didacticiel *m*,
tutorial *m*

T

TV (set) – Fernseher *m*,
Fernsehgerät *n* – téléviseur *m*,
télévision *f*, F télé *f*

TV viewer – Fernsehzuschauer, -in – téléspectateur, -rice

twice a week – zweimal pro Woche – bihebdomadaire

twisted-pair cable – Twisted-Pair-Kabel *n* – câble *m* à paire torsadée

two-byte character – Zwei-Byte-Zeichen *n* – caractère *m* à deux octets

two-color printing – Zweifarbendruck *m* – bichromie *f*, impression *f* bicolore, impression *f* en deux couleurs

two-column – zweispaltig – en double colonnes

two-column ad – zweispaltige Anzeige *f* – annonce *f* à double colonnes

two-dimensional – zweidimensional – bidimensionnel

two-directional right angle fold – Zweibruch-Kreuzfalz *m* – pliage *m* croisé à deux plis

two pages long – zweiseitig *(Schriftstück)* – de deux pages

two-page spread – Doppelseite *f*, Panoramaseite *f* – page *f* double, pages *f/pl* en regard, F double *f*

two-sheet detector – Doppelbogenkontrolle *f* – détecteur *m* double-feuilles

two-sided printing – zweiseitiger Druck *m* – impression *f* de deux côtés

two-tone – zweifarbig – bichromique

two-up – Doppelnutzen *m* – deux poses *f/pl*

Two-Up (2-Up) platesetter/ imagesetter – Doppelseiten-Belichter *m*, Zweiseiten-Belichter/Plattenbelichter *m* – imageuse/flasheuse *f* deux (2) poses

two-up (production) – im Doppelnutzen – en deux poses

type – Buchstabe *m* – lettre *f*, caractère *m*

type – Schrift *f* – police *f* (de caractères), fonte *f*, caractères *m/pl*

type – Typ *m* – type *m*

type *v.* – eingeben *(Text)* – saisir, taper, entrer

Type 1 font – Type-1-Font *m* – police *f* Type 1

type area – Satzspiegel *m* – surface *f* de composition

type body – Schriftkegel *m* – corps *m* du caractère

type carrier – Schriftträger *m* – support *m* de caractères

typed – maschine(n)geschrieben, in Maschinenschrift – tapé à la machine

type design – Schriftbild *n* – typographie *f*, typo *f*, œil *m* (du caractère)

type designer – Fontdesigner, -in, Schriftdesigner, -in – créateur, -rice typographique, dessinateur, -rice de caractères

type error – Eingabefehler *m* *(Schreibfehler)* – erreur *f* de saisie

typeface – Schriftschnitt *m*, Schriftbild *n*, Schrift(art) *f* – police *f* (de caractères), fonte *f*, caractères *m/pl*, typographie *f*, typo *f*, œil *m* (du caractère)

type(face) classification – Schriftklassifizierung *f* – classification *f* des caractères

type(face) family – Schriftfamilie *f* – famille *f* de polices, famille *f* des caractères

type founder – Schriftgießer *m* – fondeur *m* de caractères

type foundry – Schriftgießerei *f* – fonderie *f* de caractères

type gauge – Typometer *m*, Zeilenmaß *n* – typomètre *m*, lignomètre *m*

type grid – Schriftscheibe *f* – grille *f* de caractères

type height – Schrifthöhe *f* – hauteur *f* du caractère

type in *v.* – eingeben, eintasten – saisir

type line – Schriftzeile *f* – ligne *f* de caractères

type matrix – Schriftmater *f* – matrice *f* de caractères

type of reader – Leserschicht *f* – profil *m* des lecteurs

Type on a Path *(InDesign)* – Text auf Pfad – Texte curviligne

type quality – Schriftqualität *f* – qualité *f* du caractère

typescript – Maschinenschrift *f* – dactylographie *f*

typeset *v. (typogr.)* – setzen – composer

type(set) matter – Satz *m*, Schriftsatz *m* – composition *f*

typesetter – Lichtsatzmaschine *f* – photomposeuse *f*

typesetter – Setzer, -in, Schriftsetzer, -in – typographe *m/f*, compositeur, -rice

typesetting – Setzen *n* – composition *f*

typesetting command (code) – Satzbefehl *m* – code *m* de composition

typesetting correction – Satzkorrektur *f* – correction *f* de composition

typesetting costs – Satzkosten *pl* – coûts *m/pl* de composition

typesetting deadline – Satztermin *m* – date *f* limite de la composition

typesetting job – Satzarbeit *f* – travail *m* de composition

typesetting machine – Setzmaschine *f* – machine *f* à composer

type shop – Setzerei *f* – atelier *m* de composition

type specimen – Satzmuster *n*, Schriftmuster *n*, Schriftprobe *f* – spécimen *m* (de caractères)

type specimen book – Schriftmusterbuch *n*, Schriftkatalog *m* – catalogue *m* typographique, catalogue *m* de caractères

type style – Schriftstil *m* – style *m* de caractére

typestyle – Schriftart *f* – caractère *m*, genre *m* de caractères

type *v.* **text** – Text *m* erfassen – saisir du texte *m*

T

typewriter – Schreibmaschine *f* – machine *f* à écrire

typewriter composition – Schreibsatz *m* – composition *f* par machine à écrire

typewritten – maschine(n)-geschrieben, in Maschinen-schrift – dactylographié, tapé à la machine

typewritten copy – Manuskript *n* – manuscrit *m*, copie *f*

typing error – Tippfehler *m* – coquille *f*

typist – Schreibkraft *f* – dactylo(graphe) *f*

typographer – Typograf, -in – typographe *m*

typographer's quotes – typografische Anführungszeichen *n/pl* – guillemets *m/pl* typographiques

typographic(al) – satztechnisch, typografisch – typographique

typographical design – typografische Gestaltung *f* – dessin *m* typographique

typographical error – typografischer Fehler *m* – faute *f* typographique

typographical instruction – Satzanweisung *f* – indication *f* pour la composition, instruction *f* typographique

typographical measurement – typografisches Maß *n* – mesure *f* typographique

typographic(al) point – typografischer Punkt *m* – point *m* typographique

typography – Typografie *f*, Buchdruckerkunst *f* – typographie *f*, F typo *f*

typography freak – Typografie-Liebhaber *m* – fondu *m* des polices, mordu *m* de typographie

U

U.V. (ultraviolet) ink – UV-Farbe *f* – encre *f* UV, encre *f* à séchage ultraviolet

UCA (Under Color Addition) – UCA, Unterfarben-Addition *f* – UCA, addition *f* de sous-couleurs, ajout *m* de sous-couleurs

UCR (Under Color Removal) – UCR, Unterfarbenreduktion *f*, Unterfarbenentfernung *f* – UCR, réduction *f* de sous-couleurs

ultrabold – extra fett – extra gras

ultraviolet – ultraviolett – ultraviolet

ultraviolet light – UV-Licht *n* – lumière *f* ultraviolette

ultraviolet radiation – UV-Strahlung *f* – rayonnement *m* ultraviolet

ultraviolet rays – UV-Strahlen *m/pl* – rayons *m/pl* ultraviolets

umlaut – Umlaut *m (Zeichen)* – umlaut *m*

unattended – unbeaufsichtigt – autonome

unbound – ungebunden *(Buch)* – non relié

unbreakable – nicht trennbar – non divisible, insécable

uncalibrated – unkalibriert – non-calibré

uncial (letter) – Unziale *f* – onciale *f*

uncoated paper (stock) – ungestrichenes Papier *n*, Naturpapier *n* – papier *m* non couché, papier *m* sans couche

unconditional branch – unbedingte Verzweigung *f* – branchement *m* inconditionnel

uncorrected – unkorrigiert – non corrigé

undelete *v.* – wiederherstellen – rétablir, recouvrer, restaurer

under – unter, darunter – sous, en-desssous de

underdeveloped – unterentwickelt *(Film)* – sous-développé

underdevelopment – Unterentwicklung *f* – sous-développement *m*

underexposed – unterbelichtet *(Film)* – sous-exposé

underexposure – Unterbelich-tung *f* – sous-exposition *f*

underexposure *v.* – unter-belichten – sous-exposer

underinking – Unterfärbung *f* – sous-encrage *m*

underlay blanket – Unterlage-tuch *n* – blanchet *m* de dessous

underlie *v.* – darunter liegen – être en-dessous

underline (_) – Unterstrich *m* – souligné *m*, trait *m* bas

underline *v.* – unterstreichen – souligner

underlined – unterstrichen – souligné

underlining – Unterstreichung *f* – soulignement *m*

underneath – unter, darunter – sous, là-dessous, en dessous, au-dessous

underscore (_) – Unterstrich *m* – souligné *m*, trait *m* bas

underside – Unterseite *f* – verso *m*

undo *v.* – rückgängig machen, widerrufen – annuler

undocumented problem – nicht dokumentiertes Problem *n* – problème *m* non recensé

undulating – wellig – ondulé

unequal sign – Ungleich-Zeichen *n* – signe *m* différent

unerase *v.* – wiederherstellen – rétablir, recouvrer, restaurer

uneven – ungleichmäßig – irrégulier

uneven character spacing – ungleichmäßiger Zeichen-abstand *m* – espacement *m* irrégulier des caractères

unexpurgated edition – unzensierte Ausgabe *f* – edition *f* intégrale

unfair competition – Wettbewerbsverzerrung *f* – distorsion *f* de la concurrence

unfocus(s)ed – unscharf – flou, brouillé

unfold *v.* – auseinander falten, entfalten – déplier

unfolding – Auseinanderfaltung *f* – dépliage *m*

unformatted – unformatiert – non-formaté

ungroup *v.* – Gruppierung aufheben – dégrouper, dissocier (Illustrator)

unidirectional – einbahnig, unidirektional – unidirectionel

uniformity of print color – Gleichmäßigkeit *f* der gedruckten Farbe – régularité *f* de la couleur imprimée

uninstall *v.* – deinstallieren – désinstaller

Union *(QuarkXPress)* – Vereinigung – Union

unipod – Einbeinstativ *n* – monopod *m*

unit – Einheit *f*, Maßeinheit – unité *f*, unité *f* de mesure

unit cost – Stückkosten *pl* – coût *m* unitaire

unit vector – Einheitsvektor *m* – vecteur *m* unitaire

unjustified – nicht bündig, flatternd – en drapeau, non justifié

unjustified margin(s) – Flattersatz *m* – en drapeau, composition *f* en drapeau, texte *m* en drapeau

unjustified setting – Endlossatz *m* – composition *f* non justifiée

unjustified text – Endlostext *m* – texte *m* non justifié

unknown host – unbekannter Host *m* – hôte *m* inconnu

unlabel(l)ed – unbeschriftet – sans étiquette, sans référence

unlimited – unbeschränkt – illimité

unlink *v.* – entketten *(Objekte)* – séparer

unlinking – Entkettung *f* *(Objekte)* – séparation *f*

unlock *v.* – Sperrung aufheben – déverrouiller

Unlock all *(Illustrator)* – Alles lösen – Tout déverrouiller

unmixable – nicht mischbar – non miscible

unplug *v.* – herausziehen *(Kabel)* – débrancher

unprinted – unbedruckt – blanc

unpublished – unveröffentlicht, ungedruckt – inédit

unread proof – ungelesener Korrekturabzug *m* – épreuve *f* en première

unrecoverable – nicht wiederherstellbar – irrécupérable

unrecoverable error – nicht behebbarer Fehler *m* – erreur *f* irrécupérable

unsensitized – unbeschichtet – non sensibilisé

unsewn – ohne Umschlag – debroché

unsharp – unscharf – flou, brouillé

Unsharp masking filter *(Photoshop)* – Unscharfmaskieren-Filter – filtre Accentuation

unsharp masking (USM) – Unscharfmaskierung *f* – masquage *m* flou

unshielded cable – ungeschirmtes Kabel *n* – câble *m* non blindé

unstuff *v.* – entkomprimieren, entpacken – décompresser

unsubscribe *v.* – Abonnement *n* kündigen – résilier l'abonnement *m*

untrimmed sheet – Rohbogen *m* – feuille *f* non rognée

untrimmed size – unbeschnittenes Format *n* – format *m* à vif, format *m* brut, format *m* non rogné

unwind *v.* – abwickeln, abrollen *(Papierrolle)* – débobiner

unwinding – Abrollung *f* *(Papierrolle)* – débobinage *m*

unwrinkled – unzerknittert – sans pli

up – Hochformat *n (von upright)* – portrait *m*, format *m* portrait, à la française

update – Update *n* – mise *f* à jour (MAJ)

update *v.* – aktualisieren, updaten – mettre à jour

upgrade – Aktualisierung *f* – mise *f* à jour (niveau)

upgrade *v.* – aktualisieren, updaten – mettre à jour

upload *(Internet)* – Hochladen *n*, Hinaufladen *n* – upload *m*, téléchargement *m* vers le serveur (vers l'amont)

upload *v.* – hochladen – uploader, téléverser, télécharger vers le serveur (vers l'amont)

upper- and lowercase spelling – Gross-/Kleinschreibung *f* – emploi *m* des majuscules et des minuscules

uppercase letter – Großbuchstabe *m*, Kapitalbuchstabe *m*, Majuskel *f* – majuscule *f*, capitale *f*

upper die – Patrize *f* – contre(-)partie *f* de gaufrage

upper margin – oberer Seitenrand *m* – blanc *m* de tête, marge *f* de tête, marge *f* supérieure

upper overhang – oberer Überhang *m* – débordement *m* supérieur

upright – gerade – droit

upright *(typogr.)* – geradestehend – romain

upright size – Hochformat *n* *(von upright)* – portrait *m*, format *m* portrait, à la française

upsample *v.* – hochrechnen *(Auflösung)* – suréchantillonner

upsampling – Hochrechnen *n* – suréchantillonnage *m*

up-stroke *(typogr.)* – Aufstrich *m* – délié *m*

up-to-date – aktuell – à jour

upwardly (upwards) compatible – aufwärtskompatibel – à compatibilité ascendante

USB (Universal Serial Bus) – USB – USB, bus série universel

use *v.* – benutzen – utiliser

use of small letters – Kleinschreibung *f* – emploi *m* des minuscules

U

Use Printer's Default Screens
(Printing option in Photoshop)
– Rastereinstellung des
Druckers verwenden – Trame
par défaut de l'imprimante
user – Benutzer, -in – utilisateur
m, utilisatrice *f*
user authorization – Zugriffsrecht *n*, Zugriffsberechtigung *f*
– droit *m* d'accès
user coordinate system –
Benutzerkoordinatensystem *n* –
système *m* de coordonnées
utilisateur
user data – Benutzerdaten *pl* –
données *f/pl* de l'utilisateur
user dictionary – Benutzerwörterbuch *n* – dictionnaire *m*
personnalisé
user-friendly – benutzerfreundlich – convivial
user-friendly system – benutzerfreundliches System *n* – système
m convivial
user group – Benutzergruppe *f* –
groupe *m* d'usager
user guide – Benutzerhandbuch
n, Benutzerführung *f* – guide *m*
(de l')utilisateur
user interface – Benutzeroberfläche *f* – interface *f* utilisateur
user manual – Benutzerhandbuch
n – manuel *m* de l'utilisateur
user profile – Benutzerprofil *n* –
profil *m* d'utilisateur
user rights – Benutzerrechte *n/pl*
– droits *m/pl* d'utilisateur
Utilities *(QuarkXPress)* –
Hilfsmittel – Utilitaires
utility – Dienstprogramm *n*,
Hilfsprogramm *n* – utilitaire *m*
UV dryer – UV-Trockner *m* –
sécheur *m* ultraviolet
UV filter – UV-Filter *m* – filtre *m*
ultraviolet
UV lamp – UV-Lampe *f* – lampe *f*
ultraviolette
UV sensitive – UV-empfindlich –
sensible aux UV

V

vacat – unbedruckt, vakat – blanc

vacate *v.* – frei machen *(Speicher)*
– libérer
vacuum – Vakuum *n* – vide *m*
vacuum (coating) chamber –
Vakuumkammer *f* – cloche *f* de
métallisation
vacuum frame – Vakuumkopierrahmen *m* – châssis *m* (à) vide
vacuum packaging – Vakuumverpackung *f* – emballage *m*
sous vide
vacuum-packed – vakuumverpackt – emballé sous vide
vanishing line – Fluchtlinie *f* –
ligne *f* de fuite
vanishing point – Fluchtpunkt *m*
– point *m* de fuite
variable – Variable *f* – variable *f*
variable costs – variable Kosten
pl – frais *m/pl* variables
variable data – variable Daten *pl*
– données *f/pl* variables
variable data printing – Druck *m*
variabler Daten – impression *f*
de données variables
**variable sender's personali-
zation** – variable Absender-
Personalisierung *f* – personnalisation *f* variable de l'expéditeur
Variable Stroke *(FreeHand)* –
Variabler Strich – Trait
variable
variations – Schwankungen *f/pl* –
variations *f/pl*
varnish – Lack *m* – vernis *m*,
laque *f*
varnish *v.* – lackieren – laquer,
vernir
varnish coating – Lackierung *f* –
couche *f* de vernis, vernissage *m*
v-bar (|) – vertikaler Strich *m* –
barre *f* verticale
vector – Vektor *m* – vecteur *m*
vector format – Vektorformat *n* –
format *m* vectoriel
vector graphics – Vektorgrafik *f*
– graphique *m* vectoriel
vectorization – Vektorisation *f* –
vectorisation *f*
vectorize *v.* – vektorisieren –
vectoriser
vectorized – vektorisiert –
vectorisé

vector object (element, item) –
Vektorelement *n* – élément *m*
vectoriel
vector path – Vektorpfad *m* –
tracé *m* vectoriel
vehicle – Trägersubstanz *f* –
véhicule *m*
vellum – Schreibpergament *n* –
vélin *m*
vellum paper – Velinpapier *n* –
papier *m* vélin
velour finish – Mattglanz *m* –
apprêt *m* mat, fini mat
velvet binding – Samteinband *m*
– reliure *f* brodée
velvet finish – Mattglanz *m* –
apprêt *m* mat, fini mat
velvet paper – Samtpapier *n* –
papier *m* velours
Venetian serif – venetianische
Antiqua *f* – vénitienne *f*
ventilator – Ventilator *m* –
ventilateur *m*
verification – Verifizierung *f* –
vérification *f*
verification report – Prüfbericht
m – rapport *m* de vérification
version – Version *f* – version *f*
version control – Versionskontrolle *f* – contrôle *m* des
versions
versioning – Versioning *n* –
versioning *n*
verso page – linke Seite *f* – page *f*
de gauche, fausse page *f*, page *f*
paire, verso *m*
verso side – Rückseite *f* – coté *m*
verso, page *f* verso, face *f* verso,
verso *m*
vertical – vertikal, senkrecht –
vertical
vertical – Vertikale *f* – verticale *f*
vertical axis – vertikale Achse *f* –
axe *m* vertical
vertical file – Hängeregister *n* –
dossier *m* suspendu
vertical justification – vertikale
Ausrichtung *f*, vertikaler
Ausschluss *m*, vertikaler Keil *m*
– justification *f* verticale,
alignement *m* vertical
vertical line (|) – vertikaler Strich
m – barre *f* verticale

vertical sync – vertikale Synchronisation *f* – synchronisation *f* verticale

vet *v.* – überprüfen – valider, approuver

video – Video *m* – vidéo *f*

video art – Videokunst *f* – art *m* vidéo

video board – Video-Board *n* – carte *f* vidéo

video cable – Videokabel *n* – câble *m* vidéo

video camera – Videokamera *f* – caméscope *m*, caméra *f* vidéo

video card – Videokarte *f* – carte *f* vidéo

video cassette – Videokassette *f* – vidéocassette *f*, cassette *f* vidéo

video-conference – Videokonferenz *f* – visioconférence *f*

video designer – Videodesigner, -in – designer vidéo

videodisc – Bildplatte *f* – vidéodisque *m*

video inspection system – Videoüberwachungssystem *n* – observation *f* par caméra vidéo

video output jack – Videoausgangsbuchse *f* – prise *f* de sortie vidéo

video recorder – Videorecorder *m*, Videogerät *n* – magnétoscope *m*

video recording – Videoaufnahme *f*, Videoaufzeichnung *f* – enregistrement *m* vidéo

video sequence – Videosequenz *f* – séquence *f* vidéo

video signal – Videosignal *n* – signal *m* vidéo

video tape – Videoband *n* – bande *f* vidéo

videotext – Bildschirmtext *m* (BTX) – télématique *f*, minitel *m*

video workstation – Bildschirmarbeitsplatz *m* – poste *m* de travail sur écran

View – Ansicht *f* – *in DTP-Programmen* – affichage *m*

viewer – Viewer *m (Software)* – visionneur *m*

viewfinder – Sucher *m* – viseur *m*

viewing angle – Betrachtungswinkel *m* – angle *m* de visualisation

viewing conditions – Betrachtungsbedingungen *f/pl* – conditions *f/pl* d'observation

viewing field – Blickfeld *n*, Gesichtsfeld *n* – champ *m* visuel

viewing standard – Betrachtungsnorm *f* – standard *m* de visualisation

vignette – Farbverlauf *m*, Verlauf *m* – dégradé *m* (couleur, de couleurs)

vignetted background – Hintergrundverlauf *m* – fond *m* dégradé

vignetting *(fotogr.)* – Eckenabschattung *f*, Vignettierung *f* – vignettage *m*

violet – violett – violet

violet laser – Violettlaser *m* – laser *m* violet

virtual community – Online-Gemeinde *f* – communauté *f* virtuelle , communauté *f* en ligne

virtual memory – virtueller Speicher *m* – mémoire *f* virtuelle

virtual space – virtueller Raum *m* – espace *m* virtuel

virus – Virus *m* – virus *m*

virus detection software – Antiviren-Programm *n* – logiciel *m* antivirus

viscometer – Viskosimeter *m* – viscosimètre *m*

viscosity – Viskosität *f* *(Dickflüssigkeit bei Druckfarbe)* – viscosité *f*

visible – sichtbar – visible

visual – visuell – visuel(lement)

visual asessment – visuelle Beurteilung *f* – évaluation *f* visuelle

visual calibration – visuelle Kalibrierung *f* – calibrage *m* visuel

visual check – Sichtprüfung *f* – contrôle *m* visuel

visual communication – visuelle Kommunikation *f* – communication *f* visuelle

visual control – visuelle Kontrolle *f* – contrôle *m* visuel

visual field – Gesichtsfeld *n* – champ *m* visuel, champ *m* de vision

visualization – Visualisierung *f*, Sichtbarmachung *f* – visualisation *f*

visualize *v.* – visualisieren, sichtbar machen – visualiser

vivid – leuchtend – lumineux

voice recognition – Spracherkennung *f* – reconnaissance *f* vocale

volatile memory – flüchtiger Speicher *m* – mémoire *f* volatile

volatile organic compound – flüchtiger organischer Verbund *m* – composé *m* organique volatil

voltage *(electr.)* – Spannung *f* – tension *f*

volume – Band *m (Buch)* – tome *m*, volume *m*

volume of ink – Farbvolumen *n* – volume *m* d'encre

voluminous – umfangreich – volumineux

voucher – Coupon *m* – coupon *m*, talon *m*

W

wall calendar – Wandkalender *m* – calendrier *m* mural

wall socket – Steckdose *f* – prise *f* (de courant)

WAN (Wide Area Network) – Fernnetz *n* – réseau *m* étendu

warehouse *v.* – lagern – stocker

warehousing – Lagerung *f* – stockage *m*

warehousing – Bestandsführung *f* – gisement *m* de données

warm boot – Warmstart *m* – lancement *m* à chaud

warm color – warme Farbe *f* – couleur *f* chaude

warm up *v.* – aufwärmen *(Maschine)* – réchauffer

warm-up time – Aufwärmzeit *f* – temps *m* de réchauffage

warning – Warnmeldung *f* – avertissement *m*

warp *v.* – sich verziehen – se voiler, se fausser

warped – verzogen, verbogen, wellig – déjeté, ondulé

warping – Warping *n* – warping *m*

washed out – verwaschen – décoloré, atténué

waste – Abfall *m* – gâche *f*

waste paper – Papierabfall *m* – gâche *f* papier, papier *m* de rebut

waste stripping – Abfallausbrechen *n* – décorticage *m*, échenillage *m*, éjection *f* des déchets

Watched folder *(Acrobat)* – Überwachter Ordner – Dossier *m* de contrôle

water-based flexo ink – Flexofarbe *f* auf Wasserbasis – encre *f* flexographique à l'eau

water color – Wasserfarbe *f* – couleur *f* à l'eau

watercolor – Aquarell *n* – aquarelle *f*

watercolor painting – Aquarellmalerei *f* – aquarelle *f*, peinture *f* à l'aquarelle

waterless offset printing – wasserloser Offsetdruck *m* – impression *f* offset sans eau

waterless plate – wasserlose Platte *f* – plaque *f* sans mouillage

watermark – Wasserzeichen *n* – filigrane *m*

water-soluble – wasserlöslich – soluble dans l'eau

wavelength – Wellenlänge *f* – longueur *f* d'onde

wavy – wellig – ondulé

wax crayon – Wachsfarbstift *m* – crayon *m* de cire

wax(ed) paper – Wachspapier *n* – papier *m* ciré

web – Papierbahn *f*, Bahn *f* – bande *f* (de papier)

web administrator – Web-Administrator, -in – administrateur *m* Web

web-based – webbasiert – basé Web

web break – Bahnriss *m* – casse *f* de bande

web break sensor – Bahnriss-sensor *m* – détecteur *m* de casse

web browser – Webbrowser *m* – navigateur *m* (web), butineur *m* *(Kanada)*, fureteur *m* *(Kanada)*

web designer – Webdesigner, -in – webdesigner *m*

web elongation – Bahndehnung *f* – allongement *m* de bande

web-fed gravure press – Tiefdruckrotation(smaschine) *f* – rotative *f* hélio à bobine

web growth – Bahnverzug *m* – déformation *f* de la bobine

web growth compensation – Bahnverzugs-Kompensation *f* – compensation *f* de la déformation de la bobine

web guiding system – Bahnlaufregler *n* – aligneur *m* de bande

web inspection system – Bahnüberwachungssystem *n* – dispositif *m* d'observation de la bande

web master – Webmaster *m* – webmaster *m*, webmestre *m*

web offset – Rollenoffset *m* – offset *m* rotatif

web offset press – Rollenoffset-maschine *f* – rotative *f* offset

Web page – Website *f*, Webseite *f* – site *m* Web, page *f* Web

web path – Bahn(durch)lauf *m*, Papierweg *m* *(Rollendruck)* – passage-papier *m*

web press – Rollenrotation(sma-schine) *f* – presse *f* à bobines

web printer – Rotationsdrucker *m*, Rollenrotationsdrucker *m* – rotatitviste *m*, imprimeur *m* rotativiste, conducteur *m* de rotative

web shift – Bahnverzug *m* – déformation *f* de la bobine

web shift side-to-side – seitlicher Bahnverzug *m* – déplacement *m* latéral de la bande

Web site – Website *f*, Webseite *f* – site *m* Web, page *f* Web

web tension – Bahnspannung *f* – tension *f* de (la) bobine (nappe)

web threading – Bahneinzug *m* – engagement *m* de la bande

web travel – Bahn(durch)lauf *m*, Papierweg *m* *(Rollendruck)* – passage-papier *m*

web width – Bahnbreite *f* – laize *f*, largeur *f* de la bobine (nappe)

weekly – Wochenblatt *n* (-zeitung *f*, -zeitschrift *f*) – hebdomadaire *m*, F hebdo *m*

weight *(typogr.)* – Fettegrad *m* – graisse *f*

weight of paper – Papiergewicht *n* – grammage *m* (du papier), poids *m* du papier

well lit – gut beleuchtet – bien éclairé

wet expansion – Feuchtdehnung *f* – allongement *m* à l'humidité

wet-on-wet printing – Nass-in-Nass-Druck *m* – imprimer en (sur) humide

white – weiß – blanc

white alignment – Weißabgleich *m* – équilibrage *m* du blanc, balance *f* des blancs

white back-up – Weißgrund *n* *(Druck auf Aluminium o. Folien)* – aplat *m* de blanc

white balance – Weißabgleich *m* – équilibrage *m* du blanc, balance *f* des blancs

white base – Weißbezug *m* *(Farbmessung)* – base *f* blanche

white book – Weißbuch *n* – livre *m* blanc

white gap – Blitzer *m* – liséré (liseré) *m* blanc

white line – Leerzeile *f* – ligne *f* vide

whiteness – Weißgrad *m* *(Papier)* – blancheur *f*

white point – Weißpunkt *m* *(in einem Bild)* – point *m* blanc

white sheet – Blankobogen *m* – feuille *f* en blanc

W

wholesaler – Grossist m – grossiste m

wide – breit – large

wide angle lens – Weitwinkelobjektiv n – objectif m (à) grand angle

wide-band – Breitband – à large bande

wide format – großformatig – à grand format

wide web – Breitbahn f (Rollendruck) – grande laize f

wide web press – Breitbahnmaschine f (Rollendruck) – presse f grande laize

widow (typogr.) – Hurenkind n – veuve f

width – Breite f – largeur f

width table – Dicktentabelle f – table f de chasse

winding – Aufwickeln n (Papierrolle) – enroulage m

window – Fenster n (a. in Programmen) – fenêtre f

window envelope – Fensterumschlag m – enveloppe f à fenêtre, enveloppe f vitrifiée

windowing – Fenstertechnik f (in Programmen) – fenêtrage m

wipe v. – abstreifen, abwischen (z.B. Druckfarbe) – essuyer

wiping – Abwischen n (z.B. Druckfarbe) – essuyage m

wireframe view – Umrissansicht f – affichage m en contours bruts

wireless – drahtlos – sans fil

wire mark – Wasserlinie f – vergeure f

wire marked paper – wasserliniertes Papier n – papier m vergé

wire-o binding – Wire-O-Heftung f – reliure f wire-o

wire side – Siebseite f (Papierherstellung) – côté m toile

wire staple – Draht(heft)klammer f – agrafe f métallique

wire stapling – Klammerheftung f – agrafage m

wire-stitch v. – drahtheften – agrafer

wire stitcher – Drahtheftungsmaschine f – agrafeuse f

wire stitching – Drahtheftung f – piqûre f, piqûre f à cheval, agrafage m

wiring – Verkabelung f – câblage m

with a green cast – grünstichig – tirant sur le vert

with a small bandwidth – schmalbandig – avec une largeur de bande étroite

with a yellow cast – gelbstichig – tirant sur le jaune

with even spacing – gleichabständig – répartition f à intervalles réguliers

within – innerhalb – à l'intérieur de, au sein de

with point precision – punktgenau – au point près

with the grain – Laufrichtung f (Papier, Bahn) – sens m (de) marche, sens du papier, sens m de défilement de la bande

women's publication – Frauenzeitschriften f/pl – presse f féminine

wood containing paper – holzhaltiges Papier n – papier m avec fibres de bois, papier m fait de pâte de bois

woodcut – Holzschnitt m – gravure f sur bois

wood-free – holzfrei – sans fibres de bois, sans cellulose, sans bois

woodpulp – Zellulose f – cellulose f

woodpulp paper – holzhaltiges Papier n – papier m avec fibres de bois, papier m fait de pâte de bois

word – Wort n – mot m

word breaking (cutting) – Worttrennung f – division f des mots, césure f, coupure f des mots

word-for-word – wörtlich – litéral(ement)

word processing – Textverarbeitung f – traitement m de (du) texte

word processor – Textverarbeitungsprogramm n – texteur m, logiciel (programme) m de traitement de texte

word space – Wortabstand m – espace m inter-mot

word spacing – Wortabstand m – intermot m, espacement m de mots

work – Arbeit f – travail m

work v. – arbeiten – travailler, F bosser

work v. – funktionieren – marcher, fonctionner

workaholic – Workaholic m, Arbeitstier n – bourreau m de travail, F bosseur, -euse

work and back – Schön- und Widerdruck m – impression f recto-verso

work and back form – Schön- und Widerdruckform f – forme f recto-verso

work and tumble – Umstülpen n – culbutage m

work and tumble form – Form f zum Umstülpen – forme f à culbuter, imposition f tête à queue

work and tumble layout – Umstülp-Layout n – imposition f tête-à-queue

work and turn – Umschlagen n – basculage m

work and turn form – Form f zum Umschlagen – forme f à basculer, imposition f en demi-feuilles

work and turn layout – Umschlag-Layout n – imposition f en demi-feuilles

work and twist – Umdrehen n (Druckbogen) – imposition f en ailes de moulin

work and twist form – Form f zum Umdrehen – forme f à imposition en ailes de moulin

work area – Arbeitsbereich m (in Programmen) – zone f de travail, plan m de travail

workaround – Workaround m – solution f de rechange, workaround m

workaround v. **the problem** – Problem umgehen – contourner le problème

W

workflow – Workflow *m*, Produktionsfluss *m*, Produktionsablauf *m* – flux *m* de production

workflow management – Workflowmanagement *n* – gestion *f* du flux de production

workflow management program – Workflowmanagement-programm *n* – logiciel *m* de gestion du (de) flux de production

workflow (process) – Arbeitsablauf *m* – flux *m* du (de) travail, flux *m* opératoire, déroulement *m* du (de) travail

workgroup – Arbeitsgruppe *f* – groupe *m* de travail, équipe *f* de travail

working (color) space *(Photoshop)* – Arbeitsfarbraum *m* – espace *m* de travail colorimétrique

working method – Arbeitsweise *f* – mode *m* de travail

work in process – laufende Arbeit *f* – travail *m* en cours

work on *v.* – bearbeiten – traiter, modifier, retoucher

work preparation – Arbeitsvorbereitung *f* – préparation *f* du travail

workstation – Arbeitsplatz *m*, Workstation *f* – poste *m* de travail

wrap fold – Wickelfalz *m* – pli *m* roulé, pli *m* superposé

wrapper – Buchumschlag *m*, Buchhülle *f*, Schutzumschlag *m* – couvre-livre *m*, jaquette *f*, couverture *f* protectrice

wrapping paper – Packpapier *n* – papier *m* d'emballage

wrapping tab – Umbruchtabulator *m* – tabulation *f* d'habillage

wrinkles – Falten *f/pl* – rides *f/pl*

writable – beschreibbar – inscriptible

write *v.* – schreiben, verfassen – écrire

write down *v.* – aufschreiben – noter

write error – Schreibfehler *m* *(Festplatte)* – erreur *f* d'écriture

write in *v.* – einspeichern – mettre en mémoire

write pad – Schreibblock *m* – bloc-notes *m*

write permission – Schreibberechtigung *f* – droit *m* d'écrire

write-protected – schreibgeschützt *(Datei)* – verrouillé

writer – Schriftsteller, -in – écrivain *m*, homme *m* de lettre

write *v.* **s.th. as two words** – auseinander schreiben – écrire séparément, écrire en deux mots

write (writing) head – Schreibkopf *m* – tête *f* d'insolation, tête *f* d'impression

writing paper – Schreibpapier *n* – papier *m* pour écrire

written – schriftlich – écrit

wrong letter (fount) – Fisch *m* *(Bleisatz)* – coquille *f*

WYSIWYG – WYSIWYG – WYSIWYG, tel écran - tel écrit, tel-tel *(Kanada)*

x-axis – x-Achse *f* – axe *m* des X

xenon lamp – Xenonlampe *f* – lampe *f* au xénon

xerography – Xerografie *f* – xérographie *f*

x-height – Minuskelhöhe *f*, Mittellänge *f* – hauteur *f* des minuscules, médiane *f*

x-ray shot – Röntgenaufnahme *f* – radiographie *f*

XTensions Manager *(QuarkXPress)* – XTensions Manager – Gestionnaire d'Xtensions

x-y plotter – Koordinatenschreiber *m* – traceur *m* de courbes

XY-Zoom technology – XY-Zoomtechnik *f* – technologie *f* à zoom XY

y-axis – y-Achse *f* – axe *m* des Y

yearbook – Jahrbuch *n*, Jahresschrift *f* – annuaire *m*

yellow – Gelb *n*, gelb – jaune

yellow cast – Gelbstich *m* – dominante *f* du jaune

yellowed – vergilbt – jauni

yellow filter – Gelbfilter *m* – filtre *m* jaune

yellowing – Vergilbung *f* – jaunissement *m*

yellowish – gelblich – jaunâtre

yellow pages – Gelbe Seiten – pages *f* jaunes

yellow(y)-gold – gelbgold, goldgelb – or *m* jaune, jaune *m* d'or

yellow(y)-green – grüngelb, gelbgrün – vert tirant sur le jaune, vert-jaune, jaune verdâtre, jaune tirant sur le vert

zero balance – Nullabgleich *m* *(Messgerät)* – balance *f* zéro

zero origin – Nullpunkt *m* *(Koordinatensystem)* – origine *f*

zigzag fold – Zickzackfalz *m* – pli *m* (en) paravent, pli *m* (en) accordéon

zip *v.* – komprimieren – compresser

ZIP code *(U.S.)* – Postleitzahl *f* – code *m* postal

zoom – Zoom *m* – zoom *m*

zoom *v.* – zoomen, hochzoomen – zoomer

zoom in *v.* – einzoomen – zoomer, faire un zoom avant, agrandir

zoom lens – Zoomobjektiv *n* – objectif *m* zoom

zoom lever – Zoomhebel *m* *(Kamera)* – levier *m* du zoom

zoom out *v.* – auszoomen – dézoomer, faire un zoom arrière, réduire

W
X
Y
Z

f·d·e

A

abaisser *(typogr.)* – tief setzen – lower *v.*

aberration *f (fotogr.)* – Aberration *f* – aberration

aberration *f* **chromatique** – chromatische Aberration *f* – chromatic aberration

aberration *f* **sphérique** – sphärische Aberration *f* – spherical aberration

abonné, -e – Abonnent, -in – subscriber

abonnement *m* – Abonnement *n* – subscription

abonnement *m* **annuel** – Jahresabonnement *n* – annual subscription

abonnement *m* **à un journal** – Zeitungsabonnement *n* – newspaper subscription

abonnement *m* **d'essai** – Probeabonnement *n* – trial subscription

abonnement *m* **gratuit** – Gratis-Abonnement *n* – complimentary subscription

à bord(s) vif(s) – randabfallend, mit Anschnitt – ble(e)d-off

abrasimètre *m* – Abriebtestgerät *n* – abrasion tester

abrasion *f* – Abrieb *m* – abrasion

abréger – abkürzen – abbreviate *v.*, shorten *v.*

abréviation *f (typogr.)* – Abkürzung *f* – abbreviation

abrévier – abkürzen – abbreviate *v.*, shorten *v.*

abscisse *f* – Abszisse *f* – abscissa

absolu, -e – absolut – absolute

absorbant – absorbierend, saugfähig – absorbing, absorbent

absorber – absorbieren – absorb *v.*

absorption *f* **de la lumière** – Lichtabsorption *f* – light absorption

absorption *f* **(de l'encre)** – Wegschlagen *n*, Absorption *f*, Durchdringung *f (Druckfarbe auf Papier)* – absorption, penetration, setting

absorption *f* **d'encre** – Farbannahme *f* – ink absorption

absorption *f* **d'humidité** – Feuchtigkeitsaufnahme *f* – moisture absorption

absorptivité *f* – Saugfähigkeit (Papier) – absorbency

abstrait, -e – abstrakt – abstract

accéder – zugreifen – access *v.*

accélérateur *m* – Beschleuniger *m* – accelerator

accélérateur *m* **de couleur** – Grafikbeschleuniger *m* – graphics accelerator (board)

accélération *f* – Beschleunigung *f* – acceleration

accélération *f* **des applications de filtres** – Filterbeschleunigung *f* – filter acceleration

accélérer – beschleunigen – accelerate *v.*

accent *m* – Akzent *m* – accent

accent *m* **aigu (´)** – Accent aigu *m* – acute accent

accent *m* **circonflexe (ˆ)** – Accent circonflexe *m*, Zirkumflex (-akzent) *m* – circumflex accent

accent *m* **fixe** – Festakzent *m*, Fixakzent *m* – fixed accent

accent *m* **flottant** – fliegender Akzent *m* – floating accent

accent *m* **grave (`)** – Accent grave *m*, Gravis *m* – grave accent

accentuation *f* **du contraste** – Kontraststeigerung *f* – contrast enhancement, detail enhancement

accentuer – aufsteilen *(Konturen)* – intensify *v.*

accès *m* – Zugriff *m* – access

accès *m* **aux utilisateurs invités** – Gastzugriff *m* – guest access

accès *m* **direct** – Direktzugriff *m* – random access, direct access

accès *m* **immédiat** – Sofortzugriff *m* – instant access

accès *m* **rapide** – schneller Zugriff *m* – fast access

accès *m* **refusé** – Zugang *m* verweigert – access refused

accès *m* **séquentiel** – sequenzieller Zugriff *m* – sequential access

accessoire *m* **de bureau** – Schreibtischzubehör *n* – desk accessory

accessoires *m/pl* – Zubehör *n* – accessory, accessories

accolade *f* – geschweifte Klammer *f* – brace, curly bracket

accord *m* **de licence utilisateur final** – Endnutzer-Lizenzvereinbarung *f* – end user license agreement

accro *m* **du réseau** – Internetfreak *m* – internet enthusiast

accroissement *m* **de la productivité** – Produktivitätssteigerung *f* – gain in efficiency

accumulation *f* **d'encre** – Aufbauen der Farbe *f* – ink build-up

accusé *m* **de réception** – Empfangsbestätigung *f* – confirm delivery, receipt notification

acétate *m* – Acetat *n*, Azetat *n* – acetate

acétate *m* **propylique** – Propylacetat *n* – propyl acetate

acétone *f* – Aceton *n*, Azeton *n* – acetone

achat *m* **d'espace** – Anzeigenbuchung *f* – booking of space

acheminement *m* – Routing *n* – routing

acheteur, -euse d'imprimés – Drucksachen-Einkäufer, -in, Print Buyer *m* – print buyer

acheteur, -euse média – Media-Einkäufer, -in – media buyer

à cheval – überlappend – overlapping

achromatique – achromatisch – achromatic

acidité *f* – Säuregehalt *m* – acidity

a commercial (@) **de la** – at-Zeichen *n*, Klammeraffe *m* – at-sign

à compatibilité ascendante – aufwärtskompatibel – upwards (upwardly) compatible

à compatibilité descendante – abwärtskompatibel – downwards (downwardly) compatible

à contre-jour – im Gegenlicht – against the light

à côté – neben – beside, next to

acquérir – scannen, einscannen, abtasten, einlesen – scan v.

acquisition f – Akquisition f, Erwerbung f, Einlesen n – acquisition, capturing

acquisition f **d'annonces** – Anzeigenakquisition f – ad acquisition

acquisition f **d'images** – Bilderfassung f – frame-grabbing, image acquirement, image capture/capturing

acronyme m – Akronym n – acronym

action f **de la lumière** – Lichteinwirkung f – action of light

activer – aktivieren *(Option in Programmen)* – activate v.

actualiser – aktualisieren, updaten – update v., upgrade v.

adaptable – skalierbar, erweiterbar – extensible, scalable

adaptateur m – Adapter m – adaptor

adaptation f *(typogr.)* – Anpassung f, Einpassung f – adjustment

adaptation f **de l'espace colorimétrique** – Farbraumtransformation f, Gamut Mapping n, Farbraumanpassung f – gamut mapping, color space transformation

adaptation f **des couleurs** – Farbabmusterung f, Farbabstimmung f, Farbübereinstimmung f, Übereinstimmung f der Farben – color matching, ink matching

adapter – einpassen, einstellen, justieren – adjust v.

additif, -ve *(chem.)* – additiv – additive

addition f **de sous-couleurs** – UCA, Unterfarben-Addition f – UCA (Under Color Addition)

adhérence f – Adhäsion f – adhesion

adhérence f **de l'encre** – Adhäsion f der Farbe, Haften n der Farbe – ink adhesion

adhérence f **électrostatique** – elektrostatisches Haften n – electrostatic adherence

adhésif, -ve – selbstklebend – self-adhesive

adhésif m **à chaud** – Hotmelt-kleber m – hot(-)melt glue (adhesive)

adhésif m **(adhésive** f**)** – Klebstoff m, Leim m, Kleber m – glue, adhesive

adhésif m **double face** – Sticky-back m – stickyback

adhésion f – Adhäsion f – adhesion

administrateur m – Administrator, -in – administrator

administrateur m **réseau** – Systemadministrator,- in, Systemverwalter, -in Netzwerkadministrator, -in – system administrator, network administrator

administrateur m **web** – Web-Administrator, -in – web administrator

administration f **des données** – Datenverwaltung f – data administration

adopter une technique – eine Technologie übernehmen – embrace v. a technology

adoucir – weichzeichnen – soften v.

adoucissement m – Weichzeich-nen n, Weichzeichnung f – softening

adressage m – Adressierung f – addressing

adressage m **direct** – Direkt-adressierung f – direct addressing

adresse f – Adresse f – address

adresse f **bibliographique** – Druckvermerk m, Verlagsangabe f – imprint

adresse f **IP (fixe)** *(statische)* IP-Adresse f *(static)* IP address

adresser – adressieren – address v.

à droite de – rechts von – to the right of

à égale distance – in gleichem Abstand voneinander – equidistant from each other

aération f – Belüftung f – aeration

aérer – belüften – aerate v.

aérographe m – Airbrush f, Spritzpistole f, Aerogra fm – airbrush, aerograph

à faible luminosité – lichtschwach – dim

à faible tirage – auflagenschwach – low-circulation

affaiblir – abschwächen – tone v. down

affaiblissement m – Abschwä-chen n – reducing

affaiblissement m – Abschwä-chung f – toning down

affaiblisseur m – Abschwächer m – reducer

affaissement m – Einsinken n *(Bahn in Druckmaschine)* – sagging

affaisser – einsinken – sag v.

Affichage – Ansicht *(Menü in DTP-Programmen)* – View

affichage m – Anzeige f *(Bildschirmanzeige)* – display

affichage m **à l'écran** – Bild-schirmanzeige f – monitor display

affichage m **cristaux liquides (ACL)** – Flüssigkristallanzeige f – liquid cristal display (LCD)

affichage m **de couleurs** – Farbanzeige f – color display

Affichage de qualité supérieure *(InDesign)* – Anzeige mit hoher Qualität – High Quality Display

affichage m **digital** – Digitalan-zeige f – digital display

affichage m **du moniteur** – Bild-schirmdarstellung f – screen display

affichage m **en contours bruts** – Umrissansicht f – wireframe view

affiche f – Poster n, Plakat n – poster

A

affiche *f* **publicitaire** – Werbeplakat *n* – advertising poster
afficher – anzeigen, einblenden – display *v.*, show *v.*
Afficher/Masquer les info. de défonce *(QuarkXPress)* – Überfüllung zeigen/verbergen – Show/Hide Trap Information
affichiste *m* – Plakatmaler, -in – poster artist/designer
affranchir – frankieren – frank *v.*
à fleur de – auf gleicher Höhe mit – flush *v.* with, on a level with
à fond(s) perdu(s) – randabfallend, mit Anschnitt – ble(e)d-off
à gauche de – links von – to the left of
agence *f* – Agentur *f* – agency
agence *f* **de pré-presse** – Druckvorstufenbetrieb *m*, Druckvorstufenunternehmen *n* – prepress house/shop/studio
agence *f* **de presse** – Presseagentur *f*, Nachrichtenagentur *f* – press agency, news agency
agence *f* **de publicité** – Werbeagentur *f* – advertising agency
agenda *m* **électronique** – Organizer *m* – organizer
agent *m* **anti-mousse** *(chem.)* – Entschäumungsmittel *n* – antifoaming agent
agent *m* **anti-peau** – Antihautmittel *n* – antiskinning agent
agent *m* **blanchissant** – optischer Aufheller *m* – optical brightener
agent *m* **émulsifiant** – Emulgator *m* – emulsifying agent
agent *m* **en saisie** – Datentypist, -in, Texterfasser, -in, Taster, -in – data typist, keyboard operator
agents *m/pl* **de développement** – Entwicklersubstanzen *f/pl* – developing agents
agrafage *m* – Klammerheftung *f*, Heftung *f*, Drahtheftung *f* – wire stapling, stitching, wire stitching
agrafage *m* **des coins** – Eckenheftung *f* – corner stapling

agrafe *f* – Heftklammer *f* – staple, paper clip
agrafe *f* **métallique** – Draht(heft)klammer *f* – wire staple
agrafer – heften, anheften, zusammenheften, drahtheften, broschieren – staple *v.*, wire-stitch *v.*
agrafeuse *f* – Heftapparat *m*, Drahtheftungsmaschine *f* – stapler, wire stitcher
à grande échelle – verkleinerter Maßstab *m* – reduced scale
à grande luminosité – lichtstark *(bei Objektiven)* – fast, high-speed
à grand format – großformatig – large-format, wide format
agrandir – vergrößern, zoomen – enlarge *v.*, magnify *v.*, zoom *v.*
agrandissement *m* – Vergrößern *n*, Vergrößerung *f* – enlargement, magnifying
agrandissement *m* **d'image** – Bildvergrößerung *f* – image enlargement
à grand tirage – auflagenstark – high-circulation
à gros grain – grobkörnig – grainy
à haute résolution (définition) – hochauflösend – high-definition, high-resolution
aide *f* **contextuelle** – kontextbezogene Hilfe – context-sensitive help
aigu – spitz – acute
à jour – aktuell – up-to-date
ajout *m* **de sous-couleurs** – UCA, Unterfarben-Addition *f* – UCA (Under Color Addition)
ajouter – hinzufügen, anfügen – add *v.*, append *v.*
ajustage *m* **de l'objectif** – Obketiveinstellung *f* – lens adjustment
ajustement *m* **à la grille** – Gitter-Anpassung *f* – grid fitting
ajuster – einpassen, einstellen, justieren, abgleichen – adjust *v.*, match *v.*
ajuster au jugé – visuell angleichen – adjust *v.* by eye

Ajuster les couleurs d'affichage *(FreeHand)* – Bildschirmfarben anpassen – Adjust Display Colors
à la dernière minute – in letzter Minute – at the last minute
à la française – Hochformat *n*, stehendes Format *n* – portrait, up (von upright)
à l'angle droit de – im rechten Winkel zu – at right angles to
à large bande – Breitband ... – broadband, wide-band
à l'arrière – hinten – at the back
à la volée – im Fluge, on the fly – on the fly
album *m* – Album *n* – album
album *m* **de (à) croquis** – Skizzenbuch *n* – sketchbook
album *m* **de photos** – Fotoalbum *n* – photo-album
alcool *m* – Alkohol *m* – alcohol
à l'échelle – maßstabsgerecht – true to scale
à l'échelle de – im Abbildungsmaßstab, im Maßstab von – at a scale of, on a scale of
à l'endroit – seitenrichtig – right reading
à l'envers – seitenverkehrt – back to front, back-to-front, mirror-inverted
à l'épreuve – zur Ansicht – on approval
algorithme *m* – F *algo m* – Algorithmus *m* – algorithm
algorithme *m* **de tramage** – Rasteralgorithmus *m* – screening algorithm
alignement *m* *(typogr.)* – Ausrichtung *f*, Ausschluss *m* – alignment, justification
alignement à droite – rechtsbündig – flush right, quad right
alignement à gauche – linksbündig – flush left, quad left
alignement *m* **automatique** – Kanalverarbeitung *f* – rectangular alignment
alignement *m* **du texte** – Textausrichtung *f* – text alignment

alignement *m* **vertical** – vertikale Ausrichtung *f*, vertikaler Ausschluss *m*, vertikaler Keil *m* – vertical justification

aligner la compo à droite – rechtsbündig setzen – set *v.* flush right

aligner la compo à gauche – linksbündig setzen – set *v.* flush left

aligner sur – ausrichten an *(Text)* – align on *v.*

aligner sur la grille – an Gitter ausrichten – snap to grid

Aligner sur la grille de ligne de base *(InDesign)* – An Grundlinienraster ausrichten – Align To Baseline Grid

aligneur *m* **de bande** – Bahnlaufregler *n* – web guiding system

alimentation *f* – Eingabefach *n*, Papierkassette *f (bei Laserdruckern)* – input tray

alimentation *f* – Strom *m* – current, power

alimentation *f* **à feuilles** – Bogenführung *f* – sheet feeding

alimentation *f* **à la main** – Handanlage *f* – hand feeding

alimentation *f* **(en courant, électrique)** (F *alim f*) – Stromversorgung *f* – current supply

alimentation *f* **en encre** – Farbzuführung *f* – ink supply

alimentation *f* **manuelle** – Handzuführung *f (von Papier in Drucker)* – manual feed(ing)

alimenteur *m* **feuille à feuille** – Einzelblatteinzug *m* – sheet feeder, cut-sheet feeder

alinéa *m (typogr.)* – Absatz *m* – break, break line

alinéa *m* **en sommaire** – hängender Einzug *m* – hanging paragraph

à l'intérieur de – innerhalb – inside, intra, within

à l'italienne – Querformat *n* – landscape, horizontal format, oblong format

Aller à *(Mac OS X)* – Gehe zu – Go

allocation *f* – Belegung *f (Speicher)* – allocation

allocation *f* **(de) mémoire** – Speicherzuteilung *f*, Speicherbelegung *f* – memory allocation

allongement *m* **à l'humidité** – Feuchtdehnung *f* – wet expansion

allongement *m* **de bande** – Bahndehnung *f* – web elongation

allongement *m* **du papier** – Papierdehnung *f* – paper stretch

allonger (s') – dehnen, sich ausdehnen – stretch *v.*, span *v.*, spread *v.*

allouer – zuweisen *(Speicher)* – allocate *v.*

almanach *m* – Almanach *m* – almanac

alphabet *m* – Alphabet *n* – alphabet

alphabet *m* **cyrillique** – kyrillisches Alphabet – Cyrillic alphabet

alphanumérique – alphanumerisch – alphanumeric(al)

alvéole *f* – Näpfchen *n*, Rasternäpfchen *n (Tiefdruck, Flexo)* – cell, engraved cell

alvéole *f* **pyramidale** – pyramidenförmiges Näpfchen *n* – pyramid cell

à main levée – freihändig – freehand

amalgame *m* – Sammelform *f*, Overlay-Proof *m* – combined forme, gang (forme), mixed forme, overlay proof

amélioration *f* – Verbesserung *f* – improvement

améliorer – verbessern – improve *v.*

amenée *f* **d'encre** – Farbführung *f*, Farbgebung *f* – ink feed, inking

amincissement *m* – Unterfüllung *f* – choke

amorce *f* – Bootstrap *m* – bootstrap

amorcer – booten, hochfahren – boot *v.*

amortissement *m* – Amortisation *f* – amortization

ampoule *f* – Glühbirne *f* – electric light bulb

analogique – analog – analog(ous)

analyse *f* – Scan *m*, Abtastung *f* – scan, scanning

analyse *f* **descendante** – verfeinernde Analyse – top-down analysis

analyse *f* **des données** – Datenanalyse *f* – data analysis

analyse *f* **d'image** – Bildabtastung *f* – scanning

analyse *f* **du marché** – Marktanalyse *f* – market analysis

analyse *f* **fonctionnelle** – Systemanalyse *f* – system(s) analysis, system engineering

analyse *f* **par transparence** – Durchsicht-Scan *n* – transparency

analyser – auswerten – analyze *v.*

analyser – scannen, einscannen, abtasten, einlesen – scan *v.*

analyse *f* **spectrale (du spectre)** – Spektralanalyse *f* – spectral analysis, spectrum analysis

analyse *f* **spectrophotométrique** – spektralfotometrische Messung *f* – spectrophotometric measurement

analyseur *m* – Parser *m* – parser

analyste *m* **système** – Systemanalytiker, -in – system(s) analyst

anamorphose *f* – Verformung *f*, Verzerrung *f* – deformation

ancien numéro *m* – ältere Ausgabe (Nummer) *f*, zurückliegende Ausgabe (Nummer) *f* – back issue (copy, number)

ancre *m* – Anker *m (a. bei Hyperlink)* – anchor

angle *m* – Winkel *m* – angle

angle *m* **aigu** – spitzer Winkel *m* – acute angle, sharp angle

angle *m* **d'éclairement** – Beleuchtungswinkel *m* – illumination angle

angle *m* **de contrainte** – fixer Winkel *m* – constrain angle, fixed angle

angle *m* **de la racle** – Rakelwinkel
n – doctor blade angle
angle *m* **de marge** – Anlagewinkel *m* – lay angle
angle *m* **de mesure** – Messwinkel
m – measuring angle
angle *m* **de prise de vue** – Aufnahmewinkel *m* – camera angle
angle *m* **de réflexion** –
Reflexionswinkel *m* – angle of
reflection
angle *m* **de réfraction** –
Brechungswinkel *m* –
refraction angle
angle *m* **de rotation** – Drehwinkel *m*, Rotationswinkel *m* –
angle of rotation, rotation
angle
angle *m* **des alvéoles** –
Näpfchenwinkel *m* – cell angle
angle *m* **d'essuyage** –
Abrakelungswinkel *m* –
doctoring angle
angle *m* **de trame** – Rasterwinkel
m – screen angle
angle *m* **de vision** – Blickwinkel
m – angle of view/vision
angle *m* **de visualisation** –
Betrachtungswinkel *m* – angle
of vision, viewing angle
angle *m* **d'incidence** – Einfallswinkel *m* – angle of incidence
angle *m* **d'inclinaison** –
Kursivwinkel *m* – angle of
italicization, italic angle,
slanting angle
angle *m* **(d')italique** –
Kursivwinkel *m* – angle of
italicization, italic angle,
slanting angle
angle *m* **d'onglet** – Gehrungswinkel *m* – miter angle
angle *m* **droit** – rechter Winkel *m*
– right angle
angle *m* **fixe** – fixer Winkel *m* –
constrain angle, fixed angle
angle *m* **obtus** – stumpfer Winkel
m – obtuse angle
angle *m* **visuel** – Blickwinkel *m* –
angle of view (vision)
angstrom (Å) – Angström –
angstrom
anguleux, -se – eckig – angular

aniline *f* – Anilin *n* – aniline
animation *f* – Animation *f* –
animation
animer – animieren – animate *v.*
anneaux *m/pl* **de Newton** –
Newton-Ringe *m/pl* –
Newton('s) rings
annexer – anhängen *(z.B. von
Kommentaren oder Dateien an
E-Mail)* – attach *v.*
annonce *f* – Annonce *f*, Anzeige *f*,
Inserat *n*, Werbung *f*,
Zeitungsinserat *n* – ad, advert,
advertisement
annonce *f* **à double colonnes** –
zweispaltige Anzeige *f* – two-
column ad
annonce *f* **à fond perdu** –
angeschnittene Anzeige *f* –
bleed advertisement
annonce *f* **à marge perdue** –
Randanzeige *f* – bleed
ad(vertisement)
annonce *f* **demi-page** – halbseitige Anzeige *f* – half-page ad
annonce *f* **encadrée** – Anzeige *f*
mit Umrandung – boxed ad
annonce *f* **offre d'emploi** –
Stellenanzeige *f* – employment
ad(vertisement), job
ad(vertisement)
annonce-presse *f* – Zeitungsanzeige *f*, Zeitungsannonce *f* –
newspaper ad(vertisment)
annonce *f* **publicitaire** –
Geschäftsanzeige *f* – business
ad(vertisement)
annonceur *m* – Anzeigenkunde *m*
– advertising customer
annotation *f* – Anmerkung *f (z.B.
in Adobe Acrobat)* –
annotation
annoter – mit Anmerkung
versehen – annotate *v.*
annuaire *f* – Jahrbuch *n*,
Jahresschrift *f* – annual,
yearbook
annuaire *m* **(du téléphone)** –
Telefonbuch *n* – phone book,
phone directory, telephone
book, telephone directory

annuler – abbrechen, rückgängig
machen, widerrufen – abort *v.*,
cancel *v.*, undo *v.*
antémémoire *f* – Cache (-Speicher)
m, Puffer(speicher) *m*, Zwischenspeicher *m* – cache, buffer
antialiasing *m* – Antialiasing *n* –
antialiasing
anti-blooming *m* – Anti-
Blooming *n (digitale Kamera)* –
anti-blooming
anticrénelage *m* – Antialiasing *n*
– antialiasing
antipode – gegenpolig –
antipolar
Anti-poussière *(Photoshop)* –
Staub und Kratzer enfernen –
Dust and Scratches
antiqua *f* – Antiqua(schrift) *f* –
antiqua
antiquer – antiquieren – antique *v.*
antislash *m* – Backslash *m*,
umgekehrter Schrägstrich *m* –
backslash
aperçu *m* – Übersichtsbild *n*,
Thumbnail *m*, Vorschaubild *n*,
Preview *m*, Voransicht *f*,
Vorschau *f* – preview (picture),
thumbnail
aperçu *m* **avant impression** –
Druckvorschau *f* – print
preview
Aperçu de l'aplatissement –
Transparenzen reduzieren
(Illustrator, InDesign) – Flatten
Transparency
Aperçu de la surimpression
(Acrobat, InDesign, Illustrator)
– Überdruckenvorschau –
overprint preview
aplat *m* – Farbfläche *f*, Vollton
m, Volltonfläche *f* – solid tint,
color area, full tone, solid
(area), solid tone
aplat *m* **de blanc** – Weißgrund *m*
*(Druck auf Aluminium o.
Folien)* – white back-up
aplatir – verflachen
(Transparenzen, Ebenen) –
flatten *v.*
Aplatir l'image *(Photoshop)* –
Auf Hintergrundebene
reduzieren – Flatten image

A

aplatissement *m* – Transparenzreduzierung *f* – flattening
aplat *m* **tramé** – Rasterton *m*,
Rasterfläche *f*, Flächenton *m* –
screen tint, benday
à plusieurs colonnes –
mehrspaltig – multi-column
à plusieurs couleurs –
mehrfarbig – multicolor(ed)
apostrophe *f* – Apostroph *m* –
apostrophe, single quote
appareil *m* – Gerät *n* – device
appareil *m* **de contrôle** –
Prüfgerät *n* – testing apparatus
appareil *m* **de mesure** – Messgerät *n* – measuring device,
measuring instrument, meter
appareil *m* **de scellage de feuilles
(en plastique)** – Foliensiegelgerät *n*, Folienschweißgerät *n* –
film sealing machines
appareil *m* **de sortie** –
Ausgabegerät *n* – output device
appareil *m* **de soudage de film** –
Folien-Durchlaufsiegelgerät *n* –
rotary-band sealer
appareil *m* **diazo** – Lichtpausgerät *n* – dyeline machine
appareil *m* **photo format 24 x 36**
– Kleinbildkamera *f* – 35 mm
camera
appareil *m* **photo(graphique)** –
Kamera *f*, Fotoapparat *m* –
camera
appareil *m* **photo numérique** –
Digitalkamera *f* – digital
camera
appareil *m* **reflex** – Spiegelreflexkamera *f* – reflex camera
appareils *m/pl* **périphériques** –
Peripheriegeräte *n/pl* –
peripheral units, auxiliary
equipment
apparence *f* – Erscheinungsbild *n*
– appearance
appariement *m* **de formes** –
Musterangleichung *f* – pattern
matching
appel *m* **de note** –
Anmerkungszeichen *n* – dagger
appel *m* **du papier** – Papiereinzug
m – paper in-feed

appel *m* **en attente (en instance)**
– Anklopfen *n* (*telef.*) – call
waiting
appeler – laden, aufrufen (*Datei*)
– call *v.*
appendice *m* – Anhang *m* (*im
Buch*) – appendix
application *f* (F *appli f*) – Anwendung *f*, Programm *n*, Software *f*
– application, F app
application *f* **autonome** – Stand-
Alone-Programm *n* – stand-
alone application
application *f* **de création** –
Erstellungsprogramm *n* –
authoring application
**Application de la juxtaposition
des couleurs** (*FreeHand*) –
Rasterung anwenden –
Applying dithering
application *f* **de l'encre** – Farbauftrag *m* – ink application
application *f* **du fond** –
Grundierung *f* – primer coating
Applications (*Mac OS X*) –
Programme – Applications
application *f* **tierce** – Third-
Party-Programm *n* – third-
party application
appliquer des grossis et maigris
– überfüllen, trappen – trap *v.*
appliquer un trapping –
überfüllen – trap *v.*, spread *v.*
appréciation *f* **de l'original** –
Vorlagenbeurteilung *f* – image
assessment
apprenti *m* – Lehrling *m* –
apprentice
apprentissage *m* – Lehre *f* –
apprenticeship
apprêt *m* – Oberfläche *f* (*Papier*)
– finish
apprêt *m* **à l'anglaise** – satinierte
Oberfläche *f* – glazed surface
apprêt *m* **mat** – Mattglanz *m* –
matte finish, dull finish, suede
finish, velvet finish, velour
finish
apprêt *m* **satiné** – satinierte
Oberfläche *f* – glazed surface
approbation *f* **du client** –
Kundenfreigabe *f* – customer
approval

appel *m* **en attente**
approche *f* **de chasse** – Laufweite
f – kerning, running width
approche *f* **de gauche** –
Vorbreite *f* – left side bearing
approche *f* **de paire** –
Kerningpaar *n* – pair kerning
approche *f* **(des paires)** – Kerning
n, Unterschneidung *f*, Ausgleichen *n* der Buchstaben-
zwischenräume – kerning, pair
kerning
approche *f* **droite** – Nachbreite *f*
– right side bearing
approche *f* **négative** – negative
Laufweite *f* – negative tracking
approches *f* **rectifiées visuellement** – optisch ausgeglichen
(*Text*) – optically spaced
approximatif, -ve – annähernd –
approximative
approximation *f* – Näherung *f* –
approximation
appuyer – drücken (*Taste*) –
press *v.*, hold down *v.*, hit *v.*
appuyer sur une touche – eine
Taste drücken – press *v.* a key
après bouclage de l'édition –
nach Redaktionsschluss – after
copy deadline
aptitude *f* **à la conservation** –
Archivfestigkeit *f* – archivability, keeping properties
aquarelle *f* – Aquarell *n* –
watercolor, aquarelle
aquatinte *f* – Aquatinta *f* –
aquatint
arabesque *f* – Arabeske *f* –
arabesque
arborescence *f* **des dossiers** –
Ordnerbaum *m* – folder tree
arbre *m* **logique** – logischer
Baum *m* – logic tree
arc *m* (*geometr.*) – Bogen *m* – arc,
bow
arc *m* **de cercle** – Kreisbogen *m*,
Teilkreis *m* – arc, circle
segment
arc-en-ciel *m* – Regenbogen *m* –
rainbow
architecture *f* **de machine** –
Rechnerarchitektur *f* –
computer architecture

architecture *f* **du réseau** –
Netzwerkarchitektur *f* –
network architecture

archivage *m* – Archivierung *f*,
Speicherung *f*, Lagerung *f* –
archival storage, archiving,
compiling an archive, storage

archivage *m* **à long terme** –
Langzeitarchivierung *f* –
permanent storage

archive *f* **presse** – Pressearchiv *n*
– press archives

archiver – speichern, abspeichern, sichern – save *v*., store *v*.

archives *f/pl* – Archiv *n* –
archives, record office

archives *f/pl* **de journaux** –
Zeitungsarchiv *n* – newspaper
archive

archives *f/pl* **d'images** –
Bildarchiv *n* – picture archive,
photographic archive

archives *f/pl* **photographiques** –
Bildarchiv *n* – picture archive,
photographic archive

ardoise *f* **électronique** – Notepad
m – notepad

arête *f* **dure** – scharfe Kante *f*,
harte Kante *f (bei Farben,
Masken)* – hard edge, sharp
edge

arête *f* **supérieure** – oberer Rand
m – top edge

à revêtement élastomère –
elastomerbeschichtet –
elastomer covered

argent *m* – Silber *n* – silver

arrachage *m* – Rupfen *n (Papier
beim Druck)* – picking

arracher – reißen, abreißen – tear
v., tear-off *v*.

arrangement *m* – Anordnung *f* –
arrangement

arranger – anordnen – arrange *v*.

arraphique *f* – Klebebindung *f* –
adhesive binding, perfect
binding

arrêt *m* **(de la) machine** –
Maschinenstillstand *m* –
machine standstill

arrêt *m* **de la presse** – Druckmaschinenstillstand *m* – press
standstill

arrêter – unterbrechen, anhalten,
stoppen *(z.B. Druckauftrag)* –
interrupt *v*., hold *v*., stop *v*.

arrêt *m* **sur l'image** – Standbild *n*
(Video) – fixed image

Arrière-plan *(QuarkXPress)* –
Ganz nach hinten – Send to
Back

arrière-plan *m* – Hintergrund *m* –
background

arrobas *m* (@) – at-Zeichen *n*,
Klammeraffe *m* – at-sign

arrondi – abgerundet – rounded

arrondi *m (geometr.)* – Rundung *f*
– curve

arrondi *m* **de coins** – Eckenrunden *n (Druckverarbeitung)*
– round cornering

arrondir – runden – round *v*.

arrondissage *m* **du livre** –
Buchrunden *n* – book rounding

art *m* – Kunst *f* – art

art *m* **contemporain** –
zeitgenössische Kunst *f* –
contemporary art

art *m* **de la reliure** – Buchbindekunst *f* – art of bookbinding

art *m* **de l'impression** – Druckkunst *f*, schwarze Kunst *f* – art
of printing, printer's art

art *m* **de peindre les affiches** –
Plakatmalerei *f* – poster art

art *m* **du livre** – Buchkunst *f* – art
of the book

artefact *m* – Artefakt *n* – artifact

Article *(InDesign)* –
Textabschnitt – Story

article *m* – Artikel *m* – article

article *m* **de fond** – Leitartikel *m*
– editorial *(U.S.)*, leader,
leading article

article *m* **de journal** – Zeitungs-
artikel *m* – news story,
newspaper article

article *m* **de tête** – Hauptartikel
m (Zeitung) – lead (story)

article *m* **qui fait la une** –
Titelgeschichte *f* – cover story

articles *m/pl* **papèterie** –
Papierwaren *f/pl* – stationery

artiste *m* **multimédia** – Multimediakünstler, -in –
multimedia artist

artiste *m* **peintre** – Maler, -in,
Kunstmaler, -in – painter

arts *m/pl* **appliqués (décoratifs)** –
angewandte Kunst *f* – applied
arts

arts *m/pl* **graphiques** – grafische
Künste *f/pl*, grafisches Gewerbe
n – graphic arts

art *m* **vidéo** – Videokunst *f* –
video art

ascendant, -e – aufsteigend,
steigend – ascending

à sécurité intégrée – ausfallsicher
– fail-safe

aspect *m* – Aussehen *n*,
Erscheinungsbild *n* – look,
appearance

aspect *m* **général** – Gesamteindruck *m* – overall impression

Assemblage *(InDesign)* –
Verpacken – Package

assemblage *m* – Zusammentragen *n* – assembling,
collation, collecting, gathering

assemblage *m* **électronique** –
elektronisches Zusammen-
tragen *n* – electronic collation

assembler – zusammentragen,
kollationieren – assemble *v*.,
collate *v*., collect *v*.

assembleur *m* – Assembler *m* –
assembler

assembleuse *f* – Zusammentragmaschine *f* – collator, gatherer

asset management *m* – Asset
Management *n* – asset
management

assistance *f* **technique** –
Wartungsdienst *m* – customer
engineering

Associer *(InDesign, Illustrator)* –
Gruppieren – Group *v*.

assombrir – abdunkeln – darken
v., dull *v*.

assombrissement *m* –
Abdunklung *f* – darkening,
dulling

assortiment *m* – Sortiment *n* –
assortment

assortiment *m* **de produits** –
Produktpalette *f* – range of
products

A

assurance *f* **qualité** – Qualitätsgewährleistung *f* – quality
assurance (QA)
astérisque *m* (*) – Asterisk(us)
m, Sternchen *n* – asterisk, star
asthénopies *f/pl* – Ermüdungserscheinungen *f/pl* der Augen –
eye strains
astuce *f* – Tipp *m* – hint, tip
asynchrone – asynchron –
aysnchronous
at (@) – at-Zeichen *n*,
Klammeraffe *m* – at-sign
atelier *m* **de composition** –
Setzerei *f* – type shop,
composing room, case room
atelier *m* **de flashage** (F *flasheur
m*) – Belichtungsstudio *n* –
service bureau, prep service
atelier *m* **de photocomposition**
(F *photocompositeur m*) –
Belichtungsstudio *n* – service
bureau, prep service
atelier *m* **de photographe** –
Fotoatelier *n* (*Fotostudio*) –
photo(graphic) studio
atelier *m* **de reliure** –
Buchbinderei *f* – bookbinder's
(shop), bookbindery
atelier *m* **de reproduction** –
Reprostudio *n*, Reproanstalt *f* –
repro house, repro studio
atelier *m* **de sérigraphie** – Siebdruckerei *f* – screen printshop
atelier *m* **d'impression typographique** – Buchdruckerei *f* –
letterpress printshop
atelier *m* **d'imprimerie** – Druck-
(maschinen)saal *m* – pressroom
atelier *m* **graphique** – Grafikstudio *n* – graphic department
atelier *m* **informatique** –
Computerworkshop *m* –
computer workshop
à titre d'essai – zu Testzwecken –
for testing purposes
attache *f* – Lasche *f* – flap
attachement *m* – Anhang *m* (*an
E-Mail*) – attachment,
enclosure
attenant, -e angrenzend –
abutting, colliding

atténué, -e – verschossen, verwaschen (*Farbe*) – discolored,
washed out
atténuer – schattieren,
abschatten, abtönen – shade *v*.
attrape-trucs *m/pl* – Tipps &
Tricks *pl* (*Rubrik in Computerzeitschriften*) – tips & tricks
Attribuer un profil (*Photoshop*) –
Profil zuweisen – Assign profile
attribut *m* **de caractère** –
Zeichenattribut *n* – character
attribute
attribut *m* **du texte** –
Textattribut *n* – text attribute
au centre – mittig – concentric, on
centre (*brit.*), on center (*U.S.*)
au-dessous – darunter –
underneath
au-dessus – darüber – above it,
over it
au-dessus de – über, oberhalb –
above, over
audio-visuel – audiovisuell –
audio-visual
audit *m* **informatique** – Datenschutzbeauftragte, -r – data
protection commissioner
au fer – bündig – flush, quad
au fer à droite – rechtsbündig –
flush right, quad right
au fer à gauche – linksbündig –
flush left, quad left
au fond – hinten – at the back
augmentation *f* **de la production**
– Produktionssteigerung *f* –
increase of production
augmentation *f* **des valeurs de
teintes** – Tonwertzunahme *f*,
Tonwertzuwachs *m* – dot gain
augmentation *f* **de tarif** – Tariferhöhung *f* – rate increase
augmentation *f* **du contraste** –
Kontraststeigerung *f* – contrast
enhancement, detail
enhancement
augmenter la productivité –
steigern der Produktivität –
increase *v*. the productivity
Au plus proche (*Photoshop*) –
Pixelwiederholung – Nearest
Neighbor

au point près – punktgenau –
with point precision
au premier plan – im Vordergrund – in the foreground
auréole *f* – Quetschrand *m* – dot
fringe
au sein de – innerhalb – inside,
intra, within
auteur *m* – Autor, -in, Verfasser,
-in, Schriftsteller, -in – author
auteur-éditeur *m* – Selbstverleger, -in – author-publisher
auto-calibrage *m* – Selbstkalibrierung *f* – self-calibration
auto-calibrant, -e – selbstkalibrierend – self-calibrating
autocollant, -e selbstklebend –
self-adhesive
autocollant *m* – Aufkleber *m*,
Sticker *m* – sticker
autocollant *m* **pour colis** –
Paketaufkleber *m* – parcel
sticker/label
auto-dépliant, -e – selbstauspackend, selbstentpackend –
self-extracting
auto-extractible – selbstauspackend, selbstentpackend –
self-extracting
autofocus *m* – Autofokus *m*,
automatische Fokussierung, AF
– auto focus
autofocus *m* – Autofokus-
Kamera *f*, AF-Kamera *f* –
autofocus camera
autoformer (s') – sich selbst
weiterbilden – self-study *v*.
automatique – automatisch –
automatic(ally)
automatisation *f* – Automatisierung *f* – automation
automatiser – automatisieren –
automate *v*.
autonome – offline, unbeaufsichtigt – offline, unattended
autoroutes *f/pl* **de l'information**
– Datenautobahn *f* –
information highway
aux couleurs voyantes (criardes)
– grellbunt – gaudy
avance *f* **de page** –
Seitenvorschub *m* – form feed
avant – vor (*örtlich*) – in front of

avant *m* **de la machine** – Vorderseite *f* der Maschine – front of the machine

avant-propos *m* – Vorwort *n* – foreword, preface

avant-tirage *m* **contenu** – Inhaltsproof *m* – content preproof

avec une largeur de bande étroite – schmalbandig – with a small bandwidth

avertissement *m* – Warnmeldung *f* – warning

avoisinant, -e – angrenzend – abutting, colliding

avoisiner – aneinander reihen, angrenzen, dithern – abut *v.*, butt *v.*, adjoin *v.*, collide *v.*

axe *m* – Achse *f* – axis

axe *m* **de rotation** – Rotations-achse *f* – axis of rotation

axe *m* **des X** – x-Achse *f* – x-axis

axe *m* **des Y** – y-Achse *f* – y-axis

axe *m* **de symétrie** – Symmetrie-achse *f* – symmetry axis

axe *m* **longitudinal** – Längsachse *f* – longitudinal axis

axe *m* **vertical** – vertikale Achse *f* – vertical axis

azur – azurblau – azure

B

bac *m* **(à feuilles)** – Papierhalter *m* – paper feed(er)

bac *m* **dentrée** – Eingabefach *n*, Papierkassette *f (bei Laser-druckern)* – input tray

bac *m* **de papier** – Papierfach *n (bei Druckern)* – paper tray

bac *m* **de sortie** – Ausgabefach *n* – output tray

Baguette magique *(Photoshop)* – Zauberstab – Magic wand

bain *m* **d'argent** – Silberbad *n* – silver bath

bain *m* **d'arrêt** – Stoppbad *m* – stop bath

bain *m* **de cuivrage** – Kupferbad *n* – copper bath

bain *m* **de développement** – Ent-wicklerbad *n* – developer bath

bain *m* **fixateur (fixage)** – Fixierbad *n* – fixing bath

bain *m* **galvanique** – Galvanobad *n* – electrolytical bath

bain *m* **révélateur** – Entwickler-bad *n* – developer bath

baisse *f* **de la production** – Produktionsrückgang *m* – fall in production

baisse *f* **de la qualité** – Qualitäts-minderung *f* – detereoration in quality

balance *f* **des blancs** – Weißab-gleich *m* – white balance, white alignment

balance *f* **des couleurs** – Farbbalance *f* – color balance

balance *f* **des gris** – Graubalance *f* – gray balance

balance *f* **des tons** – Tonwert-balance *f* – tonal balance

balance *f* **zéro** – Nullabgleich *m (Messgerät)* – zero balance

balayer – scannen, einscannen, abtasten, einlesen – scan *v.*

balisage *m* – Tag *m (Textformatierung)* – tag

balisé, -e – getaggt – tagged

baliser – taggen, Original vor-bereiten – tag *v.*, mark up *v.*

balle *f* **de papier** – Papierballen *m* – bale of paper

banc *m* **d'essai** – Prüfstand *m*, Benchmark *m* – test bench, benchmark

bande *f* – Streifen *m*, Filmstreifen *m* – stripe, film reel

bande *f* **audionumérique** – DAT-Tape *n* – DAT tape (Digital Audio Tape)

bandeau *m* **(publicitaire)** – Werbebanner *n (a. Internet)* – (ad) banner

bande *f* **de contrôle** – Test-streifen *m* – test strip

bande *f* **(de contrôle) couleurs** – Farbkontrollstreifen *m* – color (control) bar, color (control) patch, color (control) strip

bande *f* **de contrôle de l'impression** – Druckkontroll-streifen *m* – print control strip/bar

bande *f* **de mise sous vide** – Vakuumstreifen *m (Platten-montage)* – masking stripes

bande *f* **(de papier)** – Papierbahn *f*, Bahn *f* – web

bande *f* **dessinée (BD** *m***)** – Comic *m* – comic

bande *f* **étroite** – Schmalbahn *f* – narrow web

bande *f* **magnétique** – Magnet-band *n* – magnetic tape

bande *f* **passante** – Bandbreite *f* – bandwidth

bande *f* **perforée** – Lochstreifen *m* – ticker tape

banderole *f* – Banderole *f* – scroll

bande *f* **transversale** – Quer-streifen *m* – horizontal stripe

bande *f* **vidéo** – Videoband *n* – video tape

bandoulière *f (fotogr.)* – Tragriemen *m* – strap

bannière *f* – Banner *n* – banner

banque *f* **de données** – Daten-bank *f* – database

barbe *f* – Büttenrand *m* – deckle-edge

barboteur *m* – Feuchtduktor *m* – damping duct roller

barbouiller – verschmieren – smear *v.* (up)

barette *f* **de repérage** – Passstift-leiste *f* – register pin strip

barre *f (typogr.)* – Balken *m* – bold rule, stern

barré, -e – durchgestrichen – stroke through

barre *f* **arrondie** *(typogr.)* – runder Balken *m* – curve stroke

barre *f* **courbe** *(typogr.)* – runder Balken *m* – curve stroke

barre *f* **de contrôle** – Kontroll-streifen *m* – control bar

barre *f* **de défilement** – Rollbal-ken *m*, Schieberegler *m (in Pro-grammen)* – slider, scroll bar

barre *f* **de fraction** – Bruchstrich *m* – slash, slant

barre *f* **de menus** – Menüleiste *f* – menu bar

barre *f* **de mesure** – Messstreifen *m* – measuring strip

Barre de réglages *(Mac OS)* – Kontrolleiste – Control Strip

barre *f* **de renvoi** – Wendestange *f (Rollendruck)* – angle bar

barre *f* **d'espace(ment)** – Leertaste *f* – space bar

barre *f* **d'état** – Statusleiste *f* – status bar

barre *f* **de titre** – Titelleiste *f (in Programmen)* – title bar

barre *f* **diagonale** – Schrägstrich *m*, Bruchstrich *m* – slash, diagonal stroke, slant

barre *f* **d'icônes** – Symbolleiste *f (in Programmen)* – icons bar

barre *f* **d'outils** – Werkzeugleiste *f* – tool bar

barre *f* **inclinée** – schräger Balken *m* – sloped stem

barre *f* **oblique** – Schrägstrich *m*, Bruchstrich *m* – slash, diagonal stroke

barre *f* **oblique inversée** – Backslash *m*, umgekehrter Schrägstrich *m* – backslash

barrer – durchstreichen (Text) – strike through

barre *f* **transversale** – Querbalken *m*, Querstrich *m* – crossbar, cross stern/stroke

barre *f* **verticale** (|) – vertikaler Strich *m* – pipe, v-bar, vertical line

barre *f* **verticale** – Grundstrich *m* – stern

barsou *m* – Backslash *m*, umgekehrter Schrägstrich *m* – backslash

basculage *m* – Umschlagen *n* – work and turn

basculer – umschlagen *(Bogen nach Druckvorgang)* – turn v.

bas-de-casse *m* – Kleinbuchstabe *m*, Minuskel *f* – lowercase (letter), lower case (letter), l.c.

bas-de-casses *m/pl* – Gemeine *pl*, gemeine Buchstaben – lowercase characters, small letters

bas *m* **de gamme** – Low end – low end

bas *m* **de table(au)** – Tabellenfuß *m* – bottom of table

base *f* **blanche** – Weißbezug *m (Farbmessung)* – white base

base *f* **de connaissances** – Wissensdatenbank *f*, Knowledge Base *f* – knowledge base

base *f* **de données** – Datenbank *f*, Datenbestand *m* – database, data base

base *f* **de données d'image** – Bild-datenbank *f* – picture database

bases *f/pl* **de planification** – Planungsdaten *pl* – planning data

basé web – webbasiert – web-based

bas-relief *m* – Basrelief *n*, Flachrelief *n*, Tiefprägung *f* – deep embossing

basse qualité – niedrige Qualität *(z.B. JPEG-Komprimierung)* – low quality

basse résolution *f* – niedrige Auflösung *f*, grobe Auflösung *f* – low resolution, coarse resolution

bâtarde – Schwabacher *(Schriftenklassifizierung)* – bastard

bâti *m* **latéral** – Seitenwand *f*, Seitengestell *n (Druckmaschine)* – side frame

bâton *m* **de colle** – Klebestift *m* – glue stick

bâtonnet *m* – Stäbchen *n (Auge)* – stave

batterie *f* – Batterie *f* – battery

baveux *m* – Klatschblatt *n* – gossip sheet

bavure *f* – Klecks *m* – blob, blotch, mark

beaux-arts *m/pl* – bildende Künste *f/pl*, schöne Künste *f/pl* – fine arts

belle page *f* – rechte Seite *f* – right(-hand) page

benchmark *m* – Benchmark *m* – benchmark

benday *m* – Tonfläche *f*, Hintergrundfläche *f*, Rasterton *m*, Rasterfläche *f*, Flächenton *m* – screen tint, benday, tint area, background tint

béotien *m* – Anfänger *m*, blutiger Anfänger *m* – beginner

besoin *m* **de mémoire** – Speicherbedarf *m* – memory capacity requirement

besoins *m/pl* **des matériaux** – Materialbedarf *m* – material requirement

besoins *m/pl* **en matériel** – Hardware-Voraussetzungen *f/pl* – hardware requirements

bêta test *m* – Betatest *m* – beta test

bêta-testeur *m* – Betatester *m* – beta tester

biais *m* – Gehrung *f* – miter *(brit.* mitre)

bibliographe *m/f* – Bibliograf, -in – bibliographer

bibliographie *f* – Bibliografie *f* – bibliography

bibliographie *f* **rétrospective** – retrospektive Bibliografie *f* – retrospective bibliography

bibliographique – bibliografisch – bibliograhic(al)

bibliothécaire *m/f* – Bibliothekar, -in – librarian

bibliothéconomie *f* – Bibliothekswesen *n*, Bibliothekswissenschaft *f* – librarianship, librarian science

bibliothèque *f* – Bibliothek *f*, Bücherschrank *m* – library, bookcase

bibliothèque *f* **de couleurs** – Farbbibliothek *f* – color library

bibliothèque *f* **de prêt** – Leihbücherei *f* – lending library

bichromie *f* – Duplexdruck *m*, Zweifarbendruck *m* – duotone printing, two-color printing

bichromique – zweifarbig – bicolor, two-tone

bicubique – bikubisch – bicubic

bidimensionnel, -le – zweidimensional – two-dimensional

bidirectionnel, -le – bidirektional – bidirectional

bien éclairé, -e – gut beleuchtet – well lit

bihebdomadaire – zweimal pro Woche – twice a week

bilboquets *m/pl* – Akzidenzarbeiten *f/pl* – jobbing work
bimensuel, -le– vierzehntägig –
bi-weekly, fortnightly
binaire – binär – binary
biseauteuse *f* – Facettiermaschine *f* – beveling machine
bit *m* – Bit *n* – bit
bit *m* **de parité** – Paritätsbit *n* –
parity bit
bit *m* **de vérification** – Prüfbit *n* –
proof bit
bitmap *m* – Bitmap *f* – bitmap
bits par couleur – Bit pro Farbe –
bit per color
blanc, -che – weiß, unbedruckt,
vakat – white, plain, unprinted,
vacat
blanc *m* – Fleisch *n* (*bei
Buchstaben*) – beard
blanc *m* – Blitzer *m* (*Passerfehler*)
– gap
blanc *m* **couvrant** – Deckweiß *n* –
opaque white
blanc *m* **de grand fond** – äußerer
Papierrand *m* – fore-edge
(margin)
blanc *m* **de pied** – unterer
Seitenrand *m* – bottom margin,
foot margin, lower margin, tail
margin
blanc *m* **de référence** – Referenzweiß *n* – reference white
blanc *m* **de tête** – Kopfsteg *m*,
oberer Seitenrand *m* – head
stick, head margin, top margin,
upper margin
blanc *m* **du papier** – Papierweiß *n*
– paper white
blanc *m* **dur** – geschütztes
Leerzeichen *n*, untrennbarer
Zwischenraum *m* – hard space,
inseparable space, no-break
space, non-breaking space
blanc *m* **extérieur** – äußerer
Papierrand *m* – fore-edge
(margin)
blanchet *m* – Drucktuch *n*,
Gummituch *n* – blanket, rubber
blanket
blanchet *m* **de dessous** – Unterlagetuch *n* – underlay blanket
blancheur *f* – Weißgrad *m*
(*Papier*) – whiteness

blanchir (*typogr.*) – austreiben,
ausbringen, spationieren, sperren, durchschießen, einschießen
(*Zwischenraum*) – lead *v.*,
interleave *v.*, space out *v.*
blanc *m* **insécable** – geschütztes
Leerzeichen *n*, untrennbarer
Zwischenraum *m* – hard space,
inseparable space, no-break
space, non-breaking space
blanco *m* – Blindmuster *n* –
dummy
blanc *m* **opaque** – Deckweiß *n* –
opaque white
bleu, -e – blau – blue
bleu *m* – Blaupause *f* – blueprint,
blueline, ozalid
bleuâtre – bläulich – bluish
bleu clair – hellblau – light blue
bleu *m* **de Prusse** – preußischblau
– Prussian blue
bleuté – bläulich – bluish
bleu(-)vert – blaugrün, grünblau
– blue-green, bluish-green,
greenish-blue
blindage *m* – Abschirmung *f*
(*Kabel*) – shielding
bloc *m* – Rahmen *m*, Block *m* – box
blocage *m* – Blocken *n* – blocking
bloc *m* **d'agenda** – Kalenderblock *m* – diary pad
bloc *m* **de (à) croquis** – Skizzenblock *m* – sketch pad,
sketchpad
bloc *m* **de papier à dessin** –
Zeichenblock *m* – sketch pad,
sketchpad
bloc *m* **de texte** – Textrahmen *m*,
Textblock *m* (*in DTP-Program-
men*) – text box, text frame
bloc *m* **de texte à élargissement
automatique** – automatisch
erweiternder Textblock – auto-
expanding text block
bloc *m* **du livre** – Buchblock *m* –
book block
bloc-notes *m* – Notebook *n*,
Schreibblock *m*, Notizblock *m*,
Abreißblock *m* – notebook,
notepad, tear-off pad, write
pad, memo pad (*U.S.*)
bloc-texte *m* – Textblock *m* –
text block

blooming *m* – Blooming *n*,
Überstrahlung *f* (*digitale
Kamera*) – blooming
bobine *f* – Papierrolle *f*, Rolle *f*,
Spule *f* – reel
bobines *f/pl* **multiples** –
Mehrfachrolle *f* – multiple web
bobineuse *f* – Aufrollung *f*
(*Druckbahn*) – rewinder
bobineuse-refendeuse *f* – Längsschneider *m*, Rollenschneider
m – slitter-rewinder
bogue *m* – Bug *m* – bug
boîte *f* **aux lettres** – Briefkasten
m, Mailbox *f* – mail box
boîte *f* **cosmétique** – Kosmetikverpackung *f* – cosmetic box
boîte d'aquarelle *f* – Tuschkasten
m – paintbox
boîte *f* **de circonscription** –
Bounding Box *f*, Seitenrahmen
m, umhüllendes Rechteck *n*,
umschreibender Rahmen *m*
(*Seitengröße*) – bounding box
boîte *f* **de couleurs de l'eau** –
Tuschkasten *m* – paintbox
Boîte de dépôt (*Mac OS X*) –
Briefkasten – Drop Box
boîte *f* **de dialogue** – Dialogfenster *n*, Dialogfeld *n* – dialog box
boîte *f* **en carton** – Pappschachtel
f, Pappkarton *m* – carton,
cardboard box
boîte *f* **englobante** – Bounding
Box *f*, Seitenrahmen *m*,
umhüllendes Rechteck *n*,
umschreibender Rahmen *m*
(*Seitengröße*) – bounding box
boîte *f* **lumineuse** – Leuchtkasten
m – light box, light tray
boîte *f* **pliante** – Faltschachtel *f* –
collapsible carton, folding box,
folding carton
boîtier *m* – Gehäuse *n* – body,
case
bombe *f* – Sprühdose *f* – spray can
bon à rouler – Druckfreigabe *f*,
druckreif, OK für den Druck,
Imprimatur *n*, Druckabnahme *f*
– printer's OK, OK to print,
O.K. to print, imprimatur, can
go over, press-ready, passed for
press, ready for (the) press

B

B

bon à tirer (BAT, BàT, b.a.t.) – Druckfreigabe *f*, druckreif, OK für den Druck, Imprimatur *n*, Druckabnahme *f* – printer's OK, ok to print, imprimatur, can go over, press-ready, passed for press, ready for (the) press

bon *m* **de commande** – Bestellformular *n* – order form

bon *m* **de livraison** – Lieferschein *m* – delivery note

booklet *m* – Booklet *n*, Broschüre *f*, Büchlein *n*, kleines Werk *n* – booklet

bord *m* – Rand *m*, Kante *f* (*Objektrand*) – edge

bord *m* **avant** – Anlage(kante) *f*, Vorderkante *f* – lead edge, lay edge, front edge

bord *m* **crénelé** – zackiger Rand *m* – jaggy (jagged) edge

bord *m* **de coupe** – Schnittkante *f* – cutting edge

bord *m* **de fraisage** – Fräskante *f* – routing edge

bord *m* **de la feuille** – Bogenkante *f* – sheet edge

bord *m* **de la feuille d'impression** – Druckbogenkante *f* – press sheet edge

bord *m* **des pinces** – Greiferrand *m* – gripper edge

bord *m* **du papier** – Papierkante *f* – paper edge

bord *m* **ébarbé** – Büttenrand *m* – deckle-edge

bord *m* **extérieur** – Außenkante *f* – outer edge, outside edge

bord *m* **flou** – weiche Kante *f* – feather, smooth edge

bord *m* **irrégulier** – zackiger Rand *m* – jaggy (jagged) edge

bord *m* **net** – scharfe Kante *f*, harte Kante *f* – hard edge, sharp edge

bordure *f* **décorative** – Bordüre *f* – ornamental border

bordure *f* – Rand *m*, Kante *f* (*Objektrand*) – edge

bord *m* **vif** – scharfe Kante *f*, harte Kante *f* – hard edge, sharp edge

bornée *f* – Balkenrand *m* – stem edge

bosseur, -euse – Workaholic *m*, Arbeitstier *n* – workaholic

bouchage *m* – Ausflecken *n* – film masking, film opaquing, spotting(-out)

bouche-trou *m* – Lückenfüller *m* (*a. in Zeitung*) – stopgap

bouchon *m* **d'objectif** – Objektivdeckel *m* – lens cap

bouclage *m* – Redaktionsschluss *m* – news deadline, copy deadline

boucle *m* – Schleife *f* (*Programmschleife*) – loop

boucle *f* **infinie** – Endlosschleife *f* – infinite loop

bouffant *m* – Papiervolumen *n* – bulk (index)

bougé (*fotogr.*) – verwackelt – blurred

boule *f* **de commande** – Trackball *m* – trackball, rolling ball

bouquin *m* – Schmöker *m* – good read

bouquineur *m* – Leseratte *f*, Bücherwurm *m* – bookworm

bouquiniste *m/f* – Antiquar, -in – antiquarian bookseller

bourdon *m* – Auslassen *n* von Wörtern (*Satzfehler*) – omission (of words)

bourrage *m* – Papierstau *m* (*im Drucker*) – paper jam, jam-up

bourreau *m* **de travail** – Workaholic *m*, Arbeitstier *n* – workaholic

bout *m* **de papier** – Zettel *m* – slip of paper

bouton *m* – Button *m*, Schaltfläche *f* – button

bouton *m* **d'alimentation** – Einschaltknopf *m* – power button

bouton *m* **de la souris** – Maustaste *f* – mouse button

bouton *m* **de réinitialisation** – Reset-Knopf (Button) *m* – reset button

branche *f* **conditionnelle** – bedingte Verzweigung *f* – conditional branch

branche *f* **de (la) production** – Produktionszweig *m* – line of production

branchement *m* **inconditionnel** – unbedingte Verzweigung *f* – unconditional branch

brancher – verbinden, anschließen – connect *v.*, join *v.*, link *v.*

bras *m* **de chargement** – Ladearm *m* (*Druckmaschine*) – loading arm

bras-plieur *m* – Falzbein *n* – bone folder

brevet *m* – Patent *n* – patent

breveté – patentiert – patented

briefing *m* – Briefing *n* – briefing

brillant, -e – brillant, glänzend – brilliant, glossy

brillant *m* – Brillanz *f*, Hochglanz *m* – brilliance, high gloss

briller – leuchten – shine *v.*, glow *v.*, beam *v.*

brochage *m* – Heftung *f*, Broschürenbindung *f* – stitching, soft binding

brochage *m* **au fil textile** – Fadenheftung *f* – book sewing, sewing

brochage *m* **longitudinal** – Längsheftung *f* – longitudinal stitching

broché, -e – broschiert – paperbound, sewed

brocher – broschieren, heften – stitch *v.*

brocher au fil textile – fadenheften – sew *v.*

brocheuse *f* **au fil textile** – Fadenheftmaschine *f* – book-sewing machine, sewing machine

brochure *f* – Broschüre *f* – brochure, leaflet, pamphlet

brochure *f* **commerciale** – Verkaufsbroschüre *f* – selling brochure

brochure *f* **de l'entreprise** – Firmenbroschüre *f* – corporate brochure

brochure *f* **d'informations** – Informationsbroschüre *f* – information brochure

brochure *f* **piquée dans le pli** – Rückstichbroschüre *f* – back-stitched brochure/booklet, saddle-stitched brochure/booklet

brochure *f* **publicitaire** – Werbe-broschüre *f*, Werbeschrift *f* – advertising brochure

bromure *m* – Fotoabzug *m* – photoprint

bronzage *m* – Bronzierung *f*, Bronzedruck *m* – bronzing, bronze printing

bronzer – bronzieren – bronze *v.*

brosse *f* – Brush *f*, Pinsel *m* – brush

brosse *f* **à air** – Airbrush *f*, Spritzpistole *f*, Aerograf *m* – airbrush, aerograph

brosser – brushen – brush *v.*

brouillard *m* **d'encre** – Farbnebel *m* – ink mist

brouillé, -e – unscharf, verschwommen, unscharf eingestellt – blurred, unsharp, unfocussed, out of focus, fuzzy, hazy

broyeuse *f* **d'encre** – Farbmühle *f* – ink mill

bruit *m* **aléatoire** – Zufalls-rauschen *n* – random noise

bruit *m* **généré par la chaleur** – thermisches Rauschen *n* – thermal noise

bruit *m* **(parasite)** – Rauschen *n* *(in Bildern)* – noise

brun, -e – braun – brown

brunâtre – bräunlich – brownish

brunir – polieren *(Zylindergravur)* – burnish *v.*

brut *m* **de scan** – Rohscan *m* – raw scan

budget *m* – Budget *n* – budget

budget *m* **publicitaire** – Werbeetat *m* – publicity budget

bulle *f* – Blase *f* *(Druckblase in Tintenstrahldrucker)* – nozzle

bulletin *m* – Mitteilung *f*, Bulletin *n* – bulletin

bulletin *m* **d'information** – Mit-teilungsblatt *n*, Newsletter *m*, Rundbrief *m*, Rundschreiben *n* – newsletter

bureau *m* – Schreibtisch *m* *(a. auf Rechnern)* – desk, desktop

bureau *m* **de traduction** – Über-setzungsbüro *n* – translating agency

bureau *m* **sans papier** – papier-loses Büro *n* – paperless office

burin *m* – Stichel *m* – burin

bus *m* **de commandes** – Steuer-Bus *m* – control bus

bus *m* **de données** – Daten-Bus *m* – data bus

buse *f* – Düse *f* *(Tintenstrahl-drucker)* – jet

bus série universel – USB – USB (Universal Serial Bus)

butée *f* – Anschlag *m* *(Taste, Schreibmaschine)* – stroke

C

C & J (Césure & Justification) – S & B (Silbentrennung & Blocksatz) – H & J (Hyphenation & Justification)

câblage *m* – Verkabelung *f* – cabling, wiring

câble *m* **à paire torsadée** – Twisted-Pair-Kabel *n* – twisted-pair cable

câble *m* **coaxial** – Koaxialkabel *n* – coaxial cable

câble *m* **d'alimentation** – Netzkabel *n* – power cord

câble *m* **de bus** – Bus-Kabel *n* – bus cable

câble *m* **de jonction** – Verbindungskabel *n* – connecting cable

câble *m* **de raccordement** – Anschlusskabel *m* – connecting lead

câble *m* **non blindé** – ungeschirmtes Kabel *n* – unshielded cable

câble *m* **optique** – Glasfaserkabel *n* – fiber-optic cable

câble *m* **triaxial** – Triaxialkabel *n* – triaxial cable

câble *m* **vidéo** – Videokabel *n* – video cable

cache *m* – Cache(-Speicher) *m*, Puffer(speicher) *m*, Zwischen-speicher *m* – cache, buffer

caché, -e – verdeckt, versteckt, verborgen – hidden

cache *m* **performances** – Beschleunigungscache *m* – performance cache

cachet *m* – Stempel *m* – stamp

cacheter – versiegeln – seal *v.*

cadence *f* **de parution** – Erscheinungsfrequenz *f* – frequency of issue

cadence *f* **d'impression** – Druckrate *f* – print rate

cadrage *m* – Bildausschnitt *m* – cutting, detail, image section, picture section

cadran *m* – Quadrant *m* – quadrant

cadratin *m* – Geviert *n* – em, em-quad, em-square

cadratiner *(typogr.)* – aus-schließen – justify *v.*, quad *v.*

cadre *m* – Rahmen *m*, Bilder-rahmen *m*, Randstil *m* *(Quark-XPress)* – frame, picture frame

cadre *m* **de couverture** – Abdeck-rahmen *m* – covering frame

cadre *m* **de diapositive** – Dia-rahmen *m* – slide frame

cadre *m* **de la page** – Bounding Box *f*, Seitenrahmen *m*, umhüllendes Rechteck *n*, umschreibender Rahmen *m* *(Seitengröße)* – bounding box

cadre *m* **de sélection** – Begren-zungsrahmen *m* – marquee

cadrer – übereinstimmen *(Farbe)* – match *v.*

cadre *m* **sérigraphique** – Sieb-druckrahmen *m* – screen frame

cahier *m* – Signatur *f*, Lage *f* – section, signature

cahier *m* – Standbogen *m*, Aus-schießbogen *m* – imposition sheet, sheet layout, signature

cahier *m* – Heft *n*, Booklet *n*, Broschüre *f*, Büchlein *n*, kleines Werk *n* – booklet, notebook

cahier *m* **à relier** – Heftlage *f* – binding section

B
C

cahier *m* **de huit pages** – Acht-seitenbogen *m* – eight-page signature

cahier *m* **des charges** – Pflichten-heft *n* – functional specifica-tion, requirements specifica-tion, system specification, performance specification

cahier *m* **partiel** – Teilstandbogen *m* – partial signature

cahier *m* **plié** – Falzbogen *m* – folded sheet

cahiers *m/pl* **préimprimés** – vorgedruckte Bogen *m/pl* – pre(-)printed sections

caisse *f* **en carton ondulé** – Wellpappkarton *m* – corrugated box/case

calage *m* – Aufspannen *n (Platte in Druckmaschine)* – clamping

calage *m* **de la plaque** – Platte *f*, Platteneinrichtung *f* – plate clambing

calcul *m* – Berechnung *f*, Kalkulation *f* – calculation, cost accounting, computation

calcul *m* **à posteriori** – Nachkal-kulation *f* – recalculation of job costs

calcul *m* **à priori** – Vorkalkula-tion *f* – preliminay calculation

calculation *f* – Berechnung *f*, Kalkulation *f* – calculation, cost accounting, computation

calculation *f* **des travaux** – Auf-tragskalkulation *f* – job costing

calculation *f* **préliminaire** – Vor-kalkulation *f* – preliminay calculation

calculatrice *f* – Taschenrechner *m* – calculator, pocket calculator

calcul *m* **de calibrage** – Satzbe-rechnung *f*, Manuskriptberech-nung *f* – copyfit (calculation), character count, copyfitting

calcul *m* **des dimensions** – Bemaßung *f* – dimensioning

calcul *m* **des frais** – Kosten-berechnung *f* – cost calculation

calcul *m* **d'un imprimé** – Druck-kalkulation *f* – printing estimating

calculer – berechnen – calculate *v.*, compute *v.*

calculette *f* – Taschenrechner *m* – calculator, pocket calculator

cale *f* – Keil *m (Schließkeil im Bleisatz)* – quoin

calendrier *m* – Zeitplan *m*, Kalender *m* – schedule, timetable, calendar

calendrier *m* **à effeuiller** – Abreißkalender *m* – tear-off calendar

calendrier *m* **d'art** – Kunstkalen-der *m* – art calendar

calendrier *m* **de poche** – Taschenkalender *m* – pocket calendar

calendrier *m* **de presse** – Druckfrist *f* – press schedule

calendrier *m* **du projet** – Projekt-plan *m* – project plan

calendrier *m* **mural** – Wand-kalender *m* – wall calendar

calepin *m* – Notizbuch *n* – notebook

caler – aufspannen *(Platte in Druckmaschine)* – clamp *v.*

calibrage *m* – Kalibrierung *f*, Eichung *f* – calibration

calibrage *m* **de l'appareil** – Gerätekalibrierung *f* – device calibration

calibrage *m* **des couleurs** – Farbkalibrierung *f* – color calibration

calibrage *m* **(du texte)** – Manus-kriptberechnung *f*, Satzberech-nung *f* – copyfit (calculation), character count, copyfitting

calibrage *m* **visuel** – visuelle Kalibrierung *f* – visual calibration

calibration *f* – Kalibrierung *f*, Eichung *f* – calibration

calibre *m* – Lehre *f*, Kaliber *n (Messgerät)* – gauge

calibré – kalibriert – calibrated

calligraphe *m/f* – Kalligraf, -in – calligrapher

calligraphie *f* – Kalligrafie *f*, Schönschreibkunst *f* – calligraphy

calque *m* – Ebene *f*, Schicht *f* – layer

Calque *m* **repères** *(FreeHand)* – Hilfslinienebene *f* – Guides layer

camembert *m* – Tortengrafik *f*, Kreisdiagramm *n* – pie chart

caméra *f* – Kamera *f*, Fotoapparat *m* – camera

caméra *f* **à film réduit** – Schmal-filmkamera *f* – cine-camera

caméra *f* **autofocus** – Autofokus-Kamera *f*, AF-Kamera *f* – autofocus camera

caméra *f* **de télévision** – Fernseh-kamera *f* – telecamera (television camera)

caméra *f* **numérique** – Digital-kamera *f* – digital camera

caméra *f* **petit format** – Klein-bildkamera *f* – 35 mm camera

caméra *f* **vidéo** – Videokamera *f* – video camera

caméscope *m* – Videokamera *f* – video camera

campagne *f* **média** – Medien-kampagne *f* – media campaign

campagne *f* **publicitaire** – Werbekampagne *f* – advertising campaign

canal *m* – Kanal *m*, Durchstich *m* – channel, cutout

canal *m* **couleur** – Farbkanal *m* – color channel

Canal graphique *(FreeHand)* – Grafiksprühdose – Graphic Hose

canalisation *f* **automatique** – Kanalautomatik *f* – automatic channeling

CAO (Conception Assistée par Ordinateur) – CAD – CAD

caoutchouc *m* – Gummituch *n (beim Offsetdruck)* – rubber blanket

capacité *f* **d'adressage** – Adressierbarkeit *f* – addressability

capacité *f* **de production** – Produktionskapazität *f* – production/productive capacity

capacité *f* **de stockage** – Speicherkapazität *f* – memory capacity, storage capacity

capacité *f* **mémoire** – Speicherkapazität *f* – memory capacity,
storage capacity

capitale *f* – Großbuchstabe *m*,
Kapitalbuchstabe *m*, Versalie *f*,
Majuskel *f* – cap, capital
(letter), uppercase letter

capitale *f* **en italique** – Kursivversalie *f* – italic capital

capitales *f/pl* **bâtons** – Blockschrift *f* – block capitals

capitales et petites capitales –
Kapitälchen *n* mit großen
Anfangsbuchstaben – caps and
small caps (c&sc, c/sc)

capot *m* – Abdeckung *f (bei
Geräten)* – cover

capot *m* **avant** – Frontabdeckung
f – front cover

capot *m* **de séchage** – Trockenhaube *f* – drying hood

capteur *m* – Sensor *m* – sensor

capteur *m* **à transfert de charge** –
CCD *f* – CCD (Charge
Coupled Device)

capteur *m* **CCD** – CCD-Sensor *m*
– CCD array

capture *f* **d'écran** – Screenshot *m*
– screenshot, screen capture,
screendump

capturer – einfangen, einlesen
(Bild), erfassen (Text) – capture *v.*

capuchon *m* – Kappe *f (Verschluss z.B. bei Bleistift)* – top

caractère *m* – Zeichen *n*,
Schriftzeichen *n*, Schriftart *f*,
Buchstabe *m* – character, sign,
type, letter, typestyle, letter

caractère *m* **à chasse fixe** –
Zeichensatz *m* mit fester Breite
– fixed pitch character

caractère *m* **à deux octets** –
Zwei-Byte-Zeichen *n* – two-
byte character

caractère *m* **à empattement** –
Serifenschrift *f* – serif typeface

caractère *m* **courant** – Grundschrift *f*, Laufschrift *f*,
Textschrift *f* – body type,
ordinary type

caractère *m* **de contrôle** –
Steuerzeichen *n* – control
character

caractère *m* **de labeur** – Brotschrift *f*, Werkschrift *f*, Buchschrift *f* – book type, book face

caractère *m* **demi-gras** – halbfette
Schrift *f* – semibold typeface

caractère *m* **de remplissage** –
Füllzeichen *n* – fill character,
leader

caractère *m* **de séparation** –
Trennzeichen *n* – separation
sign, separation character,
delimiter

caractère *m* **de suite** – Füllzeichen *n* – fill character, leader

caractère *m* **de titre (de titrage)** –
Displayschrift *f*, Auszeichnungsschrift *f* – display type,
display typeface

caractère *m* **d'imprimerie** –
Druckbuchstabe *m* – block
letter

caractère *m* **écrasé** –
abgequetschte Schrift *f
(Hochdruck)* – battered type

caractère *m* **en bas de casse** –
Kleinbuchstabe *m* – lower case
(letter)

caractère *m* **étroit-gras** –
schmalfette Schrift *f* – bold
condensed typefaces

caractère *m* **gothique** – Fraktur-
(schrift) *f* – broken types

caractère *m* **gracile** – Zierbuchstabe *m* – decorative typeface,
ornamental letter, swash letter

caractère *m* **graphique** –
Grafikzeichen *n* – graphics
character

caractère *m* **gras** – fetter
Buchstabe *m* – black letter

caractère *m* **hébraïque** –
hebräisches Zeichen *n* –
Hebrew type

caractère *m* **inférieur** – tief
gestelltes Zeichen *n* – subscript,
inferior character

caractère *m* **non imprimable** –
nicht druckbares Zeichen *n* –
non-printable character

caractère *m* **ornemental** –
Zierbuchstabe *m* – decorative
typeface, ornamental letter,
swash letter

caractère *m* **(pour) travaux de
ville** – Akzidenzschrift *f* – job
type, jobbing typeface

caractère *m* **prétentieux** – Zierbuchstabe *m* – decorative
typeface, ornamental letter,
swash letter

caractère *m* **romain** – römische
Antiqua *f* – roman type(face)

caractères *m/pl* – Font *m*,
Zeichensatz *m*, Schrift *f*,
Schriftart *f* – font, type,
typeface

caractères *m/pl* **adhésifs** –
Abreibeschrift *f* – dye transfer
letters

caractères *m/pl* **à écriture
courante** – Schreibschriften *f/pl*
– Scripts, script types

caractères *m/pl* **arabes** –
arabische Schrift *f* – Arabic
characters

caractères *m/pl* **masqués** –
unsichtbare Zeichen *n/pl*,
verborgene Zeichen *n/pl* –
hidden characters

caractères *m/pl* **cachés** –
unsichtbare Zeichen *n/pl*,
verborgene Zeichen *n/pl* –
hidden characters

caractères *m/pl* **cunéiformes** –
Keilschrift *f* – cuneiform
characters

caractères *m/pl* **d'imprimerie** –
Druckschrift *f* – print type

caractères *m/pl* **en bas de casse** –
Minuskel *f*, Gemeine *pl*,
gemeine Buchstaben – lower
case characters, small letters

caractères *m/pl* **en capitales** –
Titelschrift *f* – titling face

caractères *m/pl* **en éclairé** –
Konturschrift *f* – outline
type/characters

caractères *m/pl* **en miroir** –
Spiegelschrift *f* – mirror type

caractères *m/pl* **(en) noir et blanc**
– Negativschrift *f* – reverse
characters

caractères *m/pl* **gothiques** –
Fraktur(schrift) *f*, gotische
Schrift *f*, Gotisch Fraktur –
Black Letters, broken types,
Gothic (character)

C

C

caractères *m/pl* **grotesques** –
serifenlose Schrift *f*, Groteskschrift *f*, Antiqua *f* – sans serif
type(face)

caractères *m/pl* **hachurés** –
schraffierte Schrift *f* – hatched
type

caractères *m/pl* **italiques** –
Kursivschrift *f* – italics, italic
script/type

caractères *m/pl* **ombr(ag)és** –
schattierte Schrift *f* – shaded
type

caractères *m/pl* **ornementés** –
Zierschrift *f* – ornamented
type, swash type

caractère *m* **spécial** – Sonderzeichen *n* – special character

caractères *m/pl* **sans empattements** – serifenlose Schrift *f*,
Groteskschrift *f*, Antiqua *f* –
sans serif type(face)

caractères *m/pl* **typographiques**
– Druckschrift *f* – print type

caractère *m* **supérieur** –
hochgestelltes Zeichen *n* –
superscript, superior character

caractérisation *f* – Charakterisierung *f (ICC-Farbmanagement)* – characterization

caractérisation *f* **colorimétrique**
– Farbcharakterisierung *f* –
color characterization

caractérisation *f* **de périphérique**
– Gerätecharakterisierung *f*
(ICC-Farbmanagement) –
device characterization

caractériser – charakterisieren –
characterize *v.*

caractéristiques *f/pl* **de la presse**
– Druckkennlinie *f* – press
characteristics, printing
characteristics

caractéristiques *m/pl* **de reproduction** – Reprokennlinie *f* –
reproduction characteristics

caractéristiques *f/pl* **physiques** –
physikalische Eigenschaften
f/pl – physical properties

caractéristiques *f/pl* **techniques**
– technische Daten *pl* –
technical specifications

caricature *f* – Karikatur *f* –
cartoon, caricature

carmin – karmesinrot – crimson

carnet *m* – Notizbuch *n* –
notebook

carnet *m* **d'adresses** –
Adressbuch *n* – address
book/directory

carnet *m* **de (à) dessins (croquis)**
– Skizzenbuch *n* – sketchbook

carnet *m* **de commandes** –
Auftragsbuch *n* – order book

carré – quadratisch – square

carré *m* – Quadrat *n* – square

carrel *m* – Lesenische *f* – carrel

Carrelage *(Photoshop)* –
Kacheleffekt – Tiling

carrousel *m* – Karussellmagazin *n*
(in Diagerät) – carroussel,
carrousel

carte *f* – Karte *f* – card

carte *f* **accélératrice** – Beschleunigerkarte *f* – accelerator board
(card)

carte *f* **à microcircuit** – Chipkarte
f – smart card

carte *f* **à puce** – Chipkarte *f* –
microcircuit card

carte *f* **d'émulation** – Prozessorkarte *f*, Emulationskarte *f* –
processor card

carte *f* **de presse** – Presseausweis
m – press card

carte *f* **(de) son** – Soundkarte *f* –
sound card/board

carte *f* **d'expansion** – Steckkarte *f*,
Erweiterungskarte *f* – extension
board, expansion board,
expansion card, plug-in board

carte *f* **d'extension** – Steckkarte
f, Erweiterungskarte *f* – extension board, expansion board,
expansion card, plug-in board

carte *f* **d'interface** – Interface-
Karte *f*, Schnittstellenkarte *f* –
interface card

carte *f* **en relief** – Reliefkarte *f* –
relief map

carte *f* **graphique** – Grafikkarte *f*
– graphics card

carte *f* **magnétique** –
Magnetkarte *f* – magnetic card

carte *f* **mémoire** – Speicherkarte *f*
– memory card/stick

carte *f* **mère** – Hauptplatine *f*,
Motherboard *n* – motherboard

carte *f* **perforée** – Lochkarte *f* –
punchcard

carte *f* **postale** – Postkarte *f* –
postcard

carte *f* **postale illustrée** –
Ansichtskarte *f* – picture
postcard

carte *f* **processeur** – Prozessorkarte *f*, Emulationskarte *f* –
processor card

carte *f* **réseau** – Netzwerkkarte *f*
– network card

carte *f* **vidéo** – Videokarte *f* –
video card

carte *f* **vidéo** – Video-Board *n* –
video board

cartographe *m* – Kartograf *m* –
cartograph, mapmaker

cartographie *f* – Kartografie *f* –
cartography, mapmaking

cartographique – kartografisch –
cartographic(ally)

carton *m* – Karton *m*, Pappe *f*,
Pappschachtel *f*, Pappkarton *m*
– cardboard, cover paper,
pasteboard, carton, cardboard
box

carton *m* **à l'enrouleuse** –
Maschinenpappe *f* – millboard

carton *m* **bristol** – Bristolkarton
m – Bristol board

carton *m* **contrecollé** – kaschierter Karton *m* – lined board

carton *m* **couché brillant** –
Kunstdruckkarton *m* – art
board

carton *m* **de couverture** –
Umschlagkarton *m* – cover
board

carton *m* **d'habillage** – Zurichtepappe *f* – overlay board

carton *m* **duplex** – Duplexkarton
m – duplex board

carton *m* **dur** – Hartpappe *f* –
hardboard

carton *m* **imprimé** – bedruckter
Zuschnitt *m* – printed blank

carton *m* **multiplex** – mehrlagiger Karton *m*, Mehrlagenkarton *m* – combination board, multi-ply board
cartonnage *m* – Kartonage *f* – boarding, cardboard
cartonné, -e – kartoniert – hardcover
cartonner – kartonieren, einbinden – bind *v.* in boards, board *v.*
carton *m* **ondulé** – Wellpappe *f* – corrugated (board)
carton-pâte *m* – Pappmaché *n* – papier mâché
carton *m* **plat** – Falzkarton *m* – folding board
carton *m* **pour montage** – Aufziehkarton *m* – mounting board
carton *m* **pour reliure** – Deckelpappe *f* – binder's board
cartouche *f* – Kartusche *f* – cartridge
cartouche *f* **ruban** – Farbbandkassette *f* – ribbon cartridge
case *f* – Feld *n* (in Programmen) – box
case *f* **à cocher** – Kontrollkästchen *n* – check box
case *f* **(de) point lumineux** – Lichtpunktfeld *f* (Kontrollkeil) – highlight dot patch
case *f* **grise** – grauer Kasten *m*, graues Kästchen *n* (in Programmen) – gray box
cas *m* **(problématique)** – Problemfall *m* – problem (case)
casse *f* – Groß-/Kleinschreibung *f*, Buchstabenart *f* – case, upper- and lowercase spelling
casse *f* – Setzkasten *m* – letter case
casse *f* **à barrettes mobiles** – Steckschriftkasten *m* – display typecase
casse *f* **de bande** – Bahnriss *m* – web break
casse *f* **de la plaque** – Plattenbruch *m* – plate crack
cassette *f* – Kassette *f* – cassette

cassette *f* **audionumérique** – DAT-Tape *n* – DAT tape (Digital Audio Tape)
cassette *m* **interchangeable** – Wechselkassette *f* – interchangeable cassette
cassette *f* **lumière du jour** – Tageslichtkassette *f* – daylight cassette
cassette *f* **réceptrice** – Aufnahmekasette *f* – take-up cassette
cassette *f* **vidéo** – Videokassette *f* – video cassette
cassures *f/pl* **dans les hautes lumières** – Abbrüche *m/pl* in den Lichtern – highlight break
catalogage *m* – Katalogisierung *f*, Katalogisieren *n* – catalog(u)ing, indexing
catalogue *m* – Katalog *m* – catalog(ue)
catalogue *m* **de caractères** – Schriftmusterbuch *n*, Schriftkatalog *m* – type specimen book
catalogue *m* **de vente** – Verkaufskatalog *m* – sales catalog (U.S.), sales catalogue (brit.)
catalogue *m* **d'exposition** – Ausstellungskatalog *m* – exhibition catalog(ue)
catalogue *m* **images** – Bildkatalog *m* – image catalog(ue)
cataloguer – katalogisieren – catalogue *v.*, file *v.*, index *v.*
catalogue *m* **systématique** – Sachkatalog *m* – classified catalog(ue)
catalogue *m* **typographique** – Schriftmusterbuch *n*, Schriftkatalog *m* – type specimen book
catalogueur, -euse – Katalogbearbeiter, -in – cataloguer
catégorie *f* – Kategorie *f* – category
catégorie *f* **de papier** – Papiersorte *f* – paper grade, grade (of paper)
cause *f* **d'erreur(s)** – Fehlerquelle *f* – source of error/trouble
CCD – CCD *f* – CCD (Charge Coupled Device)

CD *m* – CD, compact disc – CD *f*
CD-ROM *m* **(cédérom** *m***)** – CD-ROM *f* – CD ROM
CD-ROM *m* **vierge** – CD-Rohling *m* – CD blank
cédé sous licence – lizenziert – licensed
cédille *f* – Cédille *f* – cedilla
cellophane *m* – Cellophan *n* – cellophane
cellule *f* **de tableau** – Tabellenzelle *f* – table cell
cellule *f* **de trame (de demi-tons)** – Rasterzelle *f* – halftone cell
cellule *f* **photoélectrique** – Fotozelle *f* – photocell
cellulose *f* – Zellulose *f*, Zellstoff *m* – cellulose, pulp, woodpulp
censure *f* – Zensur *f* – censorship
centimètre *m* – Zentimeter *m* – centimeter
centrage *m* – Zentrierung *f* – centering
centralisé – zentralisiert – centralized
centre *m* – Mitte *f*, Mittelpunkt *m* – centre (brit.), center (U.S.)
centré, -e – mittelbündig – aligned on center
centre *m* **de calcul** – Rechenzentrum *n* – computer center/centre, data processing (service) center/centre
centre *m* **de formation** – Fortbildungszentrum *n* – training center
centre *m* **de traitement de l'information** – Datenverarbeitungsanlage *f* – data processing equipment, -installation
centre d'impression – Print Center (a. in Mac OS X) – Print Center
centrer – zentrieren – center *v.*
centrer automatiquement – automatisch zentrieren – autocenter
cerclage *m* – Banderolierung *f* – banding
cercle *m* – Kreis *m* – circle
cercle *m* **chromatique** – Farbkreis *m* – color circle

cercle *m* **de collaborateurs** –
Mitarbeiterstab *m* – staff
cercle *m* **de confusion (de
diffusion)** – Zerstreuungskreis
m – circle of confusion (CoC)
cercle *m* **de lecteurs** – Leserschaft
f – readership
certifié, -e – zertifiziert – certified
césure *f* – Trennstrich *m* –
hyphen
césure *f* – Silbentrennung *f*,
Worttrennung *f* – hyphenation,
word breaking, word cutting
césure *f* **conditionnelle** – weicher
Trennstrich *m*, Trennfuge *f* –
discretionary hyphen
césure et justification (C&J) –
Worttrennung und Justierung,
Silbentrennung und
Ausschießen – hyphenation and
justification (H&J)
césure *f* **proposée** – Trennvorschlag *m* – suggested
hyphenation
Césures consécutives *(Quark-
XPress)* – Trennungen in Folge
– Hyphens in a row
cétones *f/pl (chem.)* – Ketone –
ketones
chaînage *m* – Verkettung *f*
(Objekte) – link
chaîné, -e – verkettet – linked
chaîne *f* **de caractères** – Zeichenkette *f* – string
chaîne *f* **d'instructions** – Befehlskette *f* – instruction chain
chaîne *f* **graphique** – grafische
Produktion(skette) *f* – graphic
arts chain, graphic production
line
chaîner – verketten *(Objekte)* –
link *v.*
chaînette *f* – Fitzbund *m* – kettle
stitch
chambre *f* – Studiokamera *f* –
camera
chambre *f* – Kabelschacht *m* –
cable carrier
chambre *f* **à double racle** –
Doppelkammerrakel *f* – dual
doctor ink chamber
chambre *f* **à racles** – Kammerrakel *f* – chambered doctor blade

chambre *f* **à racles fermées
(encastrées)** – geschlossene
Kammerrakel *f* – closed
chamber
chambre *f* **d'encrage** – Farbkammer *f* – ink chamber
chambre *f* **d'encrage démontable** – ausnehmbares Farbwerk *n* – removable inking
system
chambre *f* **de reproduction** –
Reprokamera *f* – repro camera
chambre *f* **en pont** – Brückenkamera *f* – bridge-type camera
chambre *f* **horizontale** – Horizontalkamera *f* – horizontal
camera
chambre *f* **noire** – Dunkelkammer *f* – darkroom
chambre *f* **photographique** –
Großformatkamera *f* – large
format camera
champ *m* **de formulaire** –
Formularfeld *n* – form field
champ *m* **de mesure** – Messfeld *n*
– patch
champ *m* **d'entrée** – Eingabefeld
n – entry field
champ *m* **de table(au)** –
Tabellenfeld *n* – tabular field
champ *m* **de vision** – Gesichtsfeld *n*
champ *m* **électrique** – elektrisches Feld *n* – electrical field
champ *m* **magnétique** – Magnetfeld *n* – magnetic field
champ *m* **tramé** – Rasterfeld *n* –
halftone patch, tint patch
champ *m* **visuel** – Blickfeld *n*,
Gesichtsfeld *n* – viewing field,
field of vision (view), visual
field
changement *m* – Umrüstung *f*,
Umstellung *f* – change(-)over
changement *m* **de bobines** –
Rollenwechsel *m* *(Papier)* –
reelchange
changement *m* **d'échelle** – Maß-
stabs(ver)änderung *f* – scaling
changement *m* **de colonne** –
Spaltenumbruch *m* – column
break
changement *m* **de la lame** –
Messerwechsel *m* – knife
change

changement *m* **d'encre (de
couleur)** – Farbumstellung *f* –
ink change (changeover)
changement *m* **du contenu** –
inhaltliche Abweichung *f* –
content change
changement *m* **rapide** –
Schnellumstellung *f* – quick
changeover/change
changement *m* **tonal** – Tonwertveränderung *f* – tonal change
chapeau *m* – Vorspann *m* –
header
chapitre *m* – Kapitel *n* – chapter
chargement *m* – Laden *n* –
loading
chargement *m* **du support** –
Materialzufuhr *f* – material
loading
charger – laden, aufrufen *(Datei)*
– call *v.*, load *v.*
charges *f/pl* **électrostatiques** –
elektrostatisches Aufladen *n* –
electrostatic charge
chargeur *m* – Ladegerät *n*,
Patrone *f* – charger, cartridge
chargeur *m* – Anleger *m* *(bei
Geräten)* – feeder
chargeur *m* **d'accus** – Akkuladegerät *n* – recharging battery
device
chariot *m* **élévateur** – Hubwagen
m – lift truck
charnière *f* – Ansatzfalz *m* –
hinge
charte *f* **de couleurs** – Farbtafel *f*
– color chart
charte *f* **IT8** – IT8-Target *n*, IT8-
Referenzvorlage *f* – IT8 target
chasse *f* – Laufweite *f* – kerning,
running width
chasse *f* **(du caractère)** – Dickte *f*,
Buchstabenbreite *f*, Schrift-
weite *f* – font width, character
set
chasse *f* **(du papier)** – Bundzuwachs *m* Papierverdrängung *f*,
Seitenverdrängung *f* – creep,
page shingling
chasse *f* **fixe** – dicktengleich –
monospaced, non-proportional
width

chasser *(typogr.)* – austreiben, ausbringen, spationieren *(Zwischenraum)* – space out *v.*

chasseur *m* **de bogues** – Bugjäger *m* – bug hunter

châssis *m* – Schließrahmen *m* *(Buchdruck)* – lock-up frame

châssis *m* **à coin** – Keilrahmen *m* – quoin chase

châssis *m* **(à) vide** – Vakuum-kopierrahmen *m* – vacuum frame

châssis *m* **(de copie, d'insolation)** – Kopierrahmen *m* – copying frame

châssis *m* **de copie pour séri-graphie** – Siebdruckkopierrah-men *m* – screen printing frame

châssis-tireuse *m* – Kopierrah-men *m* – copying frame

chat *m* *(Internet)* – Chat *m* – chat

chatroom *m* – Chatroom *m* – chatroom

chat(t)er *(Internet)* – chatten – chat *v.*

chef *m* **de (la) production (fabri-cation)** *(F chef m de fab)* – Pro-duktionsleiter, -in, Hestellungs-leiter, -in – production manager, plant manager

chef *m* **de la publicité** – Werbe-leiter, -in – publicity manager

chef *m* **de l'imprimerie** – Druckereileiter *m* – pressroom manager

chef *m* **des achats** – Einkaufs-leiter, -in – purchasing manager

chef *m* **de service** – Abteilungsleiter, -in – departmental manager

chef *m* **du personnel** – Personal-chef, -in – personnel manager

chemin *m* – Pfad *m* – path

chemin *m* **d'accès** – Zugriffspfad *m* – access path

Chemin de fer – Miniaturen *(Druckoption in QuarkXPress)* – Thumbnails

chemin *m* **de fer** – Kuchenbrett *n*, Heftstrukturplanung *f* – flat plan, flatplan

Chemin imbriqué *(QuarkXPress)* – Eingebetteter Pfad – Embedded Path

chemin *m* **optique** – optischer Weg *m* *(in Scanner)* – optical path

chemins *m/pl* **de câbles** – Kabelschacht *m* – cable carrier

chemise *f* – Schnellhefter *m* – letter-file

chevauchement *m* – Überschnei-dung *f*, Überdeckung *f*, Überlappung *f* – overlapping, covering, overlapping

chevauchement *m* **de couleur** – Farbüberlappung *f* – color overlap

chevaucher (se) – sich über-schneiden, sich überlappen, übereinander legen/liegen, sich überlagern – intersect *v.*, overlap *v.*, overlay *v.*

chiffon *m* **de (du) papier** – Papierfetzen *m* – scrap of paper

chiffre *m* – Ziffer *f* – digit, figure, numeral

chiffre *m* **arabe** – arabische Ziffer *f* – Arabic numeral/figure

chiffre *m* **d'affaire** – Umsatz *m* – sales (figure)

chiffre *m* **de signature** – Signaturnummer *f* – signature number (mark)

chiffre *m* **du tirage** – Auflage *f*, Auflagenhöhe *f* – print run, length of run circulation

chiffre *m* **elzévirien** – Mediäval-ziffer *f* – old style figure

chiffre *m* **en marge** – Marginalziffer *f* – side figure

chiffres *m/pl* **alignés** – Antiqua-ziffern *f/pl* – lining figures

chiffres *m/pl* **romains** – römische Ziffern *f/pl* – Roman figures/numerals

chromage *m* – Verchromung *f* – chrome-plating

chromatique – chromatisch – chromatic

chromé, -e – verchromt – chrome-coated

chromiste *m* – Farbspezialist, -in – color expert

chromolithographie *f* – Chromo-lithographie *f*, Farblithographie *f* – chromolithography

chroniqueur, -euse – Kolumnist, -in – columnist

chronologie *f* – Chronologie *f* – chronology

chute *f* **de densité** – Dichte-sprung *m* – density jump

cible *f* **d'autofocus** – Autofokus-markierung *f* – AF target mark

cicéro *m* *(typogr.)* – Cicero *n* – cicero

cinémathèque *f* – Filmarchiv *n* – film library

cintré, -e – geschwungen, kurvenförmig – curved

cintrer – biegen, krümmen – bend *v.*

circonférence *f* *(geometr.)* – Umfang *m* – circumference

circonférence *f* **du cylindre** – Zylinderumfang *m* – cylinder circumference

circuit *m* **intégré** – integrierter Schaltkreis *m* – integrated circuit

circulaire – kreisförmig – circular

cisaillement *m* – Scher(en)schnitt *m* – shear cut

cisailler – abschneiden – cut off *v.*, slice *v.*

ciseaux *m/pl* – Schere *f* – scissors

citation *f* – Zitat *n* – quotation, quote

citer – zitieren – cite *v.*, quote *v.*

clair, -e – hell, übersichtlich – bright, light, clear(ly arranged)

clair-obscur *m* – Helldunkel *n* *(Malerei)* – chiaroscuro

clarté *f* – Helligkeit *f*, Übersichtlichkeit *f* – brightness, clear arrangement

clarté *f* **déclinante** – abnehmende Helligkeit *f* – lessening brightness

classé par ordre alphabétique – alphabetisch geordnet – in alphabetical sequence

classer dans les archives – archivieren – put *v.* into (the) archives

C

classer par ordre alphabétique – alphabetisieren – alphabetize *v.*, put *v.* into alphabetical order

classeur *m* – Aktenordner *m*, Ringbuch *n* – folder, ring binder

classification *f* – Klassifizierung *f*, Klassifikation *f* – classification

classification *f* **des caractères** – Schriftklassifizierung *f* – type(face) classification

classifier – klassifizieren – classify *v.*

clavier *m* – Tastatur *f* – keyboard

claviste *m/f* – Datentypist, -in, Texterfasser, -in, Taster, -in – data typist, keyboard operator

clé *f* **d'activation** – Lizenzschlüssel *m* – license key

clé *f* **d'encrier** – Farbschraube *f*, Farbzonenregler *m*, Zonenschraube *f* (*Druckmaschine*) – ink key

clé *f* **électronique** – Dongle *m* – dongle

clic *m* – Klick *m* – click

cliché *m* – Klischee *n* (*Hochdruck*) – printing block

cliché *m* **de gaufrage** – Prägeplatte *f* – die-plate

cliché *m* **flexographique** – Flexodruckplatte *f* – flexo printing plate

cliché *m* **nylon** – Nylonklischee *n* – nylon block

cliché *m* **simili** – Autotypie *f*, Rasterätzung *f* – autotype, halftone engraving

clicheur *m* – Klischeur, -in (*Tiefdruck*) – photo-engraver

client *m* – Auftraggeber, -in – client, customer

clientèle *f* **fixe** – Kundenstamm *m* – regular customers

client *m* **final** – Endkunde *m* – final client

client-serveur – Client-Server – client-server

clignotement *m* – Blinken *n* – blinking

clip-art *m* – Clip-Art *m* – clip-art

cliquer sur – klicken auf – click on *v.*

cloche *f* **de métallisation** – Vakuumkammer *f* – vacuum (coating) chamber

clôture *f* **d'annonces** – Anzeigenschluss *m* – ad collection deadline

CMJN (Cyan Magenta Jaune Noir) – CMYK – CMYK (Cyan Magenta Yellow Key)

co-auteur *m* – Mitverfasser *m* – joint author

cocher – aktivieren, ankreuzen (*Option in Programmen*) – check *v.*

codage *m* **des parcours** – Lauflängenkodierung *f* – run length code

code *m* **à barres** (*code-barres m*) – Strichcode *m* – bar code

code *m* **de commande** – Befehlscode *m* – control code

code *m* **de composition** – Satzbefehl *m* – typesetting command/code

codé en dur – hartkodiert – hard-coded

code *m* **horaire** – Zeitcode *m* – time code

code *m* **postal (CP)** – Postleitzahl *f* – ZIP code (*U.S.*), postal code

codes *m/pl* **de caractères ASCII** – ASCII-Zeichensatz *m* – ASCII character set

code *m* **source** – Quellcode *m* – source code

coffret *m* – Schutzkarton *m* – slip case

cohérence *f* – Konsistenz *f* – consistency

cohérent, -e – konsistent – consistent

coin *m* – Ecke *f* – corner

coïncider (se) – sich überkreuzen – coincide *v.*

coin *m* **de contrôle** – Testkeil *m* – control wedge, test wedge

coin de contrôle de densité – Dichtekontrollzeichen *n* – density control wedge

coin *m* **de serrage** – Keil *m* (*Schließkeil im Bleisatz*) – quoin

coin *m* **neutre** – Graukeil *m* – gray-wedge

coins *m/pl* **arrondis** – runde Ecken *f/pl* – rounded corners

coin *m* **tramé** – Rasterkeil *m* – halftone wedge

colis *m* **postal** – Paket *n* – parcel (*am. package*)

collaborateur *m*, **-rice** *f* – Mitarbeiter, -in – co-worker

collaboration *f* – Mitarbeit *f*, Zusammenarbeit *f* – cooperation, collaboration

collaborer – mitarbeiten, zusammenarbeiten – collaborate *v.*, cooperate *v.*

collage *m* – Collage *f* – collage

collage *m* – Verleimung *f*, Verklebung *f*, Klebung *f*, Einkleben *n* – gluing, bond, splicing, tipping

collage *m* **d'adresses** – Adressenaufkleben *n* – name and address labeling

collage *m* **de bandes en vol** – fliegender Rollenwechsel *m* – flying web-splice

collage *m* **en tête** – Kopfleimung *f* – top edge gluing

collage *m* **superficiel** – Oberflächenleimung *f* – surface sizing

collationnement *m* – Zusammentragen *n* – assembling, collation, collecting, gathering

collationner – zusammentragen, kollationieren – assemble *v.*, collate *v.*, collect *v.*

colle *f* – Klebstoff *m*, Leim *m*, Kleber *m* – glue, adhesive

collé, -e – geklebt, festgeklebt – glued, stuck

colle *f* **à dispersion** – Dispersionskleber *m* – dispersion glue

colle *f* **animale** – tierischer Leim *m* – animal size, animal glue

collecter – zusammentragen, kollationieren – assemble *v.*, collate *v.*, collect *v.*

collecticiel *m* – Gruppenprogramme *n/pl* – groupware
collection *f* **(de livres)** – Buchbestand *m* – bookstock
colle *f* **froide** – Kaltleim *m* – cold
glue
collègue *m/f* – Arbeitskollege *m*, -
kollegin *f* – coworker
coller – einfügen – insert *v.*, paste *v.*
coller *(F scotcher)* – kleben,
leimen, verleimen – glue *v.*,
adhere *v.*, stick *v.*
coller (dans) – einkleben – tip in *v.*
coller des affiches – plakatieren –
placard *v.*
coller des blocs – blockleimen –
pad *v.*
colleur *m* **d'affiches** – Plakatkleber *m* – poster sticker
colleuse *f* – Klebeeinrichtung *f* –
pasting device
collier *m* **de câble** – Kabelklemme
f – cable clamp
collimateur *m* – Kollimator *m* –
collimator
collotypie *f* – Kollotypie *f* –
collotype
colonne *f* – Spalte *f*, Kolumne *f* –
column
colonne *f* **de journal** – Zeitungskolumne *f* – newspaper column
colonne *f* **de table(au)** – Tabellenspalte *f* – tabular column
colonnes *f/pl* – Kolumnenschnur
f – page cord, string
colophon *m* – Kolophon *n* –
colophon
colorant *m* – Farbstoff *m*, Färbemittel *n*, Farbmittel *n* – dye
coloré, -e – farbig – colored
colorié à la main – handkoloriert
– hand-colored
colorimètre *m* – Colorimeter *n*,
Kolorimeter *n* – colorimeter
colorimétrie *f* – Farbmetrik *f*,
Farbmessung *f*, Kolorimetrie *f* –
colormetrics, colorimetry
colorimétrie *f* **absolue** – absolut
farbmetrisch *(ICC-Farb-
management)* – absolute
colorimetric

colorimétrie *f* **relative** – relativ
farbmetrisch *(ICC-Farb-
management)* – relative
colorimetric
colorimétrique absolu – absolut
farbmetrisch *(ICC-Farb-
management)* – absolute
colorimetric
colorimétrique relatif – relativ
farbmetrisch *(ICC-Farb-
management)* – relative
colorimetric
colorisation *f* – Einfärbung *f*,
Kolorierung *f* – colorizing
coloriser – einfärben – colorize
v., tone *v.*
combinaison *f* **de touches** –
Tastenkombination *f* – key
combination
combination *f* – Kombination *f* –
combination
combiner – kombinieren,
zusammenfügen, zusammen-
führen – combine *v.*
comité *m* – Komitee *n* –
committee
comité *m* **de lecture** – Lektorat *n*
– editorial department
commande *f* – Antrieb *m*
(Kamera) – drive
commande *f* – Befehl *m* –
command, instruction
commande *f* – Auftrag *m* – job
commande *f* **de la presse** –
Druckmaschinensteuerung *f* –
press control
commande *f* **de menu** –
Menüpunkt *m*, Menüeintrag *m*
– menu item/choice
commandé par microprocesseur
– mikroprozessorgesteuert –
microprocessor-controlled
commandé par ordinateur –
computergesteuert – driven by
computer
commandé par processeur –
prozessorgesteuert – processor-
controlled
commentaire *m* **OPI** – OPI-
Kommentar *m* – OPI comment
commerce *m* **électronique** –
E-Commerce *m* – e-commerce

communauté *f* **en ligne** – Online-
Gemeinde *f* – online
community, virtual community
communauté *f* **virtuelle** –
Online-Gemeinde *f* – online
community, virtual community
communication *f* – Kommunikation *f* – communication
communication *f* **asynchrone** –
asynchrone Übertragung *f* –
asynchronous communication
communication *f* **synchrone** –
synchrone Übertragung *f* –
synchronous communication
communication *f* **visuelle** –
visuelle Kommunikation *f* –
visual communication
communiqué *m* **de presse** –
Pressemitteilung *f*, Pressemeldung *f* – press report
communiquer – kommunizieren
– communicate *v.*
commutateur *m* – Schalter *m* –
switch
commutateur *m* **principal** –
Hauptschalter *m* – main switch
compact *m* – Kompaktkamera *f* –
compact camera
compas *m* – Zirkel *m* –
compasses, pair of compasses
compas *m* **de réduction** – Proportionalzirkel *m*, Reduktionszirkel *m* – proportional
compass
compatibilité *f* – Kompatibilität *f*
– compatibility
compatibilité *f* **descendante** –
Abwärtskompatibilität *f* –
downwards compatibility
compatible – kompatibel –
compatible
compatible (avec) – kompatibel
(mit) – compatible (with)
compatible PostScript – Post-
Script-fähig – PostScript savvy
compensation *f* – Kompensation
f – compensation
compensation *f* **de dominante** –
Farbstichausgleich *m* –
colorcast reduction
compensation *f* **de la déformation de la bobine** – Bahnverzugs-Kompensation *f* – web
growth compensation

C

C

compensation *f* **de l'engraisse-ment (de/du point)** – Punktzu-wachskompensation *f* – dot gain compensation

compensation *f* **de l'exposition** *(fotogr.)* – Belichtungs-korrektur *f* – exposure compensation

compensation *f* **des courbes** – Kurvenausgleich *m* – curve adjustment

compensation *f* **dioptrique** – Dioptrienausgleich *m* – diopter compensation

compensation *f* **du point noir** *(Adobe)* – Tiefenkompensie-rung *f* – black point compen-sation

compenser – kompensieren – compensate *v.*

compétitif, -ve – wettbewerbs-fähig – competitive

compétition *f* – Wettbewerb *m* – competition

compétitivité *f* – Wettbewerbs-fähigkeit *f* – competitiveness

compilateur *m* – Compiler *m* – compiler

compilation *f* – Kompilierung *f* – compilation

compiler – kompilieren – compile *v.*

complet, -ète – vollständig – complete, entire, exhaustive

complexage *m* – Laminierung *f*, Kaschierung *f* – lamination, lining, sealing

complexe – komplex – complex

complexe *m* **(laminé)** – Laminat *n* – laminate

comportement *m* **chromatique** – Farbverhalten *n* – color behavior *(brit.* behaviour)

composant *m* – Komponente *f* – component

composant *m* **de la couleur** – Farbanteil *m (im Bild)* – color component

composante *f* **d'une couleur** – Farbkomponente *f* – color component

composants *m/pl* **du système** – Systemkomponenten *f/pl* – system components

composé *m* **chimique** – chemische Verbindung *f* – chemical bond/compound

composé *m* **diazo** – Diazover-bindung *f* – diazo compound

composé *m* **organique** – organische Verbindung *f* – organic compound

composé *m* **organique volatil** – flüchtiger organischer Verbund *m* – volatile organic compound

composer *(typogr.)* – setzen – compose *v.*, set *v.*, typeset *v.*

composer – wählen *(Telefon-nummer)* – dial *v.*

composer au fer à droite – rechtsbündig setzen – set *v.* flush right

composer au fer à gauche – linksbündig setzen – set flush left

composer aux fers – bündig setzen – set flush

composer en alignée – bündig setzen – set flush

composer en italique – in kursiv setzen – set *v.* in italics

Composite simulant les sépara-tions *(FreeHand)* – Probedruck simuliert Farbauszüge – Com-posite simulates Separations

compositeur, -rice – Setzer, -in, Schriftsetzer, -in – typesetter, compositor

composition *f* – Satz *m*, Schrift-satz *m*, Setzen *n* – composition, type(set) matter, typesetting

composition *f* **achromatique** – GCR, Unbuntaufbau *m* – GCR (Gray Component Replace-ment), achromatic reproduc-tion, achromatic composition

composition *f* **à frappe** – Kaltsatz *m* – cold type

composition *f* **à la main** – Hand-satz *m* – hand set/composition

composition *f* **à laser** – Lasersatz *m* – laser typesetting

composition *f* **au plomb** *(typogr.)* – Bleisatz *m* – hot metal type

composition *f* **conservée** – Steh-satz *m* – live matter, standing matter

composition *f* **d'annonces** – Anzeigensatz *m* – ad composition

composition *f* **de couleurs** – Farbsatz *m* – color set, set of films

composition *f* **de (en) tableaux** – Tabellensatz *m* – tabbing, tabular matter (composition, setting, work)

composition *f* **de formules** – Formelsatz *m* – formula setting

composition *f* **des mathéma-tiques** – mathematischer Satz *m* – math setting

composition *f* **(de travaux) de labeur** – Werksatz *m* – book(-) work

composition *f* **de travaux de ville** – Akzidenzsatz *m* – jobbing composition

composition *f* **du carton** – Well-pappensorte *f* – board grade

composition *f* **en alinéa** – Block-satz *m* – grouped style, justified setting, quad middle

composition *f* **en bloc** – Block-satz *m* – grouped style, justified setting, quad middle

composition *f* **en capitales** – Ver-saliensatz *m* – all-caps setting

composition *f* **en drapeau** – Flattersatz *m* – ragged composition, unjustified margin(s), ragged type matter

composition *f* **en drapeau à fer de droit** – Flattersatz *m* rechts-bündig – ragged left, text ragged left

composition *f* **en drapeau à fer de gauche** – Flattersatz *m* linksbündig – ragged right, text ragged right

composition *f* **en drapeau centre** – Flattersatz *m* Mitte – ragged center, text ragged center

composition *f* **en multi-colonnes** – Mehrspaltensatz *m* – multi-column composition

composition *f* **formée** – Formsatz *m* – form setting
composition *f* **froide** – Kaltsatz *m* – cold type
composition *f* **informatisée** – Computersatz *m* – computer typesetting
composition *f* **interlignée** – durchschossener Satz – leaded matter
composition *f* **manuelle** – Handsatz *m* – hand set/composition
composition *f* **non justifiée** – Endlossatz *m* – unjustified setting
composition *f* **PAO** – DTP-Satz *m* – DTP type matter
composition *f* **par machine à écrire** – Schreibsatz *m* – typewriter composition
composition *f* **serrée** – enger Satz *m* – narrow composition/ setting
composteur *m* – Winkelhaken *m* (*Bleisatz*) – setting stick
compressibilité *f* – Schaumdichte *f* – foam density
compression *f* – Komprimierung *f*, Kompression *f* – compression
compression *f* **avec perte** – verlustbehaftete Komprimierung *f* – lossy compresssion
compression *f* **fractale** – fraktale Komprimierung *f* – fractal compression
compression *f* **sans perte** – verlustfreie Komprimierung *f* – lossless compression
comprimé, -e – komprimiert – compressed
comprimer – komprimieren – compress *v.*, zip *v.*
comptabilité *f* – Buchführung *f* – accounting, bookkeeping
compte *m* – Account *m* – account
compte-fils *m* – Fadenzähler *m* – screen magnifier
compteur *m* – Zähler *m*, Zählwerk *n* – counter
compteur *m* **des tirages** – Auflagenzähler *m* (*an der Druckmaschine*) – job counter
concave – konkav – concave
concentrateur *m* – Hub *m* – hub

concepteur, -rice de logiciel – Software-Entwickler, -in, Software-Designer, -in – software developer, software designer, author (of software)
concepteur-dessinateur *m*, **conceptrice-dessinatrice** *f* – Designer, -in – designer
concepteur, -rice médiatique – Media-Direktor, -in – media director
concepteur, -rice multimédia – Multimediakünstler, -in – multimedia artist
concepteur, -rice publicitaire – Werbetexter, -in – copywriter
concepteur, -rice rédacteur – Werbetexter, -in – copywriter
conception *f* – Konzeption *f* – conception
conception *f* **d'annonce** – Anzeigengestaltung *f* – ad arrangement, ad design, ad layout
conception *f* **des modèles** – Vorlagengestaltung *f* – art design
conception *f* **du livre** – Buchgestaltung *f* – book design
concessionnaire *m* – Lizenzinhaber *m* – licensee
concorder – übereinstimmen (*z.B. Farben*) – match *v.*
condensateur *m* – Kondensator *m* – condenser
condenser – kondensieren – condense *v.*
conditionnement *m* **de produits stériles** – Sterilgut-Verpackung *f* – packaging of sterile goods
conditions *f/pl* **d'achat** – Bezugsbedingungen *f/pl* – terms of sale
conditions *f/pl* **d'affichage** – Anzeigebedingungen *f/pl* – display conditions
conditions *f/pl* **d'éclairage** – Lichtverhältnisse *f/pl*, Beleuchtungsverhältnisse *n/pl* – lithting conditions
conditions *f/pl* **de développement** – Filmentwicklungsbedingungen *f/pl* – film developing conditions

conditions *f/pl* **de livraison** – Lieferbedingungen *f/pl* – conditions of sale, terms of delivery
conditions *f/pl* **de paiement** – Zahlungsbedingungen *f/pl* – payment terms
conditions *f/pl* **de prise de mesure** – Messbedingungen *f/pl* – measurement conditions
conditions *f/pl* **de règlement** – Zahlungsbedingungen *f/pl* – payment terms
conditions *f/pl* **de sortie** – Ausgabebedingungen *f/pl* – output conditions
conditions *f/pl* **de stockage** – Lagerbedingungen *f/pl* – conditions of storage
conditions *f/pl* **d'impression** – Druckbedingungen *f/pl*, Druckverhältnisse *n/pl* – printing conditions
conditions *f/pl* **d'observation** – Betrachtungsbedingungen *f/pl* – viewing conditions
conditions *f/pl* **normalisées** – standardisierte Bedingungen *f/pl* – standardized conditions
conditions *f/pl* **tirage dépreuve** – Proofbedingungen *f/pl* – proofing conditions
conducteur *m* **(de machine)** – Maschinenführer *m* – machine minder
conducteur *m* **de rotative** – Rotationsdrucker *m* – rotary minder, rotary printer, web printer
conducteur *m* **typo** – Buchdrucker, -in – letterpress printer
conduite *f* **de câble** – Kabelführung *f* – cable duct
cône *m* – Kegel *m* (*Form*), Zapfen *m* (*Auge*) – cone
cône *m* **double** – Doppelkegel *m* – double cone
cône *m* **tronqué** – Kegelstumpf *m* – truncated cone
conférence *f* **téléphonique** – Telefonkonferenz *f* – conference call
configuration *f* – Konfiguration *f* – configuration

configuration *f* **de l'impression** –
Seiteneinrichtung *f* *(in Programmen)* – page setup

configuration *f* **des alvéoles** –
Näpfchenkonfiguration *f* – cell configuration

configuration *f* **du clavier** –
Tastatursteuerung *f* – keyboard control

configuration *f* **système requise** – Systemanforderungen *f/pl* – system requirements

configurer – konfigurieren – configure *v.*

confirmation *f* **de commande** –
Auftragsbestätigung *f* – acknowledgement of order, confirmation of order

conforme à l'original –
originalgetreu – faithful

conforme au repérage – registergenau, registerhaltig, pass(er)genau – true-to-register, in register, register-true

conique – kegelförmig – conical

connectabilité *f* – Anschlussfähigkeit *f* – connectivity

connecté, -e à (sur) – angeschlossen an, verbunden mit – connected to, linked to

connecter – verbinden, anschließen – connect *v.*, join *v.*, link *v.*, hook up *v.*

connecter (se) – sich einloggen, sich anmelden – log in *v.*

connecteur *m* – Verbindungsstecker *m* – connector

connecteur *m* **mâle** – Stiftbuchse *f* – male connector

connexion *f* – Verbindung *f*, Anschluss *m* – connection

connexion *f* **lente** – langsame Verbindung *f* – slow connection

connexion *f* **par câble** –
Kabelverbindung *f* – cable connection

connexion *f* **persistante** –
ständige Verbindung *f* – persistent connection

connexité *f* – Anschlussfähigkeit *f* – connectivity

conseil *m* – Beratung *f* – consulting

conseil *m* **en gestion d'entreprise** – Unternehmensberatung *f* – management consultancy

conseil *m* **en publicité** – Werbeberater, -in – advertising consultant

conseiller, -ère – Berater, -in – consultant

conseiller, -ère en gestion d'entreprise – Unternehmensberater, -in – management consultant

consistance *f* – Konsistenz *f* – consistency

consistance *f* **de l'encre** – Farbkonsistenz *f* – ink consistency

consistant, -e – konsistent – consistent

console *f* **de commande** – Bedienerkonsole *f* – operator console

console *f* **(d'ordinateur)** –
Computerterminal *n* – console

consommables *f/pl* – Verbrauchsmaterialien *n/pl* – consumables

consommables pour imprimantes – Drucker-Verbrauchsmaterialien – printer consumables

consommation *f* **d'encre** –
Farbverbrauch *m* – ink consumption, ink mileage

consommation *f* **de papier** –
Papierverbrauch *m* – paper consumption

constance *f* **de la couleur imprimée** – Konstanz *f* der gedruckten Farbe – consistency of print color

constructeur *m* **de (du) moniteur** – Monitorhersteller *m* – monitor vendor

construction *f* **de presses** –
Druckmaschinenbau *m* – press engineering/manufacture

construction *f* **mathématique** –
mathematisches Konstrukt *n* – mathematical construction

consultant *m* **de sécurité informatique** – EDV-Sicherheitsberater, -in – computer security consultant

consultant *m* **technique** –
technischer Berater *m* – technical consultant

contemplation *f* – Betrachtung *f* – contemplation

contempler – betrachten *(aufmerksam, z.B. Gemälde)* – contemplate *v.*

contenir – beinhalten – contain *v.*

contenu *m* – Inhalt *m* – content

contenu *m* **de la page** – Seiteninhalt *m* – page content

contenu *m* **textuel** – Textinhalt *m* – text content

contigu – angrenzend *(Objekte)* – abutting, colliding

contiguïté *f* – Aneinanderstoßen *n (nahtlos angrenzen)* – butt fit

continu, -e – fortlaufend – continuous

contour *m* – Rand *m*, Kante *f*, Freistellpfad *m*, Kontur *f*, Umriss *m* – edge, clipping path, contour, outline

Contour de sélection *(Photoshop)* – Auswahlbegrenzung – selection border

contour *m* **extérieur (externe)** –
Außenrand *m*, Außenkontur *f* – outer contour, outer edge

contour *m* **fermé** – geschlossene Kontur *f* – closed contour

contour *m* **intérieur (interne)** –
Innenrand *m*, Innenkontur *f* – inner contour, inner edge

contourner le problème –
Problem umgehen – workaround *v.* the problem

contour *m* **ouvert** – offene Kontur *f* – open contour

contour *m* **progressif** – auslaufender Rand, weicher Rand *m*, weiche Kante *f* – feather (edge), smooth edge

Contours de colonnes *(InDesign)* – Spaltenkonturen – Column strokes

Contours de ligne *(InDesign)* –
Zeilenkonturen – Row Strokes

Contraindre *(QuarkXPress)* –
Bezug herstellen – Constrain

contraintes *f/pl* **techniques** – technische Einschränkungen *f/pl* – technical restrictions

contraste *m* – Kontrast *m* – contrast

contrasté, -e – kontrastreich – high-contrast

contraste *m* **des détails** – Detailkontrast *m* – detail contrast

contraste *m* **d'impression** – Druckkontrast *m* – print contrast

contraste *m* **élevé** – hoher Kontrast *m*, starker Kontrast *m* – high contrast

contrat *m* **de cession de droits** – Lizenzvertrag *m*, Lizenzabkommen *n (Verlagswesen)* – license agreement

contrat *m* **de licence** – Lizenzvertrag *m*, Lizenzabkommen *n* – license agreement

contrat *m* **de travail** – Arbeitsvertrag *m* – labor contract

contrecollage *m* – Laminierung *f*, Kaschierung *f*, Hinterklebung *f* – lamination, lining, sealing, back-lining

contrecollage *m* **du carton** – Kartonkaschierung *f* – board lining

contrecollage *m* **sans solvant** – lösungsfreie Laminierung *f* – solventless lamination

contrecoller – hinterkleben *(Buchproduktion)* – backline *v.*

contrecolleuse *f* – Kaschiermaschine *f*, Laminator *m* – lining machine, laminator

contrecolleuse *f* **sans solvant** – lösungsfreier Laminator *m* – solventless laminator

contre-cotice *f* – Backslash *m*, umgekehrter Schrägstrich *m* – backslash

contre-jour *m* – Gegenlicht *n* – frontlighting

contre le sens des aiguilles de la montre – gegen den Uhrzeigersinn – counter-clockwise

contre(-)masque *m* – Gegenmaske *f* – counter mask

contre(-)partie *f* **de découpage (de gaufrage)** – Patrize *f*, Stanzgegenzurichtung *f* – counter-die, upper die

contre-poinçon *m (typogr.)* – Punze *f*, Innenraum *m* (von Buchstabe) – counter

contretypage *m* – Duplikatherstellung *f* – duplication

contretype *m* – Abzug *m* – print, proof, pull

contretyper des encres – Farben abstimmen – matchfold *v.* inks

contre-vérification *f* – Gegenprüfung *f* – cross-check(ing)

contre-vérifier – gegenprüfen – cross-check *v.*

contrôle *m* – Kontrolle *f*, Nachprüfung *f*, Überprüfung *f* – control, revision

contrôle *m* **de la dureté** – Härtemessung *f* – measure of hardness

contrôle *m* **de la feuille** – Bogenkontrolle *f* – sheet control

contrôle *m* **de l'encrage** – Farbkontrolle *f* – ink control

contrôle *m* **densitométrique** – densitometrische Kontrolle *f* – densitometric control

contrôle *m* **de parité** – Paritätsabgleich *m* – parity check

contrôle *m* **des matériaux** – Materialprüfung *f* – materials testing

contrôle *m* **des versions** – Versionskontrolle *f* – version control

contrôle *m* **d'intégrité** – Vollständigkeitsprüfung *f* – completeness check

contrôle *m* **en amont** – Preflight *m*, Preflighten *n* – preflight, preflighting

contrôle *m* **final** – Endkontrolle *f* – final checking

contrôle *m* **qualité (CQ)** – Qualitätskontrolle *f* – quality control (QC)

contrôler – kontrollieren, nachprüfen, überprüfen – control *v.*, check *v.*, review *v.*

contrôle *m* **registre (repérage)** – Passerkontrolle *f* – register monitoring

contrôler en amont – Preflight *m* durchführen – preflight *v.*

contrôle *m* **visuel** – visuelle Kontrolle *f*, Sichtprüfung *f* – visual control/check(ing)

convention *f* **de nom** – Namenskonvention *f* – naming convention

convergence *f* – Konvergenz *f* – convergence

conversion *f* – Konvertierung *f*, Konvertieren *n* – conversion, converting

conversion *f* **au trait** – Strichumsetzung *f* – conversion to line(-)art

conversion *f* **de couleur** – Farbkonvertierung *f* – color conversion

conversion *f* **de fichier** – Dateikonvertierung *f* – file conversion

conversion *f* **de l'espace colorimétrique** – Farbraumtransformation *f*, Gamut Mapping *n*, Farbraumanpassung *f* – gamut mapping, color space transformation

converti, -e – konvertiert – converted

converting *m* – Finishing *n*, Druck(weiter)verarbeitung *f*, Weiterverarbeitung *f*, Endverarbeitung *f* – postpress, converting, finishing

convertir – konvertieren – convert *v.*

convertir du texte en tracés vectoriels – Text in Pfade umwandeln – convert *v.* text to outline paths

Convertir en profil *(Adobe)* – In Profil konvertieren – Convert to Profile

convertisseur *m* – Konvert(ier)er *m*, Konvertierprogramm *n* – converter

convertisseur *m* **analogiquenumérique (CAN)** – Analog-Digital-Wandler *m*, AD-Wandler *m* – A/D converter (ADC)

convertisseur *m* **de texte** – Textkonverter *m* – text converter

C

convertisseur *m* **numérique-analogique (CNA)** – D/A-Wandler *m* – D/A converter (DAC)

convivial – benutzerfreundlich – user-friendly

cookie *m* – Cookie *m* – cookie

coordinateur *m* – Koordinator *m* – coordinator

coordonnée *f* – Koordinate *f* – coordinate

coordonnées *f/pl* **absolues** – absolute Koordinaten *f/pl* – absolute coordinates

coordonnées *f/pl* **cartésiennes** – kartesische Koordinaten *f/pl* – cartesian coordinates

coordonnées *f/pl* **de distance relatives** – relative Abstands-koordinaten *f/pl* – relative distance coordinates

coordonnées *f/pl* **de la page** – Seitenkoordinaten *f/pl* – page coordinates

coordonnées *f/pl* **polaires** – Polarkoordinaten *f/pl* – polar coordinates

copie *f* – Kopie *f*, Kontaktkopie *f* – copy, contact copying

copie *f* – Manuskript *n*, Druckvorlage *f* – manuscript, typewritten copy, printing copy

copie *f* **aveugle** – Blindkopie *f* – blind copy

copie *f* **couleur(s)** – Farbkopie *f* – color copy

copie *f* **décalée** – Schiebekopie *f* *(bei der Druckplattenkopie)* – multiple plate exposures

copie *f* **de contrôle** – Prüfexem-plar *n*, Kontrollexemplar *n* – control copy

copie *f* **d'écran** – Bildschirmfoto *n*, Screenshot *m* – screenshot, screen capture, screendump

copie *f* **de sauvegarde** – Backup-Kopie *f*, Sicherungskopie *f* – backup (copy)

copie *f* **de secours** – Backup-Kopie *f*, Sicherungskopie *f* – backup (copy)

copie *f* **en couleurs** – Farbkopie *f* – color copie

copie *f* **ozalid** – Ozalidkopie *f* – ozalid

copie *f* **préparée** – satzfertiges Manuskript *n* – ready for setting copy

copier – nachbilden – copy *v.*, replicate *v.*

copier-coller – kopieren und einfügen – copy-paste

copie-report *f* – Step and Repeat, Repetieren *n* – step & repeat

copier-répéter – Step and Repeat, Repetieren *n* – step & repeat

copies *f/pl* – Exemplare *f/pl* *(Druckzahl)* – copies

copie *f* **sur papier** – Hardcopy *f* – hard copy

copie *f* **sur papier carbone (autocopiant)** – Pigmentkopie *f* – pigment copy

copieur *m* **couleur** – Farb-kopierer *m* – color copier

coprocesseur *m* – Coprozessor *m*, Koprozessor *m* – coprocessor

coprocesseur *m* **arithmétique** – mathematischer Coprozessor *m* – math coprocessor

copydot *m* – Copydot – copydot

copyright *m* – Copyright *n*, Urheberrecht *n*, Verlagsrecht *n* – copyright

coquille *f* – Tippfehler *m*, Fisch *m*, Druckfehler *m*, Satzfehler *m* – typing error, wrong letter/fount, misprint, printing error

coquille *f* **de cuivre** – Kupferhaut *f* – copper skin/coating

corbeille *f* – Papierkorb *m* – trash

cordon *m* **de scellage** – Siegelnaht *f* – sealing seam

cordon *m* **du cylindre** – Schmitz-ring *m* *(bei Druckmaschine)* – bearer ring

cornet *m* **de couleurs** – Farbtüte *f* – color-bag

corona *f* – Korona *f* – corona

corps *m* – Buchblock *m* – book block

corps *m* **de la brochure** – Bro-schüreninhalt *m* – brochure body/content

corps *m* **du caractère** – Schriftkegel *m* – type body

corps *m* **(du caractère, de lettre)** *(typogr.)* – Punktgröße *f*, Kegel *m*, Schriftkegel *m*, Kegelhöhe *f*, Schriftgrad *m*, Schriftgröße *f* – point size, body size, font size

corpus *m* – Gesamtwerk *n*, Korpus *n* – corpus

correct, -e – korrekt, fehlerfrei, fehlerlos – correct, perfect

correcteur, -rice – Korrektor, -in – proofreader

correction *f* – Korrektur *f* – correction, alteration

correction *f* **couleur sélective** – selektive Farbkorrektur *f* – selective color correction

correction *f* **de composition** – Satzkorrektur *f* – typesetting correction

correction *f* **de couleur** – Farb-korrektur *f* – color correction

correction *f* **de dominante** – Farbstichausgleich *m* – colorcast reduction

correction *f* **de (en) dernière minute** – Korrektur *f* in letzter Minute – last-minute changes/correction

correction *f* **de gradation** – Gradationskorrektur *f* – gradation correction

correction *f* **de la faute (de l'erreur)** – Fehlerkorrektur *f* – error correction

correction *f* **des approches** – Kerning *n*, Unterschneidung *f*, Ausgleichen *n* der Buchstaben-zwischenräume – kerning, pair kerning

correction *f* **des épreuves** – Kor-rekturleser, -in – proofreading

correction *f* **du texte** – Textkorrektur *f* – text correction

correction *f* **écran** – Bildschirmkorrektur *f* – on-screen editing

correction *f* **galvanique** – Galvanokorrektur *f* – electrolytical correction

correction *f* **minus** – Minuskor-rektur *f* *(bei Druckzylindern)* – minus correction

correction *f* **optique** – optischer
Ausgleich *m* – optical compensation

correction *f* **par secteur chromatique** – Sektorkorrektur *f* –
sector correction

correction *f* **plus** – Pluskorrektur
f – plus correction

correction(s) *f* **d'auteur** – Autorkorrektur *f* – author's correction(s) (AC), author's
alteration(s) (AA)

correction *f* **tonale** – Tonwertkorrektur *f* – tonal correction,
tone correction

correspondance *f* – Korrespondenz *f* – correspondence

correspondance *f* – Mapping *n* –
mapping

correspondant, -e – Korrespondent, -in – correspondent

correspondre – übereinstimmen
(Farbe) – match *v.*

corriger – korrigieren – correct *v.*

corriger les épreuves – Korrektur lesen – do *v.* the proofreading, proofread *v.*, read
(the) proofs

corriger une erreur – einen
Fehler korrigieren – correct *v.*
an error, fix *v.* an error

corrompu, -e – defekt – corrupted

co-solvant *m* – Hilfslösemittel *n* –
co-solvent

côte à côte – nebeneinander, Seite
an Seite – next to each other,
side by side

côté *m* **couché** – Schichtseite *f* –
emulsion side

côté *m* **de la marge** – Anlage-
(kante) *f*, Vorderkante *f* – lead
edge, lay edge, front edge

coté *m* **d'émulsion** – Schichtseite
f – coated side

côté *m* **émulsion** – lichtempfindliche Schicht *f* – photosensitive
coating

côté *m* **feutre** – Filzseite *f (Papier)*
– felt side

côté *m* **ouvert** – offene Seite *f*
(beim Falzen) – open side

côté *m* **recto** – Schöndruckseite *f*,
Vorderseite *f* – recto
(side/page), top side

côté *m* **toile** – Siebseite *f (Papierherstellung)* – wire side

côté *m* **verso** – Rückseite *f* – back
side, reverse page, verso side

couchage *m* – Beschichtung *f*,
Strich *m (gestrichenes Papier)* –
coating

couchage *m* **diazo** – Diazobeschichtung *f* – diazo coating

couchage *m* **mat** – Mattstrich *m*
– matte-coating

couche *f* – Ebene *f*, Schicht *f*,
Beschichtung *f*, Strich *m* –
layer, coating

couché – gestrichen – coated

couche *f* **alpha** – Alphakanal *m* –
alpha channel

couche *f* **bitmap** – Bitmap-Ebene
f – bitmap layer

couche *f* **d'émulsion** – Emulsionsschicht *f* – emulsion layer

couche *f* **d'encre** – Farbschicht *f* –
ink layer

couche *f* **de vernis** – Lackschicht
f, Lackierung *f* – coating (film)

couche *f* **dorsale** – Rückschicht *f*
– back coating

couche *f* **(dorsale) antihalo** –
Lichthofschutzschicht *f*,
Antihalo-Rückschicht *f* – antihalation backing

couche *f* **photopolymère** – Fotopolymerschicht *f* – layer of
photopolymer

couche *f* **photosensible** – Kopierschicht *f*, lichtempfindliche
Schicht *f* – photo emulsion,
photocoating, photosensitive
coating

couche *f* **pigmentée** – Pigmentschicht *f* – pigment layer

couche *f* **protectrice** – Schutzschicht *f*, Schutzlackierung *f* –
protective layer, protective
coating

coucher – gautschen – couch *v.*

coucher à plat – planliegen – lay
flat *v.*

coudre – broschieren, heften –
stitch *v.*

couleur *f* **(F coul f)** – Farbe *f* –
color *(U.S.)*, colour *(brit.)*

couleur *f* **à l'eau** – Wasserfarbe *f*
– water color

couleur *f* **à pastel** – Pastellfarbe *f*
– pastel

couleur *f* **atténuée** – gedämpfte
Farbe *f* – shaded color

couleur *f* **chaude** – warme Farbe *f*
– warm color

couleur *f* **chromatique** – Buntfarbe *f* – chromatic color

couleur *f* **cible** – Zielfarbe *f* –
destination color

couleur *f* **complémentaire** –
Komplementärfarbe *f* –
complementary color

couleur *f* **d'accompagnement** –
Schmuckfarbe *f*, Sonderfarbe *f*,
Volltonfarbe *f* – spot color

couleur *f* **d'arrière-plan** – Hintergrundfarbe *f* – background
color

couleur *f* **de base** – Grundfarbe *f*
– basic color, primary color

couleur *f* **d'échelle** – Prozessfarbe
f, Skalenfarbe *f* – process color

Couleur de dessin *(Photoshop)* –
Farbauftrag – Blend color

couleur *f* **de l'entreprise** – Hausfarbe *f* – brand color, company
color

couleur *f* **(de) maison** – Hausfarbe *f* – brand color, company
color

couleur *f* **dépendante du périphérique** – geräteabhängige
Farbe *f* – device-dependent
color

couleur *f* **de processus** – Prozessfarbe *f*, Skalenfarbe *f* – process
color

couleur *f* **de repérage** – Registerfarbe *f* – registration color

couleur *f* **détrempée** – Temperafarbe *f* – distemper, tempera

couleur *f* **du spectre** – Spektralfarbe *f* – spectral color, color of
the spectrum

couleur *f* **du texte** – Textfarbe *f* –
text color

couleur *f* **fluorescente** *(F couleur
fluo)* – fluoreszierende Farbe *f*,
Leuchtfarbe *f* – fluorescent
color, luminescent paint

couleur *f* **foncée** – dunkle Farbe *f*
– dark color

C

couleur *f* **froide** – kalte Farbe *f* – cold color

couleur *f* **mixte** – Mischfarbe *f* – mixed color

Couleur Multi-Ink *(Quark-Xpress)* – Multi-Ink-Farbe – Multi Ink color

couleur *f* **neutre** – neutrale Farbe *f* – neutral color

couleur *f* **PANTONE** – PANTONE-Farbe *f* – PANTONE color

couleur *f* **phosphorescente** – Leuchtfarbe *f* – luminescent paint

couleurs *f/pl* **additives** – additive Farben *f/pl* – additive colors

couleurs *f/pl* **contiguës** – benachbarte Farben *f/pl* – intersecting colors

Couleurs d'épreuve *(InDesign)* – Farb-Proof – Proof Colors

couleurs *f/pl* **indexées** – indizierte Farben *f/pl* – indexed colors

couleurs *f/pl* **intermédiaires** – Zwischenfarben *f/pl* – intermediate colors

couleurs *f/pl* **métamères** – metamere Farben – metameric colors

couleur *f* **sombre** – dunkle Farbe *f* – dark color

couleur *f* **source** – Quellfarbe *f* – source color

couleur *f* **spéciale** – Schmuckfarbe *f*, Sonderfarbe *f*, Vollton-farbe *f*, Kundenfarbe *f* – spot color, custom color

couleur *f* **spectrale** – Spektralfarbe *f* – spectral color, color of the spectrum

couleurs *f/pl* **primaires** – Primärfarben *f/pl* – primary colors

couleurs *f/pl* **secondaires** – Sekundärfarben *f/pl* – secondary colors

couleurs *f/pl* **soustractives** – subtraktive Farben *f/pl* – subtractive colors

couleurs *f/pl* **tertiaires** – Tertiärfarben *f/pl* – tertiary colors

couleur *f* **vive** – kräftige Farbe *f* – strong color

coulisseau *m* – Schlitten *m* *(in Druckern oder Scannern)* – carriage

coup *m* – Umschlagklappe *f* – cover flap, slap

coupe *f* – Schnitt *m*, Beschneiden *n*, Schneiden *n*, Zuschneiden *n*, Beschnitt *m* – cut, trim, trimming, cutting

coupe *f* – Schnittfläche *f* – section

coupé, -e – beschnitten *(Seite, Bild)* – clipped, cropped

coupe *f* **au cisaillement** – Scher(en)schnitt *m* – shear cut

coupe *f* **de séparation** – Trennschnitt *m* – trim cut

coupe *f* **d'onglets** – Gehrungsschnitt *m* – mitred cut

coupe *f* **en pied** – Fußbeschnitt *m* *(Druckverarbeitung)* – tail trim

coupe *f* **en tête** – Kopfbeschnitt *m* – head trim

coupe-feu *m* – Firewall *f* – firewall

coupe *f* **finale** – Endbeschnitt *m* – final cut/trim

coupe *f* **longitudinale** – Längsschnitt *m* – longitudinal section, slitting

couper – trennen *(Text)* – divide *v.*, hyphen(ate) *v.*

couper – schneiden, beschneiden, abschneiden – trim *v.*, crop *v.*, cut off *v.*, slice *v.*

couper à bords vifs – anschneiden *(Seitenrand)* – bleed *v.*

couper-coller – ausschneiden und einfügen, cut-and-paste – cut-and-paste

coupe *f* **rectangulaire** – rechtwinkliger Schnitt *m* – right-angle cut, square cut

coupe *f* **transversale** – Querschnitt *m* *(Schneiden)* – cross cut

coupeuse *f* **à coupe oblique** – Schrägschneider *m* – angle cutter

coupleur *m* **acoustique** – Akkustikkoppler *m* – acoustic coupler

coupon *m* – Coupon *m* – coupon, voucher

coupure *f* **de courant** – Stromausfall *m* – power cut, power failure

coupure *f* **de journal** – Zeitungsauschnitt *m* – newspaper clipping, newspaper cutting

coupure *f* **de mots et justification** – Worttrennung und Justierung, Silbentrennung und Ausschießen – hyphenation and justification (H&J)

coupure *f* **de presse** – Presseausschnitt *m* – press cutting/clipping

coupure *f* **des mots** – Silbentrennung *f*, Worttrennung *f* – hyphenation, word breaking, word cutting

coupure *f* **de tonalité** – Tonwertabriss *m* – tonal break

coupure *f* **inappropriée** – falsche Trennung *f* – bad break

courant *m* – Strom *m* – current, power

courant *m* **alternatif** – Wechselstrom *m* – AC (alternating current)

courant *m* **continu** – Gleichstrom *m* – DC (direct current)

courant *m* **électrique** – elektrischer Anschluss *m* – electric connector

courbe – geschwungen, kurvenförmig – curved

courbe *f* – Kurve *f* – curve

courbe *f* **b-spline** – B-Spline-Kurve *f* – B-spline curve

courbe *f* **(de) Bézier** – Bézierkurve *f* – Bézier curve

courbe *f* **de gradation** – Gradationskurve *f* – gradation curve

courbe *f* **de réduction** – Rücknahmekurve *f* – cutback curve

courbe *f* **gamma** – Gammakurve *f* – gamma curve

courber – biegen, krümmen – bend *v.*

Courbes de niveaux *(Photoshop)* – Konturwerte finden – Trace Contours

courbe f **Spline** – Spline-Kurve f – spline curve

courbure f – Krümmung f – curvature

courriel m *(Kanada)* – E-Mail n, elektro-nische Post f – e-mail

courrier m **des lecteurs** – Leserbriefe m/pl *(Zeitungsrubrik)* – letters page, letters to the editor

courrier m **(électronique)** – E-Mail n, elektronische Post f – e-mail

courrier m **entrant** – Postausgang m – incoming mail

courrier m **sortant** – Posteingang m – outgoing mail

courroie f **d'entraînement** – Treibriemen m – drive belt

cours m **intra-entreprise** – innerbetrieblicher Lehrgang m – incompany training

couseuse f – Heftmaschine f – stitcher, stitching machine

coût m **de la fabrication (de la production)** – Herstellungskosten pl, Produktionskosten pl – production cost(s)

couteau m – Messer n – knife

couteau m **à encre** – Farbmesser n – ink knife

couteau-bloc m – Messerblock m – knife block

couteau m **de rainage** – Rillmesser n – creasing knife

couteau m **inférieur** – Untermesser n *(Druckverarbeitung)* – bottom knife

coûts de composition – Satzkosten pl – typesetting costs

coûts d'impression – Druckkosten pl – printing costs, printing expenses

coûts fixes – Fixkosten pl – standing expenses

coûts salariaux – Personalkosten – payroll costs, personnel costs

coût m **unitaire** – Stückkosten pl – unit cost

couture f **(au fil)** – Fadenheftung f – book sewing, sewing

couvercle m **à charnière** – Klappdeckel m – spring cover

couvercle m **bombé** – gewölbter Deckel m – dome-shaped cover

couverture f (F *couv* f) – Einband m, Cover n, Hülle f, Umschlag m, Titelbild n – cover, binding

couverture f **avec rabat** – Umschlag m mit Klappe – cover with flap

couverture f **(de livre)** – Bucheinband m, Einband m, Buchdeckel m – binding, book cover, cover board

couverture f **d'encre (en encre)** – Farbdeckung f – ink coverage

couverture f **ouatinée** – wattierte Buchdecke f – padded book case

couverture f **protectrice** – Schutzhülle f, Buchhülle f, Schutzumschlag m – protective cover, jacket, dustjacket, dust cover, book wrapper

couverture f **totale de surface** – Gesamtflächendeckung f – total area coverage (TAC), tone value sum (TVS)

couvrant, -e – deckend *(Farbe)* – opaque

couvre-livre m – Schutzhülle f, Buchhülle f, Schutzumschlag m – protective cover, jacket, dustjacket, dust cover, book wrapper

cracher – klecksen – blot v.

craie f – Kreide f – chalk

craie f **à dessiner** – Kreidefarbe f, Zeichenkreide f – drawing chalk

craquelure f – Abblätterung f *(Druckfarbe)* – cracking

crash m **disque** – Plattencrash m – disk crash

crayon m – Stift m, Schreibstift m – pen

crayon m **(à dessiner)** – Zeichenstift m – crayon

crayon m **de charbon** – Kohlestift m – carbon rod

crayon m **de cire** – Wachsfarbstift m – wax crayon

crayon m **de couleur** – Buntstift m, Farbstift m – colored pencil, crayon

crayon-feutre m *(pl crayonsfeutres)* – Filzstift m – felt tip, felt(-tip) pen

crayon m **litho** – Lithografenstift m – lithographic pencil

crayonner – entwerfen – sketch v., outline v.

crayon m **(noir)** – Bleistift m – pencil

crayon m **optique** – Lichtgriffel m, Lichtstift m – light pen

crayon m **pastel** – Kreidestift m – chalk pencil

crayon m **retouche** – Korrekturstift m – correction pen

crayon m **rouge** – Rotstift m – red pencil

créateur, -rice d'informations – Informationsbeschaffer, -in – content creator

créateur, -rice multimédia – Multimedia-Autor, -in – multimedia author

créateur, -rice typographique – Fontdesigner, -in, Schriftdesigner, -in – font designer, type designer

créatif, -ve – kreativ – creative

création f (F *créa* f) – Gestaltung f, Erstellung f, Erzeugung f – design, creative design, creative work, creation

création f **de moyens publicitaires** – Werbemittelgestaltung f – advertising media design

création f **numérique** – digitales Design n – digital design

créativité f – Kreativität f – creativity

créer – anlegen, erstellen, erzeugen, generieren *(Verzeichnis, Datei usw.)* – create v., generate v.

créer – gestalten – shape v., design v., form v.

crénage m – Kerning n, Unterschneidung f, Ausgleichen n der Buchstabenzwischenräume – kerning, pair kerning

crénage m **automatique** – Auto-Kerning n – auto-kerning

C

crénelage *m* – Alias-Effekt *m*, Aliasing *n*, Treppenbildung *f* – aliasing

crénelé, -e – zackig, gezackt – jaggy

criard, -e – knallig, grell *(Farbe)* – loud

critère *m* **de recherche** – Such-kriterium *n*, Suchbedingung *f* – search criteria

critique *f* – Rezension *f*, Buchbesprechung *f* – review

critique *m* – Rezensent *m* – critic

crochet *m* – eckige Klammer *f* – bracket, square bracket

croiser (se) – sich überkreuzen, sich überschneiden, sich überlappen, übereinander legen/liegen, sich überlagern – coincide *v.*, intersect *v.*, overlap *v.*, overlay *v.*

croix *m* – Kreuz *n* – cross

croix *f* **de repérage** – Passkreuz *n* – crosshair mark, register cross

croquer – entwerfen – sketch *v.*, outline *v.*

croquis *m* – Skizze *f* – rough layout

cruciforme – kreuzförmig – cross-shaped, cruciform

crudité *f* – Grellheit *f*, Grelle *f* – glariness

cryptage *m* – Verschlüsselung *f* – encryption

crypté – verschlüsselt – encrypted

crypter – verschlüsseln – encrypt *v.*

Ctrl-Alt-Suppr – Strg-Alt-Entf – Ctrl-Alt-Del

cube *f* – Würfel *m* – cube

cuire – einbrennen – burn *v.*, bake *v.*

cuisson *f* – Einbrennen *n* *(bei Offsetdruckplatte)* – baking, heat-fusing

cuivrage *m* – Verkupferung *f* *(Tiefdruck)* – copper-facing, copper-plating

cuivré, -e – verkupfert *(Tief-druck)* – copper-plated

cuivrer – verkupfern *(Tiefdruck)* – copper-plate *v.*

culbutage *m* – Umstülpen *n* – work and tumble

culbuter – umstülpen *(Bogen nach Druckvorgang)* – tumble *v.*

cul-de-lampe *f* – Schlussvignette *f* – tail ornament

curseur *m* – Cursor *m* – cursor

curseur *m* **de texte** – Textcursor *m* – text cursor

cutter *m* – Papierschneider *m*, Schneidemaschine *f*, Cutter *m* – cutter, paper cutter

cuve *f* **de développement** – Ent-wicklungstank *m* – developing tank

cuvette *f* – Küvette *f* – dip tank

cuvette *f* **de développement** – Entwicklerschale *f* – developing tray

CV (curriculum vitae) – Lebenslauf *m* – CV

cyan – Cyan – cyan

cybercafé *m* – Internet-Café *n* – internet café

cyberdélinquant *m* – Hacker *m* – cracker, hacker

cyberespace *m* – Cyberspace *m* – cyberspace

cybernétique *f* – Kybernetik *f* – cybernetics

cycle *m* **de correction** – Korrek-turzyklus *m* – correction cycle

cycle *m* **de production (de fabri-cation)** – Produktionszyklus *m* – production cycle, manufac-turing cycle

cylindre *m* – Zylinder *m* – cylinder

cylindre *m* **à graver** – Gravur-zylinder *m* – engraving cylinder

cylindre *m* **anilox** – Aniloxwalze *f* – anilox roll

cylindre *m* **brut** – Rohzylinder *m* *(Tiefdruck)* – cylinder base

cylindre *m* **céramique** – Keramik-zylinder *m* – ceramic cylinder

cylindre *m* **d'analyse** – Abtast-trommel *f* *(bei Trommel-scanner)* – scanning drum

cylindre *m* **de contre-pression** – Gegendruckzylinder *m*, Druckwalze *f* – impression cylinder, impression roll

cylindre *m* **de découpe** – Stanz-zylinder *m* – die cylinder

cylindre *m* **de dosage** – Dosier-walze *f* *(Flexodruck)* – meter(ing) roll

cylindre *m* **de l'outil de coupe** – Stanzrolle *f* – cutting die drum

cylindre *m* **d'impression** – Drucktrommel *f*, Druckzylin-der *m* – print cylinder, impression cylinder

cylindre *m* **en verre acrylique** – Acrylglaswalze *f* *(bei Trommel-scannern)* – acrylic glass cylinder

cylindre *m* **porte-cliché** – Klischeezylinder *m*, Platten-zylinder *m* – plate cylinder, printing plate roll

cylindre *m* **refroidisseur** – Kühlwalze *f* – chill roll

D

d'accolage *(typogr.)* – berührend – touching

dactylo(graphe) *f* – Schreibkraft *f* – typist

dactylographie *f* – Maschinen-schrift *f* – typescript

dactylographié – in Maschinen-schrift – typewritten

daguerréotype *m* – Daguerro-typie *f* – Daguerreotype

daltonien – farb(en)blind – color-blind

daltonien *m* – Farbenblinde *m/f* – color-blind person

daltonisme *m* – Farb(en)blind-heit *f* – color-blindness

damier *m* **de transparence** – Transparenzgitter *n* – transparency grid

dans le petit fond – im Bund – across the gutter

dans le sens des aiguilles de la montre – im Uhrzeigersinn – clockwise

dans le sens du grain – in Laufrichtung – long grain

dans l'ordre inverse – in umgekehrter Reihenfolge – in reverse order

database publishing *m* – Database Publishing *n* – database publishing

D

date *f* – Datum *n* – date
date *f* **de création** – Erstelldatum *n* – creation date
date *f* **de livraison** – Ablieferungstermin *m* – delivery date
date *f* **de parution** – Erscheinungsdatum *n* – publication date
date (heure) *f* **limite (de bouclage d'une édition)** – Redaktionsschluss *m* – news deadline, copy deadline
date *f* **limite de la composition** – Satztermin *m* – typesetting deadline
De base optimisé – Baseline optimiert *(JPEG-Option in Photoshop)* – Baseline optimized
débit *m* – Durchsatz *m* – through-put
débit *m* **binaire** – Bitrate *f* – bit rate
débit *m* **de transmision** – Übertragungsrate *f* – transmission rate
débit *m* **de transmision sur réseau** – Netzwerkübertragungsrate *f* – network rate transfer
débobinage *m* – Abrollung *f* *(Papierrolle)* – unwinding
débobiner – abwickeln, abrollen *(Papierrolle)* – unwind *v.*
déboguer – debuggen – debug *v.*
débogueur *m* – Debugger *m* – debugger
débord *m* – Trap *m* – trap
débordé *m* – Überlauf *m*, Übersatz(text) *m* – overset text, break over, overmatter
débordement *m* – Überhang *m* – overhang, overshot
débordement *m* **de la pile** – Überlaufen *n* des Stapels – overpiling
débordement *m* **du texte** *(QuarkXPress)* – Textrahmenüberfluss *m* – text box overflow
débordement *m* **inférieur** – unterer Überhang *m* – base overhang

débordement *m* **supérieur** – oberer Überhang *m* – upper overhang
déborder – überfließen – overflow *v.*
débrancher – herausziehen *(Kabel)* – unplug *v.*
debroché – ohne Umschlag – unsewn
début *m* **de la ligne** – Zeilenanfang *m* – beginning of the line, start of the line
décalage *m* – Versatz *m*, Verschiebung *f* – offset, shift, displacement
décalage *m* **de couleurs** – Farbverschiebung *f* – color variances
décalage *m* **de la ligne de base** – Grundlinienversatz *m* – baseline shift
décalage *m* **des tons** – Tonwertverschiebung *f* – tonal shift
décalage *m* **d'ombrage** – Schattenverschiebung *f* – shadow offset
décalcomanie *f* – Abziehbild *n* – decalcomania, transfer
décalé, -e – verschoben – moved
décaler – versetzt anordnen, verschieben – stagger *v.*, shift *v.*
décalquage *m* – Pausen *n*, Abpausen *n*, Durchpausen *n* – tracing
décalque *m* – Sonderdruck *m* – off(-)print
décalque *m* – Pause *f* – tracing
décalquer – pausen, abpausen, durchpausen – trace *v.*
décapage *m* – Entschichtung *f* – stripping
décaper – entschichten – strip *v.*
décharge *f* – Abschmieren *n* *(Druckfarbe auf Papier)* – set-off
décharger (de) – entladen – offload *v.*
déchets *m/pl* **de coupe** – Schneidabfall *m* – cutting waste
déchiffrable par la machine – maschinenlesbar – machine(-)readable

déchiffrer – dekodieren, entschlüsseln, entziffern – decode *v.*
déchiqueteur *m* – Reißwolf *m*, Shredder *m* – shredder
déchiré, -e – gerissen – torn
déchirer – reißen – tear *v.*
déchirure *f* – Riss *m* – tear
décideur *m* – Entscheidungsträger *m* – decision maker
décimal – dezimal – decimal
décimale *f* – Dezimalstelle *f*, Dezimale *f* – decimal
décisionnaire *m* – Entscheidungsträger *m* – decision maker
déclencher – auslösen – release *v.*, trigger *v.*
déclencheur *m* *(fotogr.)* – Auslöser *m* – shutter release, trigger
déclencheur à distance *(fotogr.)* – Fernauslöser *m* – remote control release
déclencheur *m* **automatique** *(fotogr.)* – Selbstauslöser *m*, Timer *m* – self-timer
déclencheur *m* **souple** *(fotogr.)* – Drahtauslöser *m* – cable release
décoder – dekodieren, entschlüsseln, entziffern – decode *v.*
décodeur *m* – Decoder *m* – decoder
décollage *m* – Entlaminierung *f* – delamination
décoller – auflockern *(Druckbogen)* – loosen up *v.*
décoller – delaminieren, entlaminieren – delaminate *v.*
décoloré, -e – verschossen, verwaschen *(Farbe)* – discolored, washed out
décolorer – ausbleichen, verblassen – fade *v.*, bleach *v.*
décomplexage *m* – Entlamierung *f* – delamination
décompresser – entkomprimieren – decompress *v.*, unpack *v.*, unzip *v.*
décompression *f* – Entkomprimierung *f* – decompressing
déconnecter – ausstecken – disconnect *v.*
déconnecter (se) – sich ausloggen, sich ausmelden – log out *v.*, log off *v.*

décoration *f* – Verzierung *f*, Ornament *n* – decoration, ornament(ation)

décoration *f* de coins – Eckenverzierung *f* – corner ornament

décoré – verziert – decorated

décorer – verzieren – decorate *v.*

décorticage *m* – Abfallausbrechen *n* – waste stripping

de côté – seitlich – lateral, side ...

découpage *m* – Schnitt *m*, Beschneiden *n*, Schneiden *n*, Zuschneiden *n*, Ausschneiden *n*, Ausstanzung *f*, Freistellen *n* – cut, trim, trimming, cutting, cropping, punching, clipping

découpage *m* à l'emporte-pièce – Stanzen *n*, Formstanzen *n* – die cut(ting)

découpage *m* à plat – Flachbettstanzen *m* – flat-bed die-cutting

découpage *m* des poses – Nutzenstanzung *f* – blank cutting

découpage *m* rotatif – Rotationsstanzen *n* – rotary die-cutting

découpe *f* – Stanzung *f* – die cut (D/C)

découpe *f* (à plat) – Nutzen *m* *(beim Stanzen)* – blank

découper – schneiden, beschneiden, ausschneiden, freistellen – trim *v.*, crop *v.*, cut out *v.*, mask *v.*

découpeuse *f* à platine – Stanzpresse *f* – cutter-creaser

découpeuse *f* de coins – Eckenstanzmaschine *f* – corner punching machine

découpoir *m* – Stanzwerk *n* – die cut section

découpoir *m* rotatif – Schneidrollenstanzmaschine *f* – rotary die-cutter

décryptage *m* – Entschlüsselung *f*, Dekodierung *f* – decoding, decryption

décrypter – dekodieren, entschlüsseln, entziffern – decode *v.*, decrypt *v.*

décuivrage *m* – Entkupfern *n* – decoppering

de deux pages – zweiseitig *(Schriftstück)* – two pages long

dédicace *f* – Widmung *f* – dedication

dédié, -e – spezialisiert – specialized, dedicated

dédoublement *m* de point – Punktverdopplung *f (beim Druck)* – dot doubling

défaillance *f* – Ausfall *m*, Defekt *m* – failure

défaut *m* – Standard *m* – standard, default

défaut *m* – Fehler *m* – fault, mistake

défaut *m* de repérage – Passerfehler *m* – misregistration, register error

défectueux, -se *(techn.)* – fehlerhaft – defective

défilement *m* – Scrollen *n* – scrolling

défilement *m* avant – Vorwärts-Scrollen *n* – scrolling forward

défilement *m* horizontal – horizontales Scrollen *n* – horizontal scrolling

définition *f* de recherche – Suchtext *m* – search query

défoncer – aussparen – knockout *v.*

de format exceptionnel – Überformat *n* – oversize

déformation *f* – Verformung *f*, Verzerrung *f* – deformation

déformation *f* de la bobine – Bahnverzug *m* – web growth/shift

déformation *f* de la plaque – Plattenausdehnung *f* – plate elongation

déformation *f* du papier – Papierverzug *m* – paper distortion

déformé, -e – verzerrt – deformed

déformer – verzerren, verformen – deform *v.*, distort *v.*

défragmentation *f* – Defragmentierung *f* – defragmentation

défragmenter – defragmentieren – defragment *v.*

dégradé *m* circulaire – kreisförmiger Verlauf *m* – circular blend

dégradé *m* (couleur, de couleurs) – Farbverlauf *m*, Verlauf *m* – gradient, blend, shading, vignette

Dégradé en losange *(QuarkXPress)* – Rautenförmiger Verlauf – Diamond Blend

dégradé *m* linéaire – linearer Verlauf *m* – linear blend

Dégradé *m* lisse (progressif) *(PostScript, PDF)* – Weicher Verlauf *m*, Smooth Shading *m* – Smooth Shading, Smooth Shades

dégrader – schattieren, abschatten, abtönen – shade *v.*

dégrader – abstufen *(Farbtöne)* – shade *v.*, grade *v.*, tone *v.*, gradate *v.*

Dégradé rectangulaire *(QuarkXPress)* – Rechteckiger Verlauf – Rectangular Blend

Dégradé semi-linéaire *(QuarkXPress)* – Zentrierter, linearer Verlauf – Mid-Linear Blend

dégraisseur *m* – Feuchtreiber *m* – damping distributor

degré *m* – Grad *m (Winkel)* – degrees

degré *m* d'ouverture du diaphragme – Blendenzahl *f* – f-number

dégrouper – Gruppierung aufheben – ungroup *v.*

déjeté, -e – verzogen, verbogen – warped

de la couleur – farblich – in color, color ...

délai *m* – Termin *m* – appointment, deadline, schedule

délai *m* de livraison – Lieferfrist *f* – delivery deadline

délai *m* serré – Termindruck *m* – deadline pressure

délaminer – delaminieren, entlamieren – delaminate *v.*

délavé, -e – verschossen, verwaschen *(Farbe)* – discolored, washed out

DEL (diode *f* électroluminescente) – LED *f* – LED (light-emitting diode)

déliasseuse *f* – Trennmaschine *f* (*Endlospapier*) – decollator

délié, -e – lose im Einband – binding loosened

délié *m* (*typogr.*) – Aufstrich *m* – up-stroke

délié *m* – Haarlinie *f* – hairline

démarrage *m* **du système** – Systemstart *m* – system startup

démarrer – starten, booten, hochfahren – launch *v.*, boot *v.*

demi-cadratin *m* – Halbgeviert *n* – en, half em quad/space

demi-feuille *f* – Halbbogen *m* – half sheet

demi-gras – halbfett – semibold typeface

demi-interlignage *m* – halber Zeilenvorschub *m* – half-leading

demi-reliure *f* – Halb(ein)band *m* – half binding

demi-teinte *f* – Halbton *m* – halftone, continuous tone, contone

demi-toile *f* – Halbleinen *n* – half-cloth, half-linen

demi-ton *m* – Halbton *m* – halftone, continuous tone, contone

demi-vélin *m* – Halbpergament *n* – half vellum

démon *m* – Daemon *m* (*Prozess*) – daemon

dénominateur *m* – Nenner *m* – denominator

densité *f* – Dichte *f* – density

densité *f* **d'aplat** – Volltondichte *f* – solid ink density (SID)

densité *f* **(d'écriture)** – Schreibdichte *f* – scanline density

densité *f* **de la trame** – Rasterdichte *f* – screen density

densité *f* **de l'encrage** – Farbdichte *f* – ink density

densité *f* **de l'original** – Vorlagen-dichte *f* – original density

densité *f* **du film** – Filmdichte *f* – film density

densité *f* **intégrale** – integrale Dichte *f* – integrated density

densité *f* **maximale** – Maximaldichte *f*, maximale Dichte *f* – maximal density

densité *f* **minimum** – Minimaldichte *f* – minimal density

densité *f* **neutre** – neutrale Dichte *f* – neutral density

densité *f* **optique** – optische Dichte *f* – optical density

densité *f* **spectrale de la couleur** – spektrale Farbdichte *f* – spectral color density

densitomètre *m* – Densitometer *n* – densitometer

densitomètre *m* **réflexion** – Aufsichtsdensitometer *n* – reflection densitometer

densitomètre *m* **transparent** – Durchsichtsdensitometer *n* – transparency densitometer

densitométrique – densitometrisch – densitometric(al)

dépannage *m* – Troubleshooting *n*, Fehlerbeseitigung *f*, Fehlerbehebung *f* – debugging, troubleshooting

département *m* – Abteilung *f* – department

département *m* **de production** – Produktionsabteilung *f*, Produktion *f* – production department

département *m* **repro** – Reproabteilung *f* – repro department

dépassement *m* **de feuille** – Überschießbogen *m* – overrun sheet

dépendance *f* **du périphérique** – Geräteabhängigkeit *f* – device-dependency

dépendant de la résolution – auflösungsabhängig – resolution dependent

déplacement *m* – Verschiebung *f* – offset

déplacement *m* **du curseur** – Cursorbewegung *f* – cursor movement

déplacement *m* **latéral de la bande** – seitlicher Bahnverzug *m* – web shift side-to-side

déplacer – verschieben – move *v.*, shift *v.*

dépliage *m* – Auseinanderfaltung *f* – unfolding

dépliant *m* – Broschüre *f*, Prospekt *m*, Faltbroschüre *f*, Faltprospekt *m*, Falzprospekt *m* – brochure, broadside, folded brochure, pamphlet, leaflet, brochure, prospectus (*pl.* prospectuses)

dépliant *m* **publicitaire** – Werbeprospekt *m*, Werbebroschüre *f*, Werbeschrift *f* – advertising brochure, publicity brochure

déplier – auseinander falten, entfalten – unfold *v.*

déployer – unfold *v.*, spread out *v.* – auseinander falten, entfalten

de plusieurs pages – seitenlang – pages and pages, lengthy

dépôt *m* **légal** – Pflichtexemplar *n* – legal deposit

dépouillement *m* **des données** – Datenauswertung *f* – data evaluation

dépoussiérage *m* – Staubentfernen *m*, Abstauben *n* – dust removal, dusting

d'équerre – *en équerre* – rechtwinklig – right-angled

dérèglement *m* **électromagnétique** – elektromagnetische Störung *f* – electromagnetic disturbance

dernière ligne *f* – Schlusszeile *f* – bottom line

dernière publication *f* – Neuerscheinung *f* – recent book/publication

déroulement *m* **de (du) travail** – Arbeitsablauf *m* – workflow (process)

dérouleur *m* **à collage en vol** – fliegender Rollenwechsler *m* – flying reelchange/splice

dérouleur *m* **sans broche** – achsloses Abwickeln *n* (*Rollendruck*) – shaftless unwind

derrière – hinter – behind

désacidifier – entsäuern – deacidify *v.*

D

désactivation f – Deaktivierung f – disactivation

désactivé, -e – deaktiviert – disabled, disactivated

désactiver – deaktivieren – disable v., deactivate v.

désaligné, -e – nicht liniehaltend – out of alignment

désaturer – Sättigung f herabsetzen – desaturate v.

descendant, -e – absteigend – descending

descendante f – Unterlänge f (beim Buchstaben) – descender (length)

des couleurs – farblich – in color, color …

descriptions f/pl **d'imprimantes** – Druckerbeschreibungen f/pl (PPD-Dateien) – printer descriptions

des deux cotés – doppelseitig – double-sided

désélectionner – Auswahl f aufheben (z.B. Objekte auf einer Seite) – deselect v.

désempilage m – Entstapeln n – de-stacking

désensibiliser – desensibilisieren – desensitize v.

design m – Design n, Gestaltung f – design

désignation f – Namensgebung f – naming

designer m – Designer, -in – designer

designer m **vidéo** – Video-designer, -in – video designer

désinstaller – deinstallieren – uninstall v.

de(s) journaliste(s) – publizistisch – journalistic

des pages et des pages – seitenlang – pages and pages, lengthy

dessin m – Zeichnung f – drawing

dessin m **à la plume** – Federzeichnung f – pen drawing

dessin m **à l'échelle** – maßstabsgerechte Zeichnung f – scale drawing

dessin m **à main levée** – Freihandzeichnung f – freehand drawing

dessinateur, -rice – Designer, -in, Zeichner, -in – designer, draughtsman, Draftsman (U.S.)

dessinateur, -rice de caractères – Fontdesigner, -in, Schriftdesigner, -in – font designer, type designer

dessinateur, -rice publicitaire – Gebrauchsgrafiker, -in – industrial artist

dessin m **au charbon** – Kohlezeichnung f – charcoal drawing

dessin m **au crayon** m – Bleistiftzeichnung f – pencil drawing

dessin m **au net** – Reinzeichnung f – final art(work), finished art(work), final drawing, finished drawing

dessin m **au pastel** – Pastellbild n, Pastellmalerei f – pastel drawing

dessin m **de surface** – Flächenmuster n (Kartografie) – area pattern

dessin m **d'un modèle** – Modellzeichnung f – drawing of a model

dessiné, -e – gezeichnet – drawn

dessiner – zeichnen – draw v.

dessin m **industriel** – Industrie-Design n – industrial design

dessin m **publicitaire** – Gebrauchsgrafik f, Werbegrafik f – commercial art

dessin m **satirique** – Karikatur f – cartoon, caricature

dessin m **technique** – technische Zeichnung f – engineering drawing, technical drawing

dessin m **typographique** – typografische Gestaltung f – typographical design

dessous – unterhalb, unten – below

dessus – über, oberhalb, darüber – above, over

destinataire m – Adressat m, Empfänger m – addressee, recipient, receiver

détacher – abhängen, abreißen, abtrennen (z.B. E-Mail-Anhang) – detach v., tear-off v., burst v.

détail m – Detail n, Ausschnitt m (aus einem Bild) – detail

détaillé, -e – detailliert – detailed

détails m/pl **dans les ombres** – Tiefenzeichnung f – shadow details, image definition in the shadows

détails m/pl **haute lumières** – Lichterzeichnung f – highlight details

détecter – erkennen, aufspüren – detect v., recognize v.

détecter des problèmes – Probleme erkennen – detect v. problems

détecteur m – Sensor m – sensor

détecteur m **de casse** – Bahnrisssensor m – web break sensor

détecteur m **de manque de feuille** – Fehlbogenkontolle f – no-sheet detector

détecteur m **double-feuilles** – Doppelbogenkontrolle f – two-sheet detector

détection f **des contours** – Auto-Tracing n – auto-tracing

déteintage m – Ausbleichen n (Druckfarbe) – bleeding

détenteur m **d'une licence** – Lizenzinhaber m – licensee

détérioré, -e – beschädigt (z.B. Datei) – corrupt

Détourage (QuarkXPress) – Ausschnitt – Clipping

détourage m – Freisteller m, Bildfreistellung f, Freistellen n – cut-out (mask), clipping, picture cut(-)out, scissoring

détourer – freistellen – mask v.

détramage m – Entrasterung f – descreening

détramer – entrastern – descreen v.

de transformation du papier – papierverarbeitend – paperprocessing

de travers – quer – crosswise

détruire – löschen, entfernen – delete v., remove v., eliminate v., erase v.

deutéranomal, -e – grünblind – green-blind

deux fois par mois – vierzehntägig – bi-weekly, fortnightly

deuxième (de) couverture – vordere Umschlaginnenseite *f* – inside front cover (IFC), second cover

deux points *m/pl* – Doppelpunkt *m* – colon

deux poses – Doppelnutzen *m* – two-up

devant – vor, vorn(e) – in front of, at the front

devant *m* – Vorderseite *f* – front side/page

développement *m* **du film** – Entwicklung *f*, Filmentwicklung *f* – processing, film processing

développer *(fotogr.)* – entwickeln – develop

développeur, -euse (de logiciel) – Software-Entwickler, -in – software developer

développeuse *f* – Entwicklungsmaschine *f* – developer

devenir plat – flach werden, verflachen *(Kontrast eines Bildes)* – become *v.* flat

déverrouillage *m* – Sperrung *f* – locking

déverrouiller – Sperrung aufheben – unlock *v.*

dévideur *m* – Streamer *m* – streamer

devis *m* – Kostenvoranschlag *m*, Angebotsformular *n* – cost estimate, quote sheet

dézoomer – auszoomen – zoom out *v.*

diagonale *f* – Diagonale *f* – diagonal

diagonal(ement) – diagonal – diagonal

diagramme *m* – Diagramm *n* – diagram, chart

diagramme *m* **chromatique** – chromatisches Diagramm *n* – chromaticity diagram

diagramme *m* **de dispersion** – Punktdiagramm *n* – scatter diagram

diamètre *m* **déchantillonnage** – Probendurchmesser *m* – sample diameter

diaphragmation *f* – Abblenden *n* – stopping down

diaphragme *m* – Blende *f* – aperture, diaphragm

diaphragme *m* **iris** – Irisblende *f* – iris diaphragm

diaphragmer *(fotogr.)* – abblenden – stop *v.* down

diapo *f* – Dia *n*, Diapositiv *n* – slide

diaporama *m* – Diaschau *f* – slide show

diapositive *f* – Dia *n*, Diapositiv *n* – transparency

diapositive *f* **petit format** – Kleinbilddia *n* – 35 mm slide

diazocopie *f* – Lichtpause *f* – dyeline

diazotypie *f* – Diazotypie *f*, Lichtpausverfahren *n* – diazotype, dyeline process

dictionnaire *m* **(F** *dico m*) – Wörterbuch *n* – dictionary

Dictionnaire auxiliaire *(QuarkXPress)* – Hilfslexikon – Auxiliary Dictionary

dictionnaire *m* **de poche** – Taschenwörterbuch *n* – pocket dictionary

dictionnaire *m* **de synonymes** – Thesaurus *m* – thesaurus

dictionnaire *m* **d'exception** – Ausnahmelexikon *n* – exception dictionary

dictionnaire *m* **d'images** – Bildwörterbuch *n* – picture dictionary

dictionnaire *m* **encyclopédique** – Lexikon *n* – encyclopedia

dictionnaire *m* **personnalisé** – Benutzerwörterbuch *n* – custom dictionary, user dictionary

dictionnaire *m* **spécialisé** (F *dico m spécialisé*) – Fachwörterbuch *n* – specialist dictionary, specialized dictionary

didacticiel *m* – Lernprogramm *n*, Tutorial *n*, Lehrgang *m* – tutorial, courseware, teachware

didones *f/pl* – klassizistische Antiqua *f* – Didonics, Modern face

dièse *m* (#) – Nummerzeichen *n* – number sign, pound

différence *f* **colorimétrique** – Farbabstand *m* – color difference

différence *f* **de couleur perçue** – empfundener Farbunterschied *f*

différencier – unterscheiden – distinguish *v.*

diffracter – beugen – deflect *v.*, diffract *v.*

diffraction *f* *(opt.)* – Beugung *f* – diffraction

diffraction *f* **de la lumière** – Lichtbeugung *f* – light scatter

diffus, -e – diffus – diffuse(d), scattered

diffusion *f* – Vertrieb *m*, Verteilung *f* – distribution

diffusion *f* **de la lumière** – Lichtbeugung *f* – light scatter, diffusion of light

diffusion *f* **lumineuse** – Lichtverteilung *f* – light diffusion

digitalisateur *m* – Digitizer *m*, Digitalisiergerät *n*, Digitalisiertablett *n*, Grafiktablett *n* – digitizer, digitizing tablet

digitalisation *f* – Digitalisierung *f* – digitizing, digitization

digitaliser – digitalisieren – digitize *v.*

dilatabilité *f* – Dehnbarkeit *f* – elasticity

dilatable – dehnbar – elastic, expansible, flexible

dilatation *f* – Ausdehnung *f* *(Papier)* – spread

dilater (se) – dehnen, sich ausdehnen – stretch *v.*, span *v.*, spread *v.*

diluer – verdünnen – dilute *v.*

dilution *f* – Verdünnung *f* – dilution

dimensionnement *m* – Bemaßung *f* – dimensioning

dimensions *f/pl* – Abmessung *f* – dimension

dimensions *f/pl* **des alvéoles** – Näpfchenabmessungen *f/pl* – dimension of the cell

D

diode *f* **(à) laser** – Laserdiode *f* – laser diode

diode *f* **électroluminescente** – Leuchtdiode *f* – light-emitting diode

diphtongue *f* – Diphtong *m*, Doppellaut *m* – diphthong

directeur, -rice artistique (DA) – Art Director *m*, künstlerische(r) Leiter, -in – art director

directeur, -rice commercial – Verkaufsleiter, -in – sales manager/executive

directeur, -rice de la production (fabrication) – Produktionsleiter, -in, Hestellungsleiter, -in – production manager, plant manager

directeur, -rice de la publicité – Werbeleiter, -in – publicity manager

directeur, -rice de la rédaction – Redaktionsleiter, -in – editor

directeur, -rice des ressources humaines – Personalchef *m* – personnel manager

directeur, -rice des ventes – Verkaufsleiter, -in – sales manager/executive

directeur *m* **technique** – technische(r) Leiter, -in – technical director

direction *f* – Richtung *f* – direction

direction longitudinale – Längsrichtung *f* – longitudinal direction

dirigé par base de données – datenbankgesteuert – database driven

discernable – wahrnehmbar, erkennbar – discernable, perceptible, recognizable

disponible – verfügbar, erhältlich – available, in print

disposer – anordnen – arrange *v.*

dispositif *m* **à couplage de charge** – CCD *f* – CCD (Charge Coupled Device)

dispositif *m* **de mouillage** – Feuchtwerk *n* – damping unit

dispositif *m* **de mouillage du papier** – Papierbefeuchter *m* – paper moistener/wetter

dispositif *m* **d'encrage** – Farbwerk *n* – inking unit/system

dispositif *m* **de perforation** – Perforationswerk *n* – perforating device

dispositif *m* **de traitement corona** – Koronabehandler *m* – corona treater

dispositif *m* **d'observation de la bande** – Bahnüberwachungssystem *n* – web inspection system

disposition *f* – Anordnung *f* – arrangement

disque *m* **à calculer** – Rechenscheibe *f* – calculation disk

disque *m* **amovible** – Wechselplatte *f* – removable hard disk

disque *m* **compact** (F *compact m*) – CD *f*, Compact Disc *f* – CD, compact disc

disque *m* **compact photo** – Foto-CD *f* – photo CD

disque *m* **(dur)** – Festplatte *f*, Platte *f* – disk

disque *m* **dur** – Festplatte *f* – hard disk

disque *m* **échangeable** – austauschbarer Datenträger *m* – exchangeable disk

disque *m* **magnétique** – Magnetplatte *f* – magnetic disk

disque *m* **numérique polyvalent (DNP)** *(DVD)* – DVD – DVD (digital versatile disc / digital video disc)

disque *m* **optonumérique (DON)** – magneto-optische Disk – magneto optical disk

disquette *f* – Diskette *f*, Floppy-Disk *f* – diskette, floppy disk

Dissocier *(InDesign, Illustrator)* – Gruppierung aufheben – ungroup *v.*

dissoudre *(chem.)* – auflösen – dissolve *v.*

distance *f* **entre deux objets** – Entfernung *f* zwischen zwei Objekten – distance between two objects

distance *f* **focale** *(opt.)* – Brennweite *f* – focal length

distance *f* **hyperfocale** – hyperfokale Entfernung *f* – hyperfocal distance

distordre – verzerren, verformen – deform *v.*, distort *v.*

distorsion *f* – Verzerrung *f*, Verformung *f*, Verzeichnen *n*, Verziehen *n*, Verzeichnung *f* – distortion, deformation

distorsion *f* **de (du) point de trame** – Rasterpunktverformung *f* – dot distortion

distorsion *f* **de la concurrence** – Wettbewerbsverzerrung *f* – unfair competition

distorsion *f* **en barillet** *(fotogr.)* – tonnenförmige Verzeichnung *f* – barrel distortion

distorsion *f* **en coussin** – Kissenverzeichnung *f* – pincushion distortion

distorsion *f* **optique** – optische Verzeichnung *f* – optical distortion

distribuer – verteilen – distribute *v.*

distributeur *m* – Händler *m* – dealer, distributor

distribution *f* – Vertrieb *m*, Verteilung *f* – distribution

distribution *f* **porte à porte** – Wurfsendung *f* – door-to-door distribution

diviser – trennen, teilen, aufspalten, unterteilen, splitten *(Text)* – divide *v.*, hyphen(ate) *v.*, split *v.*, tile *v.*

diviser un tracé – unterteilen (aufspalten) eines Pfades – split *v.* a path

division *f* – Trennung *f*, Division *f* – division

division *f* **des mots** – Silbentrennung *f*, Worttrennung *f* – hyphenation, word breaking, word cutting

division *f* **de tracé** – Unterteilen *n* (Aufspaltung *f*) eines Pfades – path splitting

division *f* **optionnelle** – weicher Trennstrich *m*, Trennfuge *f* – discretionary hyphen, soft hyphen

document *m* – Dokument *n* – document

document *m* **à plusieurs pages** – mehrseitiges Dokument *n* – multiple page document

documentation *f* (F *doc f*) – Dokumentation *f* – documentation

documentation *f* **technique** – technische Dokumentation *f* – technical documentation

documenter – dokumentieren – document *v.*

document *m* **source** – Quelldokument *n* – source document

domaine *m* **d'application** – Anwendungsbereich *m* – application field

dominante *f* – Farbstich *m* – colorcast, color shift

dominante *f* **du jaune** – Gelbstich *m* – yellow cast

dominante *f* **du vert** – Grünstich *m* – green cast

dominantes *f/pl* **de couleurs** – Farbstich *m* – colorcast, color shift

dongle *m* – Dongle *m* – dongle

données *f/pl* – Daten *pl* – data

données *f/pl* **administratives** – Verwaltungsdaten *pl* – administrative data

données *f/pl* **brutes** – Rohdaten *pl* – raw data

données *f/pl* **de l'utilisateur** – Benutzerdaten *pl* – user data

données *f/pl* **de production** – Produktionsdaten *pl* – production data

données *f/pl* **de test** – Testdaten *pl* – test data

données *f/pl* **de texte** – Textdaten *pl* – text data

données *f/pl* **d'exploitation** – Betriebsdaten *pl* – operational data

données *f/pl* **du travail** – Auftragsdaten *pl* – job data

données *f/pl* **en haute résolution** – Feindaten *f/pl* – fine data

données *f/pl* **extérieures** – Fremddaten *pl* – external data

données *f/pl* **grossières** – Grobdaten *pl* – rough data

données *f/pl* **pré-rastérisées** – vorgerippte Daten – pre-ripped data

données *f/pl* **rippées** – gerippte Daten *pl* – ripped data

données *f/pl* **scannées** – Scandaten *pl* – scan data

données *f/pl* **variables** – variable Daten *pl* – variable data

donner de la lumière – leuchten – shine *v.*, glow *v.*, beam *v.*

donneur *m* **d'ordres** – Auftraggeber, -in – client, customer

doré, -e – vergoldet, goldfarben – gilt stamped, golden-colored

dorsale *f* – Netz-Grobstruktur *f* – backbone network

dorure *f* **à chaud** – Folienprägung *f*, Heißfolienprägung *f* – foil stamping, hot foil stamping

dorure *f* **à presse** – Pressvergoldung *f* – machine gilding, press-gilding

dorure *f* **en tête** – Kopfgoldschnitt *m* – top-edge gilt

dorure *f* **sur tranche** – Goldschnitt *m* – gilt-edge

dos à dos – Rücken an Rücken *(Druck)* – back to back, back-to-back

dosage *m* **de la lumière** – Lichtdosierung *f* – light metering

dosage *m* **de l'encrage** – Farbdosierung *f* – ink metering

dos *m* **carré** – Flachrücken *m* *(Druckverarbeitung)* – square back

dos *m* **cartonné** – Papprückwand *f* – cardboard bock

dos *m* **(du livre)** – Buchrücken *m*, Rücken *m* *(Buchrücken)* – spine, back (of book), bookspine, backbone

dos *m* **(numérique)** – Rückteil *n* *(digitale Kamera)* – digital back, digital cameraback

dos *m* **numérique** – Kamerarückteil *n* *(digitale Kamera)* – cameraback, camera back

dossier *m* – Ordner *m*, Akte *f* – folder, file, record

dossier *m* **actif (scruté, surveillé)** – Hot Folder *m*, überwachter Ordner *m* – hot folder

dossier *m* **d'échantillons** – Mustermappe *f* – sample folder

dossier de contrôle *(Acrobat)* – überwachter Ordner – watched folder

dossier *m* **de destination** – Zielordner *m* – destination folder

dossier *m* **de travail** – Laufzettel *m*, Auftragstasche *f* – job ticket, job docket

dossier *m* **surveillé** – Hot Folder *m*, überwachter Ordner *m* – hot folder

dossier *m* **suspendu** – Hängeregister *n* – vertical file

dossier système – Systemordner *(auf dem Mac)* – System folder

doublage *m* – Dublieren *n*, Schieben *n* – slur

double *m* – Duplikat *n* – duplicate

double-clic *m* – Doppelklick *m* – double click

double-cliquer – doppelklicken – double click *v.*

double densité – doppelte Schreibdichte – double density

double face *f* – Double-Backer *m* – double-backer

double filet *m* – Doppellinie *f* – double line/rule

double ligne *f* – Doppellinie *f* – double line/rule

double page à fond perdu – Doppelseite angeschnitten – double-page full bleed

double paroi *m* – Doppelwand *f* *(Verpackung)* – double wall

double pli *m* **parallèle** – Doppelparallelfalz *m* – double parallel fold

double s (ß) – Szet – eszet

doublon *m* – Dublette *f* – F dupe, duplicates

douze *(typogr.)* – Cicero *n* – cicero

download *m* – Download *m*, Herunterladen *n* – download(ing)

downloader – downloaden, herunterladen – download *v.*

driver *m* – Treiber *m* – driver

droit – gerade – upright

droit *m* **d'accès** – Zugriffsrecht *n*, Zugriffsberechtigung *f* – permission, access right, access privilege, user authorization

D

droit *m* **d'écrire** – Schreibberechtigung *f* – write permission

droit *m* **d'édition** – Copyright *n*, Urheberrecht *n*, Verlagsrecht *n* – copyright, right of publishing

droit *m* **de publication** – Copyright *n*, Urheberrecht *n*, Verlagsrecht *n* – copyright

droit *m* **de reproduction** – Abdruckrecht *n* – copyright permission, right of reproduction, permission to reprint, permission grant

droite *f* – Gerade *f* – straight

droits *m/pl* **d'auteur** – Copyright *n*, Urheberrecht *n*, Verlagsrecht *n* – copyright

droits *m/pl* **d'utilisateur** – Benutzerrechte *n/pl* – user rights

ductus *m* – Duktus *m* – ductus

d'un rouge criard (très vif/éclatant) – grellrot, knallrot – bright red

d'un (seul) côté – einseitig – single-sided

duplicata *m* – Duplikat *n* – duplicate

dupliqué – dupliziert – duplicated

dupliquer – duplizieren – duplicate *v*.

Dupliquer et Déplacer *(QuarkXPress)* – Mehrfach duplizieren – Step and Repeat

durée *f* **de saisie** – Erfassungszeit *f* – keyboarding time

durée *f* **de vie en stock (du stock)** – Lagerbeständigkeit *f* – shelf life

durée *f* **d'exposition** – Belichtungszeit *f* – exposure time

durée *f* **du développement** – Entwicklungszeit *f* – developing time, development time

dureté *f* **(de l'eau)** – Härtegrad *m* (des Wassers) – hardness (of water)

duromètre *m* – Härtemesser *m* – durometer

dynamique(ment) – dynamisch – dynamic

E

eau-forte *f* – Radierung *f*, Radierkunst *f* – etching

ébauche *f* – Skizze *f*, Entwurf *m* – draft, sketch

ébauché, -e – skizzenhaft – rough, sketchy

ébaucher – skizzieren – sketch *v*.

écart *m* – Abstand *m*, Distanz *f*, Lücke *f*, Zwischenraum *m* – distance, gap

écart *m* **de brillances** – Helligkeitsumfang *m* – brightness range

écart *m* **de contraste** – Kontrastumfang *m* – contrast range

écart *m* **de densité** – Dichteumfang *m*, Dichteabweichung *f* – density range, density deviation

écart *m* **de trame** – Rasterumfang *m* – screen range, halftone range

écartement *m* **des lignes** – Zeilenabstand *m*, Zeilendurchschuss *m*, Durchschuss *m* – leading , lead, slug, line spacing

échange *m* – Austausch *m* – exchange

échangeable – austauschbar – exchangeable

échange *m* **de documents** – Dokumentenaustausch *m* – document exchange

échange *m* **de données** – Datenaustausch *m* – data exchange

échanger – austauschen – exchange *v*.

échantillon *m* – Probe *f*, Stichprobe *f*, Muster *n* – sample, specimen, random sample, probe

échantillon *m* **de couleur** – Farbmuster *n* – color sample, color specimen, color swatch

échantillonnage *m* – Probentnahme *f*, Stichprobenentnahme *f* – sampling

Échantillonnage optimisé *(InDesign)* – Optimierte Abtastauflösung – Optimized Subsampling

échantillonner – Probe entnehmen – take *v*. a sample

échappée *f* **de lumière** – Schlaglicht *n* – highlight

échauffement *m* – Erhitzung *f* – heating

échéance *f* – Deadline *f* – deadline

échelle *f* – Maßstab *m*, Skala *f*, Vergrößerungsfaktor *m* – scale, scaling factor

échelle *f* **Brunner** – Brunner-Kontrollstreifen *m* – Brunner strip

échelle *f* **de gris** – Graukeil *m* – grayscale

échelle *f* **de reproduction** – Abbildungsmaßstab *m* – reproduction scale, scale of reproduction

échelle *f* **des couleurs** – Farbskala *f* – color chart, color scale

échelle *f* **des tons** – Tonwertskala *f* – tone scale

échelle *f* **horizontale** – horizontale Skalierung *f* – horizontal scale

échelle *f* **réduite** – verkleinerter Maßstab *m* – reduced scale

échelle *f* **supérieure** – größerer Maßstab *m* – larger scale

échenillage *m* – Abfallausbrechen *n* – waste stripping

échoppe *f* – Radiernadel *f* – etching needle

éclaboussure *f* – Farbspritzen *n* – ink splash(ing)

éclairage *m* – Ausleuchtung *f*, Beleuchtung *f* – lighting

éclairage *m* **ambiant** – Raumlicht *n*, Umgebungslicht *n* – ambient light, room light

éclairage *m* **arrière** – Unterlicht *n*, Gegenlicht *n* *(Kamera)* – backlight

éclairage *m* **aux bougies** – Kerzenlicht *n* – candlelight

éclairage *m* **d'appoint** – Aufhelllicht *n* – fill-in light, fill-light

éclairage *m* **diffus** – diffuse Beleuchtung *f* – diffuse lighting

éclairage *m* **faible** – schwaches Licht *n* – low light

D
E

Éclairage omnidirectionnel
(Photoshop) – Diffuses Licht –
Omni light

éclairage *m* **par réflexion** –
Auflicht *n* – on-light

éclairagiste *m/f* – Beleuchter, -in
(Theater, Film) – lightning
technician

éclaircir – aufhellen – brighten *v.*,
lighten *v.*

éclaircissement *m* – Aufhellung *f*
– brightening, dodging

éclairé, -e – beleuchtet – lit up

éclairer *(fotogr.)* – beleuchten –
light up *v.*

éclatant, -e – knallig, grell –
glaring, loud

économiseur *m* **d'écran** *(F écono*
m) – Bildschirmschoner *m* –
screensaver, screen saver

écoulement *m* **de l'encre** –
Farbfluss *m* – ink flow

écourter – abkürzen – abbreviate
v., shorten *v.*

écran *m* – Bildschirm *m*, Monitor
m – monitor, screen

écran *m* **ACL (à cristaux liquides)**
– LCD-Monitor *m* – LCD
(Liquid Crystal Display)
monitor

écran *m* **(de télévision)** – Fernsehschirm *m* – television screen

écran *m* **de visualisation** – Sichtgerät *n* – display device

écran *m* **diffuseur** – Streufolie *f*
(bei Plattenkopie) – dispersion
sheet

écran *m* **d'introduction** – Eröffnungsbildschirm *m* – splash
screen

écran *m* **LCD** – LCD-Monitor *m* –
LCD (Liquid Cristil Display)
monitor

écran *m* **multifréquence** – Multifrequenz-Bildschirm *m* – multi-
frequency screen

écran *m* **plat** – Flachbildschirm *m*
– flat screen

écran *m* **sensitif** – Touch-Screen
m – touch screen

écran *m* **séparé** – Split-Screen *m* –
split screen

écran *m* **tactile** – Touch-Screen *m*
– touch screen

écran *m* **Trinitron** – Trinitron-
Monitor *m* – Trinitron monitor

écrasement *m* **de tête** – Headcrash *m* – head crash

écrasement *m* **du point** – Punktquetschen *n* – dot squeeze

écraser – überschreiben *(Datei)* –
overwrite *v.*

écraser – abquetschen – batter *v.*

écrire – schreiben, verfassen –
write *v.*

écrire en capitales – in Druckbuchstaben schreiben – print *v.*

écrire en deux mots – auseinander schreiben – write *v.* s.th. as
two words

écrire en double – durchschreiben
– make *v.* a (carbon) copy of

écrire séparément – auseinander
schreiben – write *v.* s.th. as two
words

écrit, -e – schriftlich – written

écrit, -e à la main – handschriftlich – handwritten

écriture *f* **à la main** *(F griffe f)* –
Handschrift *f* – handwriting

écriture *f* **calligraphique** –
Schönschrift *f* – calligraphic
writing

écriture *f* **hiéroglyphique** –
Hieroglyphenschrift *f* –
hieroglyphic writing

écriture *f* **lisible** – leserliche
Schrift *f* – readable type

écriture *f* **manuelle** *(F griffe f)* –
Handschrift *f* – handwriting

écriture *f* **manuscrite** –
Schreibschrift *f* – script

écrivain *m* – Schriftsteller, -in –
writer

éditabilité *f* – Editierbarkeit *f* –
editability

éditable – editierbar – editable

éditer – editieren, herausgeben,
veröffentlichen, verlegen –
publish *v.*, edit *v.*

éditeur *m* – Editor *m*, Verleger *m*,
Herausgeber *m* – publisher,
editor

éditeur *m* **de journaux** –
Zeitungsverlag *m*, Zeitungsverleger *m* – newspaper publisher

éditeur *m* **de revues** – Zeitschriftenverleger *m* – magazine
publisher

éditeur *m* **de texte** – Texteditor
m – text editor

édition *f* – Ausgabe *f* – edition,
issue

édition *f* – Verlag *m*, Verlagsanstalt *f*, Verlagswesen *n* –
publisher, publishing house,
publishing

édition *f* **(à tirage) limitée** –
limitierte Auflage, begrenzte
Auflage *f* – limited edition

édition *f* **augmentée** – erweiterte
Ausgabe *f* *(Buch)* – expanded
edition

édition *f* **corrigée** – verbesserte
Ausgabe *f* – corrected edition

édition *f* **dans l'entreprise** –
hausinterne Druckproduktion *f*
– in-house publishing

édition *f* **de base de données** –
Database Publishing *n* –
database publishing

édition *f* **de (du) soir** –
Spätausgabe *f*, Abendausgabe *f*
(einer Zeitung) – late issue,
evening edition

édition *f* **de livres** – Buchverlag *m*
– book publisher

édition *f* **de luxe** – Liebhaberausgabe *f* – edition deluxe

édition *f* **de poche** – Taschen-
(buch)ausgabe *f* – pocket
edition, paperback edition

édition *f* **intégrale** – unzensierte
Ausgabe *f* – unexpurgated
edition

édition *f* **locale** – Lokalausgabe *f*
– local edition

édition *f* **régionale** –
Regionalausgabe *f* – regional
edition

édition *f* **révisée** – überarbeitete
Ausgabe *f* – revised edition

édition *f* **revue et augmentée** –
überarbeitete und erweiterte
Ausgabe *f* *(Buch)* – revised and
expanded edition

édition *f* **revue (et corrigée)** –
überarbeitete Ausgabe *f* –
revised edition

édition *f* **spéciale** – Extraausgabe
f, Sonderausgabe *f* – special
edition, special issue

E

éditorial *m* – Leitartikel *m*, Editorial *n* – editorial *(U.S.)*, leader, leading article

éditorialiste *m* – Leitartikler, -in – editorial writer *(U.S.)*, leader writer, paragrapher

effaçable – löschbar – erasable

effacement *m* – Löschung *f*, Löschen *n*, Löschvorgang *m* – deleting, deletion, erasure

effacement *m* **d'une vue** – Einzelbild-Löschung *f (dig. Kamera)* – one-frame erase

effacer – löschen, entfernen – delete *v.*, remove *v.*, eliminate *v.*, erase *v.*

effacer (à la gomme) – radieren, ausradieren – rub out *v.*

effectuer un rendu – rendern – render *v.*

effet *m* – Effekt *m*, Wirkung *f* – effect

effet *m* **de bord** – Seiteneffekt *m* – side effect

effet *m* **de chiné** – Mottling *f (Schärfeeffekt)* – mottling

effet *m* **de halo** – Halo-Effekt *m* – haloing

effet *m* **de mosaïque** – Mosaik-effekt *m* – mosaic effect

effet *m* **dent de scie** – Sägezahn-effekt *m* – saw-tooth effect

effet *m* **de pixélisation** – Raster-effekt *m* – raster effect

effet *m* **d'escalier** – Alias-Effekt *m*, Aliasing *n*, Treppenbildung *f* – aliasing

effet *m* **de transition** – Über-blendeffekt *m* – transition effect

effet *m* **de voile** – Schleiereffekt *m* – blurred effect

effet *m* **de voisinage** – Schwarz-schildeffekt *m* – reprocity effect

effet *m* **lumineux** – Lichteffekt *m* – lighting effect

effet *m* **miroir** – spiegelnd – mirroring

effet *m* **spécial** *(pl* **effets spéciaux)** – Spezialeffekt *m* – special effect

effet *m* **tacheté** – Speckling *n* – speckling

effet *m* **yeux rouges** – Rote-Augen-Effekt *m* – red-eye effect

efficacité *f* – Produktivität *f* – productivity

effleurage *m* – Beistellung *f* – kiss contact

Égaliser *(Photoshop)* – Tonwert-angleichung – Equalize

éjecter – auswerfen *(CD)* – eject *v.*

éjection *f* **des déchets** – Abfall-ausbrechen *n* – waste stripping

ekta *m* – Dia *n*, Diapositiv *n* – slide

élaboration *f* **du profil** – Profilge-nerierung *f* – profile generation

élargir – erweitern – expand *v.*

élastique – elastisch – elastic(ally)

élastomère – elastomerisch – elastomeric

électronique *f* – Elektronik *f* – electronics

électrosmog *m* – Elektrosmog *m* – electrosmog

électrostatique *f* – Elektrostatik *f* – electrostatics

électrostatique(ment) – elektro-statisch – electrostatic(ally)

électrotechnique – elektro-technisch – electrotechnical

électrotechnique *f* – Elektrotech-nik *f* – electrical engineering

élément *m* **de menu** – Menü-punkt *m*, Menüeintrag *m* – menu item/choice

éléments *m/pl* **de la page** – Seitenbestandteile *m/pl* – page elements

éléments *m/pl* **microligne** – Mikrolinienelemente *n/pl (Kontrollstreifen)* – microline elements

élément *m* **vectoriel** – Vektor-element *n* – vector object/element/item

ellipse *f* – Ellipse *f* – ellipse

elliptique – elliptisch – elliptical

élongation *f* – Dehnung *f* – stretch, elongation

e-mail – E-Mail *n*, elektronische Post *f* – e-mail

emballage *m* – Verpackung *f* – packaging

emballage *m* **à film rétractable** – Schrumpffolienverpackung *f* – shrink-wrapping

emballage *m* **alimentaire** – Lebensmittelverpackung *f* – food packaging

emballage *m* **flexo** – Flexover-packung *f* – flexo packaging

emballage *m* **industriel** – Industrieverpackung *f* – industrial packaging

emballage *m* **souple** – Weichver-packung *f*, flexible Verpackung *f* – flexible packaging

emballage *m* **sous vide** – Vakuumverpackung *f* – vacuum packaging

emballer – verpacken – pack *v.*

emballer par rétraction – überziehen mit Schrumpffolie – shrink *v.* wrap

emballé sous film rétractable – eingeschweißt – shrink-wrapped

emballé sous vide – vakuum-verpackt – vacuum-packed

embase *f* **filetée de trépied** – Stativgewinde *n* – tripod socket

embobineur *m* – Aufrollung *f (Druckbahn)* – rewinder

emboîtage *m* – Schuber *m* – case

emboîter – einhängen *(Buch-produktion)* – case in *v.*

émetteur *m* – Sender *m* – sender

émetteur-récepteur *m* – Transceiver *m* – transceiver

empattement *m* – Serife *f* – serif

empilage *m* – Stapeln *n* – stacking

empilement *m* – Stapelung *f* – stacking

empiler – stapeln – stack *v.*, pile up *v.*

empiler de façon croisée – kreuz-weise stapeln – brickstack *v.*

empileur *m* **de livres** – Buchstapler *m* – book stacker

emplacement *m* – Position *f* – position

emplacement *m* **de rigueur** – Vorzugsplatz *m*, Sonderplatzie-rung *f (Anzeige)* – preferred position, special position, premium position

emplacement *m* **pour carte d'extension** – Erweiterungs-Slot *m* – expansion slot

emploi *m* **des majuscules** – Großschreibung *f* – capitalization

emploi *m* **des majuscules et des minuscules** – Gross-/Kleinschreibung *f* – upper and lower case spelling

emploi *m* **des minuscules** – Kleinschreibung *f* – use of small letters

emploi *m* **du temps horaire** – Zeitplan *m* – schedule, timetable

employé, -e – beschäftigt – employed

employé(e) – Angestellte, -r, Mitarbeiter, -in – employee

employé(e) à plein temps – Vollzeitangestellte/r – full-time employee

employés *m/pl* – Personal *n* – staff

employeur *m* – Arbeitgeber, -in – employer

empreindre – prägen, frankieren – emboss *v.*, stamp *v.*

empreinte *f* **digitale** – Fingerabdruck *m* – fingerprint

empreinte *f* **en relief** – Reliefprägung *f* – embosssed stamping, relief embossing

émulateur *m* – Emulator *m* – emulator

émulation *f* – Emulation *f* – emulation

émuler – emulieren – emulate *v.*

émulsion *f* – Emulsion *f* – emulsion

émulsion *f* **au-dessous** – Schichtseite unten (seitenverkehrt) – emulsion down

émulsion *f* **diazo** – Diazokopierschicht *f (Siebdruck)* – diazo screen emulsion

émulsion *f* **en-dessus** – Schichtseite oben (seitenrichtig) – emulsion up

émulsion *f* **vers le bas** – Schichtseite unten (seitenverkehrt) – emulsion down

émulsion *f* **vers le haut** – Schichtseite oben (seitenrichtig) – emulsion up

en appuyant sur un bouton – auf Knopfdruck – at the touch of a button

en (à) quatre colonnes – vierspaltig – four-column

en (à) trois colonnes – dreispaltig – three-column

en (à) trois dimensions (3D) – dreidimensional – three-dimensional

en (au) pourcentage – proportional, prozentual – proportional

en bas – unten – at the bottom, down below

en biais – schräg, kursiv – oblique

en biseau – abgeschrägt – beveled

encadrement *m* – Einrahmung *f*, Bilderrahmen *m*, Umrahmung *f* – frame, picture frame, frameworks

encadrement *m* **décoratif** – Schmuckrahmen *m* – ornamental box

encadrer – einrahmen, umrahmen – frame *v.*

encart *m* – Einsteckbogen *m* – inset sheet

encartage *m* – Einstecken *n*, Einheften *n*, Ineinanderstecken *n* – inserting, insetting

encartage-piquage *m* – Sammelheftung *f* – gathering-stitching

encart *m* **broché** – Beihefter *m*, Einhefter *m* – bound insert

encart *m* **collé** – Beikleber *m* *(eingeklebte Beilage)* – tip-in

encarter – ineinander stecken, beilegen, einheften, einlegen – inset *v.*, bind in *v.*

encarteuse-piqueuse *f* – Sammelhefter *m* – gatherer-stitcher

encart *m* **jeté (libre)** – Beilage *f* *(in Zeitung)* – insert, supplement, loose insert

encartonneuse *f* – Kartoniermaschine *f* – packing machine, cartoning machine

encart *m* **publicitaire** – Werbebeilage *f* – advertising insert

enchaînement *m* – Streaming *n* – streaming

enchâsser – einschließen *(Schutzhülle)* – encase *v.*

enchevêtré, -e – verschachtelt – nested, interlocking

enchevêtrement *m* – Nesting *n*, Ineinanderschachtelung *f*, Verschachteln *n*, Verschachtelung *f* – nesting

enchevêtrer – verschachteln – fit *v.* into each other

enclorer – umschließen – enclose *v.*, surround *v.*

enclos, -e – umschlossen – enclosed

encodage *m* – Encoding *n*, Kodierung *f* – encoding

encodage *m* **de caractères** – Zeichenkodierung *f*, Zeichensatztabelle *f* – character encoding

encoder – kodieren, codieren – encode *v.*

encollage *m* **des blocs** – Blockleimung *f* – block binding, padding

encollage *m* **du dos** – Rückenleimung *f* – back glueing

encollage *m* **en tête** – Kopfleimung *f* – top edge gluing

encollé, -e – aufgeklebt – pasted

encolleuse *f* – Klebebinder *m*, Klebebindemaschine *f* – pasting machine

en colonnes – spaltenweise – in columns

encombrement *m* – Abmessung *f* – dimension

en couleurs – farbig, bunt – colored (colorful)

encrage *m* – Farbführung *f*, Farbgebung *f*, Farbdruckwerk *n* – ink feed, inking, deck, printing deck

encrage *m* – Einfärben *n* – toning

encre *f* – Druckfarbe *f* – ink

encre *f* **à basse viscosité** – dünnflüssige Farbe *f* – low-viscosity ink

encre *f* **à dessiner** – Zeichentusche *f* – drawing ink

encre *f* **alimentaire** – lebensmittelechte Farbe *f* – non-toxic ink

E

E

encre *f* **à séchage rapide** – Quicksetfarbe *f*, schnelltrocknende Farbe *f* – quick-set ink, fast drying ink

encre *f* **à séchage ultraviolet** – UV-Farbe *f* – U.V. (ultraviolet) ink

encre *f* **bronze** – Bronzefarbe *f* – bronze ink

encre *f* **courte** – kurze Farbe *f* – short ink

encre *f* **couvrante** – Deckfarbe *f* – opaque ink

encre *f* **de Chine** – Tusche *f* – India(n) ink

encre *f* **de presse** – Zeitungsfarbe *f* – news ink

encre *f* **d'imprimerie** – Druckerschwärze *f* – printer's ink, printing ink

encre *f* **flexographique** – Flexodruckfarbe *f* – flexographic ink

encre *f* **flexographique à l'eau** – Flexofarbe *f* auf Wasserbasis – water-based flexo ink

encre *f* **heat-set** – Heatset-Farbe *f* – heat-set ink

encre *f* **hélio** – Tiefdruckfarbe *f* – gravure ink

encre *f* **inodore** – geruchsfreie Farbe *f* – odorless (*brit.* odourless) ink

encre *f* **liquide** – flüssige Tinte/Farbe *f* – fluid ink

encre *f* **longue** – lange Farbe *f* – long ink

encre *f* **métallique** – Metallicfarbe *f* – ink metallic

encre *f* **offset** – Offsetfarbe *f* – offset ink

encre *f* **parfumée** – Druckfarbe *f* mit Duftstoffen – perfumed printing ink

encre *f* **pigmentaire** – pigmentierte Druckfarbe *f* – pigmented ink

encre *f* **poisseuse** – dickflüssige Farbe *f* – tacky ink

encre *f* **pour édition** – Werkdruckfarbe *f* – book ink

encre *f* **(pour emballage) alimentaire** – Lebensmittelfarbe *f* – food packaging ink

encre *f* **quick-set** – Quicksetfarbe *f*, schnelltrocknende Farbe *f* – quick-set ink, fast drying ink

encre *f* **résistante à la décoloration** – lichtechte Druckfarbe *f* – fade-resistant ink

encre *f* **sérigraphique** – Siebdruckfarbe *f* – screen printing ink

encre *f* **thermochromatique** – thermochromatische Druckfarbe *f* – thermochromic ink

encre *f* **tirante** – dickflüssige Farbe *f* – tacky ink

encre *f* **transparente** – lasierende Farbe *f* – transparent ink

encre *f* **UV** – UV-Farbe *f* – U.V. (ultraviolet) ink

encrier *m* – Farbkasten *m* – ink duct, ink fountain

encrier *m* **doseur** – Farbdosierkasten *m* – ink metering duct

encyclopédie *f* – Enzyklopädie *f* – encyclopedia

en dehors de la page – außerhalb der Seite – off the page, outside of the page

en dents de scie – ausgefranzt – frayed

en dessous – darunter – underneath

en-desssous de – unter, darunter – under, below, underneath

en deux poses – im Doppelnutzen – two-up (production)

endommagé, -e – beschädigt (*z.B. Datei*) – corrupt

endossure *f* – Abpressen *n* (*Buchblock*) – backing

en double – in doppelter Ausfertigung – in duplicate

en double colonnes – zweispaltig – two-column

en drapeau – Flattersatz *m*, nicht bündig, flatternd – ragged, ragged composition, unjustified

en équerre (*d'équerre*) – rechtwinklig – right-angled

énergie *f* **de surface** – Oberflächenenergie *f* – surface energy

énergie *f* **lumineuse** – Lichtenergie *f* – light energy

en étoile – sternförmig – star-shaped

en face de – gegenüber – opposite

enfoncé, -e – gedrückt (*Taste*) – pressed

enfoncer – drücken (*Taste*) – press *v.*, hold down *v.*, hit *v.*

en (forme de) cône – kegelförmig – conical

en (forme de) croix – kreuzförmig – cross-shaped, cruciform

engagement *m* **de la bande** – Bahneinzug *m* – web threading

engager – einziehen (*Papierbahn*) – draw in *v.*

engager – ansetzen (*Objektiv bei Kamera*) – mount *v.*

engin *m* **de couleur (de conversion)** – Farbengine *f* (*ICC-Farbmanagement*) – color engine

engommer – gummieren – gum *v.*

engorgement *m* – Engpass *m*, Flaschenhals *m* – bottleneck

engraissement *m* – Tonwertzunahme *f*, Tonwertzuwachs *m* – tone value increase (TVI)

engraissement *m* – Trapping *n*, Überfüllung *f*, Über- und Unterfüllung *f* – trapping, spread

engraissement *m* **(de/du point)** – Punktvergrößerung *f*, Punktzuwachs *m* – dot gain, dot spread

en haut – oben – at the top, on (the) top

enlever – löschen, entfernen – delete *v.*, remove *v.*, eliminate *v.*, erase *v.*

enlever – abnehmen (*z.B. Abdeckung*) – detach *v.*

en ligne – online – online

en or (*d'or*) – golden – golden

en parfait repérage – registergenau, registerhaltig, pass(er)genau – true-to-register, in register, register-true

en permanence – permanent – permanent

en perspective – perspektivisch – perspecitve, in perspective

en petit format – kleinformatig – small-format

en pile – stapelweise – in piles

en quatre poses – im Vierfachnutzen – four-up

en quelques traits – skizzenhaft – rough, sketchy

enregistrement *m* – Aufzeichnung *f*, Registrierung *f*, Aufnahme *f* – recording, registration, record, shooting

enregistrement *m* **de l'image** – Bildaufzeichnung *f* – image recording

enregistrement *m* **intermédiaire** – Zwischenspeicherung *f* – intermediate storage

enregistrement *m* **vidéo** – Videoaufnahme *f*, Videoaufzeichnung *f* – video recording

enregistrer – speichern, abspeichern, sichern, aufzeichnen – save *v.*, store *v.*, record *v.*

enregistrer – registrieren – register *v.*

Enregistrer page en EPS *(QuarkXPress)* – Sichern als EPS – Save as EPS

enregistrer sous – speichern als, speichern unter – save as

enregistreur *m* – Aufzeichnungsgerät *n* – recorder

en relation avec – in Relation zu – in relation to

en repérage – registergenau, registerhaltig, pass(er)genau – true-to-register, in register, register-true

enroulage *m* – Aufwickeln *n* *(Papierrolle)* – winding

enrouleur *m* – Aufrollung *f* *(Druckbahn)* – rewinder

enseigne *f* **lumineuse** – Leuchtreklame *f* – illuminated advertisiung

ensemble *m* – Satz *m (Bausatz, Programmpaket usw.)* – set, kit

ensemble *m* **des publications** – Verlagsprogramm *n* – publisher's list

en sens antihoraire – gegen den Uhrzeigersinn – counter-clockwise

en sens du défilement – in Laufrichtung – along the web, long grain

en sens du grain – in Laufrichtung – along the web, long grain

en sens horaire – im Uhrzeigersinn – clockwise

en sens inverse – in umgekehrter Reihenfolge – in reverse order

en sens travers des fibres *(en sens travers du grain)* – gegen die Laufrichtung – cross web (grain), across the web (grain)

en simple pose – Einzelnutzen *m* – one-up

en surimpression – überdruckend – overprinting

en tâche de fond – im Hintergrund – in the background

entailler – ritzen – score *v.*

en tas – stapelweise – in piles

en-tête *m* – Header *m*, Kopfzeile *f*, Briefkopf *m*, Titelkopf *m* – header, heading, letterhead

en-tête *m* **de colonne** – Spaltenkopf *m*, Rubriktitel *m* – column head(ing), top head

en-tête *m* **de fichier** – Datenheader *m* – file header

entier, -e – vollständig – complete, entire, exhaustive

en tirets – gestrichelt – dashed

entouré, -e – umschlossen – enclosed

entourer – umschließen – enclose *v.*, surround *v.*

entraînement *m* – Antrieb *m* *(Kamera)* – drive

en travers – quer – crosswise

entrée *f* – Eintrag *m* – entry

entrée *f* – Eingabe *f* – input

entrée *f* **des commandes** – Auftragseingang *m* – intake of order, order intake

entrée *f* **de table des matières** – Inhaltsverzeichniseintrag *m* – table of content entry

entrée *f* **d'index** – Indexeintrag *m* – index entry

entrée *f* **du papier** – Papiereinzug *m* – paper in-feed

entrée *f* **du texte** – Texteingabe *f*, Texterfassung *f* – text entry, text input, input

entrefilet *m* – Pressenotiz *f*, Zeitungsnotiz *f* – news release, press item

entrepôt *m* **de papier** – Papierlager *n* – paper stock

entrepreneur, -euse – Unternehmer, -in – entrepreneur, businessman, employer,

entreprise *f* – Unternehmen *n* – company, enterprise, firm

entrer – erfassen, eingeben *(Text)* – type *v.*, key *v.*, key in *v.*, keyboard *v.*

entrer le mot de passe – Passwort eingeben – enter *v.* the password

entretien *m* – Wartung *f* – maintenance, servicing

en trois passes – in drei Durchgängen – in three passes

en une seule passe – in einem Durchgang – in one pass

en veille – standby – standby

enveloppe *f* – Umschlag *m* – envelope

enveloppe *f* **à fenêtre** – Fensterumschlag *m* – window envelope

enveloppe *f* **transparente** – Plastikhülle *f* – plastic envelope

enveloppe *f* **vitrifiée** – Fensterumschlag *m* – window envelope

Environnement Classic *(Mac)* – Classic-Umgebung *f* – Classic environment

environnement *m* **de bureau** – Schreibtischumgebung *f* – desktop environment

environnement *m* **hétérogène** – heterogene Umgebung *f* – heterogeneous environment

envoi *m* **de lettres** – Briefsendung *f* – letter post, first-class mail *(U.S.)*

envoi *m* **de livres** – Büchersendung *f*, Buchversand *m* – book post, parcel of books

envoyer – abschicken, senden, absenden, verschicken, versenden – mail *v.*, send *v.*

E

envoyer par télécopieur – faxen, Fax schicken – fax *v.*, send *v.* a fax

épais, -sse – stark *(Papier)* – thick

épaisseur *f* – Zähigkeit *f* – tack

épaisseur *f* **de (du) trait** – Linienstärke *f*, Strichstärke *f* – line weight/width, rule weight, stroke thickness/width

épaisseur *f* **de la couche** – Schichtdicke *f* – coating thickness

épaisseur *f* **de l'habillage** – Aufzugsstärke *f* – packing height

épaisseur *f* **de plaque** – Plattendicke *f* – plate thickness

épaisseur *f* **de trait** – Balkenstärke *f* – stem width

épaisseur *f* **du corps** – Blockstärke *f* – block thickness

épaisseur *f* **du papier** – Papierstärke *f*, Papierdicke *f* – paper thickness, paper caliper, paper gauge

épaisseur *f* **du recouvrement** – Trapbreite *f*, Überfüllbreite *f* – trap width, spreading width

épaisseur *f* **minimale des lignes** – Mindeststrichstärke *f* – minimum line weight/width

épaissir – verdicken – thicken *v.*

épaississement *m* – Verdickung *f* – thickening

épeler – buchstabieren – spell (out)

épilogue *m* – Nachwort *n* – epilogue

épousseter – abstauben – dust *v.*

épreuvage *m* – Proofen *n*, Proofherstellung *f* – proofing

épreuvage *m* **à distance** – Remote Proofing *n*, dezentrales Proofen *n* – remote proofing

épreuvage *m* **analogique** – Analogproof *m* – analog(ue) proofing

épreuvage *m* **écran** – Softproof *m* – softproof

épreuvage *m* **logiciel** – Softproof *m* – softproof

épreuve *f* – Proof *m*, Probedruck *m* – proof

épreuve *f* **acceptée** – abgezeichneter Bogen *m* – O.K. proof, OK proof

épreuve *f* **analogique** – Analogproof *m* – analog(ue) proofing

épreuve *f* **contractuelle** – Kontraktproof *m* – contract proof

épreuve *f* **d'amalgame** – Scatter-Proof *m* – scatter (proof)

épreuve *f* **d'artiste** – Künstlerabzug *m*, Probeabzug *m* des Künstlers – artist's proof

épreuve de référence – Referenzproof *m* – reference proof

épreuve *f* **d'imposition** – Standproof *m*, Formproof *m* – imposition proof, page proof

épreuve *f* **dure** – Belegausdruck *m* – hardcopy

épreuve *f* **écran** – Softproof *m* – softproof

épreuve *f* **(en placard/galée)** – Druckfahne *f*, Fahnenabzug *m*, Korrekturabzug *m*, Korrekturfahne *f* – galley proof

épreuve *f* **en première** – ungelesener Korrekturabzug *m* – unread proof

épreuve *f* **laminée** – Laminatproof *m* – laminate proof

épreuve *f* **machine** – Andruck *m* – preprint, press proof, proof printing

épreuve *f* **numérique** – Digitalproof *m* – digital proof

épreuve *f* **papier** – Hardproof *m* – hard proof

épreuve *f* **par contact** – Kontaktabzug *m* – contact sheet, contact print

épreuve *f* **photo(graphique)** – Fotoabzug *m* – photoprint

épreuve *f* **sur le papier du tirage** – Proof *m* auf Auflagenpapier – print run paper proof

épreuve *f* **tramée** – Rasterproof *m* – dot proofing, halftone dot proofing, screened proof

épuisé, -e – vergriffen – out of print/stock

équation *f* – Gleichung *f* – equation

équerrage *m* – rechtwinkliger Schnitt *m* – right-angle cut, square cut

équerrage *m* **des quatre côtés** – Rundumbeschnitt *m* – four-sided trimming

équerre *f* **(à dessiner)** – Zeichendreieck *n*, Geodreieck *n* – set square

équiangle – gleichwinklig – equiangular (with equal angles)

équilatéral, -e *(math.)* – gleichseitig – equilateral

équilibrage *f* – Abgleich *m* – matching

équilibrage *m* **du blanc** – Weißabgleich *m* – white balance, white alignment

équilibre *m* **des couleurs** – Farbbalance *f* – color balance

Équilibre Pixellisation/ Vectorisation *(InDesign)* – Pixelbild-Vektor-Abgleich – Raster/Vector Balance

équilibrer – abgleichen – match *v.*

équipe *f* **de collaborateurs** – Mitarbeiterstab *m* – staff

équipe *f* **de nuit** – Nachtschicht *f* – night shift

équipe *f* **de travail** – Arbeitsgruppe *f* – workgroup

équipement *m* – Ausrüstung *f*, Equipment *n* – equipment

équipement *m* **de base** – Grundausstattung *f* – basic equipment

équipement *m* **d'imprimerie** – Druckmaschinenpark *m* – pressroom equipment

équipement *m* **optionnel** – Zusatzausrüstung *f* – optional equipment

équipement *m* **photographique** – Fotoausrüstung *f* – photo(graphic) equipment

érafler – schaben – scratch *v.*

éraflure *f* – Schabstelle *f* – scratch

ergonomie *f* – Ergonomie *f* – ergonomics

ergonomie *f* **du logiciel** – Software-Ergonomie *f* – software ergonomics

errata *m*/**erratum** *m* – Druckfehlerverzeichnis *n* – errata

erreur *f* – Fehler *m* – fault, mistake

erreur *f* **d'arrondi** – Rundungs-fehler *m* – rounding error

erreur *f* **de contact** – Kontakt-fehler *m* (*Plattenkopie*) – out-of-contact

erreur *f* **d'écriture** – Schreibfehler *m* (*Festplatte*) – write error

erreur *f* **de manœuvre (de commande)** – Bedienungs-fehler *m* – operating error

erreur *f* **de repérage** – Passer-fehler *m* – misregistration, register error

erreur *f* **de saisie** – Eingabefehler *m* (*Schreibfehler*) – type error

erreur *f* **de transfert** – Übertra-gungsfehler *m* – transfer error

erreur *f* **du système** – Systemfehler *m* – system error

erreur *f* **irrécupérable** – nicht behebbarer Fehler *m* – unrecoverable error

erreur *f* **PostScript** – PostScript-Fehler *m* – PostScript error

espace *m* (*typogr.*) – Leerzeichen *n*, Spatium *n*, Zwischenraum *m*, Abstand *m*, Leerraum *m* – space

espacé, -e – in großem Abstand – loose

espace *m* **angulaire** – Winkelspatium *n* – angle space

espace *m* **blanc** (*typogr.*) – Leer-zeichen *n*, Spatium *n*, Zwischen-raum *m*, Abstand *m* – space

espace *m* **cadratin** – Geviertleer-zeichen *n* – em space

espace *m* **colorimétrique** – Farbraum *m* – color space

espace *m* **colorimétrique de communication** – Kommuni-kationsfarbraum *m* (*ICC-Farb-management*) – communication color space

espace *m* **colorimétrique dentrée** – Eingabefarbraum *m* – input color space

espace *m* **colorimétrique de sortie** – Ausgabefarbraum *m* – output color space

Espace de fusion des transparences (*InDesign*) – Transparenzfüllraum *m* – Transparency Blend Space

espace *m* **demi-cadratin** – Halbgeviert(leer)zeichen *n* – enspace

espace *m* **des couleurs** – Farbraum *m* – color space

Espace de travail colorimétrique (*Photoshop*) – Arbeitsfarbraum – working (color) space

espace *m* **disque** – Speicherplatz *m*, Festplattenspeicher *m* – disk space, hard disk space

espace *m* **entre lettres** – Buchsta-ben-Zwischenraum *m* – letter space

espace *m* **fin** – Achtelgeviert *n*, Haargeviert *n*, dünnes Spatium *n* – thin space, hair space

espace *m* **fixe** – hartes Leerzei-chen *n* – fixed space, hard space

espace *m* **insécable** – geschütztes Leerzeichen *n*, untrennbarer Zwischenraum *m* – hard space, inseparable space, no-break space, non-breaking space

espace *m* **inter-mot** – Wortab-stand *m* – word space

espacement *m* **de la grille** – Gitterabstand *m* – grid offset

espacement *m* **de mots** – Wort-abstand *m* – word spacing

espacement *m* **des caractères** – Zeichenabstand *m*, Spationie-rung *f* – tracking, track, charac-ter spacing, letter spacing

espacement *m* **des lignes** – Zeilenabstand *m*, Zeilendurch-schuss *m*, Durchschuss *m* – leading , lead, slug, line spacing

espacement *m* **des paragraphes** – Absatzabstand *m* – paragraph spacing

espacement *m* **irrégulier des caractères** – ungleichmäßiger Zeichenabstand *m* – uneven character spacing

espace *m* **mince** – Achtelgeviert *n*, Haargeviert *n*, dünnes Spatium *n* – thin space, hair space

espacer (*typogr.*) – austreiben, ausbringen, spationieren (*Zwischenraum*) – space out *v.*

Espacer/Aligner (*QuarkXPress*) – Abstand/Ausrichtung – Space/Align

espace *m* **sans alinéa** – Aus-gleichsabstand *m* – flush space

espace source – Quellfarbraum (*Farbmanagement in Adobe-Programmen*) – Source Space

espace *m* **variable** – flexibles Leerzeichen *n* – flexible space width

espace *m* **virtuel** – virtueller Raum *m* – virtual space

esquisse *f* – Skizze *f* – sketch

esquissé, -e – skizzenhaft – rough, sketchy

esquisse *f* **au crayon** – Bleistift-entwurf *m* – pencil layout

esquisser – skizzieren – sketch *v.*

essai *m* – Test, Probelauf *m* – test, test run

essai *m* **de reception** – Abnahme *f* – acceptance test

essais et erreurs – Trial and Error – trial and error

essuyage *m* – Abwischen *n*, Abrakelung *f* (*z.B. Druckfarbe*) – wiping, doctoring

essuyer – abstreifen, abwischen (*z.B. Druckfarbe*) – wipe *v.*

estampage *m* – Stanzen *n*, Formstanzen *n*, Folienprägung *f* – die cut(ting), foil stamping

estampe *f* – Prägestempel *m* – punch, stamp

estampeuse *f* – Prägepresse *f* – blocking press

ester *m* (*chem.*) – Ester *m* – ester

esthétique *f* – Ästhetik *f* – aesthetics (*brit.*) esthetics (*U.S.*)

estompage *m* – Verblassung *f* – fade-out

estompant, -e – auslaufend (*Farbverläufe, Masken*) – fading

estompé, -e – unscharf, verschwommen, unscharf eingestellt – blurred, unsharp, unfocused, out of focus, fuzzy, hazy

E

estomper – weichzeichnen, verwischen, auslaufen – blur v., fade v. (out), smudge v.

estomper *(Photoshop)* – Verblassen – Fade

et (&) – und-Zeichen n – amper(sand), and

établir une connexion entre – eine Verbindung aufbauen zwischen – establish v. a connection between

établir une correspondance – angleichen – match v.

étaler – verteilen *(Farbwerte)* – spread v.

étalonnage m – Kalibrierung f, Eichung f – calibration

étalonner – kalibrieren – calibrate v.

étanche à la poussière – staubdicht – dust-tight

état m **de fonctionnement** – Betriebszustand m – operating status

éteindre – abschalten, ausschalten, herunterfahren – switch off v., shut down v.

étendre – erweitern – expand v.

étendre (s') – dehnen, sich ausdehnen *(Papier)* – stretch v., span v., spread v.

étendu, -e – erweitert – expanded

étendue f **des tons** – Tonwertumfang m – tone range

étiquetage m – Etikettierung f – labeling

étiquetage m **alimentaire** – Lebensmitteletikettierung f – food labeling

étiqueter – etikettieren – label v.

étiqueteuse f – Etikettiermaschine f – labeling machine

étiquette f – Etikett n – label, sticker, tag

étiquette f **autocollante (adhésive)** – Haftetikett n, Selbstklebeetikett n – self-adhesive label, pressure-sensitive label

étiquette f **de bouteille** – Flaschenetikett n – bottle label

étiquette f **détachable** – ablösbares Etikett n – peel-off-label

étirement m – Dehnung f – stretch, elongation

étirer (s') – dehnen, sich ausdehnen – stretch v., span v., spread v.

étoile f (*) – Asterisk(us) m, Sternchen n – asterisk, star

être au-dessus – darüber liegen – lie v. above it

être en-dessous – darunter liegen – underlie v.

être payé à la pige (ligne) – Zeilenhonorar n bekommen – be v. paid by the line

être sur le point de paraître – im Erscheinen begriffen *(Buch)* – forthcoming, be published soon

être tangent à – tangieren – be v. tangent to

étroit, -e *(typogr.)* – schmal – narrow, condensed

étude f **des marchés** – Marktforschung f – market research

étui m **antistatique** – Antistatikhülle f – static-free case

Eurostandard m *(Euroscala f)* – Euroskala f – Euroscale

évaluation f **visuelle** – visuelle Beurteilung f – visual asessment

évaporation f – Verdunstung f – evaporation

évaporer (s') – verdunsten – evaporate v.

évier m **de développement** – Entwicklerbecken n – developing sink

exact, -e – genau – accurate, precise

exactitude f – Genauigkeit f, Präzision f – accuracy, precision

exactitude f **des couleurs** – Farbgenauigkeit f – color accuracy, color exactitude

examen m – Durchsicht f, Überprüfung f – checking

excédent m **de production** – Produktionsüberschuss m – excess production

excéder – überschreiten – exceed v.

exceptions f/pl **de césure** – Trennausnahmen f/pl – hyphenation exceptions

excès m **de mouillage** – Überfeuchtung f *(Offsetdruck)* – overdamping

Exclusion *(Photoshop)* – Ausschluss – Exclusion

exécutable – ausführbar – executable

exécuter – durchführen – run v., execute v., carry out v., realize v.

exécuteur m – Runtime-Programm n – runtime software

exemplaire m – Exemplar n *(Buch, Zeitschrift)* – copy, issue

exemplaire m **d'auteur** – Autorenexemplar n – author's copy

exemplaire m **de presse** – Rezensionsexemplar n – review copy

exemplaire m **incomplet** – unvollständiges Exemplar n – incomplete copy

exemplaire m **justificatif** – Belegexemplar n – author's copy, specimen copy

exemplaires m/pl – Exemplare f/pl *(Druckzahl)* – copies

exemplaire m **simple** – Einzelexemplar n – single copy

exempt de distorsion – verzerrungsfrei – distortion-free

exempt d'entretien – wartungsfrei – maintenance-free

exempt de poussière – staubfrei – dust(-)free

exempt de scintillement (de papillotement) – flimmerfrei – flicker-free

exhaustif, -ve – vollständig – complete, entire, exhaustive

ex-libris m – Exlibris n – ex libris

expansibilité f – Dehnbarkeit f – expansibility

expansible – dehnbar – elastic, expansible, flexible

expédier – abschicken, senden, absenden, verschicken, versenden – mail v., send v.

expéditeur, -rice – Absender, -in – mailer, sender

expédition f – Versand m – dispatch, shipping

expert m **de l'imprimerie** – Druckfachmann m – printing expert

expert *m* **en publicité** *(F pubeur m)* – Werbefachmann, -frau – advertising expert

exportation *f* – Export *m (a. Dateien)* – export

exporter – exportieren – export *v.*

exposant *m* – hochgestelltes Zeichen *n*, Hochstellung *f*, Exponent *m* – superscript, exponent

exposer *(typogr.)* – hochstellen – superscript *v.*

exposer – belichten – expose *v.*

exposition *f* – Belichtung *f* – exposure, imaging, lighting

exposition *f* **à laser** – Laserbelichtung *f* – laser imaging

exposition *f* **automatique** *(fotogr.)* – Belichtungsautomatik *f*, automatische Belichtung *f* – auto(matic) exposure, program exposure, auto(matic) exposition

exposition *f* **de plaque** – Plattenbelichtung *f* – plate exposure

exposition *f* **d'essai** – Probebelichtung *f* – test exposure

exposition *f* **directe des plaques** – CTP, direkte Plattenbelichtung *f* – CTP (computer-to-plate), direct-to-plate

exposition *f* **dorsale** – Rückseitenbelichtung *f* – back exposure

exposition *f* **en négatif** – Negativbelichtung *f* – negative exposure

exposition *f* **individuelle** – Einzelaufnahme *f* – individual shot

exposition *f* **multiple** – Mehrfachbelichtung *f* – multiflash

exposition *f* **principale** – Hauptbelichtung *f* – main exposure

expression *f* – Ausdruck *m* – expression

extensibilité *f* – Skalierbarkeit *f*, Dehnbarkeit *f* – scalability, expansibility

extensible – skalierbar, erweiterbar – extensible, scalable

extension *f* – Zusatzmodul *n*, Plug-In *n* – plug in

extension *f* **de (du) nom de fichier** – Dateinamenerweiterung *m* – file name extension

Extensions *(Mac)* – Systemerweiterungen – Extensions

externalisation *f* – Outsourcing *n* – outsourcing

extraction *f* – Extraktion *f* – extraction

extraction *f* **des données** – Datenextrahierung *f* – data extraction

extra gras, -sse – extra fett – black, extra bold

extraire – extrahieren – extract *v.*

extrait *m* – Auszug *m*, Ausschnitt *m*, Buchauszug *m (aus einem Buch)* – abstract, extract

extrait *m* **de l'image** – Bildausschnitt *m* – cutting, detail, image section, picture section

extrait *m* **de texte** – Leseprobe *f* – sample

extra maigre – extra leicht – extra light

extrémité *f* **de courbe** – Kurvenextremum *n* – extreme value of the curve

extrémités *f/pl* – Endpunkte *m/pl* – end points

E-Zine *f* – elektronische Zeitschrift *f* – electronic magazine

F

fabricant *m* – Hersteller *m*, Produzent, -in – producer, manufacturer

fabricant *m* **d'encre(s)** – Farb(en)hersteller *m* – ink manufacturer

fabricant *m* **de papiers** – Papierhersteller *m* – papermaker

fabricant-deviseur *m* – Hersteller, -in *(im Verlag)* – production man/woman

fabricant *m* **d'imprimante** – Druckerhersteller *m* – printer manufacturer

fabricant *m* **tierce partie** – Dritthersteller *m* – third-party producer

fabrication *f (F fab f)* – Produktion *f*, Herstellung *f*, Produktionsabteilung *f* – production, production department

fabrication *f* **de papiers** – Papierherstellung *f* – papermaking

fabrication *f* **de presses** – Druckmaschinenbau *m* – press engineering/manufacture

fabrication *f* **des plaques** – Plattenherstellung *f* – platemaking

face *f* – Front *f* – face

face *f* **d'émulsion** – Schichtseite *f* – emulsion side

face *f* **verso** – Rückseite *f* – back side, reverse page, verso side

facilité *f* **d'utilisation** – Bedienerfreundlichkeit *f* – ease of use

façon *f* **d'écrire** – Stil *m*, Schreibstil *m* – style

façonnage *m* – Finishing *n*, Druck(weiter)verarbeitung *f*, Weiterverarbeitung *f*, Endverarbeitung *f* – postpress, converting, finishing

façonnage *m* **en ligne** – Inline-Finishing *n* – in-line finishing

façonner – formen – shape *v.*, form *v.*

façonnier *m* – Druckverarbeiter *m* – converter

fac-similé *m* – Faksimile *n* – facsimile

facteur *m* **d'agrandissement** – Vergrößerungsfaktor *m* – scaling factor

facteur *m* **de compression** – Kompressionsfaktor *m* – compression factor

facteur *m* **de zoom** – Abbildungsverhältnis *n*, Zoomfaktor *m* – magnification, magnification level

facteurs *m/pl* **de coût** – Kostenfaktoren *m/pl* – cost factors

faible tirage *m* – Kleinauflage *f* – short run

faire correspondre *(F mapper)* – mappen – map *v.*

faire défiler – durchblättern, blättern – scroll *v.* through, flick *v.* through, leaf *v.* through, thumb *v.* through

E
F

faire défiler vers le haut/bas – nach oben/unten scrollen – scroll up *v.*/down

faire de la peinture – malen – paint *v.*

faire de la photo – fotografieren *(als Hobby)* – photograph *v.*, take *v.* a picture

faire de la place sur le disque – Platz schaffen auf der Festplatte – free up *v.* disk space

faire de la publicité – werben, inserieren – advertise *v.*

faire des taches (des pâtes) – klecksen – splash *v.*

faire du téléchargement (de) – downloaden, herunterladen – download *v.*

faire glisser sur – ziehen auf, Drag & Drop *(z.B. eine Datei auf das Icon eines Programms)* – drag on *v.*, Drag & Drop

faire la critique de – rezensieren – review *v.*

faire passer une annonce – werben, inserieren – advertise *v.*, place *v.* an ad

faire pivoter – drehen, rotieren – rotate *v.*

faire planter un système – ein System zum Absturz bringen – crash *v.* a system

faire référence à – verweisen – reference *v.*

faire sécher – trocknen, abbinden – dry *v.*

faire un double-clic – doppelklicken – double click *v.*

faire une copie de – kopieren, nachbilden – copy *v.*, replicate *v.*

faire une copie de sauvegarde – Backup durchführen, Sicherungskopie erstellen – backup *v.*

faire une épreuve – proofen, Proof durchführen – proof *v.*, make *v.* a proof

faire un fondu enchaîné – überblenden – fade *v.*, crossfade *v.*, dissolve *v.*, fade *v.* over

faire un zoom arrière – auszoomen – zoom out *v.*

faire un zoom avant – zomen, einzoomen – zoom in *v.*

faisceau *m* **d'électrons** – Elektronenstrahl *m* – electron beam

faisceau *m* **laser** – Laserstrahl *m* – laser beam

faisceau *m* **lumineux** – Lichtbündel *n* – light beam

familier – umgangssprachlich – colloquial

famille *f* **de polices** – Schriftfamilie *f* – font family, type(face) family

famille *f* **des caractères** – Schriftfamilie *f* – font family, type(face) family

faner – ausbleichen, verblassen – fade *v.*, bleach *v.*

fatigue *f* **visuelle** – Ermüdungserscheinungen *f/pl* der Augen – eyestrain

fausse page *f* – linke Seite *f* – left(-hand) page

fausser (se) – sich verziehen – warp *v.*, go out *v.* of shape

faute *f* – Fehler *m* – fault, mistake

faute *f* **de frappe** – Rechtschreibfehler *m*, Schreibfehler *m* – spelling mistake, slip of the pen

faute *f* **de manœuvre (de commande)** – Bedienungsfehler *m* – operating error

faute *f* **de ponctuation** – Zeichenfehler *m* – punctuation error/mistake

faute *f* **de programmation** – Programmierfehler *m* – program(m)ing error

faute *f* **de traduction** – Übersetzungsfehler *m* – mistranslation, translating error/mistake

faute *f* **d'impression** – Druckfehler *m*, Satzfehler *m* – misprint, printing error

faute *f* **d'ortographe** – Rechtschreibfehler *m*, Schreibfehler *m* – spelling mistake, slip of the pen

faute *f* **typographique** – typografischer Fehler *m* – typographical error, typo

faux texte *m* – Blindtext *m*, Dummytext *m* – dummy text, greek text

faux-titre *m* – Schmutztitel *m*, Vortitel *m* – bastard title, halftitle

fax *m* – Fax *n* – fax

faxer – faxen, Fax schicken – fax *v.*, send *v.* a fax

fenêtrage *m* – Fenstertechnik *f* *(in Programmen)* – windowing

fenêtre *f* – Fenster *n* *(a. in Programmen)* – window

fente *f* – Schlitz *m* – throat

fermer – schließen *(Fenster in Programmen)* – close *v.*

fermer en fondu – ausblenden *(Film)* – fade out *v.*

fermeture *f* – Arretierung *f* – lock lever

fermeture *f* **du point** – Punktschluss *m* – dot joint

fermez la parenthèse – Klammer zu – close brackets

feuille *f* – Blatt *n*, Bogen *m* *(Papier)* – sheet

feuille *f* **à plat** – Planobogen *m* – open sheet

feuille *f* **d'annonces** – Anzeigenblatt *n* – advertising journal

feuille *f* **d'assise** – Zugbogen *m* – drawsheet

feuille *f* **de calcul** – Tabellenkalkulation *f* – spread sheet

feuille *f* **de calendrier** – Kalenderblatt *n* – page of a (the) calendar

feuille *f* **de chou** – Käseblatt *n* – local rag, rag, pulp magazine, gutter paper

feuille *f* **de contrôle** – Kontrollbogen *m* – checking sheet, inspection sheet

feuille *f* **de couverture** – Deckblatt *n* – cover sheet

feuille *f* **de découpe** – Stanzbogen *m* – die cut sheet

feuille *f* **de diffusion** – Streufolie *f* *(bei Plattenkopie)* – dispersion sheet

feuille *f* **de gâche** – Makulaturbogen *m* – reject sheet

feuille *f* **de garde** – Vorsatzblatt *n*, Vorsatzpapier *n*, fliegender Vorsatz *m* – endpaper, endmatter, fly-leaf

feuille *f* **de mise en train** – Zurichtebogen *m* – overlay sheet

feuille *f* **de montage** – Montagebogen *m* – assembly sheet

feuille *f* **de papier à lettres** –
Briefbogen *m* – sheet (piece) of
writing paper

feuille *f* **de papier réglé** – Linienblatt *n* – sheet of lined paper

feuille *f* **de passe** – Makulator-
bogen *m* – reject sheet

feuille *f* **de planification** –
Einteilungsbogen *m* – template

feuille *f* **de province** –
Provinzblatt *n* – F backwoods
newspaper

feuille *f* **de renseignement, -s** –
Merkblatt *n* – instruction
leafset

feuille *f* **de séparation** –
Trennblatt *n* – divider sheet

feuille *f* **de style** – Stilvorlage *f* –
style sheet

feuille *f* **de style de caractères** –
Zeichenstilvorlage *f* – character
style sheet

feuille *f* **de style de paragraphe** –
Absatzstilvorlage *f* – paragraph
style sheet

feuille *f* **de trame** – Rasterfolie *f* –
screen film

feuille *f* **d'habillage** –
Unterlagefolie *f* – packing foil

feuille *f* **d'imposition** – Standbogen *m*, Ausschießbogen *m* –
imposition sheet, sheet layout,
signature

feuille *f* **d'impression** – Druckbogen *m* – flat, printed sheet

feuille-échantillon *f* **d'examen** –
Abstimmbogen *m* – matching
sheet

feuille *f* **en blanc** – Blankobogen
m – white sheet

feuille *f* **froissée** – Knautschbogen
m – jam sheet, crumpled sheet

feuille *f* **imposée** – ausgeschossener Bogen *m* – imposed sheet

feuille *f* **imprimée** – Druckbogen
m – flat, printed sheet

feuille *f* **imprimée découpée en
vignettes** – Bilderbogen *m* –
illustrated broadsheet

feuille *f* **individuelle** – Einzelblatt
n – single sheet

feuille *f* **manquante** – Fehlbogen
m – spoiled sheet, mis-fed sheet

feuille *f* **non rognée** – Rohbogen
m – untrimmed sheet

feuille *f* **plano** – Planobogen *m* –
open sheet

feuille *f* **pliée** – Falzbogen *m* –
folded sheet

feuille *f* **plissée** – Knautschbogen
m – jam sheet, crumpled sheet

feuilles *f/pl* **de passe** – Zuschussbogen *m/pl*, Zuschuss *m* –
oversheets, overs, allowance
(for spoils)

feuilles *f/pl* **de titre** – Titelei *f* –
front matter, prelims *pl*

feuilles *f/pl* **en excès** –
Zuschussbogen *m* – oversheets

feuille *f* **simple** – Einfachbogen *m*
– plain sheet

feuilles *f/pl* **maculées** –
Ausschuss(bogen) *m*,
Makulatur *f* – spoil sheets

feuilles *f/pl* **volantes** – lose
Blätter *n/pl* – loose leaves

feuillet *m* – Blatt *n*, Bogen *m*,
Flyer *m* – sheet, flyer

feuilletage *m* – Blättern *n (z.B. in
Zeitschrift)* – paging

feuilleter – durchblättern,
blättern – scroll *v.* through,
flick *v.* through, leaf *v.*
through, thumb *v.* through

feuille *f* **volante** – Handzettel *m*,
Flugblatt *n* – leaflet,
broadsheet, handbill, pamphlet

feutre *m* – Filzstift *m* – felt tip,
felt(-tip) pen

feutre *m* **de retouche** –
Abdeckstift *m* – opaquing pen

fibre *f* **du papier** – Papierfaser *f* –
paper fiber *(U.S.)*, paper fibre
(brit.)

fibre *f* **optique** – Fiberoptik *f*,
Glasfaser(technik) *f* – fiber
(brit. fibre) optics

ficelle *f* – Kolumnenschnur *f* –
page cord, string

fiche *f* – Karteikarte *f* – index
card

fiche *f* **de fabrication (d'instructions)** – Laufzettel *m*, Auftragstasche *f* – job ticket, job docket

fiche *f* **de travail** – Jobticket *n* –
job ticket

fichier *m* – Datei *f* – file

fichier *m* **archivé** – archivierte
Datei *f* – archived file

fichier *m* **attaché** – angehängte
Datei *f* – attached file

fichier *m* **batch** – Stapeldatei *f* –
batch file

fichier *m* **de commande** –
Stapeldatei *f* – batch file

fichier *m* **de (du) client** – Kundendatei *f* – customer file

fichier *m* **(de) log** – Log-Datei *f* –
log file

fichier *m* **de sauvegarde** – Sicherungsdatei *f* – backup file

fichier *m* **de sortie** – Ausgabedatei *f* – output file

fichier *m* **de texte** – Textdatei *f* –
text file

fichier *m* **de trace** – Log-Datei *f* –
log file

fichier *m* **de valeurs de mesure** –
Messwertedatei *f* –
measurement file

fichier *m* **EPS importé** – platzierte
EPS-Datei *f* – placed EPS file

fichier *m* **joint** – angehängte
Datei *f* – attached file

fichier *m* **journal** – Log-Datei *f* –
log file

fichier *m* **Lisez-moi** – Readme-
Datei *f* – Read Me file

fichiers composites PostScript –
Composite-PostScript-Dateien
– composite PostScript files

Fichiers langues asiatiques
(Acrobat) – Asiatische Sprachdateien – Asian language kit

fichier *m* **temporaire** – temporäre
Datei *f* – temporary file

fichier-trace *m* – Log-Datei *f* –
log file

fichier *m* **volumineux** – große
Datei *f* – large file, big file

fidèle – originalgetreu – faithful

fidélité *f* **de reproduction** –
Wiedergabetreue *f* –
reproduction fidelity

fidélité *f* **des couleurs** – Farbtreue *f*, Farbverbindlichkeit *f* –
color adequacy, color fidelity

figure 304

figure *f* – Abbildung *f (in wissen-schaftlichen Texten)* – figure

fil *m* **à coudre** – Heftfaden *m* – binding thread

fil *m* **(de discussion)** – Thread *m (Forumsbeitrag im Internet)* – thread

file *f* **d'attente** – Warteschlange *f (a. in Informatik)* – queue

file *f* **d'attente de l'impression** – Druckwarteschlange *f (a. in Informatik)* – print queue

fil *m* **en spirale** – Spiraldraht *m* – spiral wire

filet *m* – Linie *f*, Rahmen *m* – line, rule, stroke

filetage *m* – Gewinde *n (a. Kamera)* – thread

filet *m* **de découpe** – Stanzlinie *f* – cutting rule

Filet de dégradé – Lebender Verlauf *(Illustrator)* – Mesh gradient

filet *m* **d'encadrement** – Rahmenlinie *f* – box rule

filet *m* **de tête** – Kopflinie *f (beim Tabellensatz)* – head rule

filet *m* **fin** – Haarlinie *f*, feine Linie *f* – hairline, thin line

filet *m* **gras** *(typogr.)* – Balken *m* – bold rule, stern

filet *m/pl* **ornementé** – verzierte Linie *f* – ornamented rule

filet *m* **plein** – fette Linie – heavy rule/line

filière *f* **droite** – Inline-Maschine *f* – in-line machine

filigrane *m* – Wasserzeichen *n* – watermark

fill-in au flash – Aufhelllicht *n* – fill-in light, fill-light

film *m* – Film *m* – film

film *m* **acétate** – Kaschierfolie *f*, Glanzfolie *f*, Azetatfilm *m*, Sicherheitsfilm *m* – acetate film, acetate foil, laminating film, laminating foil

film *m* **à dessiner** – Zeichenfolie *f* – drafting film

film *m* **adhésif** – Klebefolie *f* – adhesive foil

film *m* **à inversion couleur** – Farbumkehrfilm *m* – color reversal film

film *m* **argentique** – Silberfilm *m* – silver film

film *m* **autoréversible** – Umkehrfilm *m* – reversal film

film *m* **couleur** – Farbfilm *m* – color film

film *m* **de haute sensibilité** – hochempfindlicher Film *m* – high-sensitive film

film *m* **de montage** – Montagefolie *f* – montage film

film *m* **de mouillage** – Feuchtmittelfilm *m* – damping film

film *m* **de repérage** – Anhaltekopie *f* – guide copy

film *m* **de reproduction** – Reprofilm *m* – reproduction film

film *m* **d'estampage** – Prägefolie *f* – stamping foil

film *m* **(de) taille réduit** – Schmalfilm *m* – cine film (8mm film)

film *m* **de vernis** – Lackschicht *f* – coating (film)

film *m* **du magenta** – Magentafilm *m* – magenta film

film *m* **éclairé avec une lumière artificielle** – Kunstlichtfilm *m* – synthetic light film

film *m* **en acétocellulose** – Zelluloseazetatfolie *f* – cellulose acetate film

film *m* **en feuilles** – Planfilm *m* – sheet film

film *m* **(en) noir et blanc** – Schwarzweißfilm *m* – black-and-white film

film *m* **en rouleau** – Rollfilm *m* – roll film

film *m* **line** – Strichfilm *m* – line film

film *m* **lith** – Lith-Film *m* – lith film

film *m* **lumière du jour** – Tageslichtfilm *m*, Raumlichtfilm *m* – room light film, brightlight film

film *m* **métallique pour estampage à chaud** – Heißprägefolie *f* – hot stamping foil

film *m* **négatif** – Negativfilm *m* – negative film

film *m* **nitrate** – Nitrozellulosefilm *m* – cellulose nitrate film

film *m* **opalin** – Opal *n* – bromide

film *m* **opaque** – Opakfilm *m* – opaque film

filmothèque *f* – Filmarchiv *n* – film library

film *m* **panchromatique** – panchromatischer Film *m* – panchromatic film

film *m* **plan** – Planfilm *m* – sheet film

film *m* **plastique** – Folie *f* – foil

film positif *m* – Positivfilm *m* – positive film

film *m* **pour offset** – Offsetfilm *m* – flat

film *m* **rétractable** – Schrumpffolie *f* – shrink film

film *m* **simili** – Rasterfilm *m* – halftone film, screened film

film *m* **trait** – Strichfilm *m* – line film

film *m* **transparent** – Klarsichtfolie *f*, Transparentfolie *f* – transparent film, cling film, plastic wrap *(U.S.)*

filtre *m* – Filter *m* – filter

filtre *m* **à bande étroite** – Schmalbandfilter *m (bei Densitometern)* – narrow-band filter

filtre Accentuation *(Photoshop)* – Unscharf-Maskieren-Filter – Unsharp masking filter

filtre *m* **anti-poussière** – Staub-Filter *m* – dust filter

filtre *m* **couleurs demi-teintes** – Farbraster-Filter *m* – halftone filter

filtre *m* **de densité neutre** *(fotogr.)* – Neutraldichte-Filter *m* – neutral density filter

filtre *m* **de netteté** – Schärfe-Filter *m* – sharpness filter

filtre *m* **d'exportation** – Export-Filter *m* – export filter

filtre *m* **d'importation** – Import-Filter *m* – import filter

filtre *m* **Dispersion** *(Photoshop)* – Versetzen-Filter *m* – Displace filter

filtre *m* **Éclairage** *(Photoshop)* – Beleuchtungseffekte-Filter *m* – Lighting Effects filter

filtre *m* **Extrusion** *(Photoshop)* – Extrudieren-Filter *m* – Extrude filter

filtre *m* **gris neutre** – Graufilter *m* – neutral density filter

filtre *m* **interférentiel** – Interferenzfilter *m* – interference filter

filtre *m* **jaune** – Gelbfilter *m* – yellow filter

filtre *m* **passe-bas** – Tiefpassfilter *m* – lowpass filter

filtre *m* **polarisant** *(fotogr.)* – Polarisationsfilter *m* – polarization (*brit.* polarisation) filter

filtre *m* **pour flou artistique** *(fotogr.)* – Weichzeichner *m* – soft-focus lens

filtrer – filtern, herausfiltern – filter *v.*

filtre *m* **rouge** – Rotfilter *m* – red filter

filtre *m* **ultraviolet** – UV-Filter *m* – UV filter

filtre *m* **vert** – Grünfilter *m* – green filter

fin *f* **de colonne** – Spaltenende *n* – end of column

fin *f* **de (la) ligne** – Zeilenende *n* – end of line

Fin de tâche *(Windows)* – Task beenden – End Task

fini *m* **mat** – Mattglanz *m* – matte finish, dull finish, suede finish, velvet finish, velour finish

finissage *m* – Finishing *n*, Druck-(weiter)verarbeitung *f*, Weiterverarbeitung *f*, Endverarbeitung *f* – postpress, converting, finishing

finition *f* – Finishing *n*, Druck-(weiter)verarbeitung *f*, Weiterverarbeitung *f*, Endverarbeitung *f* – postpress, converting, finishing

finition *f* – Fertigstellung *f* – completion

finition *f* **en ligne** – Inline-Finishing *n* – in-line finishing

finition *f* **hors ligne** – Offline-Finishing *n* – offline finishing

fins *f/pl* **documentaires** – Dokumentationszwecke *m/pl* – documentation purposes

firewall *m* – Firewall *f* – firewall

fissure *f* – Rissbildung *f* – cracking

fixateur *f* – Fixiermittel *n* – fixer

fixation *f* – Fixierung *f* *(Laserdrucker)* – fixing

fixer – fixieren, einheften – fix *v.*, bind in *v.*

fixer une date – terminieren, Termin festlegen – schedule *v.*

flash *m* *(fotogr.)* – Blitz *m*, Blitzlicht *n* – flash

flashage *m* – Belichtung *f* – exposure, imaging, lighting

flash *m* **avec réduction des yeux rouges** – Blitz *m* mit Rote-Augen-Reduzierung – red-eye reduction flash

flasher – belichten – expose *v.*

flasheuse *f* – Belichter *m* – imagesetter

flasheuse *f* **à diode (à) laser** – Laserdiodenbelichter *m* – laser diode imagesetter

flasheuse *f* **à tambour** – Trommelbelichter *m* – drum imagesetter

flasheuse *f* **à tambour externe** – Außentrommelbelichter *m* – external drum imagesetter

flasheuse *f* **à tambour interne** – Innentrommelbelichter *m* – internal drum imagesetter

flasheuse *f* **cabestan** – Capstan-Belichter *m* – capstan imagesetter

flasheuse *f* **CTP** – Plattenbelichter *m* – platesetter

flasheuse *f* **huit poses** – Achtseiten-Belichter/Plattenbelichter *m* – Eight-Up (8-Up) imagesetter/platesetter

flasheuse *f* **laser** – Laserbelichter *m* – laser imagesetter, laser plotter

flasheuse *f* **quatre poses** – Vierseiten-Belichter/Plattenbelichter *m* – Four-Up (4-Up) platesetter/imagesetter

flash *m* **forcé** – Aufhellblitz *m* – fill-in flash, forced flash

flash *m* **stroboscopique** – Stroboskop *n* – strobe (stroboscope)

flèche *f* – Pfeil *m* *(Form)* – arrow

fleuron *m* – Verzierung *f*, Ornament *n* – decoration, ornament(ation)

flexibilité *f* – Biegsamkeit *f* – flexibility, pliability

flexible – biegsam – flexible, pliable

flexo *f* – Flexodruck *m*, Flexografie *f* – flexo print(ing), flexography

flexographie *f* – Flexodruck *m*, Flexografie *f* – flexo print(ing), flexography

flexo *f* **traditionnelle** – konventioneller Flexodruck *m* – conventional flexo

flottement *m* – Flattern *n* *(Papierbahn)* – fluttering

flou, -e – unscharf, verschwommen, unscharf eingestellt – blurred, unsharp, unfocussed, out of focus, fuzzy, hazy

flou *m* – Weichzeichnung *f*, Unschärfe *f* – diffusing, blur

flou *m* **de bougé** – Bewegungsunschärfe *f* – motion blur

flou *m* **gaussien** – Gauss'scher Weichzeichner *m* – Gaussian blur

fluorescent, -e – fluoreszierend – fluorescent

flux *m* **de données** – Datenfluss *m*, Datenstrom *m* – data flow, data stream

flux *m* **de (du) texte** – Textfluss *m* – text flow

flux *m* **de (du) travail** – Arbeitsablauf *m* – workflow (process)

flux *m* **de production** – Workflow *m*, Produktionsfluss *m*, Produktionsablauf *m* – workflow, production process

flux *m* **de production numérique** – digitaler Workflow *m* – digital workflow

flux *m* **de production prépresse** – Prepress-Workflow *m* – prepress workflow

flux *m* **des matériaux** – Materialfluss *m* – material flow

flux *m* **opératoire** – Arbeitsablauf *m* – workflow (process)

F

flux *m* **PostScript** – PostScript-Datenstrom *m* – stream PostScript

flyer *m* – Flyer *m* – flyer

focale *f (opt.)* – Brennweite *f* – focal length

foire *f* **du livre** – Buchmesse *f* – book fair

folio *m* – Seitenzahl *f*, Seitennummer *f*, Folio *n*, Folioblatt *n* – page number, folio

folio *m* **en bas** – Seitenzahl *f* am Fuß – drop folio

foliotage *m* – Paginierung *f*, Seitennummerierung *f*, Seitenpaginierung *f* – pagination, page numbering

folioter – paginieren – number *v.* pages, page *v.*, paginate *v.*

foncer – abdunkeln – darken *v.*, dull *v.*

fonction *f* – Funktion *f* – function, feature

fonction *f/pl* **de transfert** – Transferfunktion *f* – transfer function

fonction Livre *(QuarkXPress, InDesign)* – Buchfunktion – Book feature/function

fonctionnement *m* – Funktionsweise *f* – functioning

fonctionnement *m* **en temps réel** – Echtzeitverarbeitung *f* – real-time processing/operation

fonctionner – funktionieren – work *v.*

fond *m* – Hintergrund *m* – background

fond *m* **aplat** – Hintergrundfläche *f* – background tint

fondation *f* – Bett *n (Hochdruck, Fundament)* – bed

fond *m* **d'écran** – Bildschirmhintergrund *m* – screen background

fond *m* **dégradé** – Hintergrundverlauf *m* – shaded background, vignetted background

fond *m* **de panier** – Rückwandplatine *f* – backplane

fonderie *f* **de caractères** – Schriftgießerei *f* – type foundry

fondeur *m* **de caractères** – Schriftgießer *m* – type founder

fond *m* **perdu** – Anschnitt *m* – bleed

fond perdu sur grand fond – Anschnitt außen – bleed outside

fond perdu sur petit fond – Anschnitt innen – bleed inside

fondre – mergen, vereinen, verschmelzen *(Objekte)* – merge *v.*, blend *v.* together

fondre (se) – verlaufen *(Farben)* – blend *v.*

fonds *m* **(de livres)** – Buchbestand *m* – bookstock

fond *m* **tramé** – Hintergrundraster *m* – screened background

fond tramé *m* – hinterlegter Raster *m* – background screen

Fondu *(Photoshop)* – Sprenkeln – Dissolve

fondu *m* **des polices** – Typografie-Liebhaber *m* – typography freak

fondu *m* **enchaîné** – Überblendung *f* – fade-over, fading

fonte *f* – Font *m*, Zeichensatz *m*, Schrift *f*, Schriftart *f* – font, type, typeface

fonte *f* **numérisée** – digitalisierte Schrift *f* – digitized font

force *f* **adhésive** – Klebkraft *f* – adhesive strength

force *f* **de corps** *(typogr.)* – Punktgröße *f*, Kegel *m*, Schriftkegel *m*, Kegelhöhe *f* – point size, body size

format *m* – Format *n*, Größe *f* – format, dimension, size

formatage *m* – Formatierung *f*, Formatieren *n* – formatting

formatage *m* **de (du) texte** – Textformatierung *f* – text formatting

formatage *m* **du paragraphe** – Absatzformatierung *f* – paragraph formatting

format *m* **à la française** – Hochformat *n*, stehendes Format *n* – long grain, long cut-off

format *m* **à l'italienne** – Querformat *n* – landscape, horizontal format, oblong format

format *m* **à l'italienne** – liegendes Format *n* – cross grain

format *m* **à vif** – unbeschnittenes Format *n* – bleed size

format *m* **brut** – unbeschnittenes Format *n* – untrimmed size

format *m* **de carte postale** – Postkartenformat *n* – postcard format

format *m* **de données** – Datenformat *n* – file format

format *m* **de fichier** – Dateiformat *n* – file format

format *m* **de fichier natif** – natives Dateiformat *n* – native file format

format *m* **de la disquette** – Diskettenformat *n* – diskette format

format *m* **de la feuille** – Bogengröße *f* – sheet size

format *m* **de l'image** – Bildformat *n* – image format

format de page – Seite einrichten *(Menüpunkt)* – Page Setup

format *m* **de page** – Seitenformat *n* – page format

format *m* **de police** – Schriftformat *n* – font format

Format d'épreuve *(InDesign)* – Proof einrichten – Proof Setup

format *m* **de sortie** – Ausgabeformat *n* – output format

format *m* **d'impression** – Druckformat *n* – print(ing) format

format *m* **DIN** – DIN-Format *n* – DIN size

format *m* **d'origine** – Originalgröße *f* – original size

format *m* **du journal** – Zeitungsformat *n* – newspaper size

format *m* **du papier** – Papierformat *n* – paper size

formaté, -e – formatiert – formatted

formater – formatieren *(Festplatte, Text)* – format *v.*

formateur *m* – Kursleiter *m* – trainer

format *m* **graphique** – Grafikformat *n* – graphic format

format *m* **interne** – internes Format *n* – internal format

formation *f* **à l'informatique** –
EDV-Ausbildung *f* – computer
training

formation *f* **de mousse** –
Schaumbildung *f* – foam
formation

formation *f* **de stries** – Streifenbildung *f* – banding, streaking

formation *f* **flash** – Crashkurs *m*
– crash course

formation *f* **halo** –
Lichthofbildung *f* – halation

formation *f* **professionnelle**
continue – berufliche Fortbildung *f* – further vocational
training

format *m* **massicoté** –
beschnittenes Format *n*,
Endformat *n* – trimmed size

format *m* **non rogné** –
unbeschnittenes Format *n* –
untrimmed size

format *m* **oblong** – Querformat *n*
– landscape, horizontal format,
oblong format

format *m* **paysage** – Querformat
n – landscape, horizontal
format, oblong format

format *m* **portrait** – Hochformat
n – portrait, up (von upright)

format *m* **rogné** – beschnittenes
Format *n*, Endformat *n* –
trimmed size

formats *m/pl* **supportés** –
unterstützte Formate *n/pl* –
supported formats

format *m* **standard** – Standardformat *n*, Basisformat *n* – standard format, standard size,
basic size

format *m* **tabloid** – Tabloidformat *n* – tabloid size/format

format *m* **vectoriel** –
Vektorformat *n* – vector format

forme *f* – Form *f* – shape

forme *f* **à basculer** – Form *f* zum
Umschlagen – work and turn
form

forme *f* **à culbuter** – Form *f* zum
Umstülpen – work and tumble
form

forme *f* **à découper** – Stanzform *f*
– cutting die, die, die-board

forme *f* **à imposition en ailes de**
moulin – Form *f* zum Umdrehen – work and twist form

forme *f* **de base** – Grundform *f* –
basic shape

forme *f* **de découpe** – Stanzform
f – cutting die, die, die-board

forme *f* **de (du) point de trame** –
Rasterpunktform *f* – dot shape

forme *f* **de gaufrage** – Prägestempel *m* (*Form*) – embossing
die, stamping die

forme *f* **de la lettre** – Buchstabenform *f*, Zeichenformat *n* –
character style

forme *f* **de mise en repérage** –
Passform *f* – key form, register
form

forme *f* **d'estampage** –
Prägeform *f* – stamping form

forme *f* **de surimpression** – Eindruckform *f* – overprint form

forme *f* **de table(au)** –
Tabellenform *f* – tabular form

forme *f* **d'impression** – Druckform *f* – forme, print(ing) forme

forme *f* **double** – Doppelform *f* –
double form

forme *f* **du coin** – Eck(en)form *f* –
corner shape

forme *f* **du noir** – Schwarzform *f*
– black form

forme *f* **du second côté** – Widerdruckform *f* – perfecting form

forme *f* **(en) multiposes** –
Sammelform *f* – combined
form, gang (form), mixed form

forme *f* **imposée** –
ausgeschossene Form *f* – flat

forme *f* **imprimante flexogra-**
phique – Flexodruckform *f* –
flexo printing form

former – formen – shape *v.*, form
v.

former – ausbilden – train

forme *f* **recto-verso** – Schön- und
Widerdruckform *f* – work and
back form

Formes (*Photoshop*) –
Werkzeugspitzen – Brushes

formulaire *m* – Formular *n* –
form

formulaire *m* **de commande** –
Bestellformular *n*, Bestellzettel
m – order form, order sheet

formulaire *m* **de facture** – Rechnungsformular *n* – invoice form

formulaire *m* **en continu** –
Endlosformular *n* – continuous
form

formulation *f* **des couleurs** –
Farbrezeptur *f* – ink (color)
formulation

formule *f* – Formel *f* – formula

formule *f* **d'encre** – Farbrezept *n*
– ink formula, ink recipe

fort, -e – stark (*Papier*) – thick

forte dominante *f* – starker
Farbstich *m* – strong colorcast

fortes dominantes *f/pl* **de**
couleurs – starker Farbstich *m*
– strong colorcast

forum *m* – Forum *n* – forum

forum *m* **électronique** – Newsgroup *f*, Diskussionsforum *n* –
newsgroup, discussion forum,
electronic discussion group

fourchette *f* **automatique** –
automatische Belichtungsreihe
f – auto bracket

fournisseur *m* – Lieferant *m* –
supplier

fournisseur *m* **(de service)** –
Provider *m* – provider

foyer *m* – Brennpunkt *m*, Fokus
m – focus

fractal, -e – fraktal – fractal

fraction *f* (*math.*) – Bruch *m* –
fraction

fraction *f* **décimale** – Dezimalbruch *m* – decimal

fractionnement *m* – Fraktionieren *n* – fractionation

fracturé, -e (*typogr.*) – gebrochen
– broken

fractures *f/pl* – gebrochene
Schriften, Frakturschriften
(*Schriftenklassifizierung*) –
Black Letter

fragmentation *f* – Fragmentierung *f* – fragmentation

fraîchement imprimé –
druckfrisch – hot off the press

fraisage *m* **des bords** –
Kantenfräsen *n* – edge routing

F

frais *m* **de composition et de photogravure** – Satz- und Reprokosten *pl* – composing and reproduction costs
frais *m/pl* **de fabrication** – Herstellungskosten *pl*, Produktionskosten *pl* – production cost(s)
frais *m/pl* **d'entretien (de maintenance)** – Wartungskosten *pl* – maintenance costs
frais *m/pl* **de personnel** – Personalkosten *pl* – payroll costs, personnel costs
frais *m/pl* **fixes** – fixe Kosten – fixed costs
frais *m/pl* **professionnels** – Werbungskosten *pl (steuerlich)* – professional outlay
frais *m/pl* **variables** – variable Kosten *pl* – variable costs
frappe *f* – Tastenanschlag *m*, Erfassung *f* – keystroke, keystroking, keyboarding
frappe *f* **au kilomètre** – Endloserfassung *f (Text)* – non-counting text input
free-lance *m* – freie(r) Mitarbeiter, -in – freelance
fréquence *f* – Frequenz *f* – frequency
fréquence *f* **de balayage** – Bildrate *f*, Bildfrequenz *f (Bildschirm)* – refresh rate
fréquence *f* **de trame** – Rasterweite *f* – screen frequency, screen ruling
fréquence *f* **d'horloge** – Taktfrequenz *f* – clock rate, clock frequency
fresque *f* – Fresko *n* – fresco
froissé, -e – zerknittert – creased
frontal *m* – Front End *n* – front end
frontispice *m* – Titelseite *f*, Titelblatt *n*, Frontispiz *n* – title page, front cover, frontispiece
fusain *m* – Kohlezeichnung *f*, Zeichenkohle *f* – charcoal drawing, charcoal
fusion *f* – Verschmelzung *f* – blending

fusionner – mergen, vereinen, verschmelzen – merge *v.*, blend *v.* together
fût *m* – Grundstrich *m* – stern

G

gabarit *m* – Musterseite *f*, Seitengröße *f*, Schablone *f* – master page, page size, stencil
gâche *f* – Abfall *m* – waste
gâche *f* **papier** – Papierabfall *m* – waste paper
galbé, -e – geschwungen, kurvenförmig – curved
galée *f* – Satzabzug *m* – galley
galvanique – galvanisch – electrolytical, galvanic(ally)
galvaniser – galvanisieren – galvanize *v.*
galvanoplastie *f* – Galvanoplastik *f* – electrotyping
galvano(type) *m* – Galvano – electrotype
galvanotypie *f* – Galvanoplastik *f* – electrotyping
gamme *f* – Produktpalette *f* – range of products
gamme *f* **de contrôle** – Testkeil *m* – control wedge, test wedge
gamme *f* **de couleurs** – Farbumfang *m* – gamut
gamme *f* **de gris** – Graukeil *m*, Graustufenskala *f* – grayscale, gray-wedge
gamme *f* **de mesure** – Messbereich *m* – measuring range
gamme *f* **de produits** – Produktreihe *f* – product line
gamme *f* **des couleurs** – Farbskala *f* – color chart, color scale
gamme *f* **des tons** – Tonwertskala *f* – tone scale
gamme *f* **dynamique** – Dynamikumfang *f* – dynamic range
Garaldes – Renaissance Antiqua, Garald *(Schriftenklassifizierung)* – Garaldic
garde-barrière *f* – Firewall *f* – firewall
gaufrage *m* – Prägedruck *m*, Prägung *f* – embossing, blocking

gaufrage *m* **à chaud** – Heißprägung *f* – hot embossing
gaufrage *m* **à sec (à froid)** – Blindprägung *f* – blind embossing
gaufrage *m* **doré** – Goldprägung *f* – gold embossing
gaufrage *m* **en relief** – Reliefprägung *f* – embossed stamping, relief embossing
gaufrer – prägen, frankieren – emboss *v.*, stamp *v.*
GCR *m* – GCR, Unbuntaufbau *m* – GCR (Gray Component Replacement), achromatic reproduction, achromatic composition
générateur *m* **d'images tramées** – RIP *m* – RIP (Raster Image Processor)
génération *f* **du noir** – Schwarzgenerierung *f* – black generation
générer – erzeugen, generieren – generate *v.*
genre *m* **de caractères** – Schriftart *f* – typestyle
géométrie *f* – Geometrie *f* – geometry
géométrie *f* **de mesure** – Messgeometrie *f* – measuring geometry, measurement geometry
géométrique – geometrisch – geometric(al)
gérer – verwalten – manage *v.*
gestion *f* – Verwaltung *f* – management
gestion *f* **de contenu** – Content Management *n* – content management
gestion *f* **de documents** – Dokumentenmanagement *n* – document management
gestion *f* **de données** – Datenverwaltung *f* – data administration
gestion *f* **de fichiers-clients** – Verwaltung *f* von Kundendateien – client file management
gestion *f* **de (la) couleur** – Farbmanagement *n (Color Management)* – color management

gestion *f* **de mémoire** – Speicherverwaltung *f*, Speichermanagement *n* – memory management

gestion *f* **de polices** – Fontverwaltung *f*, Schriftverwaltung *f* – font management

gestion *f* **de réseau** – Netzwerkverwaltung *f* – networking

gestion *f* **des actifs numériques** – Asset-Management *n* – asset management

gestion *f* **des fichiers** – Dateiverwaltung *f* – file management

gestion *f* **des projets** – Projektmanagement *n* – project management

gestion *f* **du flux de production** – Workflowmanagement *n* – workflow management

gestion *f* **du rendu des couleurs** – Rendering Intent *m* – rendering intent

gestion *f* **linguistique** – Sprachunterstützung *f* (in Programmmen) – language support

gestionnaire *m* **d'amorçage** – Boot-Manager *m* – boot manager

gestionnaire *m* **de couleurs** – Farbmanagementsystem *n* – color management system

gestionnaire *m* **de polices** – Fontverwaltungsprogramm *n*, Schriftverwaltungsprogramm *n* – font management program

Gestionnaire des Tâches (Windows) – Task Manager *m* – task manager

gestionnaire *m* **de stock** – Lagerverwalter *m*, Lagerist *m* – stock keeper

Gestionnaire d'extensions (Mac) – Erweiterungen Ein/Aus – Extensions Manager

Gestionnaire d'Xtensions (QuarkXPress) – XTensions Manager – XTensions Manager

gisement *m* **de données** – Bestandsführung *f* – warehousing

glacis *m* – Lasur *f* – glaze

glissement *m* **de la couleur** – Farbverschiebung *f* – color variances

glissement *m* **des tons** – Tonwertverschiebung *f* – tonal shift

glissement *m* **du papier** – Papierschlupf *m* – paper slipping

glisser-déposer – Drag & Drop – drag & drop, drag-*n*-drop

glissière *f* **de contact** – Kontaktschiene *f* – detector bar

glose *f* – Glosse *f* – gloss

glossaire *m* – Glossar *n*, Wörterverzeichnis *n* – glossary, list of words

glyphe *f* – Glyphe *f* – glyph

gommage *m* – Gummierung *f* – gumming

gomme *f* – Radiergummi *m* – rubber, eraser (U.S.)

gommé, -e – gummiert – gummed

gommer – radieren, ausradieren, löschen, entfernen – rub out *v.*, delete *v.*, remove *v.*, eliminate *v.*, erase *v.*

gonflement *m* – Quellen *n* – swelling

gonfler – quellen (z.B. Farbe) – swell *v.*

Gothiques *f/pl* – Fraktur(schrift) *f*, gotische Schrift *f*, Gotisch Fraktur – Black Letters, broken types, Gothic (character)

gouachage *m* – Ausflecken *n* – film masking, film opaquing, spotting(-out)

gouache *f* – Gouache *f* – gouache

gouache *f* **rouge** – Rötel *m* – red chalk

goulet *m* **d'étranglement** – Engpass *m*, Flaschenhals *m* – bottleneck

goutte(lette) *f* **d'encre** – Tintentropfen *m* (Tintenstrahldrucker) – drop of ink

gouttière *f* (typogr.) – Steg *m* (Spaltenfreiraum) – gutter

gradation *f* – Gradation *f* – gradation

gradation *f* **dans les ombres** – Gradation *f* in den Tiefen – shadow gradation

gradation *f* **des petits fonds** – Bundzuwachs *m* Papierverdrängung *f* – creep, page shingling

gradation *f* **insensible** – fließender Übergang *m* – smooth transition, smooth gradation

gradation *f* **raide** – steile Gradation *f* – steep gradation

grain *m* (fotogr.) – Korn *n* – grain

grain *m* **d'argent** – Silberkorn *n* – silver grain

grain *m* **de poussière** – Staubkorn *n* – grain of dust

graisse *f* (typogr.) – Fettegrad *m* – weight

grammage *m* **(du papier)** – Papiergewicht *n* – paper grammage, paper weight, weight of paper

grammaire *m* – Grammatik *f* – grammar

grand, -e – groß – big, great, large

grande application *f* – Hauptanwendung *f* – main application

grande diffusion *f* – Großauflage *f*, hohe Auflage *f* – large circulation

grande laize *f* – Breitbahn *f* (Rollendruck) – wide web

grand format *m* – Großformat *n* – broadsheet size, large format (LF)

grand-titre *m* – Haupttitel *m* – main title

granulation *f* – Körnigkeit *f* (Film) – graininess

graphique *m* – Grafik *f* – artwork, graphic

graphique *m* **à barres** – Säulendiagramm *n*, Histogramm *n* – column chart, histogram

graphique *m* **à tuyaux d'orgue** – Balkendiagramm *n* – bar graph

graphique *m* **au trait** – Strichgrafik *f* – line graphic

graphique *m* **commercial** – Business-Grafik *f*, Geschäftsgrafik *f* – business graphic

graphique *m* **d'entreprises** – Business-Grafik *f*, Geschäftsgrafik *f* – business graphic

G

graphique *m* **en colonnes** –
Balkendiagramm *n* – bar graph

graphique *m* **EPS** – EPS-Grafik *f*
– EPS graphic

graphique(ment) – grafisch –
graphic(al)

graphique *m* **prédessiné** – Clip-
Art *m* – clip-art

graphique *m* **vectoriel** – Vektorgrafik *f* – vector graphics

graphisme *m* – Grafikdesign *n* –
graphics

graphiste *m* – Grafiker, -in,
Grafikdesigner, -in, Infografiker, -in – commercial artist

grappe *f* – Cluster *m* *(mehrere*
Rechner) – cluster

gras, -sse *(typogr.)* – fett – bold,
black

gras, -sse artificiel, -lle –
künstlich fett – artificial bold

gratter – schaben – scratch *v.*

grattoir *m* – Rasiermesser *n* –
erasing knife

gratuiciel *m* – Freeware *f*, Public
Domain *f* – freeware

gravé, -e – graviert – engraved

graver à l'eau-forte – radieren
(Kunst) – etch *v.*

graveur *m* – Brenner *m* –
recorder, burner

graveur *m* – Kupferstecher *m* –
engraver

graveur *m* **au burin** –
Stahlstecher *m* – die stamper

graveur *m* **(de) CD-ROM** – CD-
Brenner *m* – CD recorder

graveur *m* **de poinçons** – Stempelschneider *m* – punch-cutter

gravure *f* – Gravur *f*, Ätzung *f* –
engraving, etching

gravure *f* **à la pointe sèche** –
Kaltnadelradierung *f* – dry
point engraving

gravure *f* **à l'eau-forte** – Radierung *f*, Radierkunst *f* – etching

gravure *f* **au laser** – Lasergravur *f*
– laser engraving

gravure *f* **d'essai** – Probegravur *f*
– test cut

gravure *f* **directe** – Direktgravur *f*
– direct engraving

gravure *f* **directe de manchons** –
Computer-to-Sleeve –
computer-to-sleeve

gravure *f* **directe des plaques** –
CTP, direkte Plattenbelichtung
– CTP (computer-to-plate)

gravure *f* **électronique** – elektronische Gravur *f* – electronic
engraving

gravure *f* **sur acier** – Stahlstich *m*
– die stamping

gravure *f* **sur bois** – Holzschnitt
m – woodcut

gravure *f* **sur cuivre** – Kupferstich
m – copperplate engraving

gravure *f* **sur linoléum** –
Linolschnitt *m* – lino cut

gravure *f* **thermique** –
thermische Bebilderung *f* –
thermal imaging

griffe *f* **porte-accessoire** *(fotogr.)*
– Aufsteckschuh *m* – flash
shoe, accessory shoe

grille *f* – Grundlinienraster *n*,
Gitter *n* – grid, baseline grid

grille *f* **de caractères** –
Schriftscheibe *f* – type grid

grille *f* **de (la) page** – Seitenraster
m – page grid

grille *f* **de tableau** –
Tabellenraster *m* – table grid

grille *f* **perspective** – Perspektivraster *n* – perspective grid

grille *f* **typographique** – Layout-
Raster *n* – layout grid

gris, -e – grau – gray *(U.S.)*, grey
(brit.)

grisâtre – gräulich – grayish

gris bleu – blaugrau – blue-gray,
bluish-gray

gris clair – hellgrau – light gray

gris *m* **neutre** – Neutralgrau *n* –
neutral gray

gris noir – grauschwarz – grayish-
black

gros format *m* – Großformat *n* –
broadsheet size, large format
(LF)

gros plan *m* – Großaufnahme *f*,
Nahaufnahme *f* – close-up
(shot)

grosseur *f* – Umfang *m* *(eines*
Werks) – size

grossi *m* – Trap *m* – trap

grossi(s)-maigri(s) *m* – Trapping
n, Überfüllung *f*, Über- und
Unterfüllung *f* – trapping,
spread and choke

grossi maigri *m* **automatique** –
automatisches Trapping *n* –
autotrapping

grossi maigri *m* **en mode interactif** – interaktives Trapping *n*
– interactive trapping

grossi-maigri *m* **In-RIP** – In-RIP-
Trapping *n* – In-RIP trapping

grossi-maigri *m* **orienté objets** –
objektorientiertes Trapping *n* –
object oriented trapping

grossir – überfüllen, trappen –
trap *v.*, spread *v.*

grossissement *m* *(opt.)* –
Vergrößern *n*, Vergrößerung *f*
– enlargement, magnifying

**grossissement cent fois/au
centuple** – hundertfache
Vergrößerung *f* – enlarged
(magnified) a hundred times

grossiste *m* – Grossist *m* –
wholesaler

gros titre *m* – Schlagzeile *f* –
banner

grotesque – grotesk *(serifenlos)* –
grotesque

groupage *m* – Sammelform *f* –
combined forme, gang (forme),
mixed forme

groupe *m* – Gruppe *f* – group

groupé, -e – gruppiert – grouped

groupe *m* **de caractères** –
Schriftgattung *f* – font group

groupe *m* **de communication** –
Medienverbund *m* –
multimedia system

groupe *m* **(de) couleur supplémentaire** – Farbeindruckwerk
n – auxiliary color unit

groupe *m* **de discussion** – Newsgroup *f*, Diskussionsforum *n* –
newsgroup, discussion forum,
electronic discussion group

groupe *m* **de repiquage** – Eindruckwerk *n* – imprinting unit

groupe *m* **de travail** –
Arbeitsgruppe *f* – workgroup

groupe *m* **d'imprimantes** –
Druckwerk *n* – printing unit
groupe *m* **d'usager** –
Benutzergruppe *f* – user group
grouper – gruppieren – group *v.*
guidage *m* **du papier** –
Papierführung *f* *(in der
Druckmaschine)* – paper guide
guide *m* – Leitfaden *m*, Reiseführer *m* – guide(-book), guidance
guide *m* **(de l')utilisateur** –
Benutzerhandbuch *n*,
Benutzerführung *f* – user guide
guide *m* **latéral** – Seitenführung *f*
– side guide
guider – steuern – control *v.*
guillemet *m* – Anführungszeichen *n*, F Gänsefüßchen *n* –
double quote, quotation mark,
quote
guillemet *m* **fermant** – Abführungszeichen *n*, schließendes
Anführungszeichen *n* – close
quote, right quotation mark
guillemet *m* **ouvrant** – öffnendes
Anführungszeichen *n* – beginning quote, commencing quote
guillemets *m/pl* **anglais** –
englische Anführungszeichen
n/pl – inverted commas
guillemets *m/pl* **simples** –
senkrechte Anführungszeichen
n/pl – dumb quotes
guillemets *m/pl* **typographiques**
– typografische Anführungszeichen *n/pl* – smart quotes,
typographer's quotes
guillotine *f* – Planschneider *m* –
guillotine

H

habillage *m* – Konturenführung
f, Umfluss *m* *(Text um Bild)* –
runaround, text wrap
habillage *m* **du cylindre** – Zylinderaufzug *m* – cylinder packing
hacher – schraffieren – hatch *v.*
hachure *f* – Schraffierung *f* –
hatching
hachurer – schraffieren – hatch *v.*
hacke(u)r *m* – Hacker *m* –
cracker, hacker

halo *m* – Lichthof *m*, Halo *m* –
halo
hampe *f* **montante** *(typogr.)* –
Oberlänge *f* – ascender
(length), ascent, riser
hardware *m* (F *hard m*) –
Hardware *f* – hardware
haut, -e – hoch – high
haut débit *m* – Hochleistungs- –
high-performance
haut *m* **de gamme** – High-End –
high end
haut *m* **de page** – Seitenanfang
m, Header *m*, Kopfzeile *f* – top
of the page, header
haute densité – hohe
Schreibdichte – high density
haute performance *f* – Hochleistungs- – high-performance
haute qualité – hohe Qualität *f* –
high quality
haute résolution *f* – hohe
Auflösung *f* – high resolution
hautes lumières *f/pl* – Hochlicht
n – highlight
hauteur *f* – Höhe *f* – height
hauteur *f* **de la colonne** –
Spaltenhöhe *f* – height of
column, depth of column,
column height, column depth
hauteur *f* **de l'annonce** – Anzeigenhöhe *f* – advertisement
height, depth of space,
advertisement depth
hauteur *f* **de la page** – Seitenhöhe
f – page height
hauteur *f* **des capitales
(majuscules)** – Versalhöhe *f* –
cap height, H-height
hauteur *f* **des minuscules** –
Minuskelhöhe *f*, Mittellänge *f* –
x-height
hauteur *f* **du caractère** – Schrifthöhe *f* – character height, type
height
hebdomadaire *m* (F *hebdo m*) –
Wochenblatt *n* (-zeitung *f*, -zeitschrift *f*) – weekly
hébergement *m* – Hosting *n* –
hosting
héberger *(Internet)* – hosten,
beherbergen – host *v.*

hébergeur *m* – Provider *m* –
provider
hélio *m* – Tiefdruck *m* – gravure
(printing), intaglio (printing)
héliographie *f* – Heliografie *f* –
heliography
héliogravure *f* – Tiefdruck *m* –
gravure (printing), intaglio
(printing)
héliogravure *f* **traditionnelle** –
konventioneller Tiefdruck *m* –
conventional gravure
hélio *f* **rotative** – Rotationstiefdruck *m* – rotogravure
heures *f/pl* **d'exploitation** –
Betriebsstunden *f/pl* –
operating hours
hexachromie *f* – Hexachromie *f* –
hexachrome process
hexadécimal – hexadezimal –
hexadecimal
hiérarchique – hierarchisch –
hierarchical
hiéroglyphe *f* – Hieroglyphe *f* –
hieroglyph
hint *m* – Hint *m* *(Fonts)* – hint
hirondelle *f* – Passkreuz *n* –
crosshair mark, register cross
histogramme *m* – Säulendiagramm *n* – bar chart, column
chart
hologramme *m* – Hologramm *n*
– hologram
holographie *f* – Holografie *f* –
holography
holographique – holografisch –
holographic
homogène – konsistent –
consistent
horizontale *f* – Horizontale *f*,
Waagerechte *f* – horizontal
horizontal(ement) – waagerecht
– horizontal
horloge *m* **système** – Systemuhr *f*
– system clock
hors-contact *m* – Hohlkopie *f*
(bei Druckplattenkopie) –
miscontact
hors ligne – offline – offline
hors page – außerhalb der Seite –
off the page, outside of the page
hôte *m* – Hostrechner *m* – host
computer

G
H

hôte *m* **inconnu** – unbekannter Host *m* – unknown host

hot folder – Hot Folder, überwachter Ordner *m* – hot folder

hot li(g)ne *f* (F *ligne f chaude*, F *ligne f brûlante*) – Hotline *f* – hot line

hub *m* – Hub *m* – hub

Humanes – Venetianische Antiqua (*Schriftenklassifizierung*) – Humanistic

humidifier – feuchten, anfeuchten, befeuchten – damp *v*.

humidité *f* – Feuchtigkeit *f* – moisture, damp(ness)

humidité *f* **atmosphérique** – Luftfeuchtigkeit *f* – humidity

humidité *f* **relative** – relative Luftfeuchtigkeit *f* – relative humidity

hydrocarbures *f/pl* **aliphatiques** – aliphatische Kohlenwasserstoffe *m/pl* – aliphatic hydrocarbons

hydromètre *m* – Hydrometer *m* – hydrometer

hydrophile – hydrophil, wasserannehmend – hydrophilic

hydrophobe – hydrophob, wasserabstoßend – hydrophobic

hyperlink *m* – Hyperlink *m* – hyperlink

hypertexte *m* – Hypertext *m* – hypertext

I

icône *f* – Icon *n*, Symbol *n* – icon

iconiser (iconifier) – ikonifizieren – iconize *v*., stow *v*.

iconographe *m* – Ikonografie *f* – iconography

iconographie *f* – Ikonograf *m* – iconographer

lettre *f* **d'accompagnement** – Begleitbrief *m* – cover letter

Ignorer pour OPI (*InDesign*) – Für OPI auslassen – Omit for OPI

illimité, -e – unbeschränkt – unlimited

illisible – unleserlich – illegible

illumination *f* – Beleuchtung *f* (*festlich*) – illumination

illuminer – ausleuchten, beleuchten, illuminieren – illuminate *v*.

illusion *f* **d'optique** – optische Täuschung *f* – optical illusion

illustrateur, -rice – Illustrator, -in – illustrator

illustration *f* – Illustration *f*, Abbildung *f* (in Buch) – illustration, figure, artwork

illustrations *f/pl* – Bildmaterial *n* – illustrations

illustration *f* **trait** – Strichabbildung *f* – line illustration

illustré, -e – illustriert – illustrated, pictorial

illustré *m* – Magazin *n*, Zeitschrift *f*, Illustrierte *f* – magazine

illustrer – illustrieren – illustrate *v*.

image *f* – Bild *n* – Image

imagé, -e (*fotogr.*) – bildhaft – pictorial

image *f* **à dominante foncée** – Low-Key-Bild *n* – low key image

image *f* **à (en) haute résolution (définition)** (F *haute déf f*) – hochaufgelöstes Bild, Bild *n* in hoher Auflösung – image in high resolution

imageage *m* – Bebilderung *f* (*Digitaldruck*) – imaging

imageage *m* **direct** – Direktbebilderung *f* – direct imaging

imageage *m* **numérique** – digitale Bebilderung *f* – digital imaging

image *f* **avec dominante** – farbstichiges Bild *n* – image with colorcast

image *f* **bichrome** – Duplex(bild) *n* – duotone

image *f* **capturée** – eingefangenes Bild *n* – captured image

image *f* **claire** – High-Key-Bild *n* – high key (image)

image *f* **couleur** – Farbbild *n* – color image

image *f* **d'art** – Kunstbild *n* – art picture

image *f* **de mise en place** – Layoutbild *n* – layout image

image *f* **d'Épinal** – Bilderbogen *m* – illustrated broadsheet

image *f* **de placement** (F *basse déf*, F *imagette f*) – niedrig aufgelöstes Bild *n*, Platzhalter *m* – low res image, FPO (image), placeholder

image *f* **détourée** – freigestelltes Bild *n* – cut-out figure, silhouette

image *f* **en basse résolution** (F *basse déf*, F *imagette f*) – niedrig aufgelöstes Bild *n*, Platzhalter *m* – low res image

image *f* **en niveaux de gris** – Graustufenbild *n* – grayscale image

image *f* **fantôme** – Geisterbild *n* – ghosting

image *f* **imprimée** – Druckbild *n* – print(ed) image

image *f* **latente** – latentes Bild *n* – latent image

image *f* **liée** – verknüpftes Bild *n* – linked image

image *f* **low key** – Low-Key-Bild *n* – low key image

Image multicouche (*Photoshop*) – Mehrkanalbild – multichannel image

image *f* **noir et blanc (N&B)** – Schwarzweißbild *n* – black and white image/picture

image *f* **numérisée** – digitalisiertes Bild *n*, eingescanntes Bild *n*, Scan *m* – digitized image, scanned image, scan

image *f* **peu contrastée** – kontrastarmes Bild *n* – low contrast image, flat image, image with a low contrast

image *f* **quadrichrome** – Quadruplex(bild) *n* – quadtone

Images imbriquées (*QuarkXPress*) – Eingebettete Bilder – Embedded pictures

image *f* **simili** – Rasterbild *n* – halftone image

Images reliées (*QuarkXPress*) – Verkettete Bilder – Linked Pictures

image *f* **surexposée** – High-Key-Bild – high key (image)

image *f* **trait** – Strichbild *n* – line art image

image *f* **trichrome** – Triplex(bild) *n* – tritone image

imagette *f* – Übersichtsbild *n*, Thumbnail *m*, Vorschaubild *n*, Preview *m* – preview (picture), thumbnail

imageuse *f* – Belichter *m* – imagesetter

imageuse/flasheuse *f* **deux (2) poses** – Doppelseiten-Belichter *m*, Zweiseiten-Belichter/Plattenbelichter *m* – Two-Up (2-Up) platesetter/imagesetter

imageuse *f* **de plaques** – Plattenbelichter *m* – platesetter

imageuse *f* **de plaques flexographiques** – Flexoplattenbelichter *m* – flexo platesetter, computer-to-flexoplate imager

imageuse *f* **grand format** – Großformatbelichter *m* – large format imagesetter

imageuse *f* **laser** – Laserbelichter *m* – laser imagesetter, laser plotter

imbrication *f* – Einbettung *f* – embedding

imbrication *f* **(de motifs)** – Nesting *n*, Ineinanderschachtelung *f*, Verschachteln *n*, Verschachtelung *f* – nesting

imbrication *f* **des polices (profils)** – Einbetten *n* von Schriften/Profilen – font/profile embedding

imbrication *f* **d'images** – Bildcomposing *n* – image composing

imbriqué, -e – eingebettet, verschachtelt – embedded, nested, interlocking

imbriquer – einbetten – embed *v.*

implanter – implementieren – implement *v.*

implémentation *f* – Implementierung *f* – implementation

implémenter – implementieren – implement *v.*

importation *f* – Import *m* – import

importé, -e – importiert – imported

importer – importieren – import *v.*

Importer texte/image *(QuarkXPress)* – Text/Bild laden – Get Text/Picture

imposer – ausschießen – impose *v.*

Imposer les tons en continu *(InDesign)* – Halbtöne erzwingen – Force Continuous Tone Behavior

imposition *f* – Ausschießen *n* – imposition

imposition *f* **de la feuille** – Standbogen *m*, Ausschießbogen *m* – imposition sheet, sheet layout, signature

imposition *f* **en ailes de moulin** – Umdrehen *n* *(Druckbogen)* – work and twist

imposition *f* **en demi-feuilles** – Form *f* zum Umschlagen, Umschlag-Layout *n* – work and turn form, work and turn layout

imposition *f* **tête-à-queue** – Form *f* zum Umstülpen, Umstülp-Layout *n* – work and tumble form, work and tumble layout

imposition *f* **tête-à-tête** – Kopf-an-Kopf-Form *f* – head to head imposition

imposition *f* **tête-bêche** – Kopf-an-Fuß-Form *f* – head to foot imposition

imprégné, -e – imprägniert – impregnated

impression *f* – Druck *m*, Ausdruck *m* – print(ing), hard copy, printout

Impression *f* **à bobines multiples** – Mehrfachrollendruck *m* – multi-web printing

impression *f* **à distance** – Network Printing *n* – network printing

impression *f* **à feuilles** – Einzelblattdruck *m* – single sheet printing

impression *f* **(à) grand format** – Großformatdruck *m* – large format printing

impression *f* **à la demande** – Print-on-demand – print-on-demand, on-demand printing

impression *f* **à l'aniline** – Anilindruck *m* – aniline printing

impression *f* **anilox** – Aniloxdruck *m* – anilox impression

impression *f* **à petite laize** – Schmalbahndruck *m* – narrow-width printing

impression *f* **à plat** – Flachdruck *m* – flat-bed printing

impression *f* **(au) recto** – Schöndruck *m* – front-side printing, face printing

impression *f* **(au) verso** – Rückseitendruck *m* – back printing, reverse(-side) printing

impression *f* **au verso** – Widerdruck *m* – back(-side) printing, perfecting, backing-up

impression *f* **bicolore** – Zweifarbendruck *m* – two-color printing

impression *f* **combinée** – Zusammendruck *m* – ganging, gang printing, combined printing, combination printing

impression *f* **d'annuaires** – Telefonbuchdruck *m* – phone book printing

impression *f* **d'aplats** – Flächendruck *m* – area printing

impression *f* **d'art** – Kunstdruck *m* – art print(ing)

impression *f* **de cartes (géographiques)** – Kartendruck *m* – map printing

impression *f* **de cartonnages** – Kartonagendruck *m* – boxboard printing

impression *f* **décentralisée** – dezentraler Druck *m* – distribute-and-print

impression *f* **de coupons** – Koupondruck *m* – coupon printing

impression *f* **de deux côtés** – zweiseitiger Druck *m* – two-sided printing

impression *f* **de données variables** – Druck *m* variabler Daten – variable data printing

impression *f* **de journaux** – Zeitungsdruck *m* – newspaper printing

I

impression *f* **de magazines** –
Zeitschriftendruck *m* –
magazine printing

impression *f* **d'emballages** –
Verpackungsdruck *m* –
package printing

impression *f* **de produits publicitaires** – Werbedruck *m*
– publicity printing

impression *f* **d'étiquettes** –
Etikettendruck *m* – label
printing

impression *f* **de travaux de ville** –
Akzidenzdruck *m* – commercial
printing

impression *f* **d'illustrations** –
Bilderdruck *m* – illustration
printing

impression *f* **d'une face** –
einseitiger Druck *m* – one-sided
printing

impression *f* **électronique** –
Digitaldruck *m* – digital
printing

impression *f* **en arrière plan** –
Hintergrunddruck *m* –
background printing

impression *f* **en continu** –
Endlosdruck *m* – continuous
printing

impression *f* **en couleurs** –
Farbdruck *m*, Mehrfarbendruck *m* – color print, multi-
color printing

impression *f* **en creux** –
Tiefdruck *m* – gravure
(printing), intaglio (printing)

impression *f* **en deux couleurs** –
Zweifarbendruck *m* – two-
color printing

impression *f* **en émulsion verso** –
seitenverkehrte Ausgabe *f* –
mirror print

impression *f* **en relief** –
Buchdruck *m*, Hochdruck *m*,
Reliefdruck *m* – letterpress
printing, relief printing

impression *f* **en rotative** –
Rotationsdruck *m* – rotary
(press) printing

impression *f* **en six couleurs** –
Sechsfarbendruck *m* – six-color
printing

impression *f* **en trois couleurs** –
Dreifarbendruck *m* – three-
color printing

impression *f* **essai couleur** –
Andruck *m* – preprint, press
proof, proof printing

impression *f* **fantôme** –
Geisterbild *n* – ghosting

impression *f* **feuille à feuille** –
Einzelblattdruck *m* – single
sheet printing

impression *f* **flexo(graphique)** –
Flexodruck *m*, Flexografie *f* –
flexo print(ing), flexography

impression *f* **hélio** – Tiefdruck *m*
– gravure (printing), intaglio
(printing)

impression *f* **holographique** –
Hologrammdruck *m* –
hologram printing

impression *f* **instantanée** –
Sofortdruck *m* – instant
printing

impression *f* **laser** – Laserdruck
m – laser print(ing)

impression *f* **légère** – leichter
Beistelldruck *m* – kiss printing

impression *f* **mixte** – kombinierter Druck *m* – combo printing

impressionniste – impressionistisch – impressionistic

impression *f* **numérique** –
Digitaldruck *m* – digital
printing

impression *f* **offset** – Offsetdruck
m – offset (printing)

impression *f* **offset sans eau** –
wasserloser Offsetdruck *m* –
waterless offset printing

impression *f* **quadri** – Vierfarbdruck *m* – four-colo(u)r printout, four-colo(u)r print(ing)

impression *f* **recto-verso** –
Schön- und Widerdruck *m* –
double-side printing, face and
back printing, work and back

impression *f* **sur deux bobines** –
Doppelrollendruck *m* (Rollendruckmaschine) – double-web
printing

impression *f* **sur roto** –
Rotationsdruck *m* – rotary
(press) printing

impression *f* **sur soie** –
Seidendruck *m* – silk-print

impression *f* **sur textile** –
Textildruck *m* – textile printing

impression *f* **thermographique** –
thermografischer Druck *m* –
thermographic printing

impression *f* **tricolore** –
Dreifarbendruck *m* – three-
color printing

impression *f* **typographique** –
Buchdruck *m*, Hochdruck *m* –
letterpress printing

imprimabilité *f* – Bedruckbarkeit
f, Druckbarkeit *f* – printability

imprimable – bedruckbar,
druckbar – printable

imprimante *f* – Drucker *m*
(Maschine) – printer

imprimante *f* **à aiguilles** – Nadeldrucker *m* – needle printer

imprimante *f* **à cire thermique** –
Thermotransferdrucker *m* –
thermal wax printer

imprimante *f* **à jet d'encre** –
InkJet-Drucker *m*, Tintenstrahldrucker *m* – inkjet printer

imprimante *f* **à laser** –
Laserdrucker *m* – laser printer

imprimante *f* **à lignes** –
Zeilendrucker *m* – line printer

imprimante *f* **à sublimation thermique** – Thermosublimationsdrucker *m* – dye
sublimation printer

imprimante *f* **à transfert thermique** – Thermotransferdrucker *m* – thermal wax
printer

imprimante *f* **bureautique** –
Desktop-Drucker *m* – desktop
printer

imprimante *f* **couleur** –
Farbdrucker *m* – color printer

imprimante *f* **matricielle** –
Nadeldrucker *m*, Matrix-
drucker *m* – needle printer,
matrix printer

imprimante *f* **noir et blanc** –
Schwarzweißdrucker *m* – black
and white printer

imprimante *f* **page par page** –
Seitendrucker *m* – page printer

imprimante *f* **thermique** –
Thermodrucker *m* – thermal
printer

imprimé, -e – bedruckt, gedruckt
– printed

imprimé *m* – Formular *n* – form

imprimé *m* – Briefdrucksache *f*,
Drucksache *f* – printed matter,
second-class matter *(U.S.)*

imprimé *m* – Druckerzeugnis *n* –
publication

imprimé de deux côtés –
beidseitig bedruckt – printed
both sides

imprimé d'un côté – einseitig
bedruckt – printed one side

imprimé *m* **publicitaire** – Werbedrucksache *f* – publicity matter

imprimer – drucken, ausdrucken,
bedrucken – print *v.*

imprimer en (sur) humide –
Nass-in-Nass-Druck *m* – wet-
on-wet printing

imprimerie *f* – Druckerei *f* –
print(ing) house, printing
company, printshop

imprimerie *f* **dans l'entreprise** –
Hausdruckerei *f* – in-house
printer, in-plant printer,
captive printer

imprimerie *f* **de journaux** –
Zeitungsdruckerei *f* –
newspaper printhouse

imprimerie *f* **de presse** –
Zeitungsdruckerei *f* –
newspaper printhouse

imprimerie *f* **minute** – Schnelldrucker *m*, Sofortdrucker *m* –
instant printer

imprimerie *f* **offset** –
Offsetdruckerei – offset
printhouse/printshop

imprimer sur – bedrucken – print
on *v.*

imprimés *f/pl* **en masse** –
Massendrucksachen *f/pl* – bulk
mail, bulk-printed matter

imprimés *f/pl* **en nombre non
urgents** – Massendrucksachen
f/pl – bulk mail, bulk-printed
matter

imprimeur *m* **de presse** –
Zeitungsdrucker *m* –
newspaper printer

imprimeur *m* **de travaux de ville**
– Akzidenzdrucker(ei) *m* (*f*) –
commercial printer

imprimeur *m* **flexo** –
Flexodrucker *m* – flexo printer

imprimeur *m* – Drucker *m*
(Person) – printer

imprimeur *m* **offset** – Offsetdrucker, -in – offset printer

imprimeur *m* **rotativiste** –
Rotationsdrucker *m* – rotary
minder, rotary printer, web
printer

imprimeur *m* **sérigraphe** –
Siebdrucker, -in – screen
printer, silk-screen printer

imprimeuse *f* **d'étiquettes** –
Etikettendruckmaschine *f* –
label printing press

imprimeuse *f* **flexographique** –
Flexodruckmaschine *f* –
flexo(graphic) press

imprimeuse *f* **sérigraphique** –
Siebdruckmaschine *f* – screen
printer

impuretés *f/pl* – Schmutzpartikel
/pl – dirt particles

inapproprié – unsachgemäß –
improper

incises *f/pl* – Antiqua-Varianten
f/pl – Incised

inclinaison *f* – Neigung *f*, Schräge
f, Neige *f*, Scherung *f*, Schrägstellung *f* – shearing, inclination, skew, slant, backslant(ing)

inclinaison *f* **de la page** –
Seitenneigung *f* – page bottling

incliné, -e – schräggestellt,
schräg, kursiv – oblique,
italicized, italized, slanted

incliner – scheren, neigen,
schrägstellen *(Objekt)* – shear
v., skew *v.*, slant *v.*, tilt *v.*

inclure – einbetten – embed *v.*

Inclure les profils ICC *(InDesign)*
– ICC-Profile einschließen –
Include ICC Profiles

incorporé, -e – eingebettet,
eingebaut – embedded, built-in

incorporer – einbetten – embed *v.*

Incorporer les polices *(InDesign)*
– Schriftarten einbetten –
Embed Fonts

incrément *m* – Inkrement *n* –
increment

incrémentiel, -lle – inkremental –
incremental

Incrustation *(Photoshop)* –
Ineinanderkopieren – Overlay

incrustation *f* – Nesting *n*,
Ineinanderschachtelung *f*,
Verschachteln *n*,
Verschachtelung *f* – nesting

indentation *f* **de première ligne** –
Erstzeileneinzug *m* – first-line
indent

indépendance *f* **du périphérique**
– Geräteunabhängigkeit *f* –
device-independency

indépendant de la plate(-)forme
– plattformunabhängig –
platform independant

indépendant de la résolution –
auflösungsunabhängig –
resolution independent

indépendant du périphérique –
geräteunabhängig – device-
independent

indépendant, -e *m/f* – freie(r)
Mitarbeiter, -in *m/f* – freelance

index *m* – Stichwortverzeichnis *n*,
Index *m*, Register *n*, Suchverzeichnis *n (Verzeichnis)* – index

index *m* **à encoches** – Daumenregister *n* – thumb index

indexation *f* – Indexierung *f* –
indexing

index *m* **des mots** – Wörterverzeichnis *n* – list of words

index *m* **des sujets** – Sachregister
n – subject index

index *m* **géographique** –
Ortslexikon *n* – gazetteer

indication *f* **de page** –
Seitenangabe *f* – page reference

indication *f* **pour la composition**
– Satzanweisung *f* – setting
instruction, typographical
instruction

indice *m* – tiefgestelltes Zeichen *n*
– subscript, inferior character

indice *m* – Fixpunkt *m*,
Anhaltspunkt *m* – point of
focus, point of reference, clue,
indication, lead

indice *m* **d'éclatement** –
Berstfestigkeit *f* – burst strength

indice *m* **d'écoulement** – Fließrate *f (Druckfarbe)* – flow rate
indice *m* **de main** – spezifisches
Volumen *n* – specific volume
industrie *f* **de l'impression** –
Druckindustrie *f* – graphic arts
industry, printing industry
industrie *f* **de papier** – Papierindustrie *f* – paper industry
industrie *f* **des arts graphiques** –
grafische Industrie *f* – graphic
(arts) industry
industrie *f* **des colorants** –
Farbenindustrie *f* – color
industry
industrie *f* **des journaux** –
Zeitungsbranche *f* – newspaper
industry
industrie *f* **du carton ondulé** –
Wellpappenindustrie *f* –
corrugated industry
industrie *f* **du livre** – Buchgewerbe *n* – book publishing
industrie *f* **graphique** –
Druckindustrie *f*, grafische
Industrie *f* – graphic arts
industry, printing industry
inédit, -e – unveröffentlicht,
ungedruckt – unpublished
infini, -e – unendlich – infinite
info-artiste *m* – Grafiker, -in,
Grafikdesigner, -in, Infografiker, -in – commercial artist
info *f* **bulle** – Sprechblasen-Hilfe *f*
– balloon help
infographie *f* – Computergrafik *f*
– computer graphics
infographiste *m* – Grafiker, -in,
Grafikdesigner, -in, Infografiker, -in – graphic designer
in-folio – Folio *n*, Folioblatt *n* –
folio
informaticien(ne) –
Informatiker, -in – computer
scientist, information scientist
information *f* – Information *f* –
information
Informations sur le document
(Acrobat) – Dokumentinfo –
Document info
informatique *f* – Informatik *f* –
informatics, information
science/technology
infrarouge – Infrarot – infrared

ingénieur *m* – Ingenieur, -in –
engineer
ingénieur *m* **de l'imprimerie** –
Druckingenieur *m* – printing
engineer
ingénieur *m* **informaticien** –
Anwendungsinformatiker, -in –
computer engineer
initiale *f (typogr.)* – Initiale *f* –
initial (letter), head letter
initiale *f* **ornementée** – verzierte
Initiale *f* – ornamented initial
initialisation *f* – Initialisierung *f* –
initialization
initialiser – initialisieren –
initialize *v.*
inscriptible – beschreibbar –
writable
inscription *f* – Aufschrift *f* –
inscription
inscrire – registrieren – register *v.*
insécable – untrennbar, nicht
trennbar *(Wort)* – unbreakable,
inseparable
insolation *f* **à feuille de diffusion**
– Streufolienbelichtung *f (bei
Plattenkopie)* – dispersion sheet
exposure
insolation *f* **directe des plaques** –
CTP, direkte Plattenbelichtung
– CTP (computer-to-plate)
insolation *f* **ultérieure (complémentaire)** – Nachbelichtung *f* –
post-exposure, double burn
insoler – belichten – expose *v.*
insoluble – unlöslich – insoluble
installation *f* – Installation *f* –
installation
installer – installieren – install *v.*
installeur *m* – Installationsprogramm *n* – installer
instantané *m* – Schnappschuss *m*,
Sofortbild *n* – snapshot, instant
picture
instructeur *m* – Instruktor *m* –
instructor
instruction *f* – Befehl *m (Inform.)*
– command, instruction
instruction *f* **typographique** –
Satzanweisung *f* – setting
instruction, typographical
instruction
instrument *m* **de mesure** – Messgerät *n* – measuring device,
measuring instrument, meter

instrument *m* **digital de mesure**
– digitales Messinstrument *n* –
digital meter
intégration *f* – Integration *f* –
integration
intégré, -e – integriert – integrated
intégrer dans – integrieren in –
integrate in *v.*
intégrité *f* **du fichier** – Datenintegrität *f* – file integrity
intelligence *f* **artificielle** –
künstliche Intelligenz *f* –
artificial intelligence (AI)
intensité *f* – Intensität *f* – intensity
intensité *f* **lumineuse** – Leuchtkraft *f* – light intensity
interactif, -ve – interaktiv –
interactive
intercalaire *m* – Einschießbogen
m – release paper
intercaler *(typogr.)* – durchschießen, einschießen, sperren –
lead *v.*, interleave *v.*
interface *f* – Interface *n*,
Schnittstelle *f* – interface
interface *f* **graphique pour
l'utilisateur** – grafische
Benutzeroberfläche *f* –
graphical user interface (GUI)
interface *f* **ouverte** – offene
Schnittstelle *f* – open interface
interface *f* **parallèle** – parallele
Schnittstelle *f* – parallel
interface
interface *f* **série** – serielle
Schnittstelle *f* – serial
interface/port
interface *f* **utilisateur** – Benutzeroberfläche *f* – user interface
interférence *f* – Interferenz *f*,
Überlagerung *f* – interference
interférométrie *f* – Interferometrie *f* – interferometry
interfolié, -e – durchschossen –
lead, interleaved
intérimaire *m* – Mitarbeiter, -in
auf Zeit – temporary worker
interlettrage *f* – Zeichenabstand
m, Spationierung *f* – tracking,
track, character spacing, letter
spacing
interlettrer *(typogr.)* – austreiben, ausbringen, spationieren
(Zwischenraum) – space out *v.*

interlignage *m* – Zeilenabstand *m*, Zeilendurchschuss *m*, Durchschuss *m* – leading , lead, slug, line spacing

interligne *f (typogr.)* – Zeilenabstand *m*, Zeilendurchschuss *m*, Durchschuss *m* – leading , lead, slug, line spacing

interligné, -e – durchschossen, zwischenliniert – lead, interleaved, leaded

interligner *(typogr.)* – durchschießen, einschießen, sperren – interleave *v.*, lead *v.*

intermot *m* – Wortabstand *m* – word spacing

internaute *m* – Internetbenutzer, -in – internaut

interpolation *f* – Interpolation *f* – interpolation

interpoler – interpolieren – interpolate *v.*

interprétation *f* – Interpretation *f* – interpretation

interpréter – interpretieren – interprete *v.*

interpréteur *m* – Interpreter *m* – interpreter

interpréteur *m* **PostScript** – PostScript-Interpreter *m* – PostScript interpreter

interrompre – unterbrechen – interrupt *v.*

interrupteur *m* – Schalter *m* – switch

interrupteur *m* **à bascule** – Kippschalter *m* – toggle switch

interruption *f* – Abriss *m*, Unterbrechung *f* – break, interruption, disruption

interruption *f* **de l'image** *(TV)* – Bildstörung *f* – interference

intersection *f* – Überschneidung *f*, Schnittmenge *f*, Schnittstelle *f*, Schnittpunkt *m* – intersection, overlapping, point of intersection

intertitre *m* – Untertitel *m* – subtitle

intituler – überschreiben *(mit Überschrift versehen)* – title *v.*

intranet *m* – Intranet *n* – intranet

inversé, -e – in umgekehrter Richtung – reversely

inversement proportionnel – umgekehrt proportional – inversely proportional

inverser – umkehren – invert *v.*

inversion *f* **des tons** – Tonumkehrung *f* – tonal inversion

invertir – invertieren – inverse *v.*

investir – investieren – invest *v.*

investissement *m* – Investition *f* – investment

invisible – unsichtbar – invisible

ioniseur *m* – Ionisiereinrichtung *f* – ionizer

irrécupérable – nicht wiederherstellbar – unrecoverable

irrégulier, -ère – ungleichmäßig, unregelmäßig – irregular, uneven

isogone – gleichwinklig – equiangular (with equal angles)

Isohélie *(Photoshop)* – Tonwerttrennung – Posterize

italicisation *f* – Schrägstellung *f* *(Font)* – backslant(ing)

italique – kursiv, schräg gestellt – italic

italique *m* – Schrägschrift *f* – italic typeface

italique artificiel – künstlich kursiv – artificial italic

italisé, -e – schräggestellt, elektronisch schräg gestellt – italicized, italized, slanted

J

jambage *m* – Grundstrich *m* – stern

jambage *m* **ascendant** *(typogr.)* – Oberlänge *f* – ascender (length), ascent, riser

jambage *m* **descendant** – Unterlänge *f (beim Buchstaben)* – descender (length)

jambage *m* **inférieur** – Unterlänge *f (beim Buchstaben)* – descender (length)

jaquette *f* **(du livre)** – Schutzhülle *f*, Buchhülle *f*, Schutzumschlag *m* – protective cover, jacket, dustjacket, dust cover, book wrapper

jaspage *m* – Marmorierung *f* – marbling

jaspé, -e – gesprenkelt – sprinkled

jauge *f* – Lehre *f*, Kaliber *n* *(Messgerät)* – gauge

jaunâtre – gelblich – yellowish

jaune – Gelb *n*, gelb – yellow

jaune d'or – gelbgold, goldgelb – yellow(y)-gold

jaune tirant sur le vert – grüngelb, gelbgrün – yellow(y)-green, greenish-yellow

jaune verdâtre – grüngelb, gelbgrün – yellow(y)-green, greenish-yellow

jauni, -e – vergilbt – yellowed

jaunir – vergilben – turn *v.* yellow

jaunissement *m* – Vergilbung *f* – yellowing

jet *m* **d'encre à la demande** – Drop-on-Demand-Tintenstrahldruck *m* – drop-on-demand inkjet

jet *m* **d'encre continu** – Continuous InkJet – continuous inkjet

jeu *m* – Satz *m (Bausatz, Programmpaket)* – set, kit

jeu *m* **de caractères ASCII** – ASCII-Zeichensatz *m* – ASCII character set

jeu *m* **de caractères étendus** – erweiterter Zeichensatz *m* – extended character set

jeu *m* **de données** – Datensatz *m* – record

jeu *m* **de films** – Farbsatz *m* – color set, set of films

jeu *m* **de films quadrichromie** – Vierfarbsatz *m* – four colo(u)r set

jeu *m* **d'options** – Einstellungssatz *m* – set of options

jeu *m* **partiel** – Untergruppe *f (bei Schriften)* – subset

jeu *m* **partiel de police** – Fontuntergruppe *f*, Schriftuntergruppe *f* – font subset

job ticket *m* – Jobticket *n* – job ticket

joignable – erreichbar *(Person)* – can be contacted

I
J

joindre – anhängen *(z.B. von Kommentaren oder Dateien an E-Mail)* – attach *v.*
Joindre les extrémités *(Quark-XPress)* – Endpunkte verbinden – Join Endpoints
Joindre les lignes *(QuarkXPress)* – Zeilen zusammenhalten – Keep lines together
joint *m* **de collage** – Klebestelle *f* – glue joint
journal *m* – Journal *n* – journal
journal *m* **électronique** – elektronische Zeitschrift *f* – electronic journal
journal *m* **interne** – Firmenzeitung *f*, Hauszeitung *f* – house organ
journalisme *m* – Journalismus *m*, Journalistik *f*, Publizistik *f* – journalism
journalisme *m* **photo** – Fotojournalismus *m* – photojournalism
journaliste *m* *(F pigiste m)* – Journalist, -in – journalist
journaliste *m* **spécialisé** – Fachjournalist *m* – specialized journalist, trade journalist
journalistique – journalistisch – journalistic(ally)
journal *m* **local** – Lokalzeitung *f* – local newspaper
journal *m* **national** – überregionale Zeitung *f* – national newspaper
journal *m* **officiel** – Amtsblatt *n* – official gazette
journal *m* **régional** – Regionalzeitung *f* – regional newspaper
juke-box *m* – Jukebox *f* – jukebox
jusqu'au moindre détail – bis ins kleinste Detail – down to last detail
juste à temps (JAT) – Just-in-time – just-in-time (JIT)
justificatif *m* – Belegexemplar *n* – author's copy, specimen copy
justification *f* – Zeilenlänge *f*, Ausschluss *m* – justification, line length
justification *f* **de la colonne** – Spaltenbreite *f*, Spaltenmaß *n* – column width, column measure

justification *f* **horizontale** – Zeilenausschluss *m* – horizontal justification
justification *f* **verticale** – vertikale Ausrichtung *f*, vertikaler Ausschluss *m*, vertikaler Keil *m* – vertical justification
justifié, -e – bündig, Blocksatz *m* – flush, quad, grouped style, justified setting, quad middle
justifié, -e à droite – rechtsbündig – flush right, quad right
justifié, -e à gauche – linksbündig – flush left, quad left
justifier *(typogr.)* – ausschließen – justify *v.*, quad *v.*
juxtaposer – aneinander reihen, angrenzen, dithern – abut *v.*, butt *v.*, adjoin *v.*, collide *v.*, line up *v.*, put (place) next to each other, put (place) side by side, juxtapose *v.*, dither *v.*, string *v.* together
juxtaposition *f* – Nebeneinanderstellung *f*, Aneinderreihung *f*, Dithering *n* – juxtaposition, dithering

K

kilobit – Kilobit *n* – kilobit
kilobits à la seconde – Kilobit pro Sekunde – kilobits per second (kbps)
kiosque *m* – Kiosk *m* – kiosk
kiosque *m* **à journaux** – Zeitungsstand *m* – newsstand
kit de développement logiciel – Software Development Kit (SDK) – software development kit (SDK)
Koctet *(Ko, ko, kilo-octet)* – kByte (kB, Kilobyte) – kByte

L

laboratoire *m* **photo(graphique)** – Fotolabor *n* – photo(graphic) lab(oratory)
laborieux, -se – arbeitsaufwendig – labo(u)r-intensive
lacune *f* – Lücke *f*, Zwischenraum *m* – gap

là-dessous – darunter – beneath
laize *f* – Bahnbreite *f* – web width
laize *f* **étroite** – Schmalbahn *f* – narrow web
lame *f* **(de coupe)** – Messer *n*, Schneidemesser *n (an Schneidemaschine)* – knife, cutting knife
lame *f* **de perforation** – Perforiermesser *n* – perforating knife
lame *f* **de pliage** – Falzmesser *n* – tucker blade
lame *f* **docteur** – Dosierklinge *f* – metering blade
lame *f* **inférieure** – Untermesser *n (Druckverarbeitung)* – bottom knife
lamelle *f* **(d'obturateur)** – Blendenlamelle *f* – blade, diaphragm blade
lamelle *f* **d'obturateur** – Blendenlamelle *f* – diaphragm blade
laminage *m* – Laminierung *f*, Kaschierung *f* – lamination, lining, sealing
laminé, -e d'aluminium – alukaschiert – aluminium laminated
laminer – kaschieren, laminieren – laminate *v.*
lampe *f* – Lampe *f* – lamp
lampe *f* **à arc** – Bogenlampe *f* – arc lamp
lampe *f* **au xénon** – Xenonlampe *f* – xenon lamp
lampe *f* **de copie** – Kopierlampe *f* – copy lamp
lampe *f* **d'exposition** – Belichtungslampe *f* – exposure lamp
lampe *f* **halogène** – Halogenlampe *f* – halogen lamp
lampe *f* **haute performance** – Hochleistungslampe *f* – high intensity bulb
lampe *f* **opaline** – Opallampe *f* – opal lamp
lampe *f* **ultraviolette** – UV-Lampe *f* – UV lamp
lancement *m* **à chaud** – Warmstart *m* – warm boot
lancement *m* **à froid** – Kaltstart *m* – cold boot (cold start)
lancer – starten *(Programm)* – launch *v.*

lanceur *m (Mac)* – KlickStarter *m* – Launcher

langage *m* **de description de page(s)** – Seitenbeschreibungssprache *f* – page description language

langage *m* **de programmation** – Programmiersprache *f* – program(m)ing language

langage *m* **(de) script** – Skriptsprache *f* – scripting language

langage *m* **familier** – Umgangssprache *f* – colloquial language

langage *m* **machine** – Maschinencode *m* – machine code (language)

langage *m* **macro** – Makrosprache *f* – macro language

langue *f* – Sprache *f* – language

langue *f* **principale** – Standardsprache *f* – main language

languette *f* – Lasche *f* – flap

lapidaire *f* **romaine** – Römische Lapidarschrift *f* – Roman monumental lettering

laque *f* – Lack *m* – varnish

laquer – lackieren – varnish *v.*

large – breit, groß – large, broad, wide

largeur *f* – Breite *f* – width

largeur *f* **contour** – Konturstärke *f* – contour width

largeur *f* **de bande** – Bandbreite *f* – bandwidth

largeur *f* **de bande optique** – optische Bandbreite *f (Farbmessung)* – optical bandwidth

largeur *f* **de coupe** – Schnittbreite *f* – cutting width

largeur *f* **de (du) trait** – Linienstärke *f*, Strichstärke *f* – line weight/width, rule weight, stroke thickness/width

largeur *f* **de la bobine** – Bahnbreite *f* – web width

largeur *f* **de la colonne** – Spaltenbreite *f* – column width

largeur *f* **de la gouttière** – Spaltenabstand *m* – gutter width

largeur *f* **de la marge** – Randbreite *f* – marginal width

largeur *f* **de la page** – Seitenbreite *f* – page width

largeur *f* **de nappe** – Bahnbreite *f* – web width

largeur *f* **de trait** – Strichbreite *f* – stroke width

largeur *f* **du bord** – Konturstärke *f* – contour width

largeur *f* **du caractère** – Dickte *f*, Buchstabenbreite *f*, Schriftweite *f* – font width, character set

largeur *f* **du grossi** – Trapbreite *f*, Überfüllbreite *f* – trap width, spreading width

laser *m* – Laser *m* – laser

laser *m* **couleur** – Farblaserdrucker *m* – color laser printer

laser *m* **thermique** – Thermolaser *m* – thermal laser

laser *m* **vert** – Grünlaser *m* – green laser

laser *m* **violet** – Violettlaser *m* – violet laser

Lasso magnétique *(Photoshop)* – Magnetisches Lasso – Magnetic lasso

Lasso polygonal *(Photoshop)* – Polygon-Lasso – Polygon lasso

latéral, -e – seitlich – lateral, side...

latitude *f* **(d'exposition)** – Belichtungsspielraum *m* – latitude, exposure latitude

lavis *m* – Tuschzeichnung *f* – Indian ink drawing

lecteur *m* – Laufwerk *n* – drive

lecteur, -rice – Lektor, -in – editor

lecteur, -rice – Leser, -in – reader

lecteur *m* **(de) CD-Rom** – CD-Laufwerk *n*, CD-ROM-Laufwerk *n* – CD drive, CD-Rom drive

lecteur *m* **de codes à barres** – Barcode-Scanner *m*, Strichcodeleser *m* – bar code reader (scanner)

lecteur *m* **de disque** – Plattenlaufwerk *n* – disk drive

lecteur *m* **de disquette** – Diskettenlaufwerk *n* – floppy (disk) drive

lecteur, -rice de journaux – Zeitungsleser, -in – newspaper reader

lecteur *m* **double** – Doppellaufwerk *n* – dual drive

lecteur-reproducteur *m* – Lese- und Druckvergrößerungsgerät *n* – reader-printer

lecteurs *m/pl* – Leserschaft *f* – readership

lecture *f* – Lektüre *f*, Lesestoff *m* – reading (matter)

légende *f* – Bildunterschrift *f*, Legende *f* – caption, legend

le long de – längs – longwise, along(side)

le long de la bande – in Laufrichtung – along the web, long grain

le long d'un tracé – entlang eines Pfades – along a path

lentille *f (fotogr.)* – Linse *f* – lens

lentille *f* **à grande luminosité** – lichtstarkes Objektiv *n* – high-speed lens

lentille *f* **convexe** – Konvexlinse *f*, Sammellinse *f* – convex lens

lentille *f* **divergente** – Zerstreuungslinse *f* – dispersion lens

lettre *f* – Buchstabe *m*, Brief *m* – letter, character, type

lettre *f* **accentuée** – Akzentbuchstabe *m* – accented letter (accent-bearing letter)

lettre *f* **crénée** – unterschnittener Buchstabe *m* – kerned letter

lettre *f* **d'accompagnement (d'envoi)** – Begleitschreiben *n* – accompanying letter, letter of transmittal, cover(ing) letter, covering note

lettre *f* **de lecteur** – Leserbrief *m*, Leserzuschrift *f* – letter (to the editor)

lettre *f* **d'infos (d'informations)** – Infoblatt *n* – info sheet

lettre *f* **d'ornement** – verschnörkelter Buchstabe *m* – flourished letter

lettre *f* **double** – Doppelbuchstabe *m* – double letter

lettre *f* **éclairée** – Konturzeichen *n* – outline character

lettre *f* **gothique** – Fraktur(schrift) *f*, gotische Schrift *f*, Gotisch Fraktur – Black Letters, broken types

lettre *f* **initiale** *(typogr.)* – Initiale *f* – initial (letter), head letter

L

lettre *f* **minuscule** – Kleinbuchstabe *m* – lower case (letter)
lettre *f* **publicitaire** – Werbebrief
m – advertising letter
lettrine *f* – hängende Initiale *f* –
drop cap
lettrine *f* **dessinée** – gezeichnete
Initiale *f* – drawn initial
levier *m* **du zoom** – Zoomhebel
m (Kamera) – zoom lever
lexique *m* – Lexikon *n* –
encyclopedia
liaison *f* – Verbindung *f*,
Anschluss *m* – connection
liaison *f* **louée** – Standleitung *f*,
gemietete Linie *f (Telekommunikation)* – leased line
liasse *f* – Bündel *n*, Papierbündel
n – bundle, cluster
libellé *m* – Dateikennung *f*,
Infozeile *f*, Kommentarzeile *f* –
slugline
libérer – frei machen *(Speicher)* –
free *v.*, vacate *v.*
libraire *m/f* (F *bouquiniste m/f*) –
Buchhändler, -in – bookseller
libraire-éditeur *m* – Verlagsbuchhändler, -in – publisher and
bookseller
librairie *f* (F *bouquinerie*) –
Buchhandlung *f*, Buchladen *m*
– bookshop, bookstore *(U.S.)*
librairie *f* **de fontes** – Schriften-
bibliothek *f* – font library
libre de droits – lizenzfrei –
royalty-free
licence *f* – Lizenz *f* – licence
(brit.), license *(U.S.)*
licencé, -e – lizenziert – licensed
lien *m* – Verknüpfung *f* – link
lien *m* **hypertexte** – Hyperlink *m*
– hyperlink
lien *m* **symbolique** – symbolischer Link *m* – symbolic link
lien *m* **vers** – Link *m* zu – link to
lier – verknüpfen – link *v.*
ligature *f* – Ligatur *f* – ligature
Ligatures conditionnelles
(InDesign) – Bedingte Ligaturen – Discretionary Ligatures
ligne *f* – Linie *f*, Zeile *f* – line,
rule, row

ligne *f* **auxiliaire** – Hilfslinie *f* –
guide line, auxiliary line
ligne *f* **CCD** – CCD-Zeile *f* – CCD
line
ligne *f* **corrigée** – Korrekturzeile *f*
– corrected line
ligne *f* **creuse** – Ausgangszeile *f* –
broken line,club line
ligne *f* **d´impression** – Druckzeile
f – printing line
ligne *f* **de balayage** – Scanlinie *f* –
scanline
ligne *f* **de base** – Grundlinie *f*,
Schriftlinie *f (Schriftlinie)* –
baseline
ligne *f* **de caractères** – Schriftzeile
f – type line
ligne *f* **de centre** – Mittellinie *f* –
centerline
ligne *f* **de commande** – Befehlszeile *f* – command line
ligne *f* **de conduite** – Richtlinie *f*
– guideline
ligne *f* **de contour** – Umrisslinie *f*
– peripheral outline
ligne *f* **de coupe** – Schnittlinie *f* –
line of intersection
ligne *f* **de crête** *(typogr.)* –
Oberlinie *f* – cap line
ligne *f* **de départ** – Anfangszeile *f*
– opening line
ligne *f* **de distance** – Abstandslinie *f* – distance line
ligne *f* **de (en) blanc** – Zwischenzeile *f* – blank line
ligne *f* **de fuite** – Fluchtlinie *f* –
vanishing line
ligne *f* **de pied** – Fußzeile *f*,
Schlußzeile *f* – bottom line,
bottom note
ligne *f* **de scannage** – Scanlinie *f*
– scanline
ligne *f* **des capitales (des majuscules)** – Versalhöhe *f* – cap
height, H-height
ligne *f* **de séparation** – Absetzlinie *f*, Trennungslinie *f* –
break-off rule, dividing rule
ligne *f* **des pourpres** – Purpur-
Linie *f (CIE-Farbsystem)* –
purple line
ligne *f* **de texte** – Textzeile *f* –
text line

ligne *f* **de transmission** – Übertragungslinie *f* – transmission
line
ligne *f* **d'informations** – Dateikennung *f*, Infozeile *f*,
Kommentarzeile *f* – slugline
ligne *f* **droite** – Gerade *f*, gerade
Linie *f* – straight line , straight
ligne *f* **(en) pointillé** – punktierte
Linie *f* – dotted line
ligne *f* **en sommaire** – hängender
Einzug *m*, negativer Einzug –
hanging indent
ligne *f* **en vedette** – Auszeichnungszeile *f* – display line
ligne *f* **fixe (établie)** – Standleitung *f* – dedicated line, leased
line
ligne *f* **médiane** – Mittelachse *f* –
median axis
ligne par ligne – zeilenweise – by
the line
ligne *f* **polygonale** – Polygonallinie *f* – polygone line
ligner – linieren – line *v.*, rule
(-up) *v.*
ligne *f* **RNIS** – ISDN-Linie *f* –
ISDN line
ligne *f* **solide** – durchgezogene
Linie *f* – solid line
lignes par cm – Linien/cm – lines
per cm
ligne *f* **spectrale** – Spektrallinienzug *m (CIE-Farbsystem)*
– spectral line
ligne *f* **téléphonique** – Telefonleitung *f* – telephone line
ligne *f* **transversale** – Querlinie *f*
– diagonal line
ligne *f* **vide** – Leerzeile *f* – space,
white line, blank line, empty
line
lignomètre *m* – Zeilenmaß *n* –
type gauge
lilas *f* – lila – lilac
limitations *f/pl* – Einschränkungen *f/pl (z.B. Software)* –
limitations
Limite d'aucun débord
(Trapping QuarkXPress) –
Aussparbegrenzung –
Knockout Limit

Limite de surimpression
(Trapping QuarkXPress) –
Überdrucken über – Overprint
Limit
limite *f* inférieure du corps
(typogr.) – Kegelunterkante *f* –
lower body line
limite *f* onglet – Gehrungsbegrenzung *f* – miter limit
Limites de l'image *(Quark-
XPress)* – Bildbegrenzung –
Picture Bounds
limites *f/pl* de fond perdu –
Anschnittbereich *m* – bleed
bound
linéaire – linear – linear
linéale *f* – serifenlose Linear-
Antiqua *f* – lineal
Linéales *f/pl* – Linear-Antiqua *f*,
sans-serif – Lineals *pl*
linéarisation *f* – Linearisierung *f*
– linearization
linéarisation *f* de base – Grundlinearisierung *f* – base
linearization
linéariser – linearisieren –
linearize *v.*
linéarité *f* – Linearität *f* – linearity
linéature *f* – Rasterweite *f* –
screen frequency, screen ruling
linéature *f* élevée – hohe Rasterweite *f* – high screen ruling
linéature *f* faible – niedrige Rasterweite *f* – low screen ruling
linotype *f* – Zeilengießmaschine *f*
– line caster
lire *(F bouquiner)* – lesen – read *v.*
liséré *m* – Blitzer *m* *(Passerfehler)*
– gap
liséré (liseré) *m* blanc – Blitzer *m*,
Blitzkante *f* – gap, white gap,
color gap
lisibilité *f* – Lesbarkeit *f* –
legibility
lisible(ment) – lesbar, leserlich
(leserlich) – legible
lisière *f* du papier – Papierkante *f*
– paper edge
lissage *m* – Glättung *f*
(Bildverarbeitung) – smoothing
lissage *m* des bords – Kantenglättung *f*, Glättung *f* der
Kanten, Glätten *n* der Kanten –
edge smoothing (softening),
smoothing (softening) the edges

lissage *m* du texte – Schriftglättung *f* – text smoothing
lisse *f* – Glätte *f* – smoothness
lisser – glätten – smooth
lisser une courbe – Kurve *f*
glätten – smooth *v.* a curve
listage *m* – Computerausdruck
m, Listing *n* – listing
liste *f* – Liste *f* – list
liste *f* alphabétique – alphabetische Liste *f* – alphabetical list
liste *f* compilée – zusammengestellte Liste *f* – compiled list
liste *f* d'abréviations – Abkürzungsverzeichnis *n* –
abbreviation list
liste *f* d'adresses – Adressenliste *f*
– name list
**liste *f* de diffusion (de desti-
nataires)** – Verteiler,
Mailingliste *f* – mailing list
liste *f* des abonnés – Abonnentenliste *f* – list of subscribers
lister – auflisten – list *v.*
listing *m* – Computerausdruck *m*,
Listing *n* – listing
litéral(ement) – wörtlich –
literal(ly), word-for-word
lithographe *m* – Lithograf *m* –
lithographer
lithographie *f* – Lithografie *f*,
Steindruck *m* – litho(graphy),
stone printing
littérature *f* – Literatur *f* –
literature
littérature *f* technique – Fachliteratur *f* – technical literature
livraison *f* – Lieferung *f* – delivery
livraison *f* à temps – termingerechte Lieferung *f* – on-time
delivery
livre *m* *(F bouquin m)* – Buch *n* –
book
livre *m* à feuilles mobiles – Loseblattsammlung *f* – loose-leaf
livre *m* au papier cassant – zerfallendes Buch *n* – brittle book
livre *m* blanc – Weißbuch *n* –
white book
livre *m* broché au fil – fadengeheftetes Buch *n* – sewn book
livre *m* cartoné – Hartdeckelbuch
n – casebound book, cased-in
book, hardbound book

livre *m* d'art – Kunstband *n*,
Kunstbuch *n* – art book
livre *m* de classe – Schulbuch *n* –
schoolbook
livre *m* de commandes –
Auftragsbuch *n* – order book
livre *m* de cuisine – Kochbuch *n* –
cookery book
livre *m* démembré – Schlachtexemplar *n* – breaking copy
livre *m* d'enfant – Kinderbuch *n*
– children's book
livre *m* de poche – Taschenbuch
n – pocketbook, paperback
livre *m* d'exercices – Übungsbuch
n – book of exercises
livre *m* d'images – Bilderbuch *n* –
picture book
livre *m* échantillon – Musterbuch
n – specimen book, pattern
book
livre *m* électronique – digitales
Buch *n* – digital book
livre *m* illustré – illustriertes Buch
n, Bildband *m* – illustrated
book, coffee-table book
livre *m* objet – Buchobjekt *n* –
bookwork
livrer – liefern – deliver *v.*
livre *m* rare – seltenes Buch *n* –
rare book
livre *m* relié – gebundenes Buch
n, Hardback – bound book,
hardback
livre *m* relié à la colle – klebegebundenes Buch *n* – perfect-
bound book
livre *m* scolaire – Schulbuch *n* –
schoolbook
livre *m* spécialisé – Fachbuch *n* –
specialist book
livret *m* – Booklet *n*, Broschüre *f*,
Büchlein *n*, kleines Werk *n* –
booklet
load balancing *m* – Load
Balancing *n* – load balancing
localisation *f* – Lokalisierung *f* –
localization
localiser – lokalisieren – localize
v.
logement *m* – Slot *m*, Steckplatz
m – slot

L

logiciel *m (F soft m)* – Programm *n*, Software *f*, Anwendung *f* – program, software, application, F app
logiciel *m* **antivirus** – Antiviren-Programm *n* – virus detection software/program, antiviral software/program
logiciel *m* **auteur** – Autoren-system *n* – authoring software
logiciel *m* **bureautique** – Office-Programm *n* – office program
logiciel *m* **client** – Client-Software *f* – client software
logiciel *m* **contributif** – Shareware *f* – shareware
logiciel *m* **de gestion de (la) couleur** – Farbmanagement-programm *n* – color management program
logiciel *m* **de gestion de polices** – Fontverwaltungsprogramm *n*, Schriftverwaltungsprogramm *n* – font management program
logiciel *m* **de gestion du (de) flux de production** – Workflow-Managementprogramm *n* – workflow management program
logiciel *m* **de groupe** – Group-ware *f*, Gruppen-Software *f* – groupware
logiciel *m* **de messagerie électronique** – E-Mail-Programm *n* – e-mail program
logiciel *m* **de PAO** – DTP-Pro-gramm *n* – DTP software
logiciel *m* **de pilotage** – Treiber-programm *n* – software driver
logiciel *m* **de pilotage de scanner** – Scanprogramm *n* – scan software
logiciel *m* **de réseau** – Netzwerk-programm *n* – networking software
logiciel *m* **de traitement annonces** – Anzeigenprogramm *n* – ad processing program
logiciel *m* **de traitement de texte** – Textverarbeitungsprogramm *n* – word processor, text processor

logiciel *m* **d'imposition** – Ausschießprogramm *n* – imposition program
logiciel *m* **graphique** – Grafik-programm *n* – graphics software
logiciel *m* **gratuit (public)** – Free-ware *f*, Public Domain *f* – freeware
logiciel *m* **pour scanner** – Scan-programm *n* – scan software
logo *m* – Logo *n* – logo
logo *m* **d'entreprise** – Firmen-logo *n* – company logo
logotype *m* – Logotype *f* – logotype
loi «informatique et libertés» *(loi f contre les abus de l'informa-tique)* – Datenschutzgesetz *n* – data protection law/act
loi *f* **physique** – physikalisches Gesetz *n* – law of physics
longitudinal, -e – längsgerichtet – longitudinal
long(ue) de plusieurs pages – seitenlang – pages and pages, lengthy
longue *f* **du bas** – Unterlänge *f (beim Buchstaben)* – descender (length)
longueur *f* – Länge *f* – length
longueur *f* **autorisée** – zulässige Länge *f* – allowed length
longueur *f* **de coupe** – Schnitt-länge *f* – cutting length
longueur *f* **de la feuille** – Bogen-länge *f* – sheet length
longueur *f* **de la ligne** – Satzbreite *f* – line length
longueur *f* **de l'alphabet** – Alpha-betlänge *f* – alphabet length
longueur *f* **d'onde** – Wellenlänge *f* – wavelength
longueur *f* **du repère de pliage** – Falzmarkenlänge *f* – length of fold mark
losange *m (geometr.)* – Raute *f*, Rhombus *m* – diamond, rhomb(us)
loupe *f* – Lupe *f*, Vergrößerungs-glas *n* – magnifying glass, magnifier

loupe *f* **de mise au point** – Einstelllupe *f* – focusing lens
lpp (lignes par pouce) – lpi – lpi (lines per inch)
lueur *f* **d'une bougie** – Kerzen-schein *m* – candlelight
luire – leuchten – shine *v.*, glow *v.*, beam *v.*
luire à travers – durchscheinen – show through *v.*
lumière *f* – Licht *n* – light
lumière *f* **ambiante** – Umge-bungslicht *n*, Raumlicht *n* – ambient light, room light
lumière *f* **artificielle** – Kunstlicht *n* – artificial light, tungsten light
lumière *f* **(au) néon** – Neonlicht *n* – neon light
lumière *f* **colorée** – farbiges Licht *n* – colored light
Lumière crue *(Photoshop)* – Hartes Licht – Hard light
lumière *f* **d'analyse** – Abtastlicht *n* – analyze light
lumière *f* **de transmission** – Durchlicht *n* – through-light
lumière *f* **diffuse** – diffuses Licht *n* – diffuse light
lumière *f* **dispersée** – Streulicht *n* – stray light, scattered light
lumière *f* **du jour** – Tageslicht *n* – daylight
lumière *f* **du soleil** – Sonnenlicht *n* – sunlight
lumière *f* **halogène** – Halogen-licht *n* – halogen light
lumière *f* **inactinique** – Sicher-heitslicht *n* – safelight
lumière *f* **incidente** – auffallendes Licht – incident light
lumière *f* **indirecte** – indirekte Beleuchtung *f*, indirektes Licht *n* – bounce light(ing)
lumière *f* **monochrome** – monochromatisches Licht *n* – monochromatic light
lumière *f* **normalisée** – Norm-licht *n* – standardized light
lumière *f* **parasite** – Streulicht *n* – stray light, scattered light
lumière *f* **ponctuelle** – Punktlicht *n* – point light

lumière *f* **réfléchie** – reflektiertes Licht *n* – reflected light

lumière *f* **rouge** – Rotlicht *n* – red light

lumières *f/pl* – Bildlichter *n/pl*, Lichter *n/pl (eines Bildes)* – highlights

lumière *f* **tamisée** – gedämpftes Licht *n* – soft light

lumière *f* **ultraviolette** – UV-Licht *n* – ultraviolet light

lumière *f* **verte** – Grünlicht *n* – green light

luminance *f* – Helligkeit *f*, Luminanz *f* – brightness, luminance

lumineux, -se – leuchtend – brilliant, glowing, vivid

luminophore *m* – Phosphor *m* *(Bildschirm)* – phosphor

luminosité *f* – Helligkeit *f*, Lichtstärke *f (eines Objektivs)* – brightness, speed (Objektiv)

Luminosité/Contraste *(Photoshop)* – Helligkeit/ Kontrast – Brightness/Contrast

l'un sur l'autre/l'un par-dessus l'autre – übereinander – on top of each other

M

machine *f* **à adresser** – Adressier-maschine *f* – addressing machine

machine *f* **à cintrer** – Biegepresse *f* – bending press

machine *f* **à composer** – Setzma-schine *f* – typesetting machine

machine *f* **à couper** – Papier-schneider *m*, Schneidemaschine *f* – trimmer, cutting machine

machine *f* **à découper** – Stanzmaschine *f* – die-cutter (die-cutting machine)

machine *f* **à découper les étiquettes** – Etikettenstanz-maschine *f* – label punching machine

machine *f* **à écrire** – Schreib-maschine *f* – typewriter

machine *f* **à graver les clichés** – Klischeegraviermaschine *f* – block engraving machine

machine *f* **à imprimer** – Druck-maschine *f*, Druckerpresse *f* – press, printing press

machine *f* **à mettre sous pli automatique** – Kuvertier-automat *m* – envelope stuffing automatic

machine *f* **à perforer** – Perforier-maschine *f*, Perforator *m* – perforating machine

machine *f* **à relier** – Buchbinde-(rei)maschine *f* – binding machine

machine *f* **à relier par collage** – Klebebinder *m*, Klebebinde-maschine *f* – perfect binder

machine *f* **à repiquer** – Eindruck-maschine *f* – imprinting machine

machine *f* **cinq couleurs** – Fünf-farbmaschine *f* – five color machine

machine *f* **de découpe** – Stanz-maschine *f* – die-cutter (die-cutting machine)

machine *f* **de développement** – Entwicklungsmaschine *f* – developer

machine *f* **de gravure** – Gravur-maschine *f* – engraving machine

machine *f* **offset** – Offsetdruckma-schine *f* – offset (printing) press

machine *f* **offset à feuilles** – Bogenoffsetmaschine *f* – sheet(-)fed offset press

macro *m* – Makro *n* – macro

macro-commande *f* – Makro-befehl *m* – macro command

macro-instruction *f* – Makro-befehl *m* – macro instruction

macroordinateur *m* – Mainframe *m* – mainframe

maculage *m* – Dublieren *n*, Schieben *n*, Verschmieren *n* – slur, smearing

macules *f/pl* – Makulatur *f* – mackle, misprints, printer's waste

magasin *m* **fermé** – Magazin-system *n (in Buchhandlung)* – closed stacks

magazine *m* – Magazin *n*, Zeit-schrift *f*, Illustrierte *f*, Fachzeit-schrift *f* – magazine, periodical

magazine *m* **de mode** – Mode-zeitschrift *f* – fashion magazine

magazine *m* **de radiotélévision** – Programmheft *n*, Programm-zeitschrift *f* – radio and television guide, program guide

magenta – Magenta – magenta

magnétique – magnetisch – magnetic

magnétoscope *m* – Videorecor-der *m*, Videogerät *n* – video recorder

maigre *(typogr.)* – mager, leicht – light

maigri *m* – Unterfüllung *f* – choke

maigrir – unterfüllen – choke *v.*

mail *m*/**mél** *m* – E-Mail *n*, elek-tronische Post *f* – e-mail

maintenance *f* – Wartung *f* – maintenance, servicing

maintenir enfoncé *v.* – gedrückt halten – hold *v.* pressed

maintenir le registre – Register halten – maintain *v.* register

maintenir une touche enfoncée – eine Taste gedrückt halten – hold down *v.* a key

maison *f* **d'édition** – Verlag *m*, Verlagsanstalt *f* – publisher, publishing house

maison *f* **d'édition et d'impres-sion** – Verlagsdruckerei *f* – publishing and printing house

maîtriser – beherrschen *(Programm)* – master *v.*

majuscule *f* – Großbuchstabe *m*, Kapitalbuchstabe *m*, Majuskel *f*, Versalie *f* – cap, capital (letter)

mal éclairé, -e – schlecht beleuchtet – badly lit

mal repéré, -e – Fehlpasser *m*, Passerversatz *m*, nicht register-haltig – out of register, mis-register

manager *m* **réseau** – Netzwerk-administrator, -in – network administrator

manche *f* **(à balai)** – Joystick *m* – joystick

manchette *f (typogr.)* – Titel *m*, Überschrift *f*, Schlagzeile *f*, Headline *f*, Schlagzeile *f*, Balkenüberschrift *f* – title, headline, banner

L

M

manchon *m* – Hülse *f*, Sleeve *m*
(*Flexodruckform*) – sleeve

mandrin *m* – Mandrille *f* –
mandrel

manette *f* **de jeu** – Joystick *m* –
joystick

maniement *m* – Bedienung *f*
(*Gerät*) – operation, attendance

manière *f* **d'écrire** – Stil *m*,
Schreibstil *m* – style

manière *f* **noire** – Mezzotinto *n* –
mezzotint

manquant – fehlend – missing,
lacking

manque *f* **de définition** – nicht
ausreichende Auflösung *f* –
poor resolution

manque *f* **de netteté** – Unschärfe
f – lack of sharpness, blur

manque *f* **de personnel** –
Personalmangel *m* – manpower
shortage, shortage of staff

Manuaires *f/pl* – Handschriftliche
Antiqua *f* (*Schriftenklassifizierung*) – Manual

manuel *m* (F *doc f*) – Handbuch *n*
– manual, handbook

manuel *m* **de l'utilisateur** –
Benutzerhandbuch *n* – user
manual

manuel *m* **imprimé** – gedrucktes
Handbuch *n* – hardcopy
manual

manuel *m* **papier** – in Papierform
vorliegendes Handbuch –
printed manual

manuscrit *m* – Manuskript *n* –
manuscript, typewritten copy

manuscrit *m* **enluminé** – Bilderhandschrift *f*, Buchmalerei *f* –
illuminated manuscript

maquette *f* – Layout *n*, Entwurf
m, Musterseite *f*, Muster *n*,
Dummy *m* – layout, sample,
specimen, dummy, draft,
sketch

maquette *f* **(collée)** – Dummy *m*,
Klebelayout *n*, Legemuster *n* –
mock-up

maquette *f* **de la page** – Seitenlayout *n*, Seitenaufriss *m* – page
layout, page dummy

maquette *f* **de pliage** –
Falzmuster *n* – dummy fold,
dummy joint

maquettiste *m* – Layouter, -in,
Druckvorlagenhersteller, -in –
pagemaker, print designer,
layout man/woman

marbre *m* – Bett *n* (*Hochdruck,
Fundament*) – bed

marbrure *f* – Marmorierung *f* –
marbling

marchand *m* – Händler *m* –
dealer, distributor

marchand/e de livres d'occasion
– Antiquar, -in – antiquarian
bookseller

marchand *m* **de papier** – Papierhändler *m* – paper merchant

marchand(e) *m/f* **de journaux** –
Zeitungshändler, -in – news
agent, news dealer (*U.S.*)

marché *m* **de l'imprimé** – Drucksachenmarkt *m* – market for
printed matter

marché *m* **des arts graphiques** –
Drucksachenmarkt *m* – market
for printed matter

marché *m* **du livre** – Büchermarkt
m – book market

marché *m* **niche** – Nischenmarkt
m – niche market

marcher – funktionieren – work *v.*

marge *f* – Rand *m* (*Seitenrand*) –
margin

marge *f* **de coupe** – Anschnittrand *m*, Beschnittrand *m* –
bleed margin, trim edge

marge *f* **de fraisage** – Fräsrand *m*
– routing margin

marge *f* **de grand fond** – äußerer
Papierrand *m* – fore-edge
(margin)

marge *f* **de la page** – Seitenrand
m – page margin

marge *f* **de la reliure** – Bund *m*
(*Heftrand*) – binding margin,
back margin, binding edge

marge *f* **de petit fond** – Bund *m*,
innerer Seitenrand *m* (*Heft-
rand*) – binding margin, back
margin, binding edge

marge *f* **des pinces** – Greiferrand
m – gripper edge

marge *f* **de tête** – oberer
Seitenrand *m* – head margin,
top margin, upper margin

marge *f* **du bas** – unterer
Seitenrand – bottom margin,
foot margin, lower margin, tail
margin

marge *f* **en nappe** – Schuppen-
anlage *f*, überlappende Anlage *f*
– overlap feeding

marge *f* **intérieure** – Bund *m*,
Steg *m*, innerer Seitenrand *m* –
binding margin, back margin,
binding edge, gutter

marge *f* **oblique** – schiefwinklige
Anlage *f* – out-of-square
feeding

marge *f* **supérieure** – oberer
Seitenrand *m* – head margin,
top margin, upper margin

margeur *m* – Anleger *m* (*Druckmaschine*) – feeder

margeur *m* **à tambour** – Trommelanleger *m* – drum feeder

margeur *m* **à vide** – Anlegekanten-Bogenzuführer *m* –
lead edge sheet feeder

margeur *m* **de feuilles** – Bogenanlage *f* – sheet feeder

mariage *m* – Sammelform *f* –
combined forme, gang (forme),
mixed forme

marketeur *m* – Marketingfachmann *m* – marketer

marketing *m* – Marketing *n* –
marketing

marketing *m* **direct** – Direktmarketing *n* – direct marketing

marquage *m* – Markierung *f* –
highlighting, marking

marque *f* **d'assemblage** –
Flattermarke *f* – collating
mark, signature mark

marque *f* **de collationnement** –
Flattermarke *f* – collating
mark, signature mark

marque *f* **de coupe** – Beschnittmarke *f*, Schnittmarke *f* – crop
mark, trim mark, cut mark

marque *f* **d'éditeur** – Druckzeichen *n*, Druck(er)marke *f* –
printing mark, printer's mark

marque *f* **de fond perdu** – Anschnittmarke *f* – bleed mark

marque *f* **de l'éditeur** – Druckvermerk *m*, Verlagsangabe *f* – imprint

marque *f* **de paragraphe** – Absatzmarke *f* – paragraph symbol

marque *f* **de pliage** – Falzmarke *f* – fold mark

marque déposée *(eingetragenes)* Warenzeichen *n* *(registered)* trademark

marque *f* **de repérage** – Pass(er)-marke *f*, Registermarke *f* – register mark

marque *f* **de révision** – Korrekturzeichen *n* – revision mark, proofreader's mark, correction mark

marque *f* **d'imprimeur** – Druckzeichen *n*, Druck(er)marke *f* – printing mark, printer's mark

marque-page *m* – Lesezeichen *n* – bookmark

marquer – markieren, Original *n* vorbereiten – highlight *v.*, mark *v.*, mark up *v.*

marron – braun – brown

masquage *m* – Maskieren *n*, Ausdecken *n* (Film) – masking

masquage *m* **flou** – Unscharfmaskierung *f* – unsharp masking (USM)

masque *m* – Maske *f*, Maskierung *f* – mask

masqué, -e – verdeckt, versteckt, verborgen – hidden

masque *m* **couleur** – Farbmaske *f* – dye mask

Masque d'écrêtage *(Illustrator)* – Masken – Clipping Mask

Masque de fusion *(Photoshop)* – Ebenenmaske – layer mask

Masque d'opacité *(Photoshop)* – Opazitätsmaske – opacity mask

masquer – maskieren, abdecken, ausblenden – mask *v.*, cover *v.*, hide *v.*

massicot *m* – Papierschneider *m*, Schneidemaschine *f*, Cutter *m* – cutter, paper cutter, trimmer, cutting machine

massicotage *m* – Schnitt *m*, Beschneiden *n*, Schneiden *n*, Zuschneiden *n*, Papierschneiden *n* – cut, trim, trimming, cutting, paper cutting

massicotage *m* **à trois lames** – Dreiseitenbeschnitt *m* *(Druckverarbeitung)* – three-side trim

massicot *m* **à trois lames** – Dreiseitenschneider *m* *(Druckverarbeitung)* – three-side trimmer

massicoté, -e – beschnitten *(Seite, Bild)* – clipped, cropped

massicoter – schneiden, beschneiden – trim *v.*, crop *v.*

massicotier *m* – Schneidemaschinenbediener *m* – guillotine operator

massicot *m* **trilatéral** – Dreiseitenschneider *m* *(Druckverarbeitung)* – three-side trimmer

mastic *m* – Druckfehler *m*, Satzfehler *m* – misprint, printing error

mat, -e – matt, glanzlos – dull, matt

matériel *m* (F *matos m*) – Material *n*, Hardware *f* – material, hardware

matériel *m* **archivistique** – Archivmaterial *n* – archive material

matériel *m* **d'emballage** – Verpackungsmaterial *n* – packing material

matériel *m* **de publicité** – Werbematerial *n* – promotional material

matériel *m* **photographique** – Fotomaterial *n* – photo(graphic) materials

matière *f* **colorante** – Farbstoff *m*, Färbemittel *n*, Farbmittel *n* – dye

matière *f* **d'impression** – Bedruckstoff *m* – printing substrate, print(ing) carrier

matrice *f* – Matrix *f*, Matrize *f* – matrix

matrice *f* **de caractères** – Schriftmater *f* – type matrix

matrice *f* **de découpe** – Stanzform *f* – cutting die, die, die-board

mauvaise configuration *f* – falsche Konfiguration *f* – misconfiguration

mauvaise coupure *f* – falsche Trennung *f* – bad break

mauvaise qualité *f* **d'image** – schlechte Bildqualität *f* – poor image quality

mauve – blasslila, malvenfarbig, mauve – mauve, lilac

maximiser – maximieren – maximize *v.*

mécane *f* – serifenbetonte Linear-Antiqua *f* – slab serif

Mécanes – serifenbetonte Linear-Antiqua *f* – Mechanistic

mécanisme *m* **de collage** – Verklebungsmechanismus *m* – adhesive mechanism

média *m* – Medium *n*, Medien *n/pl* – media

média *m/pl* **imprimés** – Druckmedien *n/pl* – printed media

médiane *f* – Minuskelhöhe *f*, Mittellänge *f* – x-height, body

médiartiste *m* – Medienkünstler, -in – media artist

médias électroniques – elektronische Medien *n/pl* – electronic media

méga-octet (Mo) – MB (Megabyte, MByte) – MB

mégapixels *m/pl* – Megapixel *n/pl* – megapixels

mél *m* – E-Mail *n*, elektronische Post *f* – e-mail

mélange *m* – Mischung *f* – mixture

mélange *m* **additif de couleurs** – additive Farbmischung *f* – additive color theory/synthesis

mélange *m* **des couleurs** – Farbmischung *f* – color mix(ing)

mélange *m* **(des encres)** – Ineinanderlaufen *n* – run

mélange *m* **de solvants** – Lösemittelmischung *f* – solvent mixture

Mélange maximal *(Illustrator)* – Hart mischen – Hard mix

mélange *m* **partitif** – partitive Mischung *f* *(Farbmodell)* – partitive mixture

M

Mélange pondéré *(Illustrator)* –
Weich mischen – Soft mix
mélanger – mischen – mix
mélange *m* **soustractif de
couleurs** – subtraktive Farbmischung *f* – subtractive color
theory
Mélangeur *(FreeHand)* –
Farbmischer – Color Mixer
Mélangeur de couches *(Photoshop)* – Kanalmixer – Channel
Mixer
mémoire *f* – Speicher *m* – memory
mémoire *f* **allouée** – zugewiesener Speicherplatz *m* –
allocated memory
mémoire *f* **à semi-conducteur** –
Halbleiterspeicher *m* – semi-
conductor memory
mémoire *f* **auxiliaire** – externer
Speicher *m* – auxiliary storage
Mémoire cache *(Photoshop)* –
Speicherbenutzung & Bild-
Cache – Memory & Image
cache
mémoire *f* **cache** – Cache
(-Speicher) *m*, Puffer(speicher)
m, Zwischenspeicher *m* –
cache, buffer
mémoire *f* **cache des caractères** –
Schrift-Cache *m* – font
(character) cache
mémoire *f* **de masse** – Massenspeicher *m* – mass storage
mémoire *f* **de travail** – Arbeitsspeicher *m*, RAM *m* – RAM
(Random Access Memory),
memory
mémoire *f* **disque** – Plattenspeicher *m* – disk storage
mémoire *f* **dynamique** – dynamischer Speicher *m* – dynamic
storage
mémoire *f* **flash** – Flash-Speicher
m – flash memory
mémoire *f* **morte** – ROM – ROM
mémoire *f* **non volatile** – nicht
flüchtiger Speicher *m* – non-
volatile memory
mémoire *f* **partagée** – Shared
Memory, gemeinsamer
Speicher *m* – shared memory

mémoire *f* **requise** – Speicherplatzanforderung *f* – memory
requirement
mémoire *f* **tampon** – Cache
(-Speicher) *m*, Puffer(speicher)
m, Zwischenspeicher *m* –
cache, buffer
mémoire-tampon *f* – Datenpuffer *m* – data buffer
mémoire *f* **virtuelle** – virtueller
Speicher *m* – virtual memory
mémoire *f* **vive (MEV)** – Arbeitsspeicher *m*, RAM *m* – RAM
(Random Access Memory),
memory
mémoire *f* **volatile** – flüchtiger
Speicher *m* – volatile memory
mémoriser – speichern, abspeichern, sichern – save *v.*, store *v.*
mensuel *m* – Monatszeitschrift *f*
– monthly (magazine)
mention *f* **de contrôle (de
vérification)** – Prüfvermerk *m*
– check note
mention *f* **de copyright** – Copyright-Hinweis *m* – copyright
notice
mentionné ci-dessous – unten
erwähnt – mentioned below
menu *m* – Menü *n* – menu
menu *m* **contextuel** – Kontextmenü *n* – context menu
menu *m* **d'aide** – Hilfsmenü *n* –
help menu
menu *m* **déroulant** – Pulldown-
Menü *n* – pull down menu
menu *m* **en cascade** – überlappendes Menü *n* – cascading
menu
menu *m* **latéral** – seitliches Menü
n – flyout menu
menu *m* **Polices** – Schriftmenü *n*
– font menu
Menu Pomme *(Mac)* – Apfel-
Menü *n* – Apple menu
mercaticien *m* – Marketingfachmann *n* – marketer
message *m* **d'erreur** – Fehlermeldung *f* – error message
message *m* **électronique** –
E-Mail *n*, elektronische Post *f* –
e-mail

message *m* **publicitaire** –
Werbesendung *f* *(gedruckt)* –
advertising mail
messages *m/pl* **personnalisés** –
personalisierte Sendungen *f/pl* –
personalized mailings
mesurable – messbar – measurable
mesurage *m* – Messung *f* –
measurement
mesure *f* – Messung *f* –
measurement
mesure *f* **de couleur** – Farbmessung *f* – color measurement
mesure *f* **de la densité** – Dichtemessung *f* – density measure-
ment, measurement of density
mesure *f* **de la distance** – Messen
n des Abstands – measuring the
distance
mesure *f* **par réflexion** –
Auflichtmessung *f* – on-light
measurement
mesure *f* **par transmission** –
Durchlichtmessung *f* –
through-light measurement
mesurer – messen – measure *v.*
mesure *f* **référentielle** –
Referenzmessung *f* – reference
measurement
Mesures des polices – Schriftmetrik *f* – font metrics
mesure *f* **spectrale de la densité
d'encrage** – spektrale Farbdichtemessung *f (an Druckmaschine)* – spectral color
density measurement
mesure *f* **typographique** –
typografisches Maß *n* –
typographical measurement
méta-données *f/pl* – Metadaten
pl – meta data
métamérie *f* – Metamerie *f* –
metamerism
méthode *f* **de compression** –
Kompressionsmethode *f* –
compression method
Méthode de défonce *(Quark-
XPress)* – Überfüllmethode –
Trapping Method
méthode de reliure *f* – Bindeart *f*,
Bindeverfahren *n* – binding
method

M

méthode *f* **de reliure** – Bindeart *f*, Bindeverfahren *n* – bindery method

méthode *f* **de test** – Testverfahren *n* – test procedure, test method

méthode *f* **d'interpolation** – Interpolationsmethode *f* – interpolation method

méthode *f* **piézo-électrique** – piezoelektronisches Verfahren *n* – piezoelectric method

méthodes *f/pl* **de pliage** – Falzarten *f/pl* – folding methods

métier *m* – Metier *n* – trade

métrique – metrisch – metric(al)

métrique *f* – Metrik *f* – metrics

metteur *m* **des annonces** – Anzeigensetzer *m* – ad typographer, advertographer

metteur *m* **en page** – Layouter, -in, Druckvorlagenhersteller, -in – pagemaker, print designer, layout man/woman

mettre à jour – aktualisieren, updaten – update *v.*, upgrade *v.*

mettre à l'arrêt – abschalten, ausschalten – turn off *v.*

mettre à l'échelle – skalieren – scale *v.*

mettre au pilon – einstampfen *(Auflage)* – pulp *v.*

mettre au point – fokussieren, scharfstellen – focus *v.*

mettre en arrière plan – nach hinten stellen – bring to the background

mettre en évidence – auszeichnen, hervorheben – accentuate *v.*, display *v.*, emphasize *v.*, highlight *v.*

mettre en liasse – bündeln – bundle *v.*

mettre en mémoire – einspeichern – read in *v.*, write in *v.*

mettre en page(s) – umbrechen, montieren – assemble *v.*, strip *v.*

mettre en place – montieren *(bei Geräten)* – mount *v.*

mettre en premier plan – nach vorne stellen – bring to the foreground

mettre en registre – ausrichten *(Druckmaschine)* – register *v.*

mettre en surbrillance – hervorheben *(grafisch)* – emphasize *v.*, highlight *v.*

mettre entre guillemets – in Anführungszeichen setzen – put in *v.* quotes

mettre entre parenthèses (crochets) – klammern, einklammern, in Klammern setzen – bracket *v.*, put in *v.* brackets/parenthesis, parenthesize *v.*

mettre hors tension – abschalten, ausschalten – turn off *v.*

mettre l'un sur l'autre – übereinander legen – lay on *v.* top of each other

mettre sous pli – kuvertieren – envelope *v.*, stuff *v.*

mettre sous presse – in Druck geben – send *v.* to press

mettre une annonce – werben, inserieren – advertise *v.*, place *v.* an ad

mettre une apostrophe à – apostrophieren – apostrophize *v.*

mettre un film – Film einlegen *(Film in Kamera)* – load *v.* a film

mezzo-tinto *m* – Mezzotinto *n* – mezzotint

microédition *f* – DTP (Desktop Publishing *n*) – DTP (desktop publishing)

micro-électronique *f* – Mikroelektronik *f* – microelectronics

micro-fiche *m* – Mikroplanfilm *m* – micro-fiche

microfilm *m* – Mikrofilm *m* – microfilm

micromètre *m* – Mikrometer *m* – micrometer

micropoint *m* – Mikropunkt *m* – microdot

microprocesseur *m* – Mikroprozessor *m* – microprocessor

microprogramme *m* – Firmware *f* – firmware

millimètre *m* – Millimeter *m* – millimeter *(U.S.)*, millimetre *(brit.)*

mine *f* **de crayon** – Bleistiftmine *f* – lead

minimiser – minimieren – minimize *v.*

minitel *m* – Bildschirmtext *m* (BTX) – videotex

minuscule *f* – Kleinbuchstabe *m* – lower case (letter)

minuscules *f/pl* – Minuskel *f*, Gemeine *pl*, gemeine Buchstaben *pl* – lower case characters, small letters

mire *f* **(de réglage)** – Testbild *n* – test card

miroir *m* – Spiegel *m* – mirror

miroir *m* **déformant** – Vexierbild *n* – distorting mirror

miroir *m* **oscillant** – Schwingspiegel *m* – oscillating mirror

miroitement *m* – Spiegeln *n* – mirroring

miroiter – spiegeln – mirror *v.*

mis à l'échelle – skaliert – scaled

miscible – mischbar – mixable, miscible

M

mise *f* **à jour du contenu** – Inhaltsaktualisierung *f* – content update

mise *f* **à jour (MAJ)** – Update *n*, Aktualisierung *f* – update, upgrade

mise *f* **à la teinte** – Farbvermischung *f* – ink blending

mise *f* **à l'échelle** – Skalierung *f*, Vergrößern *n*, Vergrößerung *f* – scaling, enlargement, magnifying

mise *f* **à niveau** – Update *n*, Aktualisierung *f* – update, upgrade

mise *f* **au point** – Fokussierung *f*, Scharfstellung *f* – focusing

mise *f* **au point AF** – Autofokus *m*, automatische Fokussierung, AF – auto focus

mise *f* **au point automatique** – automatische Scharfeinstellung *f* – auto-focus(ing), automatic focusing

mise *f* **au point manuelle** – manuelle Scharfstellung *f* *(Kamera)* – manual focus(ing)

mise *f* **en évidence** – Markierung *f* – highlighting, marking

mise *f* **en (im)pression** – Anstellung *f (Druckzylinder)* – throw-on

mise *f* **en page** – Layout *n*, Seitenmontage *f*, Umbruch *m*, Montage *f*, Seitenumbruch *m* – layout, page assembling, (page) assembly, stripping, page make-up, page composition

mise *f* **en page de journaux** – Zeitungsumbruch *m* – newspaper pagination

mise *f* **en page des annonces** – Anzeigenumbruch *m* – ad make-up

mise *f* **en place de l'original** – Vorlagenmontage *f* – mounting of the original

mise *f* **en registre** – Registereinstellung *f*, Registerstellen *n* – registering

mise *f* **en retrait** – Einzug *m*, Einrückung *f (Text)* – indent, indentation

mise *f* **en surbrillance** – Markierung *f* – highlighting, marking

mise *f* **hors (im)pression** – Abstellung *f (Druckzylinder)* – throw-off

mise *f* **sous film** – Folienverpackung *f* – film wrapping

mode *m* **bidirectionnel simultané** – Full-Duplex Modus *m* – full-duplex mode

mode *m* **couleur** – Farbmodus *m* – color mode

mode *m* **de fonctionnement** – Funktionsweise *f* – functioning

mode *f* **de justification** – Ausschlussart *f* – justification mode

mode *m* **d'emploi** – Bedienungsanleitung *f* – instruction manual, operating instructions

mode *m* **d'enregistrement** – Aufnahmemodus *m (z.B. bei Kamera)* – recording mode

mode *m* **de rendu** – Rendering Intent *m* – rendering intent

mode *m* **de transmission de données** – Datenübertragungsmodus *m* – data transfer mode

mode *m* **de travail** – Arbeitsweise *f* – working method

modelage *m* – Formgebung *f* – styling

modèle – Einteilungsbogen *m* – planning sheet

modèle *m* – Vorlage *f*, Modell *n*, Layout *n* – model, template

modèle *m* **à imprimer** – Druckvorlage *f* – copy, printing copy

modèle *m* **colorimétrique** – Farbmodell *n* – color model

modèle *m* **de document** – Dokumentvorlage *f* – document template

modèle *m* **de milieu de gamme** – Mittelklassemodell *n* – midrange model

modèle *m* **de reproduction** – Reprovorlage *f* – repro original/artwork

modèle *m* **de table** – Tischmodell *n* – desktop model

modèle *m* **de travail collaboratif** – kollaboratives Arbeitsmodell *n* – collaborative working model

modèle *m* **d'imposition** – Ausschießmodell *n*, Ausschießschema *n* – imposition model, impositioning scheme

modèle *m* **par défaut** – Standardvorlage *f* – template

modeler – formen – shape *v.*, form *v.*

modéliste *m/f* – Modezeichner *m* – fashion designer

modem *m* – Modem *n* – modem

Mode Masque *(Photoshop)* – Maskierungsmodus – Quick Mask mode

modem *m* **de télécopie** – Faxmodem *n* – fax modem

modification *f* – Modifikation *f* – modification

modification *f* **globale** – globale Änderung *f* – global change

modifier – modifizieren, bearbeiten – modify *v.*, work on *v.*

modulaire – modular – modular

module *m* **de lecture** – Abtasteinheit *f* – analyze unit

module *m* **externe** – Zusatzmodul *n*, Plug-In *n (Plug-In)* – plug in

moins *m* – Minuszeichen *n* – minus sign

moiré *m* – Moiré *n* – moiré

molette *f* **de réglage** – Programm-Wahlscheibe *f (Kamera)* – mode dial

molette *f* **de réglage dioptrique** – Dioptrienausgleichsregler *m (Kamera)* – diopter adjustment dial

molette *f* **fléchée** – Pfeiltaste *f* – arrow key, arrow pad, cursor movement key

molleton *m* – Molton *m* – molleton

Mo (méga-octet) – MB (Megabyte, MByte) – MB

moniteur *m* – Monitor *m*, Bildschirm *m* – monitor, screen

moniteur *m* **couleur(s)** – Farbmonitor *m* – color monitor, color screen

moniteur *m* **trinitron** – Trinitron-Monitor *m* – trinitron monitor

monitor calibration – Bildschirmkalibrierung *f* – calibrage *m* d'écran

monitor calibration software – Bildschirmkalibrierungsprogramm *n* – calibrateur *m* d'écran

monochrome – einfarbig, monochrom – monochrome

monomère – Monomer *n* – monomer

monopod *m* – Einbeinstativ *n* – monopod, unipod

mono-utilisateur *m* – Einplatzbenutzer *m* – single user

montage *m* – Montage *f* – flat

montage *m* **collé** – Klebeumbruch *m* – paste-up

montage *m* **de la feuille** – Bogenmontage *f* – sheet assembly

montage *m* **(de la page)** – Seitenmontage *f*, Umbruch *m*, Montage *f*, Seitenumbruch *m* – page assembling, (page) assembly, stripping, page make-up, page composition

montage *m* **de plaques** – Plattenmontage *f* – mounting

montage *m* **offset** – Offset-montage *f* – offset mounting

montage *m* **par report à répéti-tion** – Step and Repeat, Repe-tieren *n*, Repetiermontage *f* – step & repeat, step & repeat assembly

montage *m* **vif** – Stehmontage *f* – assembly for reuse

monter – montieren *(Bogen)* – strip *v.*

monter – mounten *(Computer)* – mount *v.*

monteur *m* – Montierer, -in – stripper

montrer – zeigen, vorlegen – show *v.*, present *v.*

morceau *m* **de papier** – Papier-schnipsel *m* – paper slip

morcellement *m* – Unterteilung *f* – tiling

mordoré, -e – goldbraun – golden-brown

mordoré *m* – Goldton *m* – golden tone

mordu *m* **de l'informatique** – Computerfreak *m* – computer freak

mordu *m* **de typographie** – Typografie-Liebhaber *m* – typography freak

morphage *m* – Morphing *n* – morphing

morsure *f* – Ätzung *f* – etching

Mosaique *(QuarkXPress)* – Unterteilen – Tiling

mosaïque *f* – Mosaik *n* – mosaic

mot *m* – Wort *n* – word

mot *m* **clé** – Schlüsselwort *n*, Stichwort *n* – key word, buzzword

mot *m* **couplé** – Koppelwort *n* – hyphened word

mot *m* **de passe** – Password *n*, Kennwort *n* – password

moteur *m* **de recherche** – Suchmaschine *f* – search engine

motif *m* – Muster *n* – pattern

motif *m* **moiré** – Moiré-Muster *n* – moire pattern

mots *m/pl* **croisés** – Kreuzwort-rätsel *n* – crossword (puzzle)

mouillage *m* – Feuchtung *f*, Wasserführung *f* – damping

mouillage *m* **à l'alcool** – Alkohol-feuchtung *f* – alcohol damping

mouiller – feuchten, anfeuchten, befeuchten – damp *v.*

mouilleur *m* – Feuchtwalze *f*, Wischwalze *f* – damping roller

moutonner – perlen *(Fehler im Druckbild)* – mottle *v.*

moyen *m* – Durchschnitt *m* – average

moyen *m* **d'enregistrement** – Speichermedium *n* – storage media

moyen *m* **publicitaire** – Werbe-mittel *n/pl* – advertising media

moyens *m/pl* **de la production** – Produktionsmittel *n/pl* – means of production

moyens *m/pl* **publicitaires personnalisés** – personalisierte Werbemittel *n/pl* – personalized advertising media

multicouche – mehrlagig – multi-layered

multimédia *m* – Multimedia – multimedia

multi-plate(-)forme – plattform-übergreifend – cross-platform

multiplexage *m* – Multiplexing *n* – multiplexing

multiplexeur *m* – Multiplexer *m* – multiplexer

multipostage *m* **abusif** – Spam-ming *n*, Werbebemüllung *f* – spamming

multiprocesseur *m* – Multipro-zessor *m* – multiprocessor

multitâche *m* – Multitasking *n* – multitasking

multitâche *m* **préemptif** – präemptives Multitasking *n* – preemptive multitasking

multithread *m* – Multithread *m* – multithread *m*

multithreading *m* – Multi-threading *n* – multithreading

multitraitement *m* – Multipro-zessor-Verarbeitung *f* – multiprocessing

multitraitement *m* **symétrique** – symmetrische Multiprozessor-Verarbeitung *f* – symmetric multiprocessing (SMP)

multiutilisateur – Mehrfach-benutzer *m*, Multiuser *m* – multiuser

N

nanomètre *m* – Nanometer *m* – nanometer

navigateur *m* **de fichiers** – File-Browser *m* – file browser

navigateur *m* **(web)** – Browser *m*, Webbrowser *m* – browser, web browser

navigation *f* – Browsen *n* – browsing, navigation

naviguer *(Internet)* – browsen, surfen – browse *v.*, surf *v.*

Négatif *(Photoshop)* – Umkehren – Invert

négatif – Negativ *n* – negative

négatif *m* **couleurs** – Farbnegativ *n* – color negative

négatif *m* **tramé** – Rasternegativ *n* – screen negative

néophyte *m* – Anfänger *m*, blutiger Anfänger *m* – beginner

Ne pas imprimer *(QuarkXPress)* – Ausgabe unterdrücken – Suppress Printout

nerfs *m/pl* – Heftbünde *m/pl* – cords

net, -te – scharf *(Bild)* – sharp, crisp

netteté *f* – Schärfe *f*, Zeichnung *f* *(Kontrast)* – sharpness, detail

netteté *f* **de l'image** – Konturen-schärfe *f*, Bildschärfe *f* – image definition, definition

netteté *f* **de reproduction** – Abbil-dungsschärfe *f* – reproduction sharpness

netteté *f* **des bords** – Kanten-schärfe *f* – edge definition

netteté *f* **des contours** – Rand-schärfe *f* – contour definition

netteté *f* **de trait** – Strichschärfe *f* – line definition/sharpness

netteté *f* **du point** – Punktschärfe *f* – dot sharpness, dot definition

niveau *m* **de brillant faible** – nie-drige Glanzstufe *f* – low gloss

niveau *m* **de bruit** – Lärmpegel *m* – noise level

M
N

niveau *m* **d'échantillonnage** – Bittiefe *f*, Bit-Tiefe *f*, Scantiefe *f* – bit depth

niveau *m* **de gris** – Graustufe *f*, Grauwert *m* – gray level

niveau *m* **de langage PostScript** – PostScript-Level *m* – PostScript level

niveau *m* **d'empilement** – Stapelungsebene *f* – stack level

niveaux *m/pl* **de gris** – Graustufen *f/pl* – grayscale

Niveaux d'entrée *(Photoshop)* – Tonwertspreizung – Input Levels

nœud *m* – Knoten *m* – node, knot

noir, -e – schwarz – black

noir *m* **bref** – kurzes Schwarz *n* – short black

noircissement *m* **du film** – Filmschwärzung *f* – film exposure

noir *m* **de structure** – Skelettschwarz *n* – ghost key, skeleton black

noir *m* **enrichi** – gesättigtes Schwarz *n* – rich black, superblack

noir et blanc – schwarzweiß – black and white (b&w)

noir *m* **soutenu** – gesättigtes Schwarz *n* – rich black, superblack

noir *m* **squelette** – Skelettschwarz *n* – ghost key, skeleton black

nombre *m* – Zahl *f* – number

nombre *m* **à virgule flottante** – Gleitkomma-Zahl *f* – floating-point number

nombre *m* **de cahiers** – Bogenzahl *f* – number of signatures

nombre *m* **de pages** – Seiten(an)-zahl *f* – number of pages

nombre *m* **décimal** – Dezimalzahl *f* – decimal

nombre *m* **fractionnel** – Bruchzahl *f*, Bruchziffer *f* – fraction

nombre *m* **guide** *(fotogr.)* – Leitzahl *f* – guide number

nom *m* **de fichier** – Dateiname *m* – file name

nom *m* **de la police** – Schriftname *m* – font name

nom *m* **d'hôte** – Hostname *m* – host name

non-calibré, -e – unkalibriert – uncalibrated

Non concordances des profils *(Adobe)* – Profilabweichungen – Profile Mismatches

non corrigé, -e – unkorrigiert – uncorrected

non divisible – nicht trennbar, untrennbar – unbreakable, inseparable

non-formaté, -e – unformatiert – unformatted

Non latines – Fremde Schriftarten *(Schriftenklassifizierung)* – Non-Latins

non miscible – nicht mischbar – immiscible, unmixable

non publié, -e – unveröffentlicht, ungedruckt – unpublished

non relié, -e – ungebunden *(Buch)* – unbound

non représentable – nicht darstellbar – non-reproducible

non reproductible – nicht reproduzierbar – non-reproducible

non sensibilisé, -e – unbeschichtet – unsensitized

non transparent, -e – undurchsichtig – opaque

NORM – NORM – NORM (Normalize Once, Render Many)

normal, -e – normal *(Schriftstil)* – medium, plain

normalisation *f* – Standardisierung *f*, Normung *f* – standardization

normaliser – normalisieren – normalize *v.*

normaliseur *m* – Normalizer *m* – normalizer

norme *f* – Norm *f* – standard, norm

norme *f* **SWOP** – SWOP-Standard *m* – SWOP standard

note *f* – Notiz *f*, Anmerkung *f*, Aktennotiz *f*, Vermerk *m* – note, annotation, memo

note *f* **courante** – Fußnote *f* – footnote

note *f* **de pied** – Fußnote *f* – footnote

note *f* **en bas de page** – Fußzeile *f* – bottom note/line

note *f* **marginale** – Marginalie *f*, Randnote *f*, Randbemerkung *f* – marginal note, side note, marginalia *pl*

noter – aufschreiben – write *v.* down

note *f* **technique** – technischer Hinweis *m* – technical note

notice *f* – Notiz *f* *(Vermerk)* – note

nouveaux médias – neue Medien *n/pl* – new media

nouvelle acquisition *f* – Neuerwerbung *f* – new acquisition

nouvelle édition *f* – Neuauflage *f* – new edition, re-edition

nouvelle publication *f* – Neuerscheinung *f* – new book/publication

nouvelle version *f* – neue Version *f*, Neufassung *f* – new version

noyau *m* – Kernel *m* – kernel

nuance *f* – Farbton *m*, Farbschattierung *f*, Abtönung *f*, Schattierung *f* – shade, tint

nuancé, -e – kontrastreich – high-contrast

nuancer – schattieren, abschatten, abtönen – shade *v.*

nuancer – abstufen *(Farbtöne)* – shade *v.*, grade *v.*, tone *v.*, gradate *v.*

nuances *f/pl* **de couleurs** – Farbabstufungen *f* – gradation of color shapes

nuances *f/pl* **de couleurs subtiles** – feine Farbabstufungen *f* – subtle gradation of color shapes

nuances *f/pl* **grises** – Grautöne *m/pl* – gray tones/tints

nuancier *m* **(des couleurs)** – Farbfächer *m* – swatchbook, color guide, color specimen book

nuancier *m* **HKS** – HKS-Fächer *m* – HKS color chart

nuancier *m* **PANTONE** – PANTONE-Farbfächer *m* – PANTONE swatchbook

numérique – digital – digital

numérisation *f* – Digitalisierung *f*, Scan *m*, Scanvorgang *m* – digitizing, digitization, scan, scanning

N

numérisation *f* **couleur** – Farbscan *m* – color scan

numérisation *f* **de vue d'ensemble** – Übersichtsscan *m*, Overview-Scan *m* – overview scan

numérisation *f* **manuelle** – Handdigitalisierung *f* – hand-digitization

numériser – digitalisieren, scannen, einscannen, abtasten, einlesen – digitize *v.*

numéro *m* **de commande** – Bestellnummer *f* – order number

numéro *m* **de page** – Seitenzahl *f*, Seitennummer *f* – folio

numéro *m* **de vue** – Bildzähler *m* *(Kamera)* – exposure counter, frame number

numéro *m* **du dossier** – Aktenzeichen *n* – file number

numéro *m* **d'urgence** – Hotline *f* – hot line

numéro *m* **spécimen** – Probenummer *f (Zeitschrift)* – specimen copy

numérotation *f* – Nummerierung *f* – numbering

numérotation *f* **automatique des pages.** – automatische Seitennummerierung *f* – auto-page numbering

numérotation *f* **des pages** – Paginierung *f*, Seitennummerierung *f*, Seitenpaginierung *f* – pagination, page numbering

numérotation *f* **intermittente** – überspringende Nummerierung *f* – skip numbering

numérotation *f* **séquentielle** – fortlaufende Nummerierung *f* – consecutive numbering, sequential numbering

numéroté, -e – nummeriert – numbered

numéroter – nummerieren – number *v.*

numéroter les pages – paginieren – number *v.* pages, page *v.*, paginate *v.*

numéroteur *m* – Nummerierwerk *n* – numbering box

nu *m* **photographique** – Aktfoto *n* – nude (photograph)

O

objectif *m* – Objektiv *n* – lens

objectif *m* **(à) grand angle** – Weitwinkelobjektiv *n* – wide angle lens

objectif *m* **anamorphique** – Schrumpfobjektiv *n* – anamorphic lens

objectif *m* **asphérique** – asphärische Linse *f* – aspherical lens

objectif *m* **fish-eye** – Fischaugenobjektiv *n* – fisheye lens

objectif *m* **interchangeable** – Wechselobjektiv *n* – interchangeable lens

objectif *m* **macro** – Makroobjektiv *n* – macro lens

objectif *m* **optique pour la macro** – Makroobjektiv *n* – close-up lens

objectif *m* **pour flou artistique** *(fotogr.)* – Weichzeichner *m* – soft-focus lens

objectif *m* **traité** – beschichtetes Objektiv *n*, entspiegelte Linse *f*, oberflächenvergütete Linse *f* – coated lens

objectif *m* **zoom** – Zoomobjektiv *n* – zoom lens

objet *m* **graphique** – grafisches Objekt *n* – graphic object

objets *m/pl* **adjacents** – benachbarte Objekte *n/pl* – neighboring *(brit.* neighbouring) objects

oblique – schräg, kursiv – oblique

obscurcir – abdunkeln – darken *v.*, dull *v.*

observateur *m* **de référence** – Normalbeobachter *m*, Standardbeobachter *m* – standard observer

observation *f* **par caméra vidéo** – Videoüberwachungssystem *n* – video inspection system

obsolète – veraltet – out-of-date

obturateur *m* – Verschluss *m* *(Kamera)* – shutter

occupé, -e à – beschäftigt mit – busy with

octet *m* – Byte *n* – Byte

œil *m* – Auge *n* – eye

œil *m* **(du caractère)** – Schriftbild *n* – font type, type design, typeface

œuvre *f* **complète** – Gesamtwerk *n*, Korpus *n* – corpus

offre *f* **d'emploi par annonce** – Stellenanzeige *f* – employment ad(vertisement), job ad(vertisement)

offset *m* **à feuilles** – Bogenoffset *m* – sheet(-)fed offset

offset *m* **(de) petit format** – Kleinoffset *m* – small offset

offset *m* **rotatif** – Rollenoffset *m* – web offset, rotary offset

oléographie *f* – Oleografie *f* – oleography

oléophile – farbfreundlich *(oleophil)* – oleophilic

oléophobe – farbabweisend *(oleophob)* – oleophobic

ombrage *m* – Schattierung *f* – shade

ombre *m* – Schatten *m* – shadow

Ombré *(QuarkXPress)* – Schattiert *(Schriftstil)* – Shadow

ombre *f* **portée** – Schlagschatten *m* – drop shadow

ombre *f* **projetée** – Schattenwurf *m* – cast shadow

ombrer – schattieren, abschatten, abtönen – shade *v.*

ombres *f/pl* – Tiefen *f/pl*, Tiefentöne *m/pl (dunkle Stellen im Bild)* – shadows, shadow tones

ombres *f/pl* **dans l'image** – Bildtiefen *f/pl* – image shadows

omettre – auslassen – omit *v.*

onciale *f* – Unziale *f* – uncial (letter)

ondes *f/pl* **électromagnétiques** – elektromagnetische Wellen *f/pl* – electromagnetic waves

ondulé, -e – wellig – warped, wavy, undulating, buckled

onduler – wellen *(z.B. Papier)* – curl *v.*

onduleuse *f* – Wellpappenmaschine *f* – corrugator

onglet *m* – Karteireiter *m*, Registerkarte *f (in Oberfläche von Programmen)* – tab

N
O

onglet *m* – Gehrung *f* – miter (*brit.* mitre)

opacité *f* – Opazität *f*, Deckkraft *f*, Lichtundurchlässigkeit *f* – opacity, opaqueness, coverage properties

opaque – opak, lichtundurchlässig – opaque

opérateur *m* – Operator *m* – operator

opérateur *m* **booléen** – Boolescher Ausdruck *m* (*Boolescher Operator*) – Boolean operator

opérateur, -rice de saisie – Datentypist, -in, Texterfasser, -in, Taster, -in – data typist, keyboard operator

opérateur *m* **PostScript** – PostScript-Befehl *m* – PostScript operator

opérateur *m* **scanner** – Scanner-operator *m* – scanner operator

opération *f* **de scellage** – Siegelvorgang *m* – sealing process

opérationnel, -lle – betriebsbereit, einsatzbereit – operational

Opérations (*Photoshop*) – Kanalberechnungen – Calculations

optimisation *f* – Optimierung *f* – optimization

optimiser – optimieren – optimize *v.*

option *f* **de menu** – Menüpunkt *m*, Menüeintrag *m* – menu item/choice

Options de bloc de texte (*InDesign*) – Textrahmenoptionen – Text Frame Options

options *f/pl* **de recherche** – Suchoptionen *f/pl* – search options

Options d'objet (*InDesign, Illustrator*) – Attribute – Attributes

options *f/pl* **spécifiques de l'imprimante** – druckerspezifische Optionen *f/pl* – printer-specific options

optique *f* – Optik *f* – optics

opto-électronique – optoelektronisch – opto-electronic

opto-électronique *f* – Optoelektronik *f* – optoelectronics

opto-mécanique – optomechanisch – opto-mechanical

opuscule *m* – Booklet *n*, Broschüre *f*, Büchlein *n*, kleines Werk *n* – booklet

or *m* – Gold *n* – gold

orange – orange – orange

orange rouge – rotorange – red-orange

ordinateur *m* (F *ordi m*, F *bécane f*) – Computer *m*, Rechner *m* – computer

ordinateur *m* **bloc-notes** – Notebook *n* – notebook

ordinateur *m* **central** – Zentralrechner *m* – host system

ordinateur *m* **de poche** – Palmtop *n* – palmtop (computer)

ordinateur *m* **de table** – Desktop-Rechner *m* – desktop computer

ordinateur *m* **personnel** – Personal Computer *m* – personal computer

ordinateur *m* **portable (portatif)** – Laptop *m* – laptop

ordinateur *m* **principal** – Hostrechner *m* – host computer

ordonnée *f* – Ordinate *f* – ordinate

ordre *m* – Bestellung *f*, Auftrag *m* – order

ordre *m* – Reihenfolge *f*, Sequenz *f* – order, sequence

ordre *m* **aphabétique** – alphabetische Reihenfolge *f* – alphabetical order

ordre *m* **d'empilement** – Stapelreihenfolge *f* – stacking order

ordre *m* **des couleurs** – Farbfolge *f* (*beim Druck*) – color sequence

ordre *m* **de superposition des couleurs** – Farbreihenfolge *f* (*beim Druck*) – printing sequence (order)

ordre *m* **pressant** – eiliger Auftrag *m* – rush job

oreille *f* **d'âne** – Eselsohr *n* – dog's ear (dog-eared page)

organe *m* – Presseorgan *n* – organ, press organ

organigramme *m* – Flussdiagramm *n*, Durchlaufplan *m* – flowchart, process chart, flow diagram

organigramme *m* **de programmation** – Programmablaufplan *m* – program flowchart

organisation *f* – Organisation *f* – organization

organiser – organisieren – organize *v.*

organiseur *m* – Organizer *m* – organizer

organizer *m* – Notebook *n* – notebook

orientation *f* – Orientierung *f*, Ausrichtung *f* (*Druckformat*) – orientation

orientation *f* **de la page** – Seitenausrichtung *f*, Seitenlage *f* – page orientation

orientation *f* **de la perforation de repérage** – Stanzloch-Ausrichtung *f* – punch orientation

original *m* – Vorlage *f* – original

original *m* **à dessiner** – Zeichenvorlage *f* – drawing copy

original *m* **à dominante claire** – High-Key-Vorlage *f* – high key original

original *m* **à scintillements** – Spitzlicht-Vorlage *f* – catchlight original

original *m* **de calibrage IT** – IT-Kalibrationsvorlage *f* – IT calibration original

original *m* **d'essai** – Testvorlage *f* – test original

original *m* **de trait** – Strichvorlage *f* – line(-)art original

original *m* **(en) noir et blanc** *m* – Schwarzweißvorlage *f* – black and white artwork/original/copy

original *m* **high key** – High-Key-Vorlage *f* – high key original

original *m* **low key** – Low-Key-Vorlage *f* – low key original

original *m* **pour analyse par réflexion** – Aufsichtsvorlage *f* – reflection original

original *m* **pour l'impression** – Druckvorlage *f* – copy, printing copy

original *m* **reproductible** – reprofähige Vorlage *f* – camera-ready copy, finished art

O

original *m* **test** – Testvorlage *f* – test original

original *m* **transparent** – Durchsichtsvorlage *f* – transparency original

origine *f* – Nullpunkt *m (Koordinatensystem)* – zero origin

origine *f* **de la grille** – Gitterursprung *m* – grid origin

or *m* **jaune** – gelbgold, goldgelb – yellow(y)-gold

ornement *m* – Verzierung *f*, Ornament *n* – decoration, ornament(ation)

ornement *m* **marginal** – Randverzierung *f* – marginal decoration

orner – verzieren – decorate *v.*

orphelin *m* – Schusterjunge *m* – orphan

or *m* **rouge** – Rotgold *n* – red gold

orthochromatique – farbempfindlich, orthochromatisch *(Film)* – color sensitive, orthochromatic

orthographe *f* – Rechtschreibung *f*, Orthografie *f*, Schreibweise *f* – spelling, ortography

ôter – löschen, entfernen – delete *v.*, remove *v.*, eliminate *v.*, erase *v.*

ours *m* – Impressum *n* – imprint, masthead *(U.S.)*

outil *m* – Werkzeug *n (a. in Programmen)* – tool

outil *m* **à dessiner** – Zeichenwerkzeug *n* – drawing/design tool

outil *m* **à main levée** – Freihandwerkzeug *n (in DTP-Programmen)* – freehand tool

outil Dégradé *(Photoshop)* – Verlaufswerkzeug – Gradient tool

outil Dégradé de formes *(Illustrator)* – Angleichen-Werkzeug – Blend tool

outil Densité – Abwedler-Werkzeug – Dodge tool

outil Densité + *(Photoshop)* – Nachbelichter-Werkzeug – Burn tool

outil de transformation – Transformationswerkzeug – transform tool

outil Doigt *(Photoshop)* – Wischfinger-Werkzeug – Smudge tool

outil Enveloppe *(FreeHand)* – Umhüllungswerkzeug – Envelope tool

outil Eponge *(Photoshop)* – Schwamm-Werkzeug – Sponge tool

outil Fluidité *(Photoshop)* – Verflüssigen-Werkzeug *n* – Liquify tool

outil *m* **Gomme** *(Photoshop)* – Radiergummi-Werkzeug – Eraser tool

outil Goutte d'eau *(Photoshop)* – Weichzeichner-Werkzeug – Blur tool

outil *m* **interactif** – interaktives Werkzeug *n* – interactive tool

outil Lasso *(Photoshop)* – Lasso-Werkzeug – Lasso tool

outil Main – Hand-Werkzeug – Hand tool

outil Marque de texte *(Photoshop)* – Textmaskenwerkzeug – Text mask tool

outil Netteté *(Photoshop)* – Scharfzeichner-Werkzeug – Sharpen tool

outil Pinceau *(Photoshop)* – Pinsel-Werkzeug – Paintbrush tool

outil Plume *(FreeHand)* – Stiftwerkzeug – Pen tool

outil Pot de peinture *(Photoshop)* – Füllwerkzeug – Paint bucket tool

outil Recadrage *(Photoshop)* – Freistellungs-Werkzeug – Crop tool

outil Retouche *(Acrobat)* – TouchUp-Werkzeug – TouchUp tool

outils *m/pl* **de maquillage** – Tonwertwerkzeuge *n/pl* – toning tools

outil Tampon *(Photoshop)* – Stempel-Werkzeug – Rubber stamp tool

outil Tracer *(FreeHand)* – Nachzeichnungswerkzeug – tracer tool

Ouverture au démarrage *(Mac)* – Startobjekte – Startup objects

ouverture *f* **de mesure** – Messöffnung *f* – measurement aperture

ouverture *f* **du diaphragme** – Blendenöffnung *f* – aperture, lens aperture

ouvrage *m* **de commande** – Auftragsarbeit *f* – commissioned work

ouvrage *m* **de référence** – Nachschlagewerk *n* – reference book

ouvrage *m* **spécialisé** – Fachbuch *n* – specialist book

ouvrez la parenthèse – Klammer auf – open(ing) bracket

ouvrier *m* **spécialisé** – Facharbeiter, -in – skilled worker

oval, -e – oval – oval

oxydation *f* – Oxidation *f* – oxidation

oxyde *m* – Oxyd *n* – oxide

oxyde *m* **d'aluminium** – Aluminiumoxyd *n* – aluminum oxide

oxyder – oxidieren – oxidize *v.*

ozalid – Blaupause *f* – blueprint, blueline, ozalid

ozone *m* – Ozon *n* – ozone

P

packageur *m* – Verpackungsspezialist *m* – packaging expert

page *f* – Seite *f* – page

page *f* **blanche** – Leerseite *f*, Blankoseite *f* – blank page, empty page

page *f* **cornée** – Eselsohr *n* – dog's ear (dog-eared page)

page *f* **courante** – aktuelle Seite – current page

page *f* **couverture** – Titelseite *f*, Titelblatt *n* – title page, front cover

page *f* **d'accueil** *(Internet)* – Startseite – home page

page *f* **de couverture** – Umschlagseite *f* – cover page

page *f* **de départ** – Anfangsseite *f* – opening page

page *f* **de droite** – rechte Seite *f* – right(-hand) page

page *f* **de garde** – Vorsatzblatt *n*, Vorsatzpapier *n* – endpaper, endmatter

O
P

page *f* **de gauche** – linke Seite *f* – verso page

page *f* **d'entête** *(Internet)* – Bannerseite *f* – banner page

page *f* **de remplissage** – Füllseite *f* – pad page

page *f* **de titre** – Titelseite *f*, Titelblatt *n* – title page, front cover

page *f* **double** *(F double f)* – Doppelseite *f*, Panoramaseite *f*, gegenüberliegende Seiten – double-page, spread, two-page spread, facing pages

page *f* **enfant** *(FreeHand)* – untergeordnete Seite *f* – child page

page *f* **finie** – fertige Seite *f* – finished page

page *f* **HTML** – HTML-Seite *f* – HTML (HyperText Markup Language) page

page *f* **individuelle** – Einzelseite *f* – single page

page *f* **intérieure** – Innenseite *f* – inner page, inside page

page *f* **maîtresse** *(FreeHand)* – Master-Seite *f* – master page

page *f* **paire** – linke Seite *f* – verso page

page *f* **personnelle** (F *page f perso*) – Homepage *f* – home page

page *f* **précédente** – vorherige Seite *f* – previous page

pages *f/pl* **consécutives** – aufeinander folgende Seiten *f/pl* – contiguous pages

Pages en regard *(QuarkXPress)* – Doppelseiten – Facing Pages

pages *f/pl* **en regard** – Doppelseite *f*, Panoramaseite *f*, gegenüberliegende Seiten – double-page, spread, two-page spread

pages *f/pl* **impaires** – ungerade Seiten *f/pl* – odd pages, recto pages

pages *f/pl* **imposées** – ausgeschossene Seiten *f/pl* – imposed pages

pages *f* **jaunes** – Gelbe Seiten – yellow pages

pages *f/pl* **locales** – Lokalseiten *f/pl* – local pages

pages *f/pl* **non-consécutives** – nicht aufeinander folgende Seiten *f/pl* – non-contiguous pages

pages *f/pl* **paires** – gerade Seiten *f/pl* – even pages

page *f* **suivante** – nächste Seite *f* – next page

page *f* **verso** – Rückseite *f* – back side, reverse page, verso side

page *f* **vierge** – Leerseite *f* – empty page

page *f* **web** – Website *f*, Webseite *f* – Web site, Web page

page *f* **web dynamique** – dynamische Webseite *f* – dynamic Web page

pagination *f* – Paginierung *f*, Seitennummerierung *f*, Seitenpaginierung *f* – pagination, page numbering

pagination *f* **continue** – fortlaufende Nummerierung *f* – consecutive numbering, sequential numbering

paginer – paginieren – number *v.* pages, page *v.*, paginate *v.*

pair à pair – Peer-to-Peer – peer-to-peer

paire *f* **des couleurs** – Farbpaar *n* – color pair

pâle – blass – pale

palette *f* **(des couleurs)** – Farbfächer *m* – swatchbook, color guide, color specimen book

palette *f* **d'outils** – Werkzeugpalette *f* – toolbox

palette Navigation *(Photoshop)* – Navigator-Palette – Navigator palette

palette Nuancier *(Photoshop, Illustrator, InDesign)* – Farbfelder-Palette – Swatches palette

palpeur *m* – Sensor *m* – sensor

panneau *m* – Paneel *n*, Schild *n* – panel

panneau *m* **de commande** – Bedienfeld *n* – operating panel

panneau *m* **de protection** – Schutzvorrichtung *f* – safety guard

panneau-réclame *m* – Werbetafel *f* – billboard

panne *f* **de courant** – Stromausfall *m* – power failure

panne *f* **(d'image)** *(TV)* – Bildausfall *m* – picture loss

panoramique *f* – Panoramaanzeige *f*, Panoramaaufnahme *f* – panning, pan (shot)

pantographe *m* – Pantograf *m*, Storchenschnabel *m* – pantograph

PAO (publication assistée par ordinateur) – DTP (Desktop Publishing *n*) – DTP (desktop publishing)

PAOiste *m* – DTP-Profi *m* – publishing professional

papeterie *f* – Papierfabrik *f* – paper mill

papeterie *f* – Papierwarenhandlung *f* – stationer's (shop)

papeterie *f* – Papierwaren *f/pl* – stationery

papetier *m* – Papierhersteller *m* – papermaker

papier *m* – Papier *n* – paper

papier *m* **absorbant** – saugfähiges Papier *n* – absorbent paper

papier *m* **à calquer** – Pauspapier *n* – tracing paper, pounce paper, traceoline

papier *m* **à dessin** – Zeichenpapier *n* – drawing paper

papier *m* **à la cuve** – Büttenpapier *n*, handgeschöpftes Papier *n* *(handgeschöpftes Papier)* – hand-made paper, mould-made paper

papier *m* **à l'anglaise** – Glanzpapier *n* – gloss paper, glazed paper

papier *m* **albuminé** – Albuminpapier *n* – albumin paper

papier *m* **alcalin** – alkalihaltiges Papier *n* – alkaline paper

papier *m* **à lettres** – Briefpapier *n* – letter paper, stationery

papier *m* **à longues fibres** – langfaseriges Papier *n* – long-fib(e)red paper

papier *m* **à pliage accordéon** – Leporellopapier *n* – fanfold paper

papier *m* **autocopiant** – Durch-schreibepapier *n* – self-copying paper

papier *m* **avec fibres de bois** – holzhaltiges Papier *n* – wood-pulp paper, wood containing paper

papier *m* **barbé** – Büttenrand-papier *n* – deckle-edged paper

papier *m* **bible** – Bibel(druck)-papier *n*, Dünndruckpapier *n* – Bible paper

papier *m* **bond** – Feinpostpapier *n* – bond paper

papier *m* **bromure** – Fotopapier *n* – photographic paper

papier *m* **buvard** – Löschpapier *n* – blotting paper

papier *m* **cadeau** – Geschenk-papier *n* – giftwrap paper

papier *m* **calque** – Pauspapier *n* – tracing paper

papier *m* **carbone** – Durch-schreibpapier *n*, Kohlepapier *n* – blue-carbon leaf, carbon paper

papier *m* **carton** – Leichtpappe *f* – light board

papier *m* **chiffon(s)** – Hadern-papier *n*, Lumpenpapier *n* – rag paper

papier *m* **ciré** – Wachspapier *n* – wax paper, waxed paper

papier *m* **couché** – gestrichenes Papier *n* – coated paper

papier *m* **couché à haut brillant** – Hochglanzpapier *n* – high gloss paper

papier *m* **couché brillant** – Kunstdruckpapier *n* – art paper

papier *m* **couché impression d'art** – Kunstdruckpapier *n* – art paper

papier *m* **couché léger magazine** – LWC-Papier *n* – LWC (Light Weight Coated) paper

papier *m* **couché-machine** – maschinengestrichenes Papier *n* – machine-coated paper

papier *m* **couché mat** – matt-gestrichenes Papier *n* – matt-coated paper, dull-coated paper

papier *m* **couché original** – originalgestrichenes Kunst-druckpapier *n* – real art paper

papier *m* **couché une face** – ein-seitig gestrichenes Papier *n* – coated one-side paper, C1S paper, C-1-S paper, one-side coated paper

papier *m* **crêpé** – Krepppapier *n* – crepe paper

papier *m* **cristal** – Pergamin-(papier) *n*, Dünnpergamin *n* – glassine (paper)

papier *m* **(d')alu** – Alufolie *f* – aluminium foil

papier *m* **d'art** – Kunst-druckpapier *n* – art paper

papier *m* **de Chine** – Reispapier *n* – rice paper

papier *m* **de contrecollage** – Hin-terklebepapier *n* – backliner

papier *m* **de couleur** – Farbpapier *n* – color(ed) paper

papier *m* **de couverture** – Über-zugspapier *n* – lining paper

papier *m* **de faible grammage** – leichtes Papier *n* – low-grammage paper

papier *m* **d'emballage** – Pack-papier *n* – wrapping paper, packing paper

papier *m* **de presse** – Zeitungs-papier *n* – newsprint

papier *m* **de rebut** – Makulatur *f*, Papierabfall *m* – waste paper, mackle, misprints, printer's waste

papier *m* **de riz** – Reispapier *n* – rize paper

papier *m* **de soie** – Seidenpapier *n* – tissue paper

papier *m* **diazo** – Lichtpauspapier *n* – dyeline paper

papier *m* **d'imprimerie** – Druck-papier *n* – printing paper

papier *m* **document** – Urkunden-papier *n* – document paper

papier *m* **doré** – Goldpapier *n* – gold foil

papier *m* **duplex** – Duplexpapier *n* – duplex paper

papier *m* **du tirage** – Auflagen-papier *n* – print run paper

papier *m* **en blanc** – Blanko-papier *n* – blank paper

papier *m* **en bobines** – Rollen-papier *n* – reel paper

papier *m* **en continu** – Endlos-papier *n* – continuous form paper, fan(-)fold paper

papier *m* **en rouleau** – Rollen-papier *n* – reel paper

papier *m* **exempt d'acide** – säure-freies Papier *n* – acid-free paper

papier *m* **fait de pâte de bois** – holzhaltiges Papier *n* – wood-pulp paper, wood containing paper

papier *m* **fluorescent** – fluores-zierendes Papier *n* – fluorescent paper

papier *m* **glacé** – Hochglanz-papier *n* – glossy paper

papier *m* **graphique** – Buch-druckpapier *n*, Werkdruck-papier *n* – book paper

papier *m* **hélio** – Tiefdruckpapier *n* – rotogravure paper

papier *m* **intercalaire** – Ein-schießpapier *n* – interleaving paper

papier *m* **ivoire** – Elfenbeinpapier *n* – ivory paper

papier *m* **japon** – Japanpapier *n* – Japan paper

papier *m* **journal** – Zeitungs-papier *n* – newsprint

papier *m* **Kraft** – Kraftpapier *n* – kraft paper

papier *m* **listing** – Endlospapier *n* – fan(-)fold paper

papier *m* **LWC** – LWC-Papier *n* – LWC (Light Weight Coated) paper

papier *m* **mâché** – Pappmaché *n* – papier-mâché

papier *m* **marblé** – marmoriertes Papier *n* – marbled paper

papier *m* **mat** – mattes Papier *n* – matte paper

papier *m* **millimétrique (milli-métré)** – Millimeterpapier *n* – scale paper

papier *m* **non couché** – ungestri-chenes Papier *n*, Naturpapier *n* – uncoated paper (stock)

papier *m* **offset** – Offsetpapier *n* – offset paper

papier *m* **opaque** – nicht durchscheinendes Papier *n* – opaque paper

P

papier *m* **parchemin** – Pergamentpapier *n* – parchment paper
papier *m* **photo(graphique)** –
Fotopapier *n* – photographic
paper
papier *m* **poste** – Bankpostpapier
n – bank paper
papier *m* **pour écrire** – Schreibpapier *n* – writing paper
papier *m* **pour photocopier** –
Kopierpapier *n* – photocopying
paper
papier *m* **recyclé** – Recyclingpapier *n* – recycled paper
papier *m* **réglé** – Linienpapier *n* –
ruled paper, lined paper
papier-reliure *m* – Bezugspapier
n, Buntpapier *n*, Kleisterpapier
n – paste paper
papier *m* **sans couche** – ungestri-
chenes Papier *n*, Naturpapier *n*
– uncoated paper/stock
papier *m* **satiné** – Glanzpapier *n*
– gloss paper, glazed paper
papier *m* **thermosensible** –
Thermopapier *n* – thermal
paper
papier *m* **translucide** – durchscheinendes Papier *n* –
transparent/translucent paper
papier *m* **transparent** – Transparentpapier *n* – translucent
paper
papier *m* **vélin** – Velinpapier *n* –
vellum paper
papier *m* **velours** – Samtpapier *n*
– velvet paper
papier *m* **vergé** – geschöpftes
Papier *n*, Papier *n* mit
Wasserlinien, geripptes Papier
n, wasserliniertes Papier *n* –
laid paper, wire marked paper
papillon *m* – Handzettel *m*, Flugblatt *n* – leaflet, broadsheet,
handbill
papillotage *m* – Verschmieren *n*,
Schmieren *n* (*Druckfarbe*) –
smearing
papillotement *m* – Flackern *n*,
Flimmern *n* – flickering
paquet *m* – Ballen *m* – bale
paquet *m* **de journaux** – Zeitungspaket *n* – newspaper bundle

paquet *m* **de logiciel** – Programmpaket *n*, Softwarepaket *n* –
software package
paragraphe *m* (*typogr.*) – Absatz
m, Paragraf *m* – break,
paragraph
paragraphe *m* **carré** – Absatz *m*
ohne Einzug – flush paragraph,
block paragraph, book style
paraître – erscheinen (*Buch*) –
appear *v.*
parallaxe *m* – Parallaxe *f* –
parallax
parallèle à – parallel zu – parallel
to
paramétrable – einstellbar,
justierbar – adjustable
paramètre *m* – Parameter *m* –
parameter
paramétrer – einpassen,
einstellen, justieren – adjust *v.*
Paramètres > Imprimantes
(*Windows*) – Einstellungen >
Drucker – Settings > Printers
paraphe *f* (*typogr.*) – Auszug *m* –
extension
parc *m* **de machines** – Maschinenpark *m* – mechanical
equipment
parchemin *m* – Pergament *n* –
parchment
parcourir – durchblättern,
blättern, navigieren (Internet),
durchsuchen – scroll *v.* through,
flick *v.* through, leaf *v.* through,
thumb *v.* through, navigate *v.*,
search *v.*
par défaut – standardmäßig – by
default
par-dessus – darüber, über,
oberhalb – above, over, above
it, over it
pare-feu *m* – Firewall *f* – firewall
parenthèse *f* (*typogr.*) – Klammer
f – bracket, parenthesis (*U.S.*)
pare-soleil *m* – Gegenlichtblende *f*,
Streulichtblende *f* – lens hood,
lens shade
par ordre alphabétique – in
alphabetischer Reihenfolge – in
alphabetical order
par rapport à – im Verhältnis zu
– in proportion to

parser – parsen – parse *v.*
parse(u)r *m* – Parser *m* – parser
Partage de fichiers (*Mac*) –
Sharing Setup – Sharing setup
partage *m* **de fichiers** – File
Sharing *n* – file sharing
partage *m* **d'information** – Informationstausch *m* – information
exchange
partage *m* **du temps** – Time
Sharing *n* – time sharing
partager – teilen, aufspalten,
unterteilen, splitten – divide *v.*,
split *v.*, tile *v.*
particule *f* – Partikel *n* – particle
partie *f* **annonces** – Anzeigenteil
m – advertising section
partie *f* **de l'image (d'image)** –
Bildausschnitt *m* – cutting,
detail, image section, picture
section
partiel(lement) – teilweise –
partially
partition *f* – Partition *f* – partition
partitionnement *m* – Partitionierung *f* – partitioning
partitionner – partitionieren –
partition *v.*
parution *f* – Publikation *f*,
Veröffentlichung *f*, Erscheinen
n (eines Buches) – publication
pas à pas – schrittweise – step-by-
step
pas *m* **de masque** – Dot Pitch *m*,
Punktabstand *m* (*Bildschirm*) –
dot pitch
passage-papier *m* – Bahn-
(durch)lauf *m*, Papierweg *m*
(*Rollendruck*) – web travel/
path
passe *f* – Zuschuss *m* (*Papier
beim Druck*) – overs, allowance
(for spoils)
passe-partout *m* – Passepartout
n – passepartout
passer (en lisant) – überlesen –
overlook *v.*
pastel *m* – Kreide *f* – chalk
pastel *m* – Pastell *n*, Pastellbild *n*,
Pastellmalerei *f* – pastel, pastel
drawing
paté *m* – Klecks *m* – blob, blotch,
mark

pâte *f* **(à papier)** – Faserbrei *m*, Papierbrei *m*, Pulpe *f* *(Papierherstellung)* – pulp

pâte *f* **mécanique** – Holzfaserstoff *m* – mechanical pulp

pâteux, -se – pastös – paste type

patin *m* – Serife *f* – serif

patron(ne) – Arbeitgeber, -in – employer

patte *f* – Lasche *f*, Halterung *f* – flap, fixture

patte *f* **gommée** – gummierte Klappe *f* – gummed flap

pavé *m* **numérique** – Ziffernblock *m* *(Tastatur)* – number pad, numeric keypad

paysage *m* – Querformat *n* – landscape, horizontal format, oblong format

PC *m* – Personal Computer *m* – personal computer

peer-to-peer – Peer-to-Peer – peer-to-peer

peintre – malen – paint *v.*

peintre *m* – Maler, -in, Kunstmaler, -in – painter

peinture *f* – Malerei *f* – painting

peinture *f* **à fresque** – Freskenmalerei *f* – fresco painting

peinture *f* **à la détrempe** – Temperamalerei *f* – tempera (painting)

peinture *f* **à l'aquarelle** – Aquarellmalerei *f* – watercolor painting

peinture *f* **à l'huile** – Ölfarbe *f*, Ölgemälde *n*, Ölmalerei *f* – oil (paint), oil painting

pelliculage *m* – Strippen *n* *(Filmmontage)* – stripping

pelliculeuse *f* – Laminator *m* – laminator

peluche *f* – Fussel *f* – fluff

pelure *f* **d'oignon** – Florpostpapier *n* – onion skin

penché, -e – schräg, kursiv – oblique

pencher – scheren, neigen, schrägstellen *(Objekt)* – shear *v.*, skew *v.*, slant *v.*, tilt *v.*

pendant la marche de la presse – bei laufender Maschine – during press run

pénétration *f* – Wegschlagen *n*, Absorption *f*, Durchdringung *f* *(Druckfarbe auf Papier)* – absorption, penetration, setting

pénétrer – wegschlagen, durchdringen *(Druckfarbe auf Papier)* – penetrate *v.*

pénurie *f* **de main-d'œuvre** – Personalmangel *m* – manpower shortage, shortage of staff

perceptible – wahrnehmbar, erkennbar – discernable, perceptible, recognizable

perceptif, -ve – empfindungsgemäß, wahrnehmungsorientiert – perceptual, perceptive

perception *f* – Empfindung *f*, Wahrnehmung *f*, Wahrnehmungsvermögen *n* – perception, perceptive faculty

perception *f* **des couleurs** – Farbwahrnehmung *f*, Farbempfinden *n* – color perception, color sensation

percer – stanzen, ausstanzen, einstanzen – punch *v.*

percevoir – erkennen, wahrnehmen – perceive *v.*, discern *v.*

percevoir de manière diverse – subjektiv wahrnehmen – perceive subjectively

perçu, -e – wahrgenommen – perceived

perforateur *m* – Locher *m*, Perforiermaschine *f*, Perforator *m* – perforating machine, punch

perforation *f* – Lochung *f*, Perforation *f*, Perforierung *f* – perforation, perforating

perforation *f* **de repérage** – Stanzloch *n* – punch

perforation *f* **de repérage centrale** – Stanzlochmitte *f* – punch center

perforation *f* **de trous** – Lochperforation *f* – hole perforation

perforation *f* **en repérage** – Registerstanzung *f* – register punching

perforation *f* **longitudinale** – Längsperforation *f* – lineal perforation

perforation *f* **par découpe** – Stanzperforation *f* – punch perforation

perforation *f* **par perçage** – Bohren *n* (von Löchern) – drilling (holes)

perforation *f* **sur presse** – Druckperforation *f* – on-press perforation

perforation *f* **transversale** – Querperforation *f* – cross perforation, transverse perforation

perforatrice *f* – Locher *m*, Perforiermaschine *f*, Perforator *m* – perforating machine, punch

perforatrice *f* **de registre** – Registerstanze *f* – register punch

perforer – perforieren, lochen – perforate *v.*, punch *v.*

perforeuse *f* – Locher *m*, Perforiermaschine *f*, Perforator *m* – perforating machine, punch

performance *f* – Leistungsfähigkeit *f*, Arbeitsgeschwindigkeit *f* – performance

performances *f/pl* **(d')impression** – Druckgeschwindigkeit *f* – printing performance

performant, -e – leistungsfähig – powerful

périmètre *m* *(geometr.)* – Umfang *m* – circumference

période *f* **d'initiation (d'adaptation)** – Einarbeitungszeit *f* – settling-in period

périphérique *f* – Peripheriegerät *n* – peripheral

périphérique *f* **d'entrée** – Eingabegerät *n* – input device

périphérique *m* **de sortie** – Ausgabegerät *n* – output device

périphériques *m/pl* – Peripheriegeräte *n/pl* – peripheral units, auxiliary equipment

perler – perlen *(Fehler im Druckbild)* – mottle *v.*

perluète *f* (&) – und-Zeichen *n* – amper(sand), and

permanent, -e – haltbar *(Papiereigenschaft)* – permanent

P

permutation f – Swap m – swap
permuter – swappen, auslagern –
swap v.
perpendiculaire – senkrecht –
perpendicular, vertical
perpendiculaire f – Senkrechte f
– perpendicular
personnalisable – individuell
anpassbar – customisable,
-izable (U.S.)
personnalisation f – Personalisierung f, individuelle Anpassung f
– customization, personalization
personnalisation-expéditeur f –
Absender-Personalisierung f –
mailer personalization
**personnalisation f variable de
l'expéditeur** – variable Absender-Personalisierung f – variable
sender's personalization
personnalisé – benutzerdefiniert,
maßgeschneidert – personalized,
custom tailored, tailor-made
personnaliser – individuell anpassen – customise, -ize (U.S.)
personnel m – Personal n – staff
personnel m technique – technisches Personal n – technical staff
perspectif, -ve – perspektivisch –
perspective, in perspective
perspective f – Perspektive f –
perspective
perte f de détails – Detailverlust
m – loss of detail
perte f de netteté – Schärfeverlust m – loss of sharpness
perte f de production – Produktionsausfall m – loss of production, lost output, production
downtimes
perte f de ton – Tonverlust m –
loss of tone
petit crochet m – Häkchen n
(Zeichen) – checkmark
petite annonce f – Kleinanzeige f
– small ad, classified ad
petite capitale f – Kapitälchen n
– small cap
petite entreprise f – Kleinbetrieb m
– small business/firm/enterprise
petite exploitation f – Kleinbetrieb m – small business/firm/
enterprise

petite majuscule f – Kapitälchen
n – small cap
petites annonces – Kleinanzei-
gen f/pl – ad section, adpages
pl, small ads pl
petite série f – Kleinauflage f –
low-volume printwork
petit format m – Kleinformat n –
small-format
petit paquet m – Päckchen n –
small parcel (U.S. small
package)
petit tirage m – Kleinauflage f –
short run
phase f de test – Testphase f –
test phase
phosphore m – Phosphor m –
phosphor
phosphorescent – phosphoreszierend – phosphorescent
photo f – Foto n, Fotografie f,
Aufnahme f – photo(graph),
shot, take
photo f à contre-jour – Gegenlichtaufnahme f – backlit shot
photo f au flash – Blitzlichtaufnahme f – flash photography
photocalque m bleu – Blaupause
f – blueprint, blueline, ozalid
photocathode – Fotokathode f –
photocathode
photochimie f – Fotochemie f –
photochemistry
photocomposeuse f – Belichter m,
Lichtsatzmaschine f – imagesetter, typesetter, photocomposer
photocomposeuse f laser –
Laserbelichter m – laser
imagesetter, laser plotter
photocomposition f – Fotosatz m,
Fotocomposing n – photocomposing, photo(type)setting,
photocomposition, filmsetting
photoconducteur – lichtleitend –
photoconductive
photocopie f – Fotokopie f –
photocopy
photocopier – fotokopieren –
copy v., photocopy v.
photocopieur m – Kopierer m,
Kopiergerät n, Fotokopierer m,
Fotokopiergerät n – copier,
photocopier

photocopieur m couleur –
Farbkopierer m – color copier
photocopieuse f – Kopierer m,
Kopiergerät n, Fotokopierer m,
Fotokopiergerät n – copier,
photocopier
photo f couleur – Farbbild n –
color image
photo f de nu(s) – Aktfoto n –
nude (photograph)
photodiode f – Fotodiode f –
photodiode
photo f (en) couleurs – Farbfoto
n – color photo
photogramme m – Standaufnahme f – still
photographe m/f – Fotograf, -in
– photographer
photographe m/f amateur –
Amateurfotograf, -in – amateur
photographer
photographe m/f de presse –
Pressefotograf, -in – press
photographer, news
photographer
**photographe m/f professionnel,
-lle** – Berufsfotograf, -in –
professional photographer
photographie f – Fotografie f –
photography
photographie f couleur – Farbfotografie f – color photography
photo(graphie) f d'archives –
Archivbild n – library photo
photographie f de nu(s) – Aktfotografie f – nude photography
photographie f (en) noir et blanc
– Schwarzweißfotografie f –
black and white photograph
photographie f numérique –
digitale Fotografie f – digital
photography
photographier – fotografieren –
photograph v., take v. a picture
photographier au flash – blitzen
– flash v.
photographique – fotografisch –
photographic(ally)
photograveur m – Reprofotograf,
-in – reproduction photo-
grapher
photogravure f – Klischeeherstellung f – photo-engraving

photomontage *m* – Fotomontage *f* – photomontage

photomultiplicateur *m* – Fotomultiplier *m*, Lichtverstärker *m* – – photomultiplier

photopolymère *m* – Fotopolymer *n* – photopolymer

photoréalisme *m* – Fotorealismus *m* – photorealism

photoréaliste – fotorealistisch – photorealistic

photo-reproduction *f* – Reprofotografie *f* – reproduction photography

photosensibilité *f* – Lichtempfindlichkeit *f* – sensitivity

photosensible – lichtempfindlich – photosensitive, sensitive to light, sensitized

photothèque *f* – Bildarchiv *n* – picture archive, photographic archive

phototypie *f* – Lichtdruck *m*, Kollotypie *f* – phototype printing, collotype

phrase *f* – Satz *m* – sentence

phrase *f* **d'accroche** – Werbespruch *m*, Werbeslogan *m* – slogan, catch phrase, advertising slogan

pic *m* **de production** – Produktionsspitze *f* – production peak

pictogramme *m* – Piktogramm *n* – pictogram, pictorial sign

pictographie *f* – Bilderschrift *f* – pictographic system

pied-à-pied – Fuß-an-Fuß – foot to foot, foot-to-foot

pied-à-tête – Fuß-an-Kopf – foot to head, foot-to-head

pied *m* **cavé** – Hohlfuß *m* – hollow-cast foot, concave foot

pied *m* **creux** – Hohlfuß *m* – hollow-cast foot, concave foot

pied *m* **de page** – Fußzeile *f* – bottom note/line

pierre *f* **huilé** – Ölstein *m* – oilstone

pierre *f* **lithographique** – Lithografiestein *m* – litho stone

pierre *f* **ponce** – Bimsstein *m* – pumice stone

pigment *m* – Pigment *n* – pigment

pigmentation *f* – Pigmentierung *f* – pigmentation

pigmenté, -e – pigmentiert – pigmented

pigment *m* **organique** – organisches Pigment *n* – organic pigment

pile *f* – Stapel *m* – pile

pile *f* – Batterie *f* – battery

pilotage *m* – Ansteuerung *f* (*Ausgabegerät*) – drive

pilote *m* – Treiber *m* – driver

pilote *m* **de numérisation** – Scanprogramm *n* – scan software

pilote *m* **d'imprimante** – Druckertreiber *m* – printer driver

piloté par menu – menügesteuert – menu-driven

piloter – ansteuern (*Ausgabegerät*) – drive *v.*

pince *f* – Greifer *m* (*in Druckmaschine*) – gripper

pinceau *m* – Brush *f*, Pinsel *m* – brush

pinceau *m* **à dessiner** – Zeichenpinsel *m* – drawing brush

pince *f* **de rognure** – Schneidgreifer *m* – gripper trim

pipette *f* – Pipette *f* (*z.B. Photoshop*) – eyedropper

piquage *m* – Heftung *f* – stitching

piquage *m* **dans le pli** – Rückstichheftung *f* – saddlestitching, back stitching

piquage *m* **de blocs** – Blockheftung *f* – block stitching

piquer – broschieren, heften – stitch *v.*

piqueuse *f* **(à cheval)** – Rückstichheftmaschine *f* – backstitcher, saddle-stitcher

piqûre *f* **(à cheval)** – Drahtheftung *f*, Rückstichheftung *f* – wire stitching, saddle stitching, back stitching

piqûre *f* **à plat** – Seitenheftung *f*, Randheftung *f* – flat stitching, side stitching

piqûre *f* **au bloc** – Blockheftung *f* – pad stapling

piratage *m* **informatique** – Computerkriminalität *f* – computer fraud

piratage *m* **(logiciel)** – Raubkopieren *n* – piracy

pirate *m* – Raubkopierer *m* – pirate

pirater – raubkopieren – pirate *v.*

piste *f* – Spur *f* – track

pistolet *m* – Airbrush *f*, Spritzpistole *f*, Aerogra *fm* – airbrush, aerograph

pistolet *m* **(à dessin)** – Kurvenlineal *n* – french curve

pitch *m* – Dot Pitch *m*, Punktabstand *m* (*Bildschirm*) – dot pitch

pivotage *m* – Drehung *f*, Rotation *f* – rotation

pivoté, -e – gedreht – rotated

pivoter – drehen, rotieren – rotate *v.*

pixel *m* – Pixel *n* – pixel

pixellisation *f* – Pixelung *f* – pixelization

placard *m* – Druckfahne *f*, Fahnenabzug *m*, Korrekturabzug *m*, Korrekturfahne *f* – galley proof

placement *m* – Platzierung *f* – placement

placer – ansetzen (*Objektiv bei Kamera*) – mount *v.*

placer – platzieren – place *v.*

placer automatiquement – automatisch einlaufen lassen (*Textimport*) – autoflow *v.*

plage *f* **d'aplat** – Volltonfeld *n* (*Kontrollstreifen*) – solid ink patch

plage *f* **de balance couleurs** – Farbbalancefeld *n* – color balance patch

plage *f* **de contrôle** – Kontrollfeld *n* (*Testfeld bei Belichtung*) – contol patch

plage *f* **de couleur** – Farbfeld *n* – color swatch, color patch

plage *f* **de densités** – Dichteumfang *m* – density range

plage *f* **de données** (*Mac*) – Datenzweig *m*, Data-Fork *m* – data fork

plage *f* **de (la) dynamique** – Dynamikumfang *f* – dynamic range

plage *f* **de mesure** – Messbereich *m*, Messfeld *n* – measurement range, measuring range, patch

P

plage *f* **de mise au point** *(fotogr.)* – Entfernungsbereich *m* – focus range

plage *f* **de prise de vue** *(fotogr.)* – Aufnahmebereich *m* – shooting range

plage *f* **de ressources** *(Mac)* – Resourcen-Zweig *m*, Resource-Fork *m* – resource fork

plage *f* **spectrale** – Spektralbereich *m* – spectral range

plage *f* **tonale** – Tonwertbereich *m* – tonal range

plage *f* **tramée** – Rasterfeld *n* – halftone patch, tint patch

planche *f* – Bildtafel *f* – plate

planche *f* **à dessin** – Reißbrett *n*, Zeichenbrett *n* – drawing board

planche *f* **de contact** – Kontaktbogen *m* – contact sheet

planche *f* **d'impression pour taille-douce** – Kupferdruckplatte *f* – copper plate

Planches *(QuarkXPress)* – Montageflächen – Spreads

plan *m* **de la section** – Schnittfläche *f* – section

plan *m* **de montage** – Seitenlayout *n* – document layout

plan *m* **de projection** – Projektionsebene *f* – projection plane

plan *m* **de symétrie** – Symmetrieebene *f* – plane of symmetry

plan *m* **de travail** – Arbeitsbereich *m* (*in Programmen*) – work area

plan *m* **du clavier** – Tastaturplan *m* – keyboard layout

plan *m* **du diaphragme** – Blendenebene *f* – aperture plane

plan *m* **en relief** – Reliefkarte *f* – relief map

plan *m* **focal** – Brennebene *f* – focal plane

planification *f* – Planung *f* – planning

planification *f* **de la production (planification** *f* **des tâches)** – Produktionsplanung *f* – production planning

planifier – planen – plan *v*.

plan *m* **média** – Mediaplan *m* – media plan

planning *m* – Planung *f*, Zeitplanung *f*, Terminplan *m* – planning, scheduling, time schedule

plantage *m* – Crash *m*, Absturz *m* *(Rechner, Programm)* – crash

plantage *m* **du système** – Systemabsturz *m* – system crash

planter (se) – crashen, abstürzen – crash *v*.

plaquage *m* **par électrolyse** – Galvanisierung *f* – electroplating, galvanization

plaque *f* **à grand creux** – Tiefreliefplatte *f* – deep relief plate, thick plate

plaque *f* **anodisée** – anodisierte Platte *f* – anodized plate

plaque *f* **aqueuse** – wässrige Platte *f* *(Offsetdruck)* – aqueous plate

plaque *f* **aux photopolymères liquides** – Flüssigpolymerplatte *f* – liquid polymer plate

plaque *f* **bimétallique** – Bimetallplatte *f* – bimetal plate

plaque *f* **de cuivre** – Kupferdruckplatte *f* – copper plate

plaque *f* **(de presse, d'impression, d'imprimerie)** – Druckplatte *f* – plate, printing plate, pressplate

plaque *f* **d'impression souple** – weichelastische Druckplatte *f* – resilient printing plate

plaque *f* **du noir** – Schwarzplatte *f* – black plate

plaque *f* **électrophotographique** – elektrofotographische Platte *f* – electrophotographic plate

plaque *f* **épaisse** – Tiefreliefplatte *f* – deep relief plate, thick plate

plaque *f* **métallique** – Metalldruckplatte *f* – metal plate

plaque *f* **mince** – dünne Druckplatte *f* – thin plate

plaque *f* **offset** – Offset(druck)platte *f* – offset (printing) plate

plaque *f* **papier directe** – Direktdruckplatte *f* – instant paper plate

plaque *f* **photopolymère** – Fotopolymer-Druckplatte *f* – photopolymer printing plate

plaque *f* **polyester** – Polyester-Direktdruckplatte *f* – poly(ester) plate

plaque *f* **polymère** – Polymer-Platte *f* – polymer plate

plaque *f* **prête à l'emploi** – druckfertige Platte *f* – press-ready plate

plaque *f* **sans développement** – prozesslose Platte *f* – processless plate

plaque *f* **sans mouillage** – wasserlose Platte *f* – waterless plate

plaque *f* **sensible au bleu** – blauempfindliche Platte *f* – blue sensitive plate

plaque *f* **thermique** – Thermoplatte *f* *(CTP)* – thermal plate

plaquette *f* **publicitaire** – Werbebroschüre *f*, Werbeschrift *f* – advertising brochure

plastique *m* – Folie *f* – foil

plat, -e – flach, flau, kontrastarm *(z.B. Bild)* – flat

plat *m* **de couverture dépassant** – überhängender Buchdeckel *m* – overhang cover board

plat *m* **du livre** – Bucheinband *m*, Einband *m*, Buchdeckel *m* – binding, book cover, cover board

plateau *m* **du scanner** – Scannerbett *n* – scanning bed

plateau *m* **lumineux** – Leuchtkasten *m* – lightbox, light tray

plate(-)forme *f* – Plattform *f* *(z.B. für Betriebssystem)* – platform

platitude *f* – Flatness *f*, Kurvengenauigkeit *f*, Kurvennäherung *f* – flatness

plein *m* *(typogr.)* – Abstrich *m* – down-stroke

plein de fautes – voll Fehlern – full of mistakes

pleine page – volle Seite *f* – full page

pli *m* – Falz *m*, Falzbruch *m* – fold

pliable – biegsam – flexible, pliable

pli *m* **à couteau** – Schwertfalz *m* – knife-fold

pliage *m* – Falzung *f* – folding

pliage *m* **à hélices** – Spiralfalz *m* – spiral fold

pliage *m* **croisé à deux plis** – Zweibruch-Kreuzfalz *m* – two-directional right angle fold

pliage *m* **manuel** – manuelles Falzen *n* – manual folding

pliage *m* **mécanique** – maschinelles Falzen *n* – mechanical folding

pliage *m* **parallèle** – Parallelfalzung *f* – parallel fold

pli *m* **à poche** – Taschenfalz *m* – buckle fold

pli *m* **à refoulement** – Stauchfalz *m* – buckle fold

pli *m* **collé** – Klebefalz *m* – adhesive fold

pli *m* **croisé** – Kreuz(bruch)falz *m*, Querfalz *m* – cross fold, right-angle fold(ing)

pli *m* **dépassant** – Vorfalz *m* – overfold

pli *m* **dorsal** – Rückenfalz *m* – back fold

pli *m* **du dos** – Rückenfalz *m* – back fold

plié, -e – gefaltet – folded

pli *m* **(en) accordéon** – Leporellofalz *m*, Zickzackfalz *m* – zigzag fold, accordion fold, harmonica fold, computer fold, concertina fold

pli *m* **(en) paravent** – Leporellofalz *m*, Zickzackfalz *m* – zigzag fold, accordion fold, harmonica fold, computer fold, concertina fold

plier – falzen – fold *v.*

plieuse *f* – Falzmaschine *f* – folding machine

plieuse *f* **à couteau** – Schwertfalzmaschine *f* – knife-folder

plieuse *f* **à poches** – Taschenfalzmaschine *f* – buckle folder

plieuse *f* **à tambour** – Trommelfalzwerk *n* – drum folder

plieuse-colleuse *f* – Falz-Klebemaschine *f* – folder-gluer

pli *m* **journal** – Zeitungsfalz *m* – newspaper fold

pli *m* **longitudinal** – Längsfalz *m* – length fold, lineal fold

pli *m* **mâchoire** – Klappenfalz *m* – jaw fold

pli *m* **parallèle** – Einbruchfalz *m*, Parallelfalz *m* – parallel fold

pli *m* **portefeuille** – Fensterfalz *m* – gatefold

pli *m* **postérieur** – Nachfalz *m* – postfold

pli *m* **roulé** – Wickelfalz *m* – letterfold

pli *m* **superposé** – Wickelfalz *m* – wrap fold

pliure *f* – Falzung *f* – folding

plomb *m* *(typogr.)* – Bleisatz *m* – hot metal type

plug-in *m* – Zusatzmodul *n*, Plug-In *n* *(Plug-In)* – plug in

plume *f* **(à dessin)** – Zeichenfeder *f* – drawing pen

Plume calligraphique *(FreeHand)* – Kalligrafiestift – Calligraphic Pen

plus *m* – Pluszeichen *n* – plus sign

plus élevé, -e – höher – higher

plus haut, -e – höher – higher

poche *f* **de pliage** – Falztasche *f* – buckle plate

poche *f* **plieuse** – Falztasche *f* – buckle plate

pochette *f* **d'expédition** – Versandtasche *f* – pocket envelope

pochette *f* **(de disque)** – Plattenhülle *f* – album cover

pochoir *m* – Schablone *f*, Abdeckschablone *f* – stencil mask, stencil

pochoir *m* **à l'aérographe** – Spritzschablone *f* – airbrush stencil

pochoir *m* **direct** – Direktschablone *f* – direct stencil

poids *m* **du papier** – Papiergewicht *n* – paper grammage, paper weight, weight of paper

poids *m* **volumique** – spezifisches Gewicht *n*, volumenbezogene Masse *f* – specific gravity

poignée *f* – Anfasser *m* *(bei grafischen Objekten)* – handle

poinçon *m* *(typogr.)* – Punze *f*, Innenraum *m* (von Buchstabe) – counter

poinçonnage *m* – Ausstanzung *f* – punching

poinçonner – stanzen, ausstanzen, einstanzen – punch *v.*

poinçonneuse *f* – Stanze *f*, Perforiermaschine *f*, Perforator *m*, Lochmaschine *f* – punch, perforator

point *m* – Punkt *m* – period, point

point *m* **adressable** – adressierbarer Punkt *m* – addressable point/position

point *m* **à l'extrême droite** – rechter Randpunkt *m* – right-hand end point

point *m* **à l'extrême gauche** – linker Randpunkt *m* – left-hand end point

point *m* **blanc** – Weißpunkt *m* *(in einem Bild)* – white point

point *m* **d'ancrage** – Ankerpunkt *m* – anchor point

point *m* **d'angle** – Eckpunkt *m* – corner point

point *m* **de contrôle** – Kontrollpunkt *m* – control point

point *m* **de courbe** – Kurvenpunkt *m* – curve point

point *m* **de départ** – Startpunkt *m*, Anfangspunkt *m* *(Objekt)* – starting point

point *m* **de fuite** – Fluchtpunkt *m* – vanishing point

point *m* **(de gravure)** – Radiernadel *f* – etching needle

point *m* **de partage** *(Mac)* – Netzwerkvolumen *n* – share point

point *m* **de référence** – Bezugspunkt *m*, Referenzpunkt *m*, Stützpunkt *m* – reference point, pivot point

point *m* **de repère** – Fixpunkt *m*, Anhaltspunkt *m* – point of focus, point of reference, clue, indication, lead

point *m* **de simili** – Rasterpunkt *m* – dot, halftone dot, screen dot

P

point *m* **de tangente** – Tangentenpunkt *m* – tangent point

point *m* **de trame** – Rasterpunkt *m* – dot, halftone dot, screen dot

point *m* **d'exclamation** – Ausrufezeichen *n* – exclamation mark

point *m* **d'exclamation inversé** *(¡)* – umgedrehtes Ausrufezeichen *n* – inverted exclamation mark

point *m* **Didot** *(typogr.)* – Didot-Punkt *m* – point Didot

point *m* **d'impression** – Druckpunkt *m* – print dot

point *m* **d'inflexion** – Wendepunkt *m* – point of inflection

point *m* **d'insertion** – Einfügepunkt *m* – insert(ion) point

point *m* **d'interrogation** – Fragezeichen *n* – question mark

point *m* **d'intersection** – Schnittpunkt *m* – intersection point

point *m* **directionnel** – Richtungspunkt *m (Bézier-Pfad)* – direction point

point *m* **d'origine** – Ursprungspunkt *m* – origin

point *m* **dur** – harter Punkt *m* – hard dot

pointe *f* – Ahle *f* – bodkin

pointe *f* **de flèche** – Pfeilspitze *f* – arrow head

point *m* **elliptique** – elliptischer Rasterpunkt *m*, Kettenpunkt *m* – elliptical dot

pointeur *m* – Zeiger *m* – pointer

point *m* **focal** – Brennpunkt *m*, Fokus *m* – focal point

point *m* **haute lumières** – Spitzpunkt *m*, Lichtpunkt *m* – highlight dot

pointillé, -e – gepunktet – dotted

pointillé *m* – Punktierung *f* – doting

pointiller – punktieren – dot *v.*

point *m* **laser** – Laserpunkt *m* – laser spot

point *m* **mort** – Stillstandszeit *f*, Ausfallzeit *f* – down time

point *m* **mou** – weicher Punkt *m* – soft dot

point *m* **nodal** – Knotenpunkt *m* – nodal point, junction

point *m* **noir** – Schwarzpunkt *m* – black point

point *m* **Pica** – Pica-Punkt *m* – point Pica

point *m* **pivot** – Drehpunkt *m* – pivot point

points *m/pl* **d'arrivées** – Endpunkte *m/pl* – end points

points *m/pl* **de conduite** – Führungspunkte *pl* – leaders

points *m/pl* **de suspension** (…) – Auslassungspunkte *m/pl* – three dots, omission marks, ellipsis

points *m/pl* **par pouce (ppp)** – Punkte pro Inch – dots per inch (dpi)

point *m* **typographique** – typografischer Punkt *m* – typographic(al) point

point-virgule *m* – Semikolon *n*, Strichpunkt *m* – semicolon

point *m* **zéro de coordonnées** – Koordinatennullpunkt *m* – coordinate zero point

pojection *f* **à grande échelle** – Großprojektion *f* – large-scale projection

polariseur *m* – Polfilter *m* – polarizer

polaroid *m* – Sofortbildkamera *f* – instant camera

poli *m* – Hochglanz *m* – high gloss

police *f* **à chasse fixe** – nichtproportionale Schrift *f* – monospace font

police *f* **à plusieurs octets** – Mehrbyte-Font *m* – multi-byte font

police *f* **bitmap** – Bitmap-Font *m* – bitmap font

police *f* **(de caractères)** – Font *m*, Zeichensatz *m*, Schrift *f*, Schriftart *f* – font, type, typeface

police *f* **de contours** – Druckerfont *m*, Outline-Font *m* – printer font, outline font

police *f* **d'écran** – Bildschirmfont *m* – screen font

police *f* **de substitution** – Ersatzschrift *f* – substitute font

police *f* **endommagée** – beschädigter Font *m* (Zeichensatz) – corrupted font

police *f* **latin** – lateinische Schrift *f* – Latin type, Roman font

police *f* **MultipleMaster** – MultipleMaster-Schrift *f* – MultipleMaster font

police *f* **proportionnelle** – Proportionalschrift *f* – proportional font

police *f* **résidant dans l'imprimante** – druckerresidente Schrift *f* – printer-resident font

police *f* **script** – Schreibschriftart *f* – script typeface

polices *f/pl* **de base** – Standardschriften *f/pl* – base fonts

polices *f* **manquantes** – fehlende Schriften – missing fonts

polices *f/pl* **système réseau** *(Mac OS X)* – Netzwerksystemzeichensätze *m/pl* – network system fonts

police *f* **substituée** – ersetzte Schrift *f* – substituted font

police *f* **sur deux octets** – Doppel-Byte-Schrift *f* – double-byte font

police *f* **système** – Systemschrift *f* – system font

police *f* **TrueType** – TrueType-Font *m* – TrueType font

police *f* **Type 1** – Type-1-Font *m* – Type 1 font

polichinelle *m* – Ausschießmodell *n (Papiermodell)* – imposition model

polychrome – mehrfarbig – multi(-)color(ed)

polygone *m* – Polygon *n* – polygon

polymère *m* – Polymer *n* – polymer

polymérisation *f* – Polymerisation *f* – polymerisation

pompe *f* **à encre** – Farbpumpe *f (Druckmaschine)* – ink pump

poncif *m* – Schablone *f* – stencil

ponctuation *f* – Zeichensetzung *f*, Interpunktion *f* – punctuation

Ponctuation hors justification *(Illustrator)* – Übersetzende Satzzeichen – Hanging punctuation

Ponctuation typographique *(Illustrator)* – Satz- und Sonderzeichen – Smart Punctuation

P

poreux, -se – porös – porous
porosité f – Porosität f – porosity
port m – Port m – port
portabilité f – Portabilität f – portability
portable – portabel – portable
portable m – Laptop m – laptop
portail m – Portal n (a. Internet) – portal
porte f d'accès – Port m – port
porte-documents m – Aktentasche f – briefcase
porte-journaux m – Zeitungsständer m – magazine rack
porte-lame m – Messerhalter m – knife holder
porte-original m – Vorlagenhalter m – copy holder, original holder
porteur, -euse de journaux – Zeitungsausträger m, -in – newspaper carrier
portrait m – Hochformat n – portrait, up (von upright)
port m série – serielle Schnittstelle f – serial interface/port
pose f – Belichtung f – exposure, lighting
posemètre m – Belichtungsmesser m – exposure meter, light meter
poseur m d'affiches – Plakatkleber m – poster sticker
positif m – Positiv n – positive
position f – Position f – position
position f de la lame – Messerstellung f (Schneidemasche) – knife position
positionnement m absolu – absolute Positionierung f – absolute positioning
positionnement m automatique – Positionierautomatik f (Schneidemaschine) – automatic positioning
positionner – positionieren – position v.
possibilité f d'adressage – Adressierbarkeit f – addressability
postcalculation f – Nachkalkulation f – recalculation of job costs
poste m de nuit – Nachtschicht f – night shift

poste m de travail – Arbeitsplatz m, Workstation f – workstation
poste m de travail sur écran – Bildschirmarbeitsplatz m – video workstation
poster m – Poster n, Plakat n – poster
post-exposition f – Nachbelichtung f – post-exposure, burnb exposure
post-traitement – Nachbearbeitung f – post-processing
pouce f – Inch, Zoll m – inch
poucentage m de la couverture superficielle – Flächendeckungsgrad m, prozentuale Flächendeckung – percentage coverage, percent area coverage
poudrage m – Abkreiden n – chalking
poudrage m antimaculateur électrostatique – elektrostatische Druckbestäubung f – electrostatic powder spraying
poudre m du toner – Tonerpulver n – toner powder
pour cent – Prozent n – percent, per cent
pourcentage m – Prozentwert m – percentage
pourcentage m des points – Rastertonwert m – halftone value
pourpre f o. m – Purpur m – purple
pourpre (pourpré) – purpur-(farben) – purple
poussière f de papier – Papierstaub m – paper dust
pouvoir m absorbant – Saugfähigkeit f – absorbency
pouvoir m couvrant – Opazität f, Deckkraft f, Lichtundurchlässigkeit f – opacity, opaqueness, coverage properties
ppp (points par pouce) – dpi – dpi (dots per inch)
pratique f – Praxis f – practice
précédent, -e – vorhergehend – previous
précision f – Genauigkeit f, Präzision f – accuracy, precision

précision f de mesure – Messgenauigkeit f – measuring accuracy
précision f du positionnement – Positioniergenauigkeit f – positioning precision
précision f du registre (du repérage) – Passergenauigkeit f, Registerhaltung f, Registergenauigkeit f – register accuracy
précompensation f – Vorkompensation f – precompensation
pré-configuré, -e – voreingestellt, vorkonfiguriert – pre-defined
prédéfini, -e – voreingestellt, vorkonfiguriert – pre-defined
préface f – Vorwort n – foreword, preface
préférences f/pl – Grundeinstellungen f/pl, Vorgaben f/pl (in Programmen) – preferences, prefs
préfixe m – Präfix n – prefix
préflight m – Preflight m, Preflighten n – preflight, preflighting
préflighter – Preflight m durchführen – preflight v.
pré-impression f – Vordruck m – first impression, preprinting
pré-imprimé – vorgedruckt – pre(-)printed
préimprimé m – Kaschierbogen m – preprint
préinsolation f – Vorbelichtung f – pre-exposure
prélaque f – Vorlackierung f – prelacquer
prélever – aufnehmen (Farbwerte aus Bild) – sample v.
préliminaires f/pl – Titelei f – front matter, prelims pl
première édition f – Erstausgabe f – original edition
Premier Plan (QuarkXPress) – Ganz nach vorn – Bring to Front
premier plan m – Vordergrund m – foreground
prendre une photo – fotografieren – photograph v., take v. a picture
pré(-)numérisation f – Prescan m – prescan

P

préparation *f* – Vorbereitung *f*, Rüsten *n* (Druckmaschine), – preparation

préparation *f* **de cylindres** – Tiefdruckformherstellung *f*, *(Tiefdruck)* – cylinder preparation

préparation *f* **de la copie** – Satzvorbereitung *f* – copy preparation

préparation *f* **du travail** – Auftragsvorbereitung *f* – job preparation, work preparation

préparer – vorbereiten, rüsten (Druckmaschine) – prepare *v.*

préparer la copie – Original vorbereiten – mark up *v.*

pré(-)presse *f* – Druckvorstufe *f*, Prepress – prepress

prépublication *f* – Vorabdruck *m* – preprint

préréglage *m* – Voreinstellung *f* – presetting

préréglage *m* **de l'encrage** – Farbzonenvoreinstellung *f* – ink pre-setting

préscan *m* – Prescan *m* – prescan

présentation *f* – Präsentation *f* – presentation

présentation *f* **graphique** – Präsentationsgrafik *f* – presentation graphics

présentation *f* **produits** – Produktpräsentation *f* – product presentation

présenter – präsentieren – present *v.*

préséparé, -e – vorsepariert – pre-separated

préserver – beibehalten – preserve *v.*

Préserver les zones transparentes *(Photoshop)* – Transparente Bereiche schützen – preserve Transparency

pressage *m* – Abpressen *n* *(Buchblock)* – backing

presse *f* – Druckmaschine *f*, Druckerpresse *f* – printing press

presse *f* **à bobines** – Rollenrotation(smaschine) *f* – web press

presse *f* **à bras** – Handpresse *f* – hand press

presse *f* **à épreuves** – Abziehpresse *f* – galley press, proof press

presse *f* **à feuilles** – Bogendruckmaschine *f* – sheet(-)fed press

presse *f* **à retiration** – Schön- und Widerdruckmaschine *f* – perfecting press

presse *f* **à sensation** – Boulevardpresse *f* – popular press, gutter press

presse *f* **(d'imprimerie)** – Druck(er)presse *f*, Presse *f* – press

presse *f* **du cœur** – Regenbogenpresse *f* – trashy (women's) weekly

presse *f* **écrite** – Printmedien *n/pl* – print media

presse *f* **en laize étroite** – Schmalbahndruckmaschine *f* – narrow web press

presse *f* **féminine** – Frauenzeitschriften *f/pl* – women's publication

presse *f* **flexo pour étiquettes** – Flexo-Etikettendruckmaschine *f* – flexo label press

presse *f* **grande laize** – Breitbahnmaschine *f* *(Rollendruck)* – wide web press

presse *f* **litho** – Steindruckpresse *f* – lithographic press

presse *f* **locale** – Lokalpresse *f* – local press

presse *f* **numérique** – digitale Druckmaschine *f* – digital printing machine

presse *f* **offset** – Offsetdruckmaschine *f* – offset (printing) press

presse-papiers *m* – Zwischenablage *f*, Zwischenspeicher *m* – clipboard

presse *f* **pour taille-douce** – Kupferdruckpresse *f* – copperplate press

presse *f* **pour travaux de ville** – Akzidenzmaschine *f* – jobbing press

presse *f* **quotidienne** – Tagespresse *f* – daily press, dailies, daily (news)papers

presser – drücken *(Taste)* – press *v.*, hold down *v.*, hit *v.*

presse *f* **spécialisée** – Fachpresse *f* – trade press, technical press

presse *f* **typo** – Buchdruckpresse *f* – letter-press

presseur *m* – Presseur *m* *(beim Tiefdruck)* – impression pressure

pression *f* **d'impression** – Druckspannung *f* – impression pressure

pression *f* **sur une touche** – Tastendruck *m* – key pressure

pressurer – quetschen – squeeze *v.*

prestataire *m* **(de services)** – Dienstleister *m* – service provider

prestataire *m* **(de services) en arts graphiques** – Druckdienstleister *m* – print service provider

prestation *f* **(de services)** – Dienstleistung *f* – service

prestation *f* **technique** – technischer Kundendienst, (technischer) Support *m* – technical support (service), after installation service, customer service

prêt à la reproduction – reprofähig – reproducible

prêt pour la sortie – ausgabetauglich – outputworthy

preuve *f* **de parution** – Belegbogen *m* – tearsheet

prévisualisation *f* (F *prévisu f*) – Übersichtsbild *n*, Thumbnail *m*, Vorschaubild *n*, Preview *m*, Voransicht *f*, Vorschau *f* – preview

prévisualisation *f* **à l'écran** – Bildschirmvorschau *f* – on-screen preview

prévisualisation *f* **PICT** – PICT-Vorschau *f* – PICT preview

prévisualisation *f* **pleine résolution** – hochauflösende Vorschau *f*, Vorschau in hoher Auflösung – high-resolution preview, preview in high resolution

prévisualisation *f* **sur écran** – Softproof *m* – softproof

priorité *f* – Priorität *f* – priority

P

priorité *f* **à l'ouverture du diaphragme** – Priorität *f* der Blende *(Zeitautomatik)* – aperture priority

prise *f* **de connexion du flash** – Blitzanschlussbuchse *f* – flash socket

prise *f* **de contact** – Kontaktaufnahme *f* – contacting, contact establishment

prise *f* **(de courant)** – Steckdose *f* – power point, wall socket

prise *f* **de raccordement** – Anschlussbuchse *f* – connector

prise *f* **de rendez-vous** – Terminvereinbarung *f* – appointment

prise *f* **de sortie vidéo** – Videoausgangsbuchse *f* – video output jack

prise *f* **de vue** – Aufnahme *f*, Foto *n* – shot, take

prise *f* **de vue aérienne** – Luftaufnahme *f* – aerial photo (shot)

prise *f* **de vue en rafale** *(fotogr.)* – Sequenzaufnahme *f* – burst shot

prise *f* **de vue en téléobjectif** *(fotogr.)* – Teleaufnahme *f* – telephoto

prise *f* **de vue extérieure** *(fotogr.)* – Außenaufnahme *f* – outdoor shot

prise *f* **de vue intérieure** – Innenaufnahme *f* – indoor shot

prise *f* **de vue rapprochée** *(fotogr.)* – Nahaufnahme *f* – close-up, closeup view

prise *f* **femelle** – Buchse *f* – socket, jack

prises *f/pl* **de vues en séquence** – Serienaufnahmen *f/pl* – continuous shooting

prisme *m* – Prisma *n* – prism

prix *m* **d'acquisition** – Kaufpreis *m* – purchase price

prix *m* **de revient** – Selbstkostenpreis *m* – cost price

pro *m* – Profi *m* – pro

problème *m* *(abbr.: pb)* – Problem *n* – problem, issue

problème *m* **connu** – bekanntes Problem *n* – known issue

problème *m* **non recensé** – nicht dokumentiertes Problem *n* – undocumented problem

problème *m* **recensé** – dokumentiertes Problem *n* – documented problem

problème *m* **résolu** – behobenes Problem *n* – resolved issue

problèmes *m/pl* **techniques** – technische Probleme *n/pl* – technical problems

procédé *m* **à bulle d'encre** – Bubble-Jet-Verfahren *n (InkJet-Drucker)* – bubble jet process

procédé *m* **à trame** – Rasterverfahren *n* – halftone process

procédé *m* **de fabrication** – Herstellungsverfahren *n* – manufacturing process

procédé *m* **de l'imprimante à bulles** – Bubble-Jet-Verfahren *n (InkJet-Drucker)* – bubble jet process

procédé *m* **de reproduction** – Reproduktionsverfahren *n* – reproduction process

procédé *m* **de test** – Testverfahren *n* – test procedure, test method

procédé *m* **d'impression** – Druckverfahren *n*, Druckmethode *f* – printing method, print method , printing process

procédé *m* **d'impression indirecte** – indirektes Druckverfahren *n* – indirect printing process

procédé *m* **d'impression rotatif** – rotatives Druckverfahren *n* – rotary printing

procédé *m* **d'impression sans impact** – berührungsloses Druckverfahren *n* – non-impact printing

procédé *m* **d'imprimerie** – Druckverfahren *n*, Druckmethode *f* – printing method, print method , printing process

procédé *m* **électrostatique** – elektrostatisches Verfahren *n* – electrostatic process

processeur *m* – Prozessor *m* – processor

processeur *m* **vectoriel** – Vektorrechner *m* – array processor

processus *m* – Prozess *m*, Vorgang *m* – process

processus *m* **de production** – Produktionsablauf *m* – production process

processus *m* **d'impression** – Druckprozess *m* – printing process

processus *m* **photochimique** – fotochemischer Prozess *m* – photo-chemical process

producteur, -rice – Hersteller *m*, Produzent, -in – producer, manufacturer, maker

productif, -ve – produktiv – productive

production *f* *(F prod f)* – Produktion *f*, Herstellung *f*, Produktionsabteilung *f* – production, production department

production *f* **bobine-bobine** – Rolle/Rolle-Verarbeitung *f* – reel-to-reel processing

production *f* **courante** – laufende Produktion *f* – running production

production *f* **de catalogue** – Katalogproduktion *f* – catalog(ue) production

production *f* **de journaux** – Zeitungsherstellung *f* – newspaper production

production *f* **excédentaire** – Überproduktion *f* – overproduction

productivité *f* – Produktivität *f* – productivity

produire – produzieren – produce *v.*

Produit *(Photoshop)* – Multiplizieren – Multiply

produit *m* – Produkt *n* – product

produit *m* **OEM** – OEM-Produkt *n* – OEM product

produits *m/pl* **photochimiques** – Fotochemikalie *f/pl* – photochemicals

professionel *m* **de la publicité** *(F pubeur m)* – Werbefachmann *m* – advertising expert

professionnel, -lle – professionell – professional

professionnel *m* **de l'informatique** – EDV-Fachmann, -frau – expert in computer science

profil *m* – Profil *n* – profile

P

profilage *m* – Profilierung *f* (*Farbmanagement*) – profiling
profil *m* **attribué** – zugewiesenes Profil *n* (*ICC-Farbmanagement*) – assigned profile
profil *m* **colorimétrique** – Farbprofil *n* (*ICC-Farbmanagement*) – color profile
profil *m* **d'appareil** – Geräteprofil *n* (*ICC-Farbmanagement*) – device profile
profil *m* **de contrôle en amont** – Preflight-Profil *n* – preflight profile
profil *m* **de destination** – Zielprofil *n* (*ICC-Farbmanagement*) – destination profile, target profile
profil *m* **de moniteur** – Monitorprofil *n* (*ICC-Farbmanagement*) – monitor profile
profil *m* **d'entrée** – Eingabeprofil *n* – input profile
profil *m* **des lecteurs** – Leserschicht *f* – readership (range), type of reader
profil *m* **de sortie** – Ausgabeprofil *n* – output profile
profil *m* **de source** – Quellprofil *n* – source profile
profil *m* **de système** – Systemprofil *n* (*ColorSync*) – system profile
profil *m* **d'imprimante** – Druckerprofil *n* – printer profile
profil *m* **d'un périphérique** – Geräteprofil *n* (*ICC-Farbmanagement*) – device profile
profil *m* **d'utilisateur** – Benutzerprofil *n* – user profile
profil *m* **générique** – generisches Profil *n* – generic profile
profil *m* **générique** – generisches Profil *n* (*ICC-Farbmanagement*) – generic profile
profil *m* **ICC** – ICC-Profil – ICC profile
profil *m* **par défaut** – Standardprofil *n* (*ICC-Farbmanagement*) – default profile
profondeur *f* **d'analyse** – Bittiefe *f*, Bit-Tiefe *f*, Scantiefe *f* – bit depth

profondeur *f* **de bit** – Bittiefe *f*, Bit-Tiefe *f*, Scantiefe *f* – bit depth
profondeur *f* **déchantillonnage** – Farbtiefe *f* – color depth
profondeur *f* **de (du) champ** (*fotogr.*) – Tiefenschärfe *f* – depth of focus/field (dof)
profondeur *f* **d'encochage** – Schlitztiefe *f* – slot depth
profondeur *f* **des reliefs** – Relieftiefe *f* – relief depth
progiciel *m* – Programmpaket *n*, Softwarepaket *n* – software package
programmable – programmierbar – program(m)able
programmation *f* – Programmierung *f* – programming
programmé, -e – programmiert – program(m)ed
programme *m* **d'application** – Anwendungsprogramm *n* – application software
programme *m* **de correction orthographique** – Rechtschreibprüfprogramm *n* – spelling checker
programme *m* **de dessin** – Zeichenprogramm *n* – graphics program
programme *m* **de mise en page** – Layoutprogramm *n* – layout program
programme *m* **de retouche** – Retuscheprogramm *n* – retouching program
programme *m* **de traitement de texte** – Textverarbeitungsprogramm *n* – word processor, text processor
programme *m* **de traitement dimages** – Bildbearbeitungsprogramm *n* – image editing program
programme *m* **d'installation** – Installationsprogramm *n* – installer
programme *m* **esthétique** – Ästhetiktabelle *f* – aesthetic box
programmer – programmieren – program *v*.

programmeur, -euse – Programmierer, -in – program(m)er
progressif optimisé – Mehrere Durchgänge (*JPEG-Option in Photoshop*) – Progressive
progressivement – schrittweise – gradual
projecteur *m* – Projektor *m* – projector
projecteur *m* **de diapositives** – Diaprojektor *m* – slide projector
projection *f* – Projektion *f* – projection
projection *f* **conique** – Kegelprojektion *f* – conical pjojection
projection *f* **lumière du jour** – Tageslichtprojektion *f* – overhead projection
projeter (sur) – projizieren (auf) – project (onto)
projet *m* **multilingue** – mehrsprachiges Projekt *n* – multilingual job
prolifique – produktiv – prolific
prologue *m* – Prolog *m* – prolog(ue)
proofer *m* – Proofer *m* – proofer
proportion *f* – Größenverhältnis *n* – ratio, dimensions, proportions
proportionnel, -le – proportional, prozentual – proportional
proportions *f/pl* – Proportionen *f/pl* – proportions
propriétaire – proprietär – proprietary
propriétés *f/pl* – Eigenschaften *f/pl* (*z.B. unter Windows*) – properties
propriétés *f/pl* **des polices** – Fonteigenschaften *f/pl* – font properties
Propriétés du document (*Acrobat*) – Dokumenteigenschaften – Document properties
propriétés *f/pl* **d'un objet** – Objekteigenschaften *f/pl* – object properties
proramme *m* – Programm *n* – program
prospect *m* – Interessent *m* – prospect, prospective customer

P

prospecter – akquirieren, erwerben – acquire *v.*

prospection *f* – Kundenwerbung *f* – customer solicitation

prospectus *m* – Prospekt *m* – leaflet, brochure, prospectus (*pl.* prospectuses)

Protection autosignée *(Acrobat)* – Self-Sign-Sicherheit *f* – Self-sign security

protection *f* **contre le bruit** – Lärmschutz *m* – noise protection

protection *f* **contre les abus de l'informatique** – Datenschutz *m* – data protection

protection *f* **contre les surcharges** – Überlastsicherung *f* – overload protection

protection *f* **par mot de passe** – Kennwort-Schutz *m* – password protection

protège-livre *m* – Schutzhülle *f*, Buchhülle *f*, Schutzumschlag *m* – protective cover, jacket, dustjacket, dust cover, book wrapper

protégé par un code d'accès – passwortgeschützt – protected by password

protocole *m* – Protokoll *n* – protocol

protocole *m* **de réseau** – Netzwerkprotokoll *n* – network protocol

provider *m* – Provider *m* – provider

Pseudonyme *(InDesign)* – Alias – alias

pub *f* – Annonce *f*, Anzeige *f*, Inserat *n*, Werbung *f* – ad, advertising, advert, advertisement

publication *f* – Publikation *f*, Veröffentlichung *f*, Erscheinen *n* (eines Buches) – publication, publishing

publication *f* **d'anniversaire** – Jubiläumsschrift *f* – jubilee publication

publication *f* **en série** – Serie *f*, Buchreihe *f* (*z.B. Buchreihe*) – serial

publication *f* **trimestrielle** – vierteljährliche Zeitschrift *f* – quarterly

publiciste *m/f* – Publizist, -in – publicist

publicité *f* (F *pub f*) – Werbung *f*, Anzeige *f*, Annonce *f*, Inserat *n* – ad, advertising, advert, advertisement

publicité *f* **(au) néon** (F *néon m*) – Neonreklame *f* – neon sign

publicité *f* **ciblée** – gezielte Werbung *f* – target advertising

publicité *f* **dans la rue** – Außenwerbung *f* – outdoor advertising

publicité *f* **directe** – Direktwerbung *f* – direct mail advertising

publicité *f* **en revues** – Zeitschriftenwerbung *f* – magazine advertising

publicité *f* **par encarts** – Beilagenwerbung *f* – insert advertising

publicité *f* **par voie des affiches** – Plakatwerbung *f* – poster advertising

publié, -e par – erschienen bei *(Buch in Verlag)* – published by

publier – herausgeben, veröffentlichen, verlegen, publizieren – publish *v.*, edit *v.*

publipostage *m* – Direktwerbung *f*, Direct Mail *f*, Mailing *n*, personaliertes Anschreiben *n*, personalisiertes Mailing *n* – direct mail, mailing , direct mail advertising, personalized mailer, personalized mailing

publishing *m* **cross média** – Cross Media Publishing – cross media publishing

puce *f* – Chip *m* – chip

puce *f* **décimale** – Dezimalzoll – decimal inch

puce *f* **(graphique)** – Aufzählungszeichen *n*, Aufzählungssymbol *n* – bullet, bullet character, picture bullet

pulvérisateur *m* – Spritzdüse *f* – spray nozzle

pulvériser – sprühen – spray *v.*

punaise *f* – Heftzwecke *f*, Reißnagel *m*, Reißzwecke *f* – drawing pin, thumbtack *(U.S.)*

pupitre *m* **de commande de la presse** – Druckmaschinensteuerpult *m* – press control console

pupitre *m* **de contrôle couleurs** – Farbsteuerpult *n* (*Druckmaschine*) – color control desk

pureté *f* **spectrale** – spektrale Reinheit *f* – spectral purity

purpurin, -e – purpur(farben) – purple

pyramidal, -e – pyramidenförmig – pyramid-shaped

pyramide *f* – Pyramide *f* – pyramid

Q

quadrichromie *f* (F *quadri f*) – Vierfarbdruck *m* – four-colo(u)r printout, four-colo(u)r print(ing)

quadrillage *m* – Liniengitter *n*, Rasterlinie *f* – grid, gridline

quadrillé, -e – kariert – squared

quadriller – karieren – square *v.*

qualité *f* **de l'image** – Bildqualität *f* – picture quality

qualité *f* **d'impression** – Druckqualität *f* – print quality

qualité *f* **du caractère** – Schriftqualität *f* – type quality

qualité *f* **maximale** – maximale Qualität *f* (*z.B. JPEG-Komprimierung*) – maximum quality

qualité *f* **moyenne** – mittlere Qualität *f* (*z.B. JPEG-Komprimierung*) – medium quality

qualité *f* **satisfaisante** – zufriedenstellende Qualität *f* – satisfactory quality

quantité *f* **de couleur** – Farbmenge *f* – ink amount

quantité *f* **de données** – Datenmenge *f* – amount of data

quart *m* **de cadratin** – Achtelgeviert *n*, Haargeviert *n*, dünnes Spatium *n* – thin space, hair space

quatre poses – Vierfachnutzen *m* – four-up

questionnaire *m* – Fragebogen *m* – questionnaire

queue *f* (*typogr.*) – Abschwung *m* – tail

quitter – verlassen *(Programm)* – quit *v.*

quotidien *m* (F *canard m*) – Tageszeitung *f*, Zeitung *f* – daily paper, newspaper, daily, daily newspaper

quotidien *m* **du matin** – Morgenzeitung *f* – morning paper

quotidien *m* **du soir** – Abendzeitung *f* – evening paper

R

raccordement *m* – Verbindung *f*, Anschluss *m*, Netzanschluss *m* – line, connection, mains connection

raccourci *m* **(clavier)** – Tastenkürzel *n*, Kurzbefehl *m*, Tastaturbefehl *m* – shortcut, keyboard shortcut

raclage *m* **négatif** – negative Abrakelung *f* – negative doctoring

racle *f* – Rakel *f* – blade, doctor blade

racle *f* **à angle inversé** – gegenläufige Rakel *f (Flexodruck)* – reverse angle blade

racolage *m* **commercial** – Kundenfang *m* – touting

radiographie *f* – Röntgenaufnahme *f* – x-ray shot

rafraîchissement *m* **d'écran** – Bildschirmauffrischung *f* – screen refresh

raie *f* **transversale** – Querstreifen *m* – horizontal stripe

rainage *m* – Rillung *f* – creasing

rainer – nuten, ritzen – groove *v.*

rainure *f* – Rille *f* – crease, score

ralentir – verzögern – delay *v.*, slow *v.* down

ralentissement *m* – Verzögerung *f* – delay

rame *f* – Ries *n (500 Papierbogen)* – ream

rangée *f* – Zeile *f* – row, line

rapidité *f* – Lichtempfindlichkeit *f*, Filmempfindlichkeit *f* – speed

rapport *m* – Bericht *m* – report

rapport *m* **annuel** – Jahresbericht *m* – annual report

rapport *m* **de contrôle en amont** – Preflight-Prüfbericht *m*, Prüfbericht *m* – preflight report

rapport *m* **de densité** – Dichteverhältnis *n* – ratio of (the) densities

rapport *m* **de vérification** – Prüfbericht *m* – verification report

rapporteur *m* – Winkelmesser *m* – protractor

rapport *m* **hauteur/largeur** – Seitenverhältnis *n* – aspect ratio

rapport *m* **qualité/prix** – Preis-Leistungsverhältnis *n* – price-to-performance ratio

Rassembler les info. pour sortie *(QuarkXPress)* – Für Ausgabe sammeln – Collect for output

rastérisation *f* – Rasterisierung *f* – rasterization

rastériser – rasterisieren – rasterize *v.*

rastériseur *m* – RIP *m* – RIP (Raster Image Processor)

rat *m* **de bibliothèque** – Leseratte *f*, Bücherwurm *m* – bookworm

rationalisation *f* **du flux de production** – Rationalisierung *f* des Arbeitsablaufs – streamlining of workflow, rationalization of workflow

rationaliser – optimieren, rationalisieren – rationalize *(brit.* rationalise), streamline *v.*

rayon *m* – Strahl *m* – ray

rayon *m* **angulaire** – Eckenradius *m* – corner radius

rayon *m* **de lumière** – Lichtstrahl *m* – ray of light, light ray, beam of light

rayon *m* **laser** – Laserstrahl *m* – laser beam

rayon *m* **lumineux** – Lichtstrahl *m* – ray of light, light ray, beam of light

rayonnement *m* – Strahlung *f* – radiation

rayonnement *m* **lumineux** – Lichtstrahlung *f* – light emission

rayonnement *m* **ultraviolet** – UV-Strahlung *f* – ultraviolet radiation

rayonner – leuchten – shine *v.*, glow *v.*, beam *v.*

rayons *m/pl* **actiniques** – aktinische Strahlen *m/pl* – actinic rays

rayons *m/pl* **ultraviolets** – UV-Strahlen *m/pl* – ultraviolet rays

rayure *f* – Kratzer *m* – scratch

réales – Transitional *(Schriftenklassifizierung)* – Barock Antiqua

réalisable – realisierbar – realizable

réalisation *f* – Realisation *f*, Realisierung *f* – realization

réaliser – durchführen, ausführen – run *v.*, execute *v.*, carry out *v.*, realize *v.*

réaliser des tests – Tests *m/pl* durchführen – accomplish *v.* tests

réaliser une épreuve – proofen, Proof durchführen – proof *v.*, make *v.* a proof

réamorcer – neustarten, rebooten – reboot *v.*

rebouchage *m* – Ausflecken *n* – film masking, film opaquing, spotting(-out)

recadrer – Seitengröße ändern – resize *v.* page

Recadrer aux dimensions du bloc *(QuarkXPress)* – Zuschnitt auf Rahmen – Crop To Box

réceptacle *m* – Führung *f (in Geräten)* – receptacle

récepteur *m* – Empfänger *m* – receiver

réception *f* – Empfang *m (Daten)* – reception

réception *f* **des commandes** – Auftragsannahme *f* – order taking

réception *f* **des données** – Datenempfang *m* – data reception

réception *f* **des feuilles** – Bogenauslage *f* – sheet delivery

recevoir – empfangen *(Daten)* – receive *v.*

rechargable – aufladbar – rechargable
réchauffer – aufwärmen *(Maschine)* – warm up *v.*
recherche *f* – Suche *f* – search
recherche *f* **avancée** – erweiterte Suche *f* – advanced search
recherche *f* **bibliographique** – Literaturrecherche *f* – literature search
Recherche de texte intégral *(Acrobat)* – Volltextsuche – full-text search
recherche *f* **d'information(s)** – Informationssuche *f*, Informationsrückgewinnung *f* – information research, information retrieval
recherche *f* **documentaire** – Informationswiedergewinnung *f* – information retrieval
rechercher – suchen – search *v.*, seek *v.*
rechercher et remplacer – Suchen und Ersetzen – search and replace
récits *m/pl* **de voyage** – Reiseliteratur *f* – travel writing
recombiner – wieder kombinieren – recombine *v.*
reconnaissable – wahrnehmbar, erkennbar – discernable, perceptible, recognizable
reconnaissance *f* – Unterstützung *f* *(Dateiformate)* – support
reconnaissance *f* **des caractères** – Zeichenerkennung *f* – character recognition
reconnaissance *f* **des formes** – Mustererkennung *f*, Motiverkennung *f* – pattern recognition
reconnaissance *f* **optique des caractères** – optische Zeichenerkennung *f*, OCR – OCR (optical character recognition)
reconnaissance *f* **vocale** – Spracherkennung *f* – voice recognition, speech recognition
reconnaître – erkennen, aufspüren – detect *v.*, recognize *v.*
Reconstruire le bureau *(Mac)* – Schreibtisch neu anlegen – rebuild desktop

recorder *m* **DAT** – DAT-Recorder *m* – DAT recorder
recouvrement *m* – Überdeckung *f*, Überlappung *f* – covering, overlapping
Recouvrement absolu *(Illustrator)* – Absolute Überlappung – Absolute Overlap
recouvrement *m* **de surface** – Flächendeckung *f* – ink coverage
recouvrement *m* **en cuir** – Lederüberzug *m* – leather covering
recouvrement *m* **sur le RIP** – In-RIP-Trapping *n* – In-RIP trapping
recouvrer – wiederherstellen – restore *v.*, unerase *v.*, undelete *v.*
recouvrir – sich überschneiden, sich überlappen, übereinander legen/liegen, sich überlagern – intersect *v.*, overlap *v.*, overlay *v.*, cover *v.*
recouvrir – überfüllen, trappen – trap *v.*
recrutement *m* **d'abonnés** – Abonnentenwerbung *f* – subscriber recruiting
rectangle *m* – Rechteck *n* – rectangle
rectangle *m* **de mise au point** – Fokusrechteck *n* – focus rectangle
rectangle *m* **de sélection** – Auswahlrechteck *n* – marquee
rectangulaire – rechteckig – rectangular
rectificateur *m* **poussant** – Schiebemarke *f* – push guide
rectificateur *m* **tirant** – Ziehmarke *f* *(Druck)* – pull guide
rectification *f* – Berichtigung *f* – rectification
rectification *f* **des approches** – Buchstabenpassung *f* – fitting, letter fit
recto *m* – Schöndruckseite *f*, Vorderseite *f*, rechte Seite *f* – recto (side/page), top side, right(-hand) page
recto en une couleur – einfarbiger Schöndruck *m* – one color front

recto-verso *m* – Duplexdruck *m* – duplex
recto-verso *m* – Vorder- und Rückseite *f*, Schön- und Widerdruckseite *f* – front and back, recto and verso
recto-verso en une couleur – einfarbiger Schön- und Widerdruck *m* – one color both sides
recueil *m* **de coupures** – Sammelalbum *n* – scrapbook
récupérable – wiederherstellbar – recoverable
récupération *f* – Wiederauffinden *n* – retrieval
récupération du cuivre – Kupferrückgewinnung *f* – copper recovery
récupérer – wiederauffinden, wiederherstellen – retrieve *v.*, recover *v.*, undelete *v.*, unerase *v.*
recyclable – recyclingfähig – recyclable
recyclage *m* – Recycling *n* – recycling
recycler – recyceln – recycle *v.*
rédacteur, -rice – Redakteur, -in – editor
rédacteur, -rice d'édition – Verlagsredakteur, -in – publishing editor
rédacteur, -rice en chef – Chefredakteur, -in – senior editor, chief editor, editorial manager, editor-in-chief
rédacteur, -rice professionnel, -lle *m/f* – Fachredakteur, -in *m/f* – trade editor, technical editor
rédacteur, -rice publicitaire – Werbetexter, -in – copywriter
rédaction *f* *(F rédac f)* – Redaktion *f* – editorial staff, editors
rédaction *f* **du texte** – Textbearbeitung *f* – text edition
rédactionnel, -lle – redaktionell – editorial
redémarrage *m* – Neustart *m* – reboot
redémarrer – neustarten, rebooten – reboot *v.*
rédigé, -e – redigiert – edited
rédiger – redigieren – edit *v.*

R

rédiger le texte – texten
(Werbung) – copywrite *v.*

redimensionnement *m* –
Größenveränderung *f* – resizing

redimensionner – Größe *f*
verändern – resize *v.*

redirection *f* – Weiterleitung *f (E-Mail)* – forwarding

rediriger – weiterleiten *(E-Mail)*
– forward *v.*

redondant, -e – redundant –
redundant

réduction – Verkleinerung *f*,
Verkleinern *n* – reduction,
scaling down

réduction *f* **(de) couleurs** – Farbrücknahme *f* – color reduction

réduction *f* **de personnel** –
Personalabbau *m* – staff
reduction, cut(back) in staff

réduction *f* **de sous-couleurs** –
UCR, Unterfarbenreduktion *f*,
Unterfarbenentfernung *f* –
UCR (Under Color Removal)

réduction *f* **du bruit** – Lärmdämpfung *f* – noise reduction

réduction *f* **du contraste** –
Kontrastverringerung *f* –
contrast compression

réduire – verkleinern,
abschwächen – scale *v.* down,
reduce *v.*, tone *v.* down

rééchantillonnage *m* – Downsampling *n*, Neuberechnung *f* –
downsampling

rééchantillonner – neuberechnen
(Bilddaten) – resample *v.*

réécrire – umschreiben *(Text)* –
re-write *v.*

rééditer – neuauflegen, neu
herausgeben – re(-)issue *v.*,
re(-)edit *v.*

réédition *f* – Neuausgabe *f* –
re(-)issue

refente *f* – Längsschnitt *m* –
longitudinal section, slitting

référence *f* – Referenz *f* –
reference

référence *f* – Chiffre *f (in
Anzeigen)* – key number, box
number

référence *f* **eBook** – eBook-Tag
m – eBook tag

réfléchir – reflektieren,
widerspiegeln – reflect *v.*

réfléchissant, -e – reflektierend –
reflecting

réfléchissement *m* – Reflexion *f*
– reflectance

réflectance *f* – Remission *f* –
remission

réflecteur *m* – Reflektor *m* –
reflector

reflet *m* – Abbild *n*, Reflexion *f*,
Spiegelung *f*, Widerspiegelung *f*,
Spiegelbild *n* – reflection,
mirror image

refléter – reflektieren,
widerspiegeln – reflect *v.*

reflex *m* – Spiegelreflexkamera *f*
– reflex camera

réflexion *f* – Reflexion *f*, Aufsicht
f – reflection, reflectance

réflexion *f* **de la lumière** – Lichtreflexion *f* – light reflection

refonte *f* – Reorganisation *f*, Neugestaltung *f* – reorganization

reformater – neu formatieren –
reformat *v.*

réforme *f* **de l'orthographe** –
Rechtschreibreform *f* – reform
of orthography

refouler – rillen, stauchen –
crease *v.*, buckle *v.*

refouleuse *f* – Rillmaschine *f* –
creasing machine

réfraction *f (opt.)* – Brechung *f* –
refraction

refrappe *f* – Neuerfassung *f* – re-
edition

regarder – betrachten, anschauen
– look *v.* at

registre *m* – Registerleiste *f* –
register pin row

registre *m* **d'adresses** – Adressenregister *n* – address register

registre *m* **découpe** – Stanzregister *n* – punch register

réglable – einstellbar, justierbar –
adjustable

réglage *m* – Einstellung *f* –
setting

réglage *m* **automatique (de
l'ouverture) du diaphragme** –
Blendenautomatik *f* –
automatic aperture (control)

réglage *m* **automatique des
approches** – Auto-Kerning *n* –
auto-kerning

réglage *m* **automatique du
temps de pose** *(fotogr.)* –
Belichtungsautomatik *f* –
auto(matic) exposure, program
exposure

réglage *m* **de la couleur** – Farbeinstellung *f*, Farbkorrektur *f* –
color adjustment

réglage *m* **de la lame** – Messeranstellung *f* – knife adjustment

réglage *m* **de l'encrage** – Farbzoneneinstellung *f* – ink (key)
setting

réglage *m* **de l'image** – Bildeinstellung *f* – image adjustment

réglage *m* **des approches** –
Kerning *n*, Unterschneidung *f*,
Ausgleichen *n* der Buchstabenzwischenräume – kerning, pair
kerning

réglage *m* **des tabulations** –
Tabulatoreinstellung *f* – tab
setting

réglage *m* **du débit de mouillage**
– Feuchtmittelsteuerung *f* –
damping control

réglage *m* **du diaphragme** –
Blendeneinstellung *f* – aperture
setting, aperture adjustment, *f-*
stop

réglage *m* **du registre** – Registerverstellung *f (an Druckma-
schine)* – register adjustment

réglage *m* **du scanner** – Scanner-
einstellung *f* – scanner setting

réglage *m* **machine** – Maschineneinstellung *f* – machine set-up

réglage *m* **par défaut** – Standardeinstellung *f* – default (setting)

réglages *m/pl* **de la presse** –
Druckmaschineneinstellungen
f/pl – press settings

Réglages de page *(Quark-
XPress)* – Papierformat *n* –
Page Setup

Réglages du document
(QuarkXPress) – Dokument
einrichten – Document setup

réglages *m/pl* **du pilote d'imprimante** – Druckertreibereinstellungen *f/pl* – printer driver settings

règle *f* – Lineal *n* – ruler

règle *f* **à calculer** – Rechenschieber *m* – slide rule

règle *f* **à dessin** – Reißschiene *f* – t-square

règle *f* **de balisage** – Tag-Regel *f* – tagging rule

règle *f* **parallèle** – Parallel-Lineal *n* – parallel ruler

régler – einpassen, einstellen, justieren – adjust *v.*

régler – linieren – line *v.*, rule (-up) *v.*

Règles de gestion de couleurs *(Adobe)* – Farbmanagement-Richtlinien – Color Management Policies

réglure *f* – Linierung *f* – ruling

régularité *f* **de la couleur imprimée** – Gleichmäßigkeit *f* der gedruckten Farbe – uniformity of print color

régulateur *m* **contraste** – Kontrastregler *m* – contrast control

régulateur *m* **du niveau d'encre** – Farbniveauregler *m* – ink leveler

régulation *f* **des couleurs** – Farbsteuerung *f* *(an der Druckmaschine)* – ink (key) control

régulation *f* **du niveau d'encre** – Farbniveauregelung *f* – ink level control

régulier, -ère – gleichmäßig, regelmäßig – even, regular

réhaut *m* – Glanzlicht *n* *(Malerei)* – highlight

réimpression *f* – Neuauflage *f*, Nachdruck *m*, Neudruck *m*, Reprint *m*, unveränderte Neuausgabe *f* – reprint, new edition, re-edition, re-isue

réimprimer – nachdrucken – reprint *v.*, reissue *v.*

réinitialisation *f* – Reinitialisierung *f* – reinitialization

réinitialiser – reinitialisieren, resetten – reinitialize *v.*, reset *v.*

réinscriptible – wiederbeschreibbar – rewritable

réinstaller – neu installieren – reinstall *v.*

relâcher – loslassen *(z.B. Maus)* – release *v.*

relâcher une touche – eine Taste loslassen – release *v.* a key

relation *f* **commerciale** – Geschäftsbeziehung *f* – business relation

relations *f/pl* **publiques** – Public Relations (PR) – public relations (PR)

relié en cuir – in Leder (ein)gebunden – leather-bound

Relief *(QuarkXPress)* – Konturiert *(Schriftstil)* – Outline

relief *m* – Relief *n* – relief

relief artificiel – künstlich konturiert – artificial outline

relief *m* **de la plaque** – Plattenrelief *n* – plate relief

relier – verbinden, anschließen – connect *v.*, join *v.*, link *v.*

relier – binden – bind *v.*

relier à nouveau – umbinden – rebind *v.*

relieur, -euse – Buchbinder, -in – binder

reliure *f* – Bindung *f*, Buchbinden *n*, Binden *n* – binding, bookbinding

reliure *f* **à anneaux** – Ring-Bindung *f* – ring binding

reliure *f* **à boucles** – Schlaufenheftung *f* – loop stitching

reliure *f* **à couverture dure** – Hartdeckelbindung *f* – hardcover binding

reliure *f* **à feuille(t)s mobiles** – Loseblattbindung *f* – loose-leaf binding

reliure *f* **à fil en spirale** – Spiraldrahtbindung *f* – spiral wire binding

reliure *f* **à filigranes** – bestickter Einband *m* – filigreed binding

reliure *f* **à l'antique** – Antikeinband *m* – antique binding

reliure *f* **(à) spirale** – Spiralbindung *f* – spiral binding

reliure *f* **au collage à chaud** – Hotmelt-Bindung *f* – hot(-)melt binding/gluing

reliure *f* **brodée** – gestickter Einband *m*, Samteinband *m* – embroidered binding, velvet binding

reliure *f* **cartonnée** – Pappeinband *m* – hard paperback

reliure *f* **d'art** – Kunsteinband *m* – fine binding

reliure *f* **demi-peau** – Halbledereinband *m* – half leather binding

reliure *f* **durable** – haltbare Bindung *f* – durable binding

reliure *f* **(en) cuir** – Ledereinband *m* – leather binding

reliure *f* **(en) toile** – Leineneinband *m* – cloth binding, clothback

reliure *f* **originale** – Originaleinband *m* – original binding

reliure *f* **par collage** – Klebebindung *f* – adhesive binding, perfect binding

reliure *f* **sans couture** – Klebebindung *f* – adhesive binding, perfect binding

reliure *f* **simili-cuir** – Kunstledereinband *m* – artificial leather binding

reliure *f* **wire-o** – Wire-O-Heftung *f* – wire-o binding

reluire – leuchten – shine *v.*, glow *v.*, beam *v.*

remaniement *m* – Reorganisation *f*, Neugestaltung *f* – reorganization

rembobiner – zurückspulen *(z.B. Film in Kamera)* – rewind *v.*

remettre à plus tard – zurückstellen *(z.B. Druckauftrag)* – postpone *v.*

remodeler – umformen – reshape *v.*

Remplacement de couleurs *(Photoshop)* – Farbe ersetzen – Replace color

remplacement *m* **des images** – Bildersetzung *f* – image replacement

R

remplacement *m* **du composant gris** – Unbuntaufbau *m*, GCR – GCR (Gray Component Replacement), achromatic reproduction, achromatic composition

remplacement *m* **du ruban d'encrage** – Farbbandwechsel *m* – ribbon replacement

remplacer – ersetzen, substituieren – replace *v.*, substitute *v.*

remplir – füllen, ausfüllen – fill, fill up *v.*

remplissage *m* – Füllung *f* – fill

rémunération à la ligne – Zeilenhonorar *n* – payment per line

rendement *m* – Produktionsleistung *f* – output capacity

rendering intent *m* – Rendering Intent *m* – rendering intent

rendre flou – weichzeichnen – soften *v.*

rendre plus net – schärfen – sharpen *v.*

rendu *m* – Rendering *n*, Rendern *n*, Wiedergabe *f* – rendering

rendu *m* **des couleurs** – Farbwiedergabe *f* – color rendering

renfoncement *m* – Einzug *m*, Einrückung *f (Text)* – indent, indentation

renfoncer – einrücken, einziehen – indent *v.*

renfoncer le texte – Text einziehen – indent *v.* copy

renforcement *m* – Schärfen *n*, Scharfzeichnen *n* – sharpening

renforcer – intensivieren *(z.B. Farbe)* – intensify *v.*

renommer – umbenennen – rename *v.*

rentrée *f* – Einzug *m*, Einrückung *f (Text)* – indent, indentation

rentrée *f* **des commandes** – Auftragslage *f* – orders situation

rentrer – hineinpassen – fit *v.*

rentrer – einrücken, einziehen – indent *v.*

renumériser – redigitalisieren – redigitize *v.*

renumérotation *f* – Neunummerierung *f* – renumbering

renuméroter – neu nummerieren – renumber *v.*

renversé – umgekehrt – reverse

renvoi *m* – Fußnote *f*, Querverweis *m*, Kreuzverweis *m* – footnote, cross-reference, reference mark

renvoi *m* **des appels** *(teleph.)* – Gesprächsweiterleitung *f* – call forwarding

renvoyer – zurückstellen *(z.B. Druckauftrag)* – postpone *v.*

réorganisation *f* – Reorganisation *f*, Neugestaltung *f*, Neuanordnung *f* – reorganization, reordering

réorganiser – umorganisieren, reorganisieren, neu organisieren, neu anordnen – reorganize *v.*, reorder *v.*

réorientation *f* **des données** – Andersverwendung *f* von Daten – repurposing (of data)

répartir – aufspalten, unterteilen, splitten – split *v.*, tile *v.*

répartir le texte – Text einfließen lassen – flow *v.* the text

répartition *f* **à intervalles réguliers** – gleichabständig – with even spacing

répartition *f* **de charge** – Load Balancing *n* – load balancing

repartition *f* **de la feuille** – Bogeneinteilung *f* – sheet division

répartition *f* **du noir** – Schwarzaufbau *m* – black composition

répartition *f* **du texte** – Textfluss *m* – text flow

répartition *f* **spectrale de la lumière** – spektrale Lichtverteilung *f* – spectral light distribution

Repérage *(QuarkXPress)* – Passkreuze – Register

repérage *m* – Passer *m*, Register *n* – register

repérage *m* **circonférentiel** – Umfangsregister *n (Passerhaltung beim Druck)* – circumferential register/registration, length register

repérage *m* **latéral** – Seitenregister *n (Passerhaltung beim Druck)* – side registration

repère *m* – Marke *f*, Druckmarke *f*, Pass(er)marke *f*, Registermarke *f* – mark, register mark, crossmark

repère *m* – Hilfslinie *f* – guide line, auxiliary line

repère *m* **de cadrage** – Stiftregister *n* – pin register

repère *m* **de calage** – Ausrichtemarke *f* – guide mark

repère *m* **de coupe** – Beschnittmarke *f*, Schnittmarke *f* – crop mark, trim mark, cut mark

repère *m* **de marge** – Beschnittzugabemarke *f* – bleed mark

repère *m* **de perforation** – Stanzlochmarke *f* – punch mark

repère *m* **de pliage** – Falzmarke *f* – fold mark

repère *m* **de rognage** – Schneidemarke *f* – cut mark

repère *m* **de rogne** – Beschnittmarke *f*, Schnittmarke *f* – crop mark, trim mark, cut mark

repère *m* **d'impression** – Druckzeichen *n*, Druck(er)marke *f* – printing mark, printer's mark

repère *m* **en croix** – Passkreuz *n* – crosshair mark, register cross

repère *m* **personnalisé** – individuelle Marke *f (beim Ausschießen)* – custom mark

repères *m/pl* **centraux** – Mittelmarken *f/pl* – center marks

Repères commentés *(Illustrator)* – Magnetische Hilfslinien – Smart Guides

Repères de marges *(QuarkXPress)* – Randhilfslinien *f/pl* – Margin Guides

répertoire *m* – Verzeichnis *n* – directory

répertoire *m* **principal** – Hauptverzeichnis *n* – main directory

répertoire *m* **racine** – Hauptverzeichnis *n* – root directory

répertoire *m* **spoule** – Spool-Verzeichnis *n* – spool directory

répertorier – zusammenfassen – summarize *v.*

répétabilité *f* – Wiederholbarkeit *f* – repeatability

répétable – wiederholbar – repeatable

R

repiquage *m* – Eindruck *m*, Aufdruck *m* – imprint(ing)

repiquage *m* **en vol** – fliegender Eindruck *m* – on-the-run imprinting

repiquer – eindrucken, übereinander drucken – imprint *v.*, overprint *v.*

repiqueuse *f* – Eindruckmaschine *f* – imprinting machine, overprinter

report *m* – Step and Repeat, Repetieren *n* – step & repeat

reportage *m* – Reportage *f* – report(age)

report *m* **à multiposes** – Nutzenkopie *f* – step & repeat copy, repeat copying

report *m* **à répétition** – Nutzenkopie *f* – step & repeat copy, repeat copying

reporter *m* – Reporter, -in – reporter

reporter *m* **photographe** – Fotoreporter, in, Bildjournalist, -in – photojournalist

repositionnement *m* – Neupositionierung *f* – repositionning

repousser – prägen, frankieren – emboss *v.*, stamp *v.*

reprendre – überarbeiten *(Text)* – revise *v.*

reprendre – wieder aufnehmen *(Arbeit)* – resume *v.*

représentable – darstellbar – reproducible

représentant, -e *m/f* – Repräsentant, -in *m/f* – representative

représentation *f* – Illustration *f*, Darstellung *f*, Abbildung *f* – illustration, figure, reproduction

représentation *f* **digitale** – digitale Darstellung *f* – digital representation

représentation *f* **graphique** – grafische Darstellung *f* – graphic representation

représentation *f* **numérique** – digitale Darstellung *f* – digital representation

représentation *f* **photographique** – fotografische Abbildung *f* – photographic reproduction

reproductible – reproduzierbar, reprofähig – reproducible

reproduction *f* – Illustration *f*, Abbildung *f* (in Buch) – illustration, figure

reproduction *f* – Reproduktion *f*, Vervielfältigung *f* – reproduction, duplication

reproduction *f* **achromatique** – GCR, Unbuntaufbau *m* – GCR (Gray Component Replacement), achromatic reproduction, achromatic composition

reproduction *f* **chromatique** – Buntaufbau *m* – chromatic reproduction

reproduction *f* **de l'image** – Bildwiedergabe *f* – image reproduction

reproduction *f* **des couleurs** – Farbreproduktion *f*, Farbwiedergabe *f* – color reproduction, color rendering

reproduction *f* **photomécanique** – fotomechanische Reproduktion *f* – photo reproduction

reproduire – reproduzieren, kopieren, nachbilden, vervielfältigen – reproduce *v.*, duplicate *v.*

reproduit, -e – reproduziert – reproduced

reprographie *f* – Reprografie *f* – reprography

requête *f* – Anfrage *f*, Datenbankabfrage *f* – request

réseau *m* – Netzwerk *n*, Netz *n* – network, net

réseau *m* **de base** – Netz-Grobstruktur *f* – backbone network

réseau *m* **de diffraction holographique** – holografisches Beugungsgitter *n* (Farbmessung) – holographic diffraction grating

réseau *m* **de distribution** – Vertriebsnetz *n* – distribution network

réseau *m* **en anneau** – Ring-Netzwerk *n* – ring network

réseau *m* **en anneau à jeton** – Token-Ring-Netzwerk *n* – token ring network

réseau *m* **en étoile** – sternförmiges Netzwerk *n* – star layout network

réseau *m* **étendu** – Fernnetz *n* – WAN (Wide Area Network)

réseau *m* **informatique** – Datennetz *n*, Rechner-Netzwerk *n* – data network, computer network

réseau *m* **local** – lokales Netzwerk *n* – LAN (Local Area Network)

réseau *m* **neuronal** – neuronales Netzwerk *n* – neural network

réseau *m* **principal** – Netz-Grobstruktur *f* – backbone network

réseau *m* **téléphonique** – Telefonnetz *n* – telephone network

réseautique *f* – Vernetzung *f* – networking

réservoir *m* **à encre** – Farbwanne *f*, Farbvorratsbehälter *m*, Farbtank *m* *(Druckmaschine)* – ink pan, ink container, ink trough

résilier l'abonnement – Abonnement kündigen – unsubscribe *v.*

résistance *f* **à l'abrasion** – Scheuerfestigkeit *f*, Abriebfestigkeit *f* – rub resistance, abrasion resistance

résistance *f* **à la déchirure** – Reißfestigkeit *f* – resistance to tearing

résistance *f* **à la décoloration** – Lichtechtheit *f* – fade-resistance, bleach-resistance

résistance *f* **à la flexion** – Biegefestigkeit *f* – flexural stiffness, bending strength

résistance *f* **à la lumière** – Lichtbeständigkeit *f* – light-resistance, lightfastness

résistance *f* **à l'éclatement** – Berstfestigkeit *f* – burst strength

résistance *f* **au blocage** – Blockfestigkeit *f* – blocking resistance

R

résistance *f* **au frottement** – Scheuerfestigkeit *f*, Abriebfestigkeit *f* – rub resistance, abrasion resistance

résistance *f* **au vieillissement** – Alterungsbeständigkeit *f* – non-aging properties

résistant, -e à l'abrasion – abriebfest, scheuerfest – abrasion-resistant

résistant, -e à la déchirure – reißfest – tearproof

résistant, -e à la décolloration – lichtecht *(bei Druckfarbe)* – color-fast, fade-resistant

résistant, -e à la lumière – lichtbeständig – light-resistant

résolution *f* – Auflösung *f* – resolution

résolution *f* **d'analyse** – Scanauflösung *f* – scan resolution

Résolution d'aplatissement *(InDesign)* – Reduzierungsauflösung – Flattener Resolution

résolution *f* **d'écran** – Bildschirmauflösung *f* – screen resolution

résolution *f* **de la sortie** – Ausgabeauflösung *f* – output resolution

résolution *f* **de l'imprimante** – Druckerauflösung *f* – printer resolution

résolution *f* **de numérisation** – Scanauflösung *f* – scan resolution

résolution *f* **d'image** – Bildauflösung *f* – picture resolution/ definition

résolution *f* **interpolée** – interpolierte Auflösung *f* – interpolated resolution

résolution *f* **optique** – optische Auflösung *f* – optical resolution

resolution *f* **réelle** – effektive Auflösung *f* – effective resolution

résoudre – beheben – resolve *v*.

responsabilité *f* **du fabricant (du producteur)** – Produkthaftung *f* – product liability

responsable *m* **des ventes** – Verkaufsleiter, -in – sales manager/ executive

responsable *m* **(du) marketing** – Marketingchef *m* – marketing manager

responsable *m* **du projet** – Projektmanager *m* – project manager

responsable *m* **production** – Produktionsleiter, -in, Hestellungsleiter, -in – production manager, plant manager

ressembler à – ähnlich aussehen – resemble *v*.

ressource *f* – Ressource *f* – resource

ressources *f/pl* **système** – Systemressourcen *f/pl* – system resources

restaurer – wiederherstellen – restore *v*., unerase *v*., undelete *v*.

restituer fidèlement les couleurs – farbverbindlich – true to color

Restreindre au bloc *(QuarkXPress)* – Auf Rahmen begrenzen – Restrict To Box

restriction *f* **d'incorporation** – Einbettungsbeschränkung *f* *(Font)* – restricted embedding instruction

résultat *m* **final** – Endergebnis *n* – final result

résultats *m/pl* **reproductibles** – reproduzierbare Ergebnisse – reproducible results

résumé *m* – Zusammenfassung *f*, Abriss *m*, Buchzusammenfassung *f* – summary, digest, abstract

rétablir – wiederherstellen – restore *v*., unerase *v*., undelete *v*.

rétablissement *m* – Wiederherstellung *f* – restoring

retardateur *m* *(fotogr.)* – Selbstauslöser *m*, Timer *m* – timer, self-timer

réticulation *f* – Runzelkornbildung *f*, Retikulation *f* – reticulation

réticule *m* – Fadenkreuz *n* – crosshair

retirage *m* – Nachdruck *m*, Neudruck *m*, Reprint *m*, unveränderte Neuausgabe *f* – reprint

retiration *f* – Widerdruck *m* – back(-side) printing, perfecting,backing-up

retouche *f* – Korrektur *f*, Überarbeitung *f* – correction, alteration, touch-up, revision

retouche *f* – Retusche *f*, Retuschieren *n* – retouch(ing), touch-up

retouche *f* **à l'aérographe** – Spritzretusche *f* – airbrush retouching

retouche *f* **au pinceau** – Pinselretusche *f* – brush retouching

retouche *f* **de photos** – Fotoretusche *f* – photo retouching

retouche *f* **des pixels** – Pixelretusche *f* – pixel retouching

retouche *f* **d'image** – Bildretusche *f* – image retouching

retoucher – retuschieren – retouch *v*., touch up *v*.

retoucher – überarbeiten, bearbeiten – revise *v*., work on *v*.

retouche *f* **sur cylindre** – Zylinderkorrektur *f* *(Tiefdruck)* – cylinder retouching/correction

retour *m* **chariot** – Carriage Return *m*, Wagenrücklauf *m* – carriage return

retourner – umdrehen *(Bild)* – flop *v*.

retourner horizontalement – horizontal spiegeln – flip *v*. horizontally

retourner verticalement – vertikal spiegeln – flip *v*. vertically

retracer – nachzeichnen – trace *v*.

retrait *m* – Einzug *m*, Einrückung *f* *(Text)* – indent, indentation

retrait *m* **(à) droite** – Einzug rechts, rechter Einzug *m* – right indent

retrait *m* **(à) gauche** – Einzug links, linker Einzug *m* – left indent

retrait *m* **de la première ligne** – Erstzeileneinzug *m* – first-line indent

retrait *m* **négatif** – negativer Einzug, hängender Einzug *m* – hanging indent

R

retravailler – wiederbearbeiten – rework v.

rétrécissement m **du papier** – Papierschrumpfung f – paper shrinkage

rétro-éclairage m – Beleuchtung f von hinten – backlighting

rétro-éclairé – hinterleuchtet, von hinten beleuchtet – backlit, backlighted

rétroprojecteur m – Overhead-Projektor m – overhead projector

retrouver – wiederfinden – recover v.

révélateur m *(fotogr.)* – Entwickler m – developer

révéler *(fotogr.)* – entwickeln – develop

reversible – umkehrbar, reversibel – reversible

revêtement m **du mouilleur** – Feuchtwalzenbezug m – damper cover

revêtement m **élastomère** – Elastomerbeschichtung f – elastomer cover

revêtir – überziehen *(Buchein-band)* – cover v.

réviser – nachprüfen, überprüfen – check v., review v.

réviser le texte – Text überarbeiten – revise v. copy

réviseur m – Korrektor, -in, Revisor m – proofreader, press revisor

révision f – Nachprüfung f, Überprüfung f, Kontrolle f, Durchsicht f, Revision f, Änderung f *(Text)* – checking, check, control

revoir – nachprüfen, überprüfen – check v., review v.

revue f – Magazin n, Zeitschrift f, Illustrierte f – magazine

revue f **mensuelle** – Monatszeitschrift f – monthly (magazine)

revue f **micro** – Computerzeitschrift f – computer magazine

revue f **spécialisée** – Fachzeitschrift f – trade magazine, professional journal, specialist journal

revue f **technique** – Fachzeitschrift f – trade magazine, professional journal, specialist journal

ribbon m **(d'encrage)** – Farbband n – ribbon

rideau m **d'obturateur** – Verschlussvorhang m – shutter curtain

rides f/pl – Falten f/pl – wrinkles

rigidité f **à la flexion** – Biegefestigkeit f – flexural stiffness, bending strength

RIP m – RIP m – RIP (Raster Image Processor)

rippage m – Rippen n – ripping

ripper – rippen – rip v.

ripping m – Rippen n – ripping

RIP unique, plusieurs sorties – ROOM – ROOM (Rip Once, Output Many)

RNIS (Réseau Numérique à Intégration de Services) – ISDN – ISDN (Integrated Digital Services Network)

rognage m – Schnitt m, Beschneiden n, Schneiden n, Zuschneiden n – cut, trim, trimming, cutting

rognage m **des quatre côtés** – Rundumbeschnitt m – four-sided trimming

rognage m **en pied** – Fußbeschnitt m *(Druckverarbeitung)* – tail trim

rognage m **en tête** – Kopfbeschnitt m – head trim

rognage m **final** – Endbeschnitt m – final cut/trim

rogne f **en plus** – Beschnittzugabe f – bleed add, additional bleed

rogner – schneiden, beschneiden – trim v., crop v.

rogneur m – Schneidemaschinenbediener m – guillotine operator

rogneuse f – Papierschneider m, Schneidemaschine f – trimmer, cutting machine

rognure f **de papier** – Papierschnitzel n – paper cutting

romain, -e *(typogr.)* – geradestehend – upright

roman m – Roman m – novel

romanesque – romanisch – roman

rond – rund – round

rond m *(geometr.)* – Rundung f – curve

rondeur f *(geometr.)* – Rundung f – curve

rose – pink, rosa – pink

rosette f – Rosette f – rosette

rotatif m **de table** – Tischtrommelscanner m – table drum scanner

rotation f – Drehung f, Rotation f – rotation

rotative f – Rotationsmaschine f – rotary press

rotative f **de presse** – Zeitungsdruckmaschine f – newspaper press, newspaper rotary

rotative f **hélio à bobine** – Tiefdruckrotation(smaschine) f – web-fed gravure press

rotative f **offset** – Rollenoffsetmaschine f, Offsetrotation f – rotary offset press, offset rotary, web offset press

rotative f **offset de presse** – Offsetzeitungsrotation f – newspaper offset rotary

rotativiste m – Rotationsdrucker m – rotary minder, rotary printer, web printer

rotogravure f – Rotationstiefdruck m – rotogravure

roue f **d'impression** – Typenraddrucker m – print wheel, daisywheel printer

rouge – rot – red

rougeâtre – rötlich, rotstichig – reddish

rouge foncé – dunkelrot – dark red

rouleau m – Papierrolle f, Rolle f, Spule f, Walze f – cylinder, reel, roller

rouleau m **à main** – Handwalze f – hand roller

rouleau m **anilox** – Aniloxwalze f – anilox roll

rouleau m **barboteur** – Duktorwalze f – fountain roller

rouleau m **d'encrier** – Farbduktor m – ink duct roller

R

rouleau *m* **de transfert** – Übertragwalze *f (Druckmaschine)* – transfer roll

rouleau *m* **doseur (docteur)** – Dosierwalze *f (Flexodruck)* – meter(ing) roll

rouleau *m* **encreur** – Farbwalze *f* – ink(ing) roller

rouleau *m* **mouilleur de transfert** – Feuchtübertragwalze *f* – damping transfer roller

rouleau *m* **presseur** – Andruckrolle *f*, Reiterwalze *f* – pinch roller, rider roll(er)

rouleau *m* **toucheur** – Auftragswalze *f* – application roller

roussâtre – rötlich, rotstichig *(Haar)* – reddish

routeur *m* – Router *m* – router

ruban *m* **adhésif** (F *scotch m*) – Klebeband *n* – adhesive tape

ruban *m* **carbone** – Kohlefarbband *n* – carbon ribbon

ruban *m* **correcteur** – Korrekturband *n (Schreibmaschine)* – correction tape

ruban *m* **de dos** – Fälzelstreifen *m* – lining strip

ruban *m* **en tissu** – Textilfarbband *n* – cloth ribbon

rubrique *f* – Rubrik *f* – rubric

rugueux, -se – rau *(Oberfläche)* – rough

RVB – RGB – RGB

S

s'abonner (à) – abonnieren – subscribe *v.*

sabot *m (fotogr.)* – Aufsteckschuh *m* – flash shoe, accessory shoe

sacoche *f* **pour appareil photographique** – Kameratasche *f* – camera case

saisie *f* – Text *m* – text

saisie *f* **au kilomètre** – Endloserfassung *f (Text)* – non-counting text input

saisie *f* **de données** – Datenerfassung *f* – data acquisition, data capture

saisie *f* **de données d'exploitation** – Betriebsdatenerfassung *f* – operational data recording

saisie *f* **de la feuille** – Bogenerfassung *f (Druckmaschine)* – sheet gripping

saisie *f* **des annonces** – Anzeigenannahme *f* – ad collection

saisie *f* **(du texte)** – Erfassung *f*, Texteingabe *f*, Texterfassung *f* – keyboarding, text entry, text input, input

saisie *f* **papier** – Computerausdruck *m*, Listing *n* – listing

saisir – erfassen, eingeben, eintasten *(Text)* – type *v.*, key *v.*, key in *v.*, keyboard *v.*, type in *v.*

saisir du texte – Text erfassen – type *v.* text

Saisir réglages *(QuarkXPress)* – Einstellungen erhalten – Capture settings

salle *f* **de presses** – Druck(maschinen)saal *m* – pressroom

salon *m* **discussion** – Chatroom *m* – chatroom

sanguine *f* – Rötelstift *m*, Rötelzeichnung *f* – red chalk crayon

sans bois – holzfrei – wood-free, bond, groundwood-free

sans cellulose – holzfrei – wood-free, bond, ground wood-free

sans couleurs – farblos – colorless

sans doublons – überschneidungsfrei – matched

sans éclat – matt, glanzlos – dull, matt

sans empattements – serifenlos – sans serif

sans étiquette – unbeschriftet – unlabeled

sans faute(s) – fehlerfrei, fehlerlos – correct

sans fibres de bois – holzfrei – wood-free, bond, ground wood-free

sans fil – drahtlos – wireless

sans pli – unzerknittert – unwrinkled

sans référence – unbeschriftet – unlabeled

sans scintillement – flimmerfrei – flicker-free

satiner – satinieren – glaze *v.*

saturation *f* – Sättigung *f* – saturation

saturé, -e – gesättigt *(Farbe)* – saturated

saturer – sättigen – saturate *v.*

saut *m* **de colonne** – Spaltenumbruch *m* – column break

saut *m* **de ligne** – Zeilenumbruch *m*, Zeilenvorschub *m* – line break, line feed

saut *m* **de page** – Seitenbruch *m* – page break

sauter – überlesen – overlook *v.*

sauter – überspringen – skip *v.*, jump *v.*

sauvegarde *f* – Backupkopie *f*, Sicherungskopie *f* – backup (copy)

sauvegarde *f* **automatique** – automatische Sicherungskopie *f* – automatic backup

sauvegarde *m* **automatique des fichiers** – automatisches Speichern – autosave

sauvegarder – speichern, abspeichern, sichern – save *v.*, store *v.*

savoir-faire *m* – Know-how *n* – know-how

scan *m* **brut** – Rohscan *m* – raw scan

scanne *m* – Scan *m* – scan

scanne *m* **couleur** – Farbscan *m* – color scan

scanner – scannen, einscannen, abtasten, einlesen – scan *v.*

scanne(u)r *m* – Scanner *m* – scanner

scanner *m* **à main** – Handscanner *m* – hand(held) scanner

scanner *m* **à plat** – Flachbettscanner *m* – flat-bed scanner

scanner *m* **à tambour** – Trommelscanner *m* – drum scanner

scanner *m* **copydot** – Copydot-Scanner *m* – copydot scanner

scanner *m* **couleur** – Farbscanner *m* – color scanner

scanner *m* **de bureau** – Büroscanner *m* – office scanner

scanner *m* **de détramage** – Entrasterungs-Scanner *m* – descreening scanner

scanner *m* **de diapositives** –
Diascanner *m* – slide scanner
scanner *m* **diapo** – Diascanner *m*
– slide scanner
scanneriste *m* – Scanneroperator
m – scanner operator
scanner *m* **manuel** – Handscanner *m* – hand(held) scanner
scanner *m* **rotatif** – Trommelscanner *m* – drum scanner
scanneur *siehe* scanner
sceau *m* – Siegel *n* – seal
scellage *m* – Versiegelung *f* –
sealing
scellage *m* **à chaud** – Heißkaschierung *f* – heat-sealing
sceller – versiegeln – seal *v.*
schéma – Schema *n* – scheme
schéma *m* **de contrôle** –
Prüfdiagramm *n* – control chart
schéma *m* **de pliage** –
Falzschema *n* – folding layout
schéma *m* **de production** –
Produktionsdiagramm *n* –
run chart
schéma *m* **d'imposition** –
Ausschießschema *n* –
imposition layout
scinder – aufspalten, unterteilen,
splitten – split *v.*, tile *v.*
scinder un tracé – unterteilen
(aufspalten) eines Pfades – split
v. a path
scintillement *m* – Flackern *n*,
Flimmern *n*, Spitzlicht *n* –
flickering, catchlight
scintiller – flackern, flimmern
(Bildschirm) – flicker *v.*
scribble *m* – Scribble *m* – scribble
scriptable – skriptfähig –
scriptable
scriptes – Schreibschriften
(Schriftenklassifizierung) –
Script
scrutation *f* – Überwachung *f* –
monitoring, polling
scruter – überwachen *(z.B. Hot
Folder)* – monitor *v.*, poll *v.*,
control *v.*
s dur (ß) – Szet – eszet
s'écailler – abblättern – flake off *v.*
séchage *m* – Trocknung *f* –
drying
séchage *m* **à air chaud** – Heißlufttrocknung *f* – hot-air drying

séchage *m* **de surface** –
Oberflächentrocknung *f* –
surface drying
séchage *m* **infrarouge** – IR-
Trocknung *f* – I.R. drying
séchage *m* **par oxydation** – oxidative Trocknung *f* (*Druckfarbe*) – oxidative drying
sécher – trocknen, abbinden –
dry *v.*
sécheur *m* – Trockner *m* – dryer
sécheur *m* **à air chaud** – Heißlufttrockner *m* – hot-air dryer
sécheur *m* **infrarouge** – IR-
Trockner *m* – I.R. dryer
sécheur *m* **ultraviolet** – UV-
Trockner *m* – UV dryer
Se connecter à un serveur *(Mac
OS X)* – Mit Server verbinden –
Connect to Sever
secrétaire de rédaction – Redaktionssekretär, -in – subeditor
secteur *m* – Sektor *m* – sector
secteur *m* **d'amorçage** – Boot-
Sektor *m* – boot sector
section *f* – Schnittfläche *f*,
Abschnitt *m*, Buchabschnitt *m*
– section
section *f* **conique** – Kegelschnitt
m – conic section
section *f* **longitudinale** –
Längsschnitt *m* – longitudinal
section, slitting
section *f* **slotter** – Schlitzwerk *n* –
slotter section
sécurité *f* **informatique** – EDV-
Sicherheit *f* – computer security
s'effilocher – ausfransen – fray *v.*
s'effranger – ausfransen – fray *v.*
segmentation *f* – Segmentierung
f – segmentation
segment *m* **de cercle** – Teilkreis
m – circle segment/arc
segment *m* **de tracé** – Pfadsegment *n* – path segment
Sélecteur *(Mac)* – Auswahl –
Chooser
Sélecteur *m* **de couleur**
(Photoshop) – Farbwähler *m* –
Color Picker
sélection *f* – Auswahl *f*,
Auswahlbereich *m* (*in
Photoshop)* – selection

sélection *f* **(automatique) de la
gamme de couleurs**
*(*automatische) Farbbereichsauswahl *f (*automatic) color
range selection
Sélection directe *(InDesign,
Illustrator)* – Direkt-Auswahl –
Direct select tool
sélection *f* **hexachrome** –
Hexachrome-Separation *f* –
hexachrome separation
sélectionner – auswählen *(z.B.
Objekte auf einer Seite)* – select
v.
**Sélectionner toutes les nuances
inutilisées** *(InDesign)* – Alle
nicht verwendeten Farben
auswählen – Select All Unused
Colors
se mélanger – ineinander laufen
(Farben) – run *v.* into one
another
semelle *f* – Reliefsockel *m* – floor
semelle *f* **de chaussure** –
Schuhsohle *f (CIE-Farbsystem)*
– shoe sole
semestriel, -lle – halbjährlich –
biannual
semi-conducteur *m* – Halbleiter
m – semi-conductor
séminaire *m* – Seminar *n* –
seminar
semi-onciale *f (typogr.)* –
Halbunziale *f* – half-uncial
semi-photoconducteur *m* –
Fotohalbleiter *m* – photo semi-
conductor
sensation *f* **des couleurs** – Farbwahrnehmung *f*, Farbempfin-
den *n* – color perception, color
sensation
sens *m* **circonférentiel** –
Umfangsrichtung *f* –
circumferential direction
sens *m* **d'analyse du scanner** –
Scanrichtung *f* – scan direction,
direction of the scan
sens *m* **de défilement de la
bande** – Laufrichtung *f*,
Bahnlaufrichtung *f* – running
direction, paper grain, machine
direction, direction of web
travel

S

sens *m* de fabrication du papier – Papier-Laufrichtung *f* – fiber (*brit.* fibre) direction
sens *m* de la longueur – Längsrichtung *f* – longitudinal direction
sens *m* de lecture – Leserichtung *f* – reading direction
sens *m* de marche – Laufrichtung *f (Papier, Bahn)* – running direction, paper grain, machine direction
sens *m* de recouvrement – Traprichtung *f* – trap direction
sens *m* d'impression – Druckrichtung *f* – printing direction
sens *m* du papier – Laufrichtung *f (Papier, Bahn)* – running direction, paper grain, machine direction
sensibiliser – sensibilisieren, lichtempfindlich machen – sensitize *v.*, excite *v.*
sensibilité *f* à la casse – Beachtung *f* der Groß-/Kleinschreibung – case sensitivity
sensibilité *f* à la lumière – Lichtempfindlichkeit *f* – light-sensitivity
sensibilité *f* alcaline – alkalische Empfindlichkeit *f* – causic sensitivity
sensibilité *f* aux couleurs – Farbempfindlichkeit *f* – color sensitivity
sensibilité *f* chromatique – Farbempfindlichkeit *f* – color sensitivity
sensibilité *f* du film – Lichtempfindlichkeit *f*, Filmempfindlichkeit *f* – speed
sensibilité *f* générale – Allgemeinempfindlichkeit *f (Film)* – overall sensitivity
sensibilité *f* spectrale – spektrale Empfindlichkeit *f* – spectral sensitivity, spectral response
sensible à la casse – Groß-/Kleinschreibung *f* beachtend – case-sensitive
sensible à la lumière – lichtempfindlich – photosensitive, sensitive to light, sensitized

sensible aux couleurs – farbempfindlich *(Film)* – color sensitive
sensible aux UV – UV-empfindlich – UV sensitive
séparation *f* – Entkettung *f (Objekte)* – unlinking
séparation *f* – Farbauszug *m*, Separation *f* – separation
séparation *f* de couleur – Auszug *m*, Farbseparation *f (Farbauszug)* – color separation
séparation *f* du magenta – Magentaauszug *m* – magenta separation
séparation *f* In-RIP – In-RIP-Separation *f* – In-RIP separation
Séparations *(QuarkXPress)* – Auszüge – Separations
séparations *f/pl* basées sur l'hôte – Host-basierte Separationen *f/pl* – host-based separation
séparé, -e – separiert – separated
séparer – separieren, trennen, entketten *(Objekte)* – separate *v.*, segregate *v.*, unlink *v.*
Séparer les trajets complexes *(FreeHand)* – Komplexe Pfade teilen – Split complex paths
sépia *m* – Sepia *n* – sepia
séquence *f* – Reihenfolge *f*, Sequenz *f* – order, sequence
séquence *f* de caractères – Zeichenfolge *f* – character string
séquence *f* de collation – Sortierfolge *f* – collation sequence
séquence *f* de coupes – Schnittfolge *f* – cutting sequence
séquence *f* de pages – Seitenfolge *f* – page sequence
séquence *f* des opérations – Bedienungsablauf *m* – operation sequence
séquence *f* de touches – Tastenfolge *f* – key sequence
séquence *f* d'impression – Druckfolge, Farbreihenfolge *f (beim Druck)* – printing sequence/order
séquence *f* du texte – Textfolge *f* – text string
séquence *f* vidéo – Videosequenz *f*, Movie-Clip *m* – video sequence, movie clip

séquentiel, -lle – sequenziell – sequential
série *f* d'annonces – Anzeigenserie *f* – advertisement series
sérif *m* – Serife *f* – serif
sérigraphe *m* – Siebdrucker *m* – screen printer, silk-screen printer
sérigraphie *f* – Siebdruck *m* – screen printing, silk-sreen printing
serré, -e – dicht – tight
serrer – sperren, durchschießen – lead *v.*
serveur *m* – Server *m* – Server
serveur *m* de courrier – Mail-Server *m* – mail server
serveur *m* de fichiers – File-Server *m* – file server
serveur *m* de passerelle – Gateway-Server *m* – gateway server
serveur *m* d'impression – Druckserver *m*, Printserver *m* – print server
serveur *m* mandataire – Proxy-Server *m* – proxy server
serveur *m* OPI – OPI-Server *m* – OPI server
serveur *m* proxy – Proxy-Server *m* – proxy server
service *m* après vente (SAV) – Kundendienst *m*, technischer Kundendienst/Support *m* – customer service
service *m* (de la) publicité – Werbeabteilung *f* – ad department, publicity department
service *m* des achats – Einkaufsabteilung *f* – purchase department
service *m* d'expédition – Versandabteilung *f* – distribution department
service *m* du personnel – Personalabteilung *f* – personnel department
serviette *f* – Aktentasche *f* – briefcase
se terminer en pointe – spitz zusammenlaufen – taper off
seuil *m* – Schwellwert *m* – threshold

S

siccatif *m* – Trockenstoff *m*, Sikkativ *n* – siccative

siccativité *f* – Trocknungseigenschaft *f (Druckfarbe)* – drying properties

sigle *m* – Signet *n* – mark

signal *m* **analogique** – analoges Signal *n* – analog signal

signal *m* **lumineux** – Lichtsignal *n* – light signal

signal *m* **rouge** – Rot-Signal *n* – red signal

signal *m* **vidéo** – Videosignal *n* – video signal

signature *f* – Unterschrift *f* – signature

signature *f* – Signatur *f (Ausschießen)* – signature

signature *f* **de pages répétées** – Nutzendruck-Signaturen *f/pl* – step & repeat signature

signature *f* **numérique** – digitale Signatur *f (digitale Unterschrift)* – digital signature

signe *m (typogr.)* – Zeichen *n*, Schriftzeichen *n*, Satzzeichen *n* – character, sign

signe *m* **arithmétique** – arithmetisches Zeichen *n* – arithmetical sign

signe *m* **astronomique** – astronomisches Zeichen *n* – astronomical sign

signe *m* **d'alinéa** – Absatzzeichen *n* – break mark

signe *m* **de correction** – Korrekturzeichen *n* – revision mark, proofreader's mark, correction mark

signe *m* **de ponctuation** – Interpunktionszeichen *n* – punctuation mark

signe *m* **diacritique** – diakritisches Zeichen *n* – diacritic mark, diacritical

signe *m* **différent** – Ungleich-Zeichen *n* – unequal sign

signe *m* **d'intégrale** – Integralzeichen *n* – integral sign

signe *m* **division** – Bruchzeichen *n* – division sign

signe *m* **égal à** – Gleich-Zeichen *n* – equal sign, equal mark

signe *m* **inférieur à** – Kleiner-als-Zeichen *n* – less-than sign

signe *m* **multiplication** – Multiplikationszeichen *n* – multiplication sign

signe *m* **pictographique** – Piktogramm *n* – pictogram, pictorial sign

signe *m* **radical** – Wurzelzeichen *n* – radical sign

signes *m/pl* **de ponctuation** – Satzzeichen *n* – punctuation marks

signe *m* **supérieur à** – Größer-als-Zeichen *n* – greater-than sign

signet *m* – Lesezeichen *n* – bookmark

silhouettage *m* – Konturieren *n* – contouring

silhouette *f* – freigestelltes Bild *n*, Kontur *f*, Umriss *m* – cut-out figure, silhouette, contour, outline

simili *m* – Autotypie *f*, Rasterätzung *f*, Graustufenbild *n*, Halbton *m* – autotype, halftone engraving, grayscale image, continuous tone

similigravure *f* – Autotypie *f*, Rasterätzung *f* – autotype, halftone engraving

similiste – Lithograf, -in, Reprofotograf, -in – lithographer, reproduction photographer

simplification *f* – Vereinfachung *f* – simplification

simplifier – vereinfachen – simplify *v.*

simulation – Simulation *f* – simulation

Simulation d'affichage – Anzeigesimulation *(Farbmanagement QuarkXPress)* – Display Simulation

simuler – simulieren – simulate *v.*

Simuler la surimpression *(InDesign)* – Überdruck simulieren – Simulate Overprint

site *m* **bêta** – Beta-Site *f* – beta site

site *m* **de production** – Fertigungsstätte *f* – production site

site *m* **Web** – Website *f*, Webseite *f* – Web site, Web page

slogan *m* **publicitaire** – Werbespruch *m*, Werbeslogan *m* – slogan, catch phrase, advertising slogan

slotter *m* – Schlitzmaschine *f* – slotter

Smooth Shading *(PostScript, PDF)* – weicher Verlauf *m*, Smooth Shading *m*, Smooth Shades (PostScript, PDF) – smooth shading, smooth shades

softproof *m* – Softproof *m* – softproof

solarisation *f* – Solarisation *f* – solarization

solide – fest *(Aggregatzustand, nicht flüssig)* – solid

solidité *f* **à la chaleur** – Hitzebeständigkeit *f* – heat resistance

solidité *f* **à la lumière** – Lichtbeständigkeit *f* – lightresistance, lightfastness

solidité *f* **de la couleur** – Farbbeständigkeit *f* – color fastness

soluble *(chem.)* – lösbar – soluble

soluble dans l'eau – wasserlöslich – water-soluble

solution *f* **de bichromate** – Bichromatlösung *f (Tiefdruckgravur)* – dichromate solution

solution *f* **de développement** – Entwicklerlösung *m* – developing solution

solution *f* **de mouillage** – Wischwasser *n*, Feuchtmittel *n (Offsetdruck)* – damping solution

solution *f* **de rechange** – Workaround *m* – workaround

solution *f* **du problème** – Problemlösung *f* – solution of the problem

solution *f* **révélateur** – Entwicklerlösung *m* – developing solution

solvant *m* – Lösemittel *n* – solvent

solvant *m* **organique** – organisches Lösemittel *n* – organic solvent

somme *f* **de contrôle** – Kontrollsumme *f* – checksum

S

somme *f* **du recouvrement de surface** – Flächendeckung *f* gesamt *(Summe)* – total ink coverage

sorte *f* **de composition** – Satzart *f* – style of typography, kind of composition

sorte *f* **de papier** – Papiersorte *f* – paper grade, grade (of paper)

sortie *f* – Ausgabe *f*, Auslage *f*, Auslauf *m* – output, terminal

sortie *f* **à casier** – Kastenauslage *f* – box delivery

sortie *f* **à double piste** – Doppelstromauslage *f* – dual-stream delivery

sortie *f* **à rouleaux obliques** – Schrägrollenauslage *f* – angledroller delivery

sortie *f* **à vibrateurs** – Schüttelauslage *f* – jogging delivery

sortie *f* **composite** – Composite-Ausgabe *f* – composite output

sortie *f* **en nappe** – Schuppenauslage *f* – shingle delivery

sortie *f* **gracile** *(typogr.)* – Auszug *m* – extension

sortie *f* **sur film** – Ausgabe *f* auf Film – output on film

Sortie TIFF pleine résolution *(QuarkXPress)* – Volllauflösende TIFF-Ausgabe – Full Resolution TIFF Output

soufflet *m* – Balgen *m* – bellows

souligné, -e – unterstrichen – underlined

souligné *m* (_) – Unterstrich *m* – underscore, underline

soulignement *m* – Unterstreichung *f* – underlining

souligner – unterstreichen – underline *v.*

souple – biegsam – flexible, pliable

souplesse *f* – Biegsamkeit *f* – flexibility, pliability

source *f* **d'éclairement** – Lichtquelle *f* – light source

source *f* **de lumière** – Lichtquelle *f* – light source

source *f* **de lumière d'analyse** – Abtastlichtquelle *f* – analyze light source

source *f* **d'erreur(s)** – Fehlerquelle *f* – source of error/trouble

source *f* **lumineuse** – Lichtquelle *f* – light source

source *f* **lumineuse artificielle** – künstliche Lichtquelle *f* – artificial light source

souris *f* – Maus *f* – mouse

sous – unter, darunter – under, below, underneath

sous-développé, -e – unterentwickelt *(Film)* – underdeveloped

sous-développement *m* – Unterentwicklung *f* – underdevelopment

sous-dossier *m* – Unterordner *m*, Unterverzeichnis *n* – subfolder

sous-échantillonnage *m* – Subsampling *n*, Kurzberechnung *f* *(in Acrobat Distiller)* – subsampling

sous-échantillonnage *m* **bicubique** – bikubische Neuberechnung *f* *(Downsampling)* – bicubic downsampling

sous-échantillonnage *m* **moyen** *(Acrobat Distiller)* – durchschnittliche Neuberechnung *f* – average downsampling

sous-échantillonner – herunterrechnen, neuberechnen *(Auflösung von Bildern)* – downsample *v.*

sous-encrage *m* – Unterfärbung *f* – underinking

sous-exposé, -e – unterbelichtet *(Film)* – underexposed

sous-exposer – unterbelichten – underexposure *v.*

sous-exposition *f* – Unterbelichtung *f* – underexposure

sous forme de – in Form von – in the form of

sous forme de tableau – tabellarisch, in Tabellenform – tabular, tabulated

sous-jacent – darunter liegend – subjacent

sous-main *m* – Schreibunterlage *f* – desk pad

sous-menu *m* – Untermenü *n* – submenu

sous-programme *m* – Subroutine *f*, Unterroutine *f* – subroutine

sous-réseau *m* – Teilnetz *n* – subnet

sous-titre *m* – Unterrubrik *f*, Untertitel *m* – subtitle, subheading

spécialisé, -e – spezialisiert – specialized, dedicated

spécialiste *m/f* **de la reproduction** – Reprograf, -in – repro specialist

spécialiste *m* **réseau** – Netzwerkspezialist, -in – networks expert

spécification *f* – Spezifikation *f* – specification

Spécifications *(QuarkXPress)* – Maßpalette – Measurements

spécifications *f/pl* **de la maquette** – Layoutangaben *f/pl* – layout instructions

spécifier – spezifizieren – specify *v.*

spécimen *m* **(de caractères)** – Satzmuster *n*, Schriftmuster *n*, Schriftprobe *f* – type specimen

spectral, -e – spektral – spectral

spectre *m* – Spektrum *n* – spectrum

spectre *m* **de couleurs** – Farbspektrum *n* – color spectrum

spectre *m* **de perception** – Wahrnehmungsspektrum *n* – spectrum perception

spectrophotomètre *m* – Spektralfotometer *n* – spectrophotometer

spectrophotométrie *f* – Spektrofotometrie *f* – spectrophotometry

spectrophotométrie *f* **directe** – Online-Spektrofotometrie *f* *(an Druckmaschine)* – online spectrophotometry

spirale *f* – Spirale *f* – spiral

spot *m* **publicitaire** – Werbespot *m* – commercial

spouler – spoolen – spool *v.*

spouleur *m* – Spooler *m* – spooler

spray *m* **de montage** – Montagespray *n* – mounting spray

S

stabilisant *m* – Stabilisator *m* – stabilizer

stabilisateur *m* – Stabilisator *m* – stabilizer

stabiliser – stabilisieren – stabilize *v.*

stabilité *f* **au développement** – Entwicklerstabilität *f* – processing stability

stabilité *f* **de l'encre** – Farbstabilität *f* – ink stability

stabilité *f* **dimensionnelle** – Maßhaltigkeit *f*, Dimensionsstabilität *f* – dimensional stability

stage *m* **initial** – Einführungslehrgang *m* – traing course for beginners

stage *m* **intensif** – Crashkurs *m* – crash course

stagiaire *m/f* – Praktikant, -in – trainee

standard, -e – normal *(Schriftstil)* – medium, plain

standard *m* – Telefonzentrale *f* – switchboard

standard *m* **de couleur** – Farbnorm *f* – color standard

standard *m* **de la maison** – Hausstandard *m* – in-house standard

standard *m* **de visualisation** – Betrachtungsnorm *f* – viewing standard

standardisation *f* – Standardisierung *f*, Normung *f* – standardization

standardiste *m/f* – Telefonist, -in – switchboard operator

statut *m* **d'édition** – Bearbeitungsstatus *m* – processing status

sténodactylo *f* – Stenotypist, -in – stenographer, shorthand typist

stéréotype *m* – Schablone *f* – stencil

stimuli *m* **chromatique** – Farbreiz *m* – color stimulus

stockage *m* – Speicherung *f*, Lagerung *f* – storage, warehousing

stockage *m* **à long terme** – Langzeitarchivierung *f* – permanent storage

stocker – speichern, abspeichern, sichern, lagern – save *v.*, store *v.*, warehouse *v.*

streamer *m* **à bande magnétique** – Bandlaufwerk *n* – tape streamer

strié, -e – gestreift – striped

strie *f* **d'engrenage** – Zahnstreifen *m* – gear streak

stries *f/pl* **de développement** – Entwicklerstreifen *m* – developer streaks

stroboscope *m* – Stroboskop *n* – strobe (stroboscope)

structure *f* **de la base de données** – Datenbankstruktur *f* – database structure

structure *f* **de la production** – Betriebsstruktur *f* – operational structure

structure *f* **des commandes** – Auftragsstruktur *f* – order structure

structure *f* **des coûts** – Kostenstruktur *f* – cost structure

structure *f* **du point** – Punktaufbau *m*, Punktstruktur *f* – dot structure

structure *f* **du réseau** – Netzwerkstruktur *f* – network structure

studio *m* **de création** – Design-Studio *n* – design studio

studio *m* **pré-presse** – Druckvorstufenbetrieb *m*, Druckvorstufenunternehmen *n* – prepress house/shop/studio

style *m* **artificiel** – künstlicher Stil *m (Texteigenschaft)* – artificial style

style *m* **de caractère** – Schriftschnitt *m*, Schriftstil *m*, Buchstabenform *f*, Zeichenformat *n* – character style, font style

style *m* **de paragraphe** – Absatzformat *n* – paragraph style

style *m* **de peinture** – Maltechnik *f*, Malstil *m* – painting technique

Style d'impression *(Quark-XPress)* – Druckstil – Print style

style *m* **maison** – Hausstil *m* – house style

Styles d'aplatissement des transparences *(InDesign, Illustrator)* – Transparenzreduzierungsformate – Transparency Flattener Styles

Styles de recouvrement *(InDesign)* – Überfüllungsformate – Trap Styles

Styles d'impression *(InDesign)* – Druckerformate – Printer styles

stylet *m* – Stift *m (bei Grafiktablett)* – stylus

stylo *m* – Kugelschreiber *m* – pen, biro™

subdiviser – teilen, unterteilen, aufspalten, splitten, aufteilen – divide *v.*, split *v.*, tile *v.*

sublimation *f* **de pigments** – DyeSub – DyeSub

substances *f/pl* **chimiques** – Chemikalien *f/pl* – chemicals

substituer – ersetzen, substituieren – replace *v.*, substitute *v.*

substitution *f* **de polices** – Fontersetzung *f*, Schriftersetzung *f* – font substitution

Substitution d'image OPI *(InDesign)* – OPI-Bildersetzung – OPI Image Replacement

substrat *m* – Trägermaterial *n*, Substrat *n*, Bedruckstoff *m* – media, substrate, carrier material

suggestion *f* – Hint *m (Fonts)* – hint

suite *f* – Reihenfolge *f*, Sequenz *f* – order, sequence

suite *f* **d'images** – Bildfolge *f* – picture sequence

suivi *m* **automatique du repérage** – automatische Registerüberwachung *f (an Druckmaschine)* – automatic register monitoring

suivi *m* **(des travaux)** – Produktionsüberwachung *f*, Tracking *n* – tracking, job tracking

suivre les consignes – den Instruktionen folgen – follow *v.* the instructions

sujet *m* *(opt.)* – Motiv *n* – subject

super-cellule *f* – Superzelle *f* *(Rastertechnologie)* – supercell

S

superficie *f* – Oberfläche *f* – surface

supérieur – höher – higher

superposé, -e – überdeckend, übereinander liegen – overlapping, lie on *v.* top of each other

superposer – übereinander legen – lay on *v.* top of each other

Superposition *(Photoshop)* – Negativ multiplizieren – Screen

superposition *f* – Überlagerung *f*, Overlay *m (Objekte)* – overlapping, overlay

Superutilisateur *m (UNIX)* – Superuser *m* – superuser

supplément *m* – Zeitungsbeilage *f*, Beilage *f*, Nachtrag *m*, Ergänzungsband *m* – insert, (newspaper) supplement

support *m* – Trägermaterial *n*, Substrat *n*, Bedruckstoff *m* – media, substrate, carrier material

supportant, -e – ...-fähig, unterstützend, kompatibel – compatible, compliant, savvy

support *m* **de caractères** – Schriftträger *m* – type carrier

support *m* **de données (de stockage)** – Datenträger *m* – data medium

support *m* **de sortie** – Ausgabematerial *n* – output material

support *m* **de stockage** – Speichergerät *n* – storage device

support *m* **d'impression** – Bedruckstoff *m* – printing substrate, print(ing) carrier

support *m* **d'information** – Informationsträger *m* – information carrier

support *m* **papier** – Papierablage *f (bei Druckern)* – paper stand

support *m* **polyester** – Polyester-Trägerfolie *f* – polyester support

support *m* **publicitaire** – Werbeträger *m* – medium, advertising vehicle

support *m* **technique** – Kundendienst *m*, technischer Kundendienst/Support *m* – customer service, technical support (service), after installation service

suppression *f* – Löschung *f*, Löschen *n*, Löschvorgang *m* – deleting, deletion, erasure

supprimer – löschen, entfernen – delete *v.*, remove *v.*, eliminate *v.*, erase *v.*

supprimer la dominante – Farbstich *m* beseitigen – remove *v.* of colorcast

Supprimer tout détourage *(Trapping QuarkXPress)* – Alle Aussparen – Knockout All

sur – über, oberhalb – above, over

surbriller – hervorheben *(grafisch)* – emphasize *v.*, highlight *v.*

surcapacité *f* – Überkapazität *f* – overcapacity

surcharge *f* – Überlastung *f* – overload

surcharger – überladen – overload *v.*

sur deux pages – doppelseitig – double-sided

surdiplômé, -e – überqualifiziert – overqualified

suréchantillonnage *m* – Hochrechnen *n* – upsampling

suréchantillonner – hochrechnen *(Auflösung)* – upsample *v.*

surencrage *m* – Überfärbung *f (beim Druck)* – overinking

surexposé, -e – überbelichtet – overexposed

surexposer – überbelichten – overexpose *v.*

surexposition *f* – Überbelichtung *f* – overexposure

surfaçage *m* – Druckveredlung *f* – surface finishing

surface *f* – Fläche *f*, Oberfläche *f* – area, surface

surface *f* **composée** – Texfläche – text area

surface *f* **d'analyse** – Scanbereich *m*, Abtastfläche *f* – scanning area, scanning side

surface *f* **d'analyse du scanner** – Scannertablett *n* – scan tablet

surface *f* **de composition** – Satzspiegel *m* – print space, type area

surface *f* **de contact** – Kontaktzone *f* – contact zone

surface *f* **de l'écran** – Schirmfläche *f* – surface of the screen

surface *f* **de l'objectif** *(fotogr.)* – Linsenoberfläche *f* – surface of the lens

surface *f* **de mesure** – Messfläche *f* – measuring area

surface *f* **de numérisation** – Abtastfläche *f* – scanning area, scanning side

surface *f* **du point** – Punktbereich *m (Flächendeckung)* – dot area

surface *f* **imprimée** – bedruckte Fläche *f* – printed surface

surfer – browsen, surfen – browse *v.*, surf *v.*

surfeur *m* **du réseau** *(Internet)* – Internetsurfer *m* – net surfer

surimpression *f* (F *surimp f*) – Überdruck *m*, Überdrucken *n* – overprint(ing)

Surimpression du fond *(InDesign, Illustrator)* – Fläche überdrucken – Overprint Fill

surimprimer – überdrucken – overprint *v.*

sur Internet – im Internet – on the Internet

sur le plan des couleurs – farblich – in color, color ...

surligner – überstreichen – overscore *v.*

sur mesure – maßgeschneidert *(a. Programm)* – tailored (tailor-made)

sur plusieurs plate(-)formes – plattformübergreifend – cross-platform

surproduction *f* – Produktionsüberschuss *m* – excess production

surréalisme *m* – Surrealismus *m* – surrealism

sur une grande échelle – in großem Maßstab – large-scale, on a large scale

S

surveillance *f* – Überwachung *f* – monitoring, polling

surveiller – überwachen *(z.B. Hot Folder)* – monitor *v.*, poll *v.*, control *v.*

survoler – überlesen – overlook *v.*

susmentionné, -e – oben erwähnt – mentioned above

suspendre – unterbrechen, anhalten, stoppen *(z.B. Druckauftrag)* – interrupt *v.*, hold *v.*, stop *v.*

swap *m* – Swap *m* – swap

syllabe *f* – Silbe *f* – syllable

symbole *m* – Symbol *n* – symbol

symbole *m* **centime** (¢) – Cent-Zeichen *n* – cent sign

symbole *m* **degré** – Grad-Zeichen *n* – degree sign

symbole *m* **du pourcentage** – Prozentzeichen *n* – percent sign

symbole *m* **livre** (£) – Pfund-Zeichen *n* – pound sign

symbole *m* **monétaire** – Währungssymbol *n* – currency symbol

symbole *m* **numéro** (#) – Nummerzeichen *n*, Rautezeichen *n* – number sign, pound

symbole *m* **paragraphe** (§) – Paragrafzeichen *n* – paragraph sign

symboliser – symbolisieren – symbolize

symétrie *f* – Symmetrie *f* – symmetry

synchronisation *f* **du flash** *(fotogr.)* – Blitzsynchronisation *f* – flash sync(hronization)

synchronisation *f* **horizontale** – horizontale Synchronisation *f* – horizontal sync

synchronisation *f* **verticale** – vertikale Synchronisation *f* – vertical sync

syndicat *m* **patronal** – Arbeitgeberverband *m* – employers' association

synthèse *f* **additive des couleurs** – additive Farbmischung *f* – additive color theory/synthesis

système *m* – System *n* – system

système *m* **bifocal** – Doppellinsen-System *n* – double lens system

système *m* **colorimétrique** – Farbsystem *n* – color system

système *m* **colorimétrique normalisé** – Normfarbsystem *n* *(CIE-Farbsystem)* – norm color system

système *m* **convivial** – benutzerfreundliches System *n* – user-friendly system

système *m* **CTP** – CTP-System *n* – CTP system (computer-to-plate system)

système *m* **d'acquisition de données** – automatisches Datenerfassungssystem *n* – automated data acquisition system

système *m* **d'adaptation de couleurs PANTONE** – PANTONE-Farbsystem *n* – PANTONE matching system

système *m* **décimal** – Dezimalsystem *n* – decimal system

système *m* **de coordonnées** – Koordinatensystem *n* – coordinate system

système *m* **de coordonnées utilisateur** – Benutzerkoordinatensystem *n* – user coordinate system

système *m* **de gestion de couleurs** – Farbmanagement-system *n* – color management system

système *m* **de gestion des informations** – Management-Informationssystem *n* (MIS) – management information system (MIS)

système *m* **de lentilles de mise au point** – Fokussierlinsen-system *n* – focusing lens system

système *m* **de mise au point automatique** – Autofokus *m*, automatische Fokussierung, AF – auto focus

système *m* **de mise en page** – Registersystem *n*, Passsystem *n* – register system

système *m* **de mise en page rapide** – Schnellpasssystem *n* – instant register system

système *m* **de montage** – Montagesystem *n* – mounting equipment

système *m* **d'encrage** – Farbwerk *n* – inking unit/system

système *m* **d'encrage anilox** – Aniloxfarbwerk *n* – anilox (inking) system

système *m* **d'épreuvage** – Proofsystem *n* – proof system

système *m* **de référence de couleur** – Farbbezugssystem *n* – color reference system

système *m* **de registre** – Registersystem *n*, Passsystem *n* – register system

système *m* **de régulation de l'encrage** – Farbregelanlage *f* – ink control system

système *m* **de stockage** – Speichersystem *n* – storage system

système *m* **de transport de papier** – Papiertransportsystem *n* – paper transport unit

système *m* **de transport de support** – Medientransport-system *n (z.B. in Belichter)* – media transport system

système **d'exploitation** *m* – Betriebssystem *n* – operating system (OS)

système *m* **Didot** – Didotsches System *n* – Didot system

système *m* **d'impression** – Drucksystem *n* – print system

système *m* **d'impression au laser** – Laserdrucksystem *n* – laser print system

système *m* **d'impression numérique** – digitales Drucksystem *n* – digital print system

système *m* **éditorial** – Verlagssystem *n* – editorial system

système *m* **en ligne** – Online-System *n* – online system

système *m* **métrique** – metrisches System *n* – metric system

système *m* **MIS** – MIS-System *n* – MIS (Management Information System) system

système *m* **ordinateur-plaque** – CTP-System *n* – CTP system (computer-to-plate system)

S

système *m* **rédactionnel** –
Redaktionssystem *n* – editorial
system

sytème *m* **expert** – Expertensystem *m* – expert system

szet allemand (ß) – Szet (ß) –
eszet

T

table *f* – Tabelle *f* – table

table *f* **à balade** – Reibzylinder *m*
– oscillating drum

table *f* **à dessiner** – Zeichentisch
m – drawing table

tableau *m* – Tabelle *f* – table

tableau *m* **à feuilles motiles** –
Flipchart *n* – flipchart

tableau *m* **à l'huile** – Ölgemälde
n, Ölmalerei *f* – oil painting

tableau-chevalet *m* – Flipchart *m*
– flipchart

tableau *m* **de séparation** –
Separationstabelle *f* –
separation table

tableau *m* **des signes de**
correction – Korrekturzeichentabelle *f* – proofreader's mark
chart

tableau *m* **normalisé des**
couleurs – Normfarbtafel *f*
(CIE-Farbsystem) – color
standard table

tableautage *m* – Tabellensatz *m*
– tabbing, tabular matter
(composition, setting, work)

tableaux de bord – Kontrollfelder *n/pl (z.B. bei MacOS)* –
control panels

table *f* **d'accolage** – Berührungstabelle *f* – touching table

table *f* **de chasse** – Dicktentabelle
f – width table

table *f* **de contact** – Berührungstabelle *f* – touching table

table *f* **de conversion** – Look-up
Table, LUT, Transformationstabelle *f*, Umsetzungstabelle *f*,
Konvertierungstabelle *f* –
Look-up Table, LUT, transformation table, conversion
table

table *f* **de crénage** – Kerningtabelle *f*, Unterschneidungstabelle *f* – kerning table

table *f* **de montage** – Montagetisch *m* – stripping table

table *f* **des couleurs** – Farbtabelle
f – color (look-up) table,
CLUT, clut

table *f* **de séparation** – Separationstabelle *f* – separation table

table *f* **des matières** – Inhaltsverzeichnis *n* – table of contents
(TOC)

table *f* **d'impression** – Drucktabelle *f* – print table

table *f* **esthétique** – Ästhetiktabelle *f* – aesthetic box

table *f* **lumineuse** – Leuchttisch
m – layout table

table *f* **pour diapo** – Diatablett *n*
– slide tray

tablette *f* – Tablett *n*,
Zeichentablett *n* – tablet

tablette *f* **à numériser (à**
digitaliser) – Digitalisiertablett
n, Grafiktablett *n* – digitizing
tablet

tablette *f* **graphique** – Grafiktablett *n* – graphics tablet,
digitizer

tablette *f* **tactile** – druckempfindliches Zeichentablett *n* –
pressure-sensitive tablet

tableur *m* – Tabellenkalkulation
f, Tabellenkalkulationsprogramm *n* – spread sheet,
spreadsheet (program)

table *f* **vibrante** – Rütteltisch *m* –
jogging table

tabulateur *m* – Tabulator *m* –
tab, tab stop, tabulator

tabulation *f* – Tabulation *f* – tab
stop

tabulation *f* **d'alignement à**
droite – rechts ausgerichteter
Tabulator *m* – right-align tab

tabulation *f* **d'alignement à**
gauche – links ausgerichteter
Tabulator *m* – left-align tab

tabulation *f* **d'alignement**
décimale – Dezimaltabulator
m – decimal-align tab

tabulation *f* **de centrage** –
zentriert ausgerichteter
Tabulator *m* – center align tab

tabulation *f* **d'habillage** –
Umbruchtabulator *m* –
wrapping tab

tache *f* – Klecks *m*, Fleck *m*,
Flecken *m* – blemish, blob,
blotch, mark

tâche *f* – Bestellung *f*, Auftrag *m*
– order, task

tâche *f* **courante** – laufender
Auftrag *m* – current job

tâche *f* **d'impression** –
Druckauftrag *m* – print job

tâches *f/pl* **répétitives** – sich
wiederholende Aufgaben *f/pl* –
repeating tasks

tacheture *f* – Flecken *m* –
blemish, blot

taille *f* – Größe *f* – dimension, size

Taille actuelle *(Photoshop)* –
Bildmaße *f* – Pixel Dimensions

taille-crayon *m* *(pl* **taille-crayons)**
– Bleistiftspitzer *m* – pencil
sharpener

taille *f* **de l'alvéole** – Näpfchengröße *f* – cell volume

taille *f* **de la page** – Seitengröße *f*
– page size

Taille de la zone de travail
(Photoshop) – Arbeitsfläche –
Canvas size

taille *f* **de l'image** – Bildgröße *f*
(a. Menüpunkt in Photoshop) –
image size

taille-douce *f* *(pl* **tailles-douces)**
– Kupferstich *m* – copperplate
engraving

taille *f* **du fichier** – Dateigröße *f* –
file size

taille *f* **du point** – Punktgröße *f*
(Belichterpunkt) – spot size

taille écran – Ganze Seite
(Ansicht von Dokumenten) –
Fit in Window

Taille fixe *(Photoshop)* – Feste
Zielgröße – Fixed Target Size

taille réelle – Originalgröße
*(Dokumentansicht in DTP-
Programmen)* – Actual Size

talon *m* – Coupon *m* – coupon,
voucher

talon *m* **de commande** – Bestell-coupon *m* – order coupon
talus *m* – Schulter *f* – shoulder
tambour *m* – Trommel *f (etwa in Laserdruckern)* – drum
tambour *m* **de retournement** – Wendetrommel *f* – perfecting drum
tambour *m* **externe** – Außentrommel *f* – external drum
tambour *m* **interne** – Innentrommel *f (Belichter)* – internal drum
Tampon *(Photoshop)* – Stempel – stamp
tampon *m* – Druckerballen *m*, Tampon *m*, Tupfballen *m* – ink ball, tampon, dabber
tamponnement *m* – Tupfen *n* – dabbing
tamponner – tupfen – dab *v.*
tangente *f* – Tangente *f* – tangent
tangentiel, -lle – tangential – tangential
tapé à la machine – maschine(n)geschrieben, in Maschinenschrift – typed, typewritten
taper – erfassen, eingeben *(Text)* – type *v.*, key *v.*, key *v.* in, keyboard *v.*
tapis *m* **de souris** – Mousepad *n* – mouse pad
taquage *m* – Aufstoßen *n*, Geradestoßen *n*, Glattstoßen *n* *(Papierstoß)* – jogging
taquer – aufrütteln, aufstoßen, geradestoßen, glattstoßen *(Papierstoß)* – jog *v.*
taquet *m* **de guidage** – Ausrichtemarke *f* – guide mark
taquet *m* **de marge** – Anlegemarke *f*, Seitenmarke *f* – side guide, lay gauge
taquet *m* **de tabulation** – Tabulatorstopp *m* – tab stop
taquet *m* **latéral** – Anlegemarke *f*, Seitenmarke *f* – side guide, lay gauge
taquet *m* **tireur** – Ziehmarke *f* *(Druck)* – pull guide
taqueuse *f* – Rüttelmaschine *f* – jogger
tarif *m* **de publicité** – Anzeigentarif *m* – ad tariff

taux *m* **de compression** – Kompressionsrate *f* – compression rate
taux *m* **de rafraîchissement d'image** – Bildfrequenz *f* – frame rate, picture frequency
taux *m* **de transfert de données** – Übertragungsrate *f*, Daten-Transferrate *f* – transmission rate, data transfer rate
taux *m* **de transmission** – Übertragungsrate *f* – data transfer rate
technicien, -enne – Techniker, -in, Wartungstechniker, -in – technician, technical engineer, service engineer
technicien, -enne d'application – Anwendungstechniker, -in – application engineer
technicien, -enne de la fabri-cation (de la production) – Hersteller, -in *(im Verlag)* – production man/woman
technicien, -enne informatique – Computertechniker, -in – computer technician
technique – technisch – technical
technique *f* – Technik *f* – technology
technique *f* **de communications** – Nachrichtentechnik *f* – communications engineering
technique *f* **de copie** – Kopier-technik *f* – copying technique
technique *f* **de la prise de vues** – Aufnahmetechnik *f (fotogr.)* – shooting techniques
technique *f* **de peinture** – Maltechnik *f*, Malstil *m* – painting technique
technique *f* **de peinture traditionnelle** – traditionelle Maltechnik *f* – traditional painting technique
technique *f* **de reproduction** – Repro(duktions)technik *f* – repro technique
technique *f* **digitale** – Digital-technik *f* – digital technology
techniques *f/pl* **d'impression** – Drucktechniken *f/pl* – printing methods

techniques *f/pl* **de reproduction** – Reproduktionstechniken *f/pl* – reproduction technics, reproduction techniques
technologie *f* – Technologie *f* – technology
technologie *f* **à zoom XY** – XY-Zoomtechnik *f* – XY-Zoom technology
technologie *f* **de la télévision** – Fernsehtechnologie *f* – television technology
technologie *f* **de production** – Produktionstechnik *f* – production technology
technologie *f* **de reproduction** – Reproduktionstechnik *f* – reproduction technology
technologie *f* **d'informations** – Informationstechnik *f*, Informationstechnologie *f* – information technics (IT)
technologie *f* **laser** – Laser-technik *f* – laser technology
technologique – technologisch – technological
teinte *f* – Farbton *m*, Tonwert *m* – hue, color tone, tint, tonal value
Teinte/Saturation *(Photoshop)* – Farbton/Sättigung – Hue/Saturation
teinte *f* **de couleur** – Farbnuance *f* – color nuance
teintes *f/pl* **dégradées** – abgestufte Tonwerte *m/pl* – graduated tones
teintes *f/pl* **intermédiaires** – Zwischentöne *m/pl* – intermediate tones
teinture *f* – Färbung *f* – tinting
téléavertisseur *m* – Pager *m* – pager
téléchargeable – herunterladbar, downloadbar – downloadable
téléchargement *m* – Download *m*, Herunterladen *n* – download(ing)
téléchargement *m* **vers le serveur (vers l'amont)** *(Internet)* – Hochladen *n*, Hinaufladen *n* – upload
télécharger – downloaden, herunterladen – download *v.*

T

Télécharger les polices PPD
(InDesign) – PPD-Schriftarten
herunterladen – Download
PPD Fonts

télécharger vers le serveur (vers l'amont) – hochladen – upload *v.*

télécommande *f* – Fernbedienung *f* – remote control

télécommunication *f* –
Telekommunikation *f* –
telecommunication(s)

téléconférence *f* – Konferenzschaltung *f* – conference call,
teleconference

télécopie *f* – Fax *n* – fax

télécopier – faxen, Fax schicken
– fax *v.*, send *v.* a fax

télécopieur *m* – Faxgerät *n* – fax
machine

téléfax *m* – Faxgerät *n* – fax
machine

téléfaxer – faxen, Fax schicken –
fax *v.*, send *v.* a fax

télémaintenance *f* – Fernwartung *f* – remote maintenance

télématique *f* – Telematik *f*,
Datenfernübertragung *f* – data
(tele)communication

téléobjectif *m* – Teleobjektiv *n* –
telephoto lens

téléphone *f* **mobile** – Handy *n*,
Natel *n* (Schweiz) – mobile
(phone), cell(ular) phone

téléspectateur, -rice – Fernsehzuschauer, -in – TV viewer

télétraitement *m* – Datenfernverarbeitung *f* – teleprocessing

télétravail *m* – Telearbeit *f* –
teleworking, telecommuting

téléviseur *m* – Fernseher *m*,
Fernsehgerät *n* – television
(set), TV (set)

télévision *f* (F *télé f*) – Fernsehen *n*
– television

tel-tel (tel écran - tel écrit) –
WYSIWYG – WYSIWYG

témoin *m* **lumineux** –
Kontrollleuchte *f* – pilot lamp

température *f* **de couleur** –
Farbtemperatur *f* – color
temperature

température *f* **de service** –
Betriebstemperatur *f* –
operating temperature

température *f* **en degrés Kelvin** –
Kelvin-Temperatur *f* – Kelvin
temperature

temporaire – temporär –
temporary

temps *m* **d'accès** – Zugriffszeit *f* –
access time

temps *m* **d'acquisition** –
Aufnahmezeit *f (Scanner,
Kamera)* – scan time

temps *m* **d'adaptation (de
préparation, de changement)**
– Rüstzeiten *f/pl*, Umrüstzeiten
f/pl – change(-)over times,
preparation times, set-up times

temps *m* **d'apprentissage** –
Einarbeitungszeit *f* – settling-in
period

temps *m* **de mise en train** – Einrichtzeit *f* – make-ready time

temps *m* **de pose** – Belichtungszeit *f* – exposure time

temps *m* **de préparation** – Einrichtzeit *f* – make-ready time

temps *m* **de réchauffage** –
Aufwärmzeit *f* – warm-up time

temps *m* **de réponse** – Antwortzeit *f* – response time

temps *m* **de saisie** – Erfassungszeit *f* – keyboarding time

temps *m* **de séchage** – Trocknungszeit *f*, Abbindezeit *f* –
dry time, drying time

temps *m* **d'exécution** – Ausführungszeit *f*, Durchlaufzeit *f* –
execution time, lead time,
turn(-)around time

temps *m* **d'immobilisation** –
Stillstandszeit *f* – down time,
downtimes

temps *m* **d'impression** – Druckdauer *f* – printing time

temps *m/pl* **morts de la machine**
– Maschinenstillstandszeiten
f/pl – machine standstill times

temps *m* **réel** – Echtzeit *f* – real
time

tenir ouvert – offen halten *(z.B.
Raster)* – keep *v.* open

tension *f* – Spannung *f (elektr.)* –
voltage

tension *f* **à l'alimentation** – Einzugsspannung *f (Papierbahn im
Rollendruck)* – infeed tension

tension *f* **de (la) bobine (nappe)** –
Bahnspannung *f* – web tension

tension *f* **de secteur** – Netzspannung *f* – mains voltage

tension *f* **de surface** – Oberflächenspannung *f (Papierbahn im
Rollendruck)* – surface tension

tension *f* **superficielle** – Oberflächenspannung *f (Papierbahn im
Rollendruck)* – surface tension

tenue *f* **au tirage** – Auflagenbeständigkeit *f* – length-of-run
capacity

terme *m* **technique** – technischer
Ausdruck *m* – technical term

terminal *m* – Terminal *n* –
terminal

terminateur *m* – Abschlusswiderstand *m* – terminator

terne – matt, glanzlos – dull, matt

ternissement *m* – Trübung *f* –
tarnishing

test *m* – Test *m* – test

test *m* **de performance(s)** –
Benchmark *m* – benchmark

test *m* **d'impression** – Testausdruck *m* – test printout

tester – testen – test *v.*

tête-bêche *f* – Kommen und
Gehen *(Bindung)* – come'n go

tête *f* **d'adressage** – Adressierkopf *m* – addressing head

tête *f* **de câble** – Kabelabschluss
m – cable termination

tête *f* **de lecture** – Lesekopf *m* –
reading head

tête *f* **de mesure** – Messkopf *m* –
measuring head

tête *f* **d'impression** – Schreibkopf
m, Druckkopf *m* – print head,
write (writing) head, recording
head

tête *f* **d'insolation** – Schreibkopf
m, Druckkopf *m* – print head,
write (writing) head, recording
head

têtière *f* – Seitenkopf *m* – head

têtière *f* **(du tableau)** – Tabellenkopf *m* – table head, head of
table

téton *m* **de repérage** – Passstift
m, Registerstift *m* – register pin

texte *m* – Text *m* – text

T

texte *m* **avec style artificiel** – Text *m* mit künstlichem Stil – text with artificial style

texte *m* **balisé** – getaggter Text *m* – tagged text

texte *m* **brut** – Fließtext *m* – plain text

texte *m* **caché (masqué)** – verborgener Text *m* – hidden text

texte *m* **courant** – glatter Satz, laufender Text *m*, Textsatz *m* – body matter, text matter, text setting

Texte curviligne *(InDesign)* – Text auf Pfad – Type on a Path

texte *m* **débordé** – überfließender Text *m* – text overflow

texte *m* **de masse** – Mengentext *m* – bulk copy

texte *m* **du rabat** – Klappentext *m (im Buch)* – blurb, jacket blurb, flap blurb

texte *m* **en drapeau** – Flattersatz *m* – ragged composition, unjustified margin(s), ragged type matter

texte *m* **en drapeau à fer de droit** – Flattersatz *m* rechtsbündig – rag left, rag left, text ragged left

texte *m* **en drapeau à fer de gauche** – Flattersatz *m* linksbündig – rag right, ragged right, text ragged right

texte *m* **en drapeau centre** – Flattersatz *m* Mitte – ragged center, text ragged center

texte *m* **en excès** – Überlauf *m*, Übersatz(text) *m* – overset text, break over, overmatter

texte *m* **(en) noir et blanc** – Negativtext *m* – reverse text

texte *m* **en prose** – Prosatext *m* – prose text/writings

texte *m* **espacé** – Text *m* mit eingestellter Laufweite – tracked text

texte *m* **fictif** – Blindtext *m*, Dummytext *m* – dummy text, greek text

texte *m* **indicateur** – Marker-Text *m* – marker text

texte *m* **intégral** – Volltext *m* – full text

texte *m* **japonais** – japanischer Text *m* – Japanese text

texte *m* **non justifié** – Endlostext *m* – unjustified text

texte *m* **publicitaire** – Werbetext *m* – advertising text

texte *m* **recherchable** – suchbarer Text *m* – searchable text

texteur *m* – Textverarbeitungsprogramm *n* – word processor, text processor

texte *m* **valsant** – tanzender Text *m (Text)* – dancing text, sparkling text

textuel *m* – Textausgabe *f* – text edition

texture *f* – Textur *f* – texture

thème *m (opt.)* – Motiv *n* – subject

théorie *f* **des couleurs** – Farblehre *f* – color theory

thermographie *f* – Thermografie *f* – thermography

thermosensible – wärmeempfindlich – heat-sensitive

thésaurus *m* – Thesaurus *m* – thesaurus

thèse *f* – Dissertation *f* – dissertation, thesis

ticket *m* **de travail** – Jobticket *n* – job ticket

tierce partie *f* – Third-Party – third-party

tiers-développeur *m* – Drittentwickler *m* – third-party developer

tilde *m* (~) – Tilde *f* – tilde

tirage *m* – Druckvorgang *m* – press run

tirage *m* – Auflage *f*, Auflagenhöhe *f* – run, circulation, print run, length-of-run circulation

tirage *m* **à part** – Teilauflage *f*, Sonderdruck *m* – off(-)print, part edition

tirage *m* **combiné** – Gesamtauflage *f* – combined circulation

tirage *m* **des épreuves** – Proofen *n*, Proofherstellung *f* – proofing

tirage *m* **du soufflet** – Balgenauszug *m (Kamera)* – bellows extension

tirage *m* **(en) roto** – Rotationsdruck *m* – rotary (press) printing

tirage *m* **minimum** – Mindestauflage *f* – minimum circulation

tirant *m* **de l'encre** – Zügigkeit *f* der Druckfarbe – tack, ink tacking

tirant sur le jaune – gelbstichig – with a yellow cast

tirant sur le rouge – rötlich, rotstichig – reddish

tirant sur le vert – grünstichig – with a green cast

tire-ligne *m* – Reißfeder *f* – drawing pen

tirer une épreuve – proofen, Proof durchführen, andrucken – proof *v.*, make *v.* a proof, proofprint

tiret *m* – Bindestrich *m*, Gedankenstrich *m* – hyphen, dash

tiret *m* **cadratin** – Geviertstrich *m*, langer Gedankenstrich *m* – em-dash

tiret *m* **demi-cadratin** – Halbgeviertstrich *m* – en-dash

tiret *m* **insécable** – geschützter Bindestrich *m* – non-breaking hyphen, inseparable hyphen

tirets *m/pl* – gestrichelte Linie *f* – dashed line, broken line

tiroir *m* – Schublade *f* – drawer

tissu *m* **sérigraphique** – Siebdruckgewebe *n* – screen fabrics

titre *m* – Titel *m*, Überschrift *f*, Schlagzeile *f*, Headline *f* – title, headline

titre *m* **courant** – Kolumnentitel *m*, lebender Kolumnentitel *m* – running head, running title, running headline

titre *m* **de chapitre** – Kapitelüberschrift *f* – chapter head

titre *m* **du livre** – Buchtitel *m* – book title

titre *m* **en bandeau** *(typogr.)* – Schlagzeile *f*, Balkenüberschrift *f* – banner

titre *m* **en marge** – Marginaltitel *m* – side heading

T

titulaire *m* **d'une licence** – Lizenzinhaber *m* – licensee

toile *f* – Leinen *n* – bookbinder's cloth

toile *f* – Leinwand *f (Malerei)* – canvas

toile *f* **à reliure** – Buchleinen *n* – book linen/cloth/calico

toile *f* **artificielle** – Kunstleinen *n* – illustration linen

toile *f* **buckram** – Buchbinderleinwand *f* – buckram

tolérance *f* – Toleranz *f* – tolerance

tolérance *f* **aux pannes** – Fehlertoleranz *f* – fault tolerance

tolérant aux pannes – fehlertolerant – fault tolerant

tomber en panne – crashen, abstürzen – crash *v.*

tome *m* – Band *m (Buch)* – volume

ton *m* – Ton *m*, Farbton *m* – tone, tint, hue, color tone

tonalité *f* – Tonwert *m* – tint, tonal value

ton *m* **continu** – Halbton *m* – halftone, continuous tone, contone

ton *m* **direct** – Schmuckfarbe *f*, Sonderfarbe *f*, Volltonfarbe *f* – spot color

toner *m* – Toner *m* – toner

toner *m* **à poudre** – Trockentoner *m* – dry toner

toner *m* **liquide** – Flüssigtoner *m* – liquid toner

ton *m* **moyen** – Mittelton *m* – midtone

ton *m* **neutre** – neutraler Ton *m* – neutral tone

ton *m* **pastel** – Pastellton *m* – pastel tone

tons *m/pl* **chairs** – Hauttöne *m/pl* – flesh tones

tons *m/pl* **lumières** – Lichtertöne *m/pl* – highlight tones

tons *m/pl* **moyens** – Mitteltöne *m/pl* – midtones

topologie *f* **en anneau** – Ring-Topologie *f* – ring topology

topologie *f* **en étoile** – Stern-Topologie *f* – star topology

topologie *f* **réseau** – Netzwerktopologie *f* – network topology

touche *f* – Taste *f* – key

touche *f* **Aide** – Hilfetaste *f* – Help key

touche *f* **alphanumérique** – alphanumerische Taste *f* – alphanumeric key

touche *f* **Alt** – Alt-Taste *f* – Alt key

touche *f* **Ctrl** – Strg-Taste *f* – Ctrl key

touche *f* **de blocage des majuscules** – Feststell-Taste *f* – Caps Lock key

touche *f* **de commande** – Befehlstaste *f* – command key

touche *f* **de copie d'écran** – Drucktaste *f* – print-screen key

touche *f* **de correction** – Korrekturtaste *f (Schreibmaschine)* – correction key

touche *f* **de déplacement du curseur** – Pfeiltaste *f* – arrow key, arrow pad, cursor movement key

touche *f* **de direction** – Pfeiltaste *f* – arrow key, arrow pad, cursor movement key

touche *f* **de fonction** – Funktionstaste *f* – function key

touche *f* **d'entrée** – Enter-Taste *f* – Enter key

touche *f* **de tabulation** – Tabulatortaste *f* – tab key

touche *f* **de verrouillage des majuscules** – Feststell-Taste *f* – Caps Lock key

touche *f* **de verrouillage du clavier numérique** – Num-Lock-Taste *f* – num lock key

touche *f* **de verrouillage du défilement (à l'écran)** – Bildroll-Sperrtaste *f* – scroll-lock key

touche *f* **d'interruption** – Pausetaste *f* – break key, pause key

touche *f* **du curseur** – Cursortaste *f* – cursor key

touche *f* **échappe** – Escape-Taste *f* – Escape key

touche *f* **fléchée** – Pfeiltaste *f* – arrow key, arrow pad, cursor movement key

touche *f* **majuscule** *(touche Maj.)* – Umschalttaste *f* – shift key

touche *f* **numérique** – Zifferntaste *f* – numeric(al) key

touche *f* **option** *(MacOS)* – Wahltaste *f* – Option key

touche *f* **page précédente** – Bild-nach-oben-Taste *f* – page-up key

touche *f* **page suivante** – Bild-nach-unten-Taste *f* – page-down key

touche *f* **pause** – Pausetaste *f* – break key, pause key

toucher (à) – angrenzen – abut *v.*, butt *v.*, adjoin *v.*, collide *v.*

touche *f* **supprimer** *(touche Suppr)* – Entf-Taste, Löschtaste *f* – Clear key, Delete key

toucheur-mouilleur *m* – Feuchtauftragswalze *f* – damper roller

tour *m* **du cylindre** – Zylinderumdrehung *f* – cylinder revolution

tournage *m* – Aufnahme *f* – record, shooting

tournant – rotierend – rotating

tourner – drehen, rotieren – rotate *v.*

tous droits d'auteur réservés – urheberrechtlich geschützt – protected by copyright law

Tout déverrouiller *(Illustrator)* – Alles lösen – Unlock all

tous droits réservés – alle Rechte vorbehalten – all rights reserved

tout sélectionner – Alles auswählen *(Option in DTP-Programmen)* – Select all

traçage *m* – Ritzen *n* – scoring

tracé *m* – Pfad *m* – path

tracé *m* **de contours** – Konturzeichnung *f* – keyline drawing

tracé *m* **de forme libre** – Freiformpfad *m* – freeform path

tracé *m* **des lignes** – Lauflänge *f* – run length

trace-lettre *f* – Schriftschablone *f* – script template

tracé *m* **ouvert** – offener Pfad *m* – open path

tracer – ritzen – score *v.*

tracer – plotten, zeichnen – plot *v.*, draw *v.*

tracer le contour – konturieren – contour v.

tracés m/pl **découpés** – zerschnittene Pfade m/pl – cut path

traces f/pl **de doigt** – Fingerabdrücke m/pl – finger marks

Tracés transparents (InDesign) – Verknüpfte Pfade – Compound Paths

traceur m – Plotter m – plotter

traceur m **couleur** – Farbplotter m – color plotter

traceur m **de courbes** – Koordinatenschreiber m – x-y plotter

tracé m **vectoriel** – Vektorpfad m – vector path

tract m – Handzettel m, Flugblatt n, Infobeilage f – leaflet, broadsheet, handbill

traducteur, -rice – Übersetzer, -in – translator

traduction f – Übersetzung f – translation

traduire – übersetzen – translate v.

trafic m **de données** – Datenverkehr m – data traffic

trafic m **sur le réseau** – Netzwerkverkehr m – network traffic

traînée f **de racle** – Rakelstreifen m (Druckfehler) – blade stripe/streak

traînées f/pl **de développement** – Entwicklerstreifen m – developer streaks

trait m – Strich m – line

trait m **bas** (_) – Unterstrich m – underscore, underline

trait m **courbe** – runder Strich m – curved line

trait m **de coupe** – Beschnittmarke f, Schnittmarke f – crop mark, trim mark, cut mark

trait m **de pinceau** – Pinselstrich m – brush stroke

trait m **d'union** – Bindestrich m, Gedankenstrich m – hyphen

trait m **d'union facultatif** – weicher Trennstrich m, Trennfuge f – discretionary hyphen, soft hyphen

trait m **d'union impératif** – harter Bindestrich m – hard hyphen

trait m **d'union virtuel** – weicher Trennstrich m, Trennfuge f – discretionary hyphen, soft hyphen

traitement m – Bearbeitung f, Verarbeitung f – processing

traitement m **corona** – Koronabehandlung f – corona treatment

traitement m **de documents** – Dokumentenverarbeitung f – document processing

traitement m **de données** – Datenverarbeitung f – data processing

traitement m **de (du) texte** – Textverarbeitung f – word processing, text handling

traitement m **de file d'attente** – Warteschlangenverarbeitung f – queue processing

traitement m **de l'information** – Datenverarbeitung f – data processing

traitement m **des commandes** – Auftragsabwicklung f – order handling

traitement m **d'image numérique** – digitale Bildverarbeitung f – digital image processing

traitement m **d'images** – Bildverarbeitung f – image processing

traitement m **en arrière-plan** – Hintergrundverarbeitung f – background processing

traitement m **en tâche de fond** – Hintergrundverarbeitung f – background processing

traitement m **en temps réel** – Echtzeitverarbeitung f – real-time processing/operation

traitement m **parallèle** – parallele Verarbeitung f – parallel processing

traitement m **par lots** – Stapelverarbeitung f – batch processing

traitement m **séquentiel** – sequenzielle Verarbeitung f – sequential processing

traiter – verarbeiten, bearbeiten – process v., edit v., work on v.

traiter par lots – im Stapelbetrieb verarbeiten – batch process v.

trait m **horizontal** – Querbalken m, Querstrich m – crossbar, cross stern, cross stroke, arm, horizontal line

traits m/pl **de coupe** – Schnittmarken f/pl – trim marks

trait m **transversal** – Querbalken m, Querstrich m – crossbar, cross stern, cross stroke, arm, horizontal line

Trait variable (FreeHand) – Variabler Strich – Variable Stroke

tramage m – Rasterung f, Aufrasterung f – screening

tramage m **à (en) modulation de fréquence** – FM-Rasterung m (frequenz-modulierte Rasterung) – FM (frequency-modulated) screening

tramage m **aléatoire** – stochastische Rasterung f – stochastic screening

tramage m **autotypique** – autotypisches Raster n – AM screening, autotypical screening

tramage m **hybride** – Hybrid-Rasterung f – hybrid screening

tramage m **numérique** – digitale Rasterung f – digital screening

tramage m **stochastique** – stochastische Rasterung – stochastic screening

tramage m **traditionnel** – konventionelle Rasterung f – conventional screening

trame f – Raster m – screen

tramé – gerastert – screened

trame f **à grain** – Kornraster n – granulated screen

trame f **à lignes** – Linienraster m – line screen

trame f **de contact** – Kontaktraster m – contact screen

trame f **de contact négative** – Negativkontrastraster n – negative contact screen

T

trame *f* **de demi-teintes** – Halbtonraster *m* – halftone screen
trame *f* **de fantaisie** – Fantasieraster *m* – fantasy screen
trame *f* **effet** – Effektraster *m* – effect screen
trame *f* **fine** – feiner Raster *m* (Feinraster *n*) – fine screen
trame *f* **grossière** – grobes Raster *n* – coarse screen
Trame par défaut de l'imprimante *(Photoshop)* – Rastereinstellung des Druckers verwenden – Use Printer's Default Screens
tramer – rastern – screen *v.*
tranche *f* **inférieure** – Unterschnitt *m (Buch)* – tail edge
tranche *f* **oblique** – Schrägschnitt *m* – oblique edge
transférer – übertragen – transmit *v.*, transfer *v.*
transfert *m* – Übermittlung *f*, Übertragung *f* – transfer, transmission
transfert *m* **de données** – Datenübertragung *f* – data transfer, data transmission
transfert *m* **de fichiers** – Dateiübertragung *f* – file transfer
transfert *m* **de l'image électrostatique** – elektrostatische Bildübertragung *f* – electrostatic image transfer
transfert *m* **d'encre** – Farbübertragung *f (in Druckmaschine)* – ink transfer
transfert *m* **de technologie** – Technologietransfer *m* – technology transfer
transformation *f* – Transformation *f* – transformation
transformation *f* **de l'espace colorimétrique** – Farbraumtransformation *f*, Gamut Mapping *n*, Farbraumanpassung *f* – gamut mapping, color space transformation
transformer – transformieren – transform *v.*
transition *f* – Übergang *m (z.B. zwischen Vordergrund und Hintergrund)* – transition

transition *f* **insensible** – fließender Übergang *m* – smooth transition, smooth gradation
transitions *f/pl* **entre couleurs** – Farbübergänge *m/pl* – color transitions
translucide – lichtdurchlässig – translucid
translucidité *f* – Lichtdurchlässigkeit *f* – translucency
transmettre – übermitteln – transmit *v.*
transmission *f* – Übermittlung *f*, Übertragung *f*, Transfer *m* – transfer, transmission
transmission *f* **de données** – Datenübertragung *f* – data transfer, data transmission
transmission *f* **de données à distance** – Datenfernübertragung *f* – data (tele)communication
transmission *f* **de l'info** – Nachrichtenübermittlung *f* – news transmission
transmission *f* **des nouvelles (des informations)** – Nachrichtenübermittlung *f* – news transmission
transmission *f* **d'images** – Bildübertragung *f* – picture transmission
transmission *f* **du texte** – Textübertragung *f* – text transmission
transmission *f* **par satellite** – Satellitenübertragung *f* – satellite transmission
transparence *f* – Transparenz *f*, Durchsichtigkeit *f* – transparency
transparent, -e – durchsichtig – transparent
transposer – umstellen *(z.B. Satz)* – rearrange *v.*
trapping *m* – Trapping *n*, Überfüllung *f*, Über- und Unterfüllung *f* – trapping
trapping *m* **centré** – zentrierter Trap *m* – centertrap(ping)
trapping *m* **In-RIP** – In-RIP-Trapping *n* – In-RIP trapping

trapping *m* **orienté objets** – objektorientiertes Trapping *n* – object oriented trapping
travail *m* – Arbeit *f* – work
travail *m* **de composition** – Satzarbeit *f* – typesetting job
travail *m* **en cours** – laufende Arbeit *f* – work in process
travailler (F *bosser*) – arbeiten – work *v.*
travailler à la pige – Zeilenhonorar bekommen – be *v.* paid by the line
travaux *m/pl* **aux traits** – Stricharbeiten *f/pl* – linework
travaux *m/pl* **de composition** – Satzarbeiten *f/pl* – composition jobs
travaux *m/pl* **de labeur** – Werkdruck *m* – bookwork
travaux *m/pl* **de ville** – Akzidenzarbeiten *f/pl* – jobbing work
travaux *m/pl* **préparatoires** – Vorarbeiten *f/pl* – preparatory work
tréma *m* (¨) – Trema *n* – di(a)eresis
trépied *m* – Stativ *n*, Dreibeinstativ *n* – tripod
très hautes *f/pl* **lumières** – Spitzlichter *n/pl* – catchlight, specular highlight
très net, -e – gestochen scharf – pin-sharp
triade *f* – Triade *f* – triad
triage *m* – Sortierung *f* – sorting
triage *m* **descendant** – absteigende Sortierung *f* – descending sort
triangle *m* – Dreieck *n* – triangle
triangle *m* **isocèle** – gleichschenk(e)liges Dreieck *n* – isosceles triangle
triangulaire – dreieckig – triangular
trichromie *f* – Dreifarbendruck *m* – three-color printing
trichromique – dreifarbig, trichromatisch – three-colored, trichromatic
tridimensionnel – dreidimensional *(3D)* – three-dimensional
trier – sortieren – sort *v.*

T

trilame _m_ **pour livres** – Buchdrei-schneider _m_ – book trimmer

trilingue – dreisprachig – trilingual

trimestriel _m_ – vierteljährliche Zeitschrift _f_ – quarterly

triple – dreifach – triple

troisième (de) couverture – hintere Umschlaginnenseite _f_ – inside back cover (IBC)

trois quarts de ton – Dreivier-telton _m_ – three-quarter tone

tronc _m_ **de cône** – Kegelstumpf _m_ – truncated cone

tronquer – abschneiden – truncate _v._

trous _m/pl_ **de repérage** – Passlochung _f_, Registerlochung _f_ – register holes

trust _m_ – Konzern _m_ – group, concern

tube _m_ **à rayons cathodiques** – Kathodenstrahlröhre _f_ – cathode ray tube (CRT)

tube _m_ **(au) néon** – Neonröhre _f_ – neon tube, strip lighting

tube _m_ **cathodique** – Katho-denstrahlröhre _f_, Bildröhre _f_ – cathod ray tube (CRT), picture tube

tube _m_ **fluorescent** – Leucht-röhre _f_ – fluorescent lamp

tube _m_ **luminescent** – Leucht-röhre _f_ – fluorescent lamp

tuilage _m_ – Unterteilung _f_ – tiling

tuilage _m_ **convexe** – konvexe Krümmung _f_ – down warp

tungstène _m_ – Wolfram _n_ – tungsten

turquoise – türkis – turquoise

tutorial _m_/**tutoriel** _m_ – Tutorial _n_, Lehrgang _m_ – tutorial

tuyau _m_ – Röhre _f (Bildschirm)_ – tube

tuyau _m_ – Tipp _m_ – hint, tip

type _m_ – Typ _m_ – type

type _m_ **d'éclairage** – Lichtart _f_ – illuminant

Type de support _(InDesign)_ – Medientyp – media type

typographe _m_/_f_ – Typograf, -in, Setzer, -in, Schriftsetzer, -in – typographer, typesetter, compositor

typographie _f_ – F _typo f_ – Typo-grafie _f_, Schriftbild _n_, Buch-druckerkunst _f_, F Typo _f_ – typography

typographie _f_ **Art Nouveau** – Jugendstiltypographie _f_ – Art Nouveau typography

typographique – satztechnisch, typografisch – typographic(al)

typomètre _m_ – Typometer _m_ – type gauge

typothèque _f_ – Schriften-bibliothek _f_ – font library

U

ultraviolet – ultraviolett – ultraviolet

umlaut _m_ – Umlaut _m (Zeichen)_ – umlaut

une _f_ – Titelseite _f_, Titelblatt _n_ – title page, front cover

unidirectionnel – einbahnig, unidirektional – unidirectional

uniforme – gleichmäßig, regelmäßig – even, regular

Union _(QuarkXPress)_ – Vereinigung – Union

unité _f_ – Einheit _f_ – unit

unité _f_ **déclairage par trans-mission** – Durchlichteinheit _f_ – light transmission unit

unité _f_ **de mesure** – Maßeinheit _f_ – unit, measurement unit

unité _f_ **de sortie** – Ausgabeeinheit _f_ – output unit

unité _f_ **d'impression** – Druck-werk _n_ – printing unit

unité _f_ **photo** – Belichter _m_ – imagesetter

upload _m (Internet)_ – Hochladen _n_, Hinaufladen _n_ – upload

uploader – hochladen – upload _v._

usage _m_ **de sortie** – Ausgabe-zweck _m_ – output intent

Usage final du rendu _(Quark-XPress)_ – Wiedergabeziel – Rendering Intent

usure _f_ **de la plaque** – Platten-abnutzung _f (Druckplatte)_ – plate wear

utilisateur, -rice – Benutzer, -in – user

utilisateur _m_ **chevronné (averti, de bon niveau)** – erfahrener Benutzer/Anwender – advanced user

utilisateur _m_ **final** – Endanwen-der, -in _(Software)_ – end user

utilisateur _m_ **lambda** – Durch-schnittsbenutzer _m_ – average user

utiliser – benutzen – use _v._

utilitaire _m_ – Dienstprogramm _n_, Hilfsprogramm _n_ – utility

Utilitaires _(QuarkXPress)_ – Hilfsmittel – Utilities

V

valeur _f_ **ASA** _(fotogr.)_ – ASA-Wert _m_ – ASA rating

valeur _f_ **assignée** – Sollwert _m_ – target value, nominal value, theoretical value, rated value

valeur _f_ **CMJN** – CMYK-Wert _m_ – CMYK value

valeur _f_ **de couleur** – Farbwert _m_ – color shift

valeur _f_ **de (la) densité** – Dichte-wert _m_ – density value

valeur _f_ **de luminosité** – Hellig-keitswert _m_ – brightness value

valeur _f_ **de pourcentage de trame** – Rasterprozentwert _m_ – screen percentage value

valeur _f_ **de référence** – Referenz-wert _m_ – reference value

valeur _f_ **de trame** – Rasterwert _m_ – screen value

valeur _f_ **du crénage** – Kerning-wert _m_ – kerning value

valeur _f_ **effective** – Istwert _m_ – actual value

valeur _f_ **intermédiaire** – Zwischenwert _m_ – intermediate value

valeur _f_ **ISO** – ISO-Wert _m_ – ISO value

valeur _f_ **mesurée** – Messwert _m_ – measured value

valeur _f_ **moyenne** – Durch-schnittswert _m_ – average value

valeur _f_ **négative** – negativer Wert _m_ – negative value

T
U
V

valeur *f* **pH** – pH-Wert *m* – pH value

valeur *f* **RVB** – RGB-Wert *m* – RGB value

valeurs *f/pl* **trichromiques de Maxwell** – Maxwellsche Dreifarbenwerte *m/pl* – Maxwellian trichromatic values

valeur *f* **tonale** – Tonwert *m* – tint, tonal value

valeur *f* **trichromique** – Dreifarbenwert *m*, Tristimuluswert *m* (*CIE-Farbsystem*) – tristimulus value

valise *f* **(de police)** – Schriftkoffer *m* – font suitcase

variateur *m* **de lumière** – Helligkeitsregler *m* (*Bildschirm*) – brightness control

variation *f* **de couleur** – Farbabweichung *f* – color variance, color deviation

variations *f/pl* – Schwankungen *f/pl* – variations

variations *f/pl* **de la couleur** – Farbschwankungen *f/pl* – color fluctuations, inking fluctuations

variations *f/pl* **de processus** – Prozessschwankungen *f/pl* – process fluctuations

variations *f/pl* **du registre** – Passerschwankungen *f/pl*, Registerschwankungen *f/pl* – register fluctuations

vecteur *m* – Vektor *m* – vector

vecteur *m* **unitaire** – Einheitsvektor *m* – unit vector

vectorisation *f* – Vektorisation *f* – vectorization

vectorisé, -e – vektorisiert – vectorized

vectoriser – vektorisieren – vectorize *v.*

véhicule *m* – Trägersubstanz *f* – vehicle

vélin *m* – Schreibpergament *n* – vellum

vendeur, -euse de journaux – Zeitungsverkäufer, -in – news vendor

vénitienne *f* – venetianische Antiqua *f* – Venetian serif, Aldine

ventilateur *m* – Ventilator *m* – fan, ventilator

ventouse *f* – Saugnapf *m* – suction cup

verdâtre – grünlich – greenish

vergeure *f* – Wasserlinie *f* – wire mark

vérification *f* – Verifizierung *f* – verification

vérification *f* **avant l'impression** – Überprüfung vor dem Druck – checking prior to printing

vérification *f* **de l'orthographe** – Rechtschreibprüfung *f* – spell check

vérification *f* **des données** – Datenüberprüfung *f* – data validation

vérification *f* **du texte** – Textprüfung *f* – copy checking

vérification *f* **en amont** – Preflight *m*, Preflighten *n* – preflight, preflighting

vernir – lackieren, lasieren – varnish *v.*, glaze *v.*

vernis *m* – Lack *m*, Lasur *f* – varnish, glaze

vernis *m* **à dispersion** – Dispersionslack *m* – dispersion coating

vernis *m* **à huile** – Olfirnis *m* – oil varnish

vernis *m* **à masquer** – Schutzschicht *f* – protective layer/coating

vernis *m* **de surimpression** – Drucklack *m* – overprint varnish

vernis *m* **mat** – Mattlack *m* – dull varnish

vernissage *m* – Lackierung *f* – coating, varnish coating

vernissage *m* **de surimpression** – Drucklackierung *f* – overprint varnishing

vernissage *m* **en ligne** – Inline-Lackierung *f* – in-line varnishing

verre *m* **grossissant** – Lupe *f*, Vergrößerungsglas *n* – magnifying glass, magnifier

verre *m* **neutre** – Klarglas *n* – clear glass

verre *m* **opalin** – Opalglas *n* – opal glass

verrouillé – schreibgeschützt, gesperrt (*Datei*) – write-protected, locked

Verrouiller (*Illustrator*) – Fixieren – Lock

verrouiller – sperren (*Objekt*) – lock *v.*

Verrouiller sur grille (*Quark-XPress*) – Am Grundlinienraster ausrichten – Lock to Baseline Grid

version *f* **bêta** – Betaversion *f* (*Programm*) – beta version

version *f* **d'évaluation** (F *version f d'éval*) – Testversion *f* – tryout version

versioning *m* – Versioning *n* – versioning

version *f* **piratée** – Raubkopie *f* – pirate copy

verso *m* – Rückseite *f*, linke Seite *f*, Unterseite *f* – back side, reverse page, verso side, bottom side, underside

verso en une couleur – einfarbiger Widerdruck *m* – one color back

vert – grün – green

vertical – vertikal, senkrecht – vertical

verticale *f* – Vertikale *f*, Senkrechte *f* – vertical, perpendicular

vert-jaune – grüngelb, gelbgrün – yellow(y)-green, greenish-yellow

vert tirant sur le jaune – grüngelb, gelbgrün – yellow(y)-green, greenish-yellow

veuve *f* (*typogr.*) – Hurenkind *n* – widow

vide *m* – Lücke *f*, Zwischenraum *m*, Vakuum *n* – gap, vacuum

vidéo *f* – Video *m* – video

vidéocassette *f* – Videokassette *f* – video cassette

vidéodisque *m* – Bildplatte *f* – videodisc

vidéodisque *m* **numérique** – DVD – DVD (digital versatile disc / digital video disc)

vidéographie *f* – Videotext *m* – teletext

vider la corbeille – Papierkorb entleeren – Empty trash

vient de paraître – neu erscheinen – just published, just out, recently published

vieux papiers *m/pl* – Altpapier *n* – old papers

vif, -ve – knallig, grell *(Farbe)* – glaring, loud

vignettage *m (fotogr.)* – Eckenabschattung *f*, Vignettierung *f* – vignetting

vignette *f* – Übersichtsbild *n*, Thumbnail *m*, Vorschaubild *n*, Preview *m* – preview (picture), thumbnail

violet – violett – violet

virgule *f* – Komma *n* – comma

virgule *f* flottante – Gleitkomma *n*, Floating Point *m* – floating point

virus *m* – Virus *m/n* – virus

vis-à-vis de – gegenüber – opposite

viscosimètre *m* – Viskosimeter *m* – viscometer

viscosité – Viskosität *f*, Dickflüssigkeit *f* – viscosity

vis d'encrier (vis *m* **d'encrage)** – Farbschraube *f*, Farbzonenregler *m*, Zonenschraube *f* *(Druckmaschine)* – ink key

vis *f* de réglage – Stellschraube *f* – adjusting screw

viseur *m* – Sucher *m* – viewfinder

viseur *m* **à image réelle** – Realbildsucher *m (Kamera)* – real image viewfinder

visible – sichtbar – visible, perceptible

visioconférence *f* – Videokonferenz *f* – video-conference

visionneur *m* – Viewer *m (Software)* – viewer

visionneuse *f* de diapositives – Diabetrachter *m* – slide viewer

visu *f* – Sichtgerät *n* – display device

visualisation *f* – Visualisierung *f*, Sichtbarmachung *f* – visualization

visualiser – visualisieren, sichtbar machen – visualize *v.*

visuel(lement) – visuell – visual

vitesse *f* de défilement – Bildfrequenz *f* – frame rate, picture frequency

vitesse *f* de frappe (saisie) – Erfassungsgeschwindigkeit *f* – keyboard operating speed

vitesse *f* de synchronisation du flash – Blitzsynchronisations-Geschwindigkeit *f* – flash sync speed

vitesse *f* d'exécution – Bearbeitungsgeschwindigkeit *f (Software)* – processing speed

vitesse *f* d'exploitation – Betriebsgeschwindigkeit *f* – operating speed

vitesse *f* d'horloge – Taktgeschwindigkeit *f* – clock speed, hertz time

vitesse *f* d'impression – Druckgeschwindigkeit *f* – printing performance

vitesse *f* d'insolation – Belichtungsgeschwindigkeit *f* – speed of exposure

vitesse *f* d'obturation – Verschlusszeit *f* – shutter speed

vitre *f* d'analyse – Scanglas *n* – scanner glass

voilage *m* – Schleierbildung *f* – scumming

voile *m* **de fond** – Grundschleier *m (auf Film)* – emulsion fog, background fog

voile *f* (grisâtre) – Grauschleier *m* – gray veil/haze/fog

voiler (se) – sich verziehen – warp *v.*, go out *v.* of shape

voire – siehe *(Verweis in Buch)* – see

volet *m* – Lasche *f* – flap

volume *m* – Band *m (Buch)* – volume

volume *m* – Umfang *m (eines Werks)* – size

volume *m* **de l'alvéole** – Näpfchenvolumen *n* – cell volume

volume *m* **d'encre** – Farbvolumen *n* – volume of ink

volumineux, -se – umfangreich – voluminous

voyant *m* **de retardateur** – Selbstauslöserlampe *f* – remote control lamp

voyard – knallig, grell *(Farbe)* – glaring, loud

vue *f* – Einzelbild *n* – single frame

vue *f* de face – Vorderansicht *f* – front view

vue *f* en coupe – Querschnitt *m (Ansicht)* – sectional view

vue *f* latérale de côté – Seitenansicht *f* – side view

vue *f* perspective – perspektivische Darstellung *f* – perspective view

W

warping *m* – Warping *n* – warping

Webdesigner , -in – Webdesigner *m* – web designer

webmaster *m***/webmestre** *m* – Webmaster *m* – web master

workaround *m* – Workaround *m* – workaround

X

xérographie *f* – Xerografie *f* – xerography

Z

zone *f* de cadrage *(PDF)* – Masken-Rahmen *m* – crop box

zone *f* de césure – Silbentrennzone *f* – hyphenation zone

zone *f* de couleur – Farbbereich *m* – color range

zone *f* de diffusion – Verbreitungsgebiet *n (Zeitung)* – distribution area

zone *f* de fond perdu – Anschnittrahmen *m* – bleed box

zone *f* (de) hautes lumières – Lichterpartien *f/pl* Hochlichtbereich *m* – highlight area

zone *f* de justification – Ausschließbereich *m* – justification range/zone

zone *f* de l'image – Bildbereich *m* – image area

zone *f* d'encrage – Farbzone *f* – ink zone

zone *f* **de page** – Seitenbereich *m* – page area

zone *f* **de rogne** *(PDF)* – Endformat-Rahmen *m* – trim box

zone *f* **de support** *(PDF)* – Medien-Rahmen *m* – media box

zone *f* **détourée** – freigestellter Bereich *m* – masked area

zone *f* **de travail** – Arbeitsfläche *f*, Arbeitsbereich *m (in Programmen)* – work area, canvas

zone *f* **(de) très hautes lumières** – Spitzlichtbereich *m* – catchlight area

zone *f* **d'image** *(PDF)* – Objekt-Rahmen *m* – art box

zone *f* **d'impression** – Druckbereich *m* – print area

zone *f* **d'ombre** – dunkler Bildbereich *m*, Schattenpartien *f/pl* – shadow area

zone *f* **exposable** – belichtbarer Bereich *m* – imageable area

zone *f* **foncée d'image** – dunkler Bildbereich *m*, Schattenpartien *f/pl* – shadow area

zone *f* **imprimable** – druckbarer Bereich *m* – printable area

zone *f* **justifiée** – Bündigkeitszone *f* – flush zone

zone *f* **maximum d'insolation** – maximaler Belichtungsbereich *m* – maximal exposure area

zone *f* **neutre de l'image** – neutraler Bildbereich *m* – neutral area

zone *f* **réservée** – Freiraum *m* – blank space

zones *f/pl* **de la page** *(PDF)* – Seitenrahmen *m/pl* – page boxes

Zones non blanches *(QuarkXPress)* – Nicht-weiße Bereiche – Non-white areas

zoom *m* – Zoom *m* – zoom, magnification

zoomer – zoomen, einzoomen – zoom *v.*, zoom in *v.*, magnify *v.*

Z

Abkürzungs-
verzeichnis

A

AA	Author's Alteration(s)
AAAA	American Association of Advertizing Agencies
ABC	Automatic Bracketing Control
AC	Author's Correction(s)
AC	Alternating Current
ACE	Adobe Color Engine
ACL	A Cristaux Liquides
ADA	Apparent Dot Area
ADB	Apple Desktop Bus
ADC	Analog Digital Converter
ADC	Art Directors Club
ADF	Arbeitskreis Digitale Fotografie
ADP	Automatic Data Processing
ADSL	Asymmetric Digital Subscriber Line
AE	Automatic Exposure, Auto Exposure
AF	Auto Focus
AFAIK	As far As I Know
AFM	Adobe Font Metrics
AFNOR	Assocation Française de NORmalisaton
AFP	Apple Filing Protocol
AI	Artificial Intelligence
AL & SIC	Apprentissage des Langues et Systèmes d'Information et de Communication
AM	Amplitude Modulated
ANSI	American National Standards Institute
API	Application Programming Interface
APPN	Advanced Peer-to-Peer Networking
APR	Automatic Picture Replacement
APS	Advanced Photo System
ARP	Address Resolution Protocol
ARPA	Advanced Research Projects Agency
ASA	American Standards Association
ASAP	As Soon As Possible
ASCII	American Standard Code for Information Interchange
ASP	Application Service Provider
ASP	Active Server Page
ATM	Asynchronous Transfer Mode
ATM	Adobe Type Manager
ATypI	Association Typographique Internationale
ATS	Apple Type Solution
A/W	ArtWork

B

BAT	Bon À Tirer
BBS	Bulletin Board System
bcc	blind carbon copy, blind courtesy copy
BD	Bande Dessinée
bdc	bas de casse
BIOS	Basic Input/Output System
BITNET	Because It's Time NETwork
BLOB	Binary Large Object
BOD	Books On Demand
BOPP	Biaxially Oriented PolyPropylene
Bit	Binary digiT
BMP	BitMaP
BPC	Black Point Compensation
BPR	Business Process Reengineering
bps	bit per second, bit par seconde
BRC	Business Reply Card
BRIDGS	Basic Requirements for International Design and Graphic arts Solutions
B to B	Business to Business
B to C	Business to Customer
BTW	By The Way
BVDM	BundesVerband für Druck und Medien

C

C1S	Coated 1 (one) Side
C2S	Coated 2 (two) Sides
c&sc	caps and small caps
CAD	Computer-Aided Design (Drafting, Drawing)
CAF	Continuous Auto Focus

CAM	Computer Aided Manufacturing
CAN	Convertisseur Analogique Numérique
CAO	Conception Assistée par Ordinateur
cc	carbon copy, courtesy copy
CCD	Charge Coupled Device
CCITT	Comité Consultatif International Télégraphique et Téléphonique
CD	Compact Disc
CD-I	Compact Disc Interactive
CD-R	Compact Disc-Recordable
CD-ROM	Compact Disc-Read Only Memory
CD-WORM	Compact Disc-Write Once Read Many
CEO	Chief Executing Officer
CEPS	Color Electronic Prepress System
CEPT	Conférence Européenne des administrations des Postes et des Télécommunications
CFF	Compact Font Format
CFO	Chief Financial Officer
CGATS	Committee for Graphic Arts Technologies Standard
CGA	Color Graphics Adapter
CGI	Common Gateway Interface
CGM	Computer Graphics Metafile
CHAP	Challenge-Handshake Authentication Protocol
CI	Circuit Intégré
CID	Character IDentifier
CIE	Commission Internationale d'Eclairage
CIM	Computer Integrated Manufacturing
CIP	Computer Integration of Prepress, Press and Postpress
C&J	Césure et Justification,
CLUT	Color LookUp Table
CMap	Character code Map
CMM	Color Matching Method, Color Management Method
CMP	Cross-Media Publishing
CMS	Color Matching System

CMOS	Complementary Metal Oxide Semiconductor
CMYK	Cyan Magenta Yellow Key
CNA	Convertisseur Numérique-Analogique
CNET	Centre National d'Études des Télécommunications
COO	Chief Operating Officer
cpi	characters per inch
COBOL	Common Business Oriented Language
CP	Code Postal
CPU	Central Processing Unit
CQ	Contrôle Qualité
CR	Customer Relations
CR	Carriage Return
CRM	Customer Relationship Management
CRT	Cathod Ray Tube
CSP	Contrôle Statistique des Processus.
CSS	Cascading Style Sheet
CT	Continuous Tone
CtF	Computer-to-Film
CtP	Computer-to-Plate
CUPS	Common UNIX Printing System
CV	Curriculum Vitae

D

D	Daylight
DA	Directeur Artistique
DAC	Digital Analog Converter
DAM	Digital Asset Management
DAM	Direct Access Method
DAT	Digital Audio Tape
DB	Data Base
DBMS	Data Base Management System
DC	Die Cut
DC	Direct Current
DCP	Digital Color Printing
DCS	Desktop Color Separation
DDAP	Digital Distribution of Advertizing for Publication

DDCP	Digital Data Color Proofing
DDE	Dynamic Data Exchange
DDS	Digital Data Storage
DDES	Digital Data Exchange Standard
DEL	Diode ÉlectroLuminescente
DFE	Digital Front End
DFÜ	DatenFernÜbertragung
DHCP	Dynamic Host Configuration Protocol
DHTML	Dynamic HyperText Markup Language
DIF	Document Interchange Format
DIN	Deutsches Institut für Normung
DNA	Digital Network Architecture
DNS	Domain Name Server
DOF	Depth Of Field
DOC	Disque Optique Compact
DON	Disque Optique Numérique
DOS	Disc Operating System
DTD	Document Type Definition
DTP	DeskTop Publishing
DSC	Document Structuring Conventions
DVD	Digital Video Disc, Digital Versatile Disc
DVS	DruckVorstufenStandard
DXF	Draw interchange Format

E

EAN	Europäische Artikel Norm
EBU	European Broadcasting Union
EBV	Elektronische BildVerarbeitung
ECI	European Color Initiative
ECT	Edge Crush Test
EDI	Electronic Data Interchange, Échange de Données Informatisées
EE	Electronic Exposure / Electric Eye
e.g.	exempli gratia (zum Beispiel)
EGA	Enhanced Graphics Adapter
EMPA	Eidgenössische MaterialPrüfungs- und ForschungsAnstalt
EOF	End Of File

EPROM	Erasable Programmable Read-Only Memory
EPSF	Encapsulated PostScript Format
ERA	European Rotogravure Association
ERP	Enterprise Resource Planning
EV	Exposure Value
EXIF	EXchange Image file Format

F

FAH	Fournisseur d'Applications Hébergées
FAQ	Frequently Asked Questions, Foire Aux Questions
FAT	File Allocation Table
FESPA	Federation of European Screen Printers Association
FDDI	Fiber Distributed Data Interface
FDI	Fachverband der Führungskräfte der Druckindustrie und Informationsverarbeitung
FF	Form Feed
FICG	Fédération de l'Imprimerie et de la Communication Graphique
FIFO	First In First Out
FM	Frequency Modulated
FPO	For Position Only
FTA	Flexographic Technical Association
FTP	File Transfer Protocol
FYI	For Your Interest

G

GAA	Gravure Association of America
GAIN	Graphic Arts Infomation Network
GATF	Graphic Arts Technical Foundation
Gb	Gigabit
GB	GigaByte
GCA	Graphic Communications Association
GCR	Gray Component Replacement
GDI	Graphics Device Interface
GED	Gestion Électronique de Documents

GEIDE	Gestion Électronique d'Information et de Documents Existants		IDE	Integrated Drive Electronics
GIF	Graphics Interchange Format		i.e.	id est (das heißt)
GIGO	Garbage In Garbage Out		IEEE	Institute of Electrical and Electronic Engineers
GN	Guide Number		IESG	Internet Engineering Steering Group
Go	Gigaoctet		IETF	Internet Engineering Task Force
GPAO	Gestion de Production Assistée par Ordinateur		IFC	Inside Front Cover
GRACoL	General Requirements for Applications in Commercial offset Lithography		IFEN	Intercompany File Exchange Network
GUI	Graphical User Interface		IGES	Initial Graphic Exchange Specification

H

HBS	High Balanced Screening
HFS	Hierarchical File System
HIS	Hue Intensity Saturation
H&J	Hyphenation and Justification
HKS	Hostmann Steinberg, Kast+Ehinger, Schmincke
HLS	Hue Lightness Saturation
HQS	High Quality Screening
HR	Humidité Relative
HSB	Hue Saturation Brightness
HSV	Hue Saturation Value
HT	Haute Tension
HTML	HyperText Markup Language
HTTP	HyperText Transfer Protocol

I

IA	Intelligence Artificielle
IAB	Internet Activities Board
IANA	Internet Assigned Numbers Authority
IBC	Inside Back Cover
IC	Integrated Circuit
ICC	International Color Consortium
ICMP	Internet Control Message Protocol
ID	IDentifier
IDICG	Institut de Dévéloppement Industriel pour la Communication Graphique

IGMP	Internet Group Management Protocol
I/O	Input Output
IMAP	Internet Message Access Protocol
IMO	In My Opinion
IMHO	In My Humble Opinion
IP	Internet Protocol.
IPA	International Prepress Association
IPTC	International Press Telecommunication Council
IPX	Internet Packet Exchange
IRD	Institut für Rationale Unternehmensführung für die Druckindustrie
IRS	In-RIP-Separation
IRT	In-RIP-Trapping
IRTF	Internet Research Task Force
ISBN	International Standard Book Number
ISC	Internet Software Consortium
ISDN	Integrated Digital Services Network
ISO	International Organization for Standardization
ISP	Internet Service Provider
ISSB	Information Systems Standards Board
ISSN	International Standard Serial Number
IT	Information Technics
ITU	International Telecommunication Union

J

JAT	Juste À Temps
JBIG	Joint Bi-level Image Group
JDF	Job Definition Format
JFIF	JPEG File Interchange Format
JIT	Just-In-Time
JMF	Job Message Format
JPEG	Joint Photographer Expert Group
JSP	Java Server Pages
JTP	Job Ticket Processor

K

K	Kelvin
Kb	Kilobit
KB	KiloByte
KBMS	Knowledge-Based Management System
kbps	kilobits per second
Ko	Kilo-octet
Ko/s	Kilo-octets par seconde

L

LAD	Lecture Automatique de Documents
LAN	Local Area Network
LCD	Liquid Crystal Display
LCH	Lightness Chroma Hue
LDPA	Lightweight Directory Access Protocol
LED	Light-Emitting Diode
LF	Large Format
LF	Line Feed
LFP	Large Format Printing
lpi	lines per inch
LPM	Lines Per Minute
lpp	lignes par pouce
LPR	Line Printer Remote
LQ	Letter Quality
LS	Line Screen
LUT	Look-Up Table
LW	LineWork

LWC	Light Weight Coated
LZW	Lempel Ziv Welch

M

MAC	Media Access Control
MAPI	Messaging Applications Programming Interface
Mb	Megabit
MB	MegaByte
MEM	MÉmoire Morte
MEV	MÉmoire Vive
MFS	Macintosh File System
MHS	Message Handling System
MIB	Management Information Base
MIC	Modulation par Impulsion et Codage
MIDI	Musical Instrument Digital Interface)
MIME	Multipurpose Internet Mail Extension
MIPS	Million Instructions Per Second
MIS	Management Information System
MM	Multiple Master
MMM	Multiple Master Metrics
Mo	Mégaoctet
MOD	Magneto-Optical Disk
MOO	Multi Object Oriented
MP	Mega Pixel
MPA	Magazine Publishers Association
MPEG	Moving Picture Expert Group
MSDS	Material Safety Data Sheet
MTBF	Mean Time Between Failure
MTU	Maximum Transmission Unit
MVA	Multidomain Vertical Alignment

N

N&B	Noir et Blanc
NCP	Non-Carbon Paper
NetBIOS	Network Basic Input Output System
NFS	Network File System
NNTP	Network News Transport Protocol

NORM	Normalize Once Render Many
NTIC	Nouvelles Technologies de l'Information et de la Communication
NTSC	National Television Systems Committee

O

OBC	Outside Back Cover
OCR	Optical Character Recognition
ODBC	Open DataBase Connectivity
OEM	Original Equipment Manufacturer
OFC	Outside Front Cover
OLE	Object Linking and Embedding
OOCL	Object-Oriented Creation and Learning
OOP	Object-Oriented Programming
OP	Out of Print
OPC	Organic PhotoConductor
OPI	Open Prepress Interface
OPM	OverPrint Method
OPP	Oriented PolyPropylene
OS	Operating System
OSI	Open System Interconnection
OT	Off Topic
OT	OpenType

P

PAL	Phase Alternate Line
PAO	Publication Assistée par Ordinateur
PAP	Printer Access Protocol
p.c.c.	pour copie conforme
PCI	Peripheral Component Interconnect
PCL	Printer Command Language
PCM	PostScript Color Management
PCMCIA	Personal Computer Memory Card International Association
PCS	Profile Connection Space
P.C.V.	Paiement Contre Vérification
PDA	Personal Digital Assistant
PDF	Portable Document Format

PDF/X	Portable Document Format/Xchange
PDG	Président-Directeur Général
PDL	Page Description Language
PFB	Printer Font Binary
PFM	Printer Font Metrics
PGI	Programme de Gestion Intégrée
PICT	PICTure file format
PIN	Personal Identification Number
pixel	picture element
PJTF	Portable Job Ticket Format
PME	Petites et Moyennes Entreprises
PMS	Pantone Matching System
PNG	Portable Network Graphics
PoD	Print-on-Demand
POP	Post Office Protocol
POV	Point Of View
PPD	PostScript Printer Description
PPEM	pixel per em
PPF	Print Production Format
ppi	pixels per inch
ppp	pixels par pouce
PPP	Point-to-Point Protocol
PPS	Produktions-, Planungs- und Steuerungs-System
PR	Public Relations
PS	PostScript
PSS	PostScript printer Stub
PVC	PolyVynilChlorid

Q

QA	Quality Assurance
QC	Quality Control

R

R&D	Research and Development
RAID	Redundant Array of Inexpensive Disc
RAM	Random Access Memory
RARE	Réseaux Associés pour la Recherche Européenne

RC	Resin Coated
RE	Réseau Étendu
res	resolution
RGB	Red Green Blue, Rot Grün Blau
RIP	Raster Image Processor
RISC	Reduced Instruction Set Controller
RLE	RunLength Encoding
RNIS	Réseau Numérique à Intégration de Services
ROC	Reconnaissance Optique des Caractères
ROM	Read Only Memory
ROOM	Render Once Output Many
R.O.P.	Run-Of-Paper
rpm	rotation per minute
RTF	Rich Text Format
RTP	Real-Time Transport Protocol
RTSP	Real-Time Streaming Protocol
RW	ReWritable
RVB	Rouge Vert Bleu

S

SA	Société Anonyme
SARL	Société À Responsabilité Limitée
SAV	Service Après Vente
SC	SuperCalendered
SCID	Standard Color Image Data
SCSI	Small Computer System Interface
SECAM	SÉquence de Couleurs Avec Mémoire
SED	Système d'Exploitation à Disques
SET	Secure Electronic Transaction
SGML	Standard Generalized Markup Language
SICOGIF	Syndicat national des Industries et de la COmmerce Graphique et de l'Imprimerie Française
SDSL	Symmetric Digital Subscriber Line
SID	Solid Ink Density
SIG	Système Intégré de Gestion
SGBC	Système de Gestion de Base de Connaissance(s)

SGBD	Système de Gestion de Base de Données
SLIP	Serial Line IP
SLP	Service Location Protocol
SLR	Single Lens Reflex
SMB	Server Message Block
SMIL	Synchronized Multimedia Integration Language
SMP	Symmetric MultiProcessing
SMTP	Single Mail Transfer Protocol
SNAP	Specifications for Newsprint Advertizing Production
SNMP	Simple Network Management Protocol
SOOM	Scan Once Output Many
SQL	Structured Query Language
SSL	Secure Sockets Layer
SWF	ShockWave Flash
SWOP	Specifications for Web Offset Publications
SVG	Scalable Vector Graphics

T

TAC	Total Area Coverage
TCP	Transmission Control Protocol
TCP/IP	Transmission Control Protocol/Internet Protocol
TIC	Total Ink Coverage
TIC	Technologies de l'Information et de la Communication
TIFF	Tagged Image File Format
TIFF/IT	Tagged Image File Format/Image Technology
TIFF/IT-P1	Tagged Image File Format/Image Technology, Profile 1
TIR	Total Indicated Runout
TMP	ThermoMechanical Pulp
TOC	Table Of Contents
TSL	Teinte Saturation Luminosité
TTC	Toutes Taxes Comprises
TTL	Through The Lens
TV	TeleVision

TVA	Taxe sur la Valeur Ajoutée
TVI	Tone Value Increase
TVS	Tonal Value Sum
TWAIN	Technoloy Without An Independent Name

U

UCA	Under Color Addition
UCR	Under Color Removal
UCS	Universal Character Set
UCT	Unité Centrale de Traitement
UDP	User Datagram Protocol
UFS	Unix File System
UPC	Universal Product Code
URL	Uniform Resource Locator
USB	Universal Serial Bus
USM	UnSharp Mask(ing)
USTAG	U.S. Technical Advisory Group
UUCP	UNIX to UNIX Copy Program

V

VDU	Visual Display Unit
VGA	Video Graphics Array
VLF	Very Large Format

VRAM	Video Random Access Memory
VRML	Virtual Reality Markup Language
VSD	Verband der Schweizer Druckindustrie

W

WAN	Wide Area Network
WAN	World Association of Newspapers
WebDAV	Web-based Distributed Authoring and Versioning
WMF	Windows Metafile Format
WORM	Write Once Ready Many
WWW	World Wide Web
WYSIWYG	What You See Is What You Get

X

XHTML	eXtensible Hypertext Markup Language
XML	eXtended Markup Language
XMP	eXtensible Metadata Platform
XSL	eXtensible Stylesheet Language
XSLT	eXtensible Stylesheet Language Transformation
XSL/FO	eXtensible Stylesheet Language FOrmatting

Ulrich Schurr

Workflow-Management in der Druckvorstufe

Seit einiger Zeit wird die Publishing-Szene wieder mit einem Schlagwort konfrontiert: Workflow-Management. Häufig herrscht allerdings nur eine sehr unklare Vorstellung darüber, was eigentlich damit gemeint ist. Dieses Buch stellt Grundlagen und unterschiedliche Konzepte sowie die wichtigsten Softwarepakete vor und zeigt Wege zur korrekten und optimierten Ausgabe von Dokumenten in der Druckvorstufe. Ein großer Teil des Buches befasst sich mit Workflow-Management-Systemen und Optimierungsmöglichkeiten durch Einsatz von Jobtickets. Es wendet sich an Experten der Druckvorstufe, bringt aber auch Einsteigern wertvolles Wissen über diese komplexe Thematik nahe.

2002, 222 Seiten mit Farbtafel, Broschur
€ 36,– (D)
ISBN 3-89864-144-9

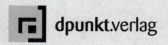

Ringstraße 19 • 69115 Heidelberg
fon 0 62 21/14 83 40
fax 0 62 21/14 83 99
e-mail hallo@dpunkt.de
http://www.dpunkt.de